세계화와 호텔체인 경영

김경환

(주)백산출판사

머리말

세계화는 교역과 자본 자유화가 추진되면서 재화 · 서비스 · 자본 · 기술 · 정보 · 인력 등의 흐름이 각국으로 통제됨이 없이 자유롭게 이동하면서 세계가 단일시장으로 통합되는 현상이다. 세계화된 질서에서는 특정 지역에서 일어나는 사건이 멀리 떨어진 다른 지역에도 영향을 미칠 수 있다. 따라서 세계화는 서로 다른 지역을 연결하는 범세계적인 사회현상이기도 하다.

세계화는 필연적으로 기존 정치체제, 경제구조, 문화유형에 대한 변화를 유발하고 있으며 결국에는 개인의 신념체계, 사고방식, 생활방식, 행동체계 등에 영향을 미치고 있다. 이러한 과정에서 세계화에 대한 찬성 또는 반대 의사나 태도가 자연스럽게 표출되고 있다.

세계화는 국가 간에 존재하는 비교우위에 의한 무역 증대로 인해 세계 각국 간에 상호이익을 도모함으로써 세계는 더 큰 부를 창출할 수 있다. 따라서 세계의 소비자들은 더 값싼 상품과 서비스를 광범위하게 선택할 수 있으며, 생산자는 낮은 가격의 원자재와 저렴한 임금 등과 효율성을 찾아 세계를 무대로 생산활동을 전개할 수 있다. 그리고 경제발전에 필요한 자금이 유입되면서 개발도상국들은 큰 성장을 이루었으며 선진국에 도전하게 되었다.

그러나 세계화가 심화되면서 인간의 존엄성이 부정되고 모든 가치는 화폐에 의해 측정되고 있다. 그리고 세계화를 통해 창출되는 부가 공정하게 분배되지 않고 있으며 이로 말미암아 국가 간 또는 국가 내 계층 간에 양극화 현상이 확대되고 있다. 선진 문화의 지배가 확대되고 사회적 및 문화적 종속화가 심화되면서 지역의 고유문화가 훼손되고 있으며, 또 환경오염 및 파괴가 자행되면서 기후 변화가 심해지고 있다.

지속적인 성장을 위해서 호텔체인들은 해외시장 진출을 감행했다. 2차 세계대전 이후 1950년대에 수많은 미국인 여행객들이 해외로 나가면서 미국의 주요 호텔체인들은 이들을 따라서 본격적으로 해외시장에 진출하기 시작했으며, 1980년대가 되자 국내시장에서는 더 성장할 수 없다고 판단한 미국의 주요 호텔체인들은 새로운 성장의 발판을 마련하기 위해서 해외시장 진출을 확대했다. 또 1980년대에 경제강국으로 부상한 일본의 수많은 국민들이 해외를 여행하면서 일본의 호텔체인도 이들을 따라서 해외 진출을 감행했다. 그리고 21세기 들어 중국이 경제대국으로 부상하면서 엄청나게 많은 중국인들이 해외여행에 나서게 되자 중국의 호텔체인들도 해외 진출에 나서고 있다.

본서는 주요 분석단위를 세계화와 호텔체인으로 선정해서 집필되었다. 본서의 첫 번째 주제는 세계화에 대한 충분하고 올바른 이해이다. 처음 3개의 장을 통해 이를 충분히 알리고자 했다. 본서의 두 번째 주제는 호텔체인이다. 호텔체인의 발전과정을 유명 호텔체인들을 중심으로 해서 1900년 이전을 호텔의 등장기로 했으며, 1900년부터 1945년까지는 호텔체인의 태동기, 이어서 1946년부터 1999년까지는 호텔체인의 성장기, 마지막으로 2000년부터 현재까지는 고도화기로 구분해서 살펴보았다. 그리고 시기별로 중요한 트렌드도 함께 다루어 보았다.

본서는 젊은 미래의 주역인 우리 학생들이 세계를 지향하는 호텔리어가 되어 주기를 바라면서 그들이 세계화된 질서를 잘 확인하고, 글로벌 호텔산업의 현황을 잘 파악하고, 또 세계적인 호텔체인들을 잘 이해할 수 있도록 돕기 위한 목적으로 집필되었다. 그리고 국내 호텔산업의 실무자들도 글로벌 호텔산업과 주요 호텔체인의 성장 과정 및 전략을 잘 파악할 수 있도록 했다. 마지막으로 이제 우리나라 호텔체인들도 성장 한계가 명확한 좁은 국내시장을 벗어나 해외시장으로 진출하여 세계적인 호텔체인으로 성장해서 우리 학생들이 활동할 수 있는 좋은 기반이 마련되기를 학수고대해 본다.

본서가 나오기까지 많은 격려를 아끼지 않은 모든 분께 이 자리를 빌려 심심한 감사의 마음을 전합니다. 본서의 출판을 위해 많은 편의를 제공해 주신 백산출판사의 진욱상 사장님, 진성원 상무님, 그리고 김호철 편집부장님과 모든 편집부 직원 여러분께 진심 어린 감사의 마음을 전합니다.

마지막으로 본서를 집필하는 동안 물심양면으로 지원하고 지치지 않도록 사랑이 담긴 격려를 아끼지 않았으며 교정을 봐주는 수고도 마다하지 않은 인생의 동반자 美京의 변함없는 사랑에 깊은 감사와 사랑을 바칩니다.

2021년 5월 돌아가는 삼각지에서
저자

목차

PART 1 세계화(Globalization)

Globalization and
Hotel Chain Management

PART 1
세계화(Globalization)

Chapter 01_세계화의 이해

Chapter 02_세계화와 문화

Chapter 03_다국적기업(MNC)

1

Globalization
Hotel Chain Management

Chapter 01

세계화의 이해

Ⅰ. 세계화의 정의

Ⅱ. 세계화의 역사

Ⅲ. 세계화의 추진동력과 실체

Ⅳ. 세계화와 신자유주의

Ⅴ. 세계화를 바라보는 시각 차이

Ⅵ. 공정한 세계화

Chapter

01 세계화의 이해

I ▸▸ 세계화의 정의

우리는 현재 세계화된 질서 속에서 살고 있다. 각 국가와 지역들은 교역 및 투자의 복잡한 흐름에 의해 서로 연계되어 있다. 세계 모든 지역을 연결하는 세계화(Globalization)로 인해 인류는 모두 서로가 서로에게 영향을 미칠 수 있는 밀접한 관계를 맺고 살게 되었다. 세계화 현상은 주로 정해진 경계 내의 영토에 대해 행정의 독점권을 유지하는 제도적 지배형태인 국민국가(Nation-State)라는 단일 정치 · 경제 · 사회 · 문화적 경계 내에서만 가능하던 인류의 생활 및 활동 범위가 범세계적인 것으로 확대되는 것이다. 바꾸어 말하면 국가와 사회의 다양한 기능이 물리적 국경을 초월하여 중첩되고 종전의 국가가 해체되면서 지구촌이란 단일체제로 수렴되는 과정이 진행되는 것이다.

세계화(Globalization)란 용어가 처음 등장한 것은 1983년에 하버드 경영대학의 Theodore Levitt 교수가 'The Globalization of Markets'이란 논문을 Harvard Business Review에 처음 소개하면서 사용되기 시작했다. 그는 세계시장에 진출하는 다국적기업은 여러 제품이 아니라 표준화되어 있는 같은 제품을 세계 모든 지역에 내다 판매하는 전략을 채택할 것을 강조했다. 이후 〈표 1-1〉에서 보는 것처럼 세계화에 대한 여러 가지 정의가 제시되었다. 각자의 전문분야에 따라 많은 정의가 만들어졌으며 세계화에 대한 다양한 시각을 엿볼 수 있다.

| 표 1-1 | 세계화의 정의

저자	정의
I. Wallerstein	세계적인 분업구조로 엮어진 자본주의 경제체제의 승리를 의미한다.
D. Harvey	시간과 공간의 압축이다.
World Bank	전 세계에 걸쳐 경제 및 사회의 통합이 증가하는 것이다.
OECD	재화 및 서비스의 교역과 자본 및 기술의 흐름에 대한 역동성으로 말미암아 서로 다른 국가의 시장과 생산 간에 상호의존성이 점점 증대되는 현상이다.
IMF	국경을 넘어 거래되는 재화 및 서비스의 규모와 다양성이 증가하고 또한 기술 확산이 더욱 빠르고 폭넓게 이루어져서 세계 각국 간에 경제적 상호의존성이 증대되고 있는 것이다.
H. Holm & G. Sorenson	국경을 넘어서 경제적, 정치적, 사회적, 문화적 관계가 강화되는 것이다.
R. M. Kantor	아이디어와 상품이 어디에나 동시에 존재해서 세계가 쇼핑몰이 되어가고 있다.
M. Khor	제3세계는 수 세기 동안 세계화를 식민지화라고 했다.
G. van Liemt	국가경제 간에 상호의존성이 증대되는 것이다.
T. Friedman	지금까지 전혀 경험하지 않았던 속도로 시장, 국가, 기술의 거침없는 통합. 그리고 자유시장 자본주의가 세계 각국으로 확산되는 것이다.
M. Albrow & E. King	세계인들이 하나의 세계사회로 통합되는 모든 과정이다.
U. Beck	국가의 자주권 및 구조가 약화되는 것이다.
A. Krueger	세계의 어떤 곳에 있는 경제행위자도 다른 곳에서 일어나는 사건에 의해 크게 영향을 받는 현상이다.
E. Aninat	경제, 사회, 정치, 문화, 종교와 같은 인간 행위의 여러 영역에서 상호작용 및 통합이 증가하는 것이다.
V. Cooppan	문화 간에 상호작용, 교환, 변형의 과정이다.
R. Robertson	세계의 압축과 세계의 의식 강화이다.
G. Soros	세계 금융시장의 발전 그리고 초국적기업의 성장과 그들이 국가 경제에 대한 지배력이 증가하는 것이다.
K. Ohmae	국경없는 세계의 시작이다.

출처: 저자 정리

보통 세계화는 교역과 자본 자유화가 추진되면서 재화 · 서비스 · 자본 · 기술 · 정보 · 인력 등의 흐름이 각국으로 통제됨이 없이 자유롭게 이동이 가능해지고 세계가 단일시장으로 통합되는 현상으로 정의되고 있다. 즉 높은 수준의 자율성을 보유했던 국가별 경제체제 사이에 교역 · 투자 · 기술 · 정보 · 자본 · 인력 등의 이동과 흐름이 대규모로 이루어지고 이들에 대한 국경통제가 대폭 줄어들거나 사실상 통제가 불가능해지면서 세계 경제가 명실상부하게 단일 경제체제로 전환되었다는 인식의 변화가 증가하고 있다. 이처럼 경제 분야의 세계화만을 반영한 것과 달리 광의적으로 세계화를 정의한다면 정치 · 경제 · 사회 · 문화 등 다양한 분야에서 시간과 공간에 대한 제한이 급속도로 사라지면서 전 세계를 아우르는 교류가 증가하여 지구촌이 하나의 단위로 통합되어 가는 과정이다. 세계화 현상은 과거에도 그리고 현재에도 계속되면서 진화와 퇴보를 거듭하고 있다.

세계화는 매우 복잡한 과정이어서 정치, 경제, 사회, 환경, 문화 등 우리 인류의 다양한 삶의 영역에 영향을 미치고 있다. 예를 들어 경제 분야의 세계화를 보면 국가 간에 경제 교류와 협력이 증대됨에 따라 많은 국가가 경제성장을 이룩했다. 그러나 경제성장의 이면을 보면 성장의 혜택이 공정하게 분배되지 않아서 경제 불평등이 심화되는 것도 세계적인 현상이 되고 있다.

세계화는 지구를 하나의 통합된 단일시스템으로 간주해서 국경이 사라지고, 세계기구, 국가와 사회, 시민단체, 하물며 개인마저 주체가 되는 복합적이고 다층적인 교류 현상이다. 세계화된 질서에서는 특정 지역에서 일어나는 사건이 멀리 떨어진 다른 지역에도 영향을 미칠 수 있다. 따라서 세계화는 서로 다른 지역을 연결하는 범세계적인 사회적 관계가 집중되는 현상으로도 볼 수 있다. 또 세계화는 특정 사회 또는 특정 개인이 다른 사회나 다른 개인에 의해 영향을 받는 범위 및 강도 그리고 속도가 확대된다는 것을 의미한다. 따라서 세계화는 필연적으로 기존의 정치체제, 경제구조, 문화유형에 대한 변화를 유발하게 되면서 결국에는 개인의 신념체계, 사고방식, 생활방식, 행동체계 등에 변화가 나타나게 된다. 이러한 과정에서 세계화에 대한 찬성 또는 반대 의사나 태도가 표출되기도 한다.

종전에 사용하던 국제화(Internationalization)는 주로 국민국가를 기초로 하여 다른 국민국가와의 제반 관계를 고려하는 가운데 범세계적 차원으로 교류가 확대되는 개념이라고 하면, 반면에 세계화는 국민국가 간에 존재하는 국경의 한계를 초월하여 처음부터 지구촌 전체를 하나의 단위로 하는 더 전략적인 접근방식이다. 또 국제화에서는 아직도 국경 · 제도 · 의식 등이 중요한 역할을 담당하고 있지만, 세계화는 탈국가 · 탈국민 · 탈문화에서 비롯되어 세계시민이나 세계제도를 지향하고 있다.

II ▸▸ 세계화의 역사

인류에게 세계화는 매우 오래된 역사이다. 고대부터 상업적 및 종교적 활동으로 인하여 지역 간에 많은 교류가 성행했다. 전설적인 고대 페니키아인들의 왕성했던 교역 활동과 총연장 6,400km에 달하는 실크로드(Silk Road)를 통해 중국과 서역국 간에 교류가 이어졌다. 그리고 중세에는 유럽의 도시국가 간의 교역도 매우 성행했다.

15세기 초에 포르투갈에서 대항해시대가 시작되면서 보다 광대한 세계화 시대가 개막되었다. 대항해시대의 개막을 알린 포르투갈의 D. Henrique 왕자는 남하해서 아프리카로 가는 항로를 개척하기 시작했으며, 결국 1488년에 Bartolomeu Diaz가 아프리카 남단의 희망봉을 발견했다. 그리고 에스파냐 이사벨 여왕의 지원으로 인도 항해에 나선 Christopher Columbus는 1492년에 아메리카 대륙을 발견했다. 이어서 1497년에 Vasco da Gama는 희망봉을 돌고 난 후 아프리카 동쪽 연안을 따라 북상해서 모잠비크, 몸바사를 경유한 후에 인도양을 가로질러서 인도에 도착했다. Ferdinand Magellan은 1519년에 세비야를 떠나 대서양, 태평양, 그리고 인도양을 거쳐 1522년에 다시 세비야에 귀환하면서 처음으로 전 세계를 일주했다.

이후 서유럽 국가들의 식민지 확장 경쟁으로 해상무역이 발전하게 되었다. 서유럽의 제국들은 자국의 잉여 제품을 아프리카 서해안으로 가져가서 헐값에 노예들과 교환한 후에 강제로 이들을 신대륙으로 이주시켜서 사탕수수, 면화, 담배 등을 경작하게 했다. 이후 이런 원자재를 다시 유럽에 가지고 가서 제품과 교환하면서 엄청난 이득을 취했다. 이런 삼각무역을 통해서 큰 부를 축적할 수 있었다. 해상무역을 통해 네덜란드는 1602년에 동인도회사를 설립해서 세계교역을 주도하면서 세계 최강의 제국으로 등장했다. 이어 영국과 프랑스도 교역과 식민지 건설의 대열에 합류하여 함께 세계를 지배하기 시작했다. 특히 영국은 1600년에 설립한 동인도회사를 거점으로 국제교역을 확대하고, 1651년에는 항해조례를 선포해서 세계의 해상무역을 제패하면서 해가 지지 않는 나라를 건설했다.

이후 18세기 중반 이후 영국에서부터 촉발된 산업혁명(Industrial Revolution)으로 세계 경제는 비약적으로 발전하게 되었다. 처음에 영국을 비롯한 서유럽 국가들은 성장하는 자국의 산업을 보호한다는 명분 아래 중상주의(Mercantilism)라고 부르는 보호무역주의 정책을 시행했다. 중상주의를 채택했던 중앙집권적인 국가의 목표는 국가의 번영과 국력의 신장이었으며, 이를 위해 수입을 억제하고 수출을 장려하는 간섭주의적인 정책을 시행했다. 중상주의 정책의 큰 특징은 국가의 강력한 경제 규제 및 개입이었다. 그러나 중상주의 정책은 경제학의 태두 Adam Smith의 '국부론'에 의해 철저하게 부정되었다. 19세기 후반부터 개방을 통한 자유무역 운동의 영향으로 드디어 1860년에 영국과 프랑스는 '영불통상조약'을 통해 과거 중상주의 정책의 폐해를 배격하고 자유무역의 기초를 확립했다.

그림 1-1 신대륙 발견 이후 무역전쟁 패권국가(기축통화) 변화 추세

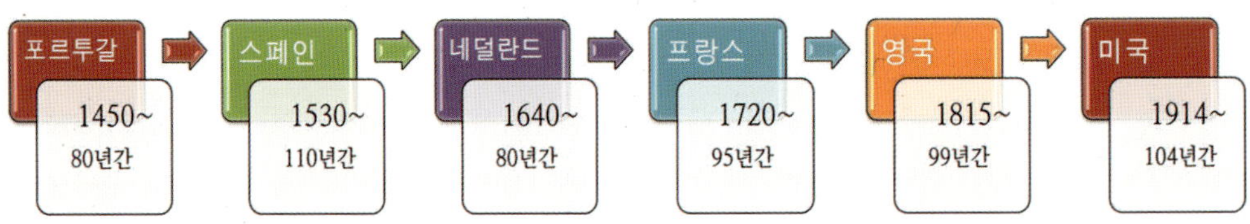

출처: 홍콩화폐청

현대적 의미의 세계화는 제1기(1870~1914년) 및 제2기(1945년~현재) 세계화 시대로 나누어 볼 수 있다. 먼저 제1기 세계화는 1871년에 영국의 주도하에 주요 유럽국가 간에 합의로 채택된 금본위제(Gold Standard)에 의한 국제통화제도

(International Monetary System)가 확립되면서 비로소 등장했다. 금본위제는 주요국의 통화가치를 일정량의 금에 고정하는 일종의 고정환율제도이다. 이 제도는 1816년에 영국에서 처음 시행되었다. 이 제도하에서 금은 모든 통화의 공통분모로 이용된다. 금본위제에서 경상수지가 흑자를 기록하는 국가에는 금의 유입이라는 보상이 주어졌다. 따라서 자국의 통화를 고정된 가격으로 금과 교환하기 위해 각국의 중앙은행은 항상 일정한 양의 금 보유량을 유지해야 했다. 금본위제는 각국의 통화량이 금 보유와 연결되고, 각국 간의 환율 고정으로 외환시장이 안정되었으며, 그리고 국제수지가 자동으로 조절되는 기능이 존재했다. 또 낮은 변동성, 높은 예측가능성, 그리고 안정성의 특성을 보유하고 있어서 오랫동안 국제무역의 발전을 지원하면서 세계화에 크게 공헌했다.

제1기 세계화는 현재 세계화와는 양상이 많이 다르긴 하지만 국가 간에 인적 및 물적 교류가 폭발적으로 증가했다는 차원에서 보면 제1기 세계화의 통합수준은 매우 높았다. 1910년대에 덴마크나 노르웨이는 GDP 대비 수출입 비중이 70%를 초과했고, 영국, 프랑스, 독일도 30%를 상회했다. 100년 전임에도 불구하고 엄청난 규모의 교역량을 기록했다고 볼 수 있는 대목이다. 제1기 세계화의 선두주자는 영국과 프랑스였으며 이들은 세계시장의 통합을 통해 많은 부를 축적하는 데 성공했다. 그러나 빈곤국과의 부의 불균형은 더욱 심화되었다. 제1기 세계화의 심화를 촉진했던 주요 동인은 철도, 증기선, 전신기술과 같은 교통 및 통신의 혁명적 발전이었다.

1914년 제1차 세계대전이 발발하기 이전까지 세계화는 매우 빠른 속도로 진행되었으며, 전례 없이 증가한 국제교역으로 세계 경제는 비교적 높은 수준의 시장통합을 이룩했다. 그러나 19세기 중반부터 20세기 초반까지 오랫동안 안정적으로 유지되었던 영국 파운드화 중심의 금본위제는 1차 세계대전을 치르기 위해 각 국가가 '전비용 화폐'를 무제한으로 발행하자 각국의 통화가치가 폭락하고 통화의 교환비율에 극심한 불균형이 조성되면서 금태환은 중지됐다. 결국 1914년에 1차 세계대전이 발발하면서 오랫동안 '평화와 번영'을 구가하던 제1기 세계화는 붕괴되었으며, 세계화 암흑기가 시작됐다.

세계화 암흑시대인 1차 세계대전은 유럽경제를 완전히 와해시켜 버렸다. 반면에 미국, 일본, 남미국가는 전쟁 덕에 무역을 증대해서 막대한 국부를 축적했다.

그러나 1차 세계대전이 종료된 후 패전국 독일에 부과된 엄청난 전쟁배상금 등의 영향으로 통화 팽창이 일어났으며 이에 따라 초강력 인플레이션이 발생하면서 미국은 1919년에, 영국은 1925년에 다시 금본위제로 환원했다. 그렇지만 1929년에 발발한 대공황으로 대다수 선진 산업국가의 경제가 붕괴되었다. 1928년과 1932년을 비교하면 전 세계 산업생산량은 1/4로 줄어들었다. 대공황으로 피해가 가장 심했던 미국의 생산량은 1/2로 대폭 감소했으며, 경제활동인구의 약 40%가 실업자로 전락하면서 고단한 생활을 감수해야 했다. 세계 각국은 대공황 극복 방안으로 수출확대 정책을 통한 경제회복을 도모하기 위해 자국 통화의 평가절하에 경쟁적으로 나서게 되면서 금본위제는 다시 중단되었다. 그리고 각국은 자국 경제를 보호하기 위해 관세 등 강력한 보호무역주의 정책을 시행했으며 결과적으로 세계의 교역량은 현저히 감소했다. 이후 독일 나치가 등장하고 2차 세계대전이 발발하면서 세계화의 암흑시대는 계속되었다.

1944년 7월에 44개국으로 구성된 연합국 대표들은 종전 이후의 효율적인 국제통화제도의 구축에 대한 논의를 하기 위해 미국 뉴햄프셔주 브레튼우즈에서 회합을 했다. 대표들은 달러화를 기축통화로 하는 새로운 고정환율체제인 **브레튼우즈 협정**(Bretton Woods Agreement)을 체결하고 안정된 국제통화제도의 유지를 위해 **국제통화기금**(IMF)과 IBRD(국제부흥개발은행)를 창립했다. 그리고 브레튼우즈 체제를 통해 미국과 서유럽은 무역 활성화를 위해 1947년에 GATT(관세 및 교역에 관한 일반협정)를 창설해서 전 세계적인 제품의 자유무역을 도모하도록 했다. 브레튼우즈 체제의 등장은 현재까지 계속되고 있는 제2기 세계화 시대의 서막을 세계에 알리게 되었다. 특히 번영의 30년이라는 1945년부터 1973년 사이에 세계 경제는 자유무역으로 안정적이고 높은 경제성장을 이룩했으며, 번영의 30년간 생산은 3.6배 증가하고 교역량은 6배나 성장했다.

그러나 1970년대에 들어서자 미국의 Johnson 대통령은 베트남 전쟁과 사회복지 프로그램 등에 투자하기 위해 정부의 재정지출을 크게 증대했다. 그러나 그는 증세를 선택하지 않고 달러를 확대해서 공급했다. 이로써 세계적으로 인플레이션이 증폭되고 브레튼우즈 체제는 심각한 위기에 처하게 됐다. 인플레이션으로 기축통화로서 달러의 신뢰는 크게 약화되었으며 미국은 대량 공급된 달러를 태환하는 능력이 한계에 이르렀다. 설상가상으로 1971년에 미국은 전후 최초로 무역적자를 기록했다. 이에 따라 Nixon 대통령은 1971년 8월 5일에 전격적으로 달러화의 금태환 금지 조치를 발표해 버렸다. 이로 인해 기존 금과 달러의 관계에서 질서가 일방적으로 단절돼 버림으로써 세계대전 이후 안정된 국제통화제도를 유지해왔던 브레튼우즈 체제는 붕괴되었다.

그런데 1980년대 이후의 제2기 세계화는 '제3기 세계화'라 할 정도로 종전과는 확연히 다른 양상과 전례 없이 빠르게 진행되는 특징이 있다. 1980년대 이후 정보통신기술과 교통수단의 혁명적 발전에 힘입어 세계화의 속도는 유사 이래 가장 빠른 속도로 진행되었다. 그리고 1980년대 이후부터 현재까지의 세계화는 '신자유주의(Neo-liberalism)'라는 경제사상과 더불어 진행된다는 특징을 보이고 있다. 세계화와 신자유주의와의 관계에 대해서는 뒤에 따로 설명하기로 하겠다. 1970년대에 세계를 강타한 2차례의 석유 파동과 환율체제의 불안정성도 세계교역의 증가 추세를 막지는 못했으며, 1975년에서 2001년 사이에 세계 교역량은 350% 정도 증가했다. 그리고 1980년대와 1990년대 세계교역의 특징은 과거와는 다른 교역형태인 해외직접투자(FDI)가 엄청나게 증가했다. 해외직접투자 금액은 생산액이나 무역액에 비해 훨씬 빠른 속도로 증가했는데, 1980년대 전 세계 GDP(국내총생산)의 5%였던 해외직접투자 금액이 2005년에는 24%로 크게 확대됐다.

| 표 1-2 | 19세기 및 20세기의 세계화 물결(단위: %의 변화율(일부 제외))

세계	1850-1913	1950-2007	1950-1973	1974-2007
인구증가율	0.8*	1.7	1.9	1.6
실질GDP성장률	2.1*	3.8	5.1	2.9
일인당 GDP	1.3*	2.0	3.1	1.2
실질 교역증가율	3.8	6.2	8.2	5.0
순이민자(백만명)				
미국 캐나다 호주 뉴질랜드(전체)	17.9*	50.1	12.7	37.4
미국 캐나다 호주 뉴질랜드(연간)	0.42*	0.90	0.55	1.17
일본을 제외한 선진국가(전체)				64.3
세계전체의 GDP 대비 FDI의 %			5.2(1982년)	25.3(2006년)

출처: WTO, 2008. * 1870~1913

제2기 세계화는 1986년부터 개최된 우루과이 라운드(Uruguay Round of Multinational Trade Negotiation)가 1993년 12월에 타결됨으로써 1995년 1월에 WTO 체제가 정식으로 출범하면서 한층 가속화되었다. WTO의 설립 목적은 관세장벽 및 비관세장벽과 같은 규제의 완화 또는 철폐를 통해 전 세계의 자유무역을 촉진하는 것이었다. WTO 출범으로 국제교역 규모가 1987년 8.7조 달러에서 2008년에는 39.1조 달러로 5배 이상 증가하게 되었는데, 세계무역 성장률이 경제성장률보다 더욱 빠르게 진행되었다. 그리고 1980년대 이후의 세계화에서 나타나고 있는 중요한 트렌드 중의 하나가 바로 금융(=자본)시장의 자유화로 인해 투자자본이 전 세계를 무대로 활약할 수 있는 기반이 조성된 것이었다. 금융시장의 자유화로 선진국은 생산거점의 구축과 금융상품의 판로 확대 등을 위한 해외직접투자(FDI)를 시행했고, 경제성장이 시급한 신흥국 및 후진국은 해외자금의 유치를 장려했다. 실제로 1990년에 0.4조 달러에 불과했던 해외직접투자(FDI)가 2008년에는 3.7조 달러로 9배나 대폭 확대되었다.

| 표 1-3 | 국제교역 및 자본이동의 GDP 대비 비율(단위: %)

	1975	1980	1990	2000	2008	2009
국제교역/GDP	36.6	44.1	39.7	49.3	63.8	53.4
비거주자대출/GDP	–	–	5.0	24.4	32.8	34.3
FDI/GDP	–	5.9	9.4	23.2	25.5	31.0

출처: IMF, UNCTAD, BIS

자본의 자유로운 이동을 강조하는 신자유주의 경제이론은 자본 자유화가 세계경제의 성장에 이바지한다고 주장한다. 반면에 다른 시각을 가진 학자들은 잘못되면 자본의 자유화는 세계 금융시장의 심각한 불안정성을 초래한다고 보는데, 1980년대 멕시코와 남미의 위기, 1997년 태국과 한국을 포함한 동아시아 외환위기, 1998년 러시아의 외환위기, 1998년 터키와 브라질의 위기, 2001년 아르헨티나의 위기, 2008년 세계금융위기 등이 그 예이다.

2008년에 미국에서 주택시장의 서브프라임 모기지 사태로 세계적인 금융위기가 촉발되었는데, 이로 인해 무한정으로 올라가던 주택경기의 거품이 꺼지고, 부동산 가격이 폭락하고, 신용시장이 급격히 경색되며, 월스트리트의 기업들이 무더기로 도산했다. 이에 정부가 개입해 엄청난 자금을 동원해서 구제금융을 실시했다.

| 표 1-4 | 세계화 단계의 주요 내용

세계화 단계	주요 내용
제1기 (1870~1914)	• 교통수단 발달과 관세인하에 힘입어 식민지의 풍부한 토지를 이용한 토지집약적 상품 수출의 확대 • 영국 등 선진국의 자본이 개발도상국으로 유입됨
세계화 후퇴기 (1914~1945)	• 대공황을 극복하기 위한 보호교역주의의 영향으로 세계교역이 위축됨 • 선진국들의 자본 해외유출 통제로 개발도상국으로의 자본유입이 위축됨
제2기 (1945~현재)	• 종전 후 선진국 상호 간·다자간 교역자유화 등에 의한 경제통합이 진행됨 • 선진국의 개발도상국에 대한 교역장벽이 강화되고 또 개발도상국으로의 자본유입도 위축됨 • (특히 1980년대 이후) 개발도상국의 수출이 크게 신장되고, 선진국 자본이 개발도상국으로 대거 유입됨

출처: World Bank, 2002

고대부터 세계화는 주로 로마제국, 네덜란드, 영국 등 초강대국이 세계화를 주도하며 진행되었다. 제2기 세계화의 초기에도 미국이 막강한 경제력과 국방력을 바탕으로 전 세계를 좌지우지해 왔지만, 1971년에 브레튼우즈 체제의 붕괴로 지배력이 잠시 주춤하더니 2008년에 리먼 사태로 촉발된 세계금융위기로 말미암아 유일무이한 최강국의 지위를 내려놓게 되었다. 따라서 현재의 세계화는 역사상 초유의 다극 체제를 맞고 있다.

지금까지 세계화의 역사를 살펴보고 또 〈표 1-5〉를 통해 우리가 확인할 수 있는 사실은 세계화는 순탄한 과정만을 거치지 않았다는 사실이다. 19세기와 20세기 후반에서 경험하였듯이 세계화는 세계 경제의 통합을 가속하면서 번영과 평화를 누리기도 했지만, 1차 세계대전의 촉발부터 2차 세계대전의 종전까지의 시기에서 보듯이 전 세계가 매우 값비싼 비용을 치르는 좌절도 겪었다.

| 표 1-5 | 세계화 연대표

시기	경제(Economic)	정치(Political)	기술(Technological)
1940년대	• 새로운 국제통화체제인 브레튼우즈 체제의 창설(1944~1971) • GATT 창설(1947) • 구소련에 의해 공산주의 국가들의 경제협력을 위한 CMEA 창설	• UN 창설(1945) • 전후 유럽원조 프로그램인 마셜플랜의 시작 • OECD 창설(1948) • 탈식민지화가 시작됨(1948~1962)(예: 인도, 인도네시아, 이집트 등) • 중국의 사회주의 국가화(1949)	• 플라스틱과 섬유 제품의 확대(예: 최초의 여성용 나일론 스타킹, 1940) • 사우디 아라비아를 비롯한 중동에서 대규모 유전 발견(1948)
1950년대	• EC를 위한 로마조약 체결(1957). EC와 유럽 자유교역연합은 서유럽의 통합을 원함 • 주요 통화의 교환이 가능하게 됨(1958~1964)	• 한국전쟁(1950~1953) • 수에즈 운하 위기(1956) • 아프리카의 탈식민지화(1958~1962년 사이에 15개국이 독립국가로 변모)	• 유럽과 일본에서 중동산 석유의 이용이 증가 • 도요타에 의해 Just-in-time(JIT)이 시행 • 제트여객기의 이용 증가(1957~1972)
1960년대	• OPEC 창설(1960) • 국제 유동성의 확장에 기여한 유로달러 시장의 개발 • 제6차 GATT 교섭이었던 케네디라운드(1964~1969) 개최 • 선진국에서 자동차와 고속도로의 급속한 증가로 수요가 가속화되고 석탄에서 석유로 연료의 전환 • 동아시아의 교역정책이 수입대체형 대신 수출주도형으로 전환 • EC 내에서 관세의 소멸(1968)	• 베를린 장벽의 축조(1961)와 쿠바 미사일 위기(1962)로 대표되는 동과 서 간의 첨예한 대립	• 최초의 유인우주선(1961)과 최초의 달 착륙(1969) • 집적회로(IC)의 상업화(1961) • 해양 석유 및 가스 시추 기술의 개발 • 녹색혁명으로 인한 개발도상국에서 농업생산의 개혁(1960년 이후) • 일본에서 초고속 열차 신칸센의 개통(1964) • 몽블랑 터널 개통(1965) • 해양교통에서 컨테이너선의 이용 증가(1968년 이후)
1970년대	• 브레튼우즈 체제의 붕괴(1971) • GATT의 도쿄라운드(1973~1979) • 2차례의 석유 파동(1973~1974, 1979) • 아시아 신흥국의 부상 • 중국의 경제개혁(1978)	• 이집트와 시리아의 이스라엘 공격으로 발발한 제4차 중동전쟁으로 인한 유가 인상(1973) • 유럽연합(EU)이 9개국으로 확대(1973)	• 최초의 마이크로프로세서 칩인 Intel 4004의 개발(1971)
1980년대	• 미국 FRB의 성공적 인플레이션 극복 • 개발도상국의 채무 위기 • 멕시코의 경제개혁과 GATT 가입(1986) • 루브르 협정으로 달러가치의 안정화를 유도(1987)	• EU가 12개 회원국으로 확대 • 베를린 장벽의 붕괴(1989)	• 미국 IBM이 최초의 PC 개발 • 미국 Microsoft가 Windows를 소개
1990년대	• 인도의 경제개혁(1991) • NAFTA 창설(1994) • 아시아 외환위기(1997) • WTO 창설(1995) • 유럽 11개국의 유로화 채택(1999)	• 구소련의 붕괴(1991)로 13개 독립국가화 • 유럽연합조약의 체결(1992)	• 영국과 유럽 대륙으로 연결하는 유로터널 개통(1994) • 2세대 네트워크를 사용하는 휴대폰 이용의 획기적 증가 • 핀란드의 Radiolinja에 의해 최초의 2G-GSM의 개통

시기	경제(Economic)	정치(Political)	기술(Technological)
2000년대	• Dot.com 버블 위기(2001) • 중국의 WTO 가입(2001) • 다국간 섬유협정의 종료	• EU 회원국이 27개국으로 확대	• 컨테이너선 운송이 세계 해상 운송 총액의 70% 차지 • 인터넷 사용자 8억 돌파(2005)

출처: WTO, 2008

III ▸▸ 세계화의 추진동력과 실체

세계화의 추진동력

세계화는 중단할 수 없는 시대의 대세적 흐름이라는 주장에 대한 찬반 논란이 있다. 1986년에 공공선택이론으로 노벨 경제학상을 수상한 미국의 James Buchanan은 **"세계화는 필연적 조류이기 때문에 거부하거나 방어할 수 없으며 이에 적응하는 것밖에는 다른 대안이 있을 수 없다"**라고 주장했다. 또 그는 세계화가 초래하는 충격이나 변화를 단기적으로 완화하는 시도를 할 수는 있으나, 세계화 조류 자체를 거부하거나 방어하려고 하는 국가가 있다면 반드시 경제적 위기를 겪을 수 있다고 경고했다. 그리고 일본의 Ohmae Kenichi는 "세계화가 진행됨에 따라 종전의 국민국가는 소멸되고 또한 각국의 국민경제가 동질화됨으로써 국경 없는 세계, 국적 없는 기업이 나타날 것이다. … 현재 우리는 국경 없는 세계에 살고 있다. 세계화 속에서 국민국가는 일종의 허구이며 정치가는 그 막강한 권력을 잃어가고 있다"라고 주장했다.

우리가 겪었고 또 현재 경험하고 있는 두 차례의 세계화를 통해 세계는 교역의 급속한 증가, 다국적기업을 중심으로 한 생산체제의 변화, 해외직접투자의 지속적 증대, 자본이동의 자유화, 이민 등 인구 이동의 확대, 재앙적인 기후 변화 그리고 국내는 물론 국가 간에 심화되고 있는 **불평등(Inequality)**의 확대 등과 같은 다양한 결과가 만들어졌다.

그렇다면 궁극적으로 지구촌 통합이라는 거대한 물결을 만들어내고 있는 세계화는 무엇에 의해 촉발되고 있는가? WTO는 2008년에 발표된 보고서를 통해 넓은 의미에서 세계화는 **지속적인 기술혁명, 광범위한 정치적 변화, 개방적인 경제정책** 등에 의해 촉진되었다고 발표했다. 첫째, 세계화를 촉진하는 가장 강력한 원동력은 **기술혁명**으로 정보통신기술 및 교통수단의 속도를 증진하고 있으며 적은 비용으로 이용할 수 있게 되면서이다. 제트여객기와 컨테이너선의 개발은 엄청난 양의 재화가 전 세계로 신속하게 이동될 수 있도록 만들었으며, PC, 스마트폰, 인터넷, WWW 등과 같은 정보통신기술(ICT)의 혁명은 근본적인 경제 · 정치 · 사회적 변화를 가져왔다. 즉 정보통신기술과 교통수단의 혁신적 발달로 인해 인적 및 물적 교류가 증가하고, 국경과 민족의 경계가 낮아져서 문화 · 법률 · 제도가 상호작용하게 되었다. 플라스틱, 녹색혁명, JIT 등과 같은 생산방식의 변화도 세계화를 가속하는 데 공헌했다. 또 석탄에서 석유나 가스로의 연료 전환은 경제개발을 촉진하는 데 필수적으로 소요되는 값싸고 많은 에너지를 공급했다.

둘째, 정치적 사건과 세계화는 매우 복잡하고 역동적인 관계였다. 식민지 경쟁을 벌였던 제국체제의 붕괴와 세계대전 종전 후의 **냉전체제**는 세계를 분열했다. 냉전체제하에서 세계 경제는 민주주의, 시장경제, 자유무역을 옹호하는 **제1세계**, 국가가 소유하는 기업이 생산과 무역에서 정부의 정책에 의해 통제를 받는 중앙 집권적 계획경제를 추구하는 구소련, 동유럽국, 중국 등으로 구성된 **제2세계**, 그리고 1946년부터 1962년 사이에 정치적으로 독립 국가를 선포했던 많은 개발도상국으로 구성된 **제3세계** 등의 세 집단으로 나눠졌다. 그 후 세계는 1960년대 베를린 장벽의 건설과 쿠바 미사일 위기를 거치면서 동(East)과 서(West)의 대결체제에 이르게 되었다. 그러나 이와 같은 역동적인 정치적 소용돌이 속에서도 전후 서유럽경제의 재건을 지원하기 위해 마련된 미국의 경제원조계획인 마셜플랜(Marshall Plan)의 시행은 향후 세계의 경제개발 및 통합에 중요한 시금석 역할을 했다. 이후 중국의 경제개혁, 구소련과 베를린 장벽의 붕괴 등으로 말미암아 과거 세계의 통합을 가로막던 장벽들이 제거되면서 냉전체제는 종식되었다.

셋째, 세계화를 이끄는 중요한 직접적인 원동력으로 자유로운 국제교역과 자본거래를 제한하고 있는 규제를 축소하거나 제거하는 **규제완화(Deregulation)**와 같은 개방적인 경제정책의 전면적 등장이다. 다양하고 개방적인 경제정책을 통해 자유무역을 막던 규제가 사라졌다. 먼저 자유로운 통화교환이 가능해지고 국제수지에 대한 제한이 사라졌으며, 유로달러시장의 등장으로 국제유동성이 풍부해지면서 서유럽 국가 간에 국경을 넘나드는 자본거래가 활성화되었다. 또 1970년대 초기에 교통과 통신 산업에 대한 규제가 철폐됐다. 규제완화는 각국 정부의 규제를 철폐 · 완화 · 단순화하거나 국영기업의 민영화를 촉진했으며, 또 자유화를 통해 산업에서의 경쟁을 촉진했다. 세계교역을 촉진하기 위한 자유무역 정책은 주로 GATT를 통해 이루어졌으며, 양자 간(FTA) 및 지역 간(EU, NAFTA) 무역협정을 통해 무역자유화가 구체화됐다.

개발도상국의 경제개발을 위한 무역정책의 선택은 매우 중요하다. 과거 남미국가들은 경제성장을 위해 주로 수입대체(Import Substitution) 산업화 정책이라는 내부지향적인 무역정책에 중점을 두었으나 시간이 지나면서 대부분 실패했다. 그러나 한국, 대만, 홍콩, 싱가포르 같은 동아시아의 **신흥국(NICs: Newly-Industrialized Countries)**들은 독자적인 외부지향적인 **수출주도 성장정책(Export-led Growth Strategy)**으로 큰 성공을 거두었다. 이에 영향을 받은 남미국가들도 이후 수출주도형으로 경제정책을 급선회했다. 그리고 세계 경제의 안정적 성장을 도모하고 잦은 경제위기 때마다 응집력 있게 일관적인 경제정책을 운용함으로써 소방수 역할을 담당하던 미국의 연방준비제도이사회(FRB)와 국제기구인 IMF, 세계은행, GATT(현 WTO) 등도 세계화를 통한 경제통합에 큰 족적을 남겼다.

세계화 현상의 실체

1993년에 미국의 정치학자 Samuel Huntington은 신작 '문명의 충돌(The Crash of Civilizations)'을 통해 냉전체제 이후의 국제질서에 대한 새로운 패러다임을 제시했다. 그는 문화의 광역적 실체인 문명이 냉전체제 이후에 국제사회의 응집, 해체, 갈등 등에 대한 형태를 결정하고 있다고 보았다. 그는 세계를 8개 문명권으로 분류했다. 새로운 세계에서 지역정치는 민족성의 정치이며 세계정치는 문명의 정치라고 주장했다. 또 과거의 문명 내에서 자유주의, 사회주의, 공산주의, 사회민주주의, 국수주의 등과 같은 정치사고(=이데올로기)의 충돌은 문화와 종교 같은 문명 간의 충돌로 대체되었다고 역설했다. 따라서 새로운 국제질서에서 문화적으로 유사한 사회들은 서로 협력하고 문명권의 핵심국가들로 집단화를 이루고자 하며, 다른 문명 간의 관계는 서로 긴밀하지 않아서 결국에 일부 문명 간에는 갈등과 충돌이 발생할 것으로 예측했다. "대체로 서구는 오만하고 이슬람은 편협하고 중화는 자존심이 강하다"라는 말이 있듯이 이질적 문명 간에는 항상 충돌 위험이 도사리고 있다.

그러나 문화적 차이는 불변한다는 Huntington의 시각과는 달리 세계화를 통해 미국화(Americanization), 맥도날드화(McDonaldization), 디즈니화(Disneyfication) 등과 같은 문화적 수렴(Cultural Convergence) 현상도 나타나고 있다. 예를 들면, 맥도날드화는 효율성을 강조하는 미국 패스트푸드 레스토랑 사업의 원칙이 많은 영역에서 미국뿐만 아니라 다른 여러 국가도 지배하고 있는 현상을 말한다. 효율(신속한 서비스), 측정가능성(신속하고 값싼), 예측가능성(낮은 불확실성), 통제(노동력과 고객)로 대표되는 맥도날드의 성공원칙은 첫째, 맥도날드와 같은 원칙을 적용하여 성과를 달성한 다른 외식체인(맥도날드화된)들의 전 세계로의 확산을 주도했으며 둘째, 다른 국가의 외식업체도 그들만의 맥도날드화된 체인을 개발했으며 셋째, 다른 국가에서 개발된 맥도날드화된 일부 외식체인업체가 미국으로 역수출되고 있다.

2005년에 미국 New York Times의 유명 칼럼니스트 Thomas Friedman은 신작 '세계는 평평하다(The World Is Flat)'를 통해 세계화가 심화되면서 세계가 더 평등해졌다고 주장했으며, 글로벌 경쟁의 무대에서는 누구나 평등하다는 점을 강조했다. 그는 특정 상품을 위해 인도의 소프트웨어 제작자, 아시아의 제조업자, 그리고 미국의 소프트웨어 설계자가 공동의 사업목적을 위해 동시에 국제 화상회의를 진행할 수 있는 것이 오늘날 세계화의 현주소라고 주장했다. Friedman은 세계화의 단계를 세 시기로 구분했는데, 1492~1800년까지의 시대를 식민지 확충을 통한 제국건설이 목표였던 세계화 1.0의 시대라고 했다. 그리고 1800년대~2000년까지 지속되었던 세계화 2.0 시대는 다국적기업들이 시장과 노동력을 차지하기 위해 서로 경쟁하던 시기로 정의했다.

그리고 그는 2000년대부터 시작된 세계화 3.0 시대는 이전과는 전혀 다른 양상이 나타나고 있다고 주장했다. 즉 그는 인터넷과 같은 정보통신기술의 혁명적인 발전으로 과거 서구 강대국을 중심으로 전개되었던 경쟁체제가 현재는 여러 대륙 간의 경쟁 현상으로 권력이 분산되는 양상으로 변했다는 것을 강조했다. 즉 경기장이 평평해졌다는 것이다. 그는 또 과거의 경쟁 단위가 국가나 거대한 다국적기업 수준에서 소규모 기업과 개인 수준으로 하향화됐다고 주장했다. Friedman은 "평평해진 세계에서는 좋은 일자리가 널렸다. 단, 지식과 아이디어를 갖춘 사람에게만 그렇다"라고 했으며 끊임없이 능력을 키우는 사람만이 글로벌 사회에서 경쟁력을 가질 수 있다고 강조했다. 또 그는 1989년 11월의 베를린장벽 붕괴, 윈도우와 WWW의 출현, 협업을 가능하게 하는 업무흐름도 제작 소프트웨어(Workflow software), Open Sourcing(Linux), Outsourcing, 역외생산(Offshoring), 공급사슬(Supply Chain), 인소싱(Insourcing), 인포밍(Informing), The Steroids(WiFi)와 같은 10가지의 평평요소(즉 세계를 평등하게 이끄는 요소)를 소개했다. 그는 이런 요소들이 융합되고 보완되면서 지리적인 거리와 언어 장벽이 사라졌으며, 지구 전체가 실시간으로 지식과 작업을 공유할 수 있는 활동공간이 창출되었다고 했다.

또 Friedman은 평평해진 세계화 3.0 시대는 정보통신기술의 혁명, 비즈니스 방식의 변화, 신규 진입자의 등장과 같은 세 가지 동력의 삼중융합으로 만들어졌다고 역설했다. 첫째, PC, 초고속 인터넷 등과 같은 정보통신기술의 혁신으로 전 세계가 수평적 네트워크로 연결되어 결국 세계를 평평하게 만들었다. 둘째, 기술혁명이 인류의 생활 속으로 침투하면서 근본적인 사회체제의 변화가 발생했다는 것이다. 예를 들면, 세계화 1.0 시대에는 티켓을 발급해주는 사람이 존재했지만, 2.0 시대에는 자동 티켓발매기가 인력을 대체했으며, 3.0 시대에는 각자 스스로가 티켓 발매원이 된다. 셋째, 과거 냉전체제 시절 폐쇄적인 체제에 갇혀 살았던 중국, 러시아, 동유럽, 남미, 중앙아시아 등 약 30억에 가까운 인류가 베를린 장벽의 붕괴 이후 모두 자유경쟁 시장에 진출하면서 과거의 선두주자였던 북미, 서유럽, 일본, 동아시아와 종전과는 다른 규칙에 따른 경쟁을 벌이게 되었다고 했다. 그는 특히 미국의 국력 약화를 강조했으며, 종전과 같은 미국화(Americanization) 현상을 통한 미국식 세계 문화통합의 가능성을 부인했다. 또 세계화 3.0 시대에서 최고기업이 되기 위해서는 보다 창조적인 기업경영과 공격적인 세계화로 세계시장을 개척할 것을 주문했다.

그러나 당시 세계화 선풍을 일으켰던 Friedman의 주장은 2007년에 인도 출신 하버드대학 교수 Ghemawat에 의해 결정적인 비판을 받게 되었다. Ghemawat는 2007년에 신작 'Redefining Global Strategy'를 통해 우편 · 전화 · 주식 · FDI · GDP 등 〈표 1-6〉에서 보는 것과 같은 14가지 사항에 대한 세계화 정도(Levels of Internationalization)에 대한 연구를 수행해서 그 결과를 발표했다. 이를 통해 Ghemawat는 Friedman의 세계화는 헛소리이며 아무런 팩트(Fact) 없이 주장된 허구라고 역설했다. 그에 의하면 현재 세계는 25%가 세계화된 준세계화(Semi-Globalization) 세상이라고 강조했다.

또 Ghemawat는 모두가 Friedman의 주장처럼 무작정 해외로 진출해야 할 것이 아니라 반드시 문화적 · 행정적 · 지역적 · 경제적 거리체계(CAGE Distance Framework)를 냉정하게 파악하는 것이 첫걸음이 되어야 한다고 주장했다. 그는 두 지역 간 지리적 거리가 멀수록 교역이 감소하고 가까울수록 늘어난다고 주장했는데, 이는 거리에 의해 국가 간 거리가 가까울수록 상호 간 해외관광객이 증가하는 국제관광의 현상과 정확히 일치한다. 그는 공통언어를 사용하는 국가 간에 교역량이 더욱 많다고 했다. Ghemawat는 앞으로 신흥국 시장이 다국적기업들의 주요 활동 무대가 될 것이며, 바람직한 세계화를 위해서 정부의 적절한 시장개입과 자유경쟁 시장이 조화를 이루는 균형적인 세계화가 필요하다고 역설했다.

| 표 1-6 | Ghemawat의 세계화 진행도

항목	%
해외우편물(국경을 오가는 서신)	1
국제전화의 비중	2
유학생의 비중	2
1세계 이민자가 세계 인구에서 차지하는 비율	3
경영 리서치	7
민간 자선금	8
전 세계 투자 중에서 해외직접투자(FDI)가 차지하는 비율	8.5
해외여행자	9
특허권	14
주식투자	14.5
인터넷 해외전송(국경을 오가는 인터넷 통신 전송량)	17~18
은행예금	25
세계 GDP대비 교역액	28
국채	35

출처: Ghemawat, 2007

세계화가 진행되면서 나타나는 일반적인 현상은 다음과 같다. 첫째, 냉전 이후 국제질서는 다극화되었다. 국경을 초월한 국제교류가 대폭 확대되면서 국제기구의 등장과 역내 통합 움직임, 정치 주체의 다양화로 국제연합(UN), 유럽연합(EU), 세계무역기구(WTO), 세계은행(World Bank), IMF 등 국제기구가 국제적인 정책 결정을 통해 여러 국가의 내부 정치 · 경제에 영향을 미치는 사례가 증가하고 있다. 한편 지역연합은 경제통합으로 이어져서 EU와 NAFTA 등이 탄생했다.

둘째, 세계 경제의 연계가 심화되면서 교역의 증가, 해외직접투자(FDI)를 포함한 자본의 국제적 이동이 크게 증가했다. 금융자본의 세계화와 생산거점의 잦은 이동으로 다국적기업들이 세계 경제를 좌지우지하게 되었다. 한편 교통수단의 혁신으로 항공과 해운을 중심으로 한 물류활동이 대폭 증가했다. 그리고 인터넷, 통신위성, 스마트폰 등 시공간을 초월하는 의사소통이 크게 확대되었으며, 지적재산권과 세계표준(Global Standard)에 대한 경쟁이 격화되었다.

셋째, 문화교류 또는 문명 간 충돌이 많이 증가했다. 이민, 유학, 관광, 국제결혼 등의 문화교류가 현저하게 증가했다. 그러나 문명 간의 갈등과 대립도 계속되어 미국의 보수주의자 집단인 네오콘의 등장과 미국의 이라크 침공, 이슬람권 반미정서 확산과 9.11 테러, 세계 여러 지역에서의 국지적인 분쟁이 빈발하고 있다. 또 인적 이동의 확대에 따른 다문화 사회의 형성과 이에 따른 갈등이 심화되고 있으며, 급증하는 해외여행과 이민자의 증가로 인해 국제교류가 활발하게 이루어지고 있다. 글로벌 경제 현상과 이문화 간 교류의 증가는 소통수단으로 영어가 세계공용어로서의 역할을 하고 있다.

넷째, 세계화로 인해 환경 · 기후 · 보건 · 식품 · 재해 · 에너지 등 여러 영역에 걸쳐 사회문제에 관한 관심이 많이 증가했다. 특히 지구의 환경문제가 전 세계의 공통과제로 등장하면서 대규모 재난, 지구온난화, 환경파괴, 대기오염 등의 문제는 많은 국제회의에서 단골 메뉴로 등장하게 됐다. 또 세계는 미국의 카트리나 태풍 재해, 수만 명이 사망한 중국의 쓰촨성 지진, 인도네시아의 쓰나미, 일본 동북부의 대지진과 같은 불가항력적 자연재해에 대해 경각심을 높이게 되었다.

또 세계화 현상을 네 가지 맥락에서 보면 첫째, 인류발전사의 원동력인 경제적 욕구의 문제이다. 인류 역사의 진화가 경제적 이해관계에 대한 갈등과 대립을 해소하는 과정을 통해서 이루어진다고 봤을 때 세계화는 경제적 이익을 매개로 하는 국제교류의 확대과정이다. 둘째, 새로운 국제질서를 만들어 가는 과정이다. 세계화는 다양한 요소의 상호작용 속에서 일시적인 것이 아닌 지속적으로 제자리를 잡아가는 새로운 국제질서의 형성과정이다. 셋째, 국민국가의 존재 의미이다. 세계화는 국가를 부정하는 것에서 출발하는 것이 아니라 국가의 존재를 전제로 하며 과거와 다른 국가의 의미나 역할을 이해하는 것이다. 넷째, 기술혁명과 그것의 한계이다. 국제교류의 확대 및 심화는 결국에는 기술 발전 내에서 가능한 것이므로 궁극적으로 기술혁명은 세계화의 토대인 동시에 한계를 의미한다.

Ⅳ ▸▸ 세계화와 신자유주의

2008년 세계금융위기가 발발하기 이전까지 세계화는 신자유주의(Neo-liberalism)라는 경제이념과 일체화된 형태로 진행되었다는 것은 주지의 사실이다. 그리고 신자유주의는 세계화의 이념적 근간이 되었다. 세계금융위기로 인해 많은 비판을 받았음에도 불구하고 신자유주의는 아직도 세계화를 이해하는 데 가장 영향력이 큰 이론임은 부인할 수 없는 사실이다. 전 세계가 경험하고 있는 경제위기의 주요 원인이 자유시장 경제와 규제완화라는 신자유주의적 믿음과 정책에서 비롯되었는데, 2008년 세계 금융위기의 씨앗은 세계 금융시장에서 규제완화로 인해 수많은 고위험 · 고수익 금융상품의 개발에서 비롯된 것이다.

신자유주의는 자본주의(Capitalism)의 발달과 더불어 형성되어 발전해 온 경제사상, 체제, 정책을 말한다. 신자유주의는 자본주의의 이념적 바탕이 되는 자유주의(Liberalism)라는 거대한 역사적 흐름 안에서 형성되었다. 즉 정치적 자유주의를 시발로 한 고전적 자유주의가 케인즈(Keynes)주의라는 혁명적 자유주의를 거쳐 현재의 신자유주의로 변화 · 발전하게 되었다. 자유주의의 역사는 17세기 영국의 정치사상가 John Locke 등에 의해 태동됐다. 이들은 자유주의를 통해 봉건제 군주의 절대적 권력을 부정하고 인간의 생명 · 자유 · 재산을 보호하는 대의민주주의를 주장했다. 여기서 자유란 인간이 자신의 동의 없이 남에 의해 구속받지 않는 것이며, 또 유산계급이 자신의 사유재산으로 실현하는 자유를 의미한다. 처음에 자유주의는 봉건제와 절대주의를 극복하기 위해 자유와 평등의 인간상과 합리주의를 추구했다. 반면에 재산과 교양을 기준으로 삼으면서 서민계급을 정치과정에서 제외해 버렸다. 즉 자유주의는 유산계급인 부르주아(Bourgeois)의 정치적 및 경제적 자유의 성취를 목표로 했던 정치사상이었다.

고전적 자유주의(=고전적 자본주의)는 국부론(The Wealth of Nations)을 저술한 Adam Smith에 의해 탄생했다. Smith는 자유로운 자연환경처럼 시장에서도 개인의 경제활동에 대한 국가 정부의 개입을 배제하고 모든 사람을 자유롭게 하면 보이지 않는 손(An Invisible Hand)에 의해 국가 경제의 조화가 이루어지고 결과적으로 국가의 부는 증가한다고 주장했다. 이처럼 고전적 자유주의는 모든 경제영역에서 완전한 경제적 자유를 주장하고 국가의 개입을 강력하게 반대했다. 그는 국가 또는 정부의 역할로서 국방, 법률 제정, 질서 확립, 도로나 공립학교 등 공공시설의 확충에 대해 중요한 의미를 부여했다. 그러나 19세기부터 나타나기 시작한 자본의 독점화와 계급 불평등의 고착화 현상이 심화되었으며, 경제공황, 그리고 높은 실업률 등과 같은 시장 실패 현상이 나타나면서 경제적 자유가 보장된다면 경쟁을 통해 조화로운 발전이 가능하다는 고전적 자유주의 사상의 근간을 크게 흔들어 놓았다. 결정타는 1929년의 대공황(Great Depression)이었다.

1929년에 발발한 대공황 위기를 극복하기 위해 영국의 케임브리지 대학의 경제학자 John Maynard Keynes의 수정자본주의가 강력한 대안으로 급부상했다. Keynes는 자본주의가 발전해서 자본의 축적이 진행됨에 따라 한계소비성향의 하락으로 인한 소비의 제한과 자본의 한계효율 저하에 의한 투자 감소로 인해 총수요가 둔화되어 자본주의 시장경제에서 불균형과 불경기가 나타나는 것은 자연적인 현상이라고 주장했다. 즉 Keynes는 경기침체나 실업의 증가는 시장경제에 내재된 불안정성에 기인한다고 역설했다. 그는 시장경제의 취약점을 보완하기 위해서 정부의 적절한 개입을 주장했다. 정부의 소득재분배 정책을 통한 소비수요의 확대와 공익적 투자를 해법으로 제시했다. 또 Keynes는 정부의 적극적인 재정정책과 금융정책의 세밀한 조정을 통해 경기변동을 최소화하거나 예방하고, 장기적으로 정부지출의 확대와 저금리정책의 유지를 통한 관리통화제도의 도입을 주장했다. 이와 같은 Keynes의 수정자본주의 이론은 1929년 대량실업과 투자위축이라는 초유의 세계적 경제위기를 극복하기 위한 대안으로 적극적으로 채택되었다. 수정자본주의는 미국 Roosevelt 대통령이 시행했던 뉴딜정책에 이념적 토대를 제공했다.

그러나 수정자본주의는 1970년대에 석유파동으로 물가가 상승함에도 불구하고 실업률이 증가하는 스테그플레이션(저성장 고물가) 현상이 확대되면서 한계를 드러내게 되었다. 당시에 유가 인상으로 기업의 생산비용이 상승했고, 제품 단가가 인상되었으며, 따라서 제품 재고가 증가하게 되었고, 노동자들의 해고로 실업률이 상승하면서, 결국에는 정부의 세금 수입이 감소했다. 이로써 경제성장이나 물가안정 어느 쪽도 달성하기 어려운 상황에 빠졌다. 기존 수정자본주의에서 말하는 총수요관리 정책으로는 경제위기의 해결이 불가능하게 되었다.

이때 수정자본주의를 비판하고 다른 대안을 제시하면서 화려하게 전면에 등장한 세력이 Hayek와 Friedman을 필두로 하는 신자유주의자들이다.

1974년 노벨경제학상 수상자 Friedrich Hayek가 이끄는 오스트리아학파는 국가나 정부가 시장에 개입하지 않아도 시장메커니즘에 의해 자발적으로 경제 질서가 확립된다고 주장했으며, 특히 정부가 시행하는 사회복지 정책을 강력하게 반대했다. 1976년 노벨경제학상 수상자 Milton Friedman의 시카고학파는 경쟁적 자본주의로서 자유로운 개인의 본성인 이기심이 개인이 추구하고자 하는 목적으로 봤다. 이런 개인 취향의 이기주의가 결국에 경제발전과 평등 및 인간 존재의 궁극적인 목적인 자유를 달성한다고 했다. 그는 자유경쟁 시장에서 보이지 않는 손의 존재로 인해 모든 경제문제가 저절로 해결된다고 판단했다. 즉 자유로운 시장의 경쟁질서가 모든 것을 해결한다고 믿었다. 그리고 시장의 경쟁질서를 확립하기 위해 가장 중요한 것이 화폐가치의 안정을 추구하기 위한 통화정책의 시행이라고 주장했다.

Friedman은 Keynes가 주장한 재정확대정책을 부정하고 오직 통화정책을 통해 화폐 수요와 이자율의 관계에 집중해서 통화량을 국민소득 변화의 가장 중요한 요인으로 파악했다. 한편 경기불안의 주요 요인으로 시장주의 경제의 내재적인 불안정성을 지적한 Keynes와 달리 Friedman은 경기불안은 시장에 개입한 정부의 잘못된 의사결정과 비합리적인 통화관리에 의해 초래됐다고 주장했다. 그는 정부개입의 여지를 공공부문으로만 국한한다면 시장의 자동조절기능을 통해 항상 최선의 결과가 산출될 수 있다고 역설했다. 그리고 Friedman은 자유는 모두를 번영하게 하지만 반드시 경제적 불평등을 수반한다고 하면서 경제적 자유에 대한 책임으로 경제적 불평등을 용인해야 한다고 역설하기도 했다. 경제적 결과의 불평등은 번영의 전제조건이며 불평등은 시장의 본질이라고 주장했다. 그는 “자유보다 평등을 우선시하는 사회는 둘 다 갖지 못하게 될 것이며, 평등보다 자유를 우선시하는 사회는 둘 다 많이 갖게 될 수 있다”라는 유명한 말을 남기기도 했다.

신자유주의의 원리

신자유주의는 세 가지 원리가 존재한다. 첫째, 개인주의(Individualism)이다. 자유주의는 사적 소유와 개인의 인권 존중을 중시한다. 각 개인을 효용 극대화를 추구하는 합리적인 이윤추구자로 파악하는데, 즉 하나의 경제인으로서 인간을 개인적 효용과 만족의 극대화를 원하고 합리적인 선택을 하는 당사자로 본다. 둘째, 시장을 통해서 이루어지는 자원의 분배이다. 시장의 자동적 및 자율적 배분 원리를 중요시해서 자유경쟁 원리 및 보이지 않는 손에 의해서 항상 최적으로 자원의 배분이 이루어진다고 본다. 자유경쟁, 사유재산권 보장, 개인의 이익 추구 보장, 그리고 개인의 책임 등의 원리에 따라 작동하는 시장의 거래 질서는 한정된 자원을 효율적으로 투자할 수 있도록 하고 있으며, 시장에 참가하는 사람들의 경쟁행위를 효율적으로 조절하고 있다고 본다. 셋째, 정부개입의 실패와 작은 국가이다. 신자유주의자들은 적절한 수준에서의 국가 정부의 개입을 용인하고 있다. Friedman은 정부의 역할로서 규칙제정권을 갖고서 시장의 거래 및 경쟁규칙을 만들고 그 규칙을 어기는 자를 관리 및 통제하는 심판과 같은 적정 수준에서의 역할을 강조했다. 그는 "어떤 정부이든 시장에 개입해 경제를 운용할 만한 능력이 없다. 결국은 작은 정부에 머무르는 것이 가장 좋은 정부이다. 계획과 통제는 경제를 망치는 첩경이다"라고 주장했다.

세계화와 신자유주의의 결합

지금부터는 세계화와 신자유주의가 융합하게 된 배경에 대해 살펴보기로 하겠다. 1980년대 이후 선진국 자본은 신자유주의 이념을 기반으로 세계화를 추구하게 되는데, 신자유주의와 세계화가 결합이 되는 구체적인 이유는 다음과 같다. **첫째, 포드주의(Fordism) 대량생산시스템의 위기와 그와 동반된 자본의 이윤 저하 현상이다.** 자동차의 왕이라고 불리는 미국의 Henry Ford는 혁명적인 경영 및 생산방식으로 미국이 세계 최대의 경제대국으로 성장하는 데 공헌한 인물이다. 그는 20세기 초에 T형 모델의 자동차를 생산하게 되면서 직원들의 근무시간을 1시간 줄이는 동시에 임금은 2배로 올리는 과감한 경영혁신을 감행했다. Ford는 경영혁신으로 소득이 향상된 일반 공장근로자들도 T형 자동차를 구매하는 것이 가능하게 했으며 결국에 자동차 판매가 더욱 증가될 것으로 믿었다. Ford가 최초로 개발했던 대량생산방식(Mass Production System)은 당시의 생산방식뿐만 아니라 소비양식, 자본축적 방식, 노사관계, 정부정책 등 많은 분야에 걸쳐 큰 영향을 미쳤으며, 결국 유럽 등 세계 각국에서도 모방하게 되었다.

그러나 세계대전 이후 경제성장을 이끌던 서구경제의 상징인 포드주의(Fordism)는 1970년대에 들어서면서 생산성이 크게 떨어지는 위기를 맞이했다. 지속적인 생산성의 향상은 규모의 경제(Economies of Scale)와 기술혁신의 한계에 의해 항상 가능하지 않다는 것을 깨닫게 되었다. 그리고 과업의 과도한 분업화, 단순화, 표준화는 노동자들의 반발을 초래하고 노동조합운동이 확대되면서 결국 임금이 상승했다. 그리고 대량생산과 대량소비 사이의 균형파괴이다. 즉 대량생산을 위한 전제조건인 대량소비가 가능해지려면 지속적인 소비증가와 임금상승이 필요한데 이에는 한계가 존재했다. 따라서 생산성이 지속적으로 향상되지 못하면 자본의 이윤이 감소하고 이어서 자본투자가 감소하게 되면 시장이 위축되고 성장이 둔화되어 결국 실업이 증가하기에 이르렀다.

한편 포드주의하의 금융시스템에서는 명목이자율이 낮아서 산업 자본들은 비교적 저렴한 비용으로 필요한 자본을 조달할 수 있었다. 따라서 기업들은 장기적인 관점에서 투자를 할 수 있게 되면서 투자수익률이 높아지고 또 노동생산성도 크게 향상되었다. 노동생산성의 향상에 따른 증가된 이윤의 분배는 노동조합과의 단체교섭을 통해 노동자들의 실질임금 증가로 이어질 수 있었는데, 이처럼 대량소비가 가능한 구조에서는 기업들은 높은 투자수익률을 달성할 수 있었다.

그러나 1960년대 중반부터 선진국 기업들은 이윤이 급격히 감소되는 위기를 경험하게 되었다. 미국, 유럽, 일본 등의 국가에서 대다수 기업의 이익 수준이 모두 절정기에 비해서 30% 이상 하락하게 되었는데, 이런 현상은 1970년대에 들어서도 지속되었다. 이렇게 종전에 비해 이윤이 크게 감소하게 되자 자본가들의 장기적인 자본투자에 대한 의욕이 크게 떨어지게 되었다. 따라서 선진국 기업들은 소비수요 감소, 낮은 생산성, 과잉 설비투자 등과 같은 전례 없는 위기에 당면하게 되었다. 이런 위기를 극복하기 위해 선진국 자본들은 새로운 방식의 이윤 창출 수단을 찾게 되었다. 이로 말미암아 세계화를 더욱 부추기는 집단인 초국적 금융자본이 등장하게 되었다.

둘째, 안정적이었던 브레튼우즈(Bretton Woods) 체제의 붕괴로 인한 변동환율제의 재등장이다. 1870년부터 1914년까지 시행된 금본위제도에 의한 고정환율제는 안정된 국제통화제도의 유지에 큰 공헌을 했다. 그러나 1914년에 1차 세계대전이 발발하게 되면서 몇몇 국가들이 전쟁비용을 공급하기 위해 엄청난 양의 통화를 발행함으로써 금본위제는 한계에 이르렀다. 그리고 전후 대공황 기간에 각국은 모두 교역상대국의 비용을 유발하는 수출장려정책을 시행하기 위해 서로 경쟁적으로 자국의 통화가치를 평가절하했는데, 그러나 '바닥을 향한 경쟁(Race to the Bottom)'은 모두를 패자로 만들었으며 결국 금본위제는 폐지되었다.

2차 세계대전이 종료되기 전에 연합국은 새로운 국가통화체제인 브레튼우즈 체제의 탄생에 합의했다. 브레튼우즈협정의 핵심사항은 과거 금 대신 미국의 달러화를 새로운 공통분모 즉 기축통화(Key Currency)로 채택한 것이었다. 세계 각국의 통화는 고정된 환율로 달러에 페그(Peg: 고정)되며 세계통화 중에서 오직 달러만이 1온스당 35달러에 금으로 교환할 수 있도록 했다. 이후 브레튼우즈 체제하의 세계 경제는 미국 달러화를 기축통화로 하는 고정환율제를 시행하게 되었다. 그리고 브레튼우즈협정에 따라 국제외환시장의 불안정에 대비하기 위해서 IMF(International Monetary Fund: 국제통화기금)를 창설했으며, 안정적인 국제통화제도의 유지는 세계의 평화와 번영을 위한 좋은 토대가 되었다.

그러나 1960년대 후반 및 1970년대 초반에 일본과 독일 등 유럽국의 생산성 향상으로 미국의 경쟁국으로의 도약과 당시 미국 정부의 재정확대 정책의 결합으로 브레튼우즈 체제의 몰락을 초래했다. 당시에 서독과 일본은 생산성과 수출에서 패권국 미국을 추월하기 시작했다. 그리고 미국의 Johnson 대통령은 베트남 전쟁과 사회복지정책에 투자하기 위해 정부의 재정지출을 크게 확대했는데, 증세 대신에 통화 공급을 확대하는 정책을 채택했다. 그러나 과도한 통화정책의 여파가 누적되면서 세계적으로 인플레이션이 심화되었으며 브레튼우즈 고정환율체제는 곤경에 처하게 되었다. 세계의 기축통화로서 달러의 신뢰도는 떨어졌으며 미국은 대량 공급된 달러를 태환하는 능력의 한계에 당면하게 되었다. 이에 더해 1971년 미국은 세계대전 이후 최초로 무역적자를 기록했다. 하는 수 없이 Nixon

대통령은 1971년 8월 5일에 달러화의 금태환 금지 조치를 발표하면서 전후 안정적인 국제통화제도를 지탱해왔던 브레튼우즈 체제는 사실상 붕괴되었다.

1976년에 킹스턴회의를 통해 변동환율제가 부활되었으며 이때부터 각국은 스스로 자국 통화의 기준가치를 결정하게 되었다. 킹스턴 체제하에서 각국의 통화가치는 외환시장에서 자유롭게 변동이 이루어졌으며 또 각국 정부는 자율적으로 금융정책을 결정하게 되었다. 자유로운 변동환율제가 시행되자 각국의 환율은 매우 역동적으로 변동하게 되었으며, 이자율, 무역수지, 경제활동의 촉진, 인플레이션 등에 대한 각국 정부의 정책 방향에 따라 통화가치가 변동했다. 변동환율제가 등장한 이후부터 전 세계를 무대로 높은 환율이나 이자율을 좇아서 투기 행각을 일삼는 초국적 금융 투기자본이 전면에 등장하기 시작했다.

이처럼 1970년대 포드주의로 대변되던 자본주의 대량생산방식과 케인즈주의적 복지국가체제의 위기가 당시까지 세계 경제를 주무르던 미국의 영향력 약화와 함께 맞물리면서 이를 대체하기 위해 신자유주의가 전면에 등장하게 되었다. 신자유주의적 세계화는 종전 방식에 의해 엄청난 자본을 축적한 미국을 위시한 선진국의 자본이 새로운 방식으로 자본증식을 도모하기 위해 정보통신 및 교통의 혁명을 기반으로 해서 기업 생산의 공간적 조직을 전 세계로 확대하기 시작했다.

따라서 1980년 이후부터 정부의 적극적인 개입을 통해 경기불안을 차단하고 균형적인 발전을 이룩해서 유효수요를 창출하고 복지체제를 구축함으로써 경제성장과 함께 국민의 복지수준도 향상하려는 케인즈식 복지국가주의는 쇠퇴했으며, 반면에 개인주의, 정부개입의 최소화, 기업 활동의 자유, 선택적 복지주의를 추구하는 공급주의 경제라는 구조적으로 새로운 자본축적방식을 인정하는 신자유주의가 이를 대체하게 되었다.

영국의 신자유주의

신자유주의 세계화는 1970년대 초에 태동하여 1980년대에 미국과 영국에서 가장 먼저 꽃을 피우게 된다. 신자유주의자들은 선진국의 자본 위기는 정부의 과도한 개입과 높은 노동자의 임금이 원인이라는 논리를 가지고 입지를 크게 확장하면서 자본주의 역사에 화려하게 등장했다. 1970년대에 영국의 노동당 정부는 대규모 파업에 의한 노조 통제의 실패 등 여러 가지 정책에 실패하면서 붕괴하게 되었다. 해가 지지 않는 나라였던 영국은 고비용 저효율의 영국병에서 헤어나오지 못하고 있었으며 또한 '요람에서 무덤까지'로 상징되던 과도한 사회복지 지출로 끝내는 경제위기로 내몰리게 되었으며 결국 1976년에는 IMF에 구제금융을 신청하는 지경까지 몰락했다. 1979년에 치러진 선거에서 정권을 잡은 영국 보수당의 Margaret Thatcher 수상은 과거 노동당의 케인즈주의적 복지국가 및 국유화 정책을 배격하고 대신에 신자유주의 정책을 전격 시행했다. 대처 정부는 영국사회에 만연했던 '영국병'을 근본적으로 치유하기 위해서 비합리적인 정책요소를 찾아내고 경쟁제도를 도입해서 자본주도로 경제 및 사회의 일대 혁신을 주도했다.

대처 수상의 신자유주의 정책인 **대처리즘(Thatcheriam)**은 당면한 인플레이션을 극복하기 위해서 정부의 재정지출을 대폭 삭감해 버린다. 이로 말미암아 노동당 시절 정부와 노동조합의 합의로 개발됐던 사회복지정책인 주택보조금, 교육비, 환경 관련 예산, 국영기업에 대한 보조금 등이 모두 폐지되었다. 이런 긴축재정의 결과로 노동자의 실질임금이 낮아지면서 소비 수요가 저하되었으며 실업률이 크게 높아졌다. 그리고 규제를 완화하고 많은 공기업을 민영화했다. 이와 같은 시장주의 경제정책은 영국의 당면문제였던 영국병과 인플레이션을 극복했으며 경기회복에 크게 공헌했다. 반면에 빈부격차가 확대되면서 사회 양극화가 심화되었으며 사회복지 혜택의 축소 등으로 노동자와 저소득층의 삶이 심각한 위기에 처하게 되었다. 결과적으로 시장주의 경제를 통해 가장 큰 이득을 본 집단은 기업들과 자본가였으며, 반면에 노동자들은 대처 정부의 노조탄압과 노동유연화 정책으로 인해 오히려 경제성장의 과실을 공정하게 배분받지 못하게 되었다.

미국의 신자유주의

1980년에 미국 대통령에 당선된 Ronald Reagan은 **레이거노믹스(Reaganomics)**로 상징되는 신자유주의 정책을 전면적으로 도입했다. 이 정책은 석유파동, 국제경쟁력 약화, 인플레이션, 생산성 정체 등의 복합적인 문제로 인해 불황을 겪고 있던 미국경제에 새로운 활력을 불어넣고자 했다. Reagan 대통령은 경기침체의 원인을 거대해진 정부로 보았다. 거대한 정부를 유지하기 위해 거두었던 많은 세금은 재정지출의 증가를 불러왔으며 이것이 통화팽창으로 이어졌으며 결국에는 인플레이션이 발생하게 되었다고 판단했다.

Reagan 대통령은 물가안정을 위해서 긴축통화정책과 긴축재정을 실시했으며, 기업의 투자를 장려하기 위해 법인세를 대폭 감면하고 또 소비를 진작하기 위해 부유층의 세금을 크게 경감했다. 그리고 투자활동을 위축하는 각종 규제를 완화하거나 철폐하는 등 대대적인 친기업 정책을 시행했다. 반면에 저소득층의 식량지원, 실업자의 고용훈련, 사회보장기금 등 서민들에 대한 재정지출은 대폭 삭감했으며, 노동유연화를 위해 노동법을 개정해서 노동조합의 활동을 크게 위축시켜 버렸다. 이와 같은 대통령의 **'작은 정부'** 정책은 미국경제를 회복하는 데 크게 공헌했다.

그러나 Reagan 대통령의 기업과 부자의 감세정책, 규제완화, 노동유연화 정책 등으로 미국기업의 경쟁력은 크게 강화되었지만, 서민들을 위한 사회안전망에 대한 복지지출이 대폭 축소되면서 **빈익빈 부익부** 현상은 더욱 심화되었다. 여기서 중요한 사실은 레이거노믹스의 시행으로 경제성장률은 향상되고 물가는 안정이 되었지만, 반면에 세금수입의 부족으로 인한 재정적자와 강한 달러 정책으로 인한 무역수지 적자로 만성적인 **'쌍둥이 적자(Twin Deficit)'**라는 새로운 미국식 경제구조가 탄생하게 되었다. 이와 같은 미국경제의 구조적 문제는 현재까지도 진행되고 있다. 구체적으로 미국 정부는 재정적자 문제를 해소하기 위해 재무부에서 국채를 발행하여 외국 정부나 투자자에 판매하는데, 이들은 아직도 세계유일 강국 미국 정부의 공신력을 담보로 국채를 구매하고 있다. 그러나 달러 가치의 상승으로 수입은 크게 늘고 수출경쟁력은 약화되어 엄청난 규모의 만성적인 무역수지 적자가 발생하고 있다.

한편 미국 정부는 무역적자를 해소하기 위해 1985년 9월 22일에 뉴욕 맨해튼의 Plaza Hotel에서 G5 즉 미국, 영국, 독일, 프랑스, 일본의 재무장관들이 만나서 달러화의 가치 상승을 막기 위해 일본 엔화와 독일 마르크화의 평가절상을 요구했다. 플라자 합의(Plaza Accord)에 따라 일본과 독일 정부는 외환시장에 개입해서 자국 통화를 절상하게 되었는데, 그 후 2년간 엔화는 65% 그리고 마르크화는 57% 절상되었다. 이런 노력에도 불구하고 미국의 경상수지 적자는 개선되지 않았는데, 이는 미국의 국제경쟁력 약화를 상징하고 있다. 이후 일본은 엔화 가치 상승으로 수출경쟁력이 저하되면서 '잃어버린 10년'을 맞이하게 되었다.

1980년대 이후 현대적 의미의 신자유주의는 고전적 자본주의의 취약점을 인정하고 이를 계승하고 발전시킨 이념이다. 신자유주의는 시장근본주의를 따른다. 즉 신자유주의는 자유로운 경쟁이 보장된 시장에서 개인은 자신이 보유한 능력에 따라 정당한 보상을 받는다고 보았으며, 정부의 역할은 자유경쟁 시장을 확립하기 위한 공정경쟁의 보장, 사유재산권의 보호, 사회안전망의 구축 등으로 국한할 것을 강력히 주장했다.

이렇듯 미국과 영국에서 성공적인 데뷔를 기록한 신자유주의는 이후 남미, 동유럽, 동아시아, 아프리카로 세력을 크게 확장하면서 전 세계를 지배하는 세계화의 대표 이념으로 자리 잡게 되었다. 미국과 영국에서 개시된 신자유주의 경제정책은 이후 선진자본의 이윤 추구를 촉진하기 위한 IMF의 구조조정 프로그램을 통해서 세계로 확대되었다. 특히 1980년대 말과 1990년대 남미국가의 외채 위기 시에는 IMF의 조건부 구제금융의 제공을 통해 신자유주의 정책을 세계로 팽창하게 되는 빌미가 되었다. 즉 IMF는 경제위기에 처한 개발도상국에 경제위기 극복을 위한 구제금융을 제공하는 대신에 반대급부로 채무국의 경제정책 통제권에 대한 권한을 IMF에 넘길 것을 요구했다. 이때 IMF는 채무국의 경제를 회복시키기 위해 신자유주의 원칙이 지배하는 개혁 처방을 시행했는데, 이를 '워싱턴 컨센서스(Washington Consensus)'라고 지칭했다. 워싱턴 컨센서스는 1989년에 미국의 정치경제학자 John Williamson이 저서를 통해 위기에 처한 남미국가들을 위한 10가지 개혁적인 처방을 밝힌 데서 유래된 것이었다. 그는 〈표 1-7〉에 나타난 것처럼 신자유주의적 개혁정책을 제시했다. 여기서 워싱턴이 거명된 것은 세계경제를 주무르는 3대 조직인 IMF, 세계은행(World Bank), 미국 재무부가 모두 미국 수도 워싱턴 DC에 있었기 때문이었다.

| 표 1-7 | 경제성장 촉진을 위한 워싱턴 컨센서스의 주요 원칙

워싱턴 컨센서스 원안	후에 원안에 추가된 사항
1. 재정 건전성 확보	11. 기업 지배구조 개선
2. 공적 지출의 우선순위 조정	12. 부패 척결
3. 세제 개혁	13. 노동시장의 유연화
4. 금리 자율화	14. WTO 합의 준수
5. 국제경쟁 환율 도입	15. 국제 금융 기준 및 규범 준수
6. 무역 자유화	16. 신중한 자본계정 개방
7. 해외직접투자 허용	17. 자율적 환율체제
8. 공공기업 민영화	18. 중앙은행의 독립성 확보 및 인플레이션 관리
9. 규제완화	19. 사회 안전망 구축
10. 재산권 보호	20. 빈곤 퇴치

출처: 로드릭, 2009

1997년 동아시아 외환위기와 2008년 세계금융위기에 처한 유럽의 그리스 등지에서 보듯이 워싱턴 컨센서스는 경제위기로 인해 IMF에 구제금융 지원을 요청하는 개발도상국과 신흥국에게 경제개혁을 위해 반드시 실행해야 하는 신자유주의 정책의 상징이 되었다. 1982년 8월에 모라토리엄(Moratorium)을 선언한 멕시코와 1984년에 역시 모라토리엄을 선언한 아르헨티나도 대표적인 사례이다.

신자유주의자들은 자본의 세계화가 확대되면 세계 경제가 안정적인 성장을 지속할 것이라고 주장했다. 그렇지만 자본주의의 고질병인 내재적인 경제의 불안정성을 해소하기에는 역부족이었다. 이는 대공황 이후 현재까지도 지속되고 있는 불규칙적이고 불안정적인 세계경기가 잘 말해주는데, 즉 1980년대 멕시코와 남미의 위기, 1997년 태국과 한국을 포함한 동아시아 외환위기, 1998년 러시아 외환위기, 터키와 브라질의 위기, 2001년 아르헨티나의 위기, 그리고 2008년 세계금융위기 등이 그것이다. 한 연구조사 결과에 의하면 1970년부터 2008년까지 전 세계는 금융위기 124차례, 외환위기 208차례, 국가 부채위기 63차례를 경험했다. 이렇게 신자유주의에 내재된 한계점이 분명한데도 불구하고 1991년에 구소련과 동유럽을 지배하던 사회주의 체제의 몰락으로 신자유주의 세계화는 유일한 대안으로 인정되면서 세계시장이 통합되는 현상을 주도하게 되었다.

이처럼 신자유주의 세계화는 자유경쟁 시장, 자유무역, 탈규제 등을 포함하는 정책을 통해 각국 정부의 개입을 무력화하고 경제적 국경을 제거함으로써 세계를 단일시장으로 묶어서 서구 선진국 자본의 무한한 증식을 도모하고 있다. 이처럼 신자유주의 세계화의 본질적 특징의 하나는 기득권을 보유한 선진자본 즉 다국적 기업의 자유로운 비즈니스 활동을 제한하는 모든 장벽을 철폐해서 자본의 수익률을 극대화하려는 일관된 노력이다. 이런 환경을 조성하기 위해서 자유시장이라는 굴레로 모든 것을 종속시키려고 했다.

○ 신자유주의를 실현한 핵심동력

신자유주의를 실현하는 구체적인 핵심동력은 생산 세계화와 금융 세계화이다. 이와 같은 두 축을 기점으로 해서 신자유주의는 세계 각국에 영향력을 행사하고 있다. 먼저 생산의 세계화는 다국적기업의 해외직접투자(FDI: Foreign Direct Investment)의 대폭적인 증가에서 찾아볼 수 있다. 1980년대를 통해 해외직접투자의 증가율은 세계무역액의 증가율을 추월했다. 즉 무역이 자국에서 생산된 제품을 해외국가에 판매하는 것이라면, 해외직접투자는 외국에 진출해서 직접적인 투자를 감행하여 공장을 건설하고 제품을 생산하여 판매하는 것이다. 특히 선진자본은 이윤을 창출할 수 있는 국가에만 선별적으로 접근했다. 또 생산의 세계화는 생산과정의 수직적 통합(Vertical Integration) 전략을 통해 하나의 다국적기업 조직 내에서 노동의 국제적 분업을 도모한다. 즉 인건비가 싼 저개발 국가에서는 노동집약적인 산업에 집중해서 투자하고, 고도의 기술과 지식이 요구되는 고부가가치 산업은 자국이나 다른 선진국에 투자하는 것이다.

1970년대에 서구 선진국에서 초래된 생산성 저하와 극심한 경기침체로 인해 생산활동에 대한 자본투자의 감소를 불러왔다. 이로 인해 대량의 유동자본이 나타났다. 이와 같은 이윤의 저하 위기를 타개하기 위해서 선진자본은 때마침 등장한 다국적 은행과 연계해서 금융의 세계화를 추구했다. 자유경쟁 시장을 앞세운 신자유주의 세계화가 가속화됨에 따라 금융경제가 오히려 실물경제보다 훨씬 빠른 속도로 성장하면서 유통 규모가 대폭 증가했다. 더 구체적으로 보면 선진자본은 전 세계 주식시장, 채권시장, 외환시장 등으로 투자범위를 크게 확대했으며, 또 전통적인 조직인 다국적 은행뿐만 아니라 투자은행, 보험회사, 연기금, 뮤추얼펀드 등과 같은 비은행 금융기관들도 비약적인 성장을 기록했다.

이런 과정에서 과거에는 존재하지 않던 관계가 새로 만들어졌다. 즉 오히려 금융부문이 실물부문을 주도하고 규정하는 관계로 전환된 것이다. 예를 들면, 금융자본이 주식시장에서 투자확대 등을 통해 기업의 주가에 영향을 미침으로써 기업경영의 자율성을 통제하고 더 나아가 기업 지배구조를 결정하고 있다. 이렇게 선진국은 주주자본주의를 앞세우고 고금리, 고환율, 주식투자 등을 겨냥하면서 자본이 자유롭게 이동할 수 있는 환경을 조성하기 위해 신자유주의에 입각해서 개발도상국 정부에 금융시장을 개방할 것을 강요하면서 금융의 세계화를 주도했다.

그러나 다른 한편으로 보면 금융의 세계화는 경제발전에 요구되는 자본이 부족한 개발도상국에 장기자본을 제공해서 경제성장을 이룩하고 해당 국가의 복지 수준을 향상하는 데 공헌했다. 반면에 금융의 세계화를 통해 채무국의 외환보유고를 고갈시켜 경제위기를 초래하기도 했는데, 장기자본이 아닌 단기적인 투기자본이 대량 유입되는 경우에 채무국의 외환위기를 초래하는 경우가 종종 발생했다. 예를 들면, 1994년에 멕시코 외환위기가 휩쓸고 지나간 후 불과 몇 년 후인 1997년 태국, 인도네시아, 한국 등 동아시아 국가들의 외환위기도 유입되었던 막대한 규모의 외국자본이 순식간에 빠져나간 것이 큰 원인이었다. 이 국가들은 외환보유고는 바닥이 나고 자국 통화의 가치가 폭락하면서 환율이 폭등하였으며 국내유동성 부족으로 금리가 대폭 인상되었다. 따라서 기업들이 연쇄적으로 도산하면서 실업자가 양산되고 물가가 폭등하는 심각한 경제위기를 경험했다.

○ 반세계화 운동(Anti-Globalization)

승자독식사회(The Winner-Take-All Society)를 지향하는 신자유주의 세계화가 깊어지면서 이에 대한 반발도 터져 나왔다. 반세계화(Anti-Globalization) 운동은 1994년의 멕시코의 사파티스타 봉기를 시발로 해서, 드디어 1999년 11월 30일 미국 시애틀에서 발생한 대규모 시위의 여파로 본격적으로 촉발되면서 세계인의 관심을 끌게 되었다. 새로운 다자간 자유무역협정의 출범을 목표로 미국 시애틀에서 개최될 예정이던 WTO 제3차 각료회의에 전 세계에서 모여든 다양한 노동자, 농민, 학생, 소비자, 시민, 사회운동가 등으로 구성된 수만 명의 시위대가 인간사슬을 형성해서 각국에서 모여든 회의참석자들의 출입을 가로막아 버렸다. 이로 인해 오전 10시에 예정이었던 개막식이 취소되었다. 시위대는 '세계화는 필연적이며 되돌릴 수 없다'라는 반강제적인 논리에 강하게 반발했다.

신자유주의 세계화를 옹호하는 사람들은 세계화는 상품 · 자본 · 인력 · 기술 · 정보 등의 자유로운 이동으로 전 세계의 부가 보다 확대되며 참여하는 모든 국가에 경제성장 등 많은 기회와 혜택을 제공하며 이를 통해 빈곤이 퇴치될 것이라고 주장했다. 그러나 반대자들은 신자유주의 세계화는 경제문제에서 세계적인 불평등과 정치적인 갈등 및 분쟁의 씨앗을 전 세계적으로 뿌리고 있다고 주장했다. 그들은 신자유주의에 의한 세계화는 각 국가가 대등한 관계에서 참여하는 민주적인 세계화의 모습은 결코 아니라고 항변했다.

신자유주의 세계화에서는 국력이 약한 국가들의 의견도 민주적으로 존중되고 수렴되는 질서가 보장된 것이 아니라 강대국의 궁색한 논리를 약소국에 강요하는 구조를 보이고 있다. 따라서 많은 개발도상국과 저개발국은 모든 국가에 '똑같은 조건'에 의해 무역장벽이 철폐되는 WTO 체제하에서는 풍부한 자본과 고도의 기술이란 '기득권'을 보유한 선진국과의 경쟁에서 이긴다는 것은 불가능하다는 것을 깨닫게 되었다. 보다 구체적으로 보면 WTO의 도하개발아젠다(DDA)를 통해 국가 간에 지식과 서비스의 자유로운 이동을 가로막는 모든 무역장벽을 제거하는 것이 다자간 무역협상의 주요 목표인데, 이를 통해 서구 선진국들은 경쟁력이 약한 개발도상국들의 고유한 경제정책과 제도, 문화, 기준, 관행 등을 무시하고 글로벌 스탠다드(Global Standard)로 통일하고자 요구했다.

그러나 개발도상국과 반세계화주의자들은 선진국들이 내세우는 글로벌 스탠다드는 결국 미국을 비롯한 기존 경제대국들에 의한 기준이 되고 말 것이라며 반발했다. 또 개발도상국들은 다자간 무역협상이란 새로운 제도를 채택하면 얻는 것보다 잃는 것이 더 많게 된다는 것을 인식하게 되었는데, 특히 세계의 지역 간, 국가 간 정보의 비대칭성과 금융시스템에 대한 지식 격차로 인해 특히 세계 금융시장에서 불균형이 더욱 증가할 것이라고 믿게 되었다. 이로 인해 신자유주의 세계화를 통해 창출되는 부의 증대는 결국에는 대부분 선진국의 차지가 되어버리고 국가 간의 빈익빈 부익부 현상은 더욱 심화될 것이라며 비판했다.

1999년 11월 시애틀 반세계화 운동에 참여했던 시위자들이 강하게 비판하는 주요 대상은 모든 국가의 규제를 제거해서 무혈입성하려는 거대한 다국적기업들이었다. 시위대는 다국적기업이 자신이 보유하고 있는 경제력을 바탕으로 정치인에게 로비를 통해 자신에게 유리하게 적용되는 각종 무역협정을 양산하고 있다고 봤다. 또 탐욕적인 다국적기업들은 이윤 극대화를 위해 진출한 후진국의 작업장 안전규칙을 무시하고, 부당하게 노동자를 대우하며, 특히 공장 등을 건설하기 위해 환경파괴를 일삼고 있다며 분노했다. 이처럼 자본주의의 심장 미국에서 촉발된 반세계화 운동은 이후 워싱턴(2000년 4월), 프라하(2000년 9월), 퀘벡(2001년 4월), 제노바(2001년 6월), 바르셀로나(2002년 6월), 홍콩(2005년), 멜버른(2006년), 시드니(2007년) 등에서 개최된 WTO, IMF, IBRD, APEC 등의 연례회의 때도 계속 이어지면서 인류사회의 반세계화 운동에 관한 관심이 고조되기에 이르렀다. 이처럼 세계화를 반대하는 사람들의 주장은 초국적 자본과 다국적기업을 위해 진행되는 신자유주의 세계화에 대항해서 국가 간의 경제 격차를 줄이고 공평한 세계화를 이루자는 것이다. 또 문화와 환경에 부정적인 영향을 끼치고 있는 세계화가 인간에게 가한 억압과 착취에 저항하는 것이었다.

〈그림 1-2〉에서 보는 바와 같이 15세기 중상주의부터 시작해서 고전적 자본주의, 수정자본주의, 신자유주의 등 어떤 경제이념도 경기변동과 같은 문제를 충분히 해결하지 못하고 있으며, 이 문제는 정부 또한 매한가지다. 엄밀히 보면 결국 반세계화 운동도 시장실패의 한 단면이다. 경제위기는 시장에 내재된 문제점에 기인하고 있다고 주장하는 사람도 있고, 정부의 잘못된 개입 때문이라고 주장

하는 사람도 있다. 결국은 두 가지 모두 완전하지 않다는 결론이 도출될 수 있다. 두 관점은 이제 서로 다투는 관계가 아니라 상호 보완하고 협력해서 안정된 경제 성장이라는 공동의 목표를 지향하는 것이 둘 다 승리하는 길일 것이다.

그림 1-2 경제사상과 경제위기의 역사

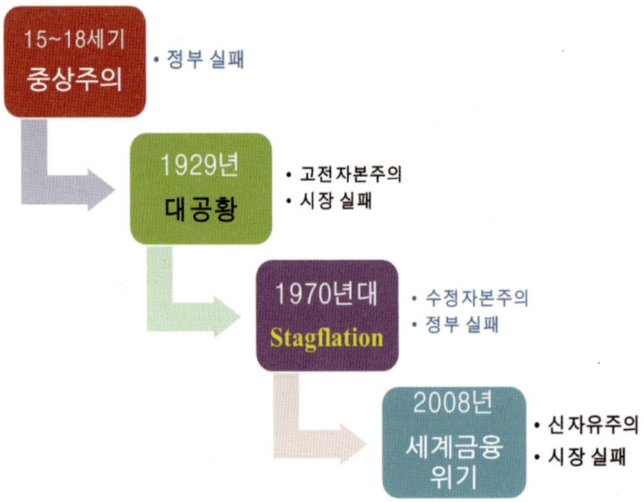

V ▸▸ 세계화를 바라보는 시각 차이

세계화가 진행되면서 세계 경제의 통합수준이 강화되고 있는 것은 누구도 부정할 수 없는 현실이다. 그러나 이런 세계화 현상은 어떤 시각으로 바라보느냐에 따라 그에 대한 평가는 명백하게 달라질 수 있다. 세계화에 대한 관점을 크게 나누면 극단적 세계화론과 세계화 회의론이란 두 가지 쟁점으로 요약할 수 있다. 먼저 극단적 세계화론은 기술혁명에 의해 촉발된 자본의 무한한 이동성으로 세계 경제가 출현해서 국경의 의미는 사라지고 자유시장체제의 일관적인 신봉으로 수많은 규제가 사라지게 되었다고 주장한다. 또 거대한 다국적기업이 내부화된 생산체제를 통해 세계 경제를 지배하게 됨으로써 국가의 영향력은 약화되었으며, 자유로운 시장경제하에서 생활수준, 소비자의 기호, 그리고 문화의 동질화가 이루어지고 있다고 강조했다. 이들은 전 세계를 무대로 경쟁을 벌인 결과로 단기적으로는 국가별 및 계층별 불평등이 나타나고 있지만, 장기적으로 보면 비교우위를 통해 전 세계가 고르게 성장하고 발전하게 될 것으로 전망했다.

반면에 세계화 회의론은 국제교류가 증가하는 수준은 과거 19세기의 금본위제 시기(1870~1914년)의 국제무역, 국제투자, 노동의 국제적 이동에 대한 통계자료를 근거로 했을 때 유례없는 수준이 아니며 두 번의 세계대전과 대공황이 발발하기 전의 상태로 복귀한 것에 지나지 않으며, 금본위제 시절에 비교하면 오히려 덜 개방적이고 덜 통합된 상태라고 주장하고 있다. 이는 주로 좌파 경제학자들의 관점이다. 이들은 세계무역과 해외투자의 확대로 국가 간 장벽이 무너지는 것처럼 보이지만 사실은 독점자본의 이해관계를 대리하는 서구 선진국 정부들이 이 과정에 깊숙하게 개입하고 있음을 비판하고 있다. 이와 같은 과정을 통해 기존 선진국들의 제3세계에 대한 영향력과 국가 간의 빈부격차는 오히려 증대되고 있다고 보았다.

세계화의 양면

세계화에 대한 찬반 쟁점은 첨예하게 엇갈리고 있다. 즉 현재의 세계화에는 빛과 그림자가 공존하고 있다. 먼저 **세계화의 긍정적인 면을 살펴보기로 하겠다.** 고전 자본주의에 의하면 국가 간에 존재하는 비교우위(Comparative Advantage)에 의한 무역 증대로 인해 세계 각국 간에 상호이익을 도모함으로써 세계는 전체적인 차원에서 더 큰 부를 축적할 수 있다. 그 결과 세계의 소비자들은 더 값싼 상품과 서비스를 광범위하게 선택할 수 있으며, 생산자는 낮은 가격의 원자재와 저렴한 임금 등과 효율성을 찾아 세계를 무대로 생산활동을 전개할 수 있다.

그리고 세계화를 통한 상품 · 자본 · 노동시장의 통합은 장기적으로 보면 더 효율적인 경제적 자원의 이용을 도모할 수 있다. 즉 경제성장과 개발을 위해 투자

자금이 개발도상국처럼 자본이 부족한 국가들로 유입되었다. 개발도상국으로 자본이 유입됨으로써 세계 경제에서 이들의 입지는 과거와 비교하면 상당히 강화되었다. 예를 들면, 1955년 선진국들은 전 세계 제품 수출의 85%를 차지했었지만 2006년에는 66%로 크게 하락했다. 저개발국은 개방을 통한 경제성장을 통해 빈곤을 탈피할 수 있으며 이는 결과적으로 전 세계인의 평균적 생활 수준을 향상시켰다. 또 저개발국 노동자들은 국경을 넘어 취업할 수 있으며 상대국은 노동력 부족을 완화할 수 있다.

또 세계적으로 정치 · 경제 · 사회 · 문화적 상호의존도가 높아지면서 '번영과 평화'에 대한 의식이 확산되어 전쟁과 같은 갈등을 피할 수 있게 된다. 그뿐만 아니라 환경문제, 기후변화, 인권문제, 테러, 재해 등에 대한 전 세계적 공조 현상이 확산되고, 각국 정부뿐만 아니라 시민사회 간에 교류가 증진돼서 '세계시민사회'가 조성되어 민주주의 발전에 크게 공헌할 수 있다.

세계화는 국가라는 정치적 기구의 통제력을 약화하고 있으며 이로써 개인이 국가권력으로부터 해방되어 자유롭게 권리를 향유하면서 세계시민의 지위를 누림으로써 민주적인 정치 질서가 세계 곳곳으로 파급되는 효과를 볼 수 있다. 그리고 세계화 현상은 문화적 다양성을 증가시킴으로써 서로 다른 문화에 대한 이해와 포용을 증진하게 되었다.

세계화의 부정적인 면을 보면 다음과 같다. 세계화가 심화되어 감에 따라 인간적 가치가 존중되지 않고 모든 가치는 화폐에 의해 측정되고 있으며, 국가사회의 발전은 경제성장이나 금융시장의 경쟁력으로 측정되고 있다. 그리고 신자유주의 세계화를 반대하는 사람들은 시장 개방과 경쟁을 추구하는 시장경제주의 체제의 도입은 전적으로 서구 선진국에 유리한 것이며 저개발국의 경제발전을 저해하며, 이러한 구조적 문제로 인해 결국 후진국들은 선진국 경제체제에 흡수 · 통합되고 있다고 주장하고 있다. 이런 경제적 종속 이외에도 사회적 · 문화적 종속의 우려도 증폭되고 있다. 특히 Hollywood 영화와 같은 대규모 자본을 기반으로 한 선진 문화의 유입은 세계 각국의 문화 고유성을 없애고 강대국의 문화에 종속되는 결과를 가져오고 있다.

신자유주의자들은 국제적인 시장경제체제가 강화되면 국가적 차이가 소멸되어 세계가 공생할 수 있다고 했으나, 결과는 오히려 국가 간 불균형이 심화되고 있다. 바꾸어 말하면 세계화를 통해 증가된 부가 균등하게 분배되지 않고 선진국과 후진국의 양극화뿐만 아니라 동일 국가 내에서도 부자와 서민의 양극화, 숙련노동자와 비숙련노동자의 양극화로 인해 소득분배가 악화되고 있다. 그리고 세계화는 전반적으로 많은 국가의 경제발전을 촉진하기도 하지만 반대로 많은 갈등요소도 포함하고 있다. 그래서 많은 세계시민은 불평등의 확대, 고유문화의 훼손, 환경파괴와 이로 인한 기후변화, 이민 증가에 의한 실업 증가 등의 위협에 대해 지대한 관심을 가지고 있다. 요약하면, 세계 경제에 대한 패권적 선진국의 지배 강화, 국가 주권의 침해, 자주적 경제정책의 제약, 경제주체의 대외의존도 심화, 비교열위 산업의 퇴출, 국가 및 계층 간 소득 양극화 현상의 확대, 외국자본의 횡포, 문화적 충격, 가정 해체 등과 같은 부정적인 영향을 미치고 있다. 이처럼 긍정적인 면과 부정적인 면이 동시에 나타나는 세계화라는 복잡한 현상을 바라보는 시각은 상당히 다양한 편이다.

2008년 세계금융위기 이후의 세계화

1990년 이후 세계화에 의해 성장이 가속되는 세계 경제와 같은 긍정적 측면보다는 세계화가 가져오는 폐해가 더 부각되는 특징을 보였다. 1996년에 스위스 다보스에서 개최된 세계경제포럼(WEF: World Economic Forum)에서 많은 참가자가 세계화는 '빈익빈 부익부' 현상을 가속하고 노동자의 안정성을 해침으로써 결국 자본주의 체제에 심각한 경고를 불러일으키게 될 것이라고 주장했으며, 한 연사는 '기업이 인간과 도덕적 문제를 내팽개치고 오직 극단적인 기업경영의 혁신에만 집중한다면 세계 자본주의는 파멸될 것이다'라고 극단적인 주장을 하기도 했다.

21세기 초까지만 해도 선진국에 의한 일방적인 세계화를 비판하던 분위기가 팽배했다. 그러나 2008년 세계금융위기를 겪으면서 분위기가 완연하게 반전되기 시작했다. 영국의 유명 경제일간지 Financial Times는 2011년 1월 4일 신문기사로 '세계화의 미래에 대한 논쟁' 면을 마련해서 세계화에 대한 비판론자들과 낙관론자들의 시각을 조명해 보았다. 세계화 비판론자인 Stiglitz와 Rachman

은 선진국들의 보호주의 회귀로 말미암아 세계화는 퇴조할 것이라고 주장했다. 특히 Rachman은 개발도상국의 경제적 지위가 향상됨에 따라 이는 선진국에 큰 위협이 되고 있다고 역설했다. 반면에 Nilekani, Mandelson, Schmidt 등은 세계화는 혁신 촉진, 생활 수준의 향상 등을 통해 선진국과 개발도상국에 공히 혜택을 제공하므로 결코 세계화는 후퇴하지 않을 것이라고 주장했다. 또 자유무역을 옹호하는 대표적인 학자인 미국 컬럼비아대학의 Bhagwati 교수는 우리가 종전에 알던 세계화의 폐해로 인한 '개발도상국의 우려'가 오히려 반전되어 이제는 세계화의 심화로 인한 '선진국의 우려'로 세계화 논쟁의 쟁점이 변화되었다고 역설했다.

2000년대 초반까지만 해도 세계화의 혜택은 주로 선진국이 독차지하고 대다수 개발도상국은 보상에서 소외되었다는 세계화 회의론이 중론이었다. 신자유주의를 앞세운 선진국의 일방적인 세계화는 후진국과 개발도상국에 큰 반감을 일으켰으며 반세계화 운동의 핵심 논리이기도 했다. 특히 세계화가 선진국과 개발도상국 간의 경제발전단계, 제도 수준 등과 같은 차이를 고려하지 않고 진행됨에 따라 자본과 기술 경쟁에서 열위에 있는 후진국에 세계화의 과실이 덜 귀속되는 현상이 고착되고 있었다. 또 세계화를 추동하는 주체였던 IMF, World Bank, WTO 등과 같은 국제기구들의 지배구조는 주요 선진국들이 장악하고 있어서 무역과 자본 자유화의 추진과정에서 주로 선진국들에 의해 선호되는 일방적인 규정을 개발도상국에 강요하기도 했다. 따라서 글로벌 경쟁이 격화되면서 당연히 풍부한 자본과 고도의 기술을 보유한 선진국의 다국적기업이 세계시장에서 경쟁우위를 점하게 되었다. 게다가 선진국들은 우월한 경제력을 바탕으로 자국이 경쟁력을 보유한 산업의 무역장벽을 완화하는 동시에 개발도상국이 우위를 보이는 분야에서는 보조금과 반덤핑 관세 부과 등을 이용해 자국 산업을 보호하려 했다. 그 결과 20세기 후반에 이르자 선진국과 개발도상국 간의 소득 격차는 더욱 확대되었는데, 1960년 선진국 소득의 8%였던 저소득 개발도상국의 1인당 GDP는 2000년에는 오히려 1%로 떨어졌다.

그러나 2008년 세계금융위기 이후에는 선진국보다 개발도상국에 더 많은 세계화의 과실이 귀속되고 있다는 인식이 크게 확산이 됐다. 갤럽(Gallup)이 2006년 9월 조사한 설문 결과를 보면 세계화가 계속되어야 한다고 응답한 비중이 아시아, 중남미, 아프리카 등 개발도상국에서는 60%에 달했다. 반면에 선진국은 47%에 그치는 결과가 나왔다. 이는 개발도상국들이 협소한 내수시장, 자본 및 기술의 경쟁열위 등과 같은 경제발전을 저해하는 제약들을 세계화를 통해 극복한 결과였다. 저비용의 풍부한 노동력을 보유한 개발도상국들은 비교우위를 보유한 섬유산업 등과 같은 노동집약적 산업에서 수출주도전략으로 비교적 신속한 성장이 가능했다. 그리고 개발도상국에 유입된 엄청난 선진자본은 해당 개발도상국의 경제발전에 필요한 투자재원으로 이용되었다. 따라서 세계화가 가속화된 2000년대 들어 개발도상국의 경제성장률이 오히려 선진국을 앞서게 되었으며, 크게 벌어졌던 소득 격차가 빠르게 축소되기에 이르렀다. 또 세계 경제에서 개발도상국들의 위상이 전에 비해서 높아지면서 세계 경제에서 이들의 발언권과 협상력이 한층 강화되었다. 일례로 과거 선진국 중심의 G7 체제는 2008년 세계금융위기를 거치면서 G20 체제로 전환되기에 이르렀다. 그리고 2011년 3월 IMF 지배구조의 변경 시에도 브라질, 러시아, 인도, 중국(BRICs)과 같은 개발도상국의 권한이 한층 강화되기에 이르렀다.

과거 개발도상국들은 금융의 세계화로 선진자본의 빈번한 유출입이 발생하면서 금융시장이 출렁거리는 위기를 맞곤 했었다. 그러나 과거 이런 위기를 경험했던 개발도상국들은 외환보유고를 대폭 확충하는 대처방안을 통해서 위기를 슬기롭게 극복하게 되었다. 그리고 혁신적인 생산기술의 발전과 더불어 선진국 다국적기업들이 대거 개발도상국으로 진출하면서 선진국에서는 비숙련 근로자의 일자리가 큰 폭으로 감소하게 되었다.

〈표 1-8〉에서 보듯이 선진국 경제는 세계금융위기 직후인 2009년에 크게 위축되는 쓴 경험을 하지만 개발도상국은 위기에도 비교적 안정세를 유지했으며 오히려 2010년에는 크게 반등했다. 선진국과 개발도상국의 이런 상반된 현상은 실업률과 주가에서도 명확히 나타나고 있다.

| 표 1-8 | 세계 금융위기 전후 선진국 및 개발도상국의 경제성과 비교(단위: %)

		2007	2008	2009	2010
경제성장률	선진국	2.7	0.2	-3.4	3.0
	개발도상국	8.7	6.0	2.6	7.1
실업률	미국	4.6	5.8	9.3	9.7
	EU	7.5	7.6	9.4	10.1
	중국	4.0	4.2	4.3	4.1
	브라질	9.3	7.9	8.1	7.2
주가상승률 (MSCI 지수 기준)	선진국	7.1	-42.1	27.0	9.6
	개발도상국	36.5	-54.5	74.5	16.4

출처: IMF & Bloomberg

이처럼 세계화를 바라보는 시각에 변화가 나타나면서 주요 선진국을 중심으로 종전과 같은 형태의 세계화를 제어해야 한다는 움직임이 감지되기에 이르렀고, 급기야 일부 선진국은 노동이동과 국제무역 등에 대한 규제를 강화하는 보호주의 무역행태로 선회하면서 '세계화 퇴조론'이 등장했다. 세계화 퇴조론에 의하면 2008년 세계금융위기 이후 선진국들은 경기침체, 무역수지의 불균형, 비숙련 근로자의 일자리 감소 등 위기를 극복하기 위해 자국 산업과 내국인 근로자를 보호하기 위한 보호무역주의 정책을 시도했다. 예를 들면, 미국은 자국산 철강제품의 이용을 의무화했고, 자금난을 겪고 있는 기업들에 구제금융을 제공했으며, 그리고 환경규제 및 보건위생에 대한 규제를 강화해서 수입품의 유입에 제동을 걸었다. 또 미국 의회는 인위적인 환율조작 국가로부터 수입하는 물품에 대해 상계관세를 부과하는 '공정무역을 위한 환율개혁법안(Currency Reform for Fair Trade)'을 통과시키면서 중국 정부의 위안화 평가절상 노력을 압박했다. 또 일본 정부는 미국 FRB의 양적완화(Quantitative Easing: QE) 정책의 추진으로 엔화 가치가 크게 절상되자 2004년 이래로는 처음으로 외환시장에 개입했다. 또 영국, 호주, 스위스, 캐나다 등과 같은 선진국들은 이민자의 요건을 크게 강화했다.

반면에 이러한 선진국의 보호무역주의 움직임에 대처하기 위해 개발도상국들은 금융시장의 안정성을 해치는 과도한 외국자본의 유입과 급격한 유출을 방지하기 위해 외국자본에 대한 규제를 강화했다. 예를 들면, 대만과 인도네시아는 해외

자본의 운용자산 범위와 보유 기간에 대한 규제를 강화했으며, 브라질과 태국 등은 외국인에 대한 자본거래 및 투자소득에 대한 과세 규제를 강화했다. 이러한 양 진영의 보호무역주의 정책에 의한 국제교역의 위축을 방지하고 세계 경제의 회복을 논의하기 위해 개최된 수차례의 G20 정상회의를 통한 국제공조의 노력도 실질적인 효력에 대해 의문이 제기되었다.

그러나 '세계화 퇴조론'과 달리 여러 국가의 보호무역주의 정책에도 불구하고 이미 세계화는 세계 많은 지역에서 진행되었기 때문에 기업의 경영방식이나 개인의 생활양식에 근본적인 변화가 초래되지 않는 한 현재의 세계화 추세가 후퇴할 가능성은 없다는 '세계화 지속론' 시각도 있다. 인터넷을 통해 국가 간 재화 · 서비스 · 자본 거래가 계속해서 확대되고 있으며, 다국적기업들은 비용을 절감하기 위해 세계를 상대로 하는 글로벌소싱(Global Sourcing)을 더욱 확대하고 있다. 그리고 G20 정상회의에서 확인할 수 있었듯이 보호무역주의의 확산은 더 심각한 경기침체를 초래할 수 있다는 공감대가 형성되어 있다. 2008년 세계금융위기 이후 국제무역의 규모가 급격히 감소하면서 세계화의 퇴조 가능성이 언급되었지만 2010년에는 교역량이 다시 빠르게 회복되었다.

그러나 2020년에는 이전에 비해 세계화 속도가 현저하게 저하되었다. 세계 총생산(GDP)에서 해외직접투자(FDI)가 차지하는 비율이 2007년에는 3.5%였지만 2017년에는 1.3%로 감소했다고 하면서 느린 세계화(Slowbalization)가 진행되고 있다. 그리고 세계경제포럼은 2020년에 세계화에 대한 찬반 조사를 시행했다. 세계화가 좋은 것이라는 질문에 관한 개발도상국들의 반응은 선진국보다 높게 나타났다. 반면에 세계화가 나쁜 것이라는 질문에 대해 미국 및 서유럽 선진국의 응답이 높게 나타났다. 선진국 국민들의 세계화에 대한 열망이 많이 식어버린 사실을 짐작할 수 있다.

| 표 1-9 | 2020년 WEF 세계화 찬반 조사

국가	좋은 것이다(%)	나쁜 것이다(%)	모르겠다(%)
영국	46	19	36
프랑스	37	37	26
핀란드	56	18	27
덴마크	68	15	17
노르웨이	49	23	27
스웨덴	63	20	18
독일	60	20	20
호주	48	22	29
홍콩	63	21	16
인도네시아	72	13	15
말레이시아	73	10	17
필리핀	85	7	8
싱가포르	71	12	17
태국	76	12	12
베트남	91	4	5
미국	40	27	33
인도	83	7	10
UAE	69	13	18

출처: WEF, 2020

현재 세계화는 반세계화를 넘어 **탈세계화(Deglobalization)**가 진행되고 있다. 탈세계화로 상호 의존도가 약화되고 통합이 퇴조하고 있다. 탈세계화가 진행되는 배경을 살펴보면 특히 1980년대 이후 악화일로에 있던 선진국에서의 소득 불평등이 심화되었다. 그리고 2008년 세계금융위기가 촉발되면서 미국 정부는 구제금융과 재정적자에 대해서는 적극적으로 대응했지만 자국민의 일자리 문제에는 소극적이었다. 이에 미국인은 기존 정치권에 대한 신뢰를 거두기 시작했다. 2008년 이후 경제가 취약해지고 고용 부진이 이어지면서 미국에서는 이민자에 대한 반감이 커지고, 유럽에서는 중동발 난민 문제가 대두되면서 유권자들의 불만은 극에 달하게 되었다. 일자리 등의 문제를 해결하지 못한 기존 정치권에 대한 분노는 분리주의 운동이나 반세계화를 주장하는 고립주의적 정치 운동을 통해서 표출되었는데, 그것이 브렉시트(Brexit)와 트럼프(Trump)였다.

미국 등 선진국에서 나타나고 있는 탈세계화 흐름의 가장 큰 원동력은 저성장과 그에 따른 일자리 부족과 같은 경제적 요인이다. 2016년 미국 대선에서 가장 중요했던 이슈는 일자리가 84%로 첫 번째였으며, 이민자 문제가 71%로 두 번째였다. 당시 유럽에서도 일자리 문제는 심각한 수준이었는데, 스페인의 청년실업률은 45.7%였으며 이탈리아도 27.8%에 달했다. 이런 상황에서 각국 정부가 선택한 정책적 방향은 자국우선주의와 경제적 **인기영합주의**(Populism)였다. 단기적으로 일자리를 만들어내면 유권자들의 불만을 쉽게 해소할 수 있었다. 2016년 미국 공화당 대통령 후보였던 Donald Trump는 선거 공약으로 America First, 보호무역주의, 자국 기업의 국내 송환(Reshoring) 확대, 이민 축소 등을 제시했다. 그리고 그는 미국의 전통적인 제조업을 중시하는 회귀전략을 채택했다. 그러나 그동안 혁신적인 기술과 제품을 소개하면서 세계 경제를 이끌던 미국이 제조업 강화로 돌아서게 되는 경우 세계 경제의 혁신 동력이 둔화될 것이라는 예측이 나오고 있다. 한편 영국에서도 EU로부터 경제 주권을 회복하고 이민을 제한해야 한다는 목소리가 커지면서 브렉시트가 시행되었다. 이는 근본적으로 중하류층의 경제적 불평등과 직업 불안정성에서 기인한 것이었다.

Donald Trump 대통령이 취임하면서 탈세계화는 더욱 깊어졌다. 세계적으로 인기영합주의가 횡행하는 가운데 Trump는 중국에 높은 관세를 부과하면서 **미·중 무역전쟁**이 시작됐다. 세계 최대의 수출국과 세계 최대의 수입국 사이에 무역전쟁은 탈세계화의 가장 적나라한 양상을 보여 주었다. 2020년에 Joe Biden 대통령이 취임한 후에도 미국과 중국의 무역을 통한 주도권을 쟁취하기 위한 수싸움은 그치지 않고 있다. 이와 같은 상황에서 2020년부터 **코로나바이러스**(Coronavirus)가 확산되면서 인류를 커다란 위험에 빠트리고 있다. 코로나바이러스는 이미 자국우선주의에 빠져있던 세계 국가들을 더욱 분열시키고 있다. 코로나바이러스는 재화·서비스·자본·기술·정보·인력 등의 흐름이 각국으로 통제됨이 없이 자유로운 이동하는 것을 축소 또는 불가능하게 만들고 있다. 미·중 무역전쟁과 코로나바이러스는 세계화에 원투펀치가 되었으며, 탈세계화를 더욱 부추기고 있다. 인류가 코로나바이러스를 퇴치하려면 글로벌 공조 노력이 선행되어야 하는데 자국우선 백신이기주의가 난무하고 있는 것이 현실이다. 그러나 고립과 보호주의를 선호하는 국가들은 역사적 사실을 되돌아볼 필요가 있으며, 이런 정책이 좋은 결과를 가져온 적은 거의 없었다는 사실을 쉽게 알 수 있을 것이다.

VI ▸▸ 공정한 세계화

1980년대에 세계화라는 거대 담론이 소개되기 시작했을 때 전 인류는 열광적으로 환영했으며, 이는 곧 세계로 전파되어 모든 세계인에게 꿈과 희망을 주었다. 그러나 지구촌을 꿈꾸게 했던 세계화는 신기루였다. 이제 인류는 세계화가 '거대한 다국적기업 집단과 카지노 자본주의를 신봉하는 투기자본의 이윤만을 위해 벌였던 경제적 침투전략'이었음을 목격하게 되었다. 일찍이 시장주의의 폐해를 간파했던 경제학자 Karl Polanyi는 명저 'The Great Transformation'에서 "시장메커니즘을 인류와 자연환경의 운명을 지시하는 유일한 것으로 허용한다면 이는 사회의 소멸을 낳을 것"이라고 경고했다.

Crouch는 신자유주의에 대해 "개인들이 물질적 이익을 극대화하는 자유시장이 인간의 열망을 충족시키는 최선의 수단을 제공하며, 특히 기껏해야 비효율적이고 최악의 경우에는 자유를 위협할 뿐인 국가와 정치보다 시장을 선호해야 한다는 것이 그 주제이다"라고 비판했다. 그는 또 "오늘날 우리에게 주어진 과제는 신자유주의가 위기를 겪은 뒤 사망하게 되는 이유를 설명하는 게 아니라 정반대, 즉 어떻게 해서 신자유주의가 금융 붕괴 이후 어느 때보다도 더 정치적으로 강력하게 등장하게 되었는지를 설명하는 것이다"라면서 2008년 세계 금융위기에도 이상하게 사라지지 않는 현실의 신자유주의를 경고했다.

그러나 세계화로 많은 개발도상국이 경제성장을 이룩해서 부강한 국가로 변신한 것도 사실이다. 그리고 신자유주의자들은 2008년 세계금융위기의 원인도 정부가 인위적으로 시장에 개입해서 이자율을 너무 낮게 유지했기 때문이라고 주장했다. 여기서 우리는 시장과 정부에 대한 두 가지 주장을 들어보면 다음과 같다. "시장에 맡기라는 것은 탐욕에 끝이 없는 재벌에게 맡기라는 것이요, 정부에 맡기라는 것은 부패하고 무능한 정치인과 공무원에게 맡기라는 것이다"라는 주장과 "시장도 정부도 모두 불완전하다. 시장이 클수록 시장의 실패(빈부격차, 불황, 실업, 환경파괴, 독과점 등)가, 반면에 정부의 힘이 클수록 정부의 실패(정부의 낭비, 비효율 및 부패)가 증대하기 쉽다"라는 말을 곱씹어볼 필요가 있다. 결론적으로 시장도 정부도 완전하지 않다. 경쟁이 항상 좋은 결과만 산출하는 것이 아니듯이 이제 두 가지 경제이념도 상호 보완한다는 자세로 상대를 이해하는 노력이 필요하다.

세계 모든 국가가 모두 함께 이득이 되는 지속가능한 세계화를 도출하기 위해서 Rodrik은 정부와 시장은 대체되는 관계보다는 보완적인 관계로 이해되어야 하며, 가장 효율적인 시장은 작은 정부가 아니라 강력한 정부에 의해 만들 수 있다고 역설했다. 또 자본주의에는 유일무이한 모델만이 존재하지 않으며, 어떤 독립국가든지 자국의 필요와 가치에 따라 노동시장, 기업지배구조, 금융제도, 사회복지 등과 같은 제도적 장치들을 다양하게 선택할 수 있어야 하며 이는 민주국가로서 누리는 당연한 권리임을 주장했다.

그러면서 Rodrik은 〈그림 1-3〉에서 보듯이 세계 경제의 '트릴레마(Trilemma)'를 소개했으며, 이를 통해 민주주의, 국민국가, 세계화라는 세 마리 토끼를 동시에 잡기가 불가능하다는 것을 강조했다. 그는 "따라서 우리는 선택해야 한다. … 나는 민주주의와 민족자결권이 초세계화보다 우선해야 한다고 생각한다. 민주주의는 자신의 사회적 합의를 보호할 권리가 있고, 이러한 권리가 글로벌 경제의 요구와 충돌할 때 물러서야 할 것은 후자다"라는 입장을 강조했다. 그리고 Rodrik은 〈그림 1-4〉에서 나온 것처럼 세계 경제가 원활하게 기능하는 데 필요한 7가지 신세계화의 원리를 제시했다.

그림 1-3 세계 경제의 정치적 Trilemma(삼자택이)

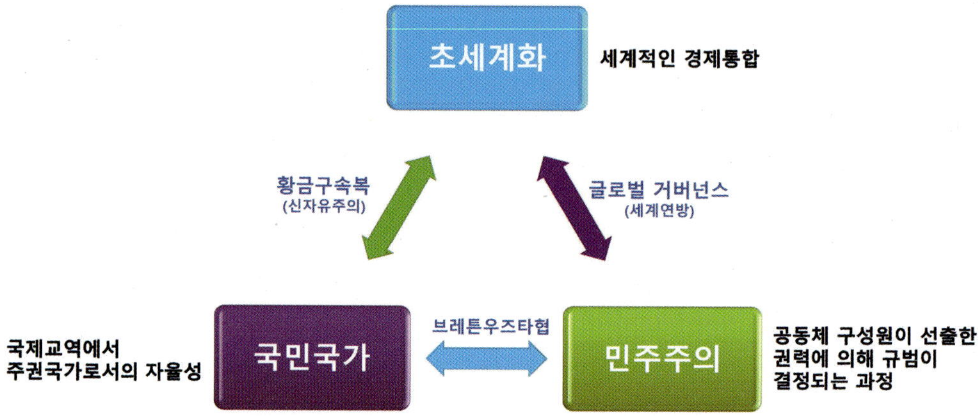

출처: Rodrik, 2011

그림 1-4 Rodrik: 7가지 신세계화 원리

첫째, 시장은 거버넌스 체제에 깊이 착근되어야 한다.

둘째, 민주적 거버넌스와 정치 공동체는 주로 국민국가 내에 조직되며, 가까운 미래에는 그 상태에 머물 것이다.

셋째, 번영으로 가는 '단 하나의 길'은 없다.

넷째, 각 나라는 저마다 자신의 사회적 합의, 규제, 제도를 보호할 권리가 있다.

다섯째, 어느 나라든 자국의 제도를 다른 나라에 강요할 권리는 없다.

여섯째, 국제 경제 협정의 목적은 각국의 다양한 제도 간의 접촉면을 조절하는 교통 법규를 정하는 것이어야 한다.

일곱째, 비민주국가들은 국가 경제 질서에서 민주국가들과 동일한 권리와 특권을 누릴 수 없다.

출처: Rodrik, 2011

Globalization

Hotel Chain Management

Chapter 02

세계화와 문화

Ⅰ. 문화의 이해

Ⅱ. 국가문화의 차이

Ⅲ. 문화 세계화에 대한 세 가지 관점

Ⅳ. 문화다양성과 세계화

Chapter

02 세계화와 문화

I ▸▸ 문화의 이해

세계화라는 범세계적 조류를 이끄는 신자유주의 이념과 정책은 초국적 자본이 지구촌을 점령하고 경제뿐만 아니라 정치 · 문화 등 모든 영역을 세계시장으로 종속시킴으로써 양극화 현상을 초래했다. 세계의 많은 자본가는 정부의 간섭에서 벗어나 자유로운 이윤 창출을 추구하기 위해 자유방임주의 시장체제를 요구했다. 그러나 결과로서 착취(Exploitation)와 불평등(Inequality)이 만연하게 되었고 전 세계 노동자에게 참담한 결과를 안겨주었다. 그리고 다국적기업 간에 효율성 향상을 위한 첨예한 경쟁으로 말미암아 고용의 안정성이 상실되고 많은 노동자가 비정규직화 되었다. 또 기업과 부자들의 소득은 지속적으로 상승하는 반면에 노동자들의 소득은 점점 더 낮아지는 현상이 가속화되어 결국 많은 국가에서 계층 간 소득 양극화가 심화되고 있다.

Waters는 세계화를 "사회적, 문화적 제도에 대한 지리적 구속이 약해지고, 그러한 사실을 사람들이 점점 많이 인식하게 되는 사회적 과정"이라고 정의했다. 지리적 구속의 약화는 국가 간 경계의 의미 약화로 이어져 결국 국민국가의 쇠퇴를 가져왔다. 이런 상황에서 시장 자본주의는 단일 국제체제가 되어 세계를 하나의 시장으로 만들어 버렸다. 이런 체제하에서 정치 · 경제 · 문화의 모든 영역은 경제력을 앞세운 강대국 및 이들과 결탁한 국제기구에 의해 불평등하게 조장되었으며, 문화 및 생활양식이 획일화되면서 지역적 전통 및 문화가 해체되기에 이르렀다.

오늘날 세계화는 경제영역을 위주로 해서 진행되고 있으며 특히 선진국의 자본과 다국적기업의 역할에 초점이 맞춰져 있다. 따라서 세계화는 자본주의 시장경제라는 이데올로기적 함의를 강하게 띠고 있으며, 이는 탈냉전의 정치환경과 정보통신기술의 획기적 발전을 배경으로 급속도로 확산되고 있다. 세계화의 급속한 진전은 세계 여러 지역에서 문화의 동질화를 초래하고 있다. 초국적 자본 및 기술의 독점에 의한 세계시장의 단일화는 다양한 문화 간의 자연스러운 교류보다는 미국을 구심점으로 하는 강대국 문화의 일방적인 흐름에 따른 서구화 현상이 지배적으로 나타나고 있다. 이는 세계화란 추세 속에서 경제활동이 국민국가의 중요성을 약화하고 정치적 경계의 의미를 상실시켜 시장 자본주의 체제가 인류의 삶의 모든 영역을 지배하고 있기 때문이다. 이런 문화적 동질화 또는 획일화의 추세는 특히 냉전체제 이후 형성된 미국 대중문화의 패권주의적 위력으로 인해 문화의 생산 · 소비 · 유통구조가 서구 선진자본주의의 문화 논리, 특히 미국 중심의 문화 논리에 지배되는 문화제국주의 이론을 대두시키게 되었다. 할리우드 영화 등을 앞세운 미국의 세계 문화에 대한 지배와 잠식 우려는 유럽연합, 유네스코, 그리고 세계 각국의 저항을 유발하고 있다. 따라서 세계화가 가속화될수록 문화의 동질화에 따른 무국경화로 인해서 고유한 문화의 종이 사라지고 있거나 문화적 정체성이 위태롭게 되고 있다는 비판이 거세지고 있다.

그러나 문화 동질화에 저항하여 민족이나 지역 단위에 기반을 둔 정체성도 더욱 강화되고 있다. 이러한 모순적인 양상에 의해 민족과 국가의 특수한 문화 정체성이 약화 또는 강화되면서 새로운 혼종적(Hybrid) 정체성이 나타나고 있다. 즉 문화가 이중적이며 모순된 위치에 자리하게 되어 보편화와 특수화, 동질화와 이질화, 통합과 분리, 중앙집권화와 탈중심화, 병렬과 융합이 동시에 발생하고 있다. 세계화는 일방적으로 진행되지 않으므로 보편주의/특수주의, 세계화/지역화가 긴장이나 갈등상태를 이루면서 세계적인 것은 지역적인 것과 균형을 이루고, 지역적인 것은 본질적으로 세계적인 것에 포함되므로 지역화가 세계화의 양상으로 파악될 수 있다. 결국에 세계화 시대에서 문화 침투와 충격은 문화 동질화를 확산시키면서 동시에 지역 정체성의 상실에 대한 위기의식으로 인해 문화 정체성을 보존하려는 움직임을 강화하는 결과를 초래하고 있다. 즉 세계화는 세계 문화의 동질성과 다양성을 파생시키는 동시에 지역문화와의 접합으로 새로운 혼종적 문화 정체성을 만들어 내고 있다. 따라서 세계화 과정에서의 문화 정체성은 과거 국민국가라는 단일정체성에서 다정체성 또는 복합정체성으로 전이되고 있다.

문화의 정의와 특성

문화(Culture)는 '재배하다' 또는 '경작하다'라는 뜻을 가진 라틴어 'Colore'에서 유래되었다고 한다. 인류학의 아버지라 불리는 영국의 Tylor는 문화란 "지식, 믿음, 기술, 법, 도덕, 관습 그리고 사회의 구성원으로서 인간이 습득한 모든 다른 능력과 습관을 포함하는 복잡한 총체"라고 정의했다. 문화는 일종의 사회적 나침반으로 문화가 없으면 그 사회의 구성원은 그가 어디에서 온 사람인지 어떻게 행동해야 하는지를 모르게 된다. 또 Rice는 문화를 "한 사회의 구성원으로서 어떤 대상에 대해 해석하고 평가하고 의사소통을 하는 데 도움을 주는, 그들에 의해 받아들여진 생활양식, 즉 가치관, 태도, 신념, 형식 그리고 기타 의미있는 상징"이라고 정의했다. 즉 문화란 인간의 행동에 영향을 미치고 행동기준을 제시한다는 것이다. 그리고 Kluckhohn은 문화란 "상징을 통해 학습되고 전달되는 사고, 감정, 반응의 형식이다. 문화는 인류 집단이 만든 독특한 산물이며 인간에 의해 구체적으로 형상화된 여러 가지를 포함한다. 문화의 중심은 역사적으로 계승되고 선택된 관념과 그에 따르는 부수적 가치에 의해 성립된다. 문화는 가치체계를 포함하며 한 집단의 독특한 생활방식이나 그들의 완전한 생활설계"라고 정의했다. 비교적 최근에 Hofstede는 문화를 "특정 환경에 놓인 사람들의 집단적인 정신적 프로그램이며, 문화는 개개인의 특성이 아니라 동일한 교육과 생활경험에 의해 조건화된 수많은 사람의 집단적 특성"이라고 밝혔다. 그는 문화를 정신적 소프트웨어(Mental Software)라고 봤다. 위의 내용을 종합해보면 문화는 "인간에게 고유한 학습을 통해 습득되며, 사회적 메커니즘을 통하여 특정 개인, 집단, 세대에서 다음 세대로 전승되는 정신 및 행동양식"이라고 정의할 수 있다.

문화는 특정 사회의 구성원으로서 사람이 습득한 규범, 관습 그리고 행동 및 상징의 지침으로 이루어진 복잡한 총합체이다. 모든 문화는 고유하며 지역적 · 사회적으로 구분되며, 언어공동체이며, 집단과 개인에게는 정체성(Identity)과 다른 사람에 대한 차이를 만드는 요소이며, 사회구성원들이 서로 또는 그들이 속한 환경에 대한 방향지시등의 역할을 하고 있다. 문화는 종교, 예술, 음식, 오락, 교육 등의 행위와 신념으로 구성되어 있다. 또 문화는 혈족, 가족, 그리고 정치집단의 규칙과도 연관이 있다. 모든 문화는 역사적 환경에 따라 재구성되는 전통(Tradition)을 통해 계승되고 있다.

다음으로 문화의 일반적인 특성에 대해 알아보기로 하자. 첫째, 문화는 사회구성원들의 행동기준이 되며 규범을 제공한다. 문화는 사회구성원들에게 욕구의 방향 및 욕구충족 방법의 지침을 제공한다. 문화의 핵심은 가치지향인데 이와 같은 가치지향은 인간의 욕구를 해결하기 위한 행동 및 사고의 방향을 제시하는 하나의 원칙이다. 즉 문화에는 이상적인 행동기준이 포함되므로 사회구성원들은 어떤 환경이나 상황하에서 어떤 행동이나 사고가 상식적이고 적절한지에 대해 공감하게 된다. 이처럼 사회구성원들에 의해 공유된 이상적인 행동양식이나 사고를 규범(Norm)이라고 하며, 이는 특정 사회구성원들의 태도, 행동, 사고에 큰 영향을 미치고 있다. 만일 한 구성원의 행동이 사회규범에서 벗어나게 되면 가해지는 유무형의 사회적 압력으로 인해 구성원은 사회적 기대에 따르게 된다. 둘째, 특정 구성원이 학습하는 일련의 규칙 및 행동양식인 문화는 출산과 동시에 계승되지 않는다. 모든 사회에서는 규범 및 행동양식이 특유한 문화적 환경으로 발전되어 지속적인 변화과정을 통해서 다음 세대로 계승되며, 이와 같은 문화적 학습 과정을 개인은 자신도 인식하지 못하는 사이에 사회적 보상 및 처벌기구를 통해 문화적 규범으로 인정하게 된다. 즉 자신의 행동이 문화적 학습 과정을 통해 결정되며 사회의 문화가 요구하는 요건을 충족하고 있지만 실제로 스스로는 이를 거의 인식하지 못하고 있다. 셋째, 문화는 사회구성원 대다수에 의해 공유되고 있다. 어떤 신념이나 가치, 관습이 특정 사회의 문화로 정착이 되기 위해서는 그것이 대다수 사회구성원에 의해 공유되어야만 한다.

이처럼 문화의 특성은 사회구성원인 개인의 행동에 규범적인 구속력을 지니며, 이것이 확장되어 특정 사회나 국가 또는 민족에게 공유되는 생활양식으로 표현되고 있다. 개인이 사물과 접촉하고, 사고하고, 판단하고, 결정하고, 행동하는 일련의 과정에서 집단적이며 규범적인 문화적 요인은 중요한 역할을 담당하고 있다. 문화는 민족, 종교, 언어, 관습, 역사, 위치 등에 의해 형성되기 때문에 민족성에 따라 사고, 행동, 가치관이 각각 달라서 사람들의 개인적인 행동양식에 영향을 미치게 된다. 문화와 행동과의 관계는 〈그림 2-1〉과 같다.

그림 2-1 문화와 행위 간의 관계

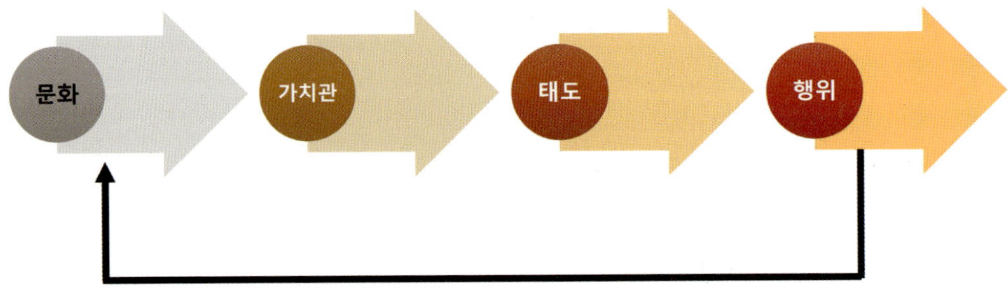

출처: Adler, 1986

문화의 표현방식

세계의 문화는 각 국가 또는 지역마다 다양한 문화의 스펙트럼을 가지고 있으며, 문화의 차이는 여러 가지 방식으로 표현될 수 있다. Hofstede는 문화가 표현되는 방식을 상징(Symbols), 영웅(Heroes), 의식(Rituals), 가치(Values)의 네 가지로 파악했다. 그는 〈그림 2-2〉처럼 양파 모양을 이용하여 네 가지 표현방식과 그들 간에 존재하는 심도의 수준 차이를 설명했다. 네 가지 요소 중에서 '상징'이 문화 표현의 가장 피상적인 형태이고, '가치'는 가장 핵심적이며, 그리고 '영웅'

과 '의식'은 가치와 상징의 사이에 있다. Hofstede는 문화는 상징, 영웅, 의식, 가치의 방식을 통해 표현되고 있다고 강조하였다.

그림 2-2 문화의 표현과 심도 수준

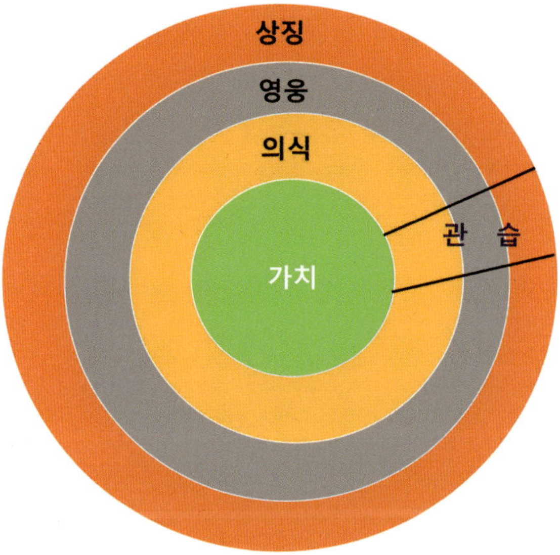

출처: Hofstede, 2010

첫째, 상징은 특정한 의미를 나타내는 말(Words), 몸짓(Gestures), 그림(Pictures), 대상(Objects)처럼 같은 문화를 공유하는 사람들 사이에서만 인식된다. 의상, 헤어스타일, 언어의 말, 국기 등이 여기에 해당된다. 새로운 상징은 쉽게 개발될 수 있으며, 종전의 상징은 사라진다. 특정 문화의 상징은 다른 문화에 의해 주기적으로 모방되는데, 이런 특성 때문에 상징은 양파에서 가장 피상적인 껍질층에 위치한다. 맥도날드와 빅맥 등이 상징에 해당된다.

둘째, 영웅은 특정 문화에서 매우 칭송되는 특성을 보유한, 생존하거나 역사적 또는 실제나 상상의 인물을 의미한다. 이들은 행동의 모델로 간주된다. 이에는 슈퍼맨, 이순신 장군, 세종대왕, 링컨 등이 해당된다.

셋째, 의식은 엄밀히 말하면 바람직한 결과에 이르기 위해서는 불필요할 수도 있지만, 특정 문화에서 사회적으로 매우 중요시되는 집단적 행위들을 말한다. 인사법, 타인에게 존경을 표하는 법, 사회적이거나 종교적인 의식 등이 이에 포함된다.

마지막으로, 가치는 문화의 핵심이다. 가치는 특정 상태를 더 선호하는 포괄적인 성향을 말한다. 가치는 직접적인 관찰이나 말로써 표현할 수 없으며 다양한 상황 속에 놓여 있는 구성원들의 행동에 의해 해석할 수밖에 없다. 예를 들면, 선과 악, 도덕적과 비도덕적, 건전과 불건전, 아름다움과 추함, 자연적과 비자연적, 정상과 비정상, 논리적과 역설적, 합리적과 비합리적 등이 가치의 구체적인 특성으로 볼 수 있다.

〈그림 2-2〉를 보면 상징, 영웅, 의식은 가치로부터 시작되어 실제로 실행되는 사회적 관습(Practices)에 포함된다. 관습을 통해 문화는 외부인에게 노출되고 있지만 문화적 의미는 가시화되지 않는다. 눈에 보이는 가장 피상적인 문화 현상은 상징이란 양식으로 표현되며, 이를 더 깊이 파헤쳐보면 가장 깊은 곳에 가치가 위치하고 있다는 사실을 알 수 있다. 상징, 영웅, 의식은 불안정하고 유동적이며 보편적이지만, 반면에 가치는 매우 고정적이고 안정적이며 개별적이다. 예를 들면, 나이키 운동화를 신는 전직 미국 프로농구의 황제 Michael Jordan은 상징이나 영웅이란 측면에서 보면 매우 보편적이며 세계적인 상품성을 가지고 있다. 그렇지만 농구를 즐기지 않는 이슬람인의 가치 측면에서 봤을 때는 전혀 다른 양상이 나타나게 된다. 이는 이슬람문화가 보유하고 있는 가치척도의 개별성에 기인되는 현상이다. 그러므로 개별 국가의 문화를 효과적으로 이해하기 위해서 보다 본질적인 표현방식인 문화적 가치에 대한 분석이 필요한 것이다.

II ▸▸ 국가문화의 차이

다국적기업이 현지화 전략을 통해 경쟁우위를 창출하려면 현지 국가의 문화에 대한 깊은 이해가 필요하다. 핵심은 당연히 해당 지역의 문화적 가치에 대한 분석을 바탕으로 한 대응전략이 되어야 할 것이다. 최근의 문화개념은 국가문화를 염두에 두고 있다. 국가문화는 "특정 집단의 사람들을 다른 집단과 구분하게 하는, 어린 시절부터 습득된 가치, 신념(Beliefs), 전제(Assumptions) 같은 것"으로 정의된다. 국가문화의 범위는 각 국가의 언어, 종교, 제도, 규범, 생활양식 등을 포함한다. 즉 특정 국가의 국민이 사회의 구성원으로서 해석하고, 교류하고, 평가할 수 있도록 고안된 일정한 형식 내의 가치, 신념, 태도와 기타 의미있는 상징을 포함하고 있다.

서로 다른 국가의 문화적 가치를 비교하기 위해 가장 많이 이용되는 분석 도구가 바로 Hofstede의 문화차원이론(Cultural Dimensions Theory)이다. 네덜란드의 사회심리학자인 Hofstede는 세계적인 다국적기업 IBM의 해외지사 50여 개국의 직원들을 대상으로 그들이 가지고 있는 태도와 가치관에 대한 자료를 수집해서 국가문화의 차이점을 연구했다. 즉 그는 사람들이 자기가 속한 세계를 인식하고 해석하는 데 있어 기본적인 차이점을 찾아서 이것을 기준으로 각국의 문화적 가변성(Cultural Variability) 즉 차이점을 확인했다. 이를 통해 서로 다른 문화들이 몇 가지 핵심적 차원에 따라서 변화의 연속선(Continuum)상에서 서로 어떻게 다른지 보여주고 있다. 그리고 그는 모형에서 나타난 국가문화의 차원(Dimensions)은 개인, 조직, 기업 등의 문화와는 확연히 구분되는 독립적인 차원이라고 파악했으며, 장구한 역사적 과정을 통해 형성된 국가 단위의 문화적 거리는 서로 상대적인 위치를 유지하고 있다고 역설했다. Hofstede의 문화모형을 보면 각 국가의 문화적 차이 또는 문화적 가변성의 차이를 권력격차(Power Distance), 개인주의와 집단주의(Individualism–Collectivism), 남성성과 여성성(Masculinity–Femininity), 불확실성 회피성향(Uncertainty Avoidance), 장기지향성과 단기지향성(Long-term Orientation–Short-term Orientation)이라는 다섯 가지 차원을 제시했다.

권력격차 차원(Power Distance)

권력격차는 권력이 불공평하게 배분되어 있다는 것을 권력을 적게 가지고 있는 구성원들이 받아들이고 예상하는 정도라고 정의하고 있다. 이는 한 마디로 특정 사회의 불평등 정도를 파악하는 것이다. 특정 국가라는 문화권에서 권력, 명성, 부 등이 분배된 정도는 권력격차 지수(Power Distance Index: PDI)를 통해 측정할 수 있다. 권력격차가 큰 사회에서는 모든 인간은 평등하지 않다는 전제하에서 사람들은 자기 자신의 위치를 인정하고 각자의 위치에 따라 권위를 부여하거나 받아들인다. 그러므로 직장 내에서 상사와 부하 직원 사이에는 위계질서가 엄격한 편이다. 따라서 이런 문화권에서는 상하 간에 결속력과 의존성이 높은 편이며 집단주의적 성향이 강하게 나타난다. 또 권력격차 지수가 높은 국가에서는 조직의 위계질서를 당연하게 인정하고 상하 간의 지위는 권력차이를 명확하게 표현한다. 이런 문화를 가진 국가는 보편적으로 권력이 소수에 집중되어 있는 편이다.

하지만 권력격차 지수가 낮은 사회에서는 권리와 기회의 평등주의가 강조되며, 모든 인간은 평등하다는 전제가 강한 편이다. 이런 사회에서는 비교적 권력이 분산되어 있고 위계질서가 약해서 편의상 역할의 구분을 규정할 뿐이며 기본적으로 불평등을 야기하지 않는다. 그러므로 부와 권력이 일치하지 않는 편이며, 신분 차이나 온정주의는 바람직하지 않은 것으로 간주된다. 권력격차 지수가 낮은 국가에서는 상호 간에 독립성이 존중되는 편이어서, 직장 내에서 상사와 부하는 협의를 통해 업무를 처리하며 직장 밖에서는 독립된 개인으로 사생활에 대한 자유가 보장되는 편이다.

〈표 2-1〉은 세계 각 국가의 권력격차 지수를 보여주고 있다. 동아시아, 남미, 동유럽 국가들은 권력격차 지수가 매우 높고 반면에 미국과 서유럽 및 북유럽 국가들은 권력격차 지수가 매우 낮게 나타났다. 이런 현상은 비교적 먼저 민주주의를 실천한 서구 선진국들이 권력격차 지수가 낮은 것으로 볼 수 있다.

| 표 2-1 | 국가별 권력격차 지수

국명	권력격차 지수	국명	권력격차 지수	국명	권력격차 지수
말레이시아	104	브라질	69	일본	54
파나마	95	프랑스	68	미국	40
필리핀	94	홍콩	68	독일	35
러시아	93	폴란드	68	영국	35
루마니아	90	콜롬비아	67	핀란드	33
멕시코	81	터키	66	스웨덴	31
중국	80	태국	64	뉴질랜드	22
인도네시아	78	포르투갈	63	덴마크	18
인도	77	한국	60	이스라엘	13
싱가포르	74	그리스	60	오스트리아	11

출처: Hofstede, 2010

개인주의와 집단주의 차원(Individualism vs Collectivism)

개인주의는 집단의 정체성 · 권리 · 욕구보다 개인의 정체성 · 권리 · 욕구를 더욱 중요하게 여기는 문화의 가치지향을 뜻한다. 개인주의는 각 개인의 독특함이 최고의 가치를 지니며, 개인의 주체성, 흥미, 독립성이 강조된다. 인간관계가 아닌 업무와 경쟁을 통한 개인의 능력 발휘, 자아실현, 행복을 최고의 미덕으로 여긴다. 따라서 개인과 집단 간의 긴밀한 감정교감이 쉽지 않기 때문에 개인주의 문화는 명시적인 소통(Communication)을 중시하므로 설득력과 메시지의 명확성이 중요하게 간주된다. 이런 문화에서 구성원은 자유로운 개인의 선택에 의해 여러 집단의 가입과 탈퇴가 보장되는 편이다.

반면에 집단주의의 개인은 자신을 '우리'라는 특정한 내부집단의 일부로 여기며 집단의 관점, 목표, 욕구를 따른다. 자신이 속한 집단에는 충성심이 강하며 집단에 대한 의존도가 높지만 자신이 속하지 않는 외부집단에는 배타적이다. '나'보다는 '우리'라는 정체성이 강조되므로 집단주의 문화에서는 개인의 목표, 취향, 욕구, 견해보다는 자신이 속한 내부집단의 사회적 규범을 강조한다. 또 개인의 신념보다는 내부집단이 공유하는 신념이 더 중요하며, 개인적 성취를 달성하는 것보다 내부집단 구성원 간의 협력에 더 큰 가치를 둔다. 일부에서는 집단을 위해 충성하고 공익을 위해 스스로를 희생하는 사람이 많으면 많을수록 그렇지 않은 집단을 넘어설 수 있다고 주장한다. 이런 문화의 직장에서는 업무보다 인간관계에 우선순위를 두며, 세계 인구의 약 70%를 집단주의 문화권으로 볼 수 있다.

〈표 2-2〉에는 세계 국가별 개인주의 지수(Individualism Index: IDV)가 나타나 있다. 세계에서 가장 개인주의 성향이 강한 국가는 미국으로 나타났으며 반면에 남미 국가와 동아시아 국가들이 집단주의 성향이 강한 것으로 나타났다. 미국은 개인의 성향, 기분, 공간, 프라이버시를 가장 우선시한다. 또 미국 및 유럽 국가 등과 같이 개인주의 문화적 성향이 강한 국가들이 대부분 선진국에 해당하는데, 이런 양상은 개인주의 문화가 경제성장을 견인하는 동력이라고 하기보다는 경제성장에 따라서 문화적 가치의 변화가 개인주의화하고 있다고 할 수 있다.

| 표 2-2 | 국가별 개인주의 지수

국명	개인주의 지수	국명	개인주의 지수	국명	개인주의 지수
미국	91	인도	48	싱가포르	20
호주	90	아르헨티나	47	중국	20
영국	89	일본	46	한국	18
캐나다	80	모로코	46	페루	16
헝가리	80	이란	41	인도네시아	14
네덜란드	79	러시아	39	파키스탄	14
이탈리아	76	브라질	38	콜롬비아	13
덴마크	74	터키	37	베네수엘라	12
프랑스	71	우루과이	36	에콰도르	8
독일	67	그리스	35	과테말라	6

출처: Hofstede, 2010

한편 〈표 2-1〉과 〈표 2-2〉 즉 권력격차 지수와 개인주의 지수를 비교해보면 흥미로운 사실이 밝혀졌다. 일부 예외적인 국가를 제외하면 권력격차 지수가 높은 국가들이 개인주의 지수는 낮은 것으로 나타났으며, 그와 반대로 권력격차 지수가 낮으면 개인주의 지수가 높게 나타났다. 즉 두 차원은 부(Negative)의 상관관계를 보이고 있다. 즉 권력격차 지수가 높은 국가는 집단주의 성향이 더 강하고 반대로 권력격차 지수가 낮으면 개인주의 성향이 더 강하게 나타난다.

○ 남성성과 여성성 차원(Masculinity vs Femininity)

이 차원은 한 사회가 남녀 간의 역할을 명확히 구분하고 물리적 부, 권력, 스포츠 등 남성적 가치(=남성성)가 강조되는 정도를 나타낸다. 즉 남성과 여성의 사회적 역할의 구분을 극대화하는 사회를 남성성의 사회로 보며, 상대적으로 역할 구분을 극소화하는 사회를 여성성의 사회로 보고 있다. 남성성이 강한 사회에서는 자기주장, 물질, 권력, 재산, 지위, 업적, 성공 등과 같은 가치가 지배한다. 또 이런 사회에서는 사람들이(특히 남성) 독단적이고, 야망이 크며, 경쟁심이 강하게 나타난다. 남성성이 강한 사회에서는 크고, 강하고, 빠른 것이 대접을 받는 것이 보편적 현상이다.

반면에 여성성의 사회에서는 남녀의 사회적인 역할이 중첩되며 인간적 관계가 중요시된다. 이런 사회에서 남성과 여성은 모두 삶의 질을 우선시하며 부드럽고, 작고, 약하며, 느린 것을 선호한다. 또 겸손과 타인에 대한 배려, 사교성이 강조된다. 그리고 여성성 사회에서는 유동적인 성의 역할, 서비스, 또 상호 의존성에 높은 가치를 둔다.

남성성 사회에서는 여성성 사회에 비해 성취에 대한 동기가 높게 나타나는 편이며, 일이 삶의 중심적인 역할을 담당하며, 업무에 대한 높은 수준의 스트레스를 보인다. 일본처럼 전통적인 남성 위주의 사회에서는 남성성 지수(Masculinity Index: MAS)가 매우 높으며, 스웨덴, 노르웨이, 네덜란드 같은 국가들은 여성성 문화권으로 기우는 경향을 보인다(〈표 2-3〉).

| 표 2-3 | 국가별 남성성 지수

국명	남성성 지수	국명	남성성 지수	국명	남성성 지수
슬로바키아	110	그리스	57	한국	39
일본	95	아르헨티나	56	러시아	36
오스트리아	79	인도	56	태국	34
베네수엘라	73	캐나다	52	칠레	28
이탈리아	70	파키스탄	50	코스타리카	21
멕시코	69	브라질	49	슬로베니아	16
중국	66	이스라엘	47	네덜란드	14
독일	66	인도네시아	46	라트비아	9
영국	66	터키	45	노르웨이	8
미국	62	프랑스	43	스웨덴	5

출처: Hofstede, 2010

○ 불확실성 회피 차원(Uncertainty Avoidance)

불확실성 회피 차원은 불확실한 미래를 어떻게 받아들일 것인가를 나타낸다. 즉 특정 문화의 구성원들이 불확실하거나 미지의 상황으로 인하여 느끼는 정도를 뜻하며, 이런 상황을 피하려는 정도의 차이를 측정하려고 했다. 불확실성 회피 성향이 높은 사회에서는 초조, 불안 등이 뚜렷하게 나타나며, 따라서 각종 법적 · 규범적 장치를 통해 위험을 줄이는 노력을 한다. 이 문화에서는 안전하고 안정된 사회를 중요한 가치로 여기며 변화나 모험은 피하고자 한다. 〈표 2-4〉에는 각 국가별 불확실성 회피 지수(Uncertainty Avoidance Index: UAI)가 나타나 있다. 불확실성 회피 성향이 높은 주요 국가로는 그리스, 포르투갈, 우루과이, 러시아, 일본 등이 있다.

불확실성 회피 성향이 낮은 사회에서는 미래의 위협을 별로 느끼지 않는 편이다. 따라서 이런 사회에서는 최소한의 규칙이 바람직한 것으로 간주된다. 경쟁이나 갈등은 당연한 것으로 여겨져서 피하지 않고 당당히 맞서는 편이다. 또 생각이 다른 사람에 대해서도 불편해하거나 무시하지 않으며, 예상하지 못한 상황이 벌어져도 잘 참고 견디며 감정을 드러내지 않는 편이다. 이런 사회에서는 전반적으로 긴장감이 높게 나타나지 않는 경향이 있다. 불확실성 회피 지수가 낮은 국가에는 싱가포르, 덴마크, 스웨덴, 홍콩, 중국, 인도, 미국 등이 있다.

| 표 2-4 | 국가별 불확실성 회피 지수

국명	불확실성 회피 지수	국명	불확실성 회피 지수	국명	불확실성 회피 지수
그리스	112	브라질	76	캐나다	48
포르투갈	104	이탈리아	75	인도네시아	48
우루과이	100	체코	74	미국	46
러시아	95	오스트리아	70	인도	36
폴란드	93	파키스탄	70	영국	35
일본	92	독일	65	중국	30
루마니아	90	태국	64	홍콩	29
아르헨티나	86	방글라데시	60	스웨덴	29
프랑스	86	핀란드	59	덴마크	23
한국	85	이란	59	싱가포르	8

출처: Hofstede, 2010

장기지향성과 단기지향성 차원(Long-term vs Short-term Orientation)

앞에 소개한 네 가지 차원은 국가 간의 문화적 차이를 설명하는 데 좋은 도구임에도 불구하고 모든 차원이 서양 사회를 중심으로 구성되었다는 비판이 대두됐다. 그래서 Hofstede는 다른 학자들의 연구를 기반으로 해서 장기지향성과 단기지향성이란 동양적 —특히 중국— 특징을 가진 새로운 차원을 개발했다.

이 차원은 인생에 대한 태도를 나타내는 것으로 장기지향적 성향을 갖고 있는가 아니면 단기지향적 성향을 갖고 있는가를 측정하려 했다. 이 차원을 통해 특정한 사회를 과거의 관습이나 단기적 관점에서 조망하는 것이 아니라 실용적이며 미래지향적 관점으로 보는 정도로도 해석할 수 있다. 장기지향성 지수(Long-term Orientation Index: LTO)가 높은 문화권에서는 지위에 의한 서열 관계와 이에 대한 존중, 끈기, 절약 등에 높은 가치를 둔다. 장기지향성이 높게 나타나는 문화에서는 장기적인 차원에서 성과를 달성하려고 한다. 따라서 저축, 검소 등이 강조된다. 반면에 단기지향적인 문화에서는 단기적인 성과에 집착하게 된다. 그러므로 절약이나 끈기가 별로 강조되지 않는다. 〈표 2-5〉에서 보는 바와 같이 한국, 일본, 중국과 동양권 국가들은 매우 장기지향적이며, 반대로 이집트, 이란, 아르헨티나, 베네수엘라 등과 같은 일부 이슬람 및 중남미 국가들은 매우 단기지향적으로 나타났다.

| 표 2-5 | 국가별 장기지향성 지수

국명	장기지향성 지수	국명	장기지향성 지수	국명	장기지향성 지수
한국	100	프랑스	63	필리핀	27
일본	88	이탈리아	61	미국	26
중국	87	홍콩	61	이라크	25
우크라이나	86	오스트리아	60	멕시코	24
독일	83	헝가리	58	오스트리아	21
에스토니아	82	스웨덴	53	아르헨티나	20
벨기에	82	세르비아	52	베네수엘라	16
러시아	81	루마니아	51	이란	14
스위스	74	영국	51	이집트	7
싱가포르	72	인도	51	푸에르토리코	0

출처: Hofstede, 2010

Hofstede의 국가문화 연구모형은 국가 간의 문화적 및 가치관의 차이점을 파악해서 다국적기업의 국제경영에 큰 공헌을 했다. 그럼에도 불구하고 5가지 차원에 대한 몇 가지 문제점이 제기되었다. 첫째, 표본의 대표성에 대한 의문이다. 컴퓨터산업에 속하는 IBM의 해외 지사 직원들을 연구대상으로 하였기 때문에 특정 산업과 특정 기업에 대한 표본의 대표성에 문제점이 있다는 지적이다. 둘째, IBM 직원들만을 대상으로 한 연구의 결과를 일반화할 수 있는가에 대한 문제점 역시 제기되었다. 셋째, 측정척도에 대한 문제이다. 문화적 특성을 과연 이분법적 방식으로 측정할 수 있는가에 대한 의문이 제기되었다. 넷째, 국가라는 지역적 영토와 문화집단이 일치하는가에 대한 여부이다. 일부 국가는 민족성이 다르므로 문화도 다르게 나타나기 때문이다. 마지막으로, 연구가 실시되었던 1960년대 및 1970년대와 비교했을 때 작금의 21세기의 환경은 많이 변했으며 또 문화도 정적인 것이 아닌 동적이기 때문이다.

III ▸▸ 문화 세계화에 대한 세 가지 관점

세계화는 국가 또는 지역 간의 상호의존도가 가속화되는 현상이다. 세계화로 인해 세계가 좁아지면서 문화적 차이에 관한 관심도 높아지고 있다. 문화의 세계화를 바라보는 관점은 크게 세 가지로 나누어 볼 수 있다. 첫째, 문화의 이질화(Cultural Differentialism)이다. 이는 세계화가 진행되더라도 과거처럼 각 국가 또는 지역마다 문화적 차이가 유지된다는 관점이다. 세계화의 파고가 높더라도 문화는 변하지 않으므로 문화적 다양성(Diversity)이 계속해서 유지 또는 증가된다는 것을 의미한다. 즉 세계화는 매우 표면적인 현상이며, 진정으로 역동적인 것은 지역 문명에 근거한 지역화(Regionalization)이므로 미래의 세계화는 지역 간의 대결 양상으로 보고 있다.

둘째, 문화의 동질화(Cultural Homogenization)이다. 이 관점은 세계화로 인해 상이한 문화 간의 다양성이 축소되어 점점 보편적인 문화로 탈바꿈된다는 주장이다. 즉 지배적인 힘을 가진 특정 단일문화에 의해 다른 문화는 파괴된다는 것이다. 이 관점은 현재의 세계화는 문화제국주의에 기반을 둔 매우 명백한 서구화(Westernization) 또는 미국화(Americanization)라고 이해하고 있다.

셋째, 문화의 혼종화(Cultural Hybridization)이다. 세계화로 인해 각 문화는 상호작용을 통해 서로 뒤섞이게 되는데, 이 과정을 거치면서 새롭고 독특한 문화적 차이가 만들어진다는 것이다. 이 관점은 세계화 과정의 산물인 개방적인 현재의 세계화는 동양의 서구화 현상인 동시에 서구의 동양화 현상이며 상호 간에 많은 영향을 미치고 있는 것으로 보고 있다. 지금부터 각 관점에 대하여 더 자세히 살펴보기로 하겠다.

문화의 이질화(Cultural Differentialism)

문화의 세계화를 바라보는 관점은 크게 세계화가 과연 동질화된 문화를 만들어내는가, 아니면 차별화된 문화를 생산해내는가에 따라 달라질 수 있다. 먼저 인류는 오래전부터 문화적 차이를 꾸준히 만들어 왔다고 하는 관점을 살펴보기로 한다.

1993년에 미국 하버드대학 교수 Samuel Huntington은 신작 '문명의 충돌(The Crash of Civilizations)'을 통해 냉전시대 이후의 세계화된 국제질서에 대한 새로운 패러다임을 제시했다. 그는 탈냉전시대의 주요 문명을 여덟 가지 유형으로 분류하였으며, 서로 다른 문명들의 문화적 차이에서 비롯되는 갈등으로 말미암아 문명 간의 충돌이 나타나게 될 것이라고 전망했다(<그림 2-3>). 그는 문명의 실체는 종교이며 따라서 다른 종교를 신봉하는 집단 또는 문명 간에는 충돌이 발생한다고 예측했다.

Huntington이 분류한 세계의 8대 문명은 중국뿐만 아니라 화교 집단, 한국을 비롯한 동아시아가 포함된 유교문명권(Confucian), 인도의 힌두문명(Hindu), 일본문명(Japanese), 이베리아반도와 북아프리카로 전파된 중앙아시아와 동남아시아의 일부 지역의 이슬람문명(Islamic), 러시아를 중심으로 하는 정교문명(Slavic-Orthodox), 서구의 그리스도교문명(Western), 라틴아메리카문명(Latin American), 그리고 아프리카문명(African)이다.

그림 2-3 Huntington의 세계 8대 문명

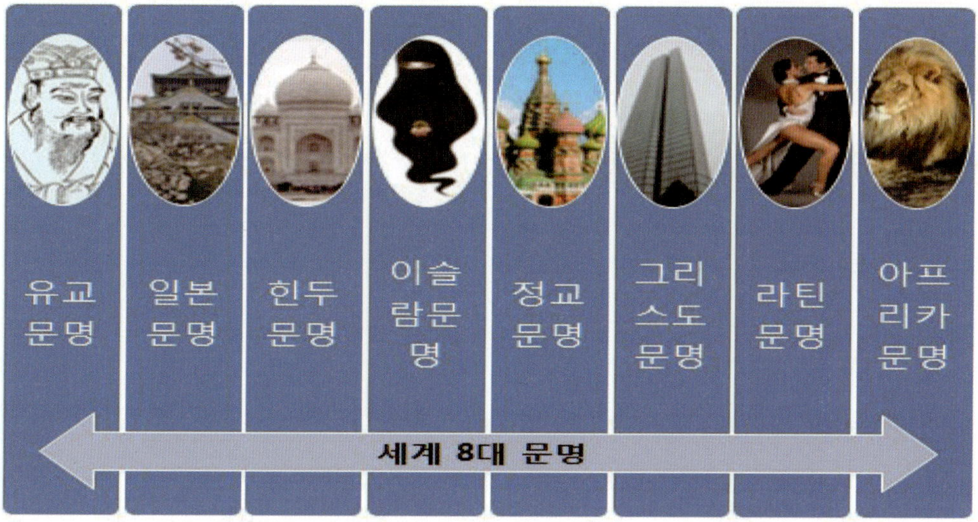

Huntington은 문명 간의 차이는 종교적 차이에서 비롯되며, 문명을 정의하는 객관적이고 핵심적인 요소로 가장 중요한 것이 종교라고 했다. 따라서 종교를 기준으로 개별 문명이 구분되며, 이 문명들은 상이한 종교적 전통에 의해서 타 문명과의 갈등과 대립이 발생하게 되고 결국 충돌은 불가피하다고 예측했다. 그리고 세계정치에서 갈등은 더 이상 정치 또는 경제적인 요인이 아니라 상이한 문명 간의 충돌 때문에 발생한다고 예측했다. 또 냉전체제에서는 이데올로기를 중심으로 세계질서가 만들어졌다면, 탈냉전시대에서는 문명 또는 문화 단위로 세계질서가 새롭게 재편되었다고 했다.

그는 국가 간의 대립구조를 무력에 의해 설명하는 시대는 이미 끝났다고 보았다. 즉 문명에 의해 국가의 행동 방향 및 지침이 결정된다고 보았다. 그는 유사한 문화를 공유하는 국가끼리는 동맹이나 협약을 체결해서 협력을 도모하고 결속을 다지게 되지만, 상이한 문화적 배경을 가진 국가끼리는 태생적인 문화적 차이에서 유래되는 잠재적인 위협에 의해서 갈등 및 대립 관계로 쉽게 빠지게 된다고 보았다.

Huntington은 서구의 보편적인 문명이 지배하던 시대는 이제 끝이 났다고 봤다. 서구적인 근대화를 기반으로 하여 경제적, 정치적, 군사적으로 강해진 비서구 문명권에서는 자신들의 문화에 대한 자긍심과 애착으로 인해 고유문화가 부활하게 된다고 관측했다. 또 이들은 정체성에 대한 혼란과 위기를 겪으면서 전통종교에 관한 관심이 고조되기에 이른다. 특히 아시아의 유교문명과 이슬람문명은 증진된 경제력, 인구증가, 강화된 군사력 등을 바탕으로 해서 결국에는 서구 그리스도문명에 도전하게 될 것으로 예측했다.

한편 Huntington의 관점과 달리 많은 학자와 사람들은 세계화가 깊어지면서 점차 세계의 문화들이 하나로 융합 또는 동질화되어 나갈 것이라는 예측을 했다. 그러나 많은 시간이 흐른 지금 그런 예측을 되짚어보면 기대되었던 융합은 만들어지지 않았다. 인류는 그 반대 방향으로 작용하는 모든 과정에도 불구하고 근본적으로 문화적 차이를 만들어 내는 놀라운 기계라는 것을 깊이 인식하게 되었다. 세계화가 진행되면 될수록 실제로 드러나는 현상은 오히려 다양화되고 있다. 세계화가 진행되면서 미국문화 중심의 동질화가 진행된다는 진단은 지나친 과장으로 나타났다. 세계화는 매우 표면적인 현상이며, 진정으로 역동적인 것은 지역문명에 근거한 지역화이며, 그러므로 미래의 세계화는 지역 간의 대결 양상으로 보고 있다.

세계화의 확산은 다른 문화 간의 끊임없는 접촉을 야기했으며 이질적인 문화 간의 충돌은 결단코 사라지지 않고 있다. 단적인 예로 2001년의 9.11 테러, 2013년 보스턴 마라톤 폭탄 테러, 그리고 2015년 파리테러는 이런 사실을 우리에게 상기시켜 주고 있다.

문화의 동질화(Cultural Homogenization)

문화적 차이는 불변한다는 시각과는 달리 세계화를 통해 문화의 동질화 현상도 나타나고 있다. 미국화(Americanization), 맥도날드화(McDonaldization), 코카콜라화(Coca-colonization), 디즈니화(Disneyfication) 등은 소비자 보편주의와 대중매체로 대변되는 문화제국주의의 변형이다. 문화의 동질화는 지배적인 힘을 가진 특정 문화가 다른 주변 문화를 파괴하여 일률적인 문화체제를 구축하는 것을 의미한다. 여기서 구심적인 역할을 하는 것이 다국적기업이다. 맥도날드화라는 용어를 처음 소개한 George Ritzer는 이를 "패스트푸드 레스토랑의 경영원칙들이 점점 더 미국사회뿐만 아니라 나머지 세계의 모든 영역을 지배해 나가는 과정"이라고 정의했다. 여기서 경영원칙들이란 효율성(빠른 서비스), 측정가능성(신속하고 값싼), 예측가능성(낮은 불확실성), 통제(노동력과 고객)를 말한다.

2021년 5월 기준으로 맥도날드는 세계 100여 개 이상 국가에서 약 38,000개의 레스토랑을 운영하고 있으며, 이들은 매일 약 7천만 명의 세계 시민들에게 음식를 제공하고 있다. 맥도날드의 성공원칙은 첫째, 맥도날드와 같은 원칙을 적용하여 성과를 달성한 다른 외식체인들(맥도날드화된)이 전 세계로 확산하는 것을 주도하였으며, 둘째, 다른 국가의 외식업체들도 그들만의 맥도날드화된 체인을 개발하게 되었으며, 셋째, 급기야는 다른 국가에서 개발된 맥도날드화된 외식 체인업체가 본고장인 미국으로 역수출하기에 이르렀다. 그만큼 맥도날드화는 보편적이고 획일적인 세계적 현상이다.

할리우드 영화, 팝 뮤직, 코카콜라, 말보로 등과 함께 맥도날드는 전형적인 미국적인 것이며 미국인들의 생활양식을 대변하고 있다. 맥도날드화는 가장 미국적인 것을 세계적인 것으로 통용되게 함으로써 전 세계 문화를 동질화시키고 있다. 샘에서 흘러나오는 물처럼 미국문화는 강이 되고 바다가 되어서 전 세계 각 지역의 문화적 차이를 용해시키고 있다.

맥도날드화는 패스트푸드 업계뿐만 아니라 교육, 노동, 의료, 여행, 여가, 다이어트, 정치, 가정, 그리고 사실상 지구촌 사회의 거의 모든 영역에 영향을 미치고 있으며, 점점 더 빠른 속도로 확대되고 있다. 비판자들은 맥도날드 시스템이 세계의 역사와 문화 및 관습의 다양성을 저해하고 세계를 단일한 표준과 습관 및 시스템으로 재구성하고 있다고 판단한다. 미국식 일상문화로 대변되는 맥도날드 때문에 전 세계가 편리와 효율이라는 이름 아래 규격화되고 있는 것에 주목한다. Ritzer가 문제로 인지하는 것은 맥도날드 그 자체가 아니라, 맥도날드 원리가 패스트푸드는 물론이고 의료, 교육, 여가, 스포츠, 영화, 기업, 노동, 쇼핑, 마케팅 등 사회 전 분야로 영향이 확대되는 것을 우려하기 때문이다. 획일적이고 평균적인 교육과 의료시스템이 막대한 이윤을 창출하고 있지만, 대신에 인간 개개인의 고유함이나 개별 지역의 문화적 다양성은 배제되고 있는 현실을 비판한 Ritzer는 다국적기업의 경제적 이득에 대한 항의에 그치는 것이 아니라 세계화라는 미명하에 도사리고 있는 비인간적 시스템과 문화적 다양성의 파괴를 고발하는 것이다.

근대화(Modernization)된 서구 자본주의 체제는 일찍이 전근대적이며 경제발전 정도가 낮은 비서구 국가들을 위해 어떤 역할을 해야 하는가에 관한 관심을 잊지 않고 있었다. 그런데 여기에도 대립되는 두 가지 관점이 존재하는데 바로 발전이론과 문화제국주의이다. 먼저 발전이론 또는 근대화이론은 저개발된 비서구 국가들이 발전하는 데 필수적인 경제성장과 정치발전이라는 국가적 과제들을 달성하기 위해서 전통적인 가치체계와 생활양식을 버리고 합리적인 서구문화체계를 채택하도록 장려했다. 이 과정에서 대중매체(Mass Media)는 정치와 경제에서 근대화를 이룩하는 데 핵심적인 역할을 했다. 비서구 국가들에게 발전이론은 큰 반향을 일으키면서 매우 적극적으로 수용되었다.

그러나 근대화를 위한 거국적인 노력에도 불구하고 저개발국가에서는 빈부 격차가 심화되고, 사회 각 영역의 불균등한 성장으로 말미암아 많은 사회적 문제가 생겼으며, 급기야는 전통문화가 해체되고 서구문화에 종속되는 현상이 심화되기에 이르렀다. 이에 따라 발전이론의 유용성에 대한 의구심이 증가했다.

발전이론을 대체하고자 개발된 이론이 종속이론(Dependency Theory)과 세계체제론(World-systems Theory)이다. 종속이론은 자본주의는 중심부인 구미 선진국 등이 주변부인 개발도상국 등을 경제적으로 종속하고 착취하면서 발전하고 있다는 이론이다. 남미 등 제3세계 국가들이 덜 발전한 원인은 그들 사회 내부의 전통적 구조에 기인된 것이 아니라는 것을 밝혔다.

세계체제론은 자본주의 체제의 세계화를 강조했다. 세계자본주의 체제는 단일한 분업하에서의 상이한 필수품의 생산에 입각한 불평등한 교역 관계로 서로 연관되는 중심부, 반주변부, 주변부의 3가지 국가군으로 구성되어 있다고 보았다. 중심부와 주변부의 비대칭적인 상호관계 분석이 단위국가 내부의 분석보다 선행돼야 한다고 주장한다. 강한 국가조직을 가지고 자유 임금 및 노동에 기초하여 제조품 생산에 주력하는 자본주의 체제하의 중심부 국가들은, 약한 국가조직을 가지고 강제노동에 기초하여 농산물 경작에 주력하는 주변부 국가들에 대하여 국제

교역 과정에서 잉여를 수탈하는 것으로 파악했다. 반주변부는 중심부에 의해 착취당하는 동시에 주변부를 수취하는 제3의 구조적 위치를 점유하고 있는 국가들이다.

문화제국주의는 지배국가가 예속국가에 대한 지배력을 강화하고, 이를 영구화하기 위해 자국의 문화를 강요한다는 이론이다. 좀 더 구체적으로 살펴보면 지배적 문화의 우월성을 반영하고, 재생산하는 기독교, 영어, 소비주의 성향과 같은 문화적 가치, 이념, 관습을 확산시키는 것으로 정의된다. 동시에 문화제국주의는 토착문화를 타락시키고 파괴하고 있다. 문화제국주의는 저개발 국가의 전통문화가 해체되고 서구문화에 종속되는 현상이 심화되는 배경을 바탕으로 하여 탄생된 이론이기도 하다. 신자유주의 구현의 일환으로 전 세계 문화를 시장경쟁력이 있는 미국 문화상품 중심으로 동질화하려고 했다. 문화제국주의는 미국적 소비문화의 패권적인 힘을 강조하며, 전 세계 소비문화의 형태가 동질화되고 있음을 상징하고 있다. 문화제국주의의 침투를 통해 지배적인 국가의 상품이나 문화가 저개발국가로 전이되는데, 이를 통해서 선진국가의 상품과 문화의 소비가 촉진된다. 문화제국주의를 통해 전 세계 소비문화의 형태가 동질화되고 있으며, 따라서 저개발국가의 고유한 전통문화는 외래문화의 지배에 의해 침탈되고 파괴되고 있다. 이 과정에서 다국적기업들은 핵심적인 역할을 담당하고 있으며, 이들의 목표인 전 세계시장으로 판매 기회를 확대하는 것과 일맥상통하고 있다.

미디어는 문화제국주의를 확산시키는 핵심적인 수단이 되었다. 문화제국주의는 강력한 대중매체 경쟁력을 보유한 국가가 그렇지 못한 국가의 미디어를 장악해서, 일차적으로는 제품 판매의 극대화를 통해 경제적 이익을 성취하고, 이차적으로는 상대국가의 전통문화를 침탈해서 서구문화의 가치를 이식함으로써 지배와 종속의 질서를 고착화하려는 시도이다. 미국 및 유럽 국가들은 세계화를 통해 경제적 이익을 추구해왔을 뿐만 아니라 서구의 문화가치를 확산하고자 했으며, 이 과정에서 미디어나 정보통신 산업에 속한 다국적기업들은 결정적인 역할을 담당했다. 정보경제와 네트워크 사회의 발전을 촉진한 인터넷을 비롯한 다양한 정보통신기술은 문화의 동질화 현상을 가속화하는 데 큰 일조를 했다. 또한 모바일 등 디지털 기술의 발전에 따른 뉴미디어의 급속한 보급은 문화적 차이를 더욱 좁히는 데 공헌했다.

문화의 혼종화(Cultural Hybridization)

문화 혼종화는 세계화로 인해 각 문화는 상호작용을 통해 서로 뒤섞이게 되는데, 이 과정을 거치면서 새롭고 독특한 문화적 차이가 만들어진다는 주장이다. 가속화되는 세계화 시대에서 초국가적 미디어가 생산되고 다양한 문화들이 서로 교류를 하게 되면서 전 세계적인 문화와 지역문화, 중심부와 주변부 문화의 조우로 인해 형성되는 새로운 문화적 실체들이 탄생했다. 이로 인해 혼종(Hybridity)이라는 새로운 개념적 틀을 이용하여 새로운 문화현상을 이해하려는 움직임이 일었다. '혼종' 개념에서는 상이한 문화가 뒤섞이면서 발생하는 정체성의 이중성, 경계성, 중간성을 중요시한다. 그래서 문화의 혼종화는 서구문화의 중심부에서 주변부 세계로의 일방적인 확산이라는 종전의 모델을 뒤집어서 새로운 세계화 이론의 정립에 큰 기여를 했다. 따라서 혼종성 개념은 서로 대립적인 관계인 이질화 관점과 동질화 관점 간의 갈등을 해소하는 데 긍정적인 역할을 담당했다.

Said는 어떤 문화도 단일하거나 순수하지 않다고 했다. 모든 문화는 상호 간에 영향을 주고받으며 혼합되고 변하기 때문이다. Bhabha는 혼종화 이론을 "식민자가 피식민자에게 가져온 모든 개념은 타자의 문화라는 견지에서 새롭게 태어나고, 갱신되며, 재해석되는 개념이다"라고 정의했으며, 모든 문화는 끊임없이 혼종화 과정을 겪는다고 보았다. 또 Hannerz는 중심국에서 주변국으로 대중문화에 대한 기본적인 틀이 제공되더라도 주변국들은 그것을 그대로 답습하기보다는 자신들의 특성과 맥락에 맞게 변용하고 재조직해서 새로운 문화를 만든다고 보았다. 그러므로 수용 초기에는 중심국가가 주변국가에 대하여 문화적 지배에 성공한 것처럼 보이지만 결국 시간이 흐를수록 지배력은 약화된다고 주장했다. 문화 혼종성은 서로 다른 문화가 혼합되는 과정에서 일부 세력이 자발적으로 그들만의 장점을 바탕으로 하여 두 문화 사이에서 새로운 형태의 문화를 생산해서 강압적인 외부세력에 저항한다는 것이다. 가령 미국의 유명 TV드라마인 'Sex and The City'가 다른 국가에서 상영될 때 외국 시청자들은 미국과는 다른 시각으로 드라마를 시청한다는 것이다. 즉 미디어 콘텐츠는 전 세계로 전송되지만 각 지역의 시청자들은 고유한 사회 · 문화적 맥락에 의해 그 내용을 이해하고 해석한다는 것이다. 문화의 혼종화 관점은 세계화 과정의 산물인 개방적인 현재의 세계화는 동양의 서구화인 동시에 서구의 동양화 현상이며 상호 간에 많은 영향을 미치고 있다고 본다. 세계는 한편으로는 점점 더 유사해지고 다른 한편으로는 점점 더 다양해지고 있다.

Ⅳ ▸▸ 문화다양성과 세계화

문화다양성(Cultural Diversity)은 문화정체성이 서로 다른 집단 간에 나타나는 가치관, 신념, 언어, 관습, 생활양식 등의 차이이다. 여기서 문화다양성에 관련되는 집단은 주로 민족, 종족, 인종을 가리키는 경우가 많다. 그러나 문화다양성이란 개념을 이런 집단에만 적용하는 것에도 제한이 있다. 왜냐하면 민족이나 종족이 아니더라도 종교, 나이, 성, 지위, 직업에 따라 가치관, 신념, 생활양식 등에서 차이가 나타나기 때문이다. UNESCO는 문화다양성을 **"언어나 의상, 전통, 사회를 형성하는 방법, 도덕과 종교에 대한 관념, 주변과의 상호작용 등 사람들 사이의 문화적 차이를 포괄한다"**라고 정의한다.

문화다양성은 몇 가지 차원으로 파악할 수 있다. 첫째, 특정 지역의 인간 집단, 사회, 그리고 문화 등에 대한 여러 유형을 말한다. 둘째, 다양한 배경, 특성, 가치관, 신념, 관습, 전통을 가진 개인이나 집단의 혼합을 의미한다. 셋째, 지역사회, 조직, 국가 내에 존재하는 여러 집단 간의 인종, 민족성, 국적, 종교, 그리고 언어에 대한 차이를 말한다.

세계화는 사회의 전 영역에서 상호 연결성이 강화되는 현상으로 지구 전체가 하나의 공간으로 변모되고 있다. 문화를 인류의 모든 의식과 생활양식의 총체라고 봤을 때 세계화시대라는 시간적 및 공간적 배경에서 문화의 다양성은 필연적으로 나타나는 사회적 현상이다.

세계화가 진행되면서 다양한 재화 및 서비스를 전 세계가 공유하게 되었다. 특히 정보통신기술의 혁신으로 국제간의 교역이 활발해지면서 지구는 거대한 하나의 시장으로 변모했다. 특히 거대한 경제력과 자본을 앞세운 미국의 재화 및 서비스가 세계 각국으로 밀물처럼 밀려들면서 세계화는 곧 미국화인 것으로 간주되고 있다. 무역에서 문화 분야에 대한 논란이 일기 시작한 것은 우루과이 라운드가 1993년에 종료되고 기존의 GATT를 대체하여 1995년 1월 새롭게 창설된 WTO가 출범하게 되면서였다. 미국과 WTO를 중심으로 한 측은 국제무역에서 영화와 같은 문화상품도 일반 공산품과 똑같은 교역재로 취급하기를 강력하게 주장했다. 이에 유럽국들은 국제무역에서 문화의 특수성이 인정되어야 한다며 크게 반발하기에 이르렀다. 이후 자국의 문화를 보호하려는 움직임은 더욱 커져만 갔다.

WTO체제와 문화산업

국제무역에서 문화에 대한 논란이 제기되기 시작한 것은 1차 및 2차 세계대전을 겪으면서였다. 폐허가 된 유럽에 신대륙 미국의 문물이 대대적으로 유입되기 시작한다. 그중에서 미국 영화상품의 유입은 유럽인들에게 심각한 위협으로 받아들여졌다. 이에 대해 영국, 오스트리아, 프랑스, 독일, 이탈리아 등과 같은 유럽국들은 **스크린쿼터제**를 도입해서 자국의 영화산업을 보호하고자 했다. 유럽국가 중에서도 특히 프랑스는 '문화의 나라'라는 애칭처럼 1920년 이전까지만 해도 유럽 영화산업에서 최고의 경쟁력을 보유하고 있었다. 그러나 1946년에 프랑스는 전쟁채무를 삭감한다는 조건에 의해 미국영화에 대한 수입규제를 완화하는 조약을 체결함으로써, 미국 Hollywood 영화의 침투가 본격적으로 이루어지게 되었으며, 프랑스 영화산업의 퇴조는 불을 보듯 뻔했다.

이후 GATT가 만들어져 국제무역의 확대를 시도하기에 이르렀다. GATT의 설립 목적은 자유로운 국제무역의 확대를 이룩하기 위해 규제의 장벽을 완화하는 것이었다. 1994년까지 유지되었던 GATT는 국제통상을 통제하는 유일한 국제기구였다. GATT는 무역자유화를 촉진하고 국제무역에서 재화나 서비스의 교역에

어떠한 차별도 두지 않도록 통제했다. 이때까지만 해도 문화상품은 주요 논의 대상이 아니었으며, 주요 대상은 공산품의 관세 인하였다. 그러나 이후 미국은 서비스상품의 무역에 대해서도 자유무역을 주장하고 나서는데, 1985년에 GATT는 이를 채택하며 1986년에 개시된 우루과이 라운드에서는 서비스상품도 무역협상의 대상으로 채택되었다.

우루과이 라운드는 9년 만에 타결이 돼서 결국에 1995년 1월에 WTO가 창설됐다. 이 9년 동안 각국 간에 첨예한 입장 대립이 있었다. 특히 서비스 무역에 대한 일반협정(GATS)의 타결을 위한 협상에서 미국은 문화적 논리에 반하는 상업적 논리에 의한 자유무역의 추진을 주장했다. 반면에 프랑스를 위시한 유럽국들은 이에 거세게 반대했다. 이들은 반대 논리로 문화상품은 공산품 등과 같은 상품과 동일하게 다룰 수 없으며, 문화산업은 문화정체성과 세계 문화의 다양성 유지와 깊은 관련이 있으므로 일반협정의 대상이 될 수 없다고 항변했다.

프랑스는 1993년 GATT 협상에서 '문화적 예외'라는 새로운 용어를 사용하면서 자국의 문화정체성을 보호하려고 했다. 프랑스는 문화를 서비스 자원으로 취급해서는 안 된다고 주장했으며, 이는 미국의 자유경쟁 논리와 정면으로 충돌했다. 이런 보호주의 정책을 두고 언론은 전 세계적인 미국 대중문화의 확산에 대한 프랑스의 저항이 단적으로 표출된 사건이라고 보도했다. 이를 계기로 문화다양성을 주장하는 여러 국가는 단결해서 한 목소리를 내게 되었다. 문화를 예외로 해야 한다는 논리에 대한 타당성의 한 견해로 "문화는 한 국가를 구현하는 본질로서 경제적인 재산이 아니므로 보호적 대우를 받아야만 하고, 다양한 각국의 문화를 보호, 보전, 장려해야 하기 때문이며, 무역의 심각한 불균형 속에서는 자유경쟁이 안 되기 때문"이라고 주장했다. 이후 '문화적 예외'라는 용어는 사라지고 보다 적절한 표현인 '문화다양성'으로 대체되었다.

공산품 위주의 자유무역을 주창했던 GATT에 비해 1995년 1월에 창설된 WTO는 서비스상품 등을 포함하여 국제무역의 범위가 크게 확장되었다. 또 WTO는 관세 인하 외에 비관세 장벽의 완화까지 영역을 확대하기에 이른다. 이런 체제의 핵심은 국제무역에서 관세를 아예 폐지하자는 것이었다. 그러나 그렇게 되는 경우 거대한 규모와 자본을 앞세운 미국에 매우 유리해지는 것이었다. WTO는 다자간 무역체제를 규율하기 위한 법적 및 제도적 국제기구로서 무역 분야에서 자유무역

질서를 확대 및 강화하기 위해 창설되었다. 하지만 WTO에는 세계의 문화 관계를 규정한 체계적인 국제규범은 존재하지 않았다. 따라서 WTO가 출범한 이래로 국제무역에서 문화 또는 문화상품에 대한 논쟁은 끊이지 않았다. 문화에 대한 자유무역을 반대하는 목소리가 높은 것은 문화산업이 지식과 상상력의 미래 산업으로서 고용이나 경제성장은 물론이고 더 나아가서 국가 정체성의 확립에 미치는 영향력이 매우 크기 때문이었다. 그래서 각국은 고유한 정체성을 보호할 수 있는 방안을 모색하고 있으며, 아울러 문화다양성을 지키려는 노력을 강화하고 있다.

문화다양성 진흥을 위한 UNESCO 선언과 협약

정보통신 및 교통의 혁신과 영화 및 TV프로그램 등 대중매체의 전 세계 전파 등의 영향으로 문화산업의 세계화가 가속화되고 있다. 이런 문화의 세계화는 각 지역의 자율적인 문화 정체성을 고양하고 차별화된 국지적 문화의 출현을 가능하게 하는 조건으로 간주될 수 있다. 하지만 일부 경제발전이 느리고 문화적 정체성이 취약한 국가에서는 미국적 생활양식이 답습되고 있는 것도 사실이다. 이런 국가들에게 세계화는 엄밀하게 말하면 미국화에 가까우며, 이는 미국이 주도하고 있는 신자유주의적 세계화와도 관련이 있다고 할 수 있다. 미국은 냉전 이후 시장주의 및 자본주의를 무기로 하여 세계의 경제 질서를 규정하는 새로운 게임의 법칙을 개발하고 있다. 이런 관점에서 문화의 세계화에서도 신자유주의의 영향을 배제하는 것은 잘못된 관점이라고 할 수 있다.

문화다양성에 대한 논의는 국제무역을 관장하는 WTO가 문화와 같은 비교역재에 대한 분쟁을 해결할 수 없다는 인식이 커지면서 시작됐다. 즉 예외없는 자유무역을 주장하는 WTO나 MAI(다자간 투자협정)와 같은 자유무역론과 문화상품의 특수성은 존중되고 보호되어야 한다는 문화적 예외론의 대립에서 비롯되었다. 1920년대 이후 미국 영화산업의 세계시장 점유가 크게 확대되자 이에 위협을 느낀 유럽과 제3세계의 국가들이 스크린쿼터제를 도입했다. 이후 국제무역에서 문화는 예외적으로 인정한다는 합의가 도출되었다. 그러나 1995년 WTO 출범 이후 경제의 세계화가 더욱 가속되면서 결국 문화상품도 WTO체제의 다른 재화나 서비스처럼 자유로운 무역대상이 되어야 한다는 주장이 강하게 대두되었다. 문화의 세계화에 경제논리가 그대로 적용된다면 막대한 자본을 보유한 미국이나 거대한 다국적기업의 문화상품이 세계시장을 점령해서 결국 획일적인 문화가 성행하게 될 위험이 존재하게 된다.

이런 상황을 요약하면 어떠한 예외도 없이 문화의 완전한 개방과 교역을 주장하는 미국 측의 경제 논리와 문화는 WTO 자유무역체제에서 예외적인 대상으로 인정이 되어야 한다는 유럽 및 제3세계 국가 측의 문화 논리가 충돌하고 있다.

그러나 이후 미국과 캐나다 간의 FTA에 의해 발효된 문화적 예외 조항이 두 나라 간 정기간행물 분쟁에서 캐나다가 패함으로써 아무런 효력이 없다는 것이 증명되었다. 이에 '문화적 예외'라는 개념의 한계를 체험한 국제사회는 이를 극복하기 위한 인식전환의 필요성을 인식하게 되었다. 이런 노력의 일환으로 1995년에 UNESCO(국제연합 교육과학문화기구)에 의해 발표된 「Our Creative Diversity」 보고서를 통해 '문화다양성'이 처음 제시되었다. 이 보고서가 발표되면서 WTO 체제에서 해당국에 일방적인 특혜를 제공하는 것으로 오인되거나, 인정 범위에 대해 논란이 많았던 보호주의적 색채가 강한 '문화적 예외'는 사라지고 개방과 공존의 가치를 위해 보다 긍정적이고 개방적인 용어인 '문화다양성'에 대한 공감대가 광범위하게 구축되기에 이르렀다.

이후 UNESCO는 후속 조치로서 1997년에 발표된 '문화적 권리에 대한 초안 선언'을 시발로 해서 결국 2001년 11월 파리에서 '세계 문화다양성 선언'을 채택하게 된다. 즉 2001년 11월 프랑스 파리에서 열린 제31차 UNESCO 총회에서 세계 164개 회원국들은 미국이 주도하는 경제 논리에 의한 세계화로 인해 위태로운 상황에 처한 세계 각 국가 및 지역의 문화적 고유성과 다양성을 보호하고 증진하기 위해서 만들어진 「유네스코 문화다양성 선언」을 채택한 것이다. 이 선언문을 통해 UNESCO는 문화는 단순히 재화나 서비스로 취급되지 말아야 하고, 각 국가는 문화정체성의 보호를 위해 자국 실정에 맞춰서 다양한 규제나 제도를 선택해야 하며, 문화다양성은 인류의 윤리적 의무이자 인간 존엄성으로부터 분리할 수 없는 소중한 것임을 선언했다. 또 이를 보장하기 위한 적절한 문화정책의 개발을 주장했으며, 문화다양성의 진흥을 역설했다. UNESCO 문화다양성 선언 제1조는 문화다양성을 보장해야 하는 당위성을 다음과 같이 강조하고 있다.

"문화는 시간과 공간에 따라 다양하게 나타난다. 이러한 다양성은 인류를 구성하고 있는 각각의 집단과 사회의 독특함과 다원성 속에서 구현된다. 생물다양성이 자연에 필요한 것과 같이 교류, 혁신, 창조성의 근원으로서 문화다양성은 인류 공동의 유산이며 현재와 미래세대를 위한 혜택으로서 인식되고 확인되어야 한다."

이어서 UNESCO는 2002년 5월 21일을 '세계 문화다양성의 날'로 선포했다. 이후 수차례의 국가 간 및 전문가 회의를 통해서 2005년 6월 문화다양성 협약을 위한 초안이 만들어지고, 결국 2005년 10월 UNESCO 제33차 총회에서 협약의 채택을 표결로 처리할 것을 제안하여 회원국들의 압도적인 지지로 '문화적 표현의 다양성 보호 및 증진 협약'(문화다양성 협약)을 채택하기에 이른다. '문화다양성 협약'은 국제사회 차원에서 문화다양성을 진흥하기 위한 일반적인 규정, 원칙, 그리고 기준을 제시하고 있다. UNESCO 한국위원회의 홈페이지를 보면 문화다양성의 중요성을 아래와 같이 강조하고 있다.

"문화다양성은 개인과 사회의 풍요한 자산으로서 이를 보호, 증진, 유지하는 것은 현재와 미래 세대의 지속 가능한 발전을 위한 필수 요건입니다. 유네스코는 세계 각국의 다양한 문화적 가치를 고양함으로 전 세계 인류가 직면한 문화의 획일화, 상업화, 종속화에 대응하고 아울러 다원적 가치를 상호 존중함으로써 민족 간 갈등과 대립을 극복하기 위해 노력하고 있습니다."

Wonton은 문화 간의 소통과 공존이 지지되는 '또 다른 세계화'를 제안했다. 그는 2001년 9.11 테러 사건에서 아랍 테러리스트들은 항공기술, 인터넷, 코카콜라 등과 같은 서구의 혁신 기술과 취향을 자신들의 목적인 서구문화에 대항하기 위한 수단으로 역이용한 것으로 주장했다. 그리고 그는 한편으로 수많은 서구문화가 거부되고 있으며, 다른 한편에서는 기술혁신이 현재와 같은 세계화에 대항하기 위해 이용되고 있다고 봤으며, 결국 세계화는 상이한 문화 간의 평화적 공존

보다는 대결 또는 전쟁이 원인이 되었다고 주장했다. 그리고 그는 정보의 세계화는 결국 서구 선진국들의 시각만을 반영한 구호에 지나지 않는다고 반박했으며, 정보의 세계화에 의해 인류가 더 많은 정보를 갖게 된다고 해서 세상을 더 자세히 이해할 수 있는 것이 아닌 오히려 그 반대일 수도 있다고 경고했다. Wonton은 다음과 같이 세계화 과정에서 소통의 중요성에 대해 언급했으며, 진정한 의미의 소통이란 서로 간에 문화정체성이 존재할 때 비로소 가능하다고 주장했다.

"모든 문제는 결국 우리가 정보와 소통을 혼동하는 데서 온다. 이 둘은 상호 보완적이면서도 확연히 다르다. 정보는 발신자가 메시지를 전송하여 더 빨리 더 많은 사람들과 접속하는 것에 초점을 둔다. 반면에 소통은 메시지를 받는 수신자가 그것을 얼마나 잘 이해하고 받아들이느냐에 초점을 둔다. 우리는 이로부터 일반 대중이 문화 세계화에 저항하는 원인을 찾을 수 있을 것이다. 수신자는 근본적으로 다양한 문화와 언어, 생활 방식을 가지고 있다. 이들은 자신의 교육 수준과 문화적 토대, 사회적 필요성과 종교적 믿음에 따라 정보를 분류하고 체계화한다. 하지만 메시지의 양이 증가할수록 그들은 자신의 관점을 수정하는 대신 그들이 속한 문화적 토대를 통해 본래의 의견을 더욱 공고히 한다. 이 점이 바로 문화 세계화의 최대 난점이다(p. 12)."

상호 문화의 이해를 우선시하는 세계화는 인류가 가진 창의성으로 인해 세계 경제를 더욱 확대할 수 있다. 이를 위해서 문화다양성이 존중되고 진흥되어야 하며 공존의 세계화를 위해서 반드시 필요하다. 문화의 세계화에는 창의성, 다양성, 공존이 있다. 진정한 세계화는 다양한 문화들이 공존하는 것이다. 문화의 공존이야말로 전 세계를 하나로 묶을 수 있는 진정한 모습의 세계화이다.

Globalization

Hotel Chain Management

Chapter 03

다국적기업(MNC)

Ⅰ. 다국적기업의 정의

Ⅱ. 다국적기업의 발전과정

Ⅲ. 다국적기업의 특징과 현황

Ⅳ. 다국적기업의 해외진출 동기

Ⅴ. 다국적기업의 글로벌전략

Chapter

03 다국적기업(MNC)

I ▸▸ 다국적기업의 정의

세계화의 확산에 가장 중추적인 역할을 하고 있으며 또 세계화의 근본적인 원동력이 바로 다국적기업(MNC: Multinational Corporation)이다. 다국적기업은 글로벌화된 세계질서에서 정치, 경제, 사회, 문화, 환경 등 여러 분야에서 다양한 역할을 담당하고 있으며, 지구 인류의 일상생활에 중요한 영향력을 미치고 있다. 예를 들면, 다국적기업의 근무환경, 복지, 임금에 대한 정책은 많은 지구인의 삶의 질을 결정하고 있다. 그리고 다국적기업은 세계 교역과 투자에서도 매우 중요한 역할을 하고 있다. 다국적기업의 중요성을 아무리 강조해도 지나치지 않는 것은 현재는 물론이고 가까운 미래에도 다국적기업의 존재는 피할 수 없는 것이 사실이기 때문이다.

다국적기업의 수는 1970년에는 7,000여 개에 불과했으나 2000년이 되자 38,000개로 대폭 증가했다. 가장 최근 통계를 발표한 UNCTAD에 의하면 2008년 기준으로 세계에는 약 82,053여 개의 다국적기업이 존재하고 있다. IBM, Apple,

Samsung Electronics, Google, BMW, Microsoft, GE, GM, Nestle, Ford, Wal-Mart, P&G, HSBC, Citibank, Hyundai Motor, Toyota, Canon, Sony 등과 같은 다국적기업의 활동은 2차 세계대전 이후 1950년대 후반부터 급속히 증가하기 시작했다. 다국적기업은 나아가서 세계의 교역 및 투자에서 지대한 영향을 미치게 되었으며, 또 세계 경제의 질서를 결정하는 데 있어 중요한 역할을 담당하게 되었다. 일부에서는 다국적기업들이 보유한 혁신적 기술과 민첩성으로 말미암아 오히려 국민국가(Nation-State)보다 더 강한 권력을 행사하는 것을 염려하고 있기도 하다. 본장을 통해 다국적기업의 실체에 대해 살펴보도록 한다.

아쉽게도 현재까지 다국적기업에 대한 통일된 정의나 용어가 존재하고 있지 않다. 다국적기업(MNC)과 같은 의미로 이용되는 용어로는 다국적기업(MNE: Multinational Enterprise), 초국적 기업(TNC: Transnational Corporation), 글로벌기업(Global Corporation) 등이 있다. 모든 용어의 태생은 다르나 현재 모두 같은 의미로 사용되고 있다. 그리고 해외 자회사의 수, 해외 활동의 비율 등과 같이 다국적기업의 범위를 정하는 기준도 다양하다.

다국적기업이란 용어가 사용되기 시작된 것은 20세기 중반을 넘으면서인데, 1958년에 프랑스의 경제학자 Maurice Bye는 다영토기업(Multi-territorial Firm)이라는 용어를 처음으로 사용했다. 이어서 1959년에 세계적인 컨설팅기업 McKinsey의 Clee & Discipio는 미국 기업들의 세계적인 경영활동을 위해 조사한 "Creating a World Enterprise"란 연구에서 처음 세계기업이라는 용어를 사용했다. 그리고 1960년에 미국의 David Lilienthal은 저서 "Management of Multinational Corporation"을 통해 다국적기업이라는 용어를 처음 사용했으며, 그는 다국적기업이란 "첫째, 어떠한 형태든지 직접투자를 해서 적어도 하나 이상의 외국에 자사의 제품공장을 소유하거나 생산 활동을 수행하는 기업이며, 둘째, 그 기업의 경영자가 세계적인 안목을 가지고 시장개발, 연구, 생산 등의 의사결정을 하는 기업"이라고 정의했다.

과거 세계적인 기업 Singer의 사장이었던 Kircher는 다음과 같은 네 가지 조건을 보유한 기업을 초국적기업(Transnational Enterprise)이라고 정의했다. 즉 그는 초국적기업을 첫째, 다수 국가의 주주들에 의해 소유되는 기업, 둘째, 경영에 다수 국가의 인재가 참여하고 통일적으로 경영이 되는 기업, 셋째, 지구 전체를 단일경제로 파악할 수 있는 훈련과 경험을 보유한 경영자에 의해 운영되는 기업, 넷째, 기업을 조직하는 특유한 원칙과 조직의 이익 목적을 훼손하지 않고서도 다수의 제품군으로 다각화될 수 있는 기업이라고 정의했다.

이후 Behrman은 "다국적기업의 본질은 무엇보다도 강력한 경영상의 통제하에 있어야 하며, 국경을 넘어 분리되어 있는 다수 국가에서 활동하면서도 밀착되어 통제되는 단일 기업으로서 다양성 속에서도 통일성이 있어야 한다"고 역설했다. 그리고 Brooke & Remers는 다국적기업을 광의적으로 "최소한 2개국 이상에서 주된 경영활동과 생산 또는 서비스 제공 활동을 수행하는 기업"이라고 정의했다.

Hood & Young은 "다국적기업이란 소득을 창출시킬 수 있는 자산을 2개국 이상에서 소유, 통제, 관리하는 기업으로서 이를 위해 국경을 초월하는 국제 생산을 수행하고 있는 기업"이라고 정의했으며, 또 Root는 다국적기업을 "여러 국가에 계열회사를 두어 기업 활동을 수행하며, 각각의 계열회사를 직접 통제 및 관리하는 모회사"로 정의했다. 그리고 Teece는 "다국적기업은 적어도 2개 이상의 국가에 위치한 생산시설을 운영하고 관리하는 기업"이라고 정의했다.

UNCTAD는 초국적기업(TNC)이란 하나의 국가 이상에서 소재하는 여러 법인체를 소유 또는 관리하며 일관적인 정책과 동일한 전략이 수행되는 의사결정 체제를 갖추고 영업활동을 전개하는 기업이라고 정의했다. 법인체 간에는 소유권 등과 같은 관계에 의해 서로 연계되어 있으며 모기업은 자회사에 심대한 영향력을 행사하며 또한 서로 지식, 자원, 책임 등을 공유한다. 비교적 최근에 국제경영의 세계적인 석학 John Dunning은 "다국적기업 또는 초국적기업은 2개 이상의 국가에서 해외직접투자(FDI)를 수행하거나 부가가치 활동(들)을 소유 또는 통제하는 기업"으로 정의했다.

위에서 살펴본 것처럼 다국적기업 또는 초국적기업에 대한 정의는 다양하게 제시되고 있으며 통일되지 않고 있다. 호텔체인도 다국적기업으로 간주한다면 "계약이나 직접투자를 통해 2개 이상의 국가에 진출해서 호텔이라는 서비스 판매 시설에 대한 경영활동을 수행하는 기업"이라고 정의할 수 있다.

Ⅱ ▸▸ 다국적기업의 발전과정

중세 베니스의 상인들은 해외무역의 중심도시에 자신들의 대행인들을 고용해서 해외지역의 특산물과 자신들의 상품을 거래했다. 일부에서는 13세기 이탈리아의 은행들이 해외지점을 개설하고 영업한 최초의 다국적기업이라고 주장한다. 근대에 들어 현재의 다국적기업과 가장 유사했던 조직은 17세기부터 19세기 사이에 걸쳐 존속했던 식민지 독점기업이었다. 이때는 유럽 열강들에 의한 식민지 개척이 성행하던 시기였다. 이 기업들은 특이한 조직구조를 보유했는데 잉여생산물을 처리하기 위해 본사는 영국이나 네덜란드와 같은 강대국에 위치했다. 식민지 기업들은 준국영기업의 역할을 담당하는 동시에 제국주의 국가의 대행인 역할을 수행했다. 가장 유명하고 전형적인 식민지 독점기업으로 1600년에 영국에 의해 설립된 동인도회사(The English East India Company)와 같은 시기에 네덜란드가 세운 동인도회사(The Dutch East India Company)가 있다. 이 두 기업을 현대 다국적기업의 효시로 여기고 있다.

17세기 초에 네덜란드는 세계무역을 지배했으며, 암스테르담은 인도, 발틱해, 아메리카 등의 지역을 아우르는 무역 네트워크의 중심지로 성장했다. 한때 아시아를 제패했던 포르투갈의 뒤를 이어 1619년에 네덜란드 동인도회사는 자카르타를 점령하고 이를 세계 최대 무역회사로 성장하기 위한 전진기지로 이용했으며 무역 활동의 범위를 멀리 일본까지 확장했다. 동인도회사가 주요 관심을 가졌던 무역상품은 인도네시아의 농산물이었다. 1621년에 서인도회사(The Dutch West India Company)가 설립되면서 네덜란드는 대륙 간의 무역, 노예, 금융 등을 하나로 연계하는 중심축으로 성장하게 되었으며 결국에는 전 유럽 물동량의 절반 정도를 지배하기에 이르렀다. 그러나 네덜란드 동인도회사는 17세기 말엽부터 점차 쇠퇴하기 시작해서 18세기 말에 자취를 감췄다.

한편 영국의 동인도회사는 1600년 12월 31일 당시 국왕 엘리자베스 1세 여왕의 허가 교서에 의해 설립되었다. 주요 활동은 동아시아와 동남아시아 지역의 향신료(Spices) 무역을 담당하는 것이었다. 동인도회사는 처음에는 별로 주목을 받지 못했으나 1612년에 용병들을 고용해서 인도에서 포르투갈을 몰아내고 면화(Cotton), 비단(Silks), 향신료를 거래하기 시작하면서 결국에는 독점적 지위를 차지했다. 그리고 네덜란드 동인도회사와의 경쟁에서 승리하면서 세계의 무역패권을 장악하게 되었다. 동인도회사는 17세기 초부터 1857년에 영국 왕실이 통제권을 행사하기 이전까지 사실상 인도라는 대제국을 지배했다. 18세기 중반 이후 동인도회사의 최대 무역상품은 중국에서 생산되는 차(Tea)였는데, 19세기 초에 중국에서 차를 수입하고 대금을 처음에는 은으로 지급했지만 이를 국부 유출로 보고 후에는 인도에서 재배되는 아편(Opium)을 지급하기 시작했다. 그러나 중국정부는 아편을 통한 대체지급 방식을 불법으로 간주했으며, 결국에 영국과 중국간에는 1 · 2차 아편전쟁이 발발했다.

이 밖에 활동했던 주요 기업으로는 아프리카에서 노예무역을 주도하기 위해 영국인들에 의해 설립된 The Royal African Company와 모피(Fur) 무역을 주로 담당하던 캐나다 국적의 The Hudson's Bay Company가 존재했다. 위에 열거한 기업은 주로 모피, 향신료, 섬유, 유럽산 제조품 등을 대상으로 무역 활동을 수행했으나, 일부 기업은 노예를 상품화하는 야만적인 무역행위를 저질렀다.

신대륙(New World)에서 생산되는 제품 중 유럽 기업에 가장 이윤을 많이 챙길 수 있는 상품인 사탕수수(Sugar), 담배(Tobacco), 면화, 금, 광물(Metals) 등을 생산하기 위해서는 혹독한 환경에서 일할 수 있는 대량의 노동력이 필요했다. 그래서 많은 무역회사 또는 노예상들은 유럽의 자본, 아프리카의 노동력, 신대륙의 토지 및 자원을 포함하는 대서양 삼각무역 루트를 개발하여 이를 왕래하게 됐다. 처음에 잉여생산물을 갖고서 유럽지역을 출발한 무역선은 가나와 아이보리코스트와 같은 아프리카의 서부해안에서 흑인들과 교환했다. 아프리카 흑인들은 신대륙에 도착하면 노예로 팔렸다. 마지막으로 무역선이 다시 유럽으로 귀환할 때는 신대륙의 상품들을 가득 싣고 와서 유럽 시장에 내다 팔았다. 이와 같은 삼각무역은 엄청난 규모로 성장하게 되었으며, 그 결과 18세기 동안에만 약 520만 명의 흑인 노예들이 신대륙으로 이주했다.

18세기 중반의 산업혁명은 증기기관과 같은 기계의 도입이라는 기술혁명으로 생산의 규모와 조직 그리고 입지의 변화를 동반하면서 종전의 비즈니스 방식을 근본적으로 바꿔 놓았다. 영국의 북서부와 중서부에서 출현한 근대공업은 머지 않아 유럽대륙 전역으로 파급되었다. 근대공업의 보급과 함께 도로와 운하가 개량되었고 뒤이어 철도도 개설돼서 교역과 투자의 기회가 크게 증가했다. 런던은 시티(City)라고 불리는 지역을 중심으로 해서 18세기 말에서 19세기 초반에 걸쳐 국제 금융서비스의 중심지로 변모했다. 유럽대륙의 많은 금융업자는 런던에 활동거점을 마련하고 점차 런던을 국제 비즈니스 활동의 본거지로 발전시켜 나갔다. 시티에는 각종 거래소가 설립되었으며 19세기 초반에는 거래에 종사하는 업자들이 전문화되기 시작했는데, 어음중개업자와 어음할인업자들이 이 시기에 기반을 확립했다.

19세기 초반 영국 각지에서 이루어졌던 혁명적 산업발전은 19세기 전반을 통해 유럽대륙 전역으로 전파되면서 광범위하게 진행됐다. 유럽의 각 지역은 서로 유리한 산업을 집적하여 전문화를 추진했다. 프랑스와 프로이센은 영국에 사절단을 보내서 신기술을 수입하기도 했으며, 영국의 많은 기술자가 유럽대륙의 각 지역으로 섬유 · 제철 · 기계 · 철도 관련 신기술을 전수했다. 그 결과 얼마 되지 않아 일부 분야에서는 영국보다 값싼 상품을 공급할 수 있게 되었다. 유럽대륙에 공업화가 심화되면서 각 국가는 자원특성과 생산비 면에서 더 유리한 분야에 특화하며 유럽 전역에 걸쳐서 광범위한 시장 관계를 발전시켜 나갔다. 19세기 동안에 지역 간의 상호의존은 심화되었으며 분업구조는 지속적으로 고도화됐다. 즉 영국의 면사는 유럽 전체의 면직물산업을 발전시켰으며, 이후 대륙에서도 면사 생산이 가능하게 되면서 영국에서 유럽대륙으로 기계가 수출되었다. 모직물 공업에서 대륙의 업자들은 저가 제품을 영국으로 수출하고 영국의 업자들은 고급제품을 대륙으로 수출했다. 이후 고급제품에서도 대륙에 경쟁우위를 빼앗기게 되자 영국의 모직물 업자들은 수출지역을 유럽 이외의 지역으로 다변화하게 되었다.

미국 기업의 다국적기업화

이제 무대를 돌려 미국에 대해 알아보기로 한다. 영국 식민지에서 독립한 후에 남북전쟁을 거치면서 미국 경제는 철도산업을 중심으로 급속하게 발전하면서 유럽을 압도해 나가기 시작했다. 그런데 미국 경제는 유럽과 다른 양상으로 발전했다. 영세한 기업이 대기업으로 성장해 나가는 경로는 다양하다. 먼저 성공적인 사업을 통해 벌어들인 이윤을 재투자해서 규모를 확대하면서 대기업으로 성장하는데 이를 내부성장이라 하며, 경쟁기업 또는 다른 분야의 기업을 인수 · 합병해서 단시간 내에 대기업으로 성장하기도 한다. 이와는 달리 같은 제품시장에서 경쟁관계에 있는 타 회사와의 통합을 수평적 통합에 의한 성장이라 하고, 타사에 의존하던 원료와 부품생산에 진출(후방통합)하거나 종래에 도매상과 소매상에 의존하던 유통업에 진출(전방통합)하여 성장을 도모하는 것을 수직적 통합(Vertical Integration)이라고 한다.

19세기에 미국에서 대기업의 형성과정을 보면 수평적 통합에 치중했던 유럽 대기업들과 달리 미국의 대기업들은 수직적 통합에 집중했다. 건실한 경영기반을 갖춘 과점적 대기업의 건설을 위해서 과도기적 단계에 지나지 않았던 수평적 통합을 뛰어넘는 강력한 수직적 통합전략이 필수적이었다. John D. Rockefeller가 전개한 석유사업의 성장 과정은 대표적 사례이다. Rockefeller가 지배하는 석유회사 Standard Oil은 대규모 화물주라는 지위를 십분 활용해서 철도회사 간의 경쟁을 유인하여 결국 운송비용을 낮추었으며 이후 혹독한 가격경쟁을 통해 경쟁기업들을 차례로 인수하면서 1880년에는 미국 전체 정제설비의 95% 이상을 장악하는 독점기업이 되었다. 그러나 원유생산자와 반록펠러 정유기업이 동맹을 결성해서 유전지대부터 동부에 이르는 송유관(Pipeline)을 부설하면서 Standard Oil의 지위는 크게 흔들렸다. 이를 타개하기 위해 Standard Oil은 유통기업의 설립, 원유생산, 양질의 원유생산을 위한 정제방식에 관한 연구 및 개발의 착수 등의 수직적 통합전략을 시행했다. 최종적으로 Standard Oil은 원유생산에서 등유 유통에 이르는 전 단계를 일원적으로 관리하는 수직통합형 대기업으로 변모했다.

그러나 Standard Oil이 성장하게 된 다른 요인도 있다. 19세기 말부터 기업의 규모를 제한하는 미국의 주법을 피하기 위해 기업들은 트러스트(Trust)를 형성해서 담합을 시도하면서 독점적 우위를 차지했다. Standard Oil은 규모가 커지면서 자회사를 더 강력하게 관리할 도구를 모색했다. 그래서 Standard Oil은 경영관리자 집단을 구성했는데, Rockefeller가 뽑은 9명의 신탁관리인(Trustees)이라 불리는 임원들이 41개 자회사의 정책과 책임자를 결정했다. 그러나 트러스트 조직은 지배구조가 너무나 복잡했기 때문에 감독기관의 감사나 사찰에 발각되지 않았다. 트러스트 조직은 소유 관계 또는 경영활동의 책임자가 분명하게 드러나지 않았다. 트러스트 조직으로 Standard Oil은 거대국가인 미국의 석유 시장을 대부분 지배할 정도로 대제국을 건설했다. Rockefeller는 트러스트를 가리켜 기업경영에 일대 혁신을 가져온 획기적인 방안이라고 자랑스럽게 말하곤 했다.

Standard Oil의 성공을 목격한 다른 기업들도 따라서 Trust를 도입하기 시작했으며, 결국 석유, 철강, 철도 등은 물론 담배나 위스키 같은 일반 생활소비재 시장까지도 독점하는 트러스트들이 미국 경제 전반을 주무르게 되었다. 처음에 미국 연방법원은 트러스트들의 존재를 파악할 수 없었다. 트러스트들은 마치 유령처럼 보이지 않으면서 교묘하게 산업 전반을 주물렀다. 트러스트의 존재가 세상에 점차 알려지기 시작하자 엄청난 사회적 비난이 뒤따랐다. 드디어 반사회적 경영 관행에 철퇴를 내리려는 움직임이 일었고, 드디어 Standard Oil은 1911년에 미국 연방최고재판소로부터 독점금지법(Antitrust Law)을 위반한 혐의가 입증되면서 34개의 기업으로 강제적으로 해체되었다. 불행하게도 독점적 지배를 위해 불법을 저지르고 도덕심을 사양하는 Rockefeller와 같은 기업가 또는 투자자의 탐욕(Greed)은 최근까지 이어졌으며 결국에 2008년 세계금융위기의 단초가 되었다.

미국에서는 19세기 전반부터 군대의 공창 등에서 총기생산과 관련한 호환성 부품을 사용하는 대량생산기술이 계속해서 개발되었는데 타자기를 생산하는 Remington, 금전등록기업체인 NCR, 재봉틀업체인 Singer, 농기계업체인 McCormick 등이 대량생산기술과 대량판매 체제의 결합에 성공하면서 남북전쟁 이후 대기업으로 크게 성장했다. 이러한 대량생산과 대량판매를 결합한 제조업 대기업의 탄생에는 운송 및 교통시스템의 발전이 크게 공헌했다.

운송수단의 발전은 기업의 화물 운송비용을 크게 낮췄다. 19세기 전반에 개발된 증기선과 운하의 등장에 더해 19세기 후반에 크게 확대된 철도의 건설이 그것이다. 철도산업은 미국 산업사회에 Vanderbilt라는 최초의 대기업을 등장시키게 되며 미국 경제의 발전에 큰 공헌을 했다. 철도 물류시스템의 발전과 더불어 전신기술의 개발은 정보통신의 효율을 혁명적으로 개선했다. 이처럼 물류비용이 격감하고 신속한 경제정보의 전달은 종전 지방을 단위로 하던 경제활동이 전국적 규모로 확대하는 데 공헌했다.

19세기 후반부터 20세기 초반에 걸쳐 미국 경제에는 대기업이 결합하는 합병(Merger) 활동이 활발하게 전개되었다. 실제로 1895년부터 1904년 사이에 약 157건의 대기업 간 합병이 일어났으며, 이를 대합병 운동이라고 한다. 많은 산업 분야에서 치열하게 경쟁하던 기업들이 투자은행의 중개 등으로 차례로 합병을 하면서 높은 시장점유율을 보유하는 대기업이 탄생했다. 일례로 1892년에 발명왕 Thomas Edison이 창업한 Edison General Electric과 Thomson Houston Electric이 합병하면서 General Electric(GE)이 설립됐다. 대합병 운동을 통해 설립된 대기업 가운데 확고한 경쟁체제를 확립할 수 있었던 기업은 먼저 원료공급원을 확보하고 적극적인 마케팅을 전개하는 것과 같은 수직적 통합전략을 실행한 이후 내부합리화를 통한 가격경쟁력 강화 등과 같이 높은 진입장벽의 구축을 통해 신규기업의 진입을 방지할 수 있는 기업이 되었다. 이후 1920년대의 2차 합병 운동을 통해 많은 기업 사이에 수직적 통합이 이루어졌다. 그 결과 특정 산업 또는 시장을 몇 개의 기업이 장악하는 과점(Oligopoly) 기업이 만들어졌다.

〈표 3-1〉은 미국 제조업 상위 100개 사의 경영정책을 시대별, 형태별로 살펴본 것이다. 과거 이미 수평적 통합을 통해 성장을 이룩한 대기업들이 20세기 초반부터 20~30년 동안 각각의 제품 분야에서 수직적 통합을 통해 다시 도약할 기회를 확보했다. 이처럼 수평적 통합과 수직적 통합을 거치면서 성장한 대기업들이 채택할 수 있는 전략으로 국제화와 다각화를 고려해 볼 수 있다. 〈표 3-1〉을 보면 국제화가 다각화보다 선행했으며 다각화가 본격적으로 실행된 시기는 1930년대 이후였다. 당시 미국 경제는 광대한 국내시장을 보유하고 있어서 다른 선진국에 비해 무역의존도는 낮은 수준이었다. 그러나 석유정제업과 같이 초기부터 해외시장에 크게 의존하던 산업도 존재하고 있었으며, 또 Singer와 McCormick처럼 미국의 월등한 대량생산 및 대량판매 우위를 앞세워 일찍부터 다국적화를 지향했던 기업도 있었다. 이어 20세기에 들어서면서 미국산 제품의 유럽시장 진출이 본격화되었는데, 특히 2차 세계대전 이후 전쟁 피해로부터 자유로웠던 미국 기업들은 강력한 경쟁우위를 기반으로 서유럽 국가에 대한 대규모 **해외직접투자(FDI)**를 진행하면서 대다수 대기업이 다국적기업으로 변모하게 되었다.

| 표 3-1 | 규모별 상위 100개 사의 경영전략과 조직 분포(1919~1979년)

	1919	1929	1939	1948	1959	1969	1979
경영정책							
주력제품 중심	89	85	78	62	40	24	22
관련분야로의 다각화	11	15	22	36	55	56	53
비관련분야로의 다각화	0	0	0	2	5	20	24
경영조직							
지주회사	31	25	16	5	5	7	4
기능별 조직	69	73	75	75	43	20	10
사업부제 조직	0	2	9	20	52	73	86
국제화전략							
없음	59	47	35	33	23	13	7
있음	41	53	55	67	77	87	93

출처: Fligestein, 1990

1920년대와 1930년대에 미국의 Ford나 Standard Oil과 같은 대기업들은 유럽과 남미 등지에 진출해서 국제적인 영업활동을 수행했던 다국적기업의 초기 사례였다. 또 다국적기업의 전형적인 초기 사례로 미국의 Colgate-Palmolive를 들 수 있다. 이 기업은 먼저 시장 규모가 엄청난 미국의 비누 · 세제산업에서 합병을 통하여 규모를 키운 후 영국, 프랑스, 독일의 비누 제조업체들을 인수하고 스웨덴, 이탈리아, 폴란드, 스위스 등지에 자회사(Subsidiaries)를 설립했다. 미국 국적의 다른 다국적기업과 같이 2차 세계대전 종전 이후 Colgate-Palmolive의 성장은 더욱 가속되었다. 이런 다국적기업의 성장은 주로 석유와 고무 같은 자원의 획득이나 제조업을 위주로 이루어졌다.

1940년대 후반 미국의 제조업은 월등한 생산력을 과시하고 있었으며 당시 생산량은 전 세계의 약 60%를 차지할 정도로 막강했다. 따라서 미국 경제에서 대기업의 위상이 더욱 공고해졌다. 2차 세계대전 이후 미국 대기업의 성장은 〈표 3-1〉에서 보았던 것처럼 사업의 국제화와 다각화를 통해 실현되었다. 1960년대 이후에 미국 대기업은 다양한 제품계열로 사업영역을 확장하고 적극적인 해외직접투자를 통해 국경을 초월해서 사업을 전개해 나갔다.

유럽국가와 달리 대기업에 대한 미국 정부의 경제정책 중에는 독점금지법이라는 독특한 제도가 존재했다. 기회 평등과 자유경쟁을 매우 중요시하는 미국 사회에서는 19세기 후반 이후 대기업으로 상징되는 거대한 경제력 집중이 시장에서 창업가정신(Entrepreneurship)을 부정하고 나아가서 민주주의 정치체제를 위협하는 것으로 간주되었으며 강한 정치적 반발이 생기면서 결국에는 독점 규제를 강화하는 정책이 법제화됐다.

그럼에도 불구하고 대기업의 형성이라는 경제적 현상은 정치적 해법으로 막을 수 없었다. 그리고 미국에는 여전히 작은 정부와 균형재정을 기반으로 하는 정치사상이 존재하고 있어서 연방정부의 권한은 제한적이었다. 그러나 1930년대 대공황과 뉴딜정책 그리고 2차 세계대전을 겪으면서 정부의 역할은 크게 확대되었다. 그 결과 전통적 공공재(국방 · 우편 · 연구 및 교육) 공급기능의 확대와 거시경제 운용을 위한 금융 · 재정정책의 정비와 같은 종전 정부의 역할은 제품의 구매(군수물자와 농산물), 경제활동의 지원(농업 · 교통), 기업에 대한 규제(공익규제 · 독점금지법), 사회안전망의 구축(사회보장 · 실업보험) 등으로 크게 확대되었다.

경제의 안정적 성장과 완전고용을 위해 추진된 이런 경제정책은 결국 거시경제의 동향에 큰 영향을 미쳐서 경기의 변동성을 완화하는 데 기여했다. 이 시기 미국의 많은 대기업은 이미 원재료, 생산, 유통에 이르는 기능을 내부화한 수직통합형 기업으로 변모해 있었다. 그래서 대기업이 성장을 더욱 가속하기 위해서 내부에 축적된 경영자원을 전략적으로 활용해서 국제화와 다각화를 추진해야만 했다. 이와 같은 상황에서 독점금지법은 대기업의 성장전략을 국외에서 행하도록 하는 데 큰 역할을 했다.

1950년대 이후 미국 기업들은 외국에 많은 자회사를 설립했다. 1974년에 미국 기업에 속한 해외 자회사의 총매출액은 1,150억 달러에 달한 데 비해, 같은 해 국내에서 생산된 제품의 총수출액은 470억 달러에 불과했다. 즉 해외 자회사의 매출이 미국 전체의 수출액에 비해 2배 이상 많았다. 미국은 2차 세계대전 이전부터 GE 등 대기업들이 대규모로 해외직접투자를 전개했다. 그러나 2차 세계대전 이후 해외직접투자 추세에 몇 가지 변화가 발생했다. 첫째, 〈표 3-2〉에서 보는 바와 같이 해외직접투자 금액이 많이 증가했다. 둘째, 과거에는 미국 기업의 해외직접투자는 선진국보다 아시아, 남미, 아프리카 등과 같은 개발도상국에 대한 비중이 더 많았지만, 2차 세계대전 이후에는 서구 선진국들에 대한 투자가 압도적인 비중을 차지했다. 특히 유럽지역에 대한 해외직접투자 비율은 1929년에는 18% 정도에 불과했지만 1980년에는 45%로 대폭 증가했다. 반면에 남미는 다소 감소했다. 셋째, 과거 해외직접투자가 현지국의 천연자원과 철도건설 등의 공익사업에서 제조업 분야로 투자대상이 크게 바뀌게 되었다. 〈표 3-2〉에서 보듯이 제조업의 해외직접투자는 1929년 24%에서 1980년 42%로 대폭 증가했다. 2차 세계대전 이후 미국 기업의 해외직접투자는 유럽 선진국의 제조업에 집중되면서 투자지역과 대상이 크게 변했다.

I 표 3-2 I 미국 기업의 해외직접투자 규모와 추이(단위: 백만 달러, %)

투자처	1929년	1950년	1980년
합계	7,528	11,788	213,468
지역별 분포(%)			
캐나다	27	30	21
유럽	18	14	45
남미	47	41	48
아시아·아프리카·중동	8	15	16
산업별 분포(%)			
제조업	24	31	42
석유	18	29	22
수송·공익사업	21	12	N/A
광업	15	9	3
무역	5	7	12
농업	12	5	N/A
기타	8	6	11

출처: 미국 상무성, 2001

미국 기업의 다국적기업화는 월등한 연구 및 개발 기술력과 거대한 국내시장의 존재와 같은 배경이 있기에 가능한 것이었다. 미국 기업은 세계 최고의 기술력을 이용해서 엄청난 소비 수요를 보유한 시장에 계속해서 가전제품, 합성섬유, 약품 등과 같은 신제품을 출시했다. 동일 제품에 대한 수요가 경제회복이 어느 정도 이루어진 유럽에서도 발생하게 되면 수출이 가능해졌다. 해외시장 규모가 일정 수준에 도달하게 되면 미국 기업은 제품 수출과 해외 자체생산 중에서 어느 쪽이 유리한가를 비교 및 검토하는 단계에 이르렀다. 해외 현지국에서 생산하게 되면 운송비용을 절감하고, 수입 관세를 피할 수 있었으며, 또 미국의 임금 수준은 세계 최고였기 때문에 인건비가 저렴한 수출지역에서 생산하는 경우 비용 절감 효과를 거둘 수 있었다. 또 같은 분야의 경쟁사가 해외직접투자를 계획하거나 현지 기업이 같은 제품의 생산을 개시해서 경쟁이 심화되면 이에 대항하기 위해서라도 현지 생산을 택하게 되었다. 그리고 당시에 미국 달러화의 강한 가치도 미국 기업의 해외직접투자를 촉진하는 큰 계기가 됐다.

미국 기업이 서유럽에 진출해서 현지에서 생산하여 시장개척단계에서 보급단계로 전환되면 해외 자회사는 다음 단계로 개발도상국 시장의 개척에 나서게 됐다. 이후 개발도상국에서 수요가 증가하면 같은 논리로 생산공장을 그곳으로 옮기는 것이 유리해지게 되는데, 이 시기가 되면 미국에서 같은 제품은 성숙단계로 접어들게 되었다. 이렇게 되면 미국 기업은 국내에서 생산 활동을 중단하고 개발도상국으로부터 역수입해서 해당 제품을 시장에 공급하게 되었다. 이렇게 미국의 제조 기업은 미국 본토를 기점으로 하여 신제품 도입단계에서 시작해서 보급단계를 거쳐 결국에는 성숙단계라는 **제품수명주기(Product Lifecycle)**의 국제적 이동에 따라 세계 각국 시장에 생산거점을 구축하는 다국적기업으로서의 면모를 갖추게 되었다.

그러나 1970년대 들어서면서 양상이 달라지기 시작했는데, 미국 기업에 의한 해외직접투자의 증가 추세에 변화가 감지되기 시작했다. 과거 미국 기업이 보유했던 월등한 경쟁우위가 사라지면서 해외직접투자의 주요 촉진요인이던 강한 달러 현상이 사라졌다. 또 높은 경쟁력을 보유한 서유럽 국가와 일본 기업에 의한 해외직접투자가 증가하면서 여러 선진국에서 신제품이 동시에 시장에 출시하게 되었다. 즉 제품수명주기의 기점이 다양해지고 한편으로는 외국 기업에 의한 미국 현지에 대한 직접투자가 급격하게 증가했다.

1970년대 이후 미국 경제는 커다란 구조적 변화를 경험했다. 당시 미국의 산업별 취업인구 구조를 살펴보면 농업인구의 비율은 큰 변화가 없었으나 2차산업에 종사하는 인구의 비율은 1960년대를 정점으로 해서 이후 크게 하락하기 시작했다. 이와 반대로 3차산업에 종사하는 인구가 대폭 증가해서 1970년대에 이르자 가장 비중이 높은 산업 분야가 되었다. 이와 같은 미국 경제의 구조적 변화를 탈공업화(Deindustrialization) 또는 서비스경제화라고 하며 이후 대량생산 및 대량판매를 기반으로 했던 미국의 제조업 대기업들의 위상은 추락을 면치 못하게 되었다.

이와 동시에 미국 정부의 기본적인 경제정책에도 큰 변화가 일어났다. 1980년 선거에서 승리한 Reagan 대통령은 강한 미국의 재건과 작은 정부의 실현을 궁극적 목표로 삼아 대폭적인 감세정책과 규제완화를 추진하는 동시에 국방비 지출을 늘렸다. 같은 시기 영국의 Thatcher 수상과 함께 신자유주의 노선의 정책을 표방한 Reagan 대통령은 반기업적 정책인 독점금지법을 크게 완화하고 민영화 정책으로 항공, 트럭운송, 통신, 금융 등 많은 산업에서 가격 및 진입 규제의 완화를 시도했다. 대기업과 대결 관계에 있던 노동조합을 탄압해서 노동유연성을 향상하고자 했다. 이후부터 신자유주의에 의한 자유시장과 자본주의 사상은 2008년 세계금융위기가 도래할 때까지 수십 년간 지구를 지배하는 이념적 토대가 되었다. 더군다나 1990년대 말에 구소련과 동유럽을 지배하던 사회주의의 소멸로 인해 이후부터 신자유주의는 순풍을 만난 배처럼 순항을 거듭했다. 그러나 레이거노믹스 정책은 시간이 지나면서 재정수입은 증가하지 않았던 반면에 국방비의 증가와 환경규제의 강화 등으로 정부 지출이 증가해서 재정적자가 급증했는데, 결국에는 재정적자와 국제수지 적자가 동시에 확대되는 **쌍둥이 적자**가 만성화되기에 이르렀다.

1970년대와 1980년대를 거치면서 미국 경제는 깊은 정체기란 수렁에 빠지게 되었다. 특히 유럽 및 일본의 대기업들은 과거 미국 기업들이 보유했던 독점적인 경쟁우위를 추월하게 되었다. 그러던 미국 기업들이 1990년대 중반 이후 경쟁력을 급속하게 회복했다. 미국 경제의 부활에는 GM, Ford, Chrysler 자동차 Big 3와 IBM과 같은 기존 대기업의 부활과 함께 컴퓨터와 반도체를 핵심으로 하는 정보통신산업(ICT)의 혁신을 이끈 활발한 창업가정신이 발휘되었다. 19세기의 증기기관과 20세기의 전기처럼 정보기술의 발전은 인류 문명의 기저를 변화시킨 커다란 기술혁신이었다. 작금의 21세기 세계 경제에서 Microsoft, Apple, Google, Facebook과 같은 미국의 다국적 소프트 기업들의 활약과 비중은 아무리 강조해도 지나치지 않을 것이다. 이처럼 획기적인 정보통신기술의 개발은 미국을 세계의 중심경제 국가로 환원시키는 데 큰 동력이 되었다.

1990년대 초 주요 국제기구인 IMF, World Bank, WTO 등과 같이 자유무역과 민영화 같은 동질적인 이념을 공유하는 워싱턴 컨센서스(Washington Consensus)가 신자유주의의 다른 형태로 등장하게 되었다. 이는 1990년대 미국 정부가 경제적 위기에 처한 중남미 국가들을 지원하기 위해 도입했던 국가 경제 발전모델이었지만 실제로는 IMF가 제공하는 구제금융의 대가로 개발도상국들에 대해 선택의 여지가 없이 강요되었던 미국식 시장경제체제의 대외확산 전략이었다.

규제완화를 통한 무한경쟁체제, 정부의 긴축재정정책, 자유시장 경제체제를 기반으로 한 무역 및 자본의 자유화, 국영기업의 민영화, 정부개입의 최소화 등 대부분의 친기업적인 정책이 워싱턴 컨센서스의 주요 골자였다. 아울러 다국적기업들은 미국식 문화와 생활양식을 전 세계로 유포하는 데 선봉을 자처했다. 그 결과 특히 대규모 다국적기업의 이윤추구에 아주 적합한 환경이 제공되었으며, 또 NAFTA와 같은 자유무역협정들이 체결되면서 무역장벽이 대다수 제거되었다. 이제 다국적기업은 역사상 유례없는 거대하고 강력한 힘을 가지고 정부를 오히려 통제해서, 친기업적 경제정책을 주문하고 있으며, 또한 다국적기업은 더 많은 규제 철폐나 완화를 요구하면서 세계화를 더욱 가속하고 있다.

Ⅲ ▸▸ 다국적기업의 특징과 현황

1960년대 초반에는 소수의 다국적기업이 약 3,500개의 외국의 자회사를 거느리고 있었으나, 1994년에 이르러서는 38,747개의 다국적기업이 265,551개의 외국 자회사를 두게 되었다. 그리고 UNCTAD의 통계에 2008년 연말 기준으로 세계에는 약 82,053여 개의 다국적기업이 존재하고 있으며, 이들은 807,363개의 해외법인이나 자회사를 거느리고 있다. 이런 통계를 보면 지난 50년 동안에 다국적기업의 엄청난 성장은 실로 괄목한 만한 현상이라고 할 수 있다.

다국적기업은 국경을 초월해서 여러 국가에서 경영활동을 수행하는 기업이므로 국내 기업과는 다른 여러 특징이 있다. 첫째, 다국적기업의 가장 큰 특징은 무국적성(Non-nationality) 또는 초국적성(Trans-nationality)이다. 이는 다국적기업을 소유하는 자본의 국적과 그들이 만들어 내는 상품의 국적을 구별하기 힘들다는 의미로서 국경을 넘나드는 투자를 통한 다국적기업의 무국적화와 생산 공정의 국제간 분업에 따라 다국적기업의 상품의 무국적화가 가속되고 있다.

둘째, 다국적기업은 최첨단 기술을 보유하고 있다. 기술력은 다국적기업에 중요한 **독점적 우위**(Monopolistic Advantage)를 누리는 기반이 되고 있다. 이런 기술적 우위는 다국적기업이 해외에 진출할 때 현지국의 소비자 기호, 정치 및 경제 제도, 문화 등에 대한 지식이 부족하여 생기는 **외국비용**(Cost of Foreignness)과 같은 불리함을 극복하는 데 큰 역할을 하고 있다. 다국적기업의 최첨단 기술력은 현지국으로 이전되어 기술 향상과 경제발전에 큰 보탬이 되고 있다. 거대한 다국적기업의 기술적 우위는 막대한 연구 및 개발에 대한 투자에서 비롯되었다.

셋째, 다국적기업은 **범세계적 가치사슬**(Global Value Chain)을 보유하고 있다. 세계 여러 국가에 진출해서 방대한 해외시장을 구축하고 있는 다국적기업의 궁극적 목표는 범세계적 이윤의 극대화이기 때문에 세계 각지에 존재하는 자회사나 가맹점을 통한 생산, 자본조달, 그리고 소득 이전 등을 할 수 있는 범세계적 가치사슬로 연계되어 있다. 또 다국적기업은 경쟁우위를 창출하기 위해서 원재료, 기술, 세금, 임금 등에서 유리한 생산입지를 선정해서 단독 또는 합작투자를 감행하고 있다.

넷째, 다국적기업은 피라미드형 계층구조를 보유하고 있다. 일반적으로 다국적기업은 3단계로 계층화된 독특한 구조를 보유하고 있다. 최상층에는 모기업의 전략본부가 위치하며, 중간층에는 지역본부로서 자회사가 위치하며, 최하층에는 단순 생산이나 판매거점이 자리하고 있다. 국경을 초월한 재화 · 기술 · 자본 · 정보 · 인력의 이동과 경영 의사의 결정, 전달, 집행이 다국적기업 내부의 피라미드 구조에서 이루어지고 있다.

마지막으로, 다국적기업은 거대한 경제력을 보유한 대규모 기업이다. 최근에 보면 웬만한 국민국가의 국내총생산(GDP)보다 더 큰 경제 규모를 보유한 다국적 기업이 증가하고 있다.

2차 세계대전 이후부터 현재까지 다국적기업이 크게 확대되면서 크게 네 가지 트렌드가 만들어졌다. 첫째, 대다수 다국적기업의 본사(HQ: Headquarters)는 미국, 영국, 프랑스, 독일, 일본과 같은 세계 5대 경제 대국에 집중되고 있다. 둘째, 많은 다국적기업이 금융과 같은 서비스업에 종사하게 되었으며, 현재는 해외직접투자가 제조업보다 서비스업에 더 집중되고 있는 상황이다. 셋째, 각 산업에서 발생하고 있는 기업집중(Corporate Concentration)이다. 현재 대다수 글로벌 산업들은 4~5개의 지배적인 기업들에 의해 생산과 방향성이 결정되고 있다.

다국적기업의 활동에 대한 평가는 긍정적인 면과 부정적인 면이 공존하고 있다. 먼저 긍정적인 관점에서 보면 첫째, 다국적기업은 저비용 생산기회로 인해 만들어진 낮은 가격의 상품을 세계인에게 제공한다. 둘째, 서로 다른 지역에 사는 세계인에게 일관된 품질의 상품을 제공한다. 셋째, 거대한 다국적기업은 영세한 지역기업에 비해 더 높은 임금과 복지혜택을 제공한다. 또 거대한 다국적기업은 파산할 확률이 영세한 기업에 비해 낮기 때문에 직원 고용에서 높은 안정성을 제공한다. 넷째, 거대한 다국적기업은 비영리기관에 거액을 기부함으로써 이들이 목표로 하는 공익의 달성을 지원한다.

그러나 다국적기업의 역할에 대해 부정적인 관점에서 보면 이들은 노동력을 착취하고, 공공정책의 결정 과정을 지배하고, 자연환경을 파괴하며, 고유한 문화적 가치를 훼손한다. 특히 선진국에서 다수의 다국적기업이 상품판매 또는 생산거점을 구축하기 위해 저개발국가로 진출하면서 상반된 결과가 도출되고 있다. 선진국의 다국적기업은 고용을 창출하고 소득 증진으로 지역경제를 일으키고, 교육 및 훈련으로 숙련된 노동자들을 양산하고, 국유자산의 구매 및 민영화에 의한 중앙 및 지방정부의 수입 및 세수 증진을 지원해서 저개발국가의 경제성장에 큰 공헌을 했다. 그러나 혜택보다는 비용이 더 높은 저개발국가가 많이 나타나고 있다. 저개발국가에 진출한 다국적기업은 낮은 임금의 노동자들을 착취하고 해외파견 관리자의 소득과 기업의 이윤을 본국으로 송금하고 있다. 그리고 자본집약적 생산은 저개발국가의 빈곤과 소득불균형을 악화시키고 있다. 다국적기업의 투자로 인해 정부 관리의 부패가 만연하고 있으며 게다가 세금감면, 보조금, 느슨한 법집행 등의 혜택까지 누리고 있다. 또 다국적기업들은 고세율 국가의 이윤을 저세율 국가로 이전하는 **이전가격(Transfer Pricing)** 관행과 **조세피난처(Tax Heaven)**를 이용해서 법인세의 납부 부담을 완화하고 있는데 이는 역으로 국민국가의 세금 수입을 감소시키고 있다.

다국적기업은 지구를 지배하는 가장 강력한 조직으로 성장했다. 전통적 경제학 관점에서 다국적기업의 성장 현상을 가장 잘 설명하는 주요 이론은 규모의 경제(Economies of Scale)와 범위의 경제(Economies of Scope)이다. 그러나 최근에 다국적기업이 지속적인 성장을 유지하기 위한 경쟁우위의 근원이 **국제기동성(International Mobility)**이라는 사실이 밝혀졌다. 국제기동성은 국가 간의 경계를 넘어 손쉽게 자원을 이전할 수 있는 기업의 능력을 의미한다. 2차 세계대전 종전 이후 수십 년간 특히 미국 기업들은 국제화 전략을 통해 외국에 자회사들을 설립했는데 이는 주로 진출한 국가의 시장에 진입하기 위해서였다. 기업들은 완화된 무역장벽과 낮아진 운송비용이라는 호전된 경영환경을 기반으로 해서 제품을 판매할 새로운 시장뿐만 아니라 저비용 생산기회를 위해 외국 진출을 탐색하게 되었다.

외국의 저임금 노동력을 확보한 다국적기업은 아직도 고임금 노동력에 의존해야 하는 기동성이 낮은 경쟁기업에 비해 상당한 우위를 차지하게 되었다. 저비용 노동력은 특히 전자 및 의류산업에 속한 다국적기업의 성장에 크게 공헌했다. 저임금 외국 노동자에 의한 비용 절감은 주로 외부 공급자와의 계약으로 달성되었는데 이를 흔히 아웃소싱(Outsourcing)이라고 한다. 그러나 값싼 외국 노동력에 의한 아웃소싱이 확대되면서 선진국에서는 블루컬러 노동자의 일자리가 점차 사라지는 결과가 만들어져 지금까지도 큰 사회적 문제가 되고 있다. 하청업체(Subcontractor)의 이용은 다국적기업에 여러 가지 이점을 제공하고 있다. 첫째, 다국적기업은 단기계약 조건을 유지하고 또 대량의 자본 투자가 불필요했기 때문에 만일 더 좋은 조건이 제공되는 장소를 찾게 되면 손쉽게 다른 나라로 계약을 이전할 수 있었다. 둘째, 외국에 진출한 다국적기업은 적절한 공정임금 및 환경기준 제도의 준수에 요구되는 노력을 하청업체에 떠넘김으로써 이에 대한 책임을 회피할 수 있었다. 그러나 이처럼 하청업체에 의해 제공된 다국적기업의 유연성은 결국 심각한 사회적 및 환경적 폐해를 낳게 되었다.

한편 다국적기업의 지속적 성장과 더불어 나타나는 현상 중 하나가 노동조합의 약화이다. 특히 미국에서는 노동조합의 전성기인 1950년대 중반 전체 노동 인력의 약 1/3이 노동조합에 가입했으나 현재는 10% 정도로 크게 낮아졌다. 이런 결과는 제조업이 주도했던 종전과 달리 현재는 노동조합 결성이 더 힘든 서비스업 직종에서 훨씬 많은 고용이 이루어지기 때문이다. 또 조건이 좋은 외국으로 생산거점을 이전할 수 있는 옵션을 보유한 다국적기업은 노동조합에 더 공격적인 자세를 취할 수 있게 되었다. 마지막으로 1980년에 영국의 Thatcher 수상과 미국의 Reagan 대통령이 했던 것처럼 일부 정부는 노동유연성을 강화한다는 명분 아래 반노동조합적인 정책을 시행하고 있다. 일부 정부의 고용 창출을 위한 친기업 정책과 기업들의 집단적 로비활동이 성공을 거두게 되면서 다국적기업들의 세금부담이 크게 낮아졌다. 즉 세계 각 국가에서 기업들이 부담하는 실효세율이 명목세율에 비해 크게 낮아지고 있다. 또 일부 다국적기업들은 세율이 다른 여러 국가에서 활동하므로 기업내거래(Interfirm Trade)를 통해 세금부담을 덜고 더 나아가서 조세피난처를 이용해서 아예 세금을 회피하고 있다.

그리고 다국적기업이 크게 성장하면서 이들의 정치적 영향력이 점점 강화되고 있다. 정치적 헌금과 로비활동을 통해 정부의 정책개발에 영향을 미치고 있다. 미국의 경우를 보면 2006년에 미국 기업들이 로비활동에 지출한 금액은 약 26억 달러에 달했는데 이는 2000년에 비하면 약 62% 증가한 액수이다. 미국에는 약 4천 명의 로비스트가 등록되어 있는데 이는 미국 의회의 의원 1명당 7명 이상의 로비스트가 존재하는 격이다. 로비 활동에 소요되는 총액수를 의원수로 나누어 보면 무려 5백만 달러에 달한다. 거대한 다국적기업들은 미국 대통령선거 등 다양한 정치캠페인 등에 거액의 헌금을 납부해서 공공정책의 개발에 영향을 미치고 있는 실정이다.

다국적기업의 기동성이 높아질수록, 세계 각국에서 노동기준, 최저임금, 환경보호 등에 대한 규제가 변경될 때마다, 더욱 민첩하게 생산거점을 이전하거나 새로운 하청업체를 찾을 수 있다. 게다가 고용창출과 세수 확보를 위해 많은 국가가 규제를 완화하고 있으며 일부에서는 아예 규제를 없애버리고 있다. 국민국가들의 이런 바닥을 향한 경쟁(Race to the Bottom)은 결국 다국적기업을 유치하기 위한 최소기준의 경쟁으로 변질되었다. 이런 불균형적인 정책으로 말미암아 결국에 환경은 파괴되고, 인권남용이 횡행하게 되었으며, 부정적인 사회적 결과를 낳게 되었다. 기동성이 높은 다국적기업은 세금부담을 낮추기 위해 생산거점과 이윤을 국경 너머로 이동하고 있으며, 많은 국가가 다국적기업을 유치하기 위해 이윤과 투자에 대한 세율을 낮춰주고 있다. 또한 자유무역협정을 체결하기 위한 국민국가들의 경쟁으로 인해 다국적기업은 여러 분야에서 친기업적인 정책을 특혜적으로 제공받고 있는 것이 현실이다.

전통적인 경제이론에 의하면 계속해서 보다 많은 이윤을 추구할 때 기업은 사회에 최대한 혜택을 제공하는 개체라고 했다. 그러나 최소한 현재까지는 다국적기업은 스스로 자유의지에 의해 최선의 사회적 혜택을 제공하고 있지 않기 때문에 이 관점은 이제 유용성이 떨어졌다고 볼 수 있다. 현대 자본주의의 심장이라 할 수 있는 미국에서도 남북전쟁 이전까지 기업의 활동은 철저히 공익(Public Good)을 추구하기 위해 행해졌다. 그만큼 기업의 성장 및 탐욕의 역사는 인류의 유구한 역사에 비하면 매우 짧은 시간을 통해 압축적으로 이루어졌다고 볼 수 있다. 19세기 다국적기업들과 달리 현대의 다국적기업들은 대다수 세계인의 안녕에 크나큰 영향을 미치고 있으며, 세계 인류의 1년 365일 일상생활을 지배하고 있다. 일례로 근무환경 및 복지, 임금에 대한 다국적기업의 사고방식이 많은 세계인의 삶의 질을 결정하고 있다. 다국적기업이 세계 각국에서 사회 안녕을 위해 최선의 역할을 다하기 위해서는 먼저 스스로 사익과 공익을 일치(Alignment)시키는 것에 대한 확고한 의지가 구축돼야 하며, 이를 바탕으로 합리적인 자유시장체제의 확립과 적절한 정부의 개입이 요구되고 있다.

Ⅳ ▸▸ 다국적기업의 해외진출 동기

특정국 시장에 대한 진출은 대부분 뚜렷한 전략적 목표를 가지고 있는 다국적기업들에 의해 수행되고 있으며, 다른 국가에 존재하는 자회사는 각기 다른 역할과 과업을 수행하고 있다. 그러므로 다국적기업의 해외진출 동기는 다양하다고 볼 수 있다. 일반적으로 다국적기업의 해외진출 동기는 다섯 가지 유형으로 나타난다. 첫째, 해외진출의 가장 두드러진 동기는 새로운 시장의 접근과 현지 시장의 판매 잠재력이다(Market-seeking). 모국 시장의 포화는 서구, 미국, 일본과 같은 선진국에서 흔히 발생하는데, 기업의 성장을 담보하기 위해서 해외시장에 대한 진출을 도모하게 된다. 판매시장을 확대하는 것이 해외진출의 동기라면 진출국은 다국적기업이 제공하는 제품의 판매 잠재력에 의해 선택되고 있다. 보통 해외진출국은 시장 규모, 시장 성장성, 매력적인 세분 시장의 존재, 해당 기업의 제품과 서비스에 대한 수요 등에 의해 결정되고 있다.

둘째, 값싼 비용으로 천연자원이나 외국회사의 특정 부품처럼 관련 자원에 대한 접근 및 확보하기 위해서이다(Resource-seeking). 예를 들면, 정유회사, 타이어회사, 화학회사 등은 천연자원에 대한 의존도가 매우 높기에 이들은 일찍부터 필수적인 투입요소를 확보하기 위해 해외진출을 감행했다. 이들이 해외진출을 고려할 때 선호하는 국가적 특성에는 중요자원의 가용성, 해외진출국에서의 자원의 가격, 해외진출국의 자원배분 정책 등이 있다.

셋째, 다국적기업은 전반적인 비용의 효율성을 향상하기 위해 해외진출을 감행하고 있다(Efficiency-seeking). 이런 경우 보통 해외 자회사는 국제적으로 구성된 생산 활동의 일부분으로 간주되고 있다. 특정 활동을 위한 특정 입지의 우위를 활용하고 생산공정의 합리화를 도모할 수 있는 생산 네트워크를 설계하고자 하는 것이 다국적기업의 의도다. 해외 자회사는 종종 국제생산체제 안에서 모기업이나 다른 자회사를 위해 부품이나 완제품을 제조하는 역할을 담당한다. 인도를 통한 콜센터나 소프트웨어 제작의 Outsourcing이나 Offshoring(역외생산)은 전형적으로 효율성을 추구하기 위한 동기에서 비롯되었다. 또 세계를 상대로 값싼 원재료 또는 임금 등을 찾는 글로벌소싱과 동일 상품에 대한 수요를 갖는 국가들을 한데 묶어 규모의 경제를 실현하는 것도 효율성의 동기에서 비롯된 것이다. 이와 같은 동기에 의해 선호되는 국가적 조건은 확연한 차이가 존재하는 해외진출국의 생산비용, 관련 시장과의 거리(물류비용에 영향), 전반적인 국제생산체제에서의 통합 가능성, 그리고 적절하고 효율적인 공급자의 존재 여부 등이다.

넷째, 다국적기업은 장기 목표의 달성을 위해 현지국의 지식, 역량, 기술적 자원, 혁신 등과 같은 자산에 접근하기 위해서 해외진출을 고려하고 있다(Strategic Asset-seeking). 이 동기는 다국적기업의 국제적 존재는 보유하고 있는 기업 네트워크의 진단 및 학습 잠재력을 바탕으로 다른 기업에 비해 월등한 정보우위를 제공한다는 전제하에 성립된 것이다. 연구기관, 공급자, 고객, 경쟁사 등은 기술적 지식의 중요한 근원이다. 전략적 자원 동기에 의하면 다국적기업은 해외진출을 고려할 때 혁신능력, 수요의 합리성, 관련 및 지원 산업의 가용성, 관련 산업에서 혁신클러스터의 존재 여부 등을 기준으로 하여 진출국을 선정하고 있다.

다섯째, 과점적 산업에서 경쟁하는 기업은 다른 기업의 움직임에 매우 민감하게 반응한다. 따라서 선도기업이 해외국가로 진출하면 경쟁기업은 바로 따라서 해외로 진출하고 있다(Follow-the-Leader). 동종 산업에서 경쟁하는 과점적 기업들 사이의 상호의존성은 과점적 균형유지, 과점적 경쟁의 본질이라고 할 수 있다. 직접적인 경합을 벌이고 있는 기업의 해외시장 진출에 자극을 받아 자회사의 진출을 결정하는 기업들이 많다. 이런 경우 풍부한 잠재시장과 저렴한 원료의 공급원을 경쟁기업이 선점할지도 모른다는 위기감이 의사결정자의 관심을 사로잡게 된다.

위에 소개한 다섯 가지 동기는 서로 독립적으로 존재하는 것이 아니다. 이 동기들은 상호 간에 동시에 또는 보완적으로 존재하는 경우가 많다. 때때로 다국적기업은 서로 다른 입지마다 특정 동기는 유리하게 작동하고 또 다른 동기는 불리하게 작동함으로써 서로 상쇄되는 문제에 당면한다.

이 외에도 최근 여러 연구를 통해 다국적기업의 해외진출에 대한 다른 동기들이 밝혀지고 있다. 첫째, 관세 및 비관세 장벽의 회피이다. 수입국의 보호무역을 회피하고 수출시장의 지속적인 점유 및 확산을 위해 직접투자 또는 합작투자를 도모한다. 둘째, 본국의 불황 대응책이다. 지리적인 확장, 위험 분산, 제품 다양화의 동기에 의한 해외투자 확대를 의미한다. 셋째, 장기적 확대전략의 전개이다. 본국에서 불완전하게 활용되고 있는 경영자원의 더 유용한 이용, 자원 및 시장에 대한 전 세계적인 계획과 전략의 개발에 의한 효과적인 사업기회의 활용, 기술 제휴선의 사업 확장에 대한 공동출자이다. 넷째, 외국 정부나 기업의 요청이다. 개발도상국 정부의 외국투자에 대한 적극적인 투자촉진정책, 조세우대조치, 저리 융자, 보조금 등이나 또는 개발도상국 기업의 선진기술 및 노하우의 획득 요구에 의한 동기를 말한다. 다섯째, 과잉생산의 회피이다. 국내의 특정 산업에서 구조조정정책이 실패하게 되어 본국에서 과잉 생산된 제품을 해외로 수출하려는 전진기지의 목적으로 직접투자를 하는 경우이다.

세계화 추세에 따라 무역 및 투자에 대한 시장개방이 가속화됨에 따라 무역뿐만 아니라 **해외직접투자(FDI: Foreign Direct Investment)** 규모도 같이 증가하고 있다. 다국적기업의 활동을 잘 이해하려면 해외직접투자(또는 외국인직접투자)를 잘 이해해야 한다. 해외직접투자는 투자기업이 외국의 현지 자회사에 대한 직·간접적인 경영통제권의 행사를 통한 이득을 얻기 위해 투자를 하는 것을 말한다. 투자의 결과로 자본, 경영 노하우, 상품, 기술, 특허 등과 같은 자원의 이동이 동시에 이루어진다. 해외직접투자의 주요 유형에는 외국에 현지법인 설립, 인수합병(M&A), 현지 기업에 대한 자본 참여, 지점의 설치, 부동산 취득 등이 있다.

또 해외직접투자는 투자를 유치한 국가에 투자자본의 확충, 국내투자의 촉진, 고용 창출, 선진기술의 이전 등을 통해 경제성장에 크게 공헌하고 있다. 따라서 전 세계 많은 국가, 특히 개발도상국들은 경제발전을 촉진하고 소요되는 자본을 확보하기 위해 다국적기업의 해외직접투자를 적극적으로 유치하고 있다. 일례로 오늘날 중국의 눈부신 경제성장은 다국적기업들의 투자가 선행되지 않았으면 불가능했다고 볼 수 있다. 기업하기 좋은 환경을 조성하여 다국적기업의 투자를 촉진하기 위해서 풀어야 할 여러 과제가 존재한다. 첫째, 외국인투자법 및 각종 규제정책을 완화 또는 철폐해야 한다. 둘째, 부정부패를 근절하고 교육을 통해 숙련된 인력을 보충해야 한다. 셋째, 도로 및 항만과 같은 인프라를 확대하고 교통체증 및 전력난을 해소해야 한다.

2020년 6월 UNCTAD(국제연합무역개발회의)가 발간한 보고서 'Global Investment Report 2020'을 보면 2019년에 전 세계 총 FDI 유입액(Inflows)은 1조 5,400억 달러에 달하였다. 이 중 선진국에 유치된 FDI 유입액은 8,000억 달러로 세계 전체의 51.9%를 차지하였다. 반면에 2019년에 개발도상국에 유입된 FDI는 6,850억 달러로 전체의 44.4%를 차지하였으며, 나머지 550억 달러는 동유럽의 전환경제국(Transition Economies)으로 흘러 들어갔다.

2019년의 FDI 유입액의 지역별 분포를 보면 2018년과 유사하게 아시아는 세계에서 가장 많은 FDI를 유치하는 지역이다. 이는 다국적기업들이 지속적 성장을 위해 아시아 시장을 매우 중요시하고 있다는 것을 보여준다. 그리고 전체적으로 개발도상국이나 전환경제국에 비해서 선진국에 더 많은 투자금이 유입되고 있다(표 〈3-3〉).

| 표 3-3 | 세계 및 주요 지역별 FDI 유입액 추세(2017~2019) (단위: 십억 달러)

지역/경제	2017	2018	2019
전 세계	1,700	1,495	1,540
선진국(Developed Economies)	950	761	800
유럽	570	364	429
북미	304	297	297
개발도상국(Developing Economies)	701	699	685
아프리카	42	51	45
아시아	502	499	474
남미 및 카리브해	156	149	164
전환경제국(Transitional Economies)	50	35	55

출처: UNCTAD, World Investment Report 2020

그림 3-1 세계 및 주요 지역별 FDI 유입액 추세(2018~2019) (단위: 십억 달러)

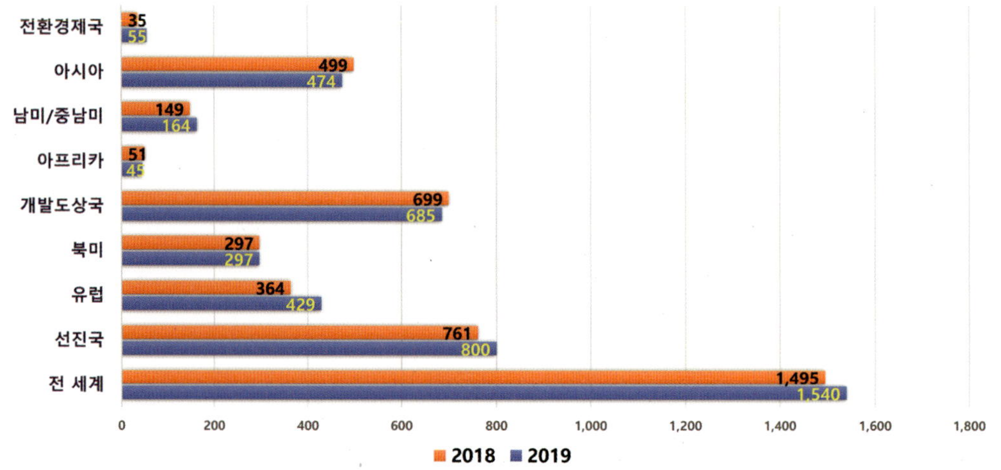

출처: UNCTAD, World Investment Report 2020

그림 3-2 FDI 유치국 Top 10 (2018~2019) (단위: 십억 달러)

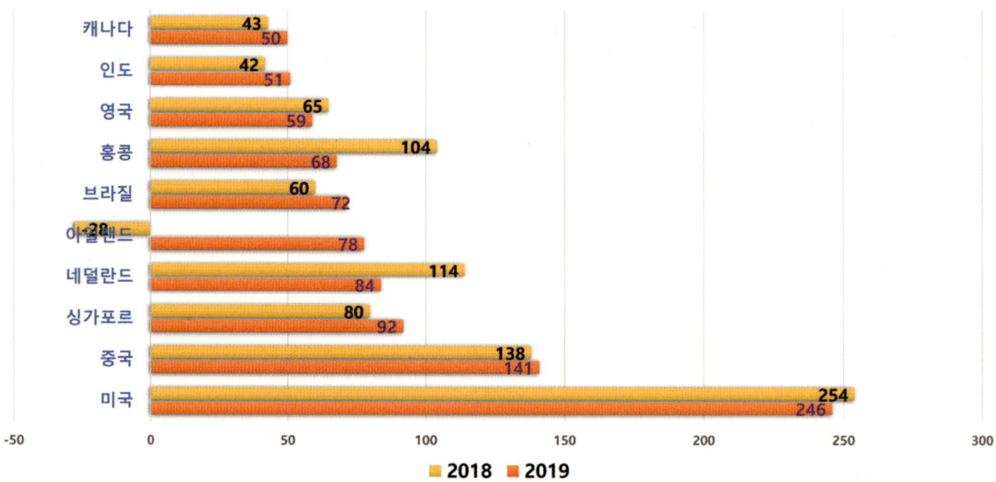

출처: UNCTAD, World Investment Report 2020

한편 국가별 FDI 유입액 분포를 보면 2018년과 2019년 모두 미국이 가장 많은 금액을 유치했다. 그러나 2위인 중국은 실제 중국에 속하는 6위 홍콩의 금액을 합하면 미국과의 격차가 좁혀진다(그림 〈3-2〉). 그리고 국가별 FDI 유출액을 보면 일본이 가장 많은 해외직접투자를 하고 있으며, 한국도 9위이다. 주의 깊게 볼 점은 일본, 중국, 홍콩, 한국, 싱가포르 등 아시아 5개국이 Top 10의 반을 차지하고 있다는 사실이다(그림 〈3-3〉).

그림 3-3 FDI 유출국 Top 10 (2018~2019) (단위: 십억 달러)

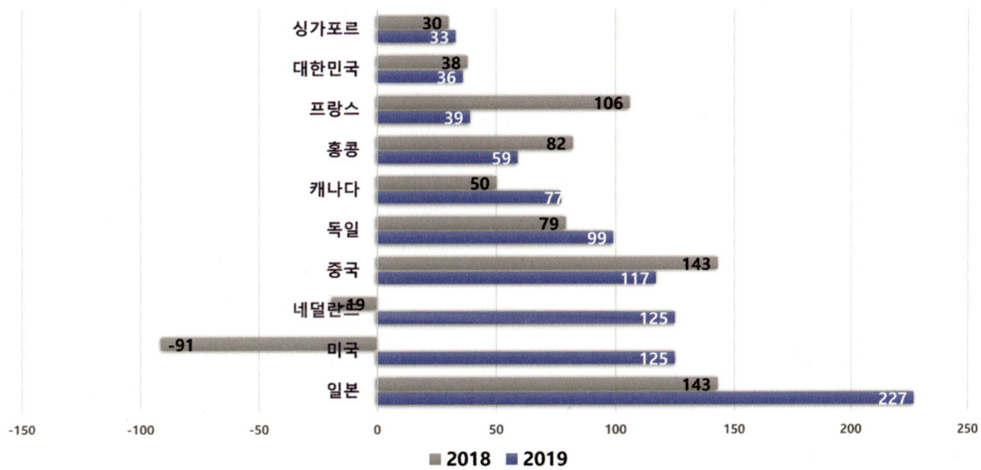

출처: UNCTAD, World Investment Report 2020

다국적기업의 해외직접투자를 이해하려면 다음 두 질문에 답할 수 있어야 한다. 첫째, 현지국 기업에 유리한 경제 · 사회 · 법률제도, 사회적 관습, 소비자의 기호, 교통 및 통신의 비용, 현지국 국민 또는 공공기관으로부터 받는 차별대우, 현지국 사정에 대한 지식 결여 등과 같은 외국비용(Cost of Foreignness)의 존재에도 불구하고 기업의 해외진출을 유인하는 요인은 무엇인가? 둘째, 기업이 현지국 기업에 수출이나 라이센싱(Licensing) 등과 같은 진출방법을 피하고 굳이 직접투자를 통해 해외로 진출하는 이유는 무엇인가?

기업의 궁극적인 목적은 성장과 생존이다. 2차 세계대전 이후 다국적기업은 성장을 위해 많은 해외직접투자(FDI)를 감행했다. 전통적인 신고전 경제학파는 해외직접투자를 자본이 풍부한 국가에서 부족한 국가로 이동한다는 포트폴리오 투자이론으로 치부했다. 그러나 이 이론은 자본의 희소 수준이 유사한 선진국 사이에 일어나는 자본이동 현상은 설명할 수 없는 한계가 있었다.

다국적기업에 의한 해외직접투자가 비로소 독립적인 경제 현상으로 인식되기 시작한 것은 Hymer가 1960년에 MIT 박사학위 논문으로 제출했던 'The International Operations of National Firms'가 효시가 되고 있다. Hymer는 다국적기업의 미시적인 분석에 중점을 두고 타 기업과의 경쟁도 고려했다. Hymer는 기업의 외국비용이라는 타국에서의 활동이 갖는 불이익에도 불구하고 해외로 진출할 수 있는 것은 이런 비용을 상쇄하고도 남을 수 있는 **기업특유의 우위**(Firm-specific Advantage) 또는 **독점적 우위**(Monoplolistic Advantage)를 투자기업이 보유하기 때문이라고 주장했다. 그는 기업특유의 우위요소에는 특수한 생산요소에 대한 접근가능성, 기술적 노하우, 브랜드 가치, 경영기술, 규모의 경제, 특허, 저렴한 자본조달비용 등이 있다고 봤다. 그는 이와 같은 우위는 특정 기업에 한정되어 있어야 하며, 기업 내부적으로는 국경을 넘어 쉽게 이동이 가능해야 한다고 했다. 또 독점적 우위인 지식은 공공재적인 특성이 존재하기 때문에 다국적기업은 이를 사유화하고 있다고 파악했다. Hymer의 이론을 독점적 우위 이론(Monopolistic Advantage Theory)이라고도 한다. 그러나 기업특유의 우위를 왜 FDI라는 자금이 많이 소요되고 위험도가 높은 사업형태를 통해 활용해야 하는가에 대한 설명을 제시하지 못하는 것이 한계로 지적된다.

Hymer에 이어서 다국적기업의 해외직접투자를 독립적인 경제 현상으로 파악한 연구에는 Vernon의 **제품수명주기**(The Product Cycle) 이론이 있다. 제품수명주기 이론은 미국 본토를 기점으로 신제품 도입단계에서 시작해서 보급단계를 거쳐서 최종적으로 성숙단계라는 제품 주기(Product Cycle)의 국제적 이동에 따라 다국적기업은 해외직접투자를 통해 세계 각국 시장에 생산거점을 구축하고 있다고 봤다. 그러나 모든 제품이 이와 같은 과정을 거치는 것은 아니다.

해외직접투자라는 경제 현상을 설명한 다음 이론으로는 **거래비용이론**(Transaction Cost Theory)과 이를 더욱 발전하고 승화시킨 **내부화이론**(Theory of Internalization)이 있다. Coase는 기업은 생산활동에 필요한 자원을 시장에서 조달할 수도 있고 기업 내부로 통합할 수도 있다고 했다. 이런 의사결정의 기준이 되는 근거가 바로 **거래비용**이다. 거래비용이란 시장을 통해서 거래하는 경우 불확실성이 높은 시장에서 거래 상대방을 찾는 데 소요되는 탐색비용, 계약체결비용, 감시비용을 말하며 이는 생산비용과 구분된다. 거래비용이론의 주된 관점은 거래를 경제적 분석의 기본 단위로 삼고, 시장을 통해서 거래하는 경우 거래비용이 발생하기 때문에 거래에 따르는 비용을 절약하기 위해서 항상 시장거래를 이용하는 것보다는 때로는 비용이 많이 드는 시장을 피하고 기업에서 하는 내부적 거래가 더 유리하다고 본다. 이런 이유로 기업이 등장하고 성장하고 있다고 설명했다. 시장이 항상 완전한 것만이 아닐 때도 있기 때문이다.

내부화이론은 해외직접투자를 시장이라는 기구를 통해 수행되는 여러 가지 외부시장 기능을 다국적기업 내로 **내부화**하려는 것과 관련해서 설명하는 이론이다. 외부시장이 불완전하게 되는 경우 기업으로 내부화하려는 유인이 존재하게 된다. 그런데 해외시장은 국내시장보다 시장 불완전성의 요소가 더욱 크기 때문에 그만큼 내부화의 유인이 더 강하게 나타난다고 볼 수 있다. 따라서 특유의 독점적 우위를 보유하고 기업은 제품을 외부시장을 통해 판매하지 않고 해외직접투자를 통해 내부화 즉 현지국에 공장을 건설하고 제품을 생산해서 판매한다. 해외직접투자를 통해서 외부시장에서 수행하던 여러 기능들을 다국적기업 내부로 수렴하는 것이다. 해외직접투자를 통해 자회사의 활동을 통제함으로써 원재료의 이동, 연구 및 개발, 생산기능, 경영기술, 금융기능 등을 내부화하는 것이다. 이와 같은 기능들은 충분히 외부시장을 통해서도 수행될 수 있으나 시장의 거래비용이 높은 경우에는 이보다는 내부시장 거래를 이용하는 방식이 더 효율적인 통제가 가능하다고 보는 것이다. 이는 요소시장, 기술시장, 금융시장 등에는 불완전성이 존재하기 때문이다. 다국적기업은 이와 같은 외부시장의 불완전성을 이용해서 내부시장화함으로써 수익을 극대화할 수 있다고 보고 있다. 그러므로 해외직접투자는 어떤 시장거래를 수행하는 데 있어 시장의 불완전성으로 인한 해외시장 실패 때문에 생겨나는 거래비용을 회피하거나 절감하기 위해서 기업 내에서 그 거래를 수행해서 내부화하는 과정의 산물로 보고 있다.

다국적기업이 해외진출을 시도할 때 합작투자나 라이센싱 등과 같은 방식을 이용하지 않고 직접투자를 통하여 자회사를 설립하는 것은 자산특수성과 기회주의적 행동의 위험 때문에 높은 거래비용이 소요되므로 시장을 통한 계약보다는 직접투자가 선호되고 있다. 이와 다르게 다국적기업이 소유한 암묵적 지식이나 노하우 등 공공재적 지식자산의 경우 전유 가능성 때문에 직접투자가 수행되고 있다.

그러나 내부화이론은 다음과 같은 한계가 있다. 첫째, 기업은 외부적인 시장 불완전성에 반응할 뿐만 아니라 스스로 시장의 불완전성도 창출할 수 있다는 가능성을 고려하지 않고 있다. 둘째, 해외진출에 대한 동기가 명확하게 설명되지 않고 있다. 셋째, 생산입지에 대한 고려가 전혀 없다.

John Dunning은 기업특유의 우위이론과 내부화이론을 결합해서 **절충이론(Eclectic Theory)** 또는 **OLI 이론(OLI Theory)**을 개발했다. Dunning은 다국적기업의 해외직접투자는 현지국 기업과 비교했을 때 보유하고 있는 기업특유의 우위요소(Ownership Advantage), 내부화 우위요소(Internalization Advantage), 입지상의 우위(Location Advantage)의 세 가지 요건에 의해 결정되고 있다고 주장했다.

Dunning에 의하면, 다국적기업의 해외직접투자를 위한 첫째 요건은 고유한 기업특유의 우위요소를 보유하는 것이다. 기업특유의 우위요소는 아래에서 보듯이 특정 기업이 일정 기간 동안 독점적 및 배타적으로 사용할 수 있는 무형자산을 말한다. 해외직접투자를 위한 둘째 요건은 해당 기업이 보유한 고유한 우위요소를 외국기업에 임대 또는 판매하는 것보다 이를 직접 이용해서 얻는 이득이 더 많아야 한다는 내부화의 우위요소를 보유해야 한다는 것이다. Dunning은 기업특유의 우위와 내부화와 같은 종전의 두 가지 이론으로는 다국적기업의 해외직접투자 현상을 설명하기에는 다소 부족하다는 판단 아래 해외직접투자를 위한 세 번째 요건으로 **입지상의 우위요소**를 추가했다. 입지우위요소는 시장 잠재성과 시장위험과 같이 현지국의 고유 요인과 관련이 있는데, 이를 구성하는 요소로 시장수요, 잠재수요, 시장구조의 유사성, 정치와 무역정책, 경제와 법률, 문화적 차이, 저렴한 생산비의 효용성 등을 들었다. 절충이론을 이해하면 다국적기업들이 수출활동에서 각종 관세 및 비관세 무역장벽을 피하기 위한 수단으로 또 환율변동에 따른 위험을 헤지(Hedge)하기 위해서 해외직접투자를 행하고 있다는 사실을 알 수 있다.

절충이론은 다국적기업의 해외직접투자와 관련된 가장 일반화된 이론이지만 역시 한계를 가지고 있다. 첫째, 절충이론은 결과적으로 독과점적 거대 다국적기업의 행위들을 이념적으로 합리화하고 옹호하는 결과를 낳고 말았다. 둘째, 미시적인 관점에서 해외직접투자를 설명한 절충이론은 거시적인 경제단위인 국가 경제의 존재를 설명하지 못했다.

V ▸▸ 다국적기업의 글로벌전략

세계화된 환경에서 다국적기업의 경영활동은 상당 부분이 물리적 국경을 넘어서 이루어지고 있는 것이 사실이다. 또 인터넷혁명은 일부 산업 간의 경계도 없애버리고 있다. 이런 환경에서 특정 산업을 개별적인 국가 단위의 입장에서 파악하는 것은 시대에 뒤떨어진 사고가 됐다. 그래서 글로벌화된 세계에서는 전 세계적인 시각으로 바라보는 산업의 글로벌화가 매우 중요해졌다. 산업의 글로벌화와 관련해서 Yip은 〈그림 3-4〉에서 나타난 것처럼 네 가지 요인을 산업의 글로벌화되는 원동력으로 파악했다. 시장요인은 전 세계적으로 달랐던 문화가 점점 유사해지면서 세계 소비자의 생활양식과 취향도 닮아가고 있으므로 결국에 욕구도 동질화되고 있다. 따라서 동질화된 욕구는 세계시장에서 표준화된 제품을 판매하는 기회를 제공한다. 비용요인은 규모의 경제는 세계시장에 표준화된 제품을 많이 판매할수록 증가한다. 규모의 경제 잠재력이 클수록, 경험곡선이 가파를수록 산업은 더욱 글로벌화되고 있다. 정부요인은 국가가 자유로운 무역정책을 옹호하며, 규제가 적고, 관세 및 무역장벽이 낮으면 글로벌화가 촉진된다. 마지막으로 경쟁요인은 다국적기업은 높은 수준의 글로벌화가 요구되고 있다. 경쟁기업이 한 나라에서 기업을 위협한다면 다른 나라에서 보복할 수 있다. 여러 지역에서 제품을 생산하는 글로벌 네트워크로 국가와 시장 간에 상호의존성을 향상할 수 있다. 그리고 Yip은 정보통신 혁명, 금융시장 세계화, 항공여행의 향상 및 국제 호텔체인의 등장으로 인한 비즈니스 여행의 향상 등을 추가적인 요인으로 파악했다.

그림 3-4 산업의 글로벌화 촉진 요인

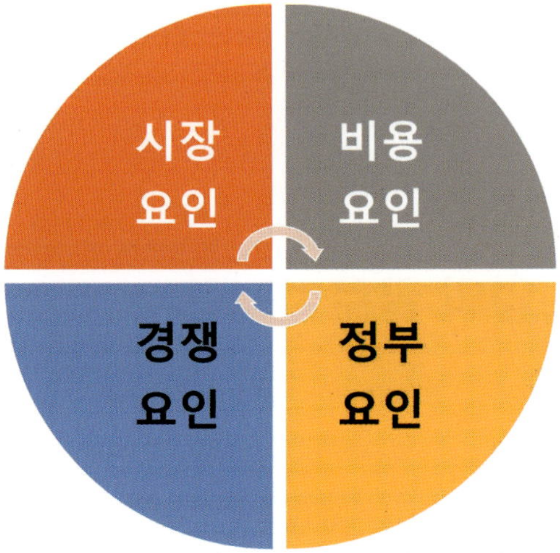

출처: Yip, 1995

글로벌화된 산업에서 영업활동을 수행하는 다국적기업은 서로 배치되는 두 가지 경영목표에 직면하게 된다. 한편으로는 각기 다른 현지국의 고유한 환경에 잘 적응을 해야 하는 **현지적응 필요성(Local Responsiveness)**이며, 다른 한편으로는 글로벌 효율성을 창출하기 위해 표준화를 통해 세계시장의 통합을 도모하는 **글로벌통합 필요성(Global Integration)**이다(〈그림 3-5〉). 이를 **통합-적응모형(Integration-Responsiveness Framework)**이라고 한다.

첫째, 다국적기업이 세계시장에 진출할 때 소비자, 정부 정책, 시장특성, 문화 등의 측면에서 모국과 상이한 현지국의 환경에 잘 적응하기 위해서 **다국적 유연성(Multinational Flexibility)**이 요구된다. 다국적기업은 세계 각국마다 서로 다른 이질적인 지역적·문화적 특색에 입각해서 현지화된 상품을 생산해야 하는 필요성을 인지하게 된다. 그리고 생산기지를 특정 지역에 편중하면 환율 등의 변화에 취약해지므로 생산거점을 여러 지역으로 분산함으로써 환율변동에 효과적으로 대응하는 한편 각국의 보호무역 장벽에 대응하는 전략을 모색하게 된다.

둘째, 세계 각지에 존재하는 다국적기업의 여러 활동 간의 상호 연계를 통한 시너지 효과를 창출하기 위해 **글로벌 효율성(Global-scale Efficiency)**을 극대화하고자 한다. 다국적기업은 비용우위를 창출하기 위해 단일 지역에 생산시설을 집중하고 규모의 경제를 이룩해서 대량생산을 통한 가격경쟁력을 갖춘 제품을 세계시장에 판매하는 전략의 필요성을 인지하게 된다. 이런 목표를 달성하기 위해서 세계에서 가장 낮은 비용으로 생산할 수 있는 입지를 확보하고, 또 규모의 경제를 십분 활용하기 위해서 세계 소비자의 욕구가 동질적이라는 가정하에 표준화된 제품의 생산 및 판매에 전력을 집중한다. 그러므로 글로벌 효율성의 극대화를 목표로 하는 다국적기업은 **표준화전략(Standardization Strategy)**을 채택하게 될 것이며, 반면에 개별국가의 현지 시장 환경에 잘 맞춰서 다국적 유연성을 극대화하려는 다국적기업은 **현지화전략(Localization Strategy)**을 선택하게 될 것이다. 그러나 동시에 다국적 유연성과 글로벌 효율성을 모두 취하려는 다국적기업은 두 가지 특성을 잘 결합한 전략을 선택할 것이다.

그림 3-5 다국적기업의 글로벌통합 필요성과 현지적응 필요성

출처: 장세진

다국적기업의 표준화전략

표준화전략은 기본적으로 인간의 욕구와 기대는 국가적 · 지리적 · 문화적 경계를 초월해서 동일하다는 입장이다. 세계시장의 동질화에 근거한 이 전략은 각국의 소비자들은 근본적으로 정신적 · 육체적 차이가 인정된다고 하더라도 기술혁신에 의해 전 세계가 사고방식 · 문화 · 생활수준 등에서 비슷해짐으로써 그 격차가 해소되고 있다고 본다. 세계시장의 동질화 트렌드는 교통 및 통신의 지속적인 혁신 및 발전, 자유무역 지역과 관세동맹의 결성, 국가 간 생활수준의 수렴성 증대, 국제적 경쟁의 심화, 더 많은 다국적 소비자의 출현, 해외여행의 확대, 그리고 글로벌전략을 추구하는 기업의 증가 등에 의해 더욱 가속화되고 있다.

표준화전략은 다수의 해외시장에서 각 시장이나 국가 간의 환경 차이를 고려하지 않고 동일한 제품을 생산 및 판매하는 것을 말한다. Levitt은 '시장의 국제화'라는 논문을 통해 오늘날 기술혁신으로 인해 전 세계 소비자들의 기호나 욕구 등이 국가적 · 지리적 · 문화적인 경계를 초월해서 동질화되기 때문에 표준화전략을 이용하는 것이 가능하다는 것을 강조했다. 그는 "세계를 하나의 시장으로 동질화시켜 나가는 강력한 힘이 존재하는데 그것은 바로 기술이며, 이로 인해 통신과 교통수단이 발달하고 해외여행이 증가함으로써 세계시장이 점점 동질화되어 가는 현상을 보이고 있기 때문에 해외시장 소비자들의 다양한 욕구를 충족시키기 위해 현지화전략을 선택하는 다국적기업의 시대는 쇠퇴할 것이고 전 세계적으로 표준화전략을 수행하는 글로벌기업은 성공할 것이다"라고 주장했다. 표준화전략은 규모의 경제 효과를 가져오고 소비자에게 전 세계적으로 동일한 이미지를 창출하는 등 마케팅 및 생산 측면에서 큰 공헌을 했다.

표준화전략을 통해 얻게 되는 비용상의 이득은 다음과 같다. 첫째, 생산에서 규모의 경제를 통한 비용절감 효과이다. 세계 수요가 대량생산을 만족시킬 수 있을 정도로 크다면 생산량의 증가에 따라 총생산비는 증가하더라도 단위당 원가는 감소하게 된다. 둘째, 제품의 연구개발에 대한 경제성을 달성할 수 있다. 표준화된 제품을 전 세계에 출시함으로써 제품의 단위당 연구개발비가 낮아지게 된다. 따라서 더 많은 연구개발비를 신제품 개발에 투자할 수 있으며 신제품 개발 노력이 더 효과적으로 이루어질 수 있다. 셋째, 제품의 표준화를 통해 효율적인 재고관리가 가능해지며 안전재고 수준의 감소를 도모할 수 있어 저장비용이 절감된다. 또 제품이 동일하기 때문에 운송비를 절감할 수 있고 제품 및 부품공급의 안정성을 확보할 수 있다.

그리고 제품을 표준화함으로써 얻을 수 있는 수익 증가의 이점은 다음과 같다. 첫째, 표준화된 제품으로 인해 전 세계시장에 일관성이 있고 통일된 제품으로 기업 명성이 향상되고 더 나아가 세계의 고객으로부터 브랜드 충성도를 향상할 수 있다. 이는 판매증대의 좋은 계기가 될 수 있다. 둘째, 제품의 표준화는 마케팅의 표준화를 가능하게 한다. 제품이나 브랜드가 표준화되어 있는 경우 광고 등 판매촉진 활동의 표준화 가능성은 훨씬 증대될 수 있으며 브랜드가 세계적인 명성을 보유하고 있다면 같은 광고 전략을 통해 효과적으로 판매촉진을 강화할 수 있다. 셋째, 제품 표준화는 새로운 시장에서 판매 가능성에 대한 예측을 용이하게 할 수 있다. 표준화된 제품은 시장 경험을 전제로 하고 있기 때문에 새롭게 진출하는 시장이 기존의 시장과 유사한 경우에는 제품의 수용 가능성에 대한 예측을 보다 효과적으로 할 수 있다.

그러나 표준화전략에는 단점도 있다. 첫째, 특정 제품시장에서 세계시장의 동질화 현상과 유사한 형태의 관심과 반응을 보이고 있는 것이 사실이지만 그렇다고 이런 현상이 전 세계적인 트렌드는 아니다. 더군다나 국가 간뿐만 아니라 동일 국가 내에서도 이질적인 시장이 존재하고 있는 사실을 목격할 수 있다. 둘째, 가격에 민감한 즉 저렴한 제품에 대한 세계적 선호 경향이 존재하고 있지만 이것이 바로 세계적으로 일반화된 현상이라고 단정할 수 없다. 예를 들면, 은행 및 보험, 시계, 가전제품 등에서는 오히려 다양한 제품특성이나 제품의 품질 및 서비스에 관한 관심이 고조되고 있는 것이 사실이기도 하다.

다국적기업의 현지화전략

현지화전략은 다국적기업이 진출하는 현지국의 시장 여건이 본국과는 상이하므로 제품 및 유통망 등을 현지 시장에 알맞게 적응(Adaptation)시켜 나가는 전략을 말한다. 표준화전략의 효용성은 1980년대로 접어들면서 의문이 제기되기 시작했다. 즉 표준화전략은 각 국가의 경제 및 문화, 생활양식과 무관하게 동일한 방식으로 전 세계시장을 공략한다는 것인데, 이에 대한 문제점이 명확하게 드러나게 되었다. 실제로 글로벌 브랜드로 성공한 것은 Coca Cola나 Marlboro와 같은 일부 브랜드로 한정된다. 따라서 이와 같은 문제를 해결하기 위해 현지화전략이 대안으로 대두되었다.

현지화전략은 동일성을 추구하는 표준화전략과 달리 서로 다른 각 국가 또는 지역마다 상이한 특성이나 취향을 고려해서 유연하게 제품 출시전략을 구축하는 것이 골자이다. 바꾸어 말하면, 제품에 대한 소비자의 경험이나 인지가 국가마다 다르고 또 제품이 시장마다 추구하는 위치가 상이할 수 있기 때문에 이를 위해 현지화전략을 추구해야 한다는 것이다. 그러나 현지화전략을 채택한 다국적기업은 서로 다른 현지 시장에서 소비자의 욕구를 충족시킬 수 있지만 반면에 기업 전체적인 차원에서 일관성을 저해할 수 있고 비용 부담이 커질 수 있다.

현지화전략은 국가마다 정치와 법률제도, 경제발전의 정도와 문화, 시장의 발전 정도, 소비자들의 가치관과 생활양식 등의 차이는 극복이 불가능하기 때문에 현지 시장의 조건에 맞게 적절하게 적응하는 것을 중요하게 여기고 있다. 기본적으로 표준화전략은 인간의 욕구와 필요의 세계적인 보편성을 기반으로 하고 있으며, 반면에 현지화전략은 나라마다 소비자의 욕구가 서로 상이하기 때문에 제품 및 서비스 전략을 소비자의 특성에 맞도록 적절하게 변경해야 한다는 것이다.

현지 시장에 잘 적응하기 위해서 중요하게 고려해야 하는 것의 하나가 현지 국가의 문화이다. 많은 다국적기업이 본국과 다른 상이한 문화권에서 실패를 거듭하고 있는데 이는 시장의 세계화와 문화의 동질성이 가속되고 있다는 잘못된 관점에 의한 표준화 전략을 수용하기 때문이다. 세계시장에서 문화적 동질성을 전제로 하는 표준화 전략은 적절하지 못하다. 이질적 문화권에서 다국적기업의 성공 여부는 현지 문화와 잘 결합된 조직과 전략을 개발하는 데 달려있다.

제품이 무엇이며 그 제품이 제공하는 만족이 무엇인가를 결정하는 것이 바로 해당 국가의 문화이다. 따라서 제품이 특정 문화가 보유하는 욕구와 일치될 수 있도록 제품의 여러 요소를 변경시킬 필요가 있다. 제품의 현지화 정도는 본국 시장과 현지 시장 간에 존재하는 제품상 또는 제품지각 측면에서 문화적 차이가 얼마나 다른가에 달려있다. 두 시장 간에 문화적 차이가 클수록 제품 현지화의 필요성도 더 커진다. 그러나 현지화를 위한 제품의 변경에는 비용이 추가되며 또 위험이 수반된다. 따라서 특정 제품이 현지국 시장에 잘 적응하기 위해서 제품의 어떤 속성이나 측면을 시장조건에 적절하게 현지화해야 하며, 어느 정도, 그리고 어떤 방법으로 변경해야 할 것인가를 결정하는 것이 효과적인 제품 현지화를 위한 중요한 전략적 도전과제라고 할 수 있다.

| 표 3-4 | 표준화전략과 현지화전략의 장점 및 단점

	표준화 전략	현지화 전략
장점	• 관리비용의 절감 • 조직 통제가 용이 • 공통된 브랜드 이미지 구축 가능 • 좋은 아이디어를 널리 활용 가능	• 세분화된 시장 접근이 가능 • 특정시장에서의 실패가 다른 시장으로 전이되지 않음
단점	• 특정시장의 변화를 반영 못함	• 범세계적 브랜드 구축이 불가능 • 비용절감 효과가 없음

KFC(肯德基): 현지화전략 성공 사례

KFC(Kentucky Fried Chicken)는 중국에서 가장 성공한 외국기업이 되었으며, 중국인들의 가장 많은 사랑을 받게 되었다. KFC의 놀라운 성공은 중국인들이 서구 문화를 완전하게 포용한 몇 안 되는 사례이다. 지금부터 중국 KFC의 성공스토리에 대해 자세히 살펴보겠다.

2020년 3월을 기준으로 했을 때 중국에는 6,600개소의 KFC 매장이 있으며, KFC는 중국 최대의 외식기업이다. KFC의 모기업인 Yum! Brands는 KFC, Pizza Hut, Taco Bell 등을 운영하는 세계 최대 외식기업 중의 하나이다. Yum! Brands는 성장을 위해 세계시장으로 확장하는 전략을 채택했으며 특히 중국은 성장을 달성하기 위해 전략적으로 가장 중요한 시장이었다.

KFC는 중국 본토에 진출하기 전인 1973년에 홍콩에 진출했으며 다음 해까지 11개의 매장으로 빠르게 성장했다. 그러나 현지 시장의 상황을 잘못 판단한 결과 1975년이 되자 모든 매장의 문을 닫아야 했다. 10년 후에 KFC는 복귀했으며 현지 투자업체와 공동투자로 설립한 법인체가 프랜차이즈 방식으로 매장들을 운영하게 되었다. 이런 KFC의 쓰라린 경험은 중국시장 진출을 위한 귀중한 교훈으로 작용했다.

KFC가 중국 시장에 효과적으로 진입해서 대대적인 성공을 이룬 요인은 바로 철저한 현지화전략이었다. KFC는 중국 시장에서 현지 욕구를 철저하게 충족시키기 위해 기존 사업모델을 재설계했다. 중국 KFC의 사업모델은 제한된 메뉴와 저렴한 가격, 소비자들이 음식과 음료를 소비하는 것에 중점을 두는 기존 미국이나 다른 선진국의 프랜차이즈 매장의 전통적인 모델과는 판이하게 달랐다.

1987년에 북경의 천안문광장 주변에 첫 번째 KFC가 문을 열었다. 경쟁사인 McDonald's는 1990년에 처음 진입했다. 그러나 KFC 경영진이 효과적인 성장전략을 수립하기까지는 수년이 걸렸다. 시행착오를 통한 학습 과정을 통해 경영진은 경쟁우위를 창출하는 효과적인 전략을 수립할 수 있었다. 첫째, KFC는 제품을 현지화하고 메뉴를 재창조하여 여러 메뉴를 추가해서 고객의 선택권을 확대했으며 음식 취향이 서로 다른 중국 내 지역별로 메뉴를 차별화했다. 둘째, KFC는 중국에서 규모의 경제를 신속하게 구축했다. 16개의 거점도시를 기반으로 해서 빠르게 확장해 나갔다. 셋째, KFC는 점차 확장되는 점포 네트워크에 따른 공급품을 조달하기 위해 자체 유통시스템을 구축했다. 넷째, KFC는 식사 준비부터 고객서비스 및 물류에 이르기까지 모든 것을 망라하는 광범위한 직원 및 품질관리 교육에 중점을 두었다. 다섯째, KFC는 다른 지역에서 보편적으로 이용하고 있는 프랜차이즈 대신에 중국에서는 모든 매장을 직영방식으로 운영했다. 이를 통해 중국 각 지역과 지역별 고객의 욕구에 대한 중요한 정보원이 되는 매장들을 보다 효율적으로 관리할 수 있었다.

중국 KFC의 현지화전략은 성공의 열쇠였다. 첫째, 중국 KFC는 브랜드를 지역사회의 일원으로 자리매김했다. KFC의 각 매장은 큰 주방과 고객이 식사하고 오랫동안 휴식을 취할 수 있는 공간을 제공하기 위해 미국 매장에 비해 크기를 두 배로 확대했다. KFC는 대가족이나 단체 고객을 환영하기 위해 특별한 노력을 기울였다. 그리고 서양문화를 쉽게 흡수하는 청소년층을 목표시장으로 삼고 이들의 특성에 맞는 메뉴를 제공했다. 아이들을 위한 공간을 마련해서 부모들의 일손을 도왔다. 그리고 지역 인재를 채용해서 중국 사회에 공헌하는 이미지를 심으려 했다.

둘째, 중국 KFC에서 제공하는 메뉴품목의 수는 보통 50개 이상으로 미국의 30

개에 비해 훨씬 많았다. 지속적인 제품혁신이 활발하게 이루어지면서 일부 일시적인 특별메뉴를 포함해서 매년 50여 종의 신제품이 추가됐다. 이는 해마다 불과 몇 가지 신제품을 소개하는 데 그치는 미국과는 확연하게 달랐다. 향신료는 중국 내 지역별 차이에 맞게 다양하게 처리했다. 사업 초기에 상하이 KFC의 고객은 요리가 너무 매워서 불평했으나, 사천지역의 고객은 너무 싱겁다고 해서 즉시 조리법을 맞게 변경했다. 그리고 중국 KFC에서 조식으로 가장 잘 팔리는 품목은 죽(Congee)이다. 죽은 아마도 중국 KFC의 성장 신화에서 현지화전략에 대한 최고의 사례로 꼽히는데, 이는 돼지고기, 피클, 버섯 및 계란 등으로 만든 쌀죽이다.

셋째, 중국 KFC는 중국인들의 입맛을 사로잡기 위해 북경의 춘권과 러우쥐안 등의 재료를 이용했으며, 중국산 식재료를 이용해서 중국인들에게 쉽게 다가서면서 비용을 절감하는 이중효과를 거두었다.

넷째, 중국 KFC는 마케팅에서도 중국인들이 중시하는 '꽌시'를 위해 홍보부서를 통해 공공사업에 적극 나서면서 관계 형성을 위해 힘썼다. 그리고 KFC 브랜드가 가지는 서양 이미지를 배제하기 위해 패스트푸드의 비만 문제 등이 제기되면 영양 균형과 웰빙의 이미지를 부각하는 데 노력했다.

이와 같은 철저한 현지화전략의 결과 중국 KFC 매장은 기존의 전형적인 패스트푸드 매장보다 훨씬 크고 복잡하게 되었다. 평균적으로 각 매장에는 고객을 맞이하고 어린 아이들을 위해 오락을 계획하는 여직원을 포함해서 약 60명의 직원이 근무하고 있다.

KFC가 급성장하자 바로 중국의 4대 도시에서 McDonald's와의 치열한 경쟁에 직면하게 됐다. 그러나 KFC는 4대 도시에서 시장점유율을 놓고 경쟁하기보다는 대신에 다른 소규모 도시들로 진출해서 중국 전역을 지배하는 진정한 전국적 사업 네트워크를 구축하기로 결정했다. 이는 16개 도시를 전진기지로 이용함으로써 매장개점 프로그램을 가속할 수 있는 좋은 기반이 되었다. 그리고 처음 매장 입지 선정에서 개장까지 걸리는 시간도 평균 4~6개월이 소요됐는데, 이는 9~12개월이 소요되는 미국의 경우에 비해 훨씬 빠른 것이었다.

중국 KFC는 빠르게 성장하는 점포네트워크를 지원하기 위해 1997년에 창고를 건설하고 많은 트럭을 운영하는 자체 유통사업을 설립했는데, 일부 이유로는 KFC가 활용할 수 있는 기존의 물류네트워크가 부족했기 때문이었다. 그러나 이는 KFC가 복잡한 메뉴를 제공하고 신제품을 신속하게 도입하기 위해서는 필수적인 인프라였다.

또 다른 중국 KFC 성공의 비밀은 주로 대만인으로 구성된 창립 리더십팀 대만갱(Taiwan Gang)이었다. 이들은 중국 KFC에 합류하기 전에 다른 지역에서 최소 15~20년에 걸쳐 패스트푸드산업의 경험을 보유한 자들이었다. 이들은 주로 서양 교육을 받았지만 중국인이기에 본질적으로 중국을 잘 이해했다. 그중에서 여러 사람은 McDonald's 경험을 가진 사람이었다. 이들의 존재는 시장동향에 대한 직관적인 지식으로 이어졌으며 이는 중국 KFC의 성공에 크게 공헌했다. 직감은 결국에는 제품현지화를 유도했으며 이는 성공의 중요한 부분이 됐다.

그리고 중국 KFC가 치킨을 핵심제품으로 제공한다는 사실은 대다수 중국인이 돼지고기를 선호하고 이어서 닭고기가 뒤따르며 쇠고기와 양고기는 훨씬 뒤떨어지는데, 이런 면에서 KFC는 McDonald's에 비해 자연발생적인 제품의 이점을 누리게 되었다. 이와 같은 KFC의 놀라운 성공은 먼저 중국이라는 시장 환경에 대해 철저하게 이해하고, 둘째, 중국 시장에 맞는 철저한 현지화전략을 채택했으며, 셋째, 현지화전략을 효과적으로 실행하기 위해서 직영매장 영업구조를 채택하는 동시에 중국인들의 문화와 잘 조화되는 메뉴개발 등 영업방식을 재창조(Reinvent)한 결과였다.

다국적기업의 글로벌전략

기업이 무한경쟁하에서 성장하려면 지속가능한 경쟁우위를 창출하고 유지해야 한다. 다국적기업이 세계시장에서 무수한 경쟁사를 물리치려면 글로벌 효율성(Global-scale Efficiency), 다국적 유연성(Multinational Flexibility), 글로벌 혁신 및 학습 역량(Global Innovation & Learning Competence) 등의 전략적 목표를 하나 이상 성취할 수 있어야 한다. 바꾸어 말하면 세계적인 경쟁력을 갖춘 다국적기업이 되려면 첫째, 기존 관리 활동에서 글로벌 규모의 효율성을 극대화하고, 둘째, 국가마다 현지 특성에 기인하는 다양한 기회 및 위험을 극복하기 위한 다국적 유연성을 강화하고, 셋째, 전 세계를 무대로 하는 혁신 및 학습역량의 개발에 집중해야 한다.

이와 같은 세 가지 전략적 목표를 각각 또는 동시에 달성하기 위해 다국적기업은 매우 다른 접근방식을 활용해야 한다. 첫째, 글로벌 효율성에 대한 목표를 달성하려면 세계 각국에 존재하는 활동들을 통합해서 규모의 경제를 극대화하고, 둘째, 활동하고 있는 국가마다 존재하는 여러 차이점을 잘 활용해야 하며, 셋째, 생산이나 영업 등의 다양한 활동 분야에서 범위의 경제 실현을 통해 시너지를 창출해야 한다. 요약하면 글로벌 효율성, 다국적 유연성, 글로벌 혁신 및 학습 역량 등과 같은 전략적 목표들을 달성하기 위해 다국적기업은 반드시 규모의 경제, 국가별 차이, 범위의 경제와 같은 글로벌 경쟁우위의 원천을 개발할 수 있어야 한다. 〈표 3-5〉는 다국적기업이 글로벌 경쟁우위를 창출 및 유지하기 위해서 요구되는 서로 다른 전략적 목표와 접근법과의 관계를 잘 보여주고 있다.

| 표 3-5 | 글로벌전략: 목표와 접근법

전략적 목표	글로벌 경쟁우위의 원천		
	국가별 차이	규모의 경제	범위의 경제
현재 운영활동에 대한 글로벌 효율성 향상	임금이나 자본비용 등과 같은 요소비용의 차이에서 비롯되는 혜택	각 활동에서 잠재적 규모의 경제를 확대하고 개발	여러 제품, 시장 및 사업에 대한 투자 및 비용의 공유
다국적 유연성을 통한 위험관리	비교우위가 서로 다른 국가의 시장 또는 정책에서 유래되는 다양한 위험의 관리	규모와 전략적·운영적 유연성 간의 균형	포트폴리오 다각화를 통합 위험분산과 옵션 및 부차적 기회의 창출
글로벌 혁신 및 학습 역량	조직과 관리프로세스·시스템에 대한 사회적 차이를 학습	비용절감 및 혁신 등과 같이 경험에서 유래되는 혜택	서로 다른 제품, 시장 및 사업에서 조직 구성요소들에 대한 학습기회의 공유

출처: Ghoshal

앞에서 현지적응 필요성과 글로벌통합 필요성 간의 긴장 관계를 통합-적응모형(Integration-Responsiveness Framework)이라고 했다. 통합-적응모형에 근거해서 〈그림 3-6〉과 같이 다국적기업의 글로벌전략을 네 가지 유형으로 단순화할 수 있다. 지금부터는 네 가지 글로벌전략의 유형에 대해 하나씩 자세히 살펴보기로 하겠다.

그림 3-6 글로벌전략의 유형

출처: Bartlett & Beamish

국제전략

첫째, 국제전략(International Strategy)이다. 국제전략은 전 세계를 무대로 각기 다른 접근방법을 통해 혁신을 개발하는 데 집중한다. 일반적으로 더욱 진보된 기술을 보유하고 있는 거대국가에 본부를 두고 있는 기업은 국제전략을 채택하고 있다. 국제전략을 채택하는 기업은 해외에서의 경쟁력을 강화하기 위해 모국에서 혁신개발에 주안점을 두는데, 모국에서 개발된 새로운 제품, 프로세스, 전략을 비교적 경제적으로 덜 발전된 국가로 이전한다.

미국의 거대한 다국적기업들이 국제전략을 주로 이용했다. 많은 미국의 기업들은 혁신 창출에 현저한 강점을 보유하고 있다. 그러나 국제전략을 채택한 기업들은 효율성과 유연성에서 약점을 보였다. 즉 국제전략을 채택한 기업들은 거대하고 중앙집중적인 규모의 경제 우위를 보이는 글로벌전략이나 또는 자율적 및 자족적이며 창업가정신을 기반으로 현지 영업활동을 통해 현지국 시장의 사정에 높은 적응능력을 보이는 다국적전략에 비해 유연성에서 뒤떨어지는 것으로 나타났다.

다국적전략

둘째, 다국적전략(Multinational Strategy)이다. 다국적전략은 전략적 목표를 달성하기 위해 주로 국가별 차이에 집중하는 접근방법을 취하고 있다. 다국적전략을 채택하는 기업은 매출 향상에 집중하는데, 이를 달성하기 위해 소비자 선호도, 산업 특성, 정부 규제 등과 같은 국가별 차이에 대응해서 국가마다 차별화된 제품 및 서비스를 개발하는 데 집중한다. 그리고 이 접근방법을 이용하는 기업들은 지역별로 특화된 혁신에 의존하는데, 현지 자회사는 현지 시장의 욕구를 파악할 뿐만 아니라 그런 욕구에 대응하기 위해 소유하는 현지의 자체 자원을 활용한다.

유럽의 다국적기업들이 주로 다국적전략을 이용했다. 이 전략을 사용하는 기업의 자원과 자산은 전 지역으로 널리 퍼져있어서 개발, 생산, 판매 및 서비스 등의 활동을 현지 자회사들이 스스로 행할 수 있다. 이런 강한 자족성은 현지 자회사에 상당한 자율권을 부여함으로써 가능했다. 이런 국가 단위별 조직은 지역시장의 변화에 아주 유연하고 효과적으로 잘 적응한다. 하지만 이 접근방법은 비효율성에 대한 문제점과 다른 국가의 경험에서 유래되는 지식과 역량을 활용할 수 없는 취약점에 노출되어 있다.

글로벌전략

셋째, 글로벌전략(Global Strategy)이다. 글로벌전략을 채택하는 기업은 전적으로 글로벌 규모에 의한 효율성의 극대화에 집중한다. 글로벌전략을 이용하는 기업은 저비용 및 고품질의 제품을 생산하기 위해 이용 가능한 모든 방법을 활용한다.

글로벌전략은 일본 다국적기업들의 전유물처럼 이용되었다. 그러나 글로벌전략을 통해 달성된 효율성은 일부 유연성과 학습기회의 상실이란 절충적인 방법을 통해서만 가능했다. 예를 들면, 단일체제의 글로벌 생산거점 구축을 위해서는 제품이나 부품을 이동하기 위해 많은 국가 간에 제품 선적이 요구되는데, 이는 각국의 규제정책이란 위험에 노출되는 결과를 만들어 냈다. 또 이 전략을 이용하는 기업은 효율성 제고를 위해 중앙집중적인 연구개발체제를 구축했다. 그러나 이런 체제는 현지국에서 유래되는 새로운 기회를 포착하는 능력이나 여러 해외 자회사에서 창출되는 혁신을 개발하는 능력에는 제한적이었다. 또 높은 수준의 글로벌 규모를 달성하기 위해 연구개발 및 생산과 같은 활동에 매우 집중하는 이 접근방법은 구매활동에서 환율 노출과 같은 위험에 직면했다.

초국적전략

마지막으로, 초국적전략(Transnational Strategy)이다. 초국적전략은 효율성(Efficiency), 유연성(Flexibility), 학습(Learning)과 같은 모든 전략적 목표를 동시에 성취하는 것을 목적으로 추진된다. 초국적전략은 판매와 비용을 동시에 관리한다. 이를 위해 효율성과 혁신이 공히 중요시되며, 혁신은 기업이 위치하는 세계 도처에서 나타날 수 있다. 이와 같은 특별한 목적을 달성하기 위해서 초국적전략을 채택하는 기업은 위의 세 가지 유형의 전략과는 매우 다른 자원의 배치(Configuration of Resources)를 시도해야 한다.

글로벌전략은 각 관리 활동에서 규모의 경제를 실현하기 위해 모국 또는 해외 생산거점에 기업의 모든 자원을 집중한다. 다국적전략은 현지 욕구에 부응하기 위해 위치하는 지역마다 생산거점으로 자원을 분산한다. 국제전략은 혁신개발을 위해 중요한 자원은 집중화하고 다른 지역에서 변형되는 혁신은 분권화한다. 그러나 초국적전략은 세 유형의 전략에 비해 더 합리적이고 차별화된 자원의 배치를 추진해야 한다. 이를 위해 초국적전략은 먼저 규모의 경제를 실현할 뿐만 아니라 핵심역량의 보호 및 관리 활동의 감독을 위해 연구개발 활동을 모국 내에 집중(Centralization)하는 자원의 유형을 결정해야 한다. 다음으로 특정 자원의 경우에는 분권화(Decentralization)를 선택하는 것보다 굳이 모국만을 고집하지 않으면서 적절한 국가로 배치의 집중을 도모한다(Excentralization). 예를 들면, 노동집약적인 제품을 생산하기 위한 세계적 규모의 생산거점은 저임금 노동력의 활용이 가능한 중국이나 멕시코 등에 건설하고, 혁신적인 특정 기술을 이용해야 하는 제품의 개발을 위해 연구 및 개발에 소요되는 자원 및 활동은 독일, 일본, 미국 등지에 집중하는 것이다. 이런 유연한 특화전략은 규모의 경제와 유연성의 혜택을 상호 보완적으로 이용하는 것이다.

마지막으로 규모의 경제에 대한 잠재력이 적게 예상되거나 단일 생산거점에 과도하게 집중되어 유연성을 해칠 수 있는 다른 일부 자원은 권역(Regional) 또는 현지(Local)에 분산하여 배치하는 것이 최선이다. 현지 또는 권역에 위치하는 생산거점은 환율변동, 노동분규, 자연재해 등의 위험에 대처할 수 있을 뿐만 아니라 물류 및 조정 비용을 절감할 수 있으며, 또 독립적인 운영체제로 인해 동기유발을 촉진하거나 고유한 자체 역량을 개발할 수 있다. 〈표 3-6〉은 글로벌전략의 유형별로 서로 다른 전략적 성향과 그것을 지원하는 자산 및 역량의 배치에 대한 차이점을 요약하고 있다.

| 표 3-6 | 글로벌전략별 전략적 성향과 자산·역량의 배치

	국제전략	다국적전략	글로벌전략	초국적전략
전략적 성향	글로벌 확장과 적응을 통한 모기업의 지식 및 역량을 활용	강하고, 지략적이며, 기업가정신으로 무장한 현지 활동을 통해 국가별 차이에 대응하기 위한 유연성의 구축	중앙집중화된 글로벌 규모의 활동을 통해 비용우위를 구축	글로벌 효율성, 유연성, 학습역량을 동시에 개발
자산 및 역량의 배치	핵심역량의 원천은 중앙집중화하고, 나머지는 분권화	각 국가별 분권화와 자기완결형	글로벌 규모를 위해 본부에 중앙집중	분산되고, 특화되어 있으며 상호의존적

출처: Bartlett & Beamish

그림 3-7 글로벌전략의 유형별 조직도

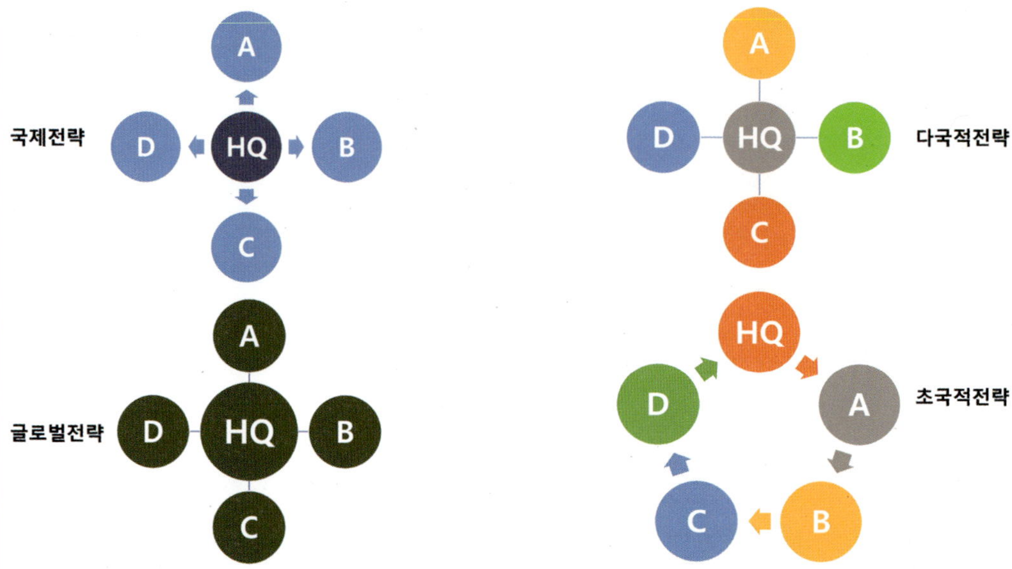

출처: Bartlett & Beamish를 기반으로 저자 재정리

TOUR PART-DIEU
LCL
Radisson BLU
HOTEL
LIPS

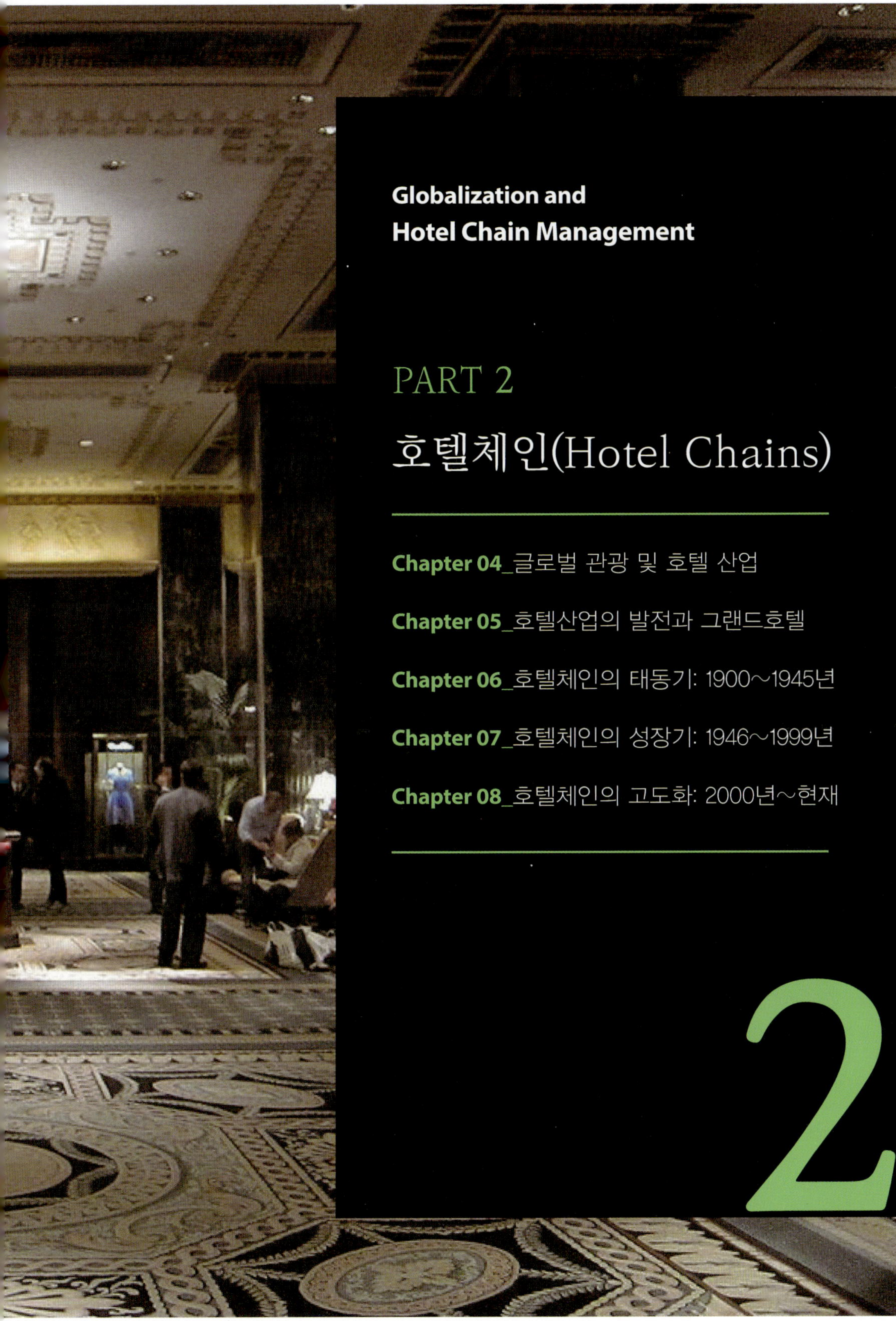

Globalization and
Hotel Chain Management

PART 2
호텔체인(Hotel Chains)

2

Globalization

Hotel Chain Management

Chapter 04

글로벌 관광 및 호텔 산업

Ⅰ. 글로벌 관광산업의 이해

Ⅱ. 비즈니스 여행과 국제교역

Ⅲ. 호텔산업과 호텔체인

Chapter

04 글로벌 관광 및 호텔 산업

I ▸▸ 글로벌 관광산업의 이해

세계화는 교역 및 자본 자유화의 추진으로 제품 · 서비스 · 자본 · 기술 · 정보 · 인력 등의 흐름이 자유롭게 각국으로 통제됨이 없이 이동하게 되면서 세계가 단일시장으로 통합되는 현상이다. 같은 맥락에서 세계화가 가속됨에 따라 여행을 통한 사람들의 자유로운 이동과 교류도 증가했다. 다른 지역 또는 나라를 여행함으로써 우리는 서로의 다름을 인정하고 이해할 수 있다. 또 사람, 역사, 의복, 음식, 예절, 생활 양식 및 수준, 건축양식, 교통시스템, 그리고 자연에 대한 존중과 경외를 직접 보고 느낄 수 있다.

그리고 여행을 통해서 세계인의 삶에 상당한 공통점이 존재한다는 사실도 경험할 수 있다. 이를 통해 우리는 식견을 넓히고 사고의 오류를 수정할 기회를 가질 수 있다. 여행이란 교류를 통해 세계와 소통하며 우리 인류는 장구한 공존의 역사를 함께 해왔다.

세계화와 글로벌 관광산업

모든 흐름이 자유로워지는 세계화 트렌드는 관광산업에 긍정적 및 부정적 영향을 동시에 미치고 있다. 긍정적인 면을 보면 첫째, 규모의 경제 효과로 인해 항공교통 등에 대한 가격이 낮아지면서 대중관광(Mass Tourism)이 만들어졌다. 둘째, 다국적기업들이 보유하고 있는 기술, 브랜드, 경험 등을 갖고 새로운 시장에 진출함으로써 세계인들은 모두 유사한 상품과 서비스를 구매할 수 있게 되었다. 이 때문에 세계를 여행하기가 훨씬 편해지고 덜 위험해졌다. 예를 들면, 여행 중에 현지 음식이 맞지 않으면 쉽게 McDonald's나 KFC 같은 패스트푸드 레스토랑에서 음식을 섭취할 수 있다. 셋째, 외국 여행이 한결 쉬워졌다. 인터넷의 등장으로 세계인들은 사전에 낯선 여행지에 대한 충분한 정보를 접할 수 있게 되었다. 편리한 예약뿐만 아니라 먼저 여행을 했었던 사람들의 후기나 관광 상품에 대한 평가를 통해 불확실성을 크게 해소할 수 있게 되었다.

부정적인 면은 첫째, 수익 누출(Leakage)이 가속되고 있다. 관광객 유입으로 발생하는 수익이 해당 지역에 배분되지 않고, 오히려 다국적기업의 이윤을 확대하는 역할을 하는 경우가 많이 있다. 둘째, 다국적기업의 경제 지배력 강화이다. 다국적기업의 지배력이 강화될수록 관광소비자는 선택의 폭이 좁아져서 다양하게 구매를 할 수 없게 되었다. 셋째, 특정 국가나 민족 또는 지역의 정체성이 약화되고 있다. 밀물처럼 밀려드는 선진국의 문화와 문물은 장기적으로 해당 지역이나 국가의 고유성을 약화해서 자긍심이 떨어지게 된다. 넷째, 환경파괴가 자행되고 있다. 국제관광객을 위한 인프라와 관광자원을 개발하기 시작하면서 자연환경은 본래의 모습을 유지하는 것이 점점 힘들어지고 있다. 특히 토지와 수자원의 손실이 매우 크게 나타나고 있다. 세계화를 통해 많은 수익과 부가 창출되고 있지만, 그러나 부를 창출하기 위해 희생되고 있는 환경의 파괴로 인한 손실과 비용은 돈으로 환산할 수 없을 것이다.

세계화가 깊어감에 따라 세계를 여행하는 국제관광객도 급속히 증가하고 있다. 더 많은 여행 기회를 통해 세계인들은 서로 다른 문화의 차이를 이해하고 공감할 수 있게 되었다. 우리 인류는 차이를 여행을 통해 체득한 상호이해와 정치적, 문화적, 지정학적, 기후적 차이를 경험하지 않고서는 결코 학습할 수 없다. 관광산업의 이런 면모가 바람직한 세계화에 공헌할 수 있는 부분이다.

세계화와 관광은 사람의 이동, 사고의 이동, 자본의 이동이라는 관점에서 실제 내용은 다르지만 유사한 흐름을 보이게 된다. 첫째, 세계화를 통해 이민자나 취업자들이 증가하면서 그들의 문화도 함께 이동하게 되며, 여행을 통해 여행자와 관광산업의 종사자들도 이동하게 된다. 둘째, 세계화를 통해 새로운 혁신적 기술에 대한 사고가 이동하게 되었으며, 여행자의 이동과 함께 새로운 문화적 가치도 이동하고 또 관광산업을 운용하는 비즈니스 방식도 이동하게 된다. 셋째, 세계화를 사업기회로 이용하려는 투자 활동을 통해 자본이 국경을 넘어 전 세계로 이동하고 있으며, 세계 관광산업에 대한 투자로 인해 자본이 이동하는 동시에 여행자들이 방문지역에서 행하는 소비 활동은 이들을 유치한 국가에 외국환을 벌어들이는 기회를 제공하고 있다.

그러나 세계화의 부정적인 측면이 빨리 치유되지 않고 계속해서 진행된다면 관광산업도 심각한 영향을 받을 수 있다. 예를 들면 선진국 국민은 자신의 나라를 여행하는 저개발 또는 개발도상국의 여행자에 대해서는 비우호적인 태도를 보이면서도, 자신이 상대편 나라를 여행할 때는 어떠한 불편도 없이 자유롭게 여행할 수 있기를 바랄 것이다. 반면에 개발도상국 국민은 자신의 나라를 방문한 선진국 여행자에게 적대감을 나타내며 마음을 닫아 버릴 수 있다. 그러나 바람직한 세계화를 통해 세계인들은 더 자유롭게 다른 지역을 여행하면서 서로의 차이를 실감하고 인정함으로써 바람직한 국제교류의 증진에 공헌할 수 있다.

세계 관광산업은 계속해서 괄목할 만한 성장을 하고 있다. 1950년 2천5백만 명에 머물렀던 국제여행객의 수는 2102년에 드디어 최초로 10억 명을 돌파했다. 그리고 2019년에 국제관광객의 수는 14억 6천만 명에 이르렀으며, 이들이 여행 중에 지출한 금액은 약 1조 4천8백1십억 달러에 달했다. 국제관광객은 세계금융위기가 종료되기 시작한 2010년부터 2019년까지 10년 동안 연속해서 성장세를 유지해왔다. 외국을 여행하는 국제관광객은 1982년의 천안문 사태, 2001년의 9.11 테러 사건, 2003년 미군의 이라크 침공, 2008년 세계금융위기 등과 같은 큰 사건이 발생했던 시기를 제외하면 계속해서 성장을 구가했다. 전 세계적으로 활약하고 있는 중저가항공사(LCC: Low-Cost Carriers)의 등장은 세계를 여행하는 사람들의 증가를 더욱 가속하고 있다. UNWTO는 2030년이 되면 국제관광객은 약 18억 명에 달할 것으로 예측했다.

관광산업은 이제 세계 최대산업으로 성장했다. WTTC에 의하면 여행 및 관광산업(Travel & Tourism)은 2019년 기준으로 전 세계 GDP의 약 10.3%(8조 9,000억 달러)를 차지하는 큰 산업으로 성장했다. 또 여행 및 관광산업은 약 3억 3천만 명의 일자리를 창출해서 세계 총고용의 약 10%를 담당하고 있다. 그리고 2011년부터 계속해서 전 세계 여행 및 관광산업 지출액(T&T GDP)은 해마다 전 세계 총생산(World GDP)과 비교해 보면 더 높은 성장률을 유지해오고 있다.

2019년을 기준으로 세계 관광산업 통계에 대해 살펴보면 다음과 같다. 첫째, 국제관광객이 여행하는 가장 큰 목적은 55%를 차지한 여가, 레크리에이션, 휴일을 보내기 위한 것이었다. 여가 목적 여행은 2000년에는 50%를 기록했었다. 다음으로 친구/친척 방문, 건강, 종교, 기타 목적이 28%였으며, 비즈니스 및 프로페셔널 여행은 11%를 차지했다. 나머지 6%는 목적이 명시되지 않았다(〈그림 4-1〉).

그림 4-1 2019년 전 세계 인바운드 국제관광객의 여행목적

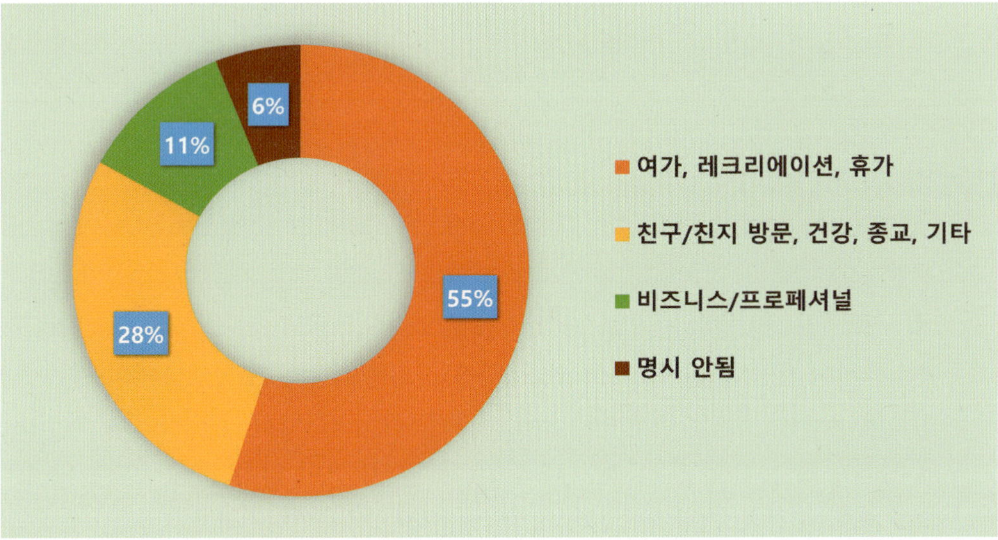

출처: UNWTO, 2020

그리고 국제여행객들이 가장 많이 이용하는 교통수단은 59%를 차지한 항공교통이었는데, 2000년에는 46%였다. 다음은 도로로서 35%를 차지했다. 해상을 통한 교통수단은 다른 방식에 비해 훨씬 못 미친 5%였다. 최근에 항공여행은 도로여행에 비해 매우 빠르게 성장하고 있다(〈그림 4-2〉).

그림 4-2 2019년 전 세계 인바운드 국제관광객의 교통수단

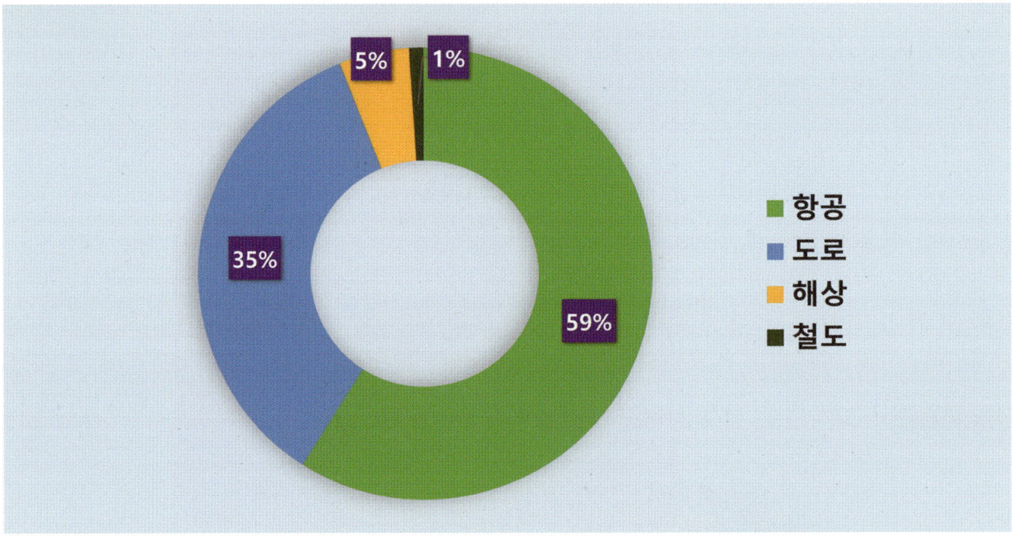

출처: UNWTO, 2020

2019년에 세계를 여행하는 국제관광객들이 가장 많이 방문하는 국가는 바로 프랑스(8천9백만 명)였다. 이어서 스페인(8천4백만 명), 미국(7천9백만 명), 중국(6천6백만 명) 등의 순으로 큰 인기를 끌었다(〈그림 4-3〉). 그러나 외래관광객 수입에서는 월등한 차이로 미국이 수위를 차지하고 있는데 약 2,140억 달러를 벌어들였다. 이는 2위 스페인보다 2배를 훨씬 넘는 액수였다. 다음으로 스페인(800억 달러), 프랑스(640억 달러), 태국(610억 달러) 등이 많은 관광 수입을 올렸다. 그중 태국은 중국 관광객이 가장 많이 방문하는 국가이다. 세계 Top 10 국가들이 전 세계 국제관광객의 40%를 유치하고 있다.

그림 4-3 2019년 세계 최고 인기 관광지

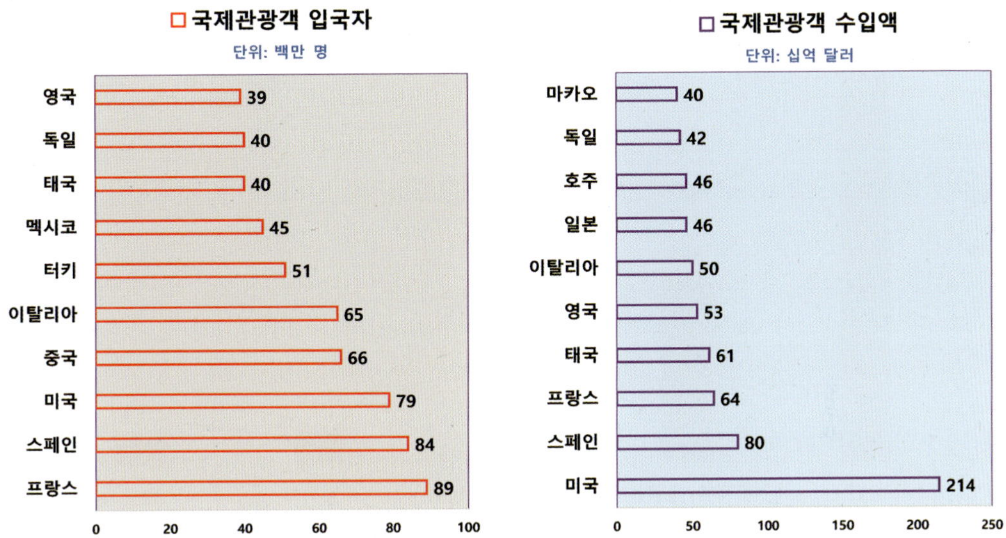

출처: UNWTO, 2020

국제관광객들이 많이 방문하는 지역을 살펴보면 〈그림 4-4〉에서 보듯이 유럽이 가장 많은 7억 4천4백만 명의 국제관광객을 유치하면서 압도적인 우세를 점하고 있으며, 국제관광객이 지출한 금액은 5,760억 달러에 이른다. 아시아 · 태평양 지역이 다음으로 많은 국제관광객을 유치하고 관광 수입도 거두고 있다. 세계 Top 10 국가들이 전 세계 국제관광객 지출액에서 50%를 차지하고 있다.

2019년에 세계에서 국제여행에 가장 많은 돈을 지출한 국가는 중국으로 약 2,550억 달러에 달했는데, 이는 전체 지출액의 1/5을 차지하고 있다(〈그림 4-5〉). 경제뿐만 아니라 관광 분야에서도 중국의 저력을 잘 보여주고 있다. 2위는 미국으로 1,520억 달러를 지출했다. 오랫동안 최선두를 유지했던 독일은 930억 달러로 3위였으며, 한국은 320억 달러로 9위를 차지했다. 중국과 한국만이 동양권에서 순위에 올라있다.

그림 4-4 2019년 세계 지역별 국제관광객 입국자 및 관광수입액

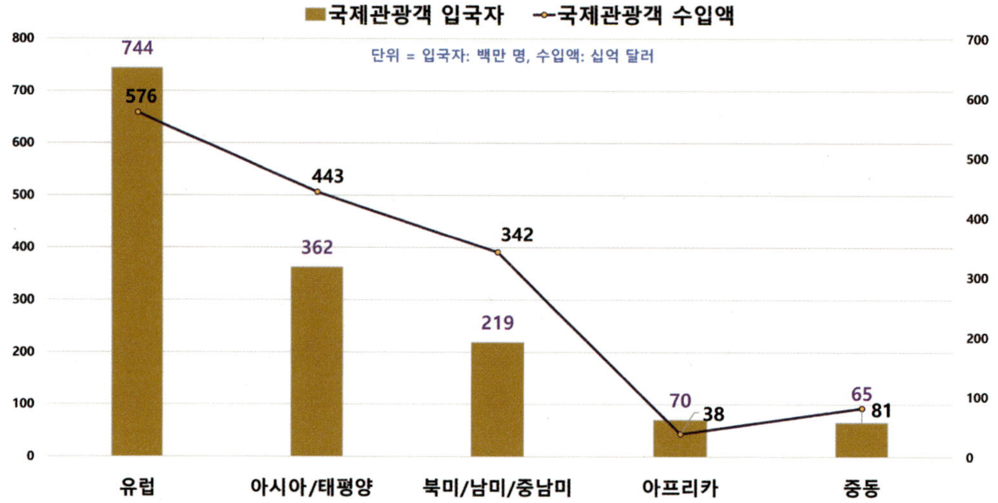

그림 4-5 2019년 국가별 국제관광 지출액

출처: UNWTO, 2020

II ▸▸ 비즈니스 여행과 국제교역

앞에서 2019년에 거의 15억 명에 달하는 사람들이 세계를 여행했으며, 그중에서 약 11%는 비즈니스 목적으로 여행한다는 사실을 알 수 있었다. 비즈니스 여행이 증가할수록 세계 경제에 긍정적인 영향을 미치게 된다. 즉 비즈니스 여행이 증가할수록 다국적기업의 제품 및 서비스 판매가 증가하고, 소비자들을 유지할 수 있으며, 세계 각 지역과 동반자 관계를 구축하고, 혁신이 촉진되면서, 결국에는 국제교역이 증가한다.

다국적기업이 비즈니스 여행을 하는 구체적인 목적은 다음과 같다. 첫째, 기업 내부(Intra-Firm)의 비즈니스를 위한 여행이다. 이는 같은 기업에서 발생하는 기능부서 간, 사업부서 간, 다른 지역 사무실 간의 기업회의 참여와 같은 조직적 목적, 신규 사업이나 새로운 프로젝트와 같은 전략적 목적, 인적자원관리를 목적으로 하는 교육 및 훈련이나 세미나 참여, 기술적 문제 해결 또는 인력 부족과 같은 분쟁 중재 등을 위해 여행을 한다. 둘째, 기업 외부(Inter-Firm)의 비즈니스를 위한 목적이다. 이 목적은 제품 및 서비스 판매 지원을 위한 고객관계관리, 외국 하청업체의 품질관리와 같은 공급자 관계관리, 답사나 상담 또는 판매와 같은 창업가형 활동을 지원하기 위해서다. 셋째, 외부 이해관계자를 만나기 위한 여행이다. 이는 허가 문제의 협상과 같은 외국 정부와의 관계 개선을 도모하거나, 외국과의 교역사절로 참가하는 것이다. 넷째, 학습을 위한 비즈니스 여행인데, 여기에는 무역 박람회, 컨벤션, 컨퍼런스 등에 참가하기 위해 여행을 한다. 한편 2009년 이후부터 MICE(Meetings, Incentives, Conventions and Exhibitions) 시장이 전통적인 비즈니스 여행보다 빠르게 성장하고 있다.

세계 관광산업에서 비즈니스 여행객의 중요성은 아무리 강조해도 지나치지 않다. 비즈니스 여행객은 다른 목적으로 여행하는 사람들에 비해 가격에 덜 민감하기 때문에 비교적 높은 품질의 관광 상품 및 서비스를 판매하는 항공사, 호텔, 렌터카, 레스토랑 기업에 비즈니스 여행객의 소비나 구매 활동은 생사여탈권을 쥐고 있는 중요한 구매자이다. 이와 같은 관광기업들의 상품이나 서비스를 비즈니스 여행객들이 충분히 구매해주지 않는다면 흑자를 유지할 수 있는 기업은 거의 존재하지 않을 것이다. 우리가 9.11 테러 때나 2008년의 세계금융위기를 통해 경험했듯이, 큰 위기로 인해 불경기가 확대되면 기업들은 해고 등을 통해 즉각적인 인원 감축을 시행하고, 동시에 여행 및 접대(Travel & Entertainment) 분야에 대한 비용을 대대적으로 감축하면서 결국에 많은 관광기업이 위기를 극복하고 생존하기 위해 대폭적인 할인판매 등과 같은 뼈를 깎는 고통을 감내해야 했다.

WTTC의 2011년 Business Travel 보고서를 보면 국제교역에서 비즈니스 여행은 핵심적인 역할을 하며, 비즈니스 여행과 국제교역, 생산성, 경제적 성과 사이에는 인과관계가 존재한다는 사실을 보고했다. 이 보고서에 의하면 과거 수십 년간 국제교역 증가액에서 약 1/3은 비즈니스 여행이 공헌한 것이라고 했다. 평균적으로 보았을 때 비즈니스 여행에 1단위가 추가되면, 이는 약 10배의 투자수익을 창출하고 있다고 밝혔다. 그리고 비즈니스 여행이 10% 증가하는 경우에 세계교역량은 평균 3% 정도 증가한다고 발표했다. 이와 반대로 만일 비즈니스 여행이 2년 동안 25%씩 감소하는 경우에는 5년 후 전 세계 총생산(GDP)이 약 5% 정도 감소하는 것으로 나타났는데, 이로 인해서 취업률은 해마다 약 1%씩 감소하는 것으로 나타났다. 이는 약 3천만 명이 실직하게 되는 것을 의미했다.

WTTC 보고서는 190개국을 조사한 결과 아웃바운드 비즈니스 여행 시장(Outbound Business Travel)의 규모가 큰 국가들이 더 많은 수출액을 기록하는 경향을 보였으며, 비즈니스 여행이 신속히 증가하게 되면 무역도 따라서 신속하게 증가했다고 밝혔다. 그리고 높은 비즈니스 여행 강도(GDP 대비 비즈니스 여행 지출액의 %)는 높은 교역 강도(GDP 대비 수출액 및 수입액)를 촉진했다고 밝혔다.

〈그림 4-6〉은 비즈니스 여행이 세계 교역과 경제에 미치는 영향을 보여주고 있다. WTTC 보고서에서 밝힌 것처럼 비즈니스 여행의 증가는 교역 증가에 지대한 영향을 미치고 있다. 교역이 증가하면 다국적기업의 이윤이 증가할 뿐만 아니라 세계적인 차원에서 제품가격이 인하되고, 규모의 경제가 창출된다. 각 국가는 비교우위가 있는 분야에 집중하게 되고, 기술 이전과 혁신이 촉진되어 경쟁이 강화되면서 경제개발 및 성장이 이루어진다. 그리고 교역 증가와 1인당 GDP의 증

가 사이에는 강한 양의 관계가 성립된다는 사실이 많은 연구를 통해 밝혀졌다. 교역의 증가는 전 세계 총생산(GDP)의 증진을 촉발하고, 따라서 고용이 늘고 소득이 향상되면서 거시경제가 안정되고 결국에는 여가 여행이 증가하게 된다. 그러므로 비즈니스 여행은 세계 교역의 촉진을 통해 세계 경제의 성장에 공헌하고 더 나아가 여가활동의 증가 등을 통해 인류의 삶의 질을 향상하는 데 중요한 기폭제 역할을 하고 있다.

그림 4-6 비즈니스 여행이 세계 교역 및 경제에 미치는 영향

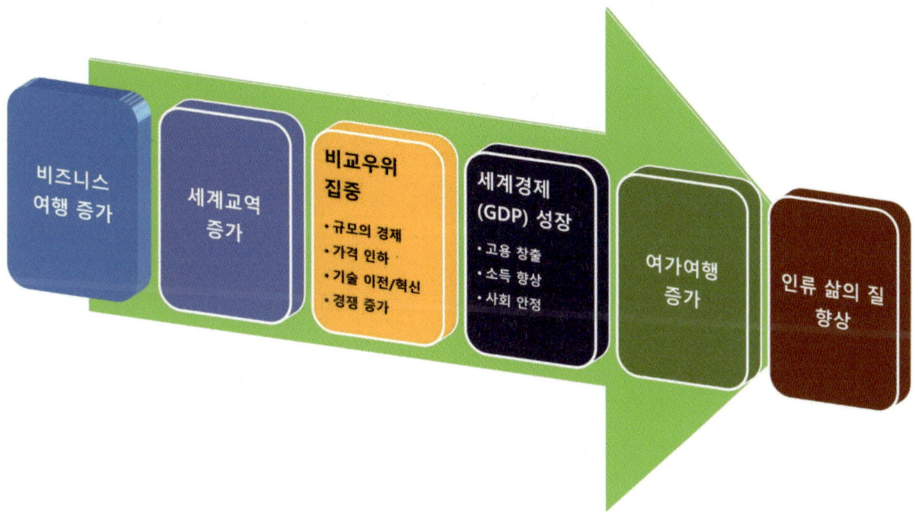

출처: WTTC(2011)를 바탕으로 하여 저자 재작성

Ⅲ ▸▸ 호텔산업과 호텔체인

세계 호텔산업의 규모

세계 호텔산업의 규모를 정확하게 파악하는 것은 생각처럼 쉬운 일이 아니다. 글로벌 호텔시장의 규모를 분석한 보고서는 별로 많지 않으며, 설사 있다고 해도 호텔의 범위를 결정하는 기준이 대부분 주관적이기 때문이다.

먼저 2009년에 영국의 Mintel에 의하면 2008년 기준으로 전 세계에 약 2천1십만 실의 호텔 객실이 존재한다고 밝혔다. 이 통계는 UNWTO의 자료를 인용한 것이었다. 그러나 UNWTO의 통계에는 호텔뿐만 아니라 통계분류에 파악되지 않은 호텔과 모텔, 게스트하우스, Hostel, B&B(Bed & Breakfast) 등과 같은 유사 숙박시설도 포함되어 있어서 실제 호텔산업의 규모보다 과대평가 되었다는 것이 중론이다.

그리고 미국의 STR(Smith Travel Research)에 의하면 2011년 기준으로 전 세계에는 146,357개소의 호텔이 존재하고 있으며, 이들에 의해 운영되고 있는 총 객실은 13,671,113실에 달한다고 발표했다.

또 미국의 유명 호텔체인 연간보고서(Annual Report)를 보면 다른 통계가 산출되고 있다. Marriott International은 2011년을 기준으로 했을 때 세계 호텔 객실의 총수는 약 1,690만 실에 달한다고 발표했다. Marriott의 통계는 WTTC, STR Global, MKG Hospitality의 연구조사와 Marriott의 자체적인 연구조사를 종합하여 산출한 결과였다. 여기에서 대륙별 객실 분포는 유럽(670만 실), 북미(520만 실), 중남미(120만 실), 아시아 · 태평양(280만 실), 중동 및 아프리카(90만 실) 등으로 UNWTO나 STR의 통계와 달랐다.

그리고 미국의 유력 호텔체인 Wyndham Hotel Group의 2013년 연간보고서(Annual Report)를 보면 북미(59,000개소에 530만 실), 유럽(58,000개소에 440만 실), 아시아 · 태평양(25,000개소에 250만 실), 남미 및 중동(7,000개소에 90만 실) 등으로 전 세계에는 총 1,400만 개의 객실과 총 149,000개소의 호텔이 존재한다고 밝혔다. 그리고 세계 전체 객실의 80%는 20개국에 집중되어 있다고 했다.

이처럼 조사마다 다른 결과가 산출되는 것은 처음에 언급한 것처럼 서로 다른 주관적인 기준에서 조사가 이루어진 결과라고 할 수 있다. IHG는 2020년 연간보고서를 통해 전 세계에는 약 1천9백3십만 실의 호텔 객실이 있다고 밝혔다(〈그림 4-7〉). 이 자료는 STR의 자료를 기반으로 해서 발표된 것이었다. 2015년의 1천7백4십만 실에 비하면 약 11% 증가한 것이다. 그리고 〈그림 4-8〉에서 보는 바와 같이 객실요금 수준을 분류하는 STR Chain Scale 기준에 의하면 Upper Midscale 세분시장 객실이 23.8%로 가장 많은 객실을 공급하고 있다. 다음으로 Upscale 객실이 22.1%를 제공하고 있다. 이어서 Economy(19.2%), Upper Upscale(15.5%), Midscale(13.3%) 순이었으며, 객실요금이 가장 비싼 편인 Luxury 세분시장은 6.1%를 차지하고 있다.

그림 4-7 2020년 기준 전 세계 호텔산업의 객실 수

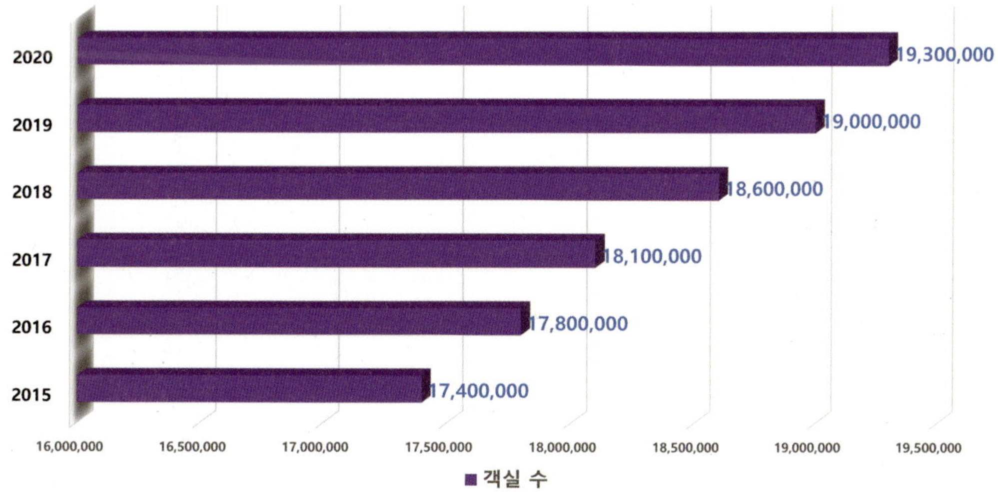

출처: STR & IHG, 2020

그림 4-8 2020년 기준 전 세계 호텔산업 STR Chain Scale별 객실 비율

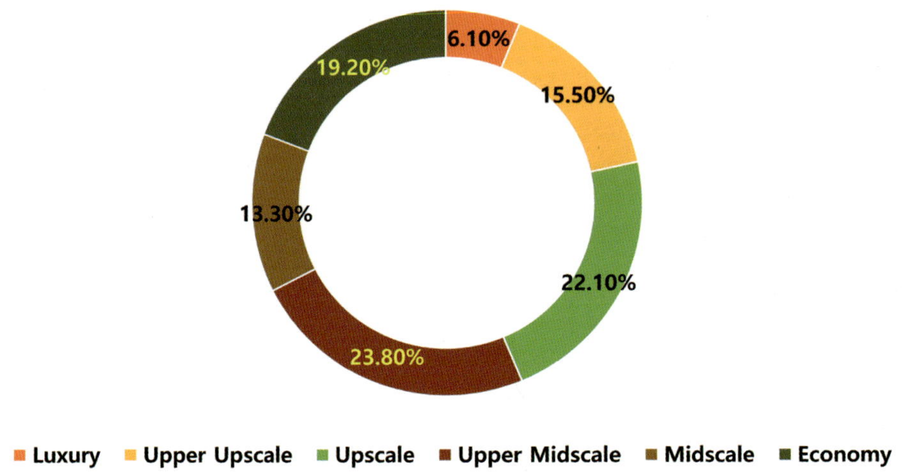

출처: STR & IHG, 2020

글로벌 호텔산업의 체인화

호텔체인(Hotel Chain)은 동일한 개인이나 조직에 의해 소유 또는 운영되는 2개 이상의 호텔집단을 말한다. 호텔은 여행자가 여러 지역을 방문하기 때문에 관광지 자체를 포함한 상품에 대한 정보의 비대칭성이 비교적 큰 편이다. 이로 인해 호텔은 숙박을 경험한 후에야 품질을 정확하게 알 수 있는 경험재적 특성이 있다. 따라서 소비자에게 인지도가 높은 호텔체인의 브랜드는 정보의 비대칭성으로 인해 소비자가 체감하는 상품에 대한 불확실성을 줄이는 효과가 크기 때문에 호텔체인은 이를 지렛대로 삼아서 시장지배력을 확대해 나갈 수 있다는 이점이 있다.

첫째, 호텔체인은 성공한 개념 즉 서비스를 여러 곳에서 다시 재현할 수 있으며, 결국은 세계 전역으로 확대할 수 있다. 이런 점 때문에 독립호텔과의 경쟁에서 우위를 차지할 수 있다. 둘째, 거대한 호텔체인은 내재된 규모의 경제 효과로 비용우위를 누릴 수 있다. 다수의 호텔을 운영하므로 각 단위 호텔에서 영업에 필요한 공통적인 물품을 대량으로 구매할 수 있는 이점을 살려 할인된 가격으로 매

입해서 각 호텔에 공급할 수 있다. 또 호텔체인은 중앙집중식 마케팅 및 인적자원 관리 등에서 창출되는 시너지를 통해 비용을 절약할 수 있다. 셋째, 호텔체인은 영업활동을 간소화 및 능률화하기 위해서 표준화된 상품이나 서비스를 판매하고 있다. 표준화는 인력, 자금, 정비, 성과 등의 자원을 관리하는 데 있어 공통으로 요구되는 영업 및 운영 절차로 확대될 수 있다. 넷째, 호텔체인의 강한 마케팅 역량은 넓은 시장에 존재하면서 얻은 가시성 증가에서 유래되고 있다. 높은 가시성으로 호텔체인은 TV, 라디오 및 신문과 같은 대중매체를 이용하고 다른 지역에서 성공적인 캠페인을 반복할 수 있다. 다섯째, 호텔체인은 고객과 체인 소속의 호텔에 부가적인 서비스를 제공할 수 있다. 부가 서비스에는 체인 소속 단위 호텔에 필요한 예약시스템, 충성도 프로그램, 고객관계관리(CRM) 등을 포함하여 개관 전 서비스, 건축 설계, 직원 교육, 서비스 인증 등의 높은 수준의 컨설팅 서비스까지도 제공하고 있다. 여섯째, 호텔체인의 규모가 클수록 성장을 위해 필요한 자금을 조달할 수 있는 더 많은 옵션을 보유할 수 있다. 거대한 호텔체인은 일반 은행, 상호저축은행, 보험회사, 연기금뿐만 아니라 자본시장에서 채권을 발행해서 자금을 조달할 수 있다. 이렇게 모은 자금으로 영업을 지원하거나 성장을 위한 자본투자에 이용할 수 있다. 마지막으로, 조직이 클수록 법적 요구사항이 많고 복잡하므로 거대한 호텔체인은 다양한 전문 분야에서 고급 인력을 고용한다. 전문 인력이 보유하고 있는 특화된 전문 지식은 호텔체인의 운영효율성 향상 욕구에 대한 더 나은 이해로 이어질 수 있으며, 결국에는 탁월한 관리역량이 개발될 수 있다.

규모가 큰 호텔체인은 단점도 있다. 첫째, 호텔체인 본사는 비용을 절감하고 효율을 향상하기 위해 체인 내에서 표준화된 방식으로 운영되는 것을 원하지만 가맹호텔이나 호텔소유주는 자신의 환경에 맞는 다양한 방식을 원하기 때문에 이들에게 체인의 표준화는 도리어 제약이 되고 있다. 예를 들면 체인 본사의 사전 허락 없이는 호텔소유주는 호텔이 소재하는 환경에 맞는 독립적인 마케팅이나 광고를 할 수 없다. 그리고 품질보증 프로그램을 시행하는 호텔체인들은 불시점검을 통해 체인이 정한 표준화 준수 여부를 살피고 있는데 상당수 가맹호텔에서 큰 위반이 거듭 반복되는 경우도 많다. 둘째, 재무적 제약이다. 많은 수의 호텔로 구성되고 표준화되었기 때문에 때로는 예기치 못한 비용이 초래될 수도 있다. 만약 평균 규모 300실의 호텔 300개로 구성된 호텔체인이 가시성 및 안전 향상을 이유로 객실 조명을 더 밝게 하는 것으로 결정했다. 그런데 조명 교체공사 비용이 객실당 10만 원이 소요된다면 1개 호텔은 3천만 원이 비용이 들고, 체인 전체로는 90억 원이 소요된다. 셋째, 많은 호텔소유주, 가맹점, 파트너 등과의 계약관계로 호텔체인의 영업은 매우 복잡하므로 때로 법적 문제가 생길 수 있다. 체인 내의 같은 이슈에 대한 의견의 차이는 결국에는 지방 법원에서 해결되고 있는 실정이다. 예를 들면 위에서 말했던 체인의 입장은 조명 교체공사를 장기적으로 안전을 향상하기 위한 고객 서비스로 여기지만 가맹호텔의 입장에서는 비용 증가로 판단하게 될 여지가 있다.

세계를 무대로 활발하게 영업활동을 수행하는 호텔체인에 대한 각종 통계자료가 제공되고 있다. 그러나 글로벌 호텔시장에서 호텔체인의 브랜드에 의해 운영되는 호텔의 점유율을 나타내는 지표인 시장점유율(Market Penetration)에 대한 세계적인 권위를 가진 단일한 통계자료는 존재하지 않고 있다. 〈표 4-1〉에서 보듯이 3개 조사기관이 발표한 자료를 살펴보면 단일국가로 세계 최대의 시장인 미국에서 호텔체인의 시장점유율이 거의 70%에 달한다. 그러나 미국 호텔산업에서 여러 브랜드를 가지고 영업하는 호텔체인들의 성장은 한계에 이른 것으로 추정되고 있다. 반면에 미국을 제외한 세계의 다른 시장들은 미국 시장에 비해 호텔체인의 시장점유율이 현저히 낮게 나타난다. 세계 다른 지역들이 과거 미국 시장의 경우처럼 호텔체인의 성장이 확대될 것인지는 지켜볼 일이지만, 현재까지의 결과를 보면 호텔체인의 규모가 시간이 흐를수록 더 커지면서 이들의 전 세계 시장점유율도 따라서 높아지고 있다. STR에 의하면 2011년 기준으로 전 세계에는 약 92,000개소의 독립호텔(Independent Hotel)이 존재하고 있으며, 그들의 객실 수는 약 670만 실에 달한다.

| 표 4-1 | 세계 지역별 호텔체인의 시장점유율

Mintel(2004)		Wyndham(2013)		STR(2011)	
미국	65%	북미	68%	미국	70%
동아시아	25%	아시아/태평양	46%		
중동	25% 이상	중동	45%	세계 전체 (미국 제외)	40%
남미	20% 이하	남미	45%		
유럽	25%	유럽	40%		

출처: Mintel, Wyndham & STR

〈표 4-2〉에서 보듯이 2019년 연말을 기준으로 했을 때 세계 최대의 호텔체인은 미국의 Marriott International로 7,163개소의 호텔에 총 1,348,532실을 운영하고 있다. 다음으로 중국의 Jin Jiang과 인도의 Oyo로 모두 백만 실이 넘는 객실을 운영하고 있다. 4위부터 9위까지 호텔체인들은 모두 50만 실이 넘는 객실을 운영하고 있다. 〈표 4-2〉를 보면 1999년에 세계 Top 25 호텔체인이 운영하는 총 객실의 수는 모두 3,775,710실이었으며 호텔 수는 30,284개소였다. 그러나 2019년이 되자 Top 25 호텔체인이 운영하는 객실은 10,610,044실로 2.81배 성장했으며, 호텔 수는 128,154개소로 4.23배 성장했다. Top 25 호텔체인들이 전 세계 시장의 50% 이상을 차지하고 있다. 2012년에는 Top 50 호텔체인이 전 세계 객실의 50% 정도를 점유하고 있었다. 그리고 2019년 Top 5 호텔체인은 모두 5,339,105실(74,796개소 호텔)을 운영하며 Top 25의 절반을 차지하고 있다. 또 Top 10 호텔체인은 8,452,392실(106,333개소 호텔)을 운영하고 있으며 Top 25의 85%를 점유하고 있다. 이처럼 호텔체인의 규모는 더욱 커지고 있다. 호텔 산업도 다른 산업처럼 Top 10 호텔체인이 전 세계 시장을 지배해 나가는 산업통합(Industry Consolidation)이 서서히 진행되고 있다. 한편 Top 25 호텔체인을 국적별로 살펴보면 미국 11개, 중국 7개, 영국 2개로 상위 3개국이 84%를 차지하고 있다. 미국 호텔체인들의 위력이 아직은 막강하지만 무서운 속도로 성장하고 있는 중국 호텔체인들의 성장 속도는 타의 추종을 불허하고 있다. 호텔체인들이 자력으로 성장하는 경우도 많았지만 현재와 같은 비약적인 성장이 이루어진 것은 주로 인수합병이란 수단을 이용했기에 가능했다.

| 표 4-2 | 1999년 vs 2019년 전 세계 25대 호텔체인

순위	1999년 12월 31일	객실수	호텔수	순위	2019년 12월 31일	객실수	호텔수
1	Cendant Corp.(USA)	542,630	6,315	1	Marriott International(USA)	1,348,532	7,163
2	Bass Hotels(UK)	471,680	2,886	2	Jin Jiang International(China)	1,081,230	10,020
3	Marriott Int'l(USA)	355,900	1,880	3	Oyo Rooms(India)	1,054,000	45,600
4	Accor(France)	354,652	3,234	4	Hilton Wordlwide(USA)	971,780	6,110
5	Choice Hotels Int.(USA)	338,254	4,248	5	IHG(UK)	883,563	5,903
6	Best Western Int.(USA)	313,247	4,037	6	Wyndham Hotels & R.(USA)	831,025	9,280
7	Hilton Hotel Corp.(USA)	290,000	1,700	7	AccorHotels(France)	739,537	5,036
8	Starwood Hotels(USA)	217,651	716	8	Choice Hotels Int'l(USA)	590,897	7,153
9	Carlson Hospitality(USA)	114,161	616	9	Huazhu Group(China)	536,876	5,618
10	Hyatt Hotels/Int.(USA)	85,743	195	10	BTG Hotels Group(China)	414,952	4,450
11	Wyndham Int.(USA)	73,215	303	11	Best Western(USA)	369,386	3,997
12	Sol Melia(Spain)	69,178	260	12	Dossen International(China)	254,774	3,062
13	Societe de Louvre(France)	65,970	990	13	GreenTree Hospitality(China)	246,216	3,178
14	Hilton Int.(UK)	61,889	217	14	Hyatt Hotels Corp.(USA)	223,111	913
15	Forte Hotel Group(UK)	58,636	449	15	Aimbridge Hospitality(USA)	179,136	1,266
16	Felcor Lodging(USA)	50,000	188	16	Qingdao Sunmel(China)	150,856	2,988
17	TUI Group(Germany)	42,379	172	17	G6 Hospitality(USA)	118,205	1,385
18	La Quinta Inns(USA)	39,250	302	18	New Century Hotels(China)	89,531	455
19	Extended Stay Am.(USA)	38,300	362	19	Melia Hotels Int'l(Spain)	82,011	325
20	Club Mediterranee(France)	36,510	127	20	Westmont Hospitality(USA)	81,411	728
21	Westmont Hosp.(USA)	34,769	296	21	Whitbread(UK)	78,900	814
22	U.S. Franchise Sys.(USA)	32,722	400	22	Minor International((Thailand)	78,215	530
23	MillenniumCopthorne(UK)	30,247	117	23	The Ascott Ltd.(Singapore)	69,200	487
24	Interstate Hotels(USA)	29,379	158	24	Extended Stay America(USA)	69,000	631
25	MeriStar Hotels(USA)	29,348	116	25	RLH Corporation(USA)	67,700	1,062

출처: Hotels, July 2000 & July/August 2020

<표 4-3>은 2019년 연말 기준으로 전 세계적으로 객실 수 기준으로 가장 규모가 큰 Top 25 호텔브랜드를 정리한 것이다. 세계에서 가장 규모가 큰 단일 브랜드는 IHG의 Holiday Inn Express이며, 자매 브랜드인 Holiday Inn까지 합하면 50만 실을 넘고 호텔 수는 4천 개소가 넘는다. 2위는 최근에 크게 성장한 Hampton Inn이다. 한편 Upscale 세분시장 이상의 고급호텔 브랜드로서 세계 최대의 브랜드는 미국의 Hilton(584개)이며, 이어서 Marriott(575개), Sheraton(447개), Doubletree(587개), Crowne Plaza(431개)의 순이다. 이 5개 브랜드를 제외하면 나머지 브랜드들은 모두 중간 가격대 또는 중저가호텔 브랜드이다. 상위 10개 브랜드 중에 7개는 미국 브랜드 또는 미국 태생의 브랜드이며, 3개는 중국 호텔체인이 보유하는 브랜드이다.

I 표 4-3 I 전 세계 Top 25 Big Brands

순위	브랜드	브랜드 소유 호텔체인	객실 수	호텔 수
1	Holiday Inn Express	IHG	299,234	2,875
2	Hampton Inn	Hilton Worldwide	266,933	2,544
3	Holiday Inn	IHG	239,894	1,284
4	HanTing Inn	Huazhu Group	224,626	2,372
5	Hilton Hotels & Resorts	Hilton Worldwide	216,379	584
6	HomeInns	BTG Hotels Group	215,056	2,133
7	Marriott Hotels	Marriott International	203.159	575
8	Courtyard by Marriott	Marriott International	184,629	1,241
9	Super 8	Wyndham Hotels & Resorts	177,955	2,925
10	GreenTree Inn	GreenTree Hospitality Group	171,414	1,813
11	Sheraton	Marriott International	156,563	447
12	ibis	AccorHotels	154,328	1,209
13	Best Western	Best Western	142,099	1,715
14	7 Days Inn	Jin Jiang International	142,009	1,938
15	Doubletree	Hilton Worldwide	135,745	587
16	Days Inn	Wyndham Hotels & Resorts	132,494	1,691
17	Vienna Hotel	Jin Jiang International	127,935	957
18	Hilton Garden Inn	Hilton Worldwide	126,086	862

순위	브랜드	브랜드 소유 호텔체인	객실 수	호텔 수
19	Jin Jiang Inn	Jin Jiang International	124,222	1,058
20	Ramada	Wyndham Hotels & Resorts	122,013	855
21	Crowne Plaza	IHG	120,582	431
22	Best Western Plus	Best Western	108,928	1,225
23	Mercure	AccorHotels	105,694	812
24	Residence Inn	Marriott International	105,065	850
25	JI Hotel	Huazhu Group	104,521	831

출처: Hotels, July/Augist 2020

그리고 많은 호텔체인이 자국 영토를 벗어나 세계 각지로 진출을 확대하고 있다. 호텔체인의 세계화 지수를 평가하는 방법은 얼마나 많은 국가에 진출했는가를 측정하는 것이다. 전 세계 호텔체인 중에서 세계화 정도가 가장 높은 체인은 세계 최대의 호텔체인 Marriott International로 모두 134개국에 진출해서 활발하게 영업활동을 벌이고 있다. 다음으로 중국의 Jin Jiang과 Hilton이 120여 국가에서 활동하고 있다. 그리고 AccorHotels, Best Western, IHG 등은 모두 100개국 이상에 진출해 있다.

| 표 4-4 | Top 10 다국적 호텔체인(2019년 연말 기준)

순위	체인명	진출국 수
1	Marriott International	134
2	Jin Jiang International Holdings Company	120
3	Hilton Worldwide Holdings	119
4	AccorHotels	110
5	Best Western	101
6	IHG	100
7	Small Luxury Hotels of the World	90
8	Wyndham Hotels & Resorts	90
9	Preferrred Hotels & Resorts	85
10	Hotusa Hotels	84

출처: Hotels, July/Augist 2020

Top 5 호텔체인

Marriott International, Hilton Worldwide, IHG, Wyndham Hotels & Resorts, AccorHotels로 구성된 Top 5 호텔체인은 선진국 최대의 호텔체인들로서 중국의 호텔체인들이 무섭게 성장하기 전까지 오랫동안 전 세계 호텔산업에서 주도권을 유지하고 있었다. IHG가 2020년 연간보고서를 통해 밝힌 자료를 보면 Top 5 호텔체인은 전 세계 호텔산업에서 24.7%의 시장점유율을 차지하고 있다. 즉 전 세계에 존재하는 호텔 객실 4개 중의 1개는 Top 5 호텔체인들이 공급하고 있다(〈그림 4-9〉).

그림 4-9 2020년 기준 Top 5 호텔체인의 시장점유율

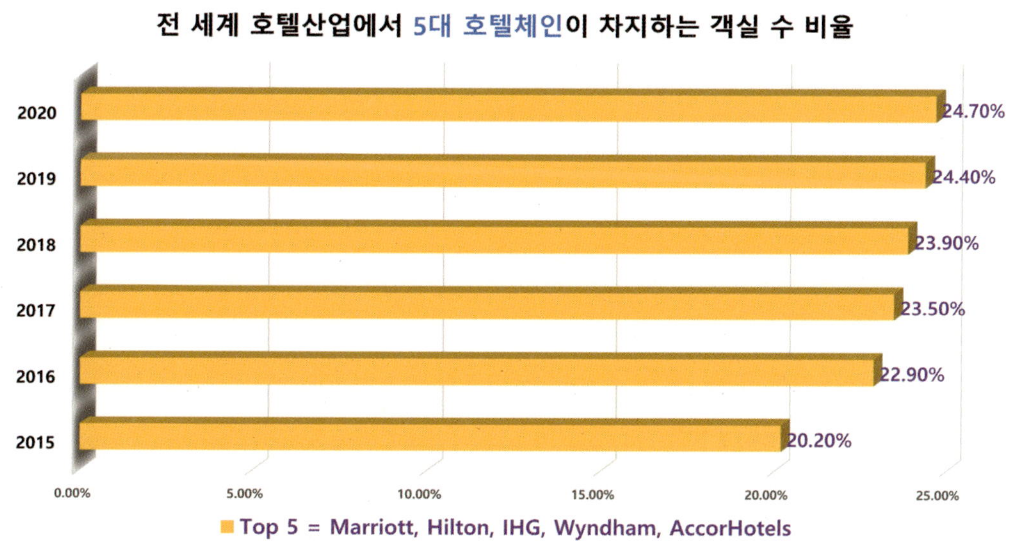

출처: STR & IHG, 2020

그리고 2019년 3월에 세계 최대의 호텔체인 Marriott International이 발표한 보고서를 보면 현재 영업 중인 객실과 **현재 건축공사 중이거나 계약체결을 마친 객실(=PIPILINE)**을 모두 합하면 전 세계에는 2,000만 실에 달하는 호텔 객실이 존재하고 있다. 이 중에서 〈그림 4-10〉에서 볼 수 있듯이 Marriott International은 약 8%의 시장점유율을 점유하고 있으며, 2위 Hilton Worldwide는 약 6%를 차지하고 있다. 이 수치를 보면 호텔산업에서 산업통합이 진행되고 있지만 아직은 요원한 것으로 여겨질 수 있다. 그러나 **진입장벽**이 낮은 호텔산업의 특성상 다른 산업처럼 Top 3~5 기업이 차지하는 시장점유율이 전체의 50%를 넘는 경우 독과점을 따지는 것은 이치에 맞지 않는 것이라고 할 수 있다.

그림 4-10 2019년 기준 Top 5 호텔체인의 전 세계 및 북미 시장점유율

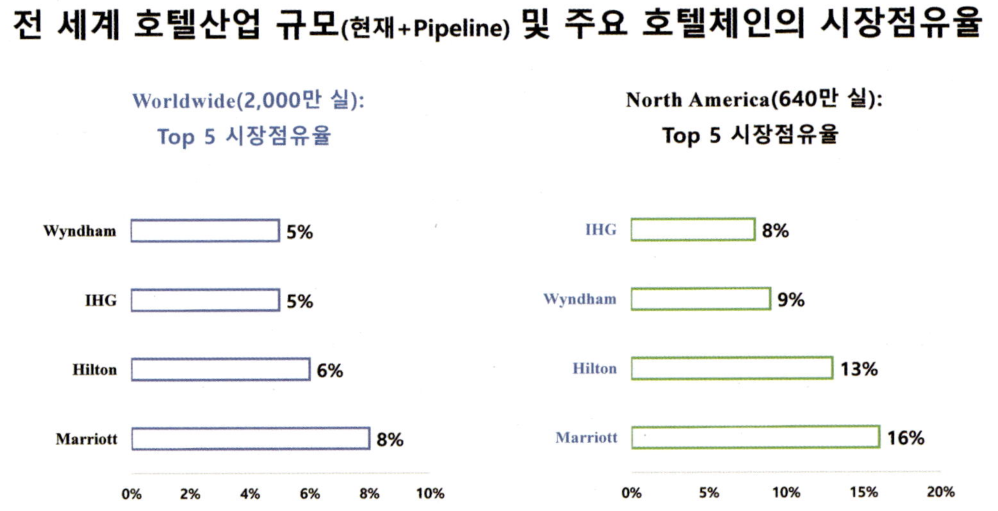

출처: STR & Marriott International, 2019

북미 시장은 체인화가 가장 많이 진행된 지역이다. 북미 시장에는 640만 실이 영업 중이거나 공급될 예정(=PIPELINE)인데 Marriott International이 16%, 그리고 Hilton Worldwide가 13%를 차지하고 있다. 그리고 〈그림 4-11〉에서 보듯이 유럽 시장에는 530만 실이 공급되었거나 공급될 예정인데 프랑스의

AccorHotels가 7%의 시장점유율을 차지하면서 압도적인 우세를 보이는데, 이는 2위 그룹에 비하면 2배 이상 높은 점유율이다. 또 아시아 · 태평양 지역에서는 570만 실이 공급되었거나 공급될 예정인데 Marriott International이 6% 그리고 AccorHotels가 5%의 시장점유율을 차지하고 있다. 또 〈그림 4-12〉에서 볼 수 있듯이 중동 및 아프리카 시장에는 130만 실이 이미 공급되거나 공급될 예정인데 AccorHotels와 Marriott International이 똑같이 시장점유율 8%를 기록하고 있다. 그리고 남미 및 카리브해 지역에서는 AccorHotels가 6%, Mariott International이 5%를 점유하고 있다.

그림 4-11 2019년 기준 Top 5 호텔체인의 유럽 및 아시아 · 태평양 시장점유율

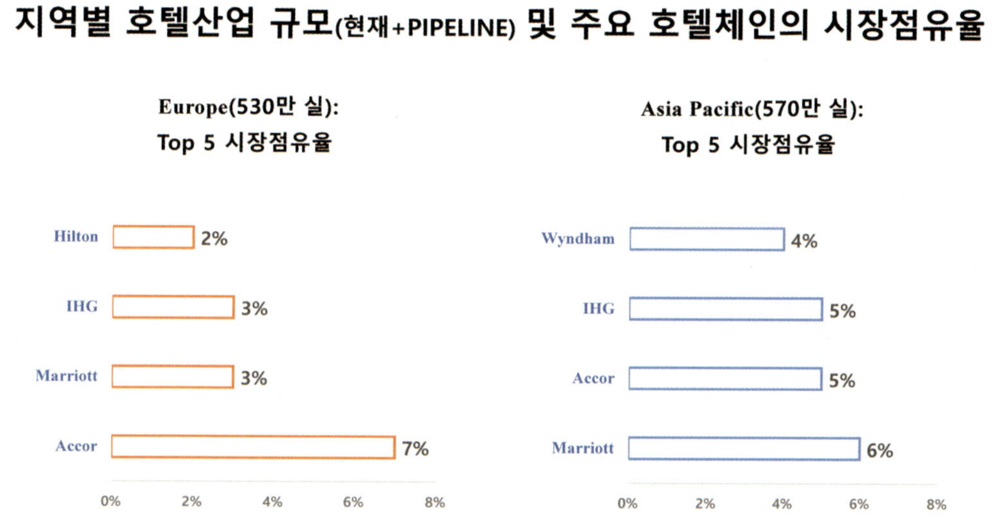

출처: STR & Marriott International, 2019

그림 4-12 2019년 기준 Top 5 호텔체인의 중동/아프리카 및 남미/카리브해 시장점유율

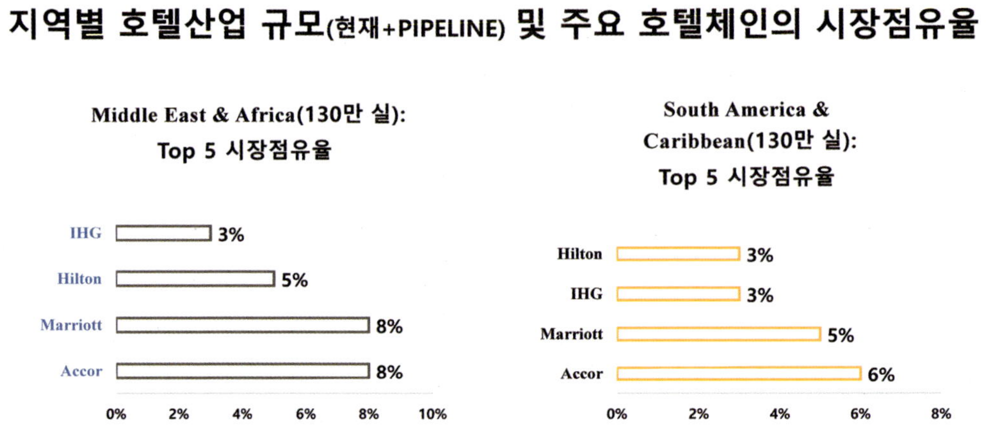

출처: STR & Marriott International, 2019

이번에는 유럽과 아시아태평양 지역에 있는 국가별로 체인화가 진행된 수준을 살펴보겠다. Horwath HTL이 2019년에 발표한 보고서를 보면 유럽 22개국에는 약 147,000개소의 호텔들이 존재하며 이 중에서 18,600개소는 호텔체인이 보유하는 브랜드로 영업하고 있다. 그리고 유럽의 총 객실 수는 6백만 실이며 이 중에 230만 실이 체인화되었다. 유럽은 전통적으로 가족이 생계를 유지하기 위해 운영하는 소규모 호텔들이 많아서 북미 등에 비해 체인화가 늦은 편이다. 〈표 4-5〉를 보면 객실 수 기준으로 체인화가 가장 높은 수준으로 진행된 국가는 네덜란드로 59%이다. 그리고 비교적 체인화가 높은 50% 이상의 국가에는 크로아티아, 노르웨이, 스페인, 스웨덴, 덴마크 등이 있다. 바로 밑으로 프랑스가 49%, 그리고 영국이 48%를 기록했다. 브랜드가 많은 국가는 스페인, 이탈리아, 독일, 그리스 등으로 200개 이상의 호텔브랜드가 존재하고 있다. 그리고 호텔체인에 속한 호텔의 규모가 비교적 큰 것으로 나타나고 있다.

| 표 4-5 | 유럽 22개국의 체인호텔 호텔 수 및 객실 수 점유율(2018년 기준)

국가	총 호텔수	총 객실수	체인 호텔수	체인 점유율 (%)	체인 객실수	체인 점유율 (%)	국내 브랜드	외국 브랜드	총 브랜드
알바니아	622	12,400	12	2	736	6	2	2	4
크로아티아	724	58,437	186	26	33,939	58	22	21	43
사이프러스	236	56,245	51	22	9,701	17	2	5	7
덴마크	570	47,500	133	23	23,377	50	4	19	23
프랑스	18,079	652,698	3,885	21	320,060	49	50	70	120
독일	20,029	827,861	2,217	11	317,325	38	89	131	220
그리스	9,874	425,993	730	7	100,021	24	164	47	211
헝가리	1,049	61,213	159	15	22,093	36	10	41	51
아일랜드	834	60,222	185	22	24,927	41	7	21	28
이탈리아	32,988	1,086,910	1,584	5	171,845	15	143	97	240
몬테니그로	327	16,576	25	8	4,113	25	2	11	13
네덜란드	3,503	129,479	663	19	76,133	59	39	68	107
노르웨이	1,100	88,200	299	27	49,335	56	6	13	19
폴란드	2,592	136,080	366	14	50,484	37	26	43	69
포르투갈	1,309	98,960	336	26	43,069	44	19	26	45
세르비아	372	18,409	22	6	3,520	19	1	12	13
슬로베니아	327	19,519	78	24	8,590	44	7	12	19
스페인	7,401	695,949	2,488	34	392,301	56	188	65	253
스웨덴	2,045	124,000	429	21	63,388	51	9	22	31
스위스	4,261	129,174	312	7	33,775	26	10	63	73
터키	4,910	487,027	942	19	177,785	37	44	16	60
영국	33,464	797,998	3,610	11	384,223	48	70	80	150

출처: Horwath HTL, European Hotels & Chains Report 2019

Horwath HTL은 2018년에 아시아 · 태평양 11개국의 체인화 정도를 나타낸 보고서를 발표했다. 아시아 지역은 최근 들어 체인화가 가장 빠르게 진행되는 곳이다. 〈표 4-6〉을 보면 객실 수 기준으로 체인화가 가장 높은 수준으로 진행된 국가는 싱가포르로 무려 88%에 이른다. 그리고 뉴질랜드가 78%, 홍콩은 67%이다.

이들은 약 70%로 체인화가 가장 많이 진행된 미국 시장과 비슷하거나 더 많이 진행되었다. 브랜드가 특히 많은 국가는 인도네시아, 태국, 일본이었는데 이들은 다른 국가와 달리 자국 호텔브랜드의 비중이 높은 편이다. 아시아 · 태평양 지역에서도 호텔체인에 속한 호텔들의 평균 규모가 큰 것으로 나타났다.

| 표 4-6 | 아시아 · 태평양 11개국의 체인호텔 호텔 수 및 객실 수 점유율(2017년 기준)

국가	총 호텔수	총 객실수	체인 호텔수	체인 점유율 (%)	체인 객실수	체인 점유율 (%)	국내 브랜드	외국 브랜드	총 브랜드
호주	12,366	291,497	1,732	14	154,651	53	65	61	126
홍콩	1,727	87,306	186	11	58,670	67	34	44	78
인도	-	-	1,251	34	133,357	54	84	77	161
인도네시아	18,829	527,176	1,223	7	175,659	33	197	88	285
일본	49,230	1,388,076	2,624	5	468,376	34	136	46	182
말레이시아	4,961	321,972	508	10	95,831	29	75	63	138
뉴질랜드	540	32,000	260	48	25,000	78	10	40	50
필리핀	1,690	87,039	283	17	39,993	46	39	31	70
싱가포르	413	63,620	227	55	56,092	88	28	62	90
태국	15,469	650,643	1,023	7	156,579	24	144	93	237
베트남	21,000	420,000	356	2	50,686	12	52	42	94

출처: Horwath HTL, Asia Pacific Hotels & Chains Report 2018

CARLTON
INTERCONTINENTAL

Globalization

Hotel Chain Management

Chapter 05

호텔산업의 발전과 그랜드호텔

Chapter

05 호텔산업의 발전과 그랜드호텔

1900년 이전

호텔의 등장

- 철도여행
- Inn & Tavern
- 철도호텔
- Tremont House
- 그랜드호텔
- Cesar Ritz

1900~1945년

호텔체인의 태동기

- 자동차여행
- 과학의 관리 및 대량생산
- 그랜드호텔: 성장 & 몰락
- 상용호텔
- 독립호텔
- 소유 및 직영 호텔체인
- 표준화
- E. M. Statler

1946~1999년

호텔체인의 성장기

- 항공여행
- 대중관광
- 호텔체인 국제화
- 위탁경영 & 프랜차이즈
- 브랜드 포트폴리오
- 인수합병
- Technology
- Kemmons Wilson

2000년~현재

호텔체인의 고도화

- 세계화(Globalization)
- 부티크 & 라이프스타일
- 모바일 혁명
- OTAs & Airbnb
- Asset-light Strategy
- 개발도상국 시장
- 인수합병
- 메가 호텔체인

I ▸▸ 숙박시설의 진화과정

집을 떠나 낯선 곳을 여행하는 사람들에게 호의를 베푸는 호스피탈리티(환대) 정신은 동양과 서양 모두에서 볼 수 있는 우리 인류의 오래된 자랑스러운 전통이다. 인류 최초의 숙박시설은 이렇게 낯선 지역을 방문한 사람에게 자신의 집 일부를 내어주고 후하게 대접한 것에서부터 유래되었다.

인류 최초의 숙박시설은 기원전 약 3500년부터 발원한 메소포타미아문명 시대에서 기원한다. 티그리스강과 유프라테스강 사이의 비옥한 토지에서 정착했었던 수메르인(Sumerians)들은 농업에 기반을 둔 도시문명이었다. 그들은 수로를 파고 강물을 끌어들여 경작지에 물을 공급하는 뛰어난 농사기술로 많은 농작물을 수확하게 되었다. 시간이 흐르면서 사람들이 모여 살게 되면서 흙벽돌로 만든 집들이 마을에 지어졌으며 점차 확장되면서 끝내는 도시로 발전하게 되었다. 수메르인들이 잉여 농작물을 이집트 등지에 내다 팔게 되면서 상거래가 시작되었다. 그런데 당시에는 도로가 형편없었고 교통수단 역시 여의치 않았기 때문에 상거래를 위해 거리가 먼 다른 지방을 방문하는 경우에는 결국 타지에서 밤을 지새워야만 했다. 따라서 수메르인들도 지역을 방문하는 타지 상인들에게 잠을 청하고 머무를 수 있는 시설을 제공해야 했는데, 이렇게 낯선 여행자에게 휴식 공간을 제공했었던 한 수메르 민간인의 흙벽돌 집이 인류 최초의 숙박시설이 된 것이다. 그 후 여행자들을 위해 본격적으로 상행위를 수행하는 숙박시설이 나타나게 되었다.

기원전 3200년경부터 존재했었던 이집트문명은 광활한 지역을 지배했다. 당시 많은 이집트인들은 피라미드 구경과 같은 유람을 위해, 상인들이 물자를 교환하는 교역을 위해, 정부관리들이 지방으로 공무를 나서기 위해, 또는 종교적 행사에 참가하는 등 다양한 목적으로 여행활동이 성행했다. 이렇게 이동하는 사람들이 많아지고 여행하는 인구의 저변이 확대되면서 자연스럽게 주요 도로변의 곳곳에 숙박시설이 만들어졌다.

기원전 1100년경부터 기원전 146년까지 존재했던 서양문화의 원류인 고대 그리스 시대에는 제우스를 비롯한 여러 신을 경배하는 종교적 활동으로 인한 여행이 성행했다. 그리고 고대 올림피아에서 경기가 열릴 때마다 도처에서 많은 참가선수와 여행객이 몰려들면서 이들이 머물 수 있는 숙박시설도 늘게 되었다. 한편 아테네와 스파르타 등 여러 도시국가 간에 교역이 증가하면서 이들을 잇는 도로들이 건설되었으며, 이에 따라 여행도 성행하게 되면서 주요 도로를 중심으로 해서 많은 숙박시설들이 생겨났다. 기원전 410년경에 유명한 역사가인 투키디데스(Thucydudes)가 저술한 역사서인 '펠로폰네소스 전쟁사'를 보면 고대 그리스 당시의 숙박시설인 카타고제이온(Katagogion)에 대한 기록과 흔적이 남아 있다.

고대 로마는 기원전 8세기경부터 이탈리아를 중심으로 지중해 전체를 아우르는 거대한 제국을 이룩했다. 일찍부터 서양사회에서는 Inn 또는 Tavern을 인류 최초의 숙박시설로 여기고 있는데, 이와 같은 명칭이 사용되기 시작한 시기가 바로 고대 로마 시대부터이다. 고대 서양사회의 여행역사는 로마 시대가 정점이었다. 당시 로마제국은 정치 · 경제 · 사회 · 문화 등 모든 분야에서 세계의 중심 역할을 함으로써 로마를 중심으로 하는 교역 및 여행 활동이 더욱 활발히 이루어졌다. 따라서 '모든 길은 로마로 통한다'라는 말과 같이 로마제국의 전성시대에는 주요 도로를 따라 수많은 숙박시설이 들어서면서 제국 전체로 확대되었다. 이때부터 이 숙박시설의 명칭을 Inn 또는 Tavern으로 부르기 시작했다.

숙박산업의 발전은 도시 및 국가의 경제성장과 교통수단의 발전과 깊은 관계를 맺고 있다. 로마제국은 경제성장을 위한 활발한 교역활동을 지원하는 한편 강력한 군사력을 유지하기 위해 드넓은 도로망을 건설했다. 전략적으로 중요한 곳에 주둔하는 군사기지들을 서로 쉽게 연계하고 또 수도 로마와 연결하기 위해서 출입이 용이하고 군수지원이 수월한 도로가 절실히 필요했다. 로마제국의 전성기에는 로마군단의 군수물자를 지원하기 위한 중요한 운반로로 유럽 및 지중해 전역에 총 25만 마일에 달하는 도로가 건설되었다. 이 중에서 약 5만 마일은 오늘날의 고속도로처럼 보다 신속하고 안전하게 이동할 수 있도록 납작한 큰 돌로 도로의 바닥을 만들었다. 그리고 중앙정부의 문서전달 등을 담당하는 관리가 하루 동안에 이동이 가능한 거리인 30마일마다 1개소씩 관사 겸 숙소를 건설했다. 그리고 주요 도시마다 일정 규모의 Inn이나 Tavern들이 정부에 의해 운영되었다. 이처럼 로마군대가 보호하는 안전하고 편리한 도로가 만들어지자 수많은 로마인이 도로를 따라 여행을 나서게 되었으며 자연히 도로변에 존재하는 정부의 관사 주변에 민간인에 의해 운영되는 Inn 또는 Tavern들이 점차 생기기 시작했다.

집을 떠나 도로를 따라서 여행을 했던 일반 여행자, 상인, 종교인들은 저녁이 되면 도로변에 있는 Inn이나 Tavern에서 휴식을 취했으며 여기서 잠을 청하고 식사를 했는데, 여행자의 말을 위한 마구간도 구비되어 있었다. 특히 마을에 건립된 Inn이나 Tavern은 주민들이 여러 목적을 위해 집회를 하는 중심 장소의 역할도 담당했다. 이때부터 대다수 서양사회에서는 Inn이나 Tavern을 여행 중에 잠자리와 식사를 위해 머무는 상업적인 장소로 여기게 되었으며 두 숙박시설은 같은 기능 및 의미를 공유하는 장소로서 명칭도 상호 교차적으로 사용되기 시작했다.

고대 로마의 도로변에 위치하는 Inn이나 Tavern은 주로 일반 시민들이 이용했다. 그러나 이들은 시설이 변변치 않고 더러웠으며 주인들은 주로 하층계급으로 손님에게 매우 불친절했다. 그러나 로마 귀족, 부유층, 고위 정부관리, 군인들은 일반적인 숙박시설과 달리 깨끗하고 화려한 곳을 이용했다. 특히 고대 로마의 귀족이나 부유층은 도로를 따라 여행을 할 때 자신이 소유한 고급 숙박시설을 이용했다. 그리고 로마인들은 하루 일과가 끝나면 건강 및 청결의 목적으로 공중목욕탕을 애용했는데 이 공중목욕탕이 오늘날 리조트(Resort)의 기원이 되었다. 또한 로마 상류층 인사들은 나폴리나 소렌토처럼 경관이 뛰어난 장소의 해변, 산록, 온천지역 등지에 휴양을 위한 빌라(Villa)를 지어서 화려한 생활을 즐겼다.

고대 로마시대의 생활상과 호스피탈리티 상업시설에 대한 기록은 현존하는 폼페이(Pompeii) 유적을 보면 생생하게 목격할 수 있다. 이탈리아 남부 폼페이 유적을 보면 Hospitium, Stabula, Taberna, Popina 등과 같은 숙박 또는 식당 시설들이 당시에 많이 존재했었던 사실을 알 수 있다. 폼페이에 존재하는 상업적 시설들은 잘 조직화되어 있다. 로마인들은 휴식과 문화 활동을 동시에 하기 위해 극장, 원형경기장, 목욕탕 등을 함께 건설했다. 그리고 폼페이의 주요 대문이나 원형경기장 주변의 거리에는 손님을 맞기 위한 많은 숙박시설과 식당들이 존재하고 있다. 폼페이에는 많은 Inn, Tavern, 식당, 바(술집)들이 주로 큰 도로를 중심으로 두 블록 이내에 밀집해서 존재하고 있는데, 이는 오늘날 도시의 유흥가 지역과 유사하다.

서기 476년에 게르만 민족의 대이동과 침략으로 찬란했던 로마제국이 붕괴되면서 암흑시대로 불리는 봉건시대가 역사의 전면에 등장했다. 강력했던 중앙정부가 사라지자 치안이 극도로 혼란해지면서 도로는 급속한 황폐화가 진행되었으며 일부 순례목적의 여행자를 제외하고는 일반 사람들의 여행은 종적을 감추게 되었다. 상황이 이렇게 변하자 도시 지역의 일부 Inn이나 Tavern을 제외하고는 대다수 숙박시설이 사라지고 말았다. 그런데 이 시대에는 로마교회가 휘하의 수도원(Abbeys 또는 Monasteries)을 통해서 여행을 나선 순례자와 가난한 여행자들에게 종전의 Inn이나 Tavern을 대신해서 숙소와 식사를 제공하도록 했다. 그러나 같은 수도원에서도 일반 시민들과 중산층은 동급의 숙소에서 밤을 지새웠으나 부유층은 더 화려한 시설에서 융숭한 대접을 받았다.

길었던 암흑시대를 벗어나 1350년대가 되자 도로망의 안전이 조금씩 개선되면서 교역 및 여행 활동이 증가하게 되었다. 이윽고 르네상스 시대가 도래하자 유럽에서 도시 간에 교역이 크게 성행하면서 경제상황이 한층 나아지게 되었다. 도시가 발전해서 인구가 늘고 중산층이 등장하면서 여행이 증가하게 되었다. 이때의 기록에 의하면 13세기 이탈리아의 중세도시 피렌체에서 Inn의 주인들은 길드(Guild)라는 단체를 만들어 Inn을 운영했다. 길드 회원들은 도시의 입구에서 방문자들을 인터뷰한 후 숙박시설을 배정했다. 대다수 길드 회원들은 Inn을 소유한 시정부로부터 시설을 3년씩 임차해서 운영했다.

중세시대에도 로마교회의 수도원은 지속해서 여행자에게 식사와 잠자리를 제공했다. 그런데 당시 중산층 인구의 증가로 인해 여행이 크게 늘게 되었지만 수도원은 이들까지 수용할 수 있는 여력이 없었다. 따라서 중산층들이 수도원에서 숙소를 찾는 것이 어려워지게 되자 그동안 자취를 감추었던 Inn과 Tavern들이 이들에게 숙박시설을 제공하기 위해 다시 등장하게 되었다. 당시 Inn들은 대부분 영세한 규모였으며 객실규모가 30실 이상을 넘으면 큰 숙박시설로 여겨졌다. 한편 이 시대에는 도로조건이 좋지 않고 안전하지 못해서 여성들의 여행을 금기시했다. 따라서 당시 Inn에서는 여성에게 객실이 판매되지 않았는데 이런 관습은 19세기 말엽까지 지속되었다. 그리고 당시 Inn의 각 객실에는 보통 5~6명의 여행객이 함께 이용하는 침대가 한 개 또는 다수가 구비되었으며 여행자들은 옷을 입은 채로 다른 사람들과 침대를 공유해야만 했다.

근세(1500~1800년) 영국의 숙박산업

근세에 영국에서도 수도원에서 숙소가 무료였으므로 여행자들은 Inn이나 Tavern보다는 수도원을 선호했다. 따라서 숙박업소의 주인들은 이것을 불공정한 경쟁으로 간주했다. 그런데 때마침 종교개혁으로 사람들은 과거 교회의 잘못된 많은 관습을 역겹게 여기게 되었다. 그러던 중 16세기 중엽에 영국 국회는 수백여 곳에 달하는 수도원의 문을 모두 전격적으로 폐쇄하는 법을 통과시켜 버렸다. 영국 국왕 헨리 8세는 수도원들의 문을 닫게 하는 한편 이들이 소유했던 토지를 통일왕국을 건설하는 데 공헌한 공신들에게 분배해 버렸다. 그러나 이 사건으로 뜻하지 않았던 결과가 만들어지게 되었는데, 이제 더 이상 여행자들은 수도원에서 무료로 잠을 청할 수 없게 되어버렸다. 이로 인해서 Inn의 수는 극적으로 증가하게 되었으며 영국의 숙박사업은 발전하게 되었다.

16세기경부터 영국과 유럽 전역을 여행하는 사람들은 마차를 타고 여행을 했다. 따라서 마차가 다니는 주요 마을과 길목에 숙박시설이 건립되었는데 이것이 바로 Coaching Inn이다. 1600년경에 영국 전역에는 약 600여 개소에 달하는 Coaching Inn들이 존재하고 있었다. 대다수 Coaching Inn은 규모가 작았으며 대부분 기본적인 수준의 숙소 및 식사를 제공했다. 그리고 여행자가 타는 말과 교대를 위한 말을 위해서 마구간과 사료도 구비되어 있었다. Coaching Inn의 전성기는 산업혁명으로 철도가 등장하기 이전까지 약 200년간 이어졌다.

17세기 초가 되자 최초의 역마차(Stage Coach) 노선이 영국의 Edinburgh와 Leith 사이에 개통됐다. 이어진 정기적인 역마차 노선의 개설은 여행수요의 진작에 크게 공헌했다. 당시 역마차는 런던과 리버풀 사이 약 330km를 1757년에는 3일에, 1781년에는 2일에, 1784년에는 30시간에 주파했다. 이렇게 개선된 도로와 편리한 교통수단이 등장하고 또 여행시간이 짧아지자 주요 역마차 노선을 따라 마차로 여행을 하는 사람들을 위해 더욱 많은 Coaching Inn들이 건립되었다.

당시에 전형적인 Coaching Inn의 구조는 안쪽에는 객실이 있으며 건물 정면에는 거실과 주방이 존재하고 있었으며 뒤쪽에는 마구간이 있었다. 손님은 보통 두 부류로 구분됐는데, 자신 소유의 마차로 여행하는 부자 손님은 안락한 객실을 이용했지만 일반 마차로 여행하는 대다수 손님은 다른 사람들과 공유하는 객실을 이용해야만 했다. 그러나 객실을 공유하는 관습은 시간이 흐르면서 차츰 사라졌다. 또한 부자들은 객실에서 주문한 식사를 했으나 대다수 손님은 선택의 여지가 없이 정해진 메뉴를 정해진 시간에 해야 했다. 한편 당시 여행자는 대부분 남성이었으며 상류층 일부를 제외하고 대다수 중산층 여성이 여행에 나서는 것을 금기시했는데 치안이 안전하지 않은 이유도 큰 역할을 했다. 한편 Coaching Inn이 성행하게 되자 이들의 비도덕적인 상행위를 규제하는 법도 만들어졌는데, 이는 Coaching Inn 주인들이 요금을 이중으로 물게 하는 등 손님들에게 여러 가지 횡포를 부리게 되자 이를 규제하기 위해서였다. 당시에 객실 이용요금은 사전에 정해져 있지 않았으며 여행자는 가격 흥정에서 영향력이 별로 없었다. 18세기부터 Coaching Inn들은 상류층의 관심을 끌기 시작하면서 건물의 규모가 한층 커지게 되었는데, 상류층 손님들이 소비하는 식사 및 음료 매출은 업주에게 중요한 관심사가 됐다.

한편 귀족들과 부호들은 온천욕이 건강에 이롭다는 사실을 인지하게 되면서 온천여행이 성행하게 되었는데, 영국의 유명 온천지인 바스(Bath)에는 1715년 기록에 의하면 약 8천여 명이 방문했었다. 초기에 온천을 여행하는 귀족들은 온천 주변의 저택을 임차하고 하인들을 대동했다. 후일 이런 수요에 부응하기 위해서 온천지역에 고급 숙박시설이 건립되었다.

17세기부터 영국 사회에서는 상류층 청년들을 대상으로 교육과정의 최종 코스로서 장래에 지도자가 갖춰야 할 식견과 견문을 향상하기 위한 목적으로 **그랜드 투어(Grand Tour)**가 성행했다. 그랜드 투어는 인문 및 예술에 대한 소양이 부족했던 영국의 상류층 자녀에게 몇 개월 또는 몇 년에 걸쳐서 서양문화의 원류를 찾고 과거 유럽대륙 문화강국들의 여러 면모를 배우기 위한 목적의 여행이었다. 주로 마차를 타고 이동하는 그랜드 투어의 주요 여행경로는 그리스, 로마, 르네상스를 꽃피운 베네치아 · 피렌체, 세련된 문화의 도시인 파리와 베르사유 궁전, 독일의 라인강 유역, 스위스의 산록 등을 돌아보는 것이었는데, 로마와 파리가 가장 인기가 많았다. 상류층 자제들은 그랜드 투어 중에 대동했던 가정교사에게 자세한 교육을 받았으며 여러 지역을 탐방하면서 견문을 넓히게 되었다. 영국에서 처음 비롯된 그랜드 투어는 시간이 흐르면서 전 유럽 국가에서 행해지는 관습이 되었다.

그랜드 투어가 성행할 당시 유럽 상류층 자제들의 마차가 통행하던 대륙의 주요 도로변에는 수많은 Inn(=Coaching Inn)이나 Tavern들이 존재하고 있었다. 그러나 시골 등 변두리 지역의 숙박시설은 형편이 없었다. 이에 따라 상류층 여행자들의 숙박 욕구에 부응하기 위해서 유럽의 일부 성곽들은 그랜드 투어 여행객을 위한 고급 숙소로 개조되기도 했다. 그러나 18세기 중반 이후부터 발발하기 시작한 산업혁명의 영향으로 마차 대신 철도가 주요 교통수단으로 등장하면서 여행을 하는 것이 용이해지고 보편화되면서 특권적 성격의 그랜드 투어는 서서히 역사의 뒷전으로 사라졌다.

근세(1500~1800년) 미국의 숙박산업

영국에서 식민지 미국으로 건너온 이주민들은 1607년부터 버지니아주 제임스타운(Jamestown)에서 최초로 정착하기 시작했다. 미국 최초의 숙박시설도 제임스타운에 있었던 것으로 여겨지고 있다. 공식적인 기록으로 미국 최초의 숙박시설은 1634년 보스턴에서 Samuel Coles에 의해 건립된 Coles Ordinary이며 약 125년 동안이나 영업을 했다. 식민지 미국의 숙박업은 영국의 Coaching Inn을 복제한 Colonial Inn과 Tavern이 주로 항구 주변에 건립되었다. 식민지 초기에 미국 사회에서는 Inn, Tavern, Ordinary라고 하는 세 가지 명칭의 숙박시설이 함께 통용되고 있었다. Inn은 주로 펜실베이니아주 지역에 있는 숙박시설의 명칭으로 흔히 사용되었다. 둘째, Tavern은 주로 뉴잉글랜드와 뉴욕주 지역에서 자주 이용되었다. 셋째, Ordinary는 주로 남부지방에서 숙박시설을 부르는 명칭으로 사용했다. 이들은 대부분 가정집을 개조해서 만든 숙박시설이었다. Inn이나 Tavern의 객실 수준은 열악한 편이었다. 손님이 객실 사용을 독점할 수 없었기 때문에 Inn이 붐비는 시간에는 낯선 사람들과 침대를 공유해야만 했다. 이런 연유로 부유층은 여행할 때 쓸 만한 가정집을 알아봐서 이용했다.

식민지 시대에 마을에 세워진 Inn이나 Tavern의 주인들은 대부분 지역사회에서 존경받는 지위에 있는 사람이었다. 이 시기에 Inn/Tavern은 개척자들로 구성된 공동체 사회에서 중심적인 역할을 수행했으며 많은 정치 · 경제 · 사회 및 종교적 집회와 행사가 대부분 Inn/Tavern에서 행해졌다. 식민지 시대에 Inn/Tavern의 주요 기능은 잠자리와 식사뿐만 아니라 유흥과 사회적 교류를 위한 공간이었다. 또 우편물이 배달되고 신문의 내용이 대중에게 알려지기도 했으며, 이 외에도 시장의 역할, 집회 장소의 역할, 법원의 역할, 교회의 역할 등 매우 복합적인 기능을 담당했다. Inn/Tavern은 주요 도로의 주변마다 위치했으며, 상거래를 용이하게 하기 위해서 도시 간에 하루 정도가 소요되는 거리마다 위치하도록 건립됐다. 1840년대의 기록에 의하면 뉴욕과 보스턴 간 약 274마일 사이에 20여 곳의 Inn과 Tavern이 성행했다.

II ▸▸ 호텔(Hotel)의 등장과 발전

호텔(Hotel)이라는 명칭은 원래 라틴어로 나그네나 손님을 의미하는 'Hospes'에서 유래되었다. 이후 파생어인 'Hospitalis'(대접하다)가 나타났으며 중세가 되자 'Hospitale'로 변모했다. 이는 다시 병원을 의미하는 'Hospital'과 숙박시설을 뜻하는 'Hostel'로 구분되어 이용되었다. 프랑스 고어로 집 또는 숙박시설이었던 Hostel은 이후 hôtel(오텔)로 변하게 되었다.

1550년경부터 프랑스 파리에서는 귀족들이 사는 거주지를 hôtel이라고 불렀다. 프랑스에서는 16세기부터 절대군주 체제하에서 왕족이나 귀족들을 위한 웅장하고 호화로운 hôtel들이 생겨났다. 귀족들은 왕의 부름을 받기 위해서는 필연적으로 왕궁 근처에 있어야 했기 때문에 파리에 거주지를 마련해야 했다. hôtel은 귀족을 위한 주택뿐만 아니라 훌륭한 사교 장소이기도 했다. hôtel에서는 다양한 기술을 가진 잘 훈련된 시종과 하인들에 의해 귀족 주인이나 연회에 참가한 다른 귀족에게 높은 수준의 서비스가 제공되었다. 그중 뛰어난 프랑스 요리(French Cuisine) 실력을 보유한 주방장은 맛있고 진귀한 메뉴를 소개하면서 귀족층들을 즐겁게 했다. hôtel은 왕이 사는 궁전(Palace)과 구별되는 개념이며 후에 등장하는 부자(Bourgeois)들이 사는 큰 주택인 맨션(Mansion)과도 다른 것이다.

이후 프랑스의 hôtel 문화가 영국으로 전해지면서 현재와 같은 영어식 표현인 Hotel이라는 용어가 탄생하게 되었다. hôtel이라는 문화상품이 프랑스에서 영국으로 전해진 시기는 대략 1760년경으로 알려져 있다. 이때부터 영국에서 Hotel은 종전에 존재하던 Coaching Inn에 비해 훨씬 우월한 숙박시설로 인정되기 시작했다. hôtel이라는 프랑스의 숙박시설 문화의 이동 현상이 일어난 동기는 대체로 두 가지로 요약할 수 있다. 첫째, 영국 상류층의 프랑스 문화에 대한 부러움 때문이었다. 프랑스나 이탈리아에 비해 예술이나 문화 수준이 열악했던 영국의 상류층들은 그랜드 투어 등을 통해 목격했던 선진 문명국의 문화를 동경했는데 화려한 hôtel도 이에 포함되었던 것으로 보인다. 결국 이것도 도버해협을 건너게 되었다. 둘째, 프랑스 대혁명이 만들어 냈던 뜻하지 않은 결과였다. 대혁명이 발발하고 프랑스 왕족과 귀족이 몰락하면서 이들을 위해 일을 하던 시종과 하인들은 하루아침에 일자리를 잃게 되었다. 이 중에서 일부는 당시 인구가 증가하고 있던 유럽 및 미국의 자본가 및 중산층의 관심을 끌기 위해 레스토랑을 개업했으며, 다른 일부는 프랑스 요리를 세계 최고의 요리로 동경하는 영국으로 진출했다. 산업혁명이 진행되고 국가 간에 교역이 성행하게 되면서 산업자본가 · 사업가 · 상인 · 금융업자처럼 막대한 부를 축적한 신흥계급이 역사의 전면에 등장하게 되었다. 이들은 프랑스 귀족들이 즐기던 대저택과 고급요리에 대해 지대한 관심을 갖게 되었으며 대다수는 과거 귀족처럼 보유한 큰 저택에서 프랑스 출신의 요리사를 직접 고용하기 시작했다. 이렇게 18세기 중반부터 영국에서 사용되기 시작한 Hotel이라는 용어는 시간이 흐르면서 결국 전 세계에 걸쳐서 고급 숙박시설의 대명사로 사용되기에 이르렀다.

1764년 11월 17일자 영국 신문에 광고를 통해서 대중에게 최초로 존재를 알린 호텔이 바로 런던에 존재했던 Madame Martin's Gentlemens Hotel이었다. 이 호텔의 광고를 보면 프랑스의 영향을 강조했는데 똑같은 내용의 광고문구가 상단에는 불어로 하단에는 영어로 게재되었다. 광고에서 이 호텔은 상류층과 신사를 목표고객으로 삼고 있다고 밝혔으며 당시 런던에 존재하는 유일한 호텔이라고 자랑하고 있다. 이후 신문에 광고를 통해 존재를 알리는 호텔들이 연이어 등장하게 되는데 1767년 London Court Hotel, 1768년 English Hotel in Leicester

Fields, 그리고 1769년 Hotel in Exeter 등이다.

〈표 5-1〉은 1794년부터 1900년 사이에 영국 주요 도시의 상호안내책자(Business Directories)에 나타난 숙박시설 현황을 보여주고 있다. 런던의 경우 1805년에 다수의 소규모 호텔들이 존재하고 있었는데 이들은 대부분 종전의 Inn, Tavern, 가정집 등에서 호텔로 전환된 사례들이다. 그리고 표에서 보듯이 지방 도시들은 주로 18세기 후반에 이르러서야 호텔들이 본격적으로 건립되기 시작했다. 그런데 당시에는 숙박시설의 상호가 주인의 임의로 변경되는 사례가 종종 있었다. 예를 들면 1805년 요크에 존재했던 Ringrose Inn은 1809년에는 Etridge Hotel로 상호를 변경했으며 그리고 왕족이 방문했던 직후인 1828년에는 다시 상호를 Royal Hotel로 변경했다. 한편 온천과 해변이 있는 리조트 지역인 스카버러의 경우에는 가정집(Lodging Houses)이 방문객에게 숙소를 제공한 경우이다.

| 표 5-1 | 1794년~1900년 사이 상호 안내 책자에 나타난 주요 도시별 숙박시설 현황

주요 도시	연도	Hotels	Inns/Taverns	Lodging Houses
London(런던)	1805년	75	N/A	
	1845년	166	197	
	1891년	245	24	
Leicester(레스터)	1794년	1	30	
	1843년	4	242	
	1901년	87	296	
Scarborough(스카버러)	1828년	2	64	71
	1840년	2	70	193
	1890년	48	56	538
York(요크)	1805년	1	3	
	1843년	10	209	
	1900년	42	180	

출처: Bowie, 2018

19세기 영국 호텔산업의 발전

18세기 중반부터 영국에서 발생한 산업혁명으로 사회 전체에 혁명적인 변화가 발생하기 시작했다. 증기기관의 발명으로 인하여 생산성이 획기적으로 향상되는데, 과거 생산방식인 가내수공업을 대체하여 기계를 이용해서 대량생산을 하는 공장들이 여러 마을에 들어서게 되었으며 결국 시간이 흐르면서 이 마을들은 큰 도시로 변모하기 시작했다. 산업혁명으로 만들어진 공장은 자본주의와 시장제도의 발전에 결정적인 역할을 했으며 더욱 확장되면서 새로운 계층인 산업자본가가 역사의 전면에 등장하게 되었다. 그리고 도시의 공장에서 일하는 노동자들은 생산활동에 참여해서 벌어들이는 소득이 향상되면서 중산층 인구가 증가하게 되었으며 이는 여행수요의 증가로 이어졌다. 생산의 주요 거점으로서 도시들이 형성되기 시작하면서 일자리를 위해 많은 사람이 몰려들기 시작했으며 도시 간에 원재료, 완성된 제품, 인력 등을 이동하기 위한 운송수단이 필요하게 되었다. 결국 1825년 9월에 증기기관차가 사람과 석탄을 운송하기 위해 영국의 스톡턴과 달링턴 사이의 40km 구간에 철도가 인류 최초로 개통되었다. 이에 따라서 운송 및 여행시간이 획기적으로 줄어들었다. 1830년이 되자 런던과 맨체스터의 50km 사이에 최초로 여객운송용 철도가 개통되었는데, 하루 7회 약 1,100명의 승객을 실어 날랐다. 1845년 영국 철도의 총길이는 3,277km였는데 1855년이 되자 총 13,411km에 달하는 거대한 전국적인 철도망이 건설되었다. 이는 모두 민영철도로 개설됐다.

한편 영국에서 처음 발생한 철도 건설 붐은 빠르게 전 유럽으로 전파되었다. 프랑스에서는 1840년대부터 철도 붐이 일어났으며 1850년대가 되자 파리를 중심으로 하는 전국적인 철도망이 구축되었다. 독일에서도 국가가 주도해서 1835년부터 철도가 건설되기 시작했으며 베를린을 중심으로 하는 전국적인 철도망이 개발되었다. 이를 통해 독일은 제철, 기계, 탄광 등 광공업이 크게 발전하면서 경제가 크게 부흥하게 된다.

혁신적인 교통수단인 철도의 등장은 여행 및 숙박산업의 역사에 매우 중요한 전환점이 되었다. 증기기차가 운행하기 시작하자 철도역이 존재하는 각 도시에서 역을 중심으로 과거와는 다른 새로운 형태의 숙박시설이 들어서기 시작했는데, 이것이 바로 철도호텔(Station Hotel)이었다. 영국 최초의 철도호텔은 1839년 런던에 건립된 The Victoria and Adelaide이며 이후 많은 철도호텔이 개관했다. 철도호텔을 개관한 주체는 주로 철도회사였는데 이들은 당시 수입이 제일 좋은 회사들이어서 큰 호텔을 건축하는 데 소요되는 자금을 조달할 수 있는 충분한 역량이 있었다. 그런데 철도회사들은 처음에 소유하는 철도호텔을 직접 운영하지 않고 비싼 사용료를 받고 타인에게 임대해서 운영하도록 했다.

도시의 역에 들어섰던 철도호텔들은 종전의 Coaching Inn이나 Tavern 등에 비해서 훨씬 높은 수준의 시설과 서비스를 여행자에게 제공하였으며 특히 상류층에게 큰 인기를 끌었다. 당시 철도역 주변에 건립된 유명 호텔로는 런던의 Midland Grand Hotel과 St. Pancras Hotel, 버밍햄의 Queens Hotel, 글래스고의 St. Enoch's Hotel, 퍼스의 Station Hotel 등이 있다. 그런데 전국을 잇는 철도망 네트워크의 범위가 확대되면 될수록 전처럼 마차를 이용해서 여행하는 사람들이 급격하게 감소하기 시작했으며, 이에 따라 종전에 성행했던 Coaching Inn은 현저히 감소하게 되면서 서서히 자취를 감추게 된다. 위에서 살펴본 것처럼 영국에서 많은 호텔이 건립되면서 인기를 끌자 이 열풍은 19세기에 서유럽과 북미에까지 전파되기에 이르렀다.

19세기 미국 호텔산업의 발전

미국에서 처음 호텔이 건립되는 데 큰 자극제가 된 계기는 미국의 초대 대통령인 George Washington에 의해 만들어졌다. 1789년에 Washington 대통령은 전국 시찰을 나서게 되었다. 여행 중에 그는 일반 국민과의 끈끈한 유대 관계를 내세우기 위해서 여러 부유층 저택의 초대를 뿌리치고 대중적인 숙소에서 잠을 청하기로 했다. 그러나 당시 Inn이나 Tavern은 시설이 열악해서 Washington은 나중에 일기장에 참을 수 없을 정도였다고 적었는데 객실이 너무 더러워서 혐오감을 느낄 정도였다고 직접 서술했다. 그러나 눈부신 경제성장이 이루어지면서 국내 교역이 성행하게 되었으며 자연스럽게 장거리 여행이 일상화되면서 미국에도 유럽처럼 새로운 숙박시설인 호텔이 들어서게 되었다. 미국에서 최초로 호텔이라는 명칭을 사용한 곳은 1793년 수도 Washington DC에 지어진 Union Public Hotel이다. 그러나 기존에 존재하던 Inn/Tavern 수준을 뛰어넘는 본격적인 호텔이 건립된 것은 1794년 뉴욕 맨해튼의 월스트리트 주변에 건립된 City Hotel이다. 3층에 73실 규모였던 이 호텔은 당시 미국을 대표하는 건축물로서 명성이 매우 높았다. 이 호텔은 개인 객실과 함께 연회장도 선보였으며 사적인 연회를 위해 대여되기도 했다. 단순한 가구 배치에도 불구하고 널찍하고 안락한 호텔로 삼만 명에 달했던 뉴욕 시민들의 인기를 독차지하면서 연회, 댄스파티, 정치집회 등이 열리는 사교의 중심지가 되었다. 그러나 개관하고 15년이 흐르자 경쟁호텔이 들어서고 진부화(Obsolescence)가 빠르게 진행되면서 전과 같은 관심을 받을 수 없게 되었다.

뉴욕에 City Hotel이 개관하자 다른 도시들도 경쟁적으로 근사한 호텔을 건축하기 시작했다. 1806년에 보스턴 최초의 호텔인 7층 200실의 Exchange Coffee House가 개업했으며, 1807년에는 필라델피아 최초의 호텔 Mansion House, 그리고 1826년에 볼티모어 최초의 호텔 Baltimore City Hotel 등이 연이어 개관하며 각 도시를 뽐내는 사교의 중심지가 되었다. 이 호텔들은 종전의 Inn이나 Tavern에 비해 더 크고 화려했다. 이 외에도 1807년 미시간주에 최초로 벽돌로 건축된 Wales Hotel, 뉴욕에 근대 마천루 호텔의 효시가 되는 6층의 Adelphi Hotel 등 많은 호텔이 건립되었다. 각 도시마다 호텔은 시민을 위한 집회 및 사교의 중심지 역할을 톡톡히 했다. 이렇게 대중을 쉽게 끌어모으는 '대중의 궁전'(Palaces of the Public)으로서의 미국 호텔의 특성은 유럽호텔과 비교했을 때 큰 차이점이었다. 즉 미국 호텔들은 처음부터 지역사회에서 주민들의 사교를 위해 모이는 민주적인 대중의 장소로 애용되었으나 유럽의 호텔들은 20세기가 돼서야 비로소 이런 역할을 담당하기 시작했다. 미국에서는 뉴욕에 City Hotel이 건립된 1793년부터 1830년까지의 기간에 실로 미국 호텔산업은 괄목할 만한 성장을 이루었다.

이렇게 19세기 초반부터 이미 황금기를 맞이할 정도로 성장한 미국 호텔산업이 발전하게 된 원동력에는 여러 가지가 있다. 첫째, 미국인들은 다른 어느 국가의 국민보다도 훨씬 많은 여행을 했다. 이처럼 여행을 즐기는 미국인들의 관습은 현재까지 이어지고 있으며 이는 미국 호텔산업의 발전에 지대한 영향을 미치고 있다. 둘째, 유럽에서는 안락하고 호화로운 호텔 서비스의 대상이 귀족과 사회 상류층으로 한정되어 있었다. 그렇지만 미국에서는 돈을 가지고 있으면 누구나 고급 서비스를 이용할 수 있었으며 가격대 또한 비교적 넓은 층을 상대할 수 있도록 합리적인 수준으로 책정되었다. 셋째, 당시 미국 사회의 풍습은 호텔을 집처럼 장기간 거주하면서 이용했다고 한다. 특히 1800년부터 1880년까지 도시에서 자기 집이 없는 많은 사람들은 소득수준에 따라 호텔이나 다른 숙소를 집처럼 여기면서 장기간 거주했다. 당시 도시에 존재하는 호텔들의 객실에서 50%는 이처럼 장기 거주자로 채워졌다. 1880년 미국 최초의 아파트가 뉴욕에 등장하기 이전까지 이런 행태는 유지되었다. 넷째, 각 호텔 주인의 개척정신과 실용주의 사고방식 때문이었다.

City Hotel에서 보듯이 미국 사회에서 유명 호텔들은 **'대중의 궁전'**으로 여겨졌는데 이는 대중적 성향의 특성뿐만 아니라 세련미와 우아함을 나타내는 것이었다. 당시 미국의 소도시에서 호텔은 가장 훌륭하고 인상적인 건물로 자리매김하였다. 그리고 당시 대도시 사이에서는 더욱 웅장하고 화려한 호텔을 보유해서 뽐내기 위한 경쟁이 일어날 정도였다. 호텔들은 최고 수준의 편리함과 안락함으로 치장했으며, 이발소, 도서관, 당구장, 티켓판매소, 꽃가게, 담배판매소 등과 같은 다양한 서비스가 제공되는 자족기능을 갖추고 있어서 '도시 내의 도시'로 거듭나게 되었다. 그리고 일부 호텔은 레스토랑의 하루 영업시간이 20시간에 달할 정도였다. 이와 같은 미국 호텔산업의 발전상은 영국 등 유럽으로 전파되기에 이르렀다.

초기에 미국에서 **도시관광(Urban Tourism)**은 두 가지 측면이 존재했다. 첫째는 해변이나 온천 등과 달리 볼품없고 천박한 당시 도시의 이미지뿐만 아니라 유럽의 도시들과 달리 미국 도시들은 역사적, 문화적, 건축적 등과 같은 매력도가 떨어지기 때문에 여가여행자의 관심을 별로 끌지 못했다. 그렇지만 예외적으로 잘 계획된 도시였던 수도 워싱턴은 방문객들이 많았다. 둘째, 뉴욕과 같은 미국의 주요 도시는 특히 유럽에서 오는 관광객들에게 무척 인기가 많았다. 유럽 관광객 사이에서는 먼저 뉴욕과 워싱턴을 돌아본 후에 보스턴과 서배너(Savannah)를 방문하는 것이 최고 인기코스였다. 남북전쟁이 끝난 후 많은 도시에서 철도가 개통되면서 도시관광이 성행하게 되었다. 1870년대부터 등장하기 시작한 여행사들이 성장하면서 이들은 새로운 상품으로 도시관광을 소개했다. 그리고 무엇보다도 도시관광이 성행하게 된 것은 수많은 단체관광객이 여러 도시에서 개최되는 만국박람회를 구경하러 몰려들었기 때문이었다. 당시 기록에 의하면 1876년부터 1916년 사이에 미국의 여러 도시에서 개최된 12번의 만국박람회에 참여한 연인원이 일억 명에 이르렀다. 도시마다 효과적으로 만국박람회를 개최하기 위한 대응체제를 구축하기 위해 많은 호텔이 건립된 것은 너무나도 당연한 결과였다.

한편 미국인들이 처음으로 휴양을 하기 위해 찾은 지역은 주로 온천이나 광천수가 많이 나오는 리조트(Resort) 지역이었다. 이들은 질병을 치료하고 활력을 되찾기 위해 리조트를 찾았는데, 이런 여행 관습은 1660년대부터 보스턴 시민들이 Red Spring을 찾으면서 시작된 것으로 알려지고 있다. 1748년과 1761년에 조지 워싱턴이 다녀간 후로 알려지기 시작한 Berkeley Warm Springs 온천은 1770년이 되자 유명한 리조트로 성장하기 시작했다. 1790년대 후반이 되자 미국에는 전국적으로 유명한 온천지역 22개소가 존재했다. 18세기 중반에 광천수가 나오는 온천이 뉴욕주의 사라토가(Saratoga)에서 처음 발견됐을 당시에는 방문객이 별로 많지 않았지만 19세기 초에 Gideon Putnam이 큰 규모로 Tavern과 Guest House를 건립하면서 많은 사람이 찾는 온천리조트로 성장하게 되었다. 사라토가 온천이 크게 성공하게 된 주요 요인을 살펴보면 첫째, 시설이 훌륭한 새 호텔이 건립되었기 때문인데, 1819년에는 Pavilion Hotel이 그리고 1823년에는 United States Hotel이 연이어 개관하면서 리조트의 시설 수준이 크게 향상되었다. 둘째, 온천을 왕래하는 교통수단이 크게 향상되었기 때문이다. 허드슨강을 통해 온천을 왕래하는 증기선 회사 간의 경쟁이 증가하고 또 온천지역을 운행하는 편리한 기차노선이 만들어지면서 더욱 많은 방문객이 찾게 되었다. 그 결과 사라토가는 미국인들에게 전국에서 가장 많은 사랑을 받는 유명한 온천이 되었다. 19세기 이후 미국에서 온천을 찾는 인구가 크게 늘었다.

온천 다음으로 미국인들이 자주 여행을 했던 곳은 자연 풍광이 뛰어난 곳인데 그중에서 가장 인기가 높았던 곳이 바로 나이아가라 폭포였다. 그러나 너무 많은 사람이 방문하게 되면서 1830년대가 되자 폭포 주변이 과도한 상업화 및 산업화로 훼손되어 불평을 토로하는 방문객들이 크게 늘었다. 남북전쟁 이후 19세기부터 해변리조트 지역이 여행자에게 새로운 대안으로 등장하게 되었는데 가장 유명한 곳이 로드아일랜드주의 뉴포트(Newport)이다. 그리고 뉴저지주와 케이프메이(Cape May)의 해변리조트도 각광을 받았다. 이 중에서 주로 남부지역 여행자가 접근하기 쉬웠던 케이프메이에는 1812년 Congress Hotel이 개관했으며 1850년이 되자 2,400명을 수용할 수 있을 정도로 충분한 호텔 객실을 보유하면서 당시 미국 최고의 리조트로 부상했다.

19세기 초반부터 미국에서 많은 리조트호텔이 건립되기 시작하는데 철도가 없었으면 상상하기 어려운 일이었다. 미국 최초의 여객운송용 철도는 1827년에 개통되었으며 이후 발전을 거듭했다. 특히 철도는 남북전쟁 후 미국이 산업국가로 발돋움하는 원동력이자 미국식 자본주의가 발전하는 데 핵심적인 역할을 했다. 1862년 철도기업인 Union Pacific이 설립되었으며 Central Pacific과 함께 힘을 합해 1869년 5월 10일 최초로 대륙횡단철도가 개통했다. 이로써 대륙을 횡단하는 데 종전에 6개월이나 걸리던 시간이 6일로 대폭 단축되었다. 이후 횡단 철도를 중심으로 수많은 지선이 건설되기 시작했으며 1865년에 56,000km에 불과했던 철도망이 1900년대에는 320,000km에 달했는데, 이는 비슷한 시기의 전 유럽의 철도망 총길이인 275,000km를 능가하는 것이었다. 이와 같은 변화는 광활한 대지를 보유한 미국인들의 여행 범위를 크게 확대시켰다. 미국 상류층은 여름 또는 겨울철 휴가 시즌이 되면 온천, 해변, 산록에 있는 리조트에서 휴가를 즐겼다. 그러나 당시 철도를 따라 여행하는 데 너무 많은 시간이 소요되었기 때문에 한번 휴가를 떠나면 최소한 1주일이나 1개월 이상 장기간 체류했다. 일부는 여름 또는 겨울 내내 리조트에 머무는 경우도 적지 않았다.

남북전쟁 이후 뉴욕 시민들의 인기를 한몸에 받게 된 곳이 뉴욕 근교에 있는 코니아일랜드(Coney Island)다. 코니아일랜드가 해변 피서지 리조트로 크게 성공한 원인은 첫째, 대형 호텔이 건립되면서 객실공급이 크게 늘었기 때문이었다. 1877년에 Manhattan Beach Hotel, 1880년에는 Oriental Hotel과 Brighton Beach Hotel이 오픈하면서 매일 1,200명을 동시에 수용할 수 있게 되었으며 이는 코니아일랜드가 관광지로서의 명성을 높이는 데 큰 공헌을 했다. 둘째, 코니아일랜드를 왕래하는 교통수단이 크게 향상되면서 뉴욕에서 당일치기 여행이 가능해지고 이에 더해 경마장이 들어서면서 비치 리조트로서 코니아일랜드의 매력도를 크게 향상했다.

남북전쟁이 끝난 후 미국인들은 과거와는 달리 많은 인구가 서부지역의 샌프란시스코, 덴버, 텍사스, 콜로라도 등지로 온천, 광천수, 산록, 해변으로 여행을 하기 시작했다. 캘리포니아의 경우 19세기 말 이전까지는 샌프란시스코, 몬테레이, 요세미티 계곡을 제외하고는 사람들이 별로 찾지 않았는데, 이는 철도가 아직 개통되기 전이었고 거리가 너무 멀어서 인구가 많은 동부에서 접근하기가 쉽지 않았기 때문이었다. 인구가 별로 없던 남부 캘리포니아는 1883년 산타페철도가 개통되면서 사람들이 몰리기 시작했다. LA 인근에 있는 패서디나(Pasadena)는 1886년 Hotel Raymond가 개관하면서 고급리조트로 부상하게 되었으며, 샌디에이고에도 1888년 Hotel del Coronado가 오픈해서 인기를 끌게 되었다.

남북전쟁 이후 가장 많은 변화가 일어나 곳이 플로리다이다. 전쟁 이전에 미국 남부지역 상류층은 북부지역을 여행하곤 했다. 하지만 북부 상류층은 좀처럼 남부로의 여행을 즐기지 않았는데 이런 현상은 남북전쟁이 종료된 이후부터 완전히 바뀌게 되었다. 특히 겨울이 되면 따뜻한 남부 플로리다로 향하는 북부인들이 급격하게 증가하기 시작했다. 플로리다가 현재처럼 미국 최고의 관광지로 성장하는 데 가장 큰 공헌을 한 사람이 바로 Henry Flagler이다. 인류 역사상 최대의 부호로 유명한 석유왕 Rockefeller의 파트너로서 큰 활약했던 Flagler는 엄청난 부를 모은 후인 53세가 되던 해에 은퇴 생활을 보내기 위해 미국 최남부 플로리다로 향했다. 그런데 플로리다의 환상적인 날씨와 풍광에 매료된 그는 은퇴를 번복하고 탁월한 사업가로서의 기질을 발휘해서 새롭고 무궁한 사업 기회를 보유한 플로리다에서 철도개발과 리조트 개발사업에 뛰어들었다. 처음에 그는 과거 스페인의 점령지였던 세인트어거스틴(St. Augustine)에 Ponce de Leon 등과 같은 고급 리조트 호텔 여러 개를 신축하거나 매입했다. 그러나 그는 곧 플로리다 북부에 위치한 세인트어거스틴보다는 더 남쪽에 있는 팜비치(Palm Beach)의 날씨가 더욱 따뜻해서 휴양 리조트로서 더 유리하다는 사실을 깨닫게 되었다. 그러나 당시 팜비치에는 철도가 다니지 않아서 여행객을 끌기가 어렵다는 사실을 인지하게 된 그는 지역의 작은 철도를 매입하는 것을 시발로 해서 플로리다 동부 해안지역의 철도망을 장악해 나가기 시작했는데 그 결과 그의 회사가 건설한 철도가 1893년에 팜비치에 도달하게 되었으며 더 나가서 1896년에는 최남단 마이애미까지 개통되었다. 이후 두 지역은 플로리다를 대표하는 휴양지로 성장했다. 철도가 개통된 후 Flagler는 세계 최고 수준의 리조트호텔인 Royal Poinciana, Breakers, Palm Beach Hotel 등을 개관하면서 팜비치를 오늘날 미국 최고의 겨울 휴양지로 만들어 냈다. 그는 마이애미에도 Royal Palm을 개관했다. 생전에 Flagler는 철도 건설이 그의 사업에서 가장 큰 관심사이며 리조트 건설은 부수적이라고 말하곤 했다. 한편 Henry Plant는 Flagler와 경쟁하기 위해서 주로 플로리다 서부해안을 따라 철도를 건설하면서 지역 철도망을 지배하게 되었다. Plant도 철도 건설과 함께 호텔 건축사업도 병행했는데, 그는 Tampa Bay Hotel 등 8개의 호텔을 소유했다.

III ▸▸ 그랜드호텔의 시대(The Age of Grand Hotels)

1820년대부터 미국의 도시에서는 웅장하고 호화로운 대형 호텔들이 들어서기 시작했으며 결국에는 도시의 미관을 결정짓는 중요한 상징으로 자리매김하게 되었다. 그 첫걸음을 내디딘 호텔이 바로 Tremont House이다.

Tremont House

1829년 10월 16일 미국 보스턴에 세계 호텔산업 역사상 가장 유명한 호텔 중의 하나인 Tremont House가 개관한다(〈그림 5-1〉). 4층 건물에 객실 170개를 보유한 Tremont House는 당시 세계의 어떤 호텔과도 비교할 수 없는 최고 수준의 웅장하고 화려한 호텔이었다. 이 호텔은 당시 미국뿐만 아니라 유럽의 어느 호텔보다도 크고 호화로웠으며 가장 많은 건축비가 소요된 호텔이었다. Tremont House는 당시 27세의 젊고 혁신적인 건축가이며 후일 '미국 호텔의 아버지'로 칭송되는 Isaiah Rogers가 설계를 담당해서 화강암 외장을 한 신고

전주의(Neoclassical) 건축양식으로 지어졌다. 호텔의 내부 천정은 매우 높았고 각 층마다 양탄자가 깔리지 않은 부분은 모두 대리석으로 마감했으며, 주로 월넛(Walnut) 원목을 사용해서 제작된 가구로 실내를 장식했다. Tremont House는 1층에 레스토랑, 바, 가게 등을 도입하고, 훌륭한 호텔 정문, 정교하게 설계된 로비, 긴 복도를 따라 각층에 배치된 객실, 주방, 세탁실 등과 같이 현대 호텔이 갖추고 있는 기본적인 시설 및 서비스 요소들을 중요하게 고려해서 설계한 최초의 호텔이었다.

Tremont House는 규모 · 건축구조 · 설비 · 투자금액 · 운영방식 등 여러 면에서 전통적인 방식을 거부하고 세계 호텔산업에서 최초로 소개되는 여러 가지 혁신적인 방식을 도입했다. 지금부터 Tremont House에 의해 처음으로 도입된 호텔경영의 여러 혁신적인 사례들을 하나씩 소개하겠다. 첫째, Tremont House가 이룩한 혁신 중에서 공헌이 가장 큰 것은 세계 호텔산업 최초로 실내 배관(Indoor Plumbing)과 수도시설(Running Water)을 사용해서 호텔 사상 최초로 실내 욕실과 실내 화장실을 도입한 것이다. 눈부신 기술혁명이 시작되던 당시 처음 도입되기 시작한 증기펌프(Steam-powered Pump)의 동력을 이용해서 물을 호텔 옥상에 있는 물탱크까지 끌어올려서 저장한 다음 물을 아래로 흐르도록 했다. 이런 노력의 결과 세계 호텔 사상 최초로 1층에 8개소의 실내 화장실이 도입되었으며 지하에는 실내 욕실이 갖추어졌다. 욕실의 욕조는 동이나 주석으로 된 것이었으며 증기를 이용해서 뜨거운 물을 사용할 수 있도록 했다. 그리고 실내 배관과 수도시설로 인해 주방과 세탁실까지 물이 공급될 수 있었으며, 이로 인해 물의 낭비를 막는 한편 하수를 쉽게 처리할 수 있게 되었다. 둘째, 호텔의 객실은 1인실과 2인실로 구분했으며, 각 객실에 자물쇠를 설치해서 문을 잠그도록 했다. 그리고 객실마다 세면대와 주전자를 준비했으며 무료로 비누를 제공했다. 또 객실에 신호기를 설치해서 손님이 누르면 프런트 데스크를 호출할 수 있도록 했다. 셋째, 최초로 호텔 1층에 프런트 데스크(=Reception)를 설치해서 전담하는 직원을 배치했으며 또 벨보이(Bellboy) 제도를 도입했다. 넷째, 넓은 로비에 양탄자를 깔았으며 천정에는 가스등으로 불을 밝히는 샹들리에를 매달았다. 다섯째, 연회장에는 화려한 양탄자를 깔았으며 레스토랑에서는 미국에서 처음으로 프랑스 요리를 제공했다. 여섯째, 직원들에게 손님을 존중하도록 하는 교육을 시행했다.

이처럼 웅장하고 화려하며 혁신적인 서비스를 도입한 호텔이 개관하자 미국 사회의 많은 인사가 방문하였으며, 그중에는 미국 대통령도 여럿 있었다. 특히 이 호텔을 방문했던 당시 세계적인 소설가였던 영국의 Charles Dickens는 놀라움을 금치 못했다고 한다.

그림 5-1 Tremont House, Boston

출처: wikiwand.com/en/Tremont_House_(Boston)

Tremont House는 최초로 **최고급(Luxury) 호텔**의 기준을 설정하는 한편 최고급 숙박서비스의 전통을 수립했으며, 오늘날 기준으로 봤을 때 최초의 **현대식 최고급 호텔(Modern Luxury Hotel)**로 인정되고 있다. '현대 호텔의 아담과 이브'라고 일컬어질 정도로 큰 이정표를 남긴 Tremont House의 건축양식과 최고의 서비스는 이후 수십 년 동안 세계 호텔산업에 큰 영향을 미쳤으며 최고급 호텔의 대명사로 세계 모든 호텔의 벤치마킹 대상이 되었다.

이후 Tremont House를 본떠서 많은 웅장하고 화려한 호텔들이 미국과 유럽은 물론이고 세계 도처에서 건립되었는데, 이와 같은 유형의 호텔을 그랜드호텔(Grand Hotel)이라고 부르기 시작했으며 Tremont House가 원조로 인정되고 있다. 이때부터 바야흐로 세계 호텔산업 역사상 최고의 황금기를 구가했던 '그랜드호텔의 시대'가 찬란하게 개막됐다.

미국의 그랜드호텔 시대

1829년의 Tremont House를 필두로 해서 1830년대 후반부터 미국에서는 현대적인 대규모 초호화 호텔들이 들어서기 시작하는데 이 시기를 미국 그랜드호텔의 시대라고 부른다. 19세기 내내 웅장하고 훌륭하며 호화로운 그랜드호텔들이 미국의 주요 도시 및 리조트에 속속 들어섰다.

보스턴에 Tremont House가 개관하자 뉴욕에서도 유사한 호텔을 지으려는 사람들이 나타나기 시작했다. 그중 한 사람이 바로 John Jacob Astor이다. 독일의 작은 마을인 Waldorf에서 태어나고 어려서 미국에 이민을 왔다. 그는 어려서부터 모피회사에서 일을 시작했으며 실력을 인정받게 되면서 미국 토착민인 인디언과의 모피 거래를 담당했다. 성장하면서 그는 독립해서 모피무역상을 시작해서 큰 재산을 모았다. 그러나 모피 공급이 급격히 증가하고 있다는 사실을 깨달은 그는 모피 시장이 얼마 가지 않아서 붕괴할 수도 있겠다고 예측하였다. 확신이 서자 그는 모피무역회사를 매각하고 대신에 부동산사업에 뛰어들었다. 그는 이제 성장하기 시작한 뉴욕이 향후 더욱 팽창하게 될 것을 확신하고 모피회사를 매각해서 받은 자금으로 맨해튼에 있는 많은 건물을 싼값으로 집중적으로 매입했다. 그가 소유한 부동산의 가치는 시간이 흐를수록 증가했다.

뉴욕 최고의 부동산 부호가 된 John Jacob Astor는 더 크고 더 화려한 호텔을 뉴욕에 짓는 사업을 구상하게 된다. 호텔을 짓기 위해 그는 자신이 살던 집을 포기하고 또 집주변의 대지를 모두 매입해서 터를 마련했다. 그는 Tremont

House를 성공시키면서 당대 최고의 건축가로 성장한 Isaiah Rogers를 고용해서 모든 면에서 보스턴에 있는 호텔을 능가하는 미국 최고의 호텔을 건립할 것을 주문했다. 그의 최고를 향한 집착의 결과 1836년 뉴욕의 중심 브로드웨이에 Astor House가 개관했으며(〈그림 5-2〉), 개관 초기부터 뉴욕의 부자와 권력가 사이에서 가장 선호되는 호텔이 됐다.

그림 5-2 1908년 Astor House, New York

출처: www.tribecatrib.com/content/astor-house-new-york

소유주가 원했던 것처럼 Astor House는 Tremont House보다 더욱 큰 5층에 309실 규모로 지어졌으며 더욱 화려하게 장식했다. 호텔은 그리스 복고풍 양식으로 건축되었는데 정문은 그리스 시대의 도리아식 기둥으로 상부를 지탱하게 했다. Astor House는 상당 부분 Tremont House에 도입된 것을 따라서 했지만 몇 가지 차이점도 있었다. 첫째, 호텔은 각 층마다 실내 욕실과 실내 화장실을 마련했는데 특히 욕실은 보스턴 호텔보다 더 많은 17개소를 갖추었으며, 이때 처음으로 샤워도 도입했다. 둘째, 객실은 검은색 월넛으로 된 가구를 이용했으며 바닥은 최고품인 브뤼셀 양탄자를 깔았다. 그리고 자가 발전시설을 갖추어서 모든 객실은 가스등으로 조명을 밝히도록 했다. 셋째, 자체적으로 인쇄기를 보유해서 레스토랑에서 필요로 하는 메뉴를 매일 제작해서 인쇄했다. 넷째, 호텔의 연회장은 더욱 널찍했다.

Astor House는 실제로는 6층이었는데 5층까지는 객실과 식당 등 손님들을 위한 공간이었지만 층고가 낮은 6층에는 직원 120명을 위한 숙소로 이용되었다. 따라서 모두 합하면 호텔은 동시에 800명을 수용할 수 있었다. 뉴욕 최고의 호텔이 개관하자 많은 유명 인사들의 비즈니스 및 사교 장소가 되었는데 역대 미국 대통령 중에서 최소한 18명이 이 호텔을 방문했다. 특히 당시 대통령에 당선된 링컨이 수도 워싱턴으로 취임하러 가는 도중에 Astor House에서 하룻밤을 보냈으며 다음날에는 많은 대중 앞에서 연설했다. 천정을 덮어 만든 내부 원형홀 아래에 있던 레스토랑인 The Astor House Exchange는 뉴욕의 사업가와 정치인들이 모임 또는 식사를 위해 만나는 장소로 매우 인기가 높았다. 한편 Astor House에서는 남성을 동행하지 않는 여성은 출입을 금지하는 정책을 시행했다.

Astor House가 개관한 이듬해인 1837년 경제위기가 세계를 덮쳤으며 뉴욕도 예외가 아니어서 부동산 가치가 폭락하게 되었다. 당시 많은 사람이 공포에 빠져서 아우성을 쳤지만 Astor는 이 위기를 오히려 기회로 보고 많은 자금을 투자해서 헐값이 된 건물들을 더욱 많이 사들이는 것에 집중했다. Astor가 보유한 엄청난 재산으로 인해 경제위기 시에 남들보다 더 오래 버틸 수 있는 것이 가능했었기 때문이다. Astor가 말년이 되자 그는 미국 사상 최초의 대부호가 되어 있었다.

그러나 1894년에 영업을 종료해야 했던 Tremont House처럼 Astor House도 Astor가 예측한 바와 같이 뉴욕이 더욱 확장되고 그에 따라 새로 들어서는 보다 현대적이면서 웅장하고 화려한 호텔들과 함께 경쟁할 수는 없었다. 1853년에 최초로 백만 달러 이상을 투자해서 뉴욕에 새로이 건립된 500실의 St. Nicholas Hotel은 새로운 혁신을 도입하면서 등장했는데, 중앙난방 방식을 도입해서 뜨거운 공기를 모든 객실에 공급할 수 있게 되었다. 이후 맨해튼의 중심지가 북쪽인 5

번가(Fifth Avenue)로 이동하게 되면서 1859년에는 뉴욕 최초의 현대식 호텔로 인정되는 호화로운 Fifth Avenue Hotel이 개관하면서 처음으로 고객용 엘리베이터가 도입됐다. Astor House는 결국 1913년에 영업을 종료했다.

Tremont House와 Astor House의 등장으로 그랜드호텔에 대한 경쟁의 도화선을 당기는 결과를 만들게 되면서 미국 각 도시에 새로운 호텔이 속속 등장하게 되었다. 새 호텔들의 면면을 살펴보면 다음과 같다. 먼저 보스턴에서 1840년 후반에 Adams House가 1855년에는 Parker House가 건립됐다. 특히 Parker House는 전에 건립된 Tremont House를 훨씬 능가하는 인기를 누렸다. 그리고 뉴욕에는 1835년 American Hotel(처음으로 가스등 도입), 1839년 Howard Hotel, 1844년 New York Hotel(처음으로 일부 객실에 개인 욕실 설치), 1852년 Metropolitan, 1853년 St. Nicholas 등이 개업했으며, 필라델피아에서는 1844년 American House가, 1845년 Washington Hotel 등이 건립되었다. 이들은 모두 미국 동부에 있는 도시였다. 이와 같은 동부지역에서의 그랜드호텔 건축 열풍은 서부로 향해서 중서부와 태평양 연안까지 전파되었다. 뉴올리언스에는 1830년대 후반에 St. Louis Hotel과 St. Charles Hotel이, 버펄로에는 1836년 American Hotel이, 그리고 세인트루이스에는 1841년 Planters' Hotel 등과 같은 유명 호텔들이 경쟁이나 하듯이 속속 개관했다. 그랜드호텔 건축 경쟁은 대도시 사이뿐만 아니라 부유층 간에도 서로 최고의 호텔을 과시하기 위한 경쟁 관계로 작용했다. 그러나 이처럼 많은 호텔이 건립되고 경쟁이 격화되면서 먼저 지어졌던 그랜드호텔들의 진부화가 예상보다 빨리 진행됐다. 그 예로 그랜드호텔의 원조인 Tremont House도 개관 후 20년이 지나면서 2등급 호텔로 전락했다.

이 당시 건축된 대다수 그랜드호텔은 보통 5층 이하의 건물로 지어졌는데 거기에는 공통된 이유가 있었다. 첫째, 그랜드호텔은 주로 목조 건물로 지어졌는데 당시 목재 기술로는 고층건물을 짓기에 한계가 존재했다. 둘째, 당시에는 엘리베이터가 아직 도입되기 전이라서 손님들은 계단을 이용해야만 했다. 따라서 호텔의 고층은 저층보다 객실료가 저렴했으며 이 때문에 벨보이는 손님 사이에 매우 인기가 높았다. 그러나 1859년에 비로소 엘리베이터가 도입되면서 이런 현상은 역전되면서 요금이 비싸도 손님들은 고층을 선호하게 되었다. 그런데 당시 호텔들은 목조 건물이라서 화재에 매우 취약했다. 호텔의 모든 공간에서 불을 밝히기 위해 가스등을 이용하고 있었는데 이는 잘못 사용하게 되는 경우 불쏘시개가 되었다. 또 당시 건물에는 화재가 났을 때 1층에서만 물을 사용할 수 있도록 구조되어 있었다. 이런 이유로 인해 화재가 빈번하게 일어나서 많은 호텔이 파괴되었으며 또한 인명사고도 자주 있었다.

그랜드호텔 시대의 서막을 올린 Tremont House가 개관한 1829년부터 남북전쟁이 터지기 직전인 1860년 사이에 미국 역사상 가장 많은 호텔이 도시에 건립된 시기였는데, 이는 여행 인구가 급속하게 증가했기 때문이었다. 여행 인구의 증가는 무엇보다도 철도혁명으로 사람들이 이용하는 주요 교통수단이 철도로 변한 탓이었다. 철도망이 확대되자 주요 도시의 역 주변에 많은 호텔이 들어섰다. 장시간에 걸친 기차 여행에 지친 사람들은 기차에서 내린 후에는 역에서 가장 가까운 곳에 있는 호텔을 제일 먼저 찾게 되었다. 따라서 미국 전역에 철도호텔들이 건립된다.

그랜드호텔의 시대는 남북전쟁 직후부터 미국이 급속하게 경제성장을 이룩했던 시기인 도금시대(The Gilded Age: 1868~1893년)에도 계속해서 이어지는데, 이 시기에 엄청나게 많은 인구가 미국으로 이민을 했다. 그리고 도금시대부터 기술혁명의 발전이 더욱 가속되면서 건축기술이 나날이 발전하게 되었다. 신기술의 배관공사 도입으로 객실에 욕실 및 화장실 설치가 쉬워졌으며 전등과 전화가 설치되었고, 고층호텔에는 엘리베이터가 도입되기 시작했다. 따라서 더욱 발전된 모습의 그랜드호텔 또는 철도호텔들이 속속 개관하게 되었다.

미국 전역에 철도망이 건설되면서 가장 많이 발전한 도시가 시카고이다. 미국 중부에 위치한 시키고의 인구는 철도가 확대되면서 1837년과 1860년 사이에 인구가 거의 50배 정도 증가했다. 중부에 위치해서 전국 규모의 집회가 다른 어느 도시보다 유리한 입장에 서게 된 시카고는 점차 미국의 컨벤션 중심 도시로 성장해 나가게 되었다. 예를 들면 제2회 공화당 전국대회가 개최되고 여기서 링컨이 대통령 후보로 선출되었다. 이에 따라 철도역을 중심으로 그랜드 철도호텔들이 속속 들어섰다. 1850년에 시카고에 Tremont가 건립됐다. 사람들은 규모가 너무 큰 호텔에 회의적이었으나 호텔은 보란듯이 성공하면서 나중에는 객실 규모를 2배 이상 증축하게 되었다. 1851년에는 Briggs House가 개관했다. 1870년이 되자 227실을 갖춘 Palmer House가 개업했다. 그러나 다음 해 시카고에서 발생한 대화재로 Palmer House를 포함한 대다수 호텔이 화재로 파괴되어 버린다. 그러나 시장 주도하에 새로운 호텔들을 건설하는 것을 결정했는데, 그 결과 23개의 새로운 고급호텔들이 2년 이내에 모두 건립되었다.

Palmer House를 건립한 사람은 시카고 거부인 Potter Palmer였다. 그는 Palmer House가 처음 개관해서 성공하는 것을 목격하자 두 번째 호텔의 건립을 시작하는데, 더 큰 8층 건물에 650실을 보유한 새로운 호텔을 착공한다. 그러나 시카고 대화재로 두 호텔이 모두 파괴되는 불운을 겪고도 두 번째 호텔의 건설계획은 계속해서 진행하기로 결정한다. 우여곡절을 거친 끝에 마침내 다시 건립된 Palmer House는 대성공을 거두게 되며, 시카고 시민들이 자랑스러워하는 대표적인 호텔로 자리매김한다. 1924년이 되자 Palmer House는 2,250실 갖춘 초대형 호텔로 거듭나기 위해 호텔을 헐게 된다.

1848년부터 미국 서부 캘리포니아에서 금광이 발견되면서 바야흐로 골드러시(Gold Rush)가 발생한다. 일확천금을 위해 금을 찾아 사람들이 몰리면서 조그마한 도시였던 샌프란시스코의 인구는 급격하게 증가한다. 도시가 성장하면서 새로운 호텔들이 건립되는데 1859년에 400실의 Occidental과 Cosmopolitan이 같이 개관했으며 1869년에 개업한 Grand Hotel은 200실이라는 작은 규모에도 불구하고 건축비용은 백만 달러를 넘겼다.

1875년에 샌프란시스코를 대표하는 대형 그랜드호텔이 개관했는데, 바로 Palace Hotel이다(〈그림 5-3〉). 샌프란시스코의 사업가이자 은행가였던 William Ralston은 뉴욕이나 보스턴에 있는 그랜드호텔에 버금가는 서부지역에서는 제일 크고 화려한 호텔을 짓기 위해 사상 최고 금액인 5백만 달러를 투자했다. 755실에 달하는 거대한 호텔을 건설하기 위해 Ralston은 갖은 위험을 무릅쓰는데 이 공사로 인해 그의 은행이 위기로 몰리는 지경까지 이르게 되었다. 불행하게도 호텔 개관을 2개월 남기고 은행은 도산하고 같은 날 Ralston은 San Francisco Bay에서 익사체로 발견됐다. 그럼에도 불구하고 동업자의 노력으로 Palace Hotel은 예정된 날짜에 개관할 수 있었다.

호텔에는 전기조명, 엘리베이터, 공기순환, 배관 등에서 당대 최신의 기술을 도입해서 건립됐다. 그리고 호텔의 규모가 너무 커서 손님들이 객실을 찾기가 쉽지 않을 정도였다. 호텔은 영업을 개시한 후 처음 10년간은 부채비용이 너무 많아서 이익을 창출할 수 없었다. 그렇지만 이후 호텔의 영업성과가 크게 개선되면서 큰 성공을 거두게 되었다. 이후부터 Palace Hotel은 샌프란시스코의 자랑거리가 되었다. 그러나 1906년에 샌프란시스코 대지진이 발생했으며 호텔은 지진으로 인해 발생한 화재 때문에 상당히 훼손되면서 영업을 중단하게 되었다. 결국에 건물을 헐어버리고 같은 자리에 새로운 Palace Hotel이 1909년에 새로 건립되었다.

그림 5-3 1901년 Palace Hotel, San Francisco

출처: commons.wikimedia.org/wiki/File:Palace_Hotel

Waldorf-Astoria Hotel

1893년 뉴욕 맨해튼에 부동산 사업을 하는 거부 William Waldorf Astor에 의해 13층 건물로 Waldorf Hotel이 개관했다(〈그림 5-4〉). 호텔은 객실 450실에 실내 욕실도 350개나 보유했으며 당시 상황에 비추어 보면 모든 면에서 미국 최상위 호텔로 지어졌다. 당시 미국 최고의 갑부들이 주로 사는 뉴욕 맨해튼의 고급 주택지구에 부친이 남긴 큰 저택을 소유했던 Astor는 집을 허물고 대신에 최고로 웅장하고 최고로 화려한 미국 최고의 호텔을 짓기 위한 계획을 세운다. 그는 Astor House를 건립한 John Jacob Astor의 증손자이다. 그는 계획을 세우는 동시에 호텔의 운영을 도맡아서 할 수 있는 유능한 사람을 찾기 시작했는데, 마침내 찾은 사람이 바로 George Boldt(1851~1916)이다. Boldt가 William Waldorf Astor와 인연을 맺게 된 동기는 Astor와 절친한 관계에 있는 사람이 종전에 아픈 아들을 데리고 뉴저지 해안에 있는 작은 호텔을 찾았는데 빈 객실이 없어서 머물 수가 없었다. 그런데 같은 시간에 호텔의 소유주였던 Boldt도 아내와 함께 같은 호텔에 머물고 있었다. 손님의 사정을 알게 된 Boldt는 아이를 위해 기꺼이 자신의 객실을 양보했다고 한다. Boldt의 호스피탈리티 정신에 감동한 그는 후일 Astor가 호텔을 건설하고 또 운영할 사람을 찾는다는 소식을 알고 Boldt를 추천했고, Boldt도 제안을 수락했다. 이때부터 호텔은 Astor가 소유했지만 영업정책 등 경영은 전적으로 Boldt가 담당하게 되었다. 전권을 위임받은 Bodlt는 뉴욕에 여러 호텔을 설계했던 경험을 보유한 유명 건축가 Henry Hardenbergh에게 설계를 맡겼으며 건물은 독일식 르네상스 양식으로 건축됐다. Boldt의 비전은 단지 몇 사람만이 아닌 모두를 위한 최고의 호텔을 짓고 싶었으며 과거 유럽의 웅장함과 화려함을 호텔에 효과적으로 표현하고 싶어했다. 그는 대중을 위해 고급 서비스를 제공하는 것이 민주주의 뉴욕 사회의 열망을 이상적으로 구현하는 것으로 믿었다.

Boldts는 자수성가한 인물이었다. 프러시아 태생인 그는 13세 때에 미국에 이민을 왔다. 어려서부터 호텔 식당에서 보조로 일을 배우기 시작했으며 캐셔와 웨이터 등을 거쳤다. 돈을 조금 모으게 되자 그는 텍사스로 가서 양계장 사업을 했으나 이내 실패한다. 동부로 돌아와서 한 호텔에서 다시 일을 시작했는데, 여기서부터 그는 출중한 능력을 발휘하기 시작하며 호텔의 성공에 크게 기여했다. 그 결과 25세가 되던 해에 필라델피아에 있는 신사들만 입장이 가능한 클럽의 지배인으로 발탁된다. 여기서 그는 부자들의 사교행태를 보면서 일을 배우고 또 후원자도 만나게 되는데 후일 그의 사업에 큰 도움이 된다. 이후 재산을 모으게 된 Boldt는 1881년에 필라델피아에 있는 조그마한 Belleveu Hotel을 매입해서 운영하기 시작했다.

Waldorf Hotel은 당시 맨해튼에 호텔들이 밀집된 지역과는 조금 떨어진 곳에 건립됐다. 따라서 개관하기 전부터 사람들은 호텔이 결국 실패할 것이라고 수군거렸다. 그러나 경험이 많은 Boldts는 보란 듯이 호텔의 개관일에 맞춰서 근처에 있는 어린이 병원을 위한 자선기금 모금을 위한 연주회를 가장 큰 연회장에서 열기로 결정하고 뉴욕 심포니 오케스트라에게 연주를 맡겼다. 1893년 3월 14일 비가 내리는 궂은 날씨에도 불구하고 궁전같은 호텔의 개관식에는 1,300명에 달하는 사람들이 운집하면서 성황을 이뤘다. 뉴욕, 보스턴, 필라델피아, 시카고 등지에서 많은 유명 인사들이 몰려들었으며 그들은 기꺼이 5달러씩 기부하고 연주회를 즐기고 또 맛있는 식사를 즐기게 되면서 대성황을 이루었다. 그러나 축하 연주회가 끝난 후 450실이 넘는 호텔에서 당일 판매된 객실은 단지 32실이었다. 하지만 노련한 Boldt는 이내 이를 극복했다. Boldt는 성장하면서 터득한 성공적인 경영방식인 최고의 호텔 서비스를 매우 높은 가격에 판매하는 정책을 Waldorf Hotel에도 적용했다. 그러나 당시 비즈니스 여행자에게 호텔의 요금은 너무 비싼 편이었다. 그러나 개관일 이후 특히 부자 손님들이 많이 몰려들기 시작했는데 이들은 자신이 이용할 수 있는 최고 수준의 호텔을 이제서야 비로소 발견하게 되었다고 좋아했다. 당시 미국 경제는 철강과 철도 산업 등이 크게 성장하면서 벼락부자가 된 백만장자들이 득실거리는 시기였다. 그런데 전부터 영국에서 사는 것을 소원했던 소유주 William Waldorf Astor는 개관 이후 단 두 번만 호텔을 방문했으며 영국으로 가서 다시는 돌아오지 않았다.

Waldorf Hotel이 오픈하기 이전부터 Boldt는 개관 이후의 상황에 대해 많은 생각을 하고 있었다. 당시 호텔 주변에는 많은 변화가 생기고 있었다. 주변에 있는 여러 오래된 건물들이 헐리고 있었는데, Boldt는 이 건물 중에서 어느 것이라도 언제든지 거대한 호텔로 돌변하면서 Waldorf Hotel에게 강력한 경쟁사로 등장할 수 있다고 예상하였다. 그중에서 그의 가장 큰 관심을 끈 건물이 호텔 바로 옆에 있는 William Waldorf Astor의 사촌인 John Jacob Astor 4세가 보유한 저택이었다. Boldt는 이 터에 Waldorf Hotel과 흡사한 호텔을 지어서 함께 운영하면 좋겠다는 생각을 하게 되었다. 그러나 공교롭게도 Astor는 Astor 4세의 어머니와 심한 불화로 반목하는 사이여서 그의 생각은 그야말로 꿈일 뿐이었다. 그러나 우여곡절을 겪은 끝에 양측을 대행하는 부동산 대리인들의 노력으로 새로운 호텔을 짓고 소유권은 다르지만 같은 경영진에 의해 함께 운영한다는 계약이 드디어 성사되기에 이른다. 그러나 John Jacob Astor 4세는 계약조건을 제시하는데 새 호텔은 Waldorf Hotel과는 다르게 반드시 자기 뜻대로 다른 방식 및 형태로 짓도록 요구했다. Astor 4세는 앙숙인 사촌에 대한 우월감을 표시하기 위해 새 호텔을 훨씬 크게 짓도록 요구했다. Boldt는 Waldorf Hotel을 설계한 Henry Hardenberg에 새 호텔의 설계도 맡겼다. 드디어 1987년 11월 1일에 17층 건물로 더 웅장한 Astoria Hotel이 개관했다. 호텔의 각 객실에는 전화가 놓였으며 초기 수준의 엘리베이터가 설치되었고 또 손님들을 태운 마차가 실내에서 편안하게 도착 및 출발할 수 있도록 하기 위해서 실내 출입구도 마련했다. 그리고 가장 큰 연회장은 1,500명을 수용할 수 있었다.

두 호텔이 합쳐지면서 모두 1,000개의 객실, 500개의 욕실, 그리고 수십 개의 연회장을 갖춘 세계 최대의 호텔이 탄생했다. 1,000실을 초과한 최초의 호텔이 된 것이다. 개관과 동시에 두 호텔은 결합되어 함께 운영되었는데 상호도 서로의 명칭을 합해서 Waldorf-Astoria Hotel로 변경됐다. 두 호텔 이름 사이에 하이픈(-)을 넣은 이유는 서로 떨어져 있는 두 호텔을 잇는 90m 정도의 멋진 대리석 통로를 설치한 것을 기념하기 위한 것이었으며, 이 통로의 명칭을 Peacock Alley라고 불렀다. 통로의 양쪽 끝에는 레스토랑을 개업했는데 통로의 이름을 따서 Peacock Alley라고 했다. 이후 Peacock Alley 레스토랑은 호텔의 최고 명물이 되었으며 모든 뉴욕 시민들이 식사 또는 술을 마시기 위해 가장 선망하는 장소가 되었다. 매일 저녁이 되면 많은 뉴욕의 신사와 숙녀들이 세련되고 우아하게 차려입고 한껏 멋을 내면서 긴 통로를 지나 Peacock Alley에 앉아 식사하면서 얘기를 나누는 것을 즐기게 되었다. Waldorf-Astoria는 남성을 동반하지 않아도 여성 혼자서도 호텔의 입장을 허용하는 정책을 누구보다도 앞장서서 시행했다. 특히 Boldt의 부인은 호텔을 여성들이 사회활동을 위한 중요한 장소로 만드는 데 애를 많이 썼다.

세계에서 가장 거대한 호텔이 된 Waldorf-Astoria는 등장하는 순간부터 크게 성공하게 된다. 미국 최대의 도시인 뉴욕에서 열리는 중요한 사교 모임은 대부분 Waldorf-Astoria에서 이루어졌다. 정치인, 기업인, 예술인, 연예인 등 대다수 유명 인사 중에서 한번이라도 호텔을 방문하지 않은 사람이 없을 정도였다. 그리고 호텔은 자선기금을 모금하기 위한 장소로도 가장 많이 이용되었으며 결혼식 등 축하 연회, 무도회, 정치 집회, 신제품 전시회 등 다양한 목적으로 많은 파티가 열리는 장소로 자리매김하게 되었다. Waldorf-Astoria는 연간 이천 회 이상의 연회가 매일 저녁에 개최되었으며 뉴욕 사교의 중심지가 되었다.

그림 5-4 Waldorf-Astoria Hotel, New York

출처: New York City LCCN2002699564

Boldt는 두 호텔을 함께 운영하기 위해 Waldorf-Astoria Hotel Company를 설립했다. 이 회사는 Astor Family로부터 호텔을 임차(Lease)한 후 운영을 담당했다. 따라서 호텔은 소유와 경영이 분리되어서 효과적으로 관리되었다. Boldt는 호텔을 운영하는 데 있어 완벽함(Perfection)을 그의 종교처럼 신봉했다. 그리고 그는 'The guest is always right'이라고 강조하면서 직원들에게 손님을 항상 정성을 다해 최고로 모실 것을 당부했다. 그러나 Waldorf-Astoria에서 대중에게 가장 잘 알려진 직원은 Boldt가 아니라 바로 Oscar Tschirky이다. 사람들에게는 'Oscar of the Waldorf'라는 별칭으로 더 유명한 그는 소년이던 1893년 Waldorf가 개업할 때부터 시작해서 1943년 은퇴할 때까지 약 50년간 일을 했다. 그가 지배인으로 한창 일을 할 때에는 몰려드는 많은 손님들을 응대하기 위해서 천 명이 넘는 직원들을 장군처럼 지휘했다고 한다. 특히 그는 유명한 식사 메뉴를 개발했는데 월도프 샐러드(Waldorf Salad), 에그 베네딕트(Eggs Benedict), 그리고 사우전드 아일랜드 드레싱(Thousand Island Dressing) 등은 모두 그가 개발한 것으로 오늘날 세계인이 사랑하는 메뉴가 되었다. Oscar는 1896년에 유명한 요리책인 'The Cookbook by Oscar of the Waldorf'를 내기도 했다.

Waldorf-Astoria Hotel의 결합을 성공적으로 이끈 후 Boldt는 자신이 소유하고 있는 필라델피아의 Belleveu Hotel 주변에 있던 경쟁호텔인 Stratford Hotel을 인수하고 직후에 건물을 헐어서 그 자리에 당시 필라델피아에서 가장 큰 호텔인 1,090실의 Belleveu-Stratford Hotel을 1904년에 건립하면서 Waldorf-Astoria Hotel에서의 성공을 재현하고자 했다. 이 사업이 성공하면서 그가 정성을 다해 모시는 부자들처럼 그 자신도 큰 부자가 되었다.

그러나 1916년 65세가 되는 해에 Boldt는 갑자기 심장마비로 사망하게 된다. 그의 사망 소식에 당시 뉴욕에 있는 모든 호텔이 조기를 게양해서 애도했다. 그는 죽기 얼마 전에 두 호텔의 소유주인 William Waldorf Astor의 아들과 John Jacob Astor 4세의 아들을 대리하는 신탁회사와 10년간 임차계약을 갱신했는데 운영회사인 Waldorf-Astoria Hotel Company는 임차료로 1년마다 80만 달러를 지급하는 조건이었다. Boldt는 생전에 Cornell University 이사회의 이사를 맡고 있었으며 대학에 많은 기부를 했다. 특히 그는 돈이 없어서 학업을 계속할 수 없는 많은 학생에게 익명으로 기부를 했다. Boldt는 최고를 지향하는 최상위 호텔이 행해야 하는 바를 성공적으로 이룩하고 이를 전 세계에 알렸다. 그리고 그는 사람들이 하찮게 여기는 숙박업(Innkeeping)을 전문적인 직종으로 승화시켰으며 미국 현대 호텔산업의 발전에 크게 공헌했다.

이 밖에 19세기 후반에 건립된 여러 호텔에서는 최신 기술이 도입되었는데 먼저 1882년에 건립된 Hotel Everett은 Thomas Edison이 발명한 전등을 처음으로 도입해서 공용 공간에 불을 밝혔으며 이어 1883년에 개관한 Sagamore Hotel은 호텔 전체를 전등으로 밝혔다. 또 뉴욕에서 1894년에 개관한 Hotel Netherlands는 처음으로 전화를 설치했다.

유럽의 그랜드호텔 시대

미국에서는 1829년에 건립된 Tremont House를 그랜드호텔의 원조라고 주장하고 있지만 유럽 사람들의 생각은 다르다. 과거 유럽의 궁전과 같이 웅장하고 호화로운 그랜드호텔의 본산은 유럽이라고 믿고 있다. 유럽에서는 그랜드호텔의 시대가 프랑스 파리에 Grand Hotel du Louvre가 건립되면서 비로소 시작된 것으로 보고 있다(〈그림 5-5〉).

유럽 최초의 그랜드호텔로 인정되고 있는 Grand Hotel du Louvre는 1855년에 파리 팔레 루아얄 광장(Place de Palais-Royal) 지역에 건립되었다. 당시 파리는 나폴레옹 3세의 명령으로 새로운 면모로 대대적인 변신을 시도하는 와중이었다. 정부의 시책에 발맞춰 은행가였던 Pereire 형제는 그랜드호텔의 건립을 결정하였다. 700실을 보유한 호텔은 당시 유럽에 혁신적인 서비스를 최초로 제공했는데, 실내 욕실 및 화장실과 증기로 운용되는 엘리베이터가 특히 유명했다. 호텔은 같은 해인 1855년에 개최된 파리 만국박람회를 대비하기 위해서 건축되었는데, 설계는 Alfred Armand가 담당했으며 개관하자마자 유럽 최대의 호텔로 등극하였다. 그런데 전체 건물은 호텔과 백화점이 함께 영업하도록 설계되었다.

Grand Hotel du Louvre의 로비는 매우 널찍했고 유리 천장으로 덮은 커다랗고 긴 안뜰(Courtyard)이 있었으며 이를 따라 많은 가게가 150m 정도로 즐비했다. 관광객들이 잘 이용하는 대중적인 레스토랑은 300명을 수용할 수 있었으며 비싼 메뉴를 파는 레스토랑인 살롱(Salon)도 존재했다. 호텔은 프랑스 요리뿐만 아니라 외국 요리도 잘하는 것으로 유명했다. 한창일 때 700실의 호텔에는 직원 1,250명이 근무했다.

그러나 1872년 건물을 소유했던 회사가 도산하고 새로운 소유주는 차츰 호텔 공간을 백화점으로 전환하기 시작했으며 종국에는 호텔을 없애버리고 백화점으로만 사용하였으며 결국 호텔은 1887년 11월 영업을 종료했다. 그러나 Grand Hotel du Louvre는 같은 지역의 다른 장소로 옮겨 1888년에 다시 개관했으며 현재까지 계속해서 영업하고 있다.

그림 5-5 Hotel du Louvre, Paris

Original Grand Hotel du Louvre
1855~1887년

Second Grand Hotel du Louvre
1888년~현재

출처: Wikipedia & 저자

다음으로 파리에 건립된 그랜드호텔이 Le Grand Hotel이다(〈그림 5-6〉). Grand Hotel du Louvre를 건립한 Pereire 형제가 이 호텔도 건립했으며 설계도 역시 Alfred Armand가 담당했다. 1862년 5월 5일에 열린 개관식에 당시 황제 나폴레옹 3세의 왕비 Eugénie도 참여했다. 구경을 마친 왕비는 호텔이 너무 훌륭해서 마치 퐁텐블로(Fontainebleau)와 같은 옛 궁전에 있는 것처럼 느껴졌다고 소감을 밝히기도 했다. Le Grand Hotel의 개관은 당시 프랑스의 뛰어난 과학기술과 예술을 상징하는 것이기도 했다. Pereire 형제는 호텔을 잠만 자는 곳이 아니라 맛있는 식사와 오락 및 여흥을 즐길 수 있는 장소가 되기를 원했다. 호텔이 개관하는 순간부터 현재까지 영업을 지속하고 있는 레스토랑인 Café de la Paix는 파리 시민과 유명한 예술인뿐만 아니라 파리를 여행하는 전 세계 모든 관광객이 즐겨 찾는 관광명소가 되었다. 파리의 명물 오페라 하우스 정면에 있는 800실의 호텔은 중심부에 위치해서 많은 유명 인사, 예술인, 왕족과 귀족의 관심을 끌게 되었다. 그러나 1887년에 Pereire 형제가 도산하면서 소유주가 바뀌었으며 이후에도 손이 여러번 바뀌게 된다. Le Grand Hotel은 InterContinental Paris Le Grand Hotel이라는 상호로 현재도 계속해서 영업하고 있다.

이후에도 파리에서는 많은 그랜드호텔이 등장하는데 가장 유명한 호텔이 바로 건설적인 호텔리어인 Cesar Ritz가 1898년에 건립한 Ritz Paris이다.

그림 5-6 Le Grand Hotel, Paris(왼쪽 건물; 오른쪽은 오페라 하우스)

출처: parislegrand.intercontinental.com/en/history

영국의 그랜드호텔 시대

산업혁명이 발발한 18세기 중반 이후 철도노선이 전국적으로 개설되면서 여행 인구가 크게 증가하게 되었다. 산업혁명으로 생겨난 공장을 경영하면서 막대한 부를 쌓은 자본가들은 집안 생활에서뿐만 아니라 여행을 하는 도중에도 과거 파리 귀족들의 생활양식을 동경해서 모방하게 되었다. 따라서 과거 파리에 있던

hôtel과 같이 웅장하고 화려한 모습을 한 그랜드호텔이 런던을 중심으로 많이 건립되기 시작했으며, 영국에서도 그랜드호텔의 시대가 개막된다.

18세기에 영국은 네덜란드를 격파하고 세계 교역의 주도권을 장악하게 된다. 이어지는 19세기 전반에 걸쳐 영국은 빅토리아여왕이 64년간 집권하면서 'Pax Britannica' 전성기를 누리게 되었다. 영국의 최전성기인 이 시기에는 대폭적인 인구 증가, 산업혁명으로 인한 산업화, 도시화, 교통수단 혁명, 사회 및 정치 개혁, 정부의 자유방임적인 경제정책, 소득 증가 및 신흥 부호의 등장 등과 같은 여러 거시적 요인들이 복합적으로 작용하게 되면서 비즈니스 및 여가 여행이 대폭 증가하게 되었다. 이에 따라 자연발생적으로 많은 호텔이 건립되면서 영국의 호텔산업은 크게 발전하는 계기가 만들어졌다.

19세기에 영국 호텔산업이 크게 발전하는 데 기여한 세 가지 요인을 요약하면, 먼저 1880년대 초반부터 영국에 처음으로 호텔체인이 등장하고 사업가가 나타나기 시작했다. 그리고 날로 성장하는 미국 호텔산업에서 비롯된 혁신이 영국 호텔산업에 전해졌기 때문이다. 또한 영국 호텔산업은 프랑스 요리의 영향을 많이 받게 되었다. 지금부터 세 가지 요인에 대해 구체적으로 살펴보기로 한다.

첫째, 영국에서는 처음으로 호텔사업을 전문적으로 수행하는 초창기 호텔체인이 등장하기 시작했다. 1839년부터 영국에는 철도호텔이 등장하기 시작했는데, 호텔들을 소유했던 철도회사들은 처음에는 운영을 담당하지 않았다. 그러나 1880년대 초반에 철도회사인 Midland Railway Company가 연회책임자로 William Towle을 임명하면서 상황이 달라지기 시작했다. 주로 열차 객실에서 근무했었던 Towle은 처음으로 열차 내에서 빵 등이 담긴 바스켓을 식사로 손님에게 제공하게 되면서 능력을 인정받게 되었으며 결국 Midland Grand Hotel의 경영을 책임지게 됐다. 그는 종전처럼 타인에게 임대하는 방식으로는 호텔에서 손님에게 항상 균일한 품질의 서비스를 제공하기 어렵기 때문에 불만이 증가할 수밖에 없다는 사실을 깨닫게 되었다. 이와 같은 문제를 해결하기 위해서 그는 호텔의 운영을 직접 담당해서 호텔에서 일관적이고 향상된 서비스가 손님에게 제공될 수 있도록 만들었다. 서비스가 향상되면서 사업은 크게 성장했으며 큰 수익을 올리게 됐다. 이후 그의 지휘 아래 Midland Hotel은 Manchester, Bradford, Derby, Morecambe 등지에 차례로 건립되었다. 특히 맨체스터 중앙역에 건립된 Midland Hotel Manchester는 체인의 기함호텔(Flagship Hotel)로서 큰 명성을 누렸다. Towle의 지휘 아래 Midland Hotel은 전성기에는 10개의 호텔을 거느리게 되면서 당시 유럽 최대의 호텔기업으로 성장했다. Midland Railway Company는 영국 최초의 호텔체인으로 인정되고 있다. 그리고 Towle은 종전에 주로 가족에 의해 운영되던 호텔을 당당한 전문적 비즈니스(Business)로 전환하는 데 크게 공헌했다.

Midland Railway를 비롯한 여러 철도회사가 호텔산업의 성장을 주도한 결과 1911년이 되자 23개의 철도회사가 영국의 주요 도시에서 107개의 철도호텔을 소유 및 운영하게 되었다. 이들의 성장은 결국 영국 호텔산업의 발전으로 이어졌다.

철도회사 다음으로 영국 호텔산업의 발전을 이끈 사람들은 창업가정신으로 비상한 비전을 보유했던 사업가들(Entrepreneurs)이었다. 먼저 Frederick Gordon은 레스토랑 사업으로 재산을 모으게 되었다. 특히 그는 1874년에 새로운 개념의 Holborn Restaurant을 창업해서 큰 성공을 거두며 이는 인기가 많은 체인 레스토랑으로 성장했다. Gordon은 1890년부터 호텔산업으로 진출하면서 사업을 확장했다. 처음에 런던에서 First Avenue Hotel과 Metropole Hotel을 개업했고, 이후 트라팔가 광장에 있던 유명한 Grand Hotel을 인수했으며, 이어서 Burlington Hotel과 Brighton Metropole을 개업했다. 그리고 해외로 진출을 하게 되는데 프랑스의 칸과 모나코의 몬테카를로에도 Metropole Hotel을 개관했다. 그의 이름을 딴 Gordon Hotels를 설립했으며 후에 런던 주식시장에 기업을 상장했다. Gordon의 뛰어난 활약상을 보고 당시 호텔업계에서는 그를 'The Napoleon of the Hotel World'라는 별칭으로 불렀다.

Savoy Theater와 같은 오페라극장 사업을 했던 사업가인 Richard D'Oyly Carte는 미국을 여행하면서 목격한 신기술을 도입한 미국 호텔의 발전상과 선진 경영기법에 깊은 감명을 받았으며, 그도 런던에 최고로 호화로운 그랜드호텔을 건립할 것을 결심하게 되었다. 그는 오페라극장 사업으로 모은 많은 돈을 투자해서 드디어 1889년 런던에 267실의 Savoy Hotel을 건립했는데, 유명한 건축가였던 Thomas Collcutt에 설계를 맡겼다. 영국에서는 처음으로 전등과 엘리베이터가 설치된 호텔이었으며 객실의 대리석 욕실에서는 항상 뜨거운 물을 이용할 수 있었다. Carte는 유명한 호텔리어 Cesar Ritz를 고용해서 크게 성공한다. 이후 그는 1893년에 런던의 유명 호텔인 Claridge's를 인수하는 동시에 대대적으로 수리해서 명성을 크게 높였다. 이후에도 그는 1896년 로마의 Grand Hotel, 1898년 Simpson's-in-the-Strand, 1900년 Berkeley Hotel 등을 차례로 인수해서 Savoy Group을 건설했다.

둘째, 세계 최고 수준으로 발돋움한 미국 호텔산업의 발전이 영국 호텔산업에 큰 영향을 미쳤기 때문이다. 미국 초기의 그랜드호텔인 Tremont House와 Astor House의 성공은 영국에 빠르게 전해졌다. 이 호텔들은 영국의 전통적인 숙박업과는 완전히 딴판이었는데, 실내 욕실 및 화장실, 엘리베이터, 가스등과 혁신적인 서비스에 영국인들은 경악을 금치 못했다. 당시 미국을 여행했던 영국인들은 미국의 호텔들은 영국의 호텔과는 다른 원칙 또는 방식에 의해 운영되고 있다는 것을 쉽게 인지할 수 있었다. 한편 1800년대 중반까지 미국과 달리 영국에서 투자자는 기업의 부채에 대해 무한한 책임을 지도록 하는 법이 있어서 많은 돈이 드는 대형호텔 사업에 쉽게 투자를 할 수 없는 환경에 처해 있었다. 그런데 1857년에 영국에서도 미국처럼 투자자의 책임을 기업에 투자한 자본액만큼만 한정(Limited Liability)하는 것으로 관련법이 개정된다. 법이 개정되자 미국의 혁신적인 호텔 건축양식과 합리적인 경영방식을 채택한 많은 호텔들이 전국 각지에 건립되기 시작했다.

보다 자세하게 살펴보면 1860년부터 1890년 사이에 런던에는 16개에 이르는 주요 그랜드호텔이 들어섰는데, 그중 1860년 Westminster Palace, 1876년 Midland Grand Hotel(=St Pancras), 1883년 First Avenue Holborn, 1889년 Savoy 등이 대표적이다. 이 호텔들은 미국에서 대형 호텔의 탄생을 가능하게 한 건축기술을 빌려왔으며 그 결과 호텔들의 객실 규모는 과거 평균 100실에서 300실로 대폭 증가했다. 미국 호텔에서 소개된 혁신적인 기술도 도입했는데, Westminster Palace는 처음으로 엘리베이터를 설치했으며 Savoy는 객실 267개인 호텔에 실내 욕실 67개를 설치했다. 비슷한 시기에 종전의 전형적인 호텔로 개업한 Hotel Victoria에서는 500명에 달하는 손님들이 4개의 욕실을 공유해야 하는 불편을 감수해야 했다. 그랜드 호텔들은 세탁실 및 주방의 배관기술을 도입하면서 호텔을 운영하는 데 효율성을 향상할 수 있었다. 또 당시 The Times의 기사 내용을 보면 미국에서 호텔의 의미는 훨씬 광범위해서 단지 잠자고 식사하는 장소일 뿐만 아니라 다양한 가게, 독서실, 흡연실, 당구장, 레스토랑, 바 등과 같이 다양한 시설을 갖춘 장소라고 묘사하였다. 이와 같은 미국 호텔이 '대중의 궁전'으로서 사회생활의 중심지 역할을 하는 것을 영국의 호텔들도 차츰 배우기 시작했다.

이처럼 혁신을 모방하기 위해 영국 호텔기업의 임원들은 1850년대 후반부터 관리자들에게 미국으로 여행을 가서 선진 운영기법을 배워올 것을 독려했다. 예를 들면 Midland Railway Company는 관리자와 회사에 소속된 건축기술자에게 미국에 가서 여러 호텔을 방문하도록 한 후 호텔의 구조 및 관리기법과 관련된 정보를 최대한 수집해오도록 했다. 이들이 목격한 다른 혁신적인 운영기법을 보면 1830년대부터 미국의 대형 그랜드호텔에서는 동시에 몰려드는 손님들을 보다 효율적으로 응대하기 위해서 American Plan이란 새로운 요금체계를 개발했는데, 손님에게 제시되는 사전에 정해진 요금에는 객실 이용요금과 식사 요금이 모두 포함되도록 설계했다. American Plan을 채택하는 호텔에서는 총 숙박요금에는 1일 3식대가 포함되는데, 손님에게 이런 사실을 주지시키고 등록하도록 했다. 손님들은 호텔에서 사전에 정해진 시간 및 식당에서 아침, 점심, 저녁 하루 세끼를 해결했다. 영국에서는 1858년 런던의 New York Hotel이 처음으로 American Plan을 도입했으며 이후 점차 많은 호텔이 따라서 채택하게 됐다. 이뿐만 아니라 영국 호텔들은 미국에서 사용하는 호텔의 명칭도 따라서 하게 되는데, 예를 들면 Palace at Buxton처럼 'Palace'가 이용됐으며 또 First Avenue와 같은 미국 도시에서 이용하는 어휘도 명칭으로 사용하기도 했다.

셋째, 영국 호텔산업은 프랑스 요리의 영향을 많이 받게 되면서 크게 성장하게 되었다. 정해진 가격으로 판매되는 메뉴, 손님을 위한 개별 좌석 등과 같은 현대 레스토랑의 개념은 1760년대 프랑스에서 처음 유래된 것으로 알려져 있다. 당시 영국에서 프랑스 요리는 최고의 요리로 칭송되고 있었는데, 그 이유는 세 가지가 있다. 첫째, 프랑스 요리는 정교한 요리의 진수였다. 둘째, 당시 영국 및 유럽의 귀족사회에서는 프랑스 요리가 상류사회의 첨단 유행이었다. 셋째, 프랑스 대혁명으로 레스토랑이란 개념이 민주화되었기 때문이었다.

1850년대부터 영국에 있는 많은 호텔에서 손님들에게 프랑스 요리를 제공하는 것이 대유행하게 되었다. 호텔들은 파리의 유명한 레스토랑인 Cafe Anglais in

Paris의 메뉴를 본떠서 손님에게 선전했으며 특히 높은 품질의 메뉴, 프랑스 귀족들의 풍습, 그리고 요리 및 와인의 탁월성을 강조했다. 그런데 영국에서는 대중적인 레스토랑이 흔하지 않아서 처음에는 많은 호텔들이 식당시설 없이 건립했는데, 손님들은 객실에서 식사하는 것이 일반적이었다. 그러다 1875년 런던의 Albemarle Hotel이 처음으로 레스토랑을 대중에게 개방해서 영업하였으며, 이후 호텔 레스토랑은 인기를 끌게 됐다. 이후 런던을 중심으로 탁월한 고객 서비스와 최고의 식사로 대중의 인기를 독차지하게 되었다. 대표적인 사례가 바로 1889년 런던에서 Richard D'Oyly Carte에 의해 건립된 Savoy이다. 그는 당시 런던에서 최고의 호텔인 Savoy에서는 Cafe Anglais in Paris와 동등한 요리가 제공된다고 자랑했다. Savoy는 큰 성공을 거두었는데 이는 전설적인 호텔리어 Casar Ritz와 전설적인 프랑스 주방장이었던 Georges Auguste Escoffier가 없었다면 불가능한 일이었다. 두 사람은 최고의 서비스와 함께 최고의 프랑스 요리를 손님에게 제공하면서 공전의 히트를 기록했다. 이처럼 프랑스 요리는 최고의 자리를 차지하고 있었다. Ritz와 Escoffier에 대해서는 본장의 말미에 보다 자세하게 살펴보도록 하겠다.

미국, 프랑스, 영국에서 그랜드호텔은 전성기를 구가하면서 호텔산업의 새로운 이정표를 계속해서 쌓아 나갔다. 철도와 증기선의 등장으로 유럽 전역은 물론이고 대륙 간 이동이 편리해지면서 수많은 세계인이 여행에 나서게 되었으며 이들이 찾는 훌륭한 그랜드호텔의 열풍도 전 세계로 전파되었다.

미국과 유럽의 그랜드호텔 열풍은 특히 19세기 이후 서양 문물을 답습하기 바빴던 동양에도 큰 영향을 미쳤으며, 아시아 대륙의 주요 도시에도 웅장하고 화려한 그랜드호텔이 많이 건립되었다. 당시 건립된 주요 그랜드호텔의 면모를 살펴보면 1876년 방콕의 Oriental Hotel, 1887년 싱가포르의 Raffles Hotel, 1890년 동경의 제국호텔(Imperial Hotel), 1903년 뭄바이의 Taj Mahal Hotel 그리고 1928년 홍콩의 Peninsula Hotel 등이 있다. 그랜드호텔의 시대는 1920년대까지 이어지는데 이에 대해서는 다음 장에서 살펴보기로 하겠다.

Cesar Ritz와 Ritz Hotel

유럽의 그랜드호텔 시대에 활약했던 최고의 호텔리어를 뽑는다면 첫 번째로 등장하는 인물이 바로 전설적인 호텔리어 Cesar Ritz(1850~1918)이다. Cesar Ritz는 우아하고 세련된 최고급 서비스로 그랜드호텔의 시대에 최고의 명성을 누린 호텔인이었다.

스위스에서 태어난 Ritz는 15세에 견습생 및 웨이터보조로서 처음으로 호텔에서 일을 배우게 된다. 그러나 그는 호텔 일을 하기에는 자질이 부족하다는 핀잔까지 받은 끝에 결국 호텔에서 해고된다. 다시 학교로 돌아온 그는 이내 다시 1867년 만국박람회가 개최되는 파리로 구경을 떠났다. 파리에서의 5년 동안 전체 인생을 결정짓는 많은 경험을 하게 되었다. Hotel de la Fidélité에서 웨이터로 짧게 시간을 보낸 후 고급 레스토랑에서 웨이터로 일을 하게 되었다. 그러나 그는 일에 대한 열정이 지나쳐서인지 너무 활발하게 일을 하다가 많은 접시를 깨트렸다는 이유로 해고되는 신세에 처한다. 다시 다른 레스토랑에서 일을 시작해서 웨이터에서 지배인으로 승진하게 되며 이후 1869년부터 1872년까지 빅토르 위고 등 파리 상류층이 이용하는 고급 레스토랑인 Voisin에서 일을 하며 특히 주인으로부터 진귀한 요리 등 비즈니스에서 중요한 많은 것을 배우고 터득했다. Ritz는 1872년부터는 유럽에서도 화려한 호텔로 유명한 Hôtel Splendide의 플로어 웨이터로 일을 하게 되었으며 여기서 그는 많은 부자나 자수성가한 유럽인과 미국인 손님들을 만나게 되면서 그들로부터 큰 영향을 받는다. 1873년에는 국제박람회가 열리는 빈에 있는 호텔에서 웨이터로 있으면서 사회 저명인사들이 좋아하는 식사 메뉴 및 행태에 대해 상당 부분 알게 되었다. 같은 해 겨울부터는 니스에 있는 Grand Hotel의 레스토랑에서 생애 처음으로 관리를 담당하는 지배인으로서 일하게 되는 기쁨을 누렸다.

Ritz는 다시 스위스에 있는 Rigi-Kulm Hotel로 옮겨서 일을 시작했는데 여기서 그의 경력에서 가장 큰 전환점과 마주하게 된다. 날씨가 갑작스럽게 몹시 추워진 어느 날 고장으로 호텔의 중앙난방시스템이 중단되었다. 그런데 마침 예약된 40명의 미국인 단체 손님들이 점심을 위해 호텔에 막 도착하고 있었다. Ritz는 재빨리 식사 메뉴를 뜨거운 요리로 바꾸는 한편 테이블을 작은 거실로 옮겼으며 구리 꽃병에 있던 야자수를 기름과 함께 화로에 넣고 불을 지펴 실내를 빨리 따뜻하게 했다. 또 오븐으로 벽돌 40개를 뜨겁게 달군 후에 얇은 모직물 의류로 잘 감싼 후에 각 손님에게 발판으로 제공해서 식사 중에 춥지 않도록 했다. 이와 같은 일화가 스위스 루체른에 있는 Grand Hotel National의 소유주 Max Pfyffer에게 알려지게 되었다. 이때쯤 되자 Ritz는 출중한 자질을 갖춘 호텔리어로 변모해 있었다. 많은 경험을 쌓게 되면서 그는 한번 본 고객의 이름이나 얼굴은 절대 잊는 법이 없었으며 고객의 요구에 최대한 재빠르게 응대하는 것을 매우 중요하게 생각했다. 그뿐만 아니라 그는 손님들의 취향과 욕구에 대해 자세히 파악해서 꼼꼼하게 잘 기록해 두었다. 예를 들면 A 손님은 아침 식사로 특정 메뉴를 선호한다든지 또는 B 손님은 밤에 취침 전에 항상 침대 옆에 물이 든 물병을 두는 습관이 있다 등이다. 그리고 Ritz는 행사 기획자로서 저녁 여흥과 축하 연회 등을 능숙하게 조직하고 지휘할 수 있었다. 또 그는 영어, 프랑스어, 독일어를 모두 구사할 수 있었다.

이후 그는 성수기로 손님이 많이 몰리는 지역에서 근무하기 위해 여러 호텔을 옮겨 다니게 되었는데 여름에는 니스나 산레모 등지에서 그리고 겨울에는 리기(Rigi)산과 같은 산록이나 루체른호에서 근무했다. 그런데 Ritz는 산레모에 있는 Hotel Victoria를 운영하는 동안에 좋은 교훈을 얻게 됐다. 이 호텔에는 폐결핵을 앓는 손님들이 산록의 맑은 공기를 마시기 위해 많이 찾고 있었다. 이에 Ritz는 엄격한 위생 기준을 호텔에 적용하도록 했다. 먼저 객실 청소를 더 철저하게 했으며 호텔 많은 부분에서 이용되는 커튼 등이 무겁고 두툼한 직물로 되어있어 먼지가 많다는 사실을 파악하고 나서 호텔에서 사용하는 모든 직물을 세탁이 가능한 천이나 직물만을 이용하도록 했다. 그리고 그는 먼지가 비교적 적은 속이 비치는 면직물과 가벼운 실크를 이용했으며 또 벽은 먼지를 부르는 벽지 대신에 페인트로 칠하도록 했다. 또 여기서 그는 객실마다 욕실이 필요하다는 것을 절실히 느끼게 되었다. 그의 이런 위생과 청결을 향한 집중은 후일 Ritz Hotel 체인을 상징하는 중요한 특징이 되었다.

몇 년 후 Max Pfyffer의 제안으로 Ritz는 1877년부터 성과가 시원치 않았던 Grand Hotel National의 총지배인을 맡게 되었는데, 부임하기 이전에 이미 Ritz는 유럽 호텔산업에서 떠오르는 스타로 유명해져 있었다. 또 Pfyffer의 추천으로 Ritz는 모나코 Grand Hotel의 경영도 동시에 맡아서 하게 되었으며 겸직은 1888년까지 유지됐다. Max Pfyffer가 1870년에 루체른 호수에 건립한 Grand Hotel National은 프랑스 르네상스 양식으로 지어졌으며 혁신적인 기술을 도입한 크고 훌륭한 호텔이었다. 호텔에 부임한 Ritz는 우아한 호텔문화의 전통을 수립했다. Ritz의 역동성, 손님의 욕구를 잘 이해하는 본능, 그리고 탁월한 고객 응대 능력은 성공으로 이어졌으며 몇 년 만에 호텔은 이내 유명해졌다. Ritz는 1881년에 프랑스 요리의 대가였던 Georges Escoffier(1846~1935)를 주방장으로 영입했으며, 이때부터 두 사람은 함께 전설을 만들어 내기 시작했다. 성격이 판이하게 다른 두 사람이었지만 사업에서만큼은 정확하게 일치했다. Escoffier는 손님에게 진귀하고 창의적인 메뉴를 제공했으며 Ritz-Escoffier 콤비의 활약으로 호텔은 국제적인 명성을 쌓게 되었다. 다수의 유럽 왕족이 방문하면서 인기는 절정에 달하게 됐다. 호텔에서 두 사람은 직원들에게 **'완벽한 서비스가 되려면 반드시 단순해야 한다'**고 강조했다. 이를 위해 Ritz는 과시적인 커튼이나 상투적인 환영인사를 지양하는 대신에 밝은 색, 꽃 그리고 사려깊은 개인적 서비스가 손님을 호텔의 친구로 만들 수 있다고 했다. Escoffier는 상류층 손님에게 세련되고 단순한 요리를 개발해서 제공했는데, 전통적인 요리에서 볼 수 있는 먹을 수 없는 불필요한 장식과 과도한 소스를 제거했다. 이후 Ritz의 단순한 스타일과 Escoffier의 창의적인 요리는 호화로움의 상징이 되었다. 두 사람의 활약은 Grand Hotel National을 유럽 최고의 호텔로 만들었을 뿐만 아니라 두 사람의 국제적인 명성을 더욱 드높였다.

Grand Hotel National에서 근무 중이던 기간에 Ritz는 개인적인 사업도 시작하게 되는데 1887년에 칸에 있는 Hotel de Provence를 그리고 바덴바덴에서는 Minerva Hotel과 레스토랑을 인수했는데, 두 호텔은 작지만 Ritz가 소유한 최초의 호텔이었다. 1888년에는 독일 바덴바덴에서 Escoffier와 동업해서 Conservations Haus라는 레스토랑을 개업했다.

이듬해인 1889년 Ritz는 런던 최고의 그랜드호텔로 신축해서 개업하는 Savoy Hotel의 소유주였던 Richard D'Oyly Carte의 초청으로 처음에는 개관식에만 참여했다. 그러나 개업 후 Savoy의 성과가 별로 좋지 않자 1890년에 Carte는 국제적으로 명성이 자자한 Ritz와 Escoffier를 총지배인과 주방장으로 함께 초빙해서 호텔의 경영을 담당하게 했다. Ritz의 출중한 리더십으로 호텔은 대성공을 기록하게 된다. 특히 프랑스 요리를 동경하던 영국인들에게 Escoffier가 보여준 탁월하고 창의적인 요리 솜씨는 깊은 감명을 주었다. 특히 호텔을 자주 방문하는 영국과 유럽의 왕족들이 많아지면서 영국 사회의 상류층 사교를 점령하게 되었다. 가장 유명한 고객이 바로 후일 영국 국왕 에드워드 7세로 등극하는 황태자(Prince of Wales)였다. Ritz는 손님들이 자주 찾는 호텔이 되기 위해서는 무엇보다도 성공적인 레스토랑 운영이 중요하다는 사실을 누구보다도 먼저 파악한 인물이었는데, Escoffier와 동반자 관계를 오랫동안 잘 유지했던 것을 보면 더욱 확실해진다. Ritz는 흥을 돋우어 좋은 분위기를 조성하고 또 손님들이 오래 머물 수 있도록 하기 위해 요한 슈트라우스와 빈(=비엔나) 필하모니 오케스트라를 불러서 레스토랑에서 연주하도록 했다. 어떤 프로그램을 보면 레스토랑 내에 수로를 만들어서 많은 손님을 태운 베네치아식 곤돌라 위에서 사공 차림을 한 유명 성악가가 노래를 부르도록 했다. 이처럼 Savoy의 훌륭한 저녁 식사와 함께 즐거운 여흥 시간을 갖는 프로그램은 영국 호텔에서는 처음으로 시도된 것이었다. 공전의 히트를 기록한 이 프로그램은 유행이 되면서 런던은 물론이고 영국 전역에 있는 지방 호텔과 리조트 호텔에서도 모방하였다. Savoy에서 행해지는 화려하고 사치스러운 저녁 행사는 모든 런던 사람들에게 동경과 관심의 대상이었다.

그런데 Ritz는 Savoy의 화려한 레스토랑에서 여성 고객을 유심히 살펴보았다. 당시 영국 사회에서 부인들은 집에서 식사하고 남편들은 남성 전용 클럽에서 식사할 수 있었다. 그리고 여성은 남성을 동반하지 않고서는 대중 레스토랑에서 식사할 수 없는 뿌리박힌 전통이 존재하고 있었다. 이에 Ritz와 Carte는 아이디어를 내서 Ritz와 절친한 단골이자 런던 사교계의 유명 인사인 백작부인 Lady de Grey에게 호텔 레스토랑에 여성 친구들만 초청해서 작은 저녁 식사시간을 가져보도록 하는 제안을 했다. 이 제안을 쾌히 수락한 백작부인은 10명 정도의 부인들을 레스토랑에 초대해서 저녁을 하게 되었다. 부인들은 레스토랑의 중심 테이블에 앉아서 식사하기 시작했다. Ritz는 주위 시선을 피하고 예의를 갖추기 위해서 좌석 주변에 몇 개의 칸막이를 설치해서 부인들의 식사 모습이 주변에 많이 노출되는 것을 피하고자 했는데, 오히려 칸막이 때문에 다른 손님들의 관심이 더욱 증폭시키는 결과가 초래됐다. 담소를 나누며 식사하는 중에 들리는 부인들의 웃

음소리가 레스토랑 전체로 퍼져 나갔다. 수백 년 묵은 전통이 깨지는 순간이었다. 이후 영국 사회에서는 많은 사람들 사이에 부인들만의 연회 이야기가 회자되기 시작했으며 결국 이를 따르는 새로운 관습이 만들어지면서 이내 크게 유행하게 되었다. 부인들의 연회라는 아이디어를 내었던 Ritz의 궁극적인 목적은 새로운 고객인 여성들을 유인해서 레스토랑의 수입을 증가하기 위함이었다. 그리고 그는 여성들이 많이 이용해야만 호텔과 레스토랑이 더 유명해질 수 있다고 믿었다. 이런 일화에서 Ritz의 천재성을 엿볼 수 있다. 이 외에도 그는 절친한 고객이었던 영국 의회의 몇몇 의원을 설득해서 일요일과 평일 오후 11시 이후에는 레스토랑 영업을 금지했던 법을 개정하는 것에 성공하기도 했다.

Ritz와 함께 Savoy에 새로 부임한 Escoffier는 혁신적인 **주방직급체계 관리시스템(Kitchen Brigade Management System)**을 소개하면서 영국 최초로 체계적인 대규모 주방생산시스템을 호텔에 도입했다. 주방직급체계는 주방에서 질 좋은 완성된 요리를 생산하기 위해 각 사람의 역할을 분업 즉 세분화해서 수행하도록 해서 신속하게 요리를 만드는 방식이다. Escoffier의 대량생산 시스템은 영국의 주방관리시스템을 혁명적으로 변화시켰는데 그는 메뉴의 단순화와 함께 약간의 좋은 식재료를 사용해서 가볍지만 강렬한 소스로 조화를 이룬 요리를 개발하는 것을 강조했다. 당시 Escoffier의 주방에는 약 200명에 달하는 주방장과 주방보조들이 함께 일을 했으며 그는 주방관리 노하우를 배우려는 영국의 젊은 주방장 100여 명을 교육하고 지도했다. Escoffier는 이 호텔에서 유명한 오페라 가수의 이름을 딴 'Peche Melba'처럼 인기가 높았던 여러 메뉴도 개발했다. 후일 Escoffier는 레스토랑을 포함한 Savoy Hotel은 순식간에 현대 호텔경영의 모델이 되었다고 회고했다. Escoffier와 Ritz 두 사람은 1890년부터 1897년까지 근무하면서 Savoy를 유럽 최고의 호텔로 변모시켜 놓았을 뿐만 아니라 그들의 경력도 최절정기로 향하게 했다.

그림 5-7 Ritz & Escoffier

출처: https://de.wikipedia.org/wiki/C%C3%A9sar_Ritz & https://www.britannica.com/biography/Auguste-Escoffier

그러나 1897년에 Ritz와 Escoffier는 회계감사의 결과로 드러난 3,400 파운드에 달하는 와인 및 주류가 사라진 것에 대한 책임과 함께 공급업자로부터 리베이트를 받았다는 의심을 받게 되었으며 결국에 Carte는 두 사람을 해고해 버렸다. 부당한 해고라고 여긴 Ritz는 법적 소송을 고려하지만 Escoffier가 이런 스캔들로 해서 더 시끄러워지게 되면 오히려 두 사람에게 더 큰 손해가 될 수 있다고 설득하면서 문제는 조용히 해결됐다. 이와 같은 사실은 그로부터 많은 시간이 흐른 후에야 비로소 밝혀졌다고 한다. 그런데 Ritz가 해고되자 백작부인 Lady de Grey도 "Ritz가 가는 곳이면 나도 같이 간다"(Where Ritz goes, I go)라고 하면서 Savoy에서 예약했던 모든 파티를 바로 취소해 버렸다. 이와 같은 상류층 고객의 Ritz를 향한 높은 충성도는 성공의 원동력이 됐다.

Savoy에 근무하는 와중에 Ritz는 숙원이던 자신의 이름을 내건 호텔을 건설하는 계획을 세우게 된다. Savoy에서 해고되기 전부터 여러 고객이 그에게 파리에 호텔을 건립해보는 것이 어떠냐고 여러 번 제안하기도 했다. 자금을 마련하기 위해 그는 1896년에 남아공 출신의 세계적인 부호인 Alfred Beit와 공동으로 Ritz Hotel Syndicate를 창립했다. 호텔을 지을 자리를 물색하던 그는 파리 중심지인 방돔광장(Place Vendome)에 1705년에 건립돼서 귀족이 살았던 저택인 Hôtel de Garmont를 매입했다. Ritz는 건축가 Charles Mewes에 맡겨서 건물을 최고의 호텔로 개조하도록 했는데, 그에게 가장 강조한 것은 현대성(Modernity)이었으며 더불어서 위생, 효율, 그리고 아름다움을 요청했다. 그는 호텔을 짓는 목적을 왕자도 자기 집으로 원할 정도로 최고로 우아하고 안락하면서도 현대적인 호텔을 상류층 고객에게 제공하는 것으로 삼았고, 이를 실현하기 위해 심혈을 기울였다. Ritz Paris는 Ritz가 자식처럼 가장 아낀 호텔이었다. 호텔공사가 진행되는 동안에 Ritz는 부인과 함께 호텔 건물에서 살았으며 완성되는 마지막 순간까지 지나치다 싶을 정도로 세세한 부분들을 직접 챙기고 감독했다. 그는 하루 공사가 마무리되면 내부를 다니면서 새 작업이 어떻게 잘 진행되고 있는가를 살펴보았다. 아내에 의하면 "그때마다 그는 기뻐했다. 그러나 절대 만족할 줄 몰랐다." Ritz는 특히 위생과 청결을 강조했는데, 호텔 내부는 혁신적으로 객실마다 욕실을 설치했으며 침구 등의 리넨은 모두 살구색상을 이용했으며 또 처음으로 객실을 전기조명으로 밝혔고 전화기도 설치했다. 드디어 1898년 6월 1일 자신의 이름을 건 첫 번째 호텔인 210실의 Ritz Paris가 개관했다. 화려한 개관식에는 왕족 등 많은 유럽의 상류층 인사들이 축하하기 위해 대거 모여들었으며 호텔은 개관하자마자 상류층 사회의 인기를 독차지하는 대성공을 거두었다. Ritz Paris가 오픈한 이듬해에 Ritz는 새로 개업한 Carlton Hotel을 경영하기 위해 런던으로 부임해야 했는데, 그가 없어도 대신해서 못지않게 Ritz Paris를 최고의 호텔로 유지해 나갈 수 있는 역량을 보유한 직원을 찾아서 지도하는 데 많은 시간을 쏟았다. 심지어 그는 다른 호텔에서 일하는 직원이 탁월한 기량을 보유한 사람인 것을 알게 되는 경우 몰래 데려오는 것도 서슴지 않았다.

1897년 Savoy에서 해고된 Ritz와 Escoffier는 1899년 런던에서 개관하는 Carlton Hotel으로 화려하게 복귀한다. Ritz가 Savoy에서 근무하던 1896년부터 건물을 신축하고 있던 Carlton Hotel은 처음부터 Savoy를 경쟁 상대로 정하고 건축된 호텔이어서 역시 최고 수준의 호텔로 건립됐다. Ritz Paris를 성공적으로 개관한 후 Ritz는 Carlton Hotel Limited라는 회사를 설립한 후 Carlton Hotel의 소유주와 장기임차계약을 체결해서 호텔을 맡아서 운영하기로 결정했다. 그런데 Carlton이라는 명칭은 과거 근처에 살던 한 왕자의 저택 이름인 Carlton House에서 따온 것이었다. Carlton Hotel은 개관하자마자 성공하게 되었는데 가장 큰 이유는 영국 황태자와 Lady de Grey처럼 Ritz와 절친했던 고객들이 Savoy를 떠나 Carlton으로 대거 이동했기 때문이었다. 호텔의 성공으로 많은 수익이 창출되면서 첫해부터 주주들에게 배당금을 지급할 수 있었다. 이후 Carlton Hotel은 런던 최고의 호텔로서 명성을 누리면서 승승장구하게 되었다.

1901년에 빅토리아여왕이 사망하자 Ritz에게는 최고의 고객인 황태자가 에드워드 7세로 국왕의 자리에 오르게 되었다. 1902년에 거행되는 대관식을 축하하기 위해 열리는 많은 연회와 축제를 위해 Ritz의 Carlton Hotel도 많은 계획을 세우고 세심한 준비에 몰두하였다. 그러나 불행하게도 대관식을 얼마 앞두고 국왕이 갑자기 병을 앓게 되면서 대관식이 무기한 연기되어 버렸다. 그동안 누구보다도 절친인 국왕 취임을 축하하기 위해 불철주야 온 정성을 기울여왔던 Ritz는 청천벽력 같은 소식에 큰 충격을 받게 되었으며 준비했던 많은 비즈니스를 순식간에 잃게 되었다. 이때부터 Ritz는 갑자기 신경쇠약에 빠지면서 정상적인 활동이 어려워지기 시작했는데, 이후 약 16년간 투병 생활을 하게 된다. 한편 1901년에 Richard D'Oyly Carte가 사망하면서 사업을 물려받은 아들은 곧바로 Savoy를 대대적으로 수리하는 등 공격적인 경영으로 경쟁력을 크게 향상했다. Ritz가 없는 Carlton Hotel로서는 Savoy를 상대하는 것이 힘들었지만 Ritz를 대신해서 자리를 물려받은 Escoffier의 헌신적인 노력으로 계속해서 런던 최고의 호텔로서 명성을 유지했으며 그 결과 많은 이윤도 창출했다. 그런데 Ritz가 Savoy, Ritz Paris, Carlton 등을 운영해서 성공한 것은 혁명과 정치적인 격동기가 끝나고 평화와 번영을 구가하던 시대인 1890년부터 1914년까지 지속됐던 벨에포크(Belle Epoque) 즉 아름다운 시절과 같은 긍정적인 외부환경의 영향도 컸다고 볼 수 있다.

1890년대 후반 Ritz는 호텔리어보다는 사업가로서 매우 바쁜 시절을 보냈다. Savoy에 근무하는 와중에도 그는 호텔사업에 투자하기 위해 1896년에 재산이 많았던 절친 고객들과 공동으로 Ritz Hotel Development Company를 설립하고 대표로 취임했다. 이 회사를 통해 로마, 프랑크푸르트, 살소마찌오레, 팔레르모, 비아리츠, 비스바덴, 몬테카를로, 루체른, 망통, 마드리드, 카이로, 요하네스버그 등지에 호텔을 건설했거나 추진하게 되었다. 그의 절정기 시절에 Ritz Hotel Development Company는 유럽 5개국에서 12개소의 호텔을 관리했다.

와병 중인 가운데 Ritz의 이름을 건 두 번째 호텔인 Ritz London을 건립하기 위한 프로젝트가 개시되었다. 과거 런던의 유명했던 Coaching Inn의 자리에 Ritz London을 건설하기 시작했다. 건축 설계는 Ritz Paris를 담당했던 프랑스인 Charles Mewes와 Carlton Hotel을 담당했던 영국인 Arthur Davis가 공동으로 수행했다. 호텔의 외관은 신고전주의 건축양식으로 건축되었으며 내부는 화려한 프랑스 루이 16세 시기의 방식으로 장식했다. 호텔은 영국에서 철골구조를 이용해서 건축된 초창기 건물이었으며 많은 건축자재가 미국에서 수입된 것이었다. Ritz는 경쟁호텔을 능가하기 위해 심혈을 기울였는데 특히 호텔 옥상에 큰 물탱크 두 개를 설치해서 객실에서 종일 뜨거운 물과 차가운 물을 공히 사용할 수 있게 했다. 각 객실에는 벽난로가 설치되었으며 욕실은 널찍했다. Ritz Paris에도 위생과 청결을 엄격하게 적용했다. 객실에 먼지가 쌓이는 전통적인 형태의 옷장을 비치하지 않고 벽장을 빌트인해서 양쪽에 문을 달았다. 그리고 객실 침대는 목재 대신 동으로 된 제품을 이용했으며 욕실은 모두 하얗게 페인트를 칠했다. 드디어 1906년에 Ritz London이 개관했다. Ritz는 병색이 완연함에도 불구하고 개관식에 참여해서 손님들을 맞았다.

그의 세 번째 호텔인 Ritz Madrid는 스페인 국왕인 알폰소 13세가 런던이나 파리처럼 수도 마드리드의 명성을 높이기 위해 직접 Ritz Hotel Development Company에 요청하면서 프로젝트가 시작되었다. 호텔의 건축설계는 역시 Charles Mewes와 함께 스페인 건축가가 같이 담당했다. 호텔 건축을 반대하는 사람도 있었지만 국왕은 끝내 완성하도록 지원을 아끼지 않았다. Ritz는 프로젝트의 초창기에는 잠깐 참여했지만 이후 건강이 더욱 악화되면서 더 이상 참여할 수 없었다. Ritz Madrid는 1910년 개관했다. 그러나 개관식에 Ritz는 참가하지 못했다.

그림 5-8 Ritz Hotels

출처: 저자

1906년에 있었던 Ritz London의 개관식은 Ritz에게는 마지막으로 참여한 공식행사가 됐다. 1902년 Carlton Hotel에서 발병한 신경쇠약 증상이 점점 더 깊어지면서 1907년이 되자 그는 이제 더는 정상적인 생활을 할 수 없는 사람이 돼버렸다. Ritz는 결국 같은 해에 은퇴한 후 스위스의 휴양지에서 여생을 보냈으며 1918년에 사망했다. Ritz가 은퇴한 후부터 그리고 그의 사후에도 명석했던 그의 아내 Marie-Louise Ritz는 1961년까지 Ritz Paris를 맡아서 경영했으며 Ritz Hotel Development Company의 이사회 이사로서도 활약했다. Marie-Louise Ritz가 진두지휘해서 헝가리 수도에 네 번째 호텔인 Ritz Budapest를 1913년에 개관했다.

Cesar Ritz는 세계 호텔산업에 많은 업적을 남긴 인물이다. Ritz는 생전에 직원들에게 손님에게 최고의 서비스를 제공하기 위해서 세심한 자세를 주문했다. 예를 들면 손님이 식사 중에 음식 또는 와인에 대해 불평을 하는 경우 곧바로 재빠르게 치우고 바로 바꿔주고 아무런 대꾸도 하지 않도록 교육했다. Ritz가 호텔에서 직원에게 항상 강조했던 "The customer is never wrong"은 현재까지도 세계 호텔산업에 영원한 귀감이 되고 있다. 영국 국왕 에드워드 7세는 Ritz에게 '왕의 호텔리어이자 호텔리어의 왕'이라며 그를 아꼈다. 그는 완벽(Perfection)을 향해 끝까지 지치지 않는 열정을 보유한 호텔리어였다. 세계 호텔산업의 나폴레옹으로 불리던 Frederick Gordon이 이룩한 Gordon Hotel은 그의 사후 사라졌지만 Ritz Hotel은 아직도 세계인이 애용하고 있다.

그림 5-9 Carlton Hotel, London

출처: deviantart.com/yesterdays-paper/art/Vintage-Hotels-The-Carlton-Pall-Mall-London

Globalization

Hotel Chain Management

Chapter 06

호텔체인의 태동기: 1900~1945년

Chapter

06 호텔체인의 태동기: 1900~1945년

1900년 이전

호텔의 등장

- 철도여행
- Inn&Tavern
- 철도호텔
- Tremont House
- 그랜드호텔
- Cesar Ritz

1900~1945년

호텔체인의 태동기

- 자동차여행
- 과학의 관리 및 대량생산
- 그랜드호텔: 성장&몰락
- 상용호텔
- 독립호텔
- 소유 및 직영 호텔체인
- 표준화
- E. M. Statler

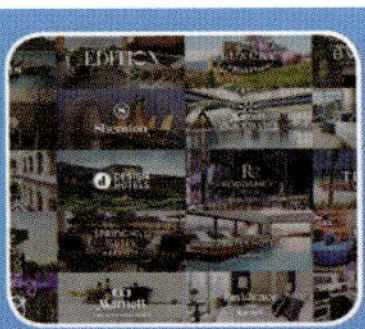

1946~1999년

호텔체인의 성장기

- 항공여행
- 대중관광
- 호텔체인 국제화
- 위탁경영&프랜차이즈
- 브랜드 포트폴리오
- 인수합병
- Technology
- Kemmons Wilson

2000년~현재

호텔체인의 고도화

- 세계화(Globalization)
- 부티크&라이프스타일
- 모바일 혁명
- OTAs&Airbnb
- Asset-light Strategy
- 개발도상국 시장
- 인수합병
- 메가 호텔체인

I ▸▸ 1900년대 초기의 호텔산업

20세기 전반(1900~1945년)에 세계는 번영과 함께 근대 역사상 최악의 혼란도 함께 겪었다. 20세기 초반에는 번영의 벨에포크 시대가 계속되었으나 1914년 제1차 세계대전이 발발하면서 평화와 번영의 시대가 종말을 고하게 되었다. 1차 대전 후 1920년대에 전승국들은 큰 호황을 누리지만 1929년에 터진 경제 대공황은 전 세계를 다시 짙은 어둠으로 덮어 버렸다. 대공황에 이어서 제2차 세계대전이 다시 발발하면서 수많은 인류의 목숨이 희생되었다. 실로 격변의 시대였다. 하지만 이와 같은 격동의 시대임에도 불구하고 호텔산업은 끊임없이 발전했으며 현재 세계를 대표하는 유명 호텔체인의 성장에 큰 기반이 되었던 시기이기도 했다.

○ 미국의 호텔산업

19세기에 진행됐던 뉴욕 등 미국 주요 도시에서는 많은 호텔이 서로 규모와 위용을 뽐내면서 건립됐지만, 19세기 말이 되자 그랜드호텔 시대의 건축 붐은 식기 시작했다. 그렇지만 그랜드호텔의 시대를 거치면서 성취한 다방면에서의 획기적인 혁신과 발전은 이후 미국이 세계 최대의 호텔시장으로 발돋움하는 데 큰 기반이 됐다. 그랜드호텔 등으로 화려했던 유럽의 호텔산업은 20세기 초까지는 평화로운 번영을 누렸지만 1914년부터 전쟁이 터지고 경제공황이 이어지면서 급격하게 쇠퇴하기 시작했다. 찬란했던 제국을 건설한 영국과 프랑스는 격변을 거치면서 경제가 날로 피폐해지고 최강국의 면모를 잃게 되었으며 이에 따라 세계 호텔산업의 중심지 역할도 결국 새로 떠오르는 강대국 미국에 내놓게 되었다.

20세기 초가 되자 미국은 세계 최대의 경제대국으로 부상했다. 경제 전반에서 극적인 성장이 가속화되면서 여행 인구가 사상 최대로 증가하게 되었으며 이는 미국 호텔산업의 황금기로 이어졌다. 경제성장은 여행 인구의 증가 특히 비즈니스 여행자의 증가로 이어졌다. 당시 장거리 여행은 주로 기차로 이루어지고 있었다. 그러나 시간이 흐를수록 새롭게 등장한 자동차를 이용해서 여행하는 사람들이 급격하게 증가하기 시작했으며, 자동차로 여행하는 사람들은 호텔을 많이 이용했지만 새로 등장한 자동차 캠프(Auto-Camping)도 많이 이용하기 시작했다. 20세기에 접어들면서 세계 호텔산업의 발전을 선도하는 역할도 신생국인 미국의 유명 호텔체인에게 맡겨졌다. 그러나 20세기의 첫 반세기 역사는 아마도 미국 호텔산업 역사상 가장 격동적인 시기였다. 이 기간에 미국의 호텔산업은 사상 최고의 황금기를 맞기도 했지만 곧이어 사상 최악의 시절도 보내야만 했다.

1900년대 초가 되자 미국에서는 철도 여행이 정점에 달하게 되면서 많은 사람이 광활한 미국 전역을 여행하는 것을 즐기게 되었다. 늘어나는 여행자를 수용하기 위해 고급호텔들이 전국에서 문을 열었다. 그중 1904년 9월 뉴욕 맨해튼에 문을 연 St. Regis는 최고의 호텔로 이름을 날렸다(〈그림 6-1〉). John Jacob Astor의 증손자인 John Jacob Astor 4세가 550만 달러를 투자하여 건립된 이 호텔은 18층으로 당시 뉴욕에서 가장 높은 건물인 동시에 세계에서 가장 높은 호텔이 되었다. 건축설계를 담당한 회사는 Twinbridge & Livingstone이었는데 파리에서 유래된 보자르 양식(Beaux Arts)으로 건축되었으며 내부장식은 화려한 장식으로 유명한 베르사유 궁전의 목각, 고풍 가구, 양탄자 등을 많이 답습했다. 그런데 St. Regis가 건립된 주변에는 Vanderbilt 가문과 Rockefeller 가문 등 당시 미국 최대의 부호들이 많이 사는 지역이었다. 자신들의 저택을 뒤덮는 최고층 호텔을 짓는 공사가 시작되자 부호들은 2년 동안에 걸쳐 법적 소송 등으로 호텔의 건설을 막았을 뿐만 아니라 완공된 후에도 영업을 할 수 없도록 갖은 노력을 했지만 결국 호텔은 무사히 영업을 이어갈 수 있었다.

John Jacob Astor 4세는 조카딸이 제안한 대로 뉴욕에 있는 St. Regis Lake에서 호텔의 이름을 따왔다. 그는 뉴욕 사교계의 여왕이었던 어머니 Caroline Astor가 자신의 저택에서 초대한 손님들과 함께 누렸던 오후 티타임과 늦은 저녁 식사와 같은 행사를 호텔에도 도입하도록 했는데, 이 서비스는 현재까지도 같은 호텔에서 행해지고 있다.

St. Regis는 '대중을 위한 궁전'을 표방했던 Waldorf-Astoria 등 다른 호텔들과는 처음부터 다른 개념으로 지어진 호텔이었다. 연한 색과 고전적인 스타일을 취하는 맨해튼 5번가 부호들의 저택들에서 영감을 받은 St. Regis는 의도적으로 최첨단 유행을 찾으면서도 조용하고 독점적인 분위기에서 특권을 누리기를 원하는 부자 손님들을 대상으로 해서 설계되고 지어진 호텔이었다.

그림 6-1 St. Regis Hotel의 과거와 현재

출처: www.diplomacyandcommerce.rs & marriott.com/hotels/hotel-information/nycxr-the-st-regis-new-york

St. Regis는 최초로 맞춤형 객실 서비스를 도입했는데 모든 객실에서 손님이 자기 취향에 맞게 스스로 객실의 온도를 높이고 낮출 수 있는 냉난방 서비스를 제공했으며, 역시 모든 객실에 전화가 설치됐다. 이와 같은 최신 기술의 도입으로 St. Regis는 최고로 혁신적인 호텔이라는 명성도 누리게 되었다. St. Regis가 개관하던 해에 일본의 왕자인 후시미 사다나루가 외교 목적으로 미국을 공식 방문해서 호텔에 묵게 되면서 언론의 집중적인 조명을 받게 되었는데 이로 인해 호텔의 명성이 크게 높아졌다. 특히 당시 미국 대통령인 Theodore Roosevelt의 질녀와 딸이 귀빈을 위한 연회를 개최하면서 대중의 이목이 집중됐다. 이후부터 주변

에 있는 부호들도 St. Regis를 이용하기 시작했다.

John Jacob Astor 4세에게 St. Regis는 최고의 걸작이었는데 그는 호텔 건축에 많은 정성을 기울였다. 그는 1906년에도 역시 맨해튼에 최고 수준의 호텔인 556실의 Knickerbocker를 건립했다. 그는 타이타닉호의 침몰로 유명을 달리하게 되었지만 뉴욕에 세계 최고 수준의 호텔 여러 채를 건립해서 호텔산업의 발전에 큰 공헌을 했다. 한편 St. Regis의 바텐더였던 Fernand Petiot는 1934년에 블러드 메리(Bloody Mary)라는 칵테일을 처음으로 개발해서 전 세계에 이름을 알리기도 했다.

1907년 뉴욕의 센트럴 파크 남쪽과 5번가가 만나는 자리에 21층 800실로 지어진 Plaza Hotel이 개관했다(〈그림 6-2〉). 호텔은 원래 있었던 같은 명칭의 호텔(8층 400실)을 허물고 새로 건축한 호텔이었다. 호텔의 이름은 앞에 있는 Grand Army Plaza라는 광장의 이름에서 따온 것이다. 20세기가 되면서 5번가는 상업의 중심지로 변모하기 시작했으며 주변에 호텔들도 많이 건립되기 시작했다. 이런 추세에 발맞춰 탁월한 입지로서의 잠재력을 인지한 공동 출자자들은 현금 3백만 달러를 투자해서 원래의 Plaza Hotel과 남쪽 땅을 매수했다. Plaza를 재건축하기 위해 공동 출자자들이 핵심적인 역할을 했으며 건설회사인 George A. Fuller Company의 대표였던 Harry Black과 육류 도매업자이자 호텔사업가인 Bernard Beinecke는 공동으로 Plaza Realty Company를 설립했다. Black은 다시 US Realty and Construction Company를 창립해서 두 회사를 자회사로 두었다. 재건축을 위한 더 많은 자금을 모으기 위해 당대의 부호였던 John Gates에게 투자를 요청했는데 Gates는 자신이 신임하는 호텔리어인 Frederic Sterry를 향후 Plaza의 경영책임자로 임명하는 것에 동의하는 조건으로 두 사람의 투자 요청을 승낙했다.

그림 6-2 Plaza Hotel, New York

Plaza Hotel 과거 / Plaza Hotel 현재

출처: US Library of Congress & www.fairmont.com/the-plaza-new-york/

Frederic Sterry는 전국적으로 명성이 자자한 호텔인이었다. 그의 첫 호텔 근무지는 뉴욕주의 Saratoga Springs에 있는 리조트였던 United States Hotel이었다. 이후 Lakewood Hotel을 거쳐서 1893년이 되자 버지니아주의 유명 온천지역인 Hot Springs의 Homestead Hotel의 경영책임자로 임명되었다. 여기서 그는 뛰어난 재치와 탁월한 문제해결 능력을 선보이면서 호텔을 미국 및 유럽의 부자 손님들이 많이 찾는 명소로 만들었다. Homestead Hotel을 방문했던 Henry Flagler도 Sterry의 능력을 높이 사게 되면서 1895년에는 그에게 플로리다주 팜비치에 있는 최고의 리조트 Royal Poinciana Hotel과 Breakers Hotel 두 곳의 경영을 도맡도록 했다. 이 외에도 Sterry는 맨해튼의 Savoy-Plaza, 보스턴의 Copley Plaza, 그리고 쿠바 아바나의 Nacional Hotel 등을 경영하는 등 많은 경험을 보유하고 있었다.

세 명의 투자자는 처음에는 호텔을 5개층 정도 증축하는 것을 계획했지만 이내 불가능하다는 것을 인지한 후 완전히 허물고 새로운 건물로 건축하는 것으로 정했다. 새로운 호텔을 건축하기 위해 Waldorf-Astoria를 건축했던 당대의 유명한 건축가인 Henry Hardenbergh를 고용했다. 그는 뉴욕 맨해튼의 센트럴 파크, Grand Army Plaza, 5번가가 내려다보이는 Plaza를 프랑스의 르네상스식 성과 같은 스타일로 건축했다. 미국에서 최초로 최고급(Luxury) 호텔설계의 기준을 수립한 것으로 인정받는 Hardenbergh는 대표작인 Waldorf-Astoria 외에도 뉴욕에 Hotel Albert(1883년), Manhattan Hotel(1896년), 수도 워싱턴에 Raleigh Hotel(1898년)과 Willard Hotel(1901년) 그리고 보스턴에 Hotel Windsor(1906년)와 Copley Plaza(1912년) 등 많은 유명 호텔들을 건축했다. Hardenbergh는 건축가는 세 가지 구성요소들을 똑같이 중요하게 고려해야 한다고 강조했는데 첫째는 예술적 요소, 둘째는 건설공사, 셋째로는 실내장식을 중요시 했다. 그는 특히 호텔에 있어서 대중 공간의 사회적 중요성을 강조했으며 현대 호텔은 오락시설을 이용해서 숙박객과 지역 주민을 모두 수용해야 한다고 주장했다. Hardenbergh는 Plaza의 커다란 레스토랑이나 바가 널찍한 주요 복도를 통해서 모두 연결돼서 1층에 있는 두 개의 넓은 로비 공간과 쉽게 이어지도록 설계했다. 그는 Plaza의 메인 로비와 주요 복도는 보자르 양식으로, 신사 전용 바인 Oak Room은 독일 르네상스 복고풍으로, 신사 전용 레스토랑인 Edwardian Room은 스페인 르네상스 복고풍으로 각각 장식했다. 그리고 차를 마시는 공간인 Palm Court는 런던의 Carlton Hotel의 유명 찻집인 Winter Garden을 본떠서 신고전주의 양식으로 치장했다.

호텔의 건설 과정을 진두지휘한 Hardenbergh와 Sterry는 여러 공급업체와 계약하여 특별히 Plaza만을 위해서 맞춤 제작된 내부장식용 재료와 물품을 구입해서 이용했는데, 특히 1,650개의 샹들리에, 가구, 그리고 금장을 한 나이프와 포크가 그러했다. 그리고 일부 건축재료는 외국에서 수입하기도 했다. 처음에 세 명의 투자자는 호텔프로젝트에 소요되는 총비용을 850만 달러로 예상했지만 가구를 포함한 최종적인 총건축비용이 약 1,250만 달러에 이른다는 것을 확인하게 되었다. 그래서 그들은 비용을 대기 위해 1906년에 500만 달러를 그리고 1907년에 다시 450만 달러의 부채를 외부에서 차입했다.

드디어 공사를 시작한 지 27개월 후인 1907년 10월 1일에 Plaza가 공식 개관했다. 개관일에 1호로 체크인을 한 손님은 바로 당시 미국의 최고 거부였던 Cornelius Vanderbilt의 아들이었다. 1907년 미국에 금융위기로 인한 경제공황이 닥치면서 어려움을 겪지만 사업가와 예술인 등 많은 유명 인사들이 호텔을 방문하게 되면서 손실을 피할 수 있었다. Plaza는 처음부터 의도적으로 장기거주자들을 중심으로 건축되었다. 개관 초기에 전체 객실의 약 90%는 장기거주자들이

점유했다. Plaza는 대중적인 Waldorf-Astoria와 특권층을 위한 St. Regis를 조합한 것으로 볼 수 있는데, 5번가에 있는 큰 저택들의 스타일과 색상을 따르면서도 대중을 위한 공간도 제공했다. 특히 로비는 대중의 인기를 한 몸에 받았다. 그런데 Plaza 등 19세기부터 지어진 대다수 주요 대형호텔들은 객실의 크기가 매우 다양했기 때문에 부유층 손님과 함께 중산층도 함께 수용할 수 있었다. Plaza의 예를 살펴보면 넓고 화려한 객실에서는 5번가나 센트럴 파크를 내려다볼 수 있었지만 주로 건물 뒤편에 위치하는 작은 객실에서는 좋은 경치를 기대할 수 없었다. 그럼에도 불구하고 작은 객실에 투숙하는 손님도 Plaza를 이용하는 특권을 누리는 동시에 로비 등 대중 공간과 레스토랑과 같은 호텔 내의 대다수 시설을 편리하게 이용할 수 있었다. 한편 1900년대에 지어진 세계의 유명 호텔에는 워싱턴의 Willard, 샌프란시스코의 Fairmont Hotel과 St. Francis Hotel, 하와이 와이키키 비치의 Moana Surfrider, 그리고 인도의 Taj Mahal 등이 있다.

1910년대는 엄청난 혼란의 10년이었다. 유럽에서는 전쟁이 발발하고 러시아, 중국, 멕시코 등은 혁명으로 혼란스러웠다. 그러나 이 시기는 호텔산업의 지형을 영원히 바꿔버리는 역할을 하는 여러 산업이 등장하는 순간이기도 했다. 상업용 항공기가 비행하기 시작했으며 Henry Ford에 의해 소개된 자동차 Model T의 등장은 교통산업에 일대 혁명을 일으켰으며 크루즈여행에 대한 관심도 점점 높아졌다. 특히 1914년에 파나마 운하가 개통되면서 특히 미국 서부 해안지역에 대해 세계 여행객들의 관심이 증폭됐다. 크루즈 수요의 증가로 인한 여행자 증가에 대응하기 위해 항구의 기반시설 확대와 함께 새로운 그랜드호텔들이 건립되었다.

1910년대가 되자 호텔들의 외관이 시간이 지남에 따라 변하기 시작했다. 많은 호텔이 객실에서 밖으로 돌출된 발코니를 없애 버리면서 외부에서 볼 때 더없이 매끄러운 건물이 되었으며, 객실에 벽난로를 설치하는 것이 유행했다. 외부에서 평평하게 보이기 위해 전면부는 비싼 석재를 이용하는 것이 추세였다. 그리고 1910년대에는 호텔산업의 요금체계가 요금에 숙박 및 식사 요금이 포함되는 과거 American Plan에서 European Plan으로 전환되기 시작하면서 고객들은 가볍고 단순한 요금산정방식을 반겼으며 이는 호텔 레스토랑의 매출 실적 향상에 긍정적인 영향을 미쳤다. 1910년에 미국 호텔산업의 규모는 10,000여 개소의 호텔에 백만 실을 보유하고 있었는데, 대다수가 독립호텔(Independent Hotel)의 형태로 운영되고 있었으며 호텔산업의 전체 객실에서 호텔체인(Hotel Chain)들이 소유하는 점유율은 1~2%에 불과했다. 당시 호텔의 평균 규모는 60~75실 정도였으며 고용된 전체 종사원은 약 30만 명에 달하였다. 한편 1910년대에 건립된 유명 호텔을 살펴보면 프랑스 파리에는 Hotel de Crilion(1909년), Hotel Plaza-Athenee(1913년), Hotel le Bristol(1925년) 등이 개업했는데, 이들은 Hotel Meurice(1815년)와 Ritz Paris(1898년)와 함께 현재까지도 파리 최고의 호텔로서 명성을 유지하고 있다. 또 뉴욕의 Biltmore Hotel, LA의 Beverly Hills Hotel, 샌프란시스코의 Clift Hotel, 패서디나의 Huntington Hotel, 하와이 호놀룰루의 Halekulani Hotel, 그리고 캐나다 오타와의 Chateau Laurier 등이 건립되었다.

Ritz-Carlton Hotels Company

Cesar Ritz는 와병 중임에도 불구하고 그가 사장을 역임하며 세계적인 호텔체인으로 성장시켜 놓은 Ritz-Carlton Hotels Company는 대서양을 건너 북아메리카로 진출을 결정했다. 과거 Ritz가 공동 투자자와 함께 설립한 Ritz Hotel Development Company의 최대주주였던 William Harris는 휘하 호텔들의 운영을 담당하는 체인 본사인 Ritz-Carlton Hotels Company의 회장을 맡고 있었다. Harris는 1907년에 여러 명의 미국인 투자자들과 함께 150만 달러의 투자금을 모아서 합작투자사(Joint Venture)인 Ritz-Carlton Investing Company를 설립했다. 영국 본사인 Ritz-Carlton Hotels Company는 미국 회사인 Ritz-Carlton Investing Company와 Master Franchise 계약을 체결해서 이 회사에 북미지역에서 Ritz-Carlton이란 브랜드에 대한 독점적 사용 권한을 부여했다. Harris는 Albert Keller를 미국으로 보내 사업을 총괄해서 활성화하는 역할을 맡도록 했다. 독일 태생이며 스위스의 Lausanne Hotel School을 졸업한 Keller는 런던의 Savoy와 Carlton 그리고 로마의 Grand Hotel 등과 같은 최고 수준의 호텔에서 근무하며 많은 경험을 쌓은 훌륭한 호텔리어였다.

Ritz-Carlton Investing Company가 창립하게 된 동기는 유럽을 자주 여행을 하며 Ritz 또는 Carlton 호텔을 이용하면서 깊은 감명을 받은 여러 뉴욕의 부호들이 뜻을 모으게 된 것이었다. 이들은 첫 번째 프로젝트로 뉴욕 맨해튼에 런던의 Carlton Hotel과 똑같은 호텔을 건립하기로 했다. Harris는 뉴욕과 런던을 오가면서 거래를 주도해 나갔다. 그러나 초기에 병마와 싸우고 있던 Casar Ritz는 Ritz-Carlton이란 브랜드를 이용하는 호텔을 맨해튼에 건립하는 것에 반대했는데 이유는 실패할 가능성이 크다고 봤기 때문에 호텔에 자기 이름을 넣는 것을 꺼렸다. Ritz는 맨해튼에는 이미 훌륭한 호텔들이 너무 많이 존재하고 있으며 또 유능한 직원을 오래 유지하는 것이 힘들기에 Ritz와 같은 호텔이 뉴욕에서 실패할 가능성을 크게 보았다.

우여곡절을 겪은 끝에 1910년 12월 15일에 300실의 Ritz-Carlton New York이 개업했다(〈그림 6-3〉). 당시 신문에 난 호텔의 광고문구를 보면 유럽에서 여러 호텔을 경영하는 Ritz-Carlton 본사 경영진의 방침에 의해 동일한 방식으로 관리되고 있다는 점을 강조했다. 또 호텔은 Cesar Ritz가 약속하는 완벽한 서비스를 강조했다. 호텔의 로비 등 대중 공간에는 신선한 꽃들이 많이 비치되었다. 그런데 Cesar Ritz는 그의 호텔에 구경꾼이나 지나가는 사람들이 쉽게 접근할 수 없도록 하기 위해 의도적으로 로비는 좁게 해서 고객들이 사적인 공간을 즐길 수 있도록 했었는데 미국 호텔에도 같은 방식을 도입했다. Ritz-Carlton New York이 도입한 가장 차별화된 면은 바로 Escoffier의 지도를 받은 프랑스 요리를 뉴욕 사회에 선보인 것이었다. 호텔은 크게 성공했으며 1년 만에 객실 100실과 300석의 연회장을 증축하게 되었다.

1911년 이후 Ritz-Carlton Hotel은 연이어 미국 다른 도시에서도 오픈하게 되었는데 1911년 피츠버그, 1912년 캐나다 몬트리올, 1913년 필라델피아, 1921년 애틀랜틱시티, 1927년 보스턴 등에 차례로 문을 열었다. 여러 Ritz-Carlton의 건립은 호사스러운 유럽의 개인적 서비스를 북미 호텔산업에 전파하는 계기가 되었다. 북미지역에 있는 Ritz-Carlton Hotel들의 운영을 담당하는 Ritz-Carlton Hotel Corporation이 설립되었으며 Keller는 1928년부터 사장을 역임했다. 1911년 Ritz-Carlton New York이 개관했던 시점에 체인본사인 Ritz-Carlton Hotels Company는 세계 최대의 호텔체인으로 군림하고 있었으며 7개국에서 13개의 호텔을 관리하고 있었다. 먼저 영국의 런던에 Carlton, Ritz, Hyde Park 호텔이 있었으며, 프랑스의 파리에 Ritz, 에비앙에 Splendide와 Royal, 스페인의 마드리드에 Ritz, 독일의 베를린과 함부르크에 각 하나의 Esplanade, 스위스의 루체른에 National, 이탈리아의 로마와 나폴리에 각 하나의 Excelsior, 그리고 아르헨티나의 부에노스아이레스에 Plaza 등을 거느리고 있었다.

Ritz-Carlton Hotels Company는 여러 면에서 근대 호텔산업의 성장과 발전에 큰 공헌을 한 대표적인 호텔체인이었다. 첫째, Ritz-Carlton Hotels Company는 미국 등 8개 이상의 국가에서 여러 호텔을 운영했던 당시에는 가장 국제화된 대표적인 호텔체인이었다. 둘째, 1907년에 미국에 진출하면서 세계 호텔산업에서는 최초로 프랜차이즈란 사업방식을 도입하면서 호텔산업의 성장에 큰 공헌을 했다. 셋째, 본사 경영진의 경영방침 아래 일관되게 휘하의 여러 호텔을 관리하면서 현대 호텔체인의 발전에 토대가 되었다.

그림 6-3 Ritz-Carlton New York

출처: Library of Congress

1900년대에 유럽에서 설립된 초기 호텔체인에는 Trust House가 있었다. 철도가 등장하고 역마차 정거장이 없어지기 시작하자 과거 시대의 주요 숙박시설이었던 Coaching Inn들도 사라지기 시작했는데, 특히 농촌 지역에 있던 Coaching Inn들은 문을 닫은 지가 오래되면서 너무 낡아서 보기에 흉할 정도가 됐다. 그뿐만 아니라 Coaching Inn의 주인들은 사업 실패로 실망이 큰 나머지 알코올 중독에 빠지는 현상이 날로 증가했다. 이런 사회현상을 목격한 창업자 Earl Grey 4세는 숙소들이 더 낡아지는 것과 주인들의 알코올 중독을 막기 위해 1904년부터 농촌 지역의 낡은 Coaching Inn들을 인수해서 시설을 개보수하고 손님에게 객실 및 식사와 비알코올성 음료를 제공했다. 그는 청결하고 개선된 서비스와 함께 맛있는 음식이 제공되는 새로운 Inn으로 개조하면서 큰 인기를 끌었다. Grey 4세는 Public Home Trust Company를 설립해서 지역의 자금을 끌어모아 낡은 Inn들을 인수해서 시설을 개선했다. 그리고 관리자를 파견해서 영업활동을 개선하도록 했으며 실적이 좋아지면 충분한 보상을 제공했다. 이로써 과거 Coaching Inn들은 재탄생하게 되었다. 사업이 대성공하면서 1차 세계대전이 종료되던 1918년에는 100개소의 체인으로 성장했다. 그 후 전후에 찾아온 경기침체가 끝난 이후인 1920년대와 1930년대에 다시 성장하기 시작했으며 1938년에는 222개소를 거느리는 큰 체인이 되었다.

II ▸▸ 과학적 관리와 호텔산업

18세기 중반 이후부터 영국에서 시작된 증기기관을 동력으로 하는 1차 산업혁명, 그리고 19세기 말 전기를 동력으로 하는 2차 산업혁명을 거치며 영국, 미국, 독일 등 서구 산업국가에서는 대규모 공장(Factory)을 통해 대량으로 제품을 생산하는 기업들이 우후죽순 생겨났다. 19세기 말엽부터 미국은 작은 마을, 중소기업, 그리고 농업이 느슨하게 연결된 사회에서 도시, 공장 및 대기업이 철도에 의해 밀접하게 연결된 산업사회로 전환되었다. 이에 따라 중산층이 크게 늘었으며 사회 전반적으로 진보적 색채가 크게 강화됐다.

Frederick Taylor의 과학적 관리

20세기가 시작되자마자 미국에서는 과학적 관리(Scientific Management)라는 혁신적인 폭풍우가 제조업을 중심으로 거세게 몰아치기 시작했다. 산업혁명이 시작된 지 100년 이상이 경과하면서 산업이 급격히 발전했을 뿐만 아니라 기업 규모도 크게 확대되었다. 그러나 19세기 말 미국 펜실베이니아의 미드베일 제철소의 기술자 겸 관리자로 일을 하던 Frederick W. Taylor(1856~1915)는 산업의 중심지인 공장에서 바람직하지 못한 많은 현상을 목격하게 되었다. 공장에서 노동자들은 맡은 바 작업을 성실하게 수행하지 않을 뿐더러 오히려 일을 최대한 적게 하려는 것이 당시의 일반적인 현상이었다. 이는 노동자가 너무 많은 일을 하게 되면 다른 사람의 일자리가 없어질 수도 있기에 적당하게 일을 하는 것이었다. 노동자들의 임금도 전체 인원의 생산량에 따라 지급되기 때문에 더 많이 할 이유도 없었다. 그리고 현장에서 노동자들은 같은 일을 각자 다른 방식에 의해 안이하게 수행함으로써 개개인의 생산능력이 1/3 정도 수준에 미치지 못하고 있다는 사실에 Taylor는 크게 실망했다. 또 노동자와 관리자 상호 간에 업무의 책임에 대한 명백한 개념도 없었으며, 관리자의 의사결정도 육감 및 직관에 기초한 경험에 의한 즉흥적이고 주먹구구식으로 행해지고 있었다. 따라서 공장 전체의 생산성은 낮아질 수밖에 없었으며 Taylor는 이는 결국 기업의 비용 증가로 이어진다는 것을 파악했다. 관리자였던 그는 비효율적인 관리로 기업에서 낭비가 많이 발생하고 있다고 판단했다. 그는 노동자들이 맡은 일을 열심히 해서 기업의 생산성이 향상되면 제품을 훨씬 값싸게 시장에 공급할 수 있어 판매가 늘고 이에 따라서 노동자들도 더 많은 수입을 올릴 수 있다고 파악했다. 그래서 Taylor는 노동자와 관리자 모두 어떻게 하면 효율적인 방식으로 일을 해서 생산성을 향상할 수 있을지에 대해 심각하게 고민하기 시작했다.

제철산업에 종사했던 Taylor는 노동자들과 같이 일하면서 작업을 재설계하면 노동자는 더 많은 일을 할 수 있다고 봤는데, 특정 작업을 수행하는 데 요구되는 동작의 수를 줄이는 것처럼 작업을 과학적으로 재설계하면 작업을 보다 효율적으로 수행할 수 있다고 확신했다. 또 그는 노동자들이 더 많은 수입을 위해 더 많은 일을 할 수 있다는 사실도 알게 됐으며 따라서 적절한 보상이 제공된다면 노동자가 작업 목표에 미달하는 경우는 없을 것이라고 믿었다.

많은 현장경험을 보유했던 Taylor는 노동자가 동작 및 시간 연구를 통해 분석한 과학적 관리법에 따라 일을 하면 효율성 및 생산성이 크게 향상될 수 있다고 주장했다. 과학적 관리를 달성하는 수단이 바로 과업관리(Task Management)이다. 과업관리제도는 합리적으로 공평한 하루 작업량을 과업으로 설정하고 그에 따라 노동자의 하루 작업표준을 결정하는 기준이다. 합리적으로 과업을 설정하기 위해 과학적인 시간 연구(Time Study)를 수행했고 이를 위한 전제조건으로서 작업조건과 작업방식을 표준화했다. Taylor는 노동자가 최적의 효율성을 위해 경영진이 분석하고 설계한 프로세스 즉 '최선의 방식'(The one best way)에 따라 과업을 수행하면 일정 시간 내에 인간으로서 할 수 있는 최대의 성과를 올릴 수 있다고 확신했다.

Taylor의 과학적 관리법은 4가지 원리에 기반하고 있다. 첫째, 노동자의 개인별 과업을 동작연구, 업무 표준화, 적절한 근로조건 등에 따라 과학적인 방법으로 개발한다. 둘째, 각 과업에 적합한 자질을 가진 노동자를 과학적으로 선발한다. 셋째, 교육 및 개발과정을 통해 각 노동자가 자신의 과업을 올바르게 과학적으로 수행할 수 있도록 진심으로 협력하는 동시에 노동자의 노력에 대해 적절한 보상을 제공한다. 넷째, 관리자와 노동자 간에 과업과 책임을 균등하게 배분하고 관리자는 사전에 세심한 작업계획을 수립해서 모든 작업이 순조롭게 진행되도록 준비한다. Taylor는 네 가지 원리의 조화가 생산성을 향상하고 근로자의 만족을 증가시킨다고 판단했다.

Taylor는 당시에 횡행하던 관리자의 직관 및 경험에 의한 주먹구구식 비효율적인 관리방식을 객관적인 지표에 바탕을 둔 과학적인 관리방식으로 전환하고, 경영자는 부조화보다는 조화를, 이기주의보다는 협조를, 제한된 산출량보다는 최대의 산출량을 목표로 삼아야 한다고 주장했다. 그는 기업은 사람이나 직위에 의해 관리되는 것이 아니라 하나의 부서에서 체계적으로 관리되어야 한다고 주장하면서 조직에 기획부서(Planning Department)를 만들어야 한다고 했다. 기획부서는 합리적인 동작 및 시간 연구에 의한 표준과업을 설정함과 동시에 과업을 수단으로 하는 모든 생산계획을 수립하게 했다. 그리고 특정한 작업방식을 지휘·감독하기 위하여 종전의 직계식 관리조직을 전문화된 기능적 직장제도로 변경했다. 그리고 작업방식을 통일하기 위하여 표준작업방식과 이에 대한 표준시간이 동작의 순서에 따라 기재된 작업지도표(Instruction Card)를 노동자에게 제공해서 균일하게 작업하도록 했다. 또 노동자들이 작업량을 달성할 수 있도록 유인하기 위해서 차별성과급제도를 도입해서 성공적으로 작업량을 채운 노동자에게는 보상을 통해 높은 임금을 지급하지만 실패한 사람에게는 낮은 임금을 주도록 했다. 이런 과학적 관리시스템을 통해서 노동자는 일정한 조건 아래에서 일정한 작업방식으로 일정한 시간 내에 일정한 과업을 수행할 수 있게 되었다. Taylor는 이렇게 함으로써 종전과 비교했을 때 생산성이 대폭 향상되며 고임금 저비용이 달성될 수 있다고 확신했다. 실증을 통해 Taylor는 과학적 관리법의 탁월성을 증명했다. 베들레헴 제철소의 사례를 살펴보면 종전에 이 공장의 노동자는 하루 평균 12.5톤의 철강을 화차로 나르고 $1.15의 일당을 받았었다. 그런데 과학적 관리법을 적용한 이후에는 매일 47톤의 철강을 운반할 수 있게 되었으며 하루 임금으로 $1.85를 받게 되었다. 결과적으로 노동생산성은 3.76배 향상되었으며 노동자의 임금은 60.8% 증가했다.

Taylor는 비용을 줄이고 생산량을 높이기 위해 제조업 프로세스의 단순화에 평생을 헌신한 인물이다. 30년 동안 과학적 관리법의 보급을 위해 각고의 노력을 했지만 처음에는 노동단체도 기업인도 모두 그를 비난했다. 과학적 관리법에 차별성과급제도의 도입을 주장했지만 작업시간이 아니라 작업량에 따라 임금을 지급하는 것이 당시에는 오히려 다른 사람들의 빈축을 샀다. Taylor는 미국 국회 청문회에 나가서 자신의 정당한 주장을 방어했으며 당시 현상유지에만 몰두했던 노동조합 단체들은 그를 조롱하기도 했다. 그럼에도 불구하고 Taylor는 과학적 관리법이 노사 모두에 도움이 되기 때문에 결국에는 널리 확산될 것으로 믿어 의심치 않았다.

Taylor는 노사가 협력해서 과학적인 생산방식으로 생산성을 끌어올리면 분배의 공평성도 달성할 수 있다고 주장했다. 그의 이런 생각을 체계적으로 정리한 책이 1911년에 발간된 저서 "Principles of Scientific Management"이다. 여기서 Taylor는 "최고의 관리는 명확하게 정의된 법률, 규칙 및 원칙에 기반한 진정한 과학이다"라고 주장했다. Taylor는 과학적 관리법이 단순한 생산기법이 아니라 노사의 진정한 협력을 기반으로 하는 경영철학임을 강조했다. 그는 "노동자의 작업량을 결정하는 문제는 논쟁이나 협상의 대상이 아니라 과학의 문제이며, 이를 해결하게 되면 근무 태만이 사라지고 노사 협력으로 사회도 안정될 수 있다"라고 주장했으며 이를 위해서 노동자와 경영자 모두에게 정신혁명의 중요성을 강조했다. 과학적 관리법을 통해 Taylor가 이루려고 했던 궁극적인 목표는 경영자와 노동자 사이에 동등한 책임 분담을 통해 양자 모두 최대의 번영을 누리게 하는 것이었다.

Taylor의 동조자였던 Frank Gilbreth와 그의 아내 Lillian Gilbreth도 과학적 관리를 주창했다. 부부는 낭비적인 손동작과 육체적 동작을 제거하기 위한 작업 정렬과 작업성과 최적화를 위해 적절한 도구 및 장비의 설계와 사용을 위한 실험을 시도했다. 동작연구의 선구자였던 Gilbreth 부부는 동작연구를 '비능률적이고 잘못된 동작으로부터 생기는 낭비를 없애는 과학'이라고 정의했다. Gilbreth는 벽돌공이 작업하는 일련의 동작들을 분석했는데 불필요한 동작은 모두 제거하고 몇 가지 동작을 하나로 통합해서 종전에 모두 18가지의 동작을 4가지 동작으로 단순화했다. 결과적으로 종전에 숙련공이 1시간에 120개 정도 벽돌을 쌓았던 것에 비해 개선된 방식으로는 350개의 벽돌을 쌓게 되면서 생산성이 3배 정도 향상됐다.

Taylor의 과학적 관리법은 미국 사회에 엄청난 변혁을 가져왔다. 1901년부터 1915년 사이에 미국에서는 대다수 제조업 분야에서 과학적 관리를 이용하는 것이 크게 성행했으며 이는 미국 산업발전의 가속화에 일조했다. 수백 년 전부터 직관이나 경험에 따른 주관적이고 비효율적인 주먹구구식 방식으로 기업을 관리해왔던 경영자들이 객관적 자료 및 정보를 바탕으로 합리적인 조직관리가 가능하게 됨으로써, 비전문적 관리에 의한 손실이 줄어들고 생산성이 크게 향상되면서 이윤 창출 증대에 엄청난 영향을 미치게 되었다. 특히 Henry Ford도 1908년부터 1914년 사이에 과학적 관리를 이용해서 크게 성공했다. 객관적 기준에 의한 과학적이고 합리적인 방법에 따라 기업을 경영하는 방식을 강조한 "Principles of

Scientific Management"는 출판된 이후 미국 제조업뿐만 아니라 전체 산업계를 휩쓸었으며, 유럽을 거쳐 1920년대에는 사회주의 국가인 소련으로까지 전파되면서 전 세계로 파급됐다. 과학적 관리는 제2차 세계대전 중에도 미국에서 더욱 정교하게 발전했으며 '테일러리즘(Taylorism)'으로 불리며 현대 경영학의 뿌리가 됐다.

포드주의와 대량생산(Mass Production)

자동차의 왕 Henry Ford(1863~1947)는 Taylor의 과학적 관리를 이용해서 대량생산 시스템을 성공적으로 구축하게 되었는데, 특히 작업 표준화 및 세분화와 작업 공구의 특화에 결정적인 도움을 받았다. 1908년에 Ford는 부품의 표준화를 실현한 끝에 저렴하고 이용하기 편한 자동차를 설계하여 드디어 유명한 Model-T 자동차의 개발에 성공했다. Model-T는 단순하고 견고한 합금강을 이용했으며 특히 작업의 세분화와 작업 공구의 특화에 따른 생산방식을 도입함으로써 저렴한 비용으로 제작됐다. 싸구려 자동차였지만 품질이 좋았던 Model-T는 싼 가격으로 인해 큰 인기를 누리게 되었다.

포드주의(Fordism)로 알려진 **Ford의 경영신념은 표준화되고 저렴한 제품을 대량으로 생산함과 동시에 노동자에게는 높은 임금으로 보상하는 생산시스템을 지칭하는 것이다.** 그는 저가의 자동차를 생산하기 위해 최저 수준의 생산원가를 구현해서 고객에게 튼튼하고 좋은 자동차를 싸게 제공하는 동시에 노동자에게 더 많은 임금을 지급했다. 이런 신념에 따라 Ford는 Model-T 자동차 **생산의 표준화**와 함께 혁신적인 **이동식 조립방식**을 도입함으로써 자동차의 판매가격을 계속해서 인하할 수 있었다.

포드는 최저 수준의 생산비용을 달성하기 위해서 **생산의 표준화**와 **이동식 조립방법**을 근간으로 하는 **대량생산방식**을 도입했다. **먼저 Ford에 의해서 시행된 생산의 표준화는 제품과 작업의 단순화(Simplification), 부품과 작업의 표준화(Standardization), 그리고 작업 기계와 공구의 전문화(Specialization)를 통해 이룩됐다.**

첫째, 제품의 단순화이다. 대량생산을 실현하려면 제품의 단순화는 필수 요소이며 Ford는 최저 생산원가를 구현하기 위한 단일제품의 원리에 따라 1908년에 Model-T 자동차를 생산한 이래 1927년까지 오로지 이 자동차만을 생산했다. 한편 Ford는 작업의 단순화를 위해 Model-T의 색은 모두 흑색을 유지했는데 이유는 흑색 페인트가 가장 빨리 마르기 때문이었다. 둘째, 부품의 표준화이다. 제품의 단순화는 제품을 구성하는 부품의 표준화가 선행되었을 때 가능하다. 포드는 제품의 단순화에 집중하는 한편 표준화된 제품을 생산하기 위해서 부품을 표준화하는 것에 노력함으로써 제조된 부품 간에 호환성(Compatibility)이 유지되도록 했다. 호환성이 높은 부품은 항상 질적으로 개선할 수 있고 소비자에게 편의를 제공하며 제조원가를 절감하고 만족스러운 제품 생산이 가능하게 했다. 셋째, 기계 및 공구의 전문화이다. 제품 단위당 생산원가를 낮추고 부품의 표준화를 유지하기 위해서 단일 목적의 기계 및 공구가 요구됐다. Ford는 생산하는 제품의 유형을 Model-T 하나로 단순화했으며, 5,000여 종에 달하는 표준화된 부품들을 생산하는 과정에서 기계 및 공구의 전문화 즉 단일 목적의 기계 및 공구에 의해서 생산되도록 했다. 그리고 그는 정확하게 작업하는 기계를 이용함으로써 최고 수준의 품질을 달성할 수 있다고 믿었다.

포드식 대량생산방식의 두 번째 핵심은 이동식 조립방식인 컨베이어 시스템(Conveyer System)이다. 먼저 설명한 제품의 단순화와 부품의 표준화가 선행되었을 때에만 컨베이어 시스템에 의한 대량생산이 가능할 수 있다. 1908년에 생산된 초기의 Model-T는 다른 자동차들처럼 기존 생산방식으로 생산됐다. 각 노동자는 조립한 반제품 자동차를 다음 공정으로 보내기 전에 많은 부품을 조립해야 했다. 즉 한 명의 노동자가 바퀴, 스프링, 엔진, 변속기, 발전기와 같은 모든 기계부품을 차대에 장착했는데, 고정된 자동차 작업대에서 작업을 하기 때문에 많은 시간이 소요되는 작업공정이었다. 또 부품 표준화가 이루어지지 않았기 때문에 부품을 가공한 이후에 조립이 가능해졌다. Model-T는 성공적인 판촉활동에 힘입어 수요가 급격히 증가하게 되면서 기존과 같은 생산방식으로는 수요를 도저히 감당할 수 없게 되었다.

이에 따라 Ford는 새로운 공장과 더불어 새로운 시스템 도입의 필요성을 인식하게 된다. 초기 4층의 하이랜드 파크 공장은 작업이 맨 위층에서 아래층으로 이어지도록 설계되어 있었다. 4층에서 차체가 만들어지고, 3층에서 바퀴에 타이어를 부착하면서 동시에 차체에 페인트를 칠했다. 2층에서 모든 조립이 끝나면 자동차는 경사면을 따라 1층으로 내려와 최종검사를 받도록 했다. 자동차의 생산대수가 1910년 19,000대에서 1911년에는 34,500대, 1912년이 되자 78,440대로 급증했는데, 이는 겨우 시작에 불과했다.

1910년부터 Ford는 하이랜드 파크에서 공장자동화 작업에 착수했는데, Ford와 그의 기술자들은 자동차 조립라인의 모든 과정을 관찰하고, 생산성을 높이기 위해 새로운 방법들을 고안하는 데 진력했다. 1912년에 Ford는 시카고에서 도축장을 시찰하던 중 작업자들이 일을 마친 후 모노레일을 이용해서 갈고리에 매달려 있는 고기 덩어리를 다음 작업자에게 운반 및 이동하는 광경을 목격하게 되는데, 순간 그의 뇌리에 번개가 번득였다. Ford는 자동차 조립공정에 도축장의 작업방식과는 반대로 적용되는 컨베이어 벨트(Conveyer Belt)로 연결되는 이동식 자동차 조립공정의 개발에 성공했다. 이동식 조립방식(Moving Assemply Line)에 대해 더 구체적으로 살펴보면 작업공정의 순서에 따라 배치된 노동자의 앞을 부품들이 컨베이어 벨트에 의해 규칙적으로 통과하면 각 노동자는 고정된 작업장소에 서서 일정한 리듬을 타고 작업에 임하도록 하는 생산시스템이다. 이에 따라 생산공정은 중단없이 지속적인 흐름을 유지할 수 있었다. 이동식 조립방식이 높은 효율성을 달성할 수 있었던 것은 생산의 흐름이 직선적이고 중단되지 않기 때문에 생산시간의 단축이 가능했기 때문이었다. 그리고 컨베이어에 의한 이동식 조립작업에서 단일 목적의 단순한 기계 작업은 작업 자체를 단순화하므로 노동자는 한 가지 작업에만 익숙해지면서 동일한 작업을 연속해서 시행하는 것이 가능해지므로 생산능률이 향상될 수 있었다. 컨베이어 시스템으로 대량생산의 혁신을 가져오게 되었으며 자동차 1대당 소요되는 조립시간이 5시간 50분에서 1시간 33분으로 단축됐다. 이렇게 혁신적인 이동식 조립방식이 도입되자 생산성이 급격하게 높아지면서 Model-T의 생산량은 1913년이 되자 248,000대로 대폭 증가했다. 대량생산으로 인한 원가절감으로 판매가격이 인하되면서 1908년에 825달러에 판매되던 Model-T의 가격은 1914년에는 440달러로 판매되었으며 1916년이 되자 345달러까지 떨어졌다. 한편 1916년에 연방정부는 'Federal Road Act'라는 법을 선포하고 새로운 도로망을 건설하기 시작했으며 자동차들은 더 편리하게 이동할 수 있게 되었다. 이로써 자동차 수요는 더욱 증가하게 되었다.

그러나 이동식 조립방식의 시행은 다른 문제를 유발하였다. 작업이 단순하고 반복적인 성격을 띠게 되면서 노동의 리듬을 잃게 되자 노동자들의 불만이 크게 높아지면서 이직률이 대폭 증가했다. 이에 따라 1913년의 경우를 보면 Ford 자동차는 한 해 동안에 100명의 노동자를 확보하기 위해서 무려 936명을 고용해야 하는 지경까지 이르게 되었다. 이와 같은 위기를 돌파하기 위해서 Ford는 특단의 처방책으로 1914년 1월에 **하루 8시간 노동에 5달러의 일당을 지급**하는 유인책을 발표했다. 당시에 하루 9시간 노동에 평균임금으로 $2.34를 받는 것이 일반적인 노동조건이었다. 노동시간이 감소했음에도 불구하고 오히려 임금은 2배 이상으로 지급한 것은 혁신적인 보상방안이었다. 이 소식에 다음 날 Ford사의 인사부서가 위치하는 건물에는 만 명을 넘는 사람들이 일자리를 구하기 위해 줄을 서면서 장사진을 이뤘다. Ford는 좋은 노동자를 고용하고 유지하는 것도 효율적인 것으로 보았다. 그러나 임금 인상을 통해 Ford가 노린 것 중의 하나는 자기 회사의 노동자들도 Model-T 구매가 가능한 고객으로 확보할 수 있다면 대량생산을 위한 대량소비의 문제는 저절로 해결되는 것으로 판단했다. 1920년대에 Model-T의 가격은 200달러에 달했는데 이는 Ford 자동차 노동자의 석 달치 월급으로 충분히 구매가 가능한 수준이었다. **이로써 Ford는 이동식 조립방식과 5달러 임금정책으로 대량생산과 대량소비를 동시에 달성할 수 있었다.** 광란의 20년대 번영과 값싸고 품질 좋은 Model-T로 인해 미국은 자동차 대중화 시대에 돌입하게 되었으며 1930년에는 전국 가구당 1대의 자동차를 보유하는 자동차 왕국이 되었다.

이에 그치지 않고 Ford는 회사 내에 직원들의 복지문제를 전담하는 부서를 만들어서 노동자들의 가정생활에서 발생하는 다양한 문제를 해결하는 데 실질적인 도움을 제공하도록 해서 노동자가 직장 업무에 전념할 수 있도록 지원했다. 이는 사내에 노동조합의 결성을 막을 수 있었다.

자동차 생산에서 제품 표준화와 이동식 조립방식으로 대량생산시스템을 개발해서 저비용을 이룩했으며 노동자에게 높은 임금을 지급해서 대량소비를 유인하는 Ford의 전략은 대성공을 거두었고 1923년에는 Model-T의 연간 생산대수가 170만 대였으며 시장점유율은 1921년에 최고 55.7%까지 상승했다. 1926년에 Ford는 New York Times에 게재된 자신이 직접 서술한 기사에서 대량생산시스템은 동력(Power), 경제성(Economy), 연속성(Continuity), 속도(Speed)에 집중한 결과라고 술회했다. 그는 자동차는 소비자에게 이동수단이라는 기본적이고 지속적인 편리성을 제공한다고 봤으며 대량생산은 소비자의 사용 편리성과 가격 편리성이 모두 확보되는 경우에만 달성될 수 있다고 믿었다. 그리고 Ford 자동차의 경우는 대량생산이 대량소비에 선행해서 비용을 절감하는 것이 가능하게 됨으로써 사용 편의성과 가격 편의성을 모두 확보할 수 있었다고 했다. 생산량이 증가하면 비용을 줄일 수 있는데, 만일 생산량이 500% 증가하면 비용은 50% 정도 절감될 수 있으며, 비용 감소는 판매가격의 하락으로 이어져서 제품을 편리하게 구매할 수 있는 사람의 수를 10배 정도 늘릴 수 있다고 판단했다. 1908년에 처음 소개된 Model-T는 1927년까지 19년 동안에 걸쳐 총 1,500만 대를 생산했는데, 이 기록은 그 후에도 45년 동안 유지될 수 있었다. 결과적으로 Ford는 당대 세계 최고의 부호가 되었다.

과학적 관리와 호텔 건축설계

Taylor는 과학적 관리가 궁극적으로 건축이나 미학에 응용될 것이라고 예상하지 못했지만 많은 건축가가 과학적 관리에서 적지 않은 영감을 얻었다. 근대 건축(Modern Architecture)이 등장하기 이전에 전통적인 건축가들은 그리스식 기둥과 같은 역사성을 지닌 상징을 건물 정면에 내세우는 것으로 건물의 정당성을 전달하려고 했다. 이런 관행은 아직 건축 실무에서 완전히 사라지지 않았지만, 과학적 관리에서 영감을 받은 합리성 및 효율성을 중시하는 근대 건축에서는 현재에 대한 정당성을 전달하기 위해서 과거를 지향하지는 않는다. 제1차 세계대전 무렵까지만 해도 주요 도시의 경관을 보면 고층 건물의 정면에 그리스식 기둥을 세우거나 도시 호텔의 지붕 위에 프랑스 궁전의 돔형 창을 설치함으로써 과거의 화려한 사원이나 저택을 모방하려고 했는데 이는 많은 불필요한 비용을 초래했다. 근대 건축에서는 건물의 기능(Functionality)이 외관(Appearance)을 결정해야 한다는 원칙이 지배하고 있다. 근대 건축에서는 각 건물을 기계로 간주하거나 적어도 기능에 따라 정의된 구조물로 여기고 있다. 과거 전통적인 건축가들은 건물을 조각으로 간주했기 때문에 평면도를 설계하기 전에 건물의 외관부터 설계하는 관행을 유지했지만 그 반대를 주장하는 근대 건축의 주창자들은 건물을 기능적인 대상으로 간주하고 있다. '형태는 기능을 따른다(Form follows function)'라는 말은 근대 건축의 정신을 잘 대변하고 있다.

제1차 세계대전 이후 특히 정치 · 사회적 격변과 전쟁으로 폐허가 된 국가에서 대규모로 주택을 긴급하게 건설해야 하는 필요성이 과학적 관리와 건축이 결합하는 계기가 됐다. 미국은 근대 건축의 수용에 있어 독일과 프랑스에 뒤처지게 되었는데, 이는 전쟁으로 인한 물리적 피해가 거의 없었고 정치 · 사회적 구조에 미치는 영향도 훨씬 적었기 때문이었다. 근대 건축의 선구자로서 과학적 관리의 영향을 크게 받은 건축가 중의 한 사람이 바우하우스 운동(Bauhaus Movement)의 창시자인 독일의 Walter Gropius(1883~1969)였으며, 그는 과학적 관리의 옹호자로 근대 건축은 과학적 관리의 논리적 결과물이라고 주장했다.

또 다른 근대 건축의 선구자인 프랑스의 Le Corbusier(1887~1965)는 과학적 관리에 의해 받은 영감 때문에 건축에 대한 합리적인 접근법을 창조할 수 있었다고 했다. Le Corbusier는 Taylor의 이름을 자주 언급했으며 과학적 분석(Scientific Analysis)을 통해 설계를 결정하는 방법을 강조했다. Le Corbusier는 이상적인 건물은 '생활을 위한 기계'(Machine for living)라고 강조했다. 그는 모든 건물의 구성요소가 최적으로 설계되려면 반드시 실험을 수행해야 한다고 강조했다. 예를 들면 그는 모든 건축가가 표준화되고 양산되는 창(Window)에 적응할 수 있어야 한다고 했다. 또 자동차 조립라인처럼 건물의 모든 구성요소는 과학적으로 결정되고 최적의 설계로 표준화되어 대량생산될 수 있어야 한다고 강조했으며, Henry Ford의 자동차 조립라인을 건축가와 건축업자가 반드시 모방해야 하는 모델로 제시했다. Le Corbusier는 특히 주거용 고층 건물에 큰 관심을 보였다. 건축설계는 예술적 기발함이 아니라 과학적 분석에 따라 주도되어야 한다는 그의 지론은 큰 반향을 일으켰다.

근대 건축에서는 역사주의 스타일에서 강조하는 미적 요소보다는 이용가능한 공간을 최적으로 사용하는 평면도를 설계하는 것처럼 실용성을 강조하였다. Taylor는 과학적 관리가 건축학에서 미학의 판단기준으로까지 이용될 것이라고 상상하지 못했지만 과학적 관리의 원리는 구조적 미를 재정의하고 구성하는 것에 응용되었다. Gropius와 Le Corbusier와 같은 초기 근대주의자에게 과학적 관리는 건축설계의 맥락에서 미(아름다움)를 재정의하게 되었다. '전통이 아름다운 것이다'라는 원칙은 **'효율이 아름다운 것이다'**라는 원칙으로 대체되었다. 역사주의에서 근대 건축으로의 전환은 점진적인 과정이며 현재까지 여전히 진행 중이다.

Walter Gropius와 Le Corbusier 그리고 또 다른 거장 Ludwig Mies van der Rohe(1886~1969) 세 사람은 20세기에 들어 전 세계의 도시건축물의 표준이 된 **철근콘크리트 양식**을 완성한 건축가였다. 이 외에도 여러 독창적인 건축가들이 규격화된 철근콘크리트와 유리를 주재료로 쓰는 건축양식을 만들었는데, 이들을 모두 합해 근대 건축이라고 부르고 있다. 근대 건축가들은 실제 건물의 기능과는 상관없이 과거 여러 시대의 건축양식으로 뒤섞인 건물들이 계속해서 건설되는 것에 대해 염증을 느끼곤 했다. 근대 건축의 등장으로 조화와 형식을 위주로 했던 전통적인 유럽식 건축양식은 점차 사라지고 기능성 위주의 근대 건축이 주류로 자리매김하게 되었다. 근대 건축은 세계 어느 도시에 가도 볼 수 있을 정도로 큰 영향을 미쳤다. 근대 건축양식을 한 건물의 특징은 쭉 뻗은 직선인데, 종전에 건물을 뒤덮었던 화려하고 복잡한 장식물은 사라지고 날렵하고 매끄러운 실용적인 도시건축물들이 등장하게 되었다.

20세기 초반 30년은 과학적 관리의 성행과 함께 경제번영으로 여러 면에서 특별한 시대였다. 이 기간에 과학적 관리 기풍은 호텔 건축과 호텔 관리자 등에 큰 영향을 미쳤을 뿐만 아니라 동시에 호텔산업과 미국 대도시들의 경관에 심대한 변화를 불러왔다. 미국 초기 호텔들은 고급 주택의 외관을 안팎으로 모방하기 위해 노력했다. 점차 호텔 규모가 커짐에 따라 대저택이나 궁전의 외형을 한 건물로 설계되었다. Plaza는 대도시 고급 그랜드호텔을 대표하며 1907년에 개관했지만 1800년대 후반의 대형호텔을 대표했다. 건축가 Henry Hardenbergh는 Plaza가 부자들의 거주지로서 프랑스풍 성이 연상되도록 설계했다. Plaza가 개관했던 당시 뉴욕에는 가족이 호텔에 거주하는 것이 일반적인 현상이었으며 특히 스위트(Suite)는 부유한 가족이 장기간 사용하기 위해 임차했는데, 이들은 호텔 식당에서 식사하거나 웨이터가 주방에서 음식을 스위트로 운반했다. 호텔의 고급 객실에 장기간 거주하는 부유층 가정의 관습은 1860년대 중반부터 시작되어 제2차 세계대전 직전까지 유지됐는데, 이런 관습은 특히 뉴욕에서 만연했다. 장기 거주가 유행하게 된 또 다른 요인은 기혼 여성들이 고된 집안일과 요리로부터 해방될 수 있어서 특히 반겼다.

Plaza의 평면도를 살펴보면 9대의 승객용 엘리베이터는 3개의 별도 공간으로 나뉘어 흩어져 있었다. 각 엘리베이터를 작동하려면 직원이 필요했는데 따라서 나눠진 구조는 직원 배치에 영향을 미쳤다. 대다수 엘리베이터는 야간에는 서비스를 중단했다. Plaza처럼 엘리베이터가 건물 전체에 산재하는 경우에는 각 공간에 적어도 한 대의 엘리베이터를 운영하는 직원과 함께 하루 24시간 계속해서 운영해야 했다. 반면에 모든 엘리베이터가 한 공간에 있다면 야간 서비스는 한 대의 엘리베이터를 운영하는 한 명의 직원으로 충분할 수 있다. 따라서 Plaza의 분산된 엘리베이터 구조는 근대 건축의 관점에서 바라보면 비효율적이다. 그리고 주요 복도는 비합리적일 정도로 너무 넓어서 객실로 사용할 수 있는 공간을 차지하였는데, 근대적인 관점에서 볼 때 이러한 것도 효율성이 제대로 고려되지 않은 것으로 간주할 수 있다. 그러나 당대의 가장 성공적인 건축가였던 Hardenbergh는 다른 기준에 우선순위를 두었을 것으로 보인다. 즉 당시에는 내외부에 호화로운 프랑스 성의 분위기를 연출하는 것이 효율이라는 목표를 능가했으며, 화려한 개인 저택의 손님이 된다는 환상은 어떤 비용을 치르더라도 유지되어야 했기 때문이었던 것으로 추측되고 있다.

비록 근대 건축이 미국에서 시작되지는 않았지만 소개되기 시작하자 엄청난 영향을 미치게 되었다. 대규모 도시의 구조 설계와 관련된 문제들은 자연스럽게 초기 근대 건축가들의 관심을 끌게 되었다. 특히 호텔은 건축가에게 최적화된 효율적인 설계를 만들기 위해 많은 과제를 안겨 주었다. 호텔 건물을 설계할 때 건축가는 객실 배치, 객실 배관 설계, 연회 및 식당 시설, 서비스 엘리베이터와 같은 직원들을 위한 동선, 그리고 무엇보다도 건물의 미적 스타일 등에 대해 합리적으로 결정해야 했다. 그리고 호텔은 고객과 직원을 위한 두 개의 개별적인 동선을 잘 결합해야 했다. 예를 들어, 직원들은 전용 복도와 전용 엘리베이터를 사용하여 준비된 음식을 각 연회장으로 효과적으로 운반해야 하는데, 이때 고객들이 엘리베이터를 운용하는 직원 외에 다른 직원들과는 절대 엘리베이터를 공유하지 않게 해야 한다. 이중적인 동선 시스템의 설계와 같은 사례는 항상 호텔 건축가의 독창성에 큰 부담을 안겨 주었다. 따라서 건물을 마치 조각품으로 취급하는 역사주의 건축가보다는 공학적인 사고방식으로 무장한 건축가가 요구되었다.

1910년대 및 1920년대에 미국에서 건립된 상용호텔들은 기본적으로 현저히 한결같은 철근콘크리트 건물구조의 형태를 취하고 있었다. 당시 호텔설계에 특화된 주요 건축회사에는 Warren & Wetmore, George B. Post & Sons, Holabird & Roche/Holabird & Root, Schultze & Weaver 등이 있었다. 이 회사들의 주요 건축가 중에는 Warren 등 파리의 국립고등미술학교(Ecole des Beaux-Arts)에서 수학한 사람이 여러 명 있었다.

20세기 초에 호텔설계는 빅토리아식 절충주의에서 파리 국립고등미술학교에서 영향을 받은 보자르 고전주의(Beaux-Arts Classicism)로 전환되고 있었다. 보자르 양식의 특징은 질서와 대칭, 웅장함, 그리고 세밀한 장식과 기념비적 고전 장식을 사용했으며 석재로 마감한 웅장한 건물로 상징됐다. 또 두 개씩 세운 기둥, 높은 난간, 돔, 돌출된 건물의 앞면 등이 특징이었는데, 규모와 장엄함 때문에 당시 대다수 박물관, 도서관, 은행, 기차역 등 공공건물에 많이 적용됐다. 보자르 양식이 추구하는 이상은 호텔설계에 특화된 주요 건축회사들에 큰 영향을 미쳤다. 1914년에 건립된 New York Biltmore Hotel은 미국의 주요 도시에 많이 지어진 거대한 호텔 중의 하나였다(〈그림 6-4〉). 뉴욕의 철도역인 Grand Central Station 근처에 27층 1,000실 규모로 건립된 Biltmore는 당시 증가 추세에 있던 많은 근대 마천루 호텔(Skyscraper Hotels) 중의 하나이기도 했다. 이 호텔은 Grand Central Station을 설계한 Warren & Wetmore와 Bowman-Biltmore Hotel Company 체인의 창업자인 John Bowman과의 협업으로 건축된 호텔이었으며 보자르 양식에 영향을 받아 건축된 호텔이었다. 효율성 차원에서 U자형 상용호텔 Biltmore는 세부 사항에 집착했던 당시 호텔경영계의 추세를 받아들여서 1층의 로비 및 레스토랑, 타워형 객실, 그리고 위층의 연회장 등으로 설계됐다. Biltmore의 정사각형 모양의 구조에서 대칭형 복도 배치는 고객들이 방향을 바꿔야 하는 필요를 최소화하면서 매끄러운 고객 동선이 이루어지게 되어 호텔의 영업 효율이 높아졌다고 당시 호텔 잡지에서 긍정적으로 평가했다. U자형 구조는 많은 객실에 햇볕이 잘 들고 공기 순환에 도움이 되었다.

그림 6-4 Biltmore Hotel, New York

출처: www.nyc-architecture.com/GON/GON041

Biltmore New York의 등장은 19세기 호텔 건축양식에서 20세기 건축양식으로 전환되는 분기점이 되었다. 19세기 말에 Henry Hardenbergh가 설계했던 Waldorf-Astoria는 도금시대의 궁전같은 그랜드호텔을 상징했으며 Biltmore New York은 20세기 상용호텔 시대의 도래를 알리는 상징과도 같았다. Hardenbergh는 호텔과 아파트에서 미학적인 건축기술로 유명했지만 다음 세대가 지향하는 체계적인 호텔설계에서는 부족함이 드러났다. 특정 계층만을 대상으로 했던 Waldorf-Astoria와 달리 Biltmore와 같은 상용호텔들은 새로 등장하는 다양한 고객층을 유인하고 이윤을 극대화하기 위해 건물 설계와 호텔 영업에서 효율성을 강조했다.

보자르 양식이 성행했지만 큰 건축회사들은 당시 기업 세계에서 등장하기 시작한 과학적 관리에 따른 효율성 향상도 고려해야 했다. 이윤 극대화를 위한 노력으로 대형호텔에서의 서비스의 대량소비를 촉진하기 위해 호텔 건축에서 효율성을 통해 설계에서 낭비 요소를 제거하는 것이 필수적인 사항이 되었다. 호텔 관리자들도 대형호텔에서 효과적으로 비용을 통제하기 위해 또 과거 호텔산업의 주먹구구식 관리방식에서 탈피하고 전문성을 강화하기 위해 효율성의 유행을 수용했다.

1920년부터 1929년 대공황 직전까지 미국에서는 경기과열로 인해 호텔 건축 붐이 발생하면서 많은 호텔이 건립되었는데, 기록에 의하면 1920년과 1928년 사이에 미국 호텔산업의 전체 객실 수(Total number of rooms)가 약 42% 증가했다. 1920년대 과학적 관리의 원칙을 적용해서 건립된 호텔들이 목표로 했던 주 고객층은 상업여행객(Commercial Travelers)으로 대다수가 도매업을 하는 기업의 판매사원들이었다. 상업여행객의 증가 추세는 당시 미국의 경제번영과 함께 전국을 지배하는 대규모 기업이 지방의 작은 기업들을 대체했기 때문이다. 이렇게 증가하는 영업담당 판매사원들을 수용하기 위해서 호텔 건축 붐이 발생했다. 이 시기에 과학적 관리는 여러 면에서 호텔 건축설계에 큰 영향을 미쳤다. 과학적 관리의 영향으로 진화된 호텔설계를 살펴보면 일정한 반복적 설계 특성이 존재한다는 것을 알 수 있는데, 미학적으로 봤을 때 역사주의 건축이 이용했던 건물 정면의 프랑스풍 지붕과 그리스식 기둥 등은 사라지고 최소한의 장식과 함께 평평한 붉은 벽돌을 한 정면으로 대체되었다. 일부 역사주의의 잔재가 남아 있었지만 전반적으로 보면 역사주의 주제로 뒤덮여 있던 19세기식 호텔 건물의 정면과는 대조적으로 건물 외관은 평평하고 기능적이었다. 1920년대에 과학적 관리에 의해 건축된 기능적 호텔 건물의 극단적인 사례가 바로 1919년 뉴욕 맨해튼에 건립된 2,200실의 Hotel Pennsylvania와 1927년 시카고에 건립된 3,000실의 Stevens Hotel이다. 그리고 1920년대부터 건축가들이 즐겨보는 건축 잡지에서 호텔 건물의 면적당 비용 즉 평당미터당 건축비용을 강조하기 시작했는데, 이전에는 거의 언급되지 않았던 주제였다. 그리고 1920년대부터 건축 잡지에서 호텔 평면도를 다루는 내용이 차지하는 비율이 증가하고 이와 함께 제1차 세계대전 이전에는 언급되지 않았던 객실 배치의 효율성을 강조하기 시작했다.

1920년대에 근대 건축에 따라 설계된 호텔에서 객실 배치는 보통 U자형, H자형 또는 E자형 평면도를 사용했으며, 각 객실에 환기를 제공하는 것과 수용할 수 있는 객실의 수를 최대화하는 것 사이에서 최적의 균형을 이루고자 했다. 또 호텔 평면도를 평가할 때 객실에서 밖을 바라보는 전망은 별로 중요하지 않았다. 그리고 객실은 좁은 편이었는데 제일 좁은 경우에는 약 3.4평 정도까지 달했다. 당시는 TV가 등장하기 전이어서 손님들은 한가한 시간에는 객실이 아닌 호텔의 공용 공간에서 보낼 것으로 예상했기 때문에 객실을 좁게 설계했다.

호텔의 직원들도 효율성 및 전문성을 강조하기 위해서 직무기술서가 작성되었다. 조직을 설계할 때도 물리적 구조를 설계하는 방식을 고려했다. 예를 들어, 당시 건축 잡지에서는 특히 대형호텔에서 프런트 데스크 직원들의 직책을 다섯 가지 유형의 전문화된 직원으로 구분할 것을 권고했는데, 이는 로비와 등록(Register) 공간의 설계방식에 직접적인 영향을 미쳤다. 첫째, 메일직원(Mail Clerk)은 정보담당 직원으로 누가 어느 객실에 투숙하고 있는지 추적하는 역할을 하며, 둘째, 프런트직원(Front Clerk)은 열쇠를 관리하며, 셋째, 객실직원(Room Clerk)은 고객을 신규 등록하며, 넷째, 캐셔(Cashier)는 요금을 수납하는 역할을 담당하며, 다섯째, 대형 호텔에서는 각 층에 직원을 배치해서 열쇠, 우편물, 서류 등을 손님에 편리하게 전달하도록 했다. 이처럼 전문직 직원을 두는 방식은 과학적 관리가 도입되기 이전부터 시행되고 있었지만, 전문적인 직무를 수행하는 기능적 직원을 강조하는 과학적 관리의 원칙에 딱 들어맞는 조직적 접근방식이었다.

20세기 초에 새로운 유형의 고객을 수용하기 위해 새로운 유형의 호텔인 상용호텔(Commercial Hotel)이 등장하기 시작했다. 당시 초기 대량소비 사회가 도래하면서 호텔 건물의 형태도 개조되기 시작했다. 상용호텔의 주요 고객으로는 비즈니스 목적의 판매사원이었던 상업여행객과 컨벤션 참가자, 그리고 당시 새로 등장한 자동차를 이용해서 여행하는 여행객과 여성들은 여가 목적으로 여행했는데 이들을 위해 다목적 상용호텔이 건립되었다. 이와 같은 새로운 유형의 고객수요에 발맞추어 호텔 건축가와 관리자들은 종전 호텔의 기본 시설인 객실, 로비, 레스토랑과 새롭게 도입되는 다양한 서비스 및 공간을 결합함으로써 시장변화에 대응하고자 했다.

20세기 초가 되자 가장 혁신적인 호텔은 종전의 호화로운 그랜드호텔이 아니라 대중적인 가격과 함께 최고급호텔(Luxury Hotel)의 어메니티(Amenities)와 증가 추세에 있던 중산층 사무직 근로자와 여행객을 위한 서비스를 잘 결합했던 상용호텔이었다. 대중적인 가격으로 상용호텔의 발전을 주도한 인물로 시카고에 1927년 3,000실의 Stevens Hotel과 1,036실의 Hotel LaSalle을 건립한 J. W. Stevens & E. J. Stevens 부자와 그리고 1907년 버펄로에서 시작해서 1927년까지 클리브랜드, 디트로이트, 세인트루이스, 보스턴, 뉴욕에서 7개의 호텔로 구성된 체인을 건설한 E. M. Statler가 있다. 당시에 호텔체인의 등장을 주도했던 혁신적인 기업가들은 인기가 높았던 과학적 관리의 원칙들을 적극적으로 수용했다. **대량생산의 원칙을 적용해서 시장점유율을 향상하고 영업비용을 절감하기 위해 전례 없는 규모와 함께 매우 복잡한 조직구조로 된 호텔을 개발하게 되었다.** 상용호텔들은 새로운 고객의 욕구에 대응하기 위해 샘플객실, 간이 식당, 미용실 등과 같은 새로운 서비스들을 도입하면서 다목적 호텔로 변모했다. 과학적 관리에서 부르짖는 단순화와 효율성 추구에도 불구하고 복잡한 구조를 한 현대 상용호텔들의 관리자와 건축가들은 고객의 다양한 수요에 부응하려는 노력을 아끼지 않았다.

20세기 초 호텔설계에 대한 과학적 관리의 영향은 현대 상용호텔(Commercial Hotel)의 개발에서 중추적인 역할을 담당했던 인물을 통해 알 수 있는데, 그가 바로 Statler 호텔체인의 설립자 Ellsworth M. Statler이다. 그는 평면도를 설계하기 전에 건물의 외관부터 설계하는 전통적인 관행을 과감하게 배격하면서 그와 반대로 객실 배치를 먼저 설계한 후에 비로소 건물의 외관을 고려하는 근대 건축의 실용성을 강조했다. 객실 배치는 가능한 가장 효율적인 평면도를 찾기 위해 적용한 다양한 공식이 반영된 결과였다. 그의 견해는 건축계의 정기 간행물에 자주 게재되면서 미국 전역의 호텔설계에 적지 않은 영향을 미쳤다. Statler가 호텔설계를 위해 계약을 체결했던 건축회사 George B. Post & Sons 소속의 건축가였던 W. Sydney Wagner는 호텔설계의 핵심은 결국 고객에게 안락함을 제공하는 서비스 기계(Service Machine)로서의 이용가치라고 설명할 정도로 Statler는 과학적 관리를 신봉했다.

과학적 관리의 영향은 호텔 주방(Kitchen)도 예외가 아니었다. 1927년에 시카고에서 3,000실로 세계 최대의 호텔로 개업한 Stevens Hotel은 개관식 행사에 초대된 9,000명의 손님에게 호텔의 모든 레스토랑과 연회장에서 저녁 식사를 제공했다. 저녁 식사는 오후 7시, 9시, 그리고 11시에 나뉘어서 진행되었는데 각 일정마다 3,000명의 손님에게 음식을 제공했다. 2시간마다 3,000명의 손님에게 실수없이 음식을 제공한다는 것은 여간해서는 할 수 없는 대과업이었다. 하지만 개관식 행사를 총지휘했던 호텔의 부사장이자 총지배인이었던 Ernest J. Stevens

에게 이런 대규모 행사는 효율적, 기계적, 그리고 체계적인 주방 공학(Kitchen Engineering)에 수년간 헌신한 것에 대한 자연스러운 결과였다. Stevens Hotel의 주방은 하루에 10,000명분의 식사를 처리할 수 있는 역량을 갖춘 취사 플랜트(Food Preparation Plant)였다.

과거부터 그랜드호텔에서 주방은 지하에 위치해서 보이지 않는 공장이었다. 그랜드호텔에서는 주방을 지하로 격리함으로써 주방이 거주공간과 가까운 Tavern이나 Inn과 차별화할 수 있었다. 그러나 과학적 관리의 효율성, 금주법, 기술혁신으로 상황이 바뀌기 시작했다. 1920년대가 되자 미국에서 도시 인구가 취식하는 음식의 20~25%는 호텔과 레스토랑에서 판매되고 있었다. 그리고 1910년대와 1920년대의 통계를 보면 호텔에서 총매출액의 약 50%가 음식판매를 통해 산출된 것으로 밝혀지면서 주방의 역할이 매우 중요하다는 사실을 상기시켜 주었다. 당시 뉴욕의 St. Regis Hotel은 '주방은 호텔의 영혼이다. 주방이 잘못되면 모든 것이 잘못된 것이다'라고 광고할 정도였다. 그렇지만 레스토랑 및 연회장의 매출이 객실부서와 비슷했지만 이익률은 아주 달랐다. 객실매출은 약 85%의 이익을 달성하지만 음식매출은 훨씬 낮아서 약 12~20%에 불과했다. 금주법 시행 전에 바(Bar) 매출의 이익률은 50%에 달했는데, 바 영업이 아주 성공적일 경우에는 비록 매출액은 적지만 바에서 벌어들이는 이익금이 레스토랑의 이익금과 비슷했다. 따라서 금주법이 시행되자 바에서 잃어버린 판매액을 보충하기 위해 주방을 더욱 효율적으로 개선할 필요성이 대두되었다.

1910년 시카고의 Blackstone Hotel은 최초로 주방을 위층으로 옮겨서 레스토랑의 옆에 위치하도록 했다. 이런 시도는 호텔의 평판과 이익을 깎아먹던 주방의 비효율성에 대한 호텔산업의 새로운 사고방식을 대변했으며, 지원부서의 가치를 인정한 결과이기도 했다. 그리고 이와 같은 시도는 '낭비는 악이다'라며 효율성이 미국 산업계의 상징으로 등장하게 되면서 호텔 주방도 좋은 표적이 되었다. 주방의 문제점도 기계의 이용으로 해결될 수 있으며 결과는 달러로 측정될 수 있었다. 이때부터 주방 공학(Kitchen Engineering)이라는 전문분야가 등장하기 시작했으며, 목표는 효율적인 주방을 설계하는 것이었다. 주방은 공장으로 표현되었으며 장비는 주방장의 생산도구로 표현됐다. 생산성, 경제성, 기능주의, 그리고 속도는 효율성의 대표적인 특성이었으며 낭비와 불안정은 정반대를 의미했다. 그리고 기계화와 설계는 효율을 달성하는 수단이었다. 비효율과 낭비는 항상 인적 요인 즉 사람의 과실에 의해 만들어졌다.

당시 유명한 주방 공학 전문가였던 J. O. Dahl은 수백여 곳의 주방을 방문하거나 일을 한 경험의 결과로서 주방의 비효율은 가장 과학적으로 관리되는 운영에 의해서도 극복하기 힘든 잘못된 설계의 산물이라고 확인했다. 그는 '공장 즉 주방은 반드시 효율적이고 경제적으로 계획되어야 하며 그렇지 않으면 설사 판매하더라도 이익을 남길 수 없다'라고 충고했다. Dahl이 내린 효율적인 주방의 정의 중의 하나는 각 직원이 가장 적은 걸음으로 일을 하는 것이며 또 모든 일은 논리적 순서대로 해야 한다고 했다. 객관적인 방법으로 걸음 수를 측정하는 것은 테일러리즘의 정수이다. 그는 각 직원의 걸음 수에 따라 각 과업이 수행되는 시간이 결정되며 이는 결국 과도한 노동력과 비용을 초래해서 이익을 갉아먹게 된다고 주장했다. 예를 들어 캘리포니아의 한 호텔이 발표한 결과에 의하면 호텔에서 각 웨이터가 하루에 주방을 오가면서 15,000보를 걷는다고 했다. 만약에 레스토랑과 주방이 적절하게 설계된다면 각 웨이터는 걸음 수를 2,500보씩 줄일 수 있다. 이와 같은 결과로 레스토랑은 두 명의 웨이터를 줄일 수 있으므로 결국 1년에 $1,800의 인건비를 절감할 수 있다. Dahl은 완벽한 주방 배치는 노동력, 시간, 재료에서 가능한 최대의 경제성을 산출할 수 있다고 봤다. 또한 그는 주방에서 효율성 목표를 달성하는 데 가장 잠재력이 큰 분야로 기계화(Mechanization)를 꼽았다. 최신 기술을 이용해서 사람이 개입할 여지를 없애면 생산량을 최대화할 수 있다고 봤으며, 기계에 의해 자동화된 주방은 식재료 사용량을 줄이고 인건비를 절감하며 더 나아가 인건비 인상 요구 및 노동조합 결성과 같은 인력 고용으로 인한 골칫거리를 제거할 수 있다고 피력했다. 식기세척기(Dishwasher), 계란찜기(Egg Boiler), 야채 박피기(Vegetable Peeler), 커피 추출기(Coffee Urn) 등과 같은 기계의 이용은 시간을 단축할 뿐만 아니라 이직률을 줄여서 비용을 절감할 수 있었다. 식기세척기 제조회사는 한 대의 식기세척기로 열 사람의 인력을 대체할 수 있다고 주장했다.

Stevens Hotel의 총지배인 Ernest J. Stevens는 과거 주방의 문제점을 해결하고 완벽한 주방을 설계하기 위해 전력을 기울였다. 그는 과거 15년 동안 LaSalle Hotel을 맡아서 운영한 경험으로 주방의 중요성을 잘 파악하고 있었으며 새롭게 건설되는 Stevens Hotel에서 보다 완벽하게 설계된 주방을 위해 엔지니어, 건축가, 주방 전문가 등과 함께 각고의 노력을 기울였다. Stevens Hotel의 주방에는 많은 맞춤화된 장비가 도입되었으며 다섯 개의 넓은 주방을 설치해서 레스토랑과 컨벤션 및 연회시설에 식사 서비스를 제공하도록 했다.

그림 6-5 Stevens Hotel, Chicago

출처: chicagology.com/skyscrapers/skyscrapers041

III ▸▸ 광란의 20년대: 미국 호텔산업의 황금기

미국에서는 1920년대를 광란의 20년대(Roaring Twenties)라고 흔히 부른다. 1920년대에 미국은 경제의 눈부신 번영과 사회 · 문화적으로 큰 변혁기를 맞이했으며, 특히 1923년부터 1929년까지 전례 없는 호황을 누렸다. 광란의 20년대는 경제가 지속적으로 번영하고 자동차, 전화, 영화, 전기가 등장했으며 근로자에게는 더 많은 여가시간과 함께 공식적인 유급휴가가 제공되기 시작한 시대였다. 제조산업을 중심으로 폭발적인 성장을 거듭하는 미국 경제와 여가 시간의 증가로 소비자들의 수요가 극적으로 증가하기 시작했다. 경제번영과 함께 근로자의 여가시간이 늘면서 호텔산업은 호황을 누리게 되었다.

월스트리트 증권가의 투자자들은 미국의 경제번영은 무궁무진할 것이라고 믿게 되었으며 이에 따라 호텔산업에서도 호텔 서비스의 수요에 대해 매우 낙관적인 예측을 하게 됐다. 따라서 1920년대에 호텔 건축 붐이 다시 호텔산업을 휩쓸게 되었는데 이 시기를 '미국 호텔산업의 황금기'라고 부르고 있으며, 1920~1930년의 10년은 다른 어떤 10년 동안보다도 많은 호텔이 건립되었던 시기였다. 1920년에 호텔산업 전체의 평균 객실점유율(Occupancy)은 85%를 상회하고 있었는데 이는 호텔 건축 열풍에 불을 지피게 되었으며 수백여 개의 그랜드호텔과 상용호텔들이 기차역을 중심으로 전국에 연이어 건립됐다. 당시에는 주요 교통수단이 기차였기 때문에 대형호텔 또는 소형호텔 할 것 없이 모두 기차역 주변에 건립되었다. 일부 도시에서는 같은 기간에 객실의 공급이 2배 이상 늘기도 했다. 아르데코(Art Deco) 건축양식은 디자인과 스타일을 강조하는 최고급 그랜드호텔에서 인기가 높았으며, 효율성과 표준화 및 규모의 경제를 강조한 상용호텔은 주로 보자르 양식을 채택했다. 특히 많은 상용호텔이 효율성을 강조하면서 보자르 양식의 비슷비슷한 모습으로 지어졌는데, 1922년에 미국을 방문해서 이를 관찰했던 영국의 작가 G. K. Chesterton은 대체로 보면 '미국에는 오직 한 유형의 호텔이 존재한다'고 하면서도 호텔들은 매우 합리적인 양식을 취하고 있다고 파악했다.

1920년대 과학적 관리의 원칙을 적용해서 건립된 상용호텔들이 목표로 했던 주 고객층은 상업여행객(Commercial Travelers)으로 대부분 발품을 팔기 위해 여행을 많이 해야 했던 도매업의 영업담당 판매사원들이었다. 1900년에는 상업여행객의 수가 90,000명이었으나 1930년이 되자 300,000명 이상으로 엄청나게 증가하게 되었다. 이런 상업여행객의 증가 추세는 당시 미국의 경제번영과 함께 전국적 지명도를 가진 대규모 기업이 지방의 작은 기업들을 대체했기 때문이었다. 이렇게 증가하는 영업담당 판매사원들을 수용하기 위해 호텔 건축 붐이 일어나게 되었다. 소도시에서는 상업여행객을 주요 고객으로 하는 호텔들이 마을에서 가장 고급스러운 숙소였지만 대도시에서 상업여행객을 받는 호텔들은 궁전같은 그랜드호텔보다는 한 단계 낮은 틈새시장을 겨냥했다. 그렇지만 생산직 노동자에게 장기거주처를 제공했던 저렴한 호텔들에 비해서는 훨씬 우수한 편이었다.

이 시기에 건립된 호텔들을 살펴보면 먼저 뉴욕에는 1919년에 세계 최대의 호텔로 22층에 2,200실의 Hotel Pennsylvania가 개관했는데 영업은 호텔을 장기 임차했던 Statler 호텔체인이 담당했다. 이어서 1924년에 Roosevelt, 1927년에는 New Yorker가 개관했다. 보스턴에서는 1927년 같은 해에 Ritz-Carlton과 Statler Boston이 각각 오픈했다. 또 수도 워싱턴에 1924년 Mayflower, 그리고 캘리포니아의 산타바바라에는 1927년 Biltmore가 각각 개관했다. 시카고에는 1924년에 Palmer House에 이어 1927년에는 Stevens 부자에 의해 Stevens Hotel이 개관했는데, 28층에 무려 3,000개의 객실을 보유했던 Stevens Hotel은 '도시 내의 도시'라는 명성과 함께 한참 동안 세계 최대 호텔로서의 영광을 누렸다. 이 외에도 당시에 지어진 유명한 그랜드호텔로는 뉴욕의 Sherry-Netherland와 Lexington, 캘리포니아의 Beverly Wilshire와 Mark Hopkins, 그리고 시카고의 Drake와 Palmer House 등이 있다. 한편 해외에서는 브라질 리오 데 자네이로의 Copacabana, 파리의 Hotel Le Bristol, 홍콩의 Peninsula Hotel 등이 개관했다.

당시 건립된 대다수 호텔은 많은 부채를 이용해서 건축되었으며 개관하자마자 큰 성공을 거두게 되었다. '광란의 시대'인 1920년대에 이 호텔들의 연평균 객실 점유율은 80%를 상회했다. 영업실적이 좋았던 이유는 급격하게 증가하는 객실수요에 맞춰서 객실공급이 이루어져야 했으나 보통 대형호텔은 공사 기간이 비교적 긴 편이어서 수요와 공급에 균형이 잘 맞지 않았기 때문이었다. 당시 호텔의 객실

수요가 급증하게 된 또 다른 이유는 경제 호황으로 비즈니스 목적의 여행이 많이 증가했고 도로, 철도, 자동차 등이 발전하면서 더욱 편리하게 장거리 여행이 가능하게 된 것에 기인한다. 1920년대 후반이 되면서 여기저기서 경기과열의 우려와 함께 호텔의 공급과잉(Overbuilding)에 대한 경고가 터져 나왔지만 한번 과열된 투자 열풍을 멈춰 세울 수는 없었다. 1928년에 미국 호텔산업의 규모를 보면 전체 호텔의 수는 약 25,950개소였으며 총 객실 수는 약 1,521,000실에 달했다.

1920년대가 되자 객실의 전화와 라디오는 필수품이었다. 당시 유명 호텔체인의 하나였던 United Hotels Company의 부사장인 Leslie Kincaid는 호텔 객실에 전화가 없다면 현대 호텔이 아니라고 단언했다. 그리고 당시에는 금주법(The Prohibition Law)의 영향으로 사라진 바(Bar)의 주류 매출을 보충하기 위해 호텔들은 찻집, 카페테리아, 레스토랑, 비알콜성 음료에서 매출을 활성화하기 위해 전력을 다했다.

한편 여행하는 판매사원들의 수가 점차 줄기 시작하면서 사업가집단과 다른 전문직 종사자들이 대규모 단체로 집회하는 컨벤션(Convention)이 새로운 사업영역으로 부상하게 되면서 1920년대에 호텔경영과 설계에서 컨벤션의 중요성이 고려되기 시작했다. 컨벤션에 특화된 호텔 서비스가 부족하게 되자 아직 충족되지 않은 수요에 부응하는 한편 사업성이 좋은 컨벤션에 고무되면서 1920년대에 컨벤션호텔 건축 붐이 일어났다. 1925년 한 해에만 시카고에서 800여 차례의 컨벤션이 개최되고 뉴욕, 디트로이트, 클리블랜드에서도 많은 컨벤션이 열렸다. 이렇게 컨벤션 산업이 급성장하게 되면서 1910년대 및 1920년대에 미국 호텔산업에서 일었던 세계 최대의 상용호텔 건설 행진이 1927년 시카고에 3,000실로 세계 최대의 호텔인 Stevens Hotel이 개관하면서 정점에 이르게 되었다. 시카고가 컨벤션의 중심지로 발전하게 되자 Stevens 부자는 Stevens Hotel에 대규모 컨벤션 시설들을 갖추었는데, 특히 지하층에 전 세계 호텔에서 가장 넓은 전시장을 열고 대대적으로 홍보했다. 이 전시장에서는 대규모 엘리베이터를 갖추고 있어서 중장비, 자동차, 보트 등을 전시할 수 있었다.

1920년대에 호텔산업에 새로운 트렌드가 등장하기 시작했다. 즉 등장하기 시작한 자동차를 타고 수많은 사람이 여가를 즐기기 위해 여행하기 시작하면서 숙박의 개념도 변화하기 시작했다. 66번 국도는 완공이 되려면 1년이나 남았지만 이미 세계 최초의 모텔(Motel)이 도로변에 문을 열었다. 도로망이 개발되면서 도로변에 많은 소규모 'Motor Hotel'들이 들어서기 시작했다. 대공황도 2차 세계대전도 자동차 증가에 따른 Motor Hotel의 증가 추세를 막을 수 없었다. 1919년에 미국에 자동차의 수는 약 6백7십만 대였지만 1929년이 되자 2천7백만 대로 엄청나게 증가했다. 이 기간에 전국의 도로망이 483,000마일에 달하게 되자 Motor Hotel들도 급격하게 증가하면서 미국의 새로운 상징으로 떠오르기 시작했다. 자동차를 타고 여행하는 사람들은 편리하게 도로변에 위치하며 주차가 쉽고 가격이 저렴한 Motor Hotel을 선호하게 되었다. 한편 도로가 개발되고 자동차가 증가하고 기차 연결편이 개선되면서 전국에 존재하는 리조트를 찾는 인구도 증가했는데, 특히 뉴욕주의 Catskill Mountains와 펜실베이니아주의 Pocono Mountains가 인기를 끌었다. 이때 건립된 대표적인 유명 리조트에는 펜실베이니아주에 1902년 Buck Hill Inn과 1908년 Pocono Manor Inn이, 1918년 콜로라도주에 Broadmoor Hotel, 1928년 조지아주에 Cloister Resort, 1929년 애리조나주에 Biltmore, 플로리다주에 Boca Raton Hotel & Club 등이 개관했다. 그러나 대다수 리조트에는 계절성(Seasonality)이 존재했기 때문에 연중 내내 영업활동을 유지하기가 쉽지 않았다.

1920년대의 초기 호텔체인

20세기 초반은 미국 호텔산업에서 호텔체인이란 기업조직이 처음으로 등장하기 시작한 시대였다. 1900년에 당시 호텔체인들이 미국 호텔산업에서 차지하는 총 객실의 수는 1%에도 채 미치지 못하고 있었다. 호텔체인은 레스토랑이나 담배가게 등과 같은 체인조직에 비해 현저하게 적은 수로 구성되어 있었다. 그렇지만 다른 체인조직에 비해 훨씬 복잡하고 다양한 사업구조를 보유하고 있었다. 호텔체인들은 중앙집중식 구매 및 회계 방식을 채택하게 되면서 규모의 경제가 구현되었지만 이런 효과가 효율적인 건축설계로 이어지는 것은 비교적 느리게 진행되었다. 호텔체인은 필연적으로 다수의 호텔을 건설하게 되므로 새로운 호텔 계획 등과 같은 호텔경영의 모든 면에서 더욱 엄격한 접근법을 채택하게 되었다.

특히 금주법의 영향으로 바에서 주류 수입이 사라진 1910년대에는 호텔 건축계획에서 더욱 정확하게 건축비용과 잠재적 영업비용을 산출해내는 것은 프로젝트의 성공을 위해 매우 중요한 절차가 되었다. 이들은 1920년대 호텔산업의 황금기 시대를 통해 성장을 구가하기 시작했다. 당시 초기의 호텔체인들은 효율성을 강조하는 현대적인 사업방식을 수용하고 주도했다. 1920년대에 가장 활발히 활약했던 4대 호텔체인에는 Boomer-du Pont Properties Corporation, United Hotel Company of America, Bowman-Biltmore Hotel Corporation, Hotels Statler Company 등이 존재했다.

Boomer-du Pont Properties Corporation

먼저 Boomer-du Pont Properties Corporation을 살펴 보겠다. 규모와 위용을 중시했던 19세기에 미국의 호텔을 대표했던 Waldorf-Astoria는 George Boldt가 사망한 이후부터 서서히 과거의 영광을 잃기 시작했다. 그러던 1918년 2월에 세계적인 화약제조 기업으로 명성이 높은 회사인 du Pont의 최고경영자를 지냈던 억만장자 T. Coleman de Pont이 Waldorf-Astoria Hotel Company의 경영권을 3백만 달러에 인수했다. Waldorf-Astoria Hotel Company는 Waldorf-Astoria를 소유하고 있는 Astor Family로부터 호텔을 임차해서 운영하기 위해 Boldt가 설립한 기업이다. T. Coleman de Pont은 당시 호텔리어로 명성이 자자했던 Lucius Boomer와 Boomer-du Pont Properties Corporation을 공동으로 설립했다. 당시 Waldorf-Astoria 근처에 있는 호텔인 1,500실의 McAlpin Hotel을 성공시키면서 호텔경영 전문가로 부상한 Boomer를 관심을 가지고 지켜보던 du Pont은 Boomer에게 Waldorf-Astoria Hotel의 운영을 맡아준다면 호텔을 인수하겠다고(Boomer, I will take it if you will run it) 제안했으며 두 사람은 의기투합해서 거래를 성사시켰다. Boomer는 Boomer-du Pont Properties Corporation의 사장을 맡았는데, 이 회사는 호텔 소유와 운영을 전문으로 하는 기업이었으며 호텔을 운영하는 여러 자회사의 지주회사(Holding Company) 역할도 했다.

이후에도 Boomer-du Pont Properties Corporation은 1919년에 필라델피아

의 Bellevue-Stratford를 인수했으며 이어서 워싱턴의 명소 New Willard, 몬트리올의 Windsor, 뉴욕의 McAlpin과 Sherry-Netherland, 윌밍턴의 du Pont 등과 같은 유명한 대형호텔들을 차례로 인수하면서 주요 호텔체인으로 입지를 강화해 나갔다. 특히 1925년에는 프랑스 파리에 미국식 호텔을 지어서 운영한다는 계획을 발표했다. 당시 발표에 의하면 호텔을 지을 터도 구매했으며 자금 계획도 다 마친 상태였다. Boomer는 파리에 225~250실의 호텔을 지어 모든 실내장식, 시설, 그리고 영업방식을 미국방식으로 수행할 것이라고 발표했다. 그러나 1927년에 완공을 목표로 했던 이 프로젝트는 후에 무산되고 말았다.

Lucius Boomer(1878~1947)는 타인이 소유한 여러 호텔의 운영을 도맡아 성공적으로 경영했던 경험을 많이 보유한 출중한 역량으로 평판이 높은 호텔리어였다. Boomer는 유복한 집안에서 태어났으며 어릴 적 꿈은 유명한 바이올리니스트가 되는 것이었다. 그러나 시카고대학교 재학 중에 갑자기 사망한 부친이 그에게 남긴 것이라고는 겨우 두 달 정도 생활할 수 있는 돈이 남았을 뿐이었다. 끼니를 이어가기 위해 그는 이 돈으로 속성으로 속기사 학원을 마친 후 철도회사에서 속기사로 일을 시작했다. 그러나 시카고에 역대급 한파가 휘몰아 쳤지만 속기사 봉급으로는 추위를 막아줄 변변한 외투 한 벌 살 수 없었다. 그래서 그는 19세가 되던 해에 플로리다주 St. Augustine으로 내려가서 Henry Flagler가 소유하는 리조트에서 일을 하기 시작했다. 이후 3년 동안 그는 겨울에는 플로리다에서 일을 하고 여름에는 맨해튼 비치의 호텔에서 열심히 일을 했다. 그는 후일 호텔 일은 배우기 시작하자마자 아주 좋아하게 되었다고 술회했다. 부지런함(Hardworking)을 신조로 삼았던 그는 이후 직급이 점차 오르게 되었으며 드디어 27세가 되던 해에 여름 리조트로 유명한 캐나다의 Muskoka Lake에 있는 Muskoka Hotel의 관리자로 임명되었다. 1907년에는 맨해튼에 개업한 Plaza Hotel로 전직해서 경영책임자였던 Frederick Sterry의 비서로 일을 했다. 이후 Boomer는 다른 두 명의 투자자 겸 운영자와 함께 호텔을 소유 및 운영하는 지주회사인 Ainslie, Merry & Boomer를 설립하고 회계책임자(Treasurer)의 역할을 담당했다. 여기서 그는 좋은 호텔과 위대한 호텔이 되기 위해 요구되는 것에 대해 고민하게 되었으며 그의 주요 관심은 항상 재무(Finance)분야였다. 그는 많은 직원들의 인건비 등 높은 비용이 소요되는 거대한 호텔에서 이를 만회하기 위한 수익원을 찾아서 결국 투자자의 기대를 충족할 수 있는 호텔관리방식의 구현에 온 힘을 기울였다. Boomer는 세부 사항(Details) 관리의 대가와 함께 세계에서 가장 완벽하게 조직되고 과학적으로 운영되는 호텔의 경영책임자로 인정받았다. 특히 그는 호텔산업에서 과학적 관리(Scientific Management)의 중요성을 설파한 선구적인 인물이었다. 이후 Boomer는 Nassau Hotel과 Hotel Taft의 신축 및 개관 과정을 진두지휘하는 경험을 쌓게 되었다. 특히 Hotel Taft에서 Boomer의 부지런함과 출중한 역량에 소유주 Charles Taft는 깊은 감명을 받았다. 그런데 Taft는 당시 맨해튼에 1,500실의 세계 최대 호텔로서 건축공사가 마무리 단계에 놓여있던 McAlpin Hotel의 최대주주이기도 했다. 1912년 Boomer는 새로 개관한 McAlpin Hotel의 경영책임자로 임명되었다. 거대한 호텔을 성공적으로 경영하게 되면서 Boomer는 활발한 성격과 함께 역량과 열정을 널리 인정받게 되면서 당대 최고의 호텔리어로 부상하게 되었다.

그러나 최고의 전문가 Boomer의 노력에도 불구하고 20세기에 들어서면서 뉴욕에는 새로운 현대식 호텔들이 많이 건립되면서 굳건했던 Waldorf-Astoria의 아성에도 금이 가기 시작했다. 1904년에 Hotel Astor와 St. Regis, 1906년 Knickerbocker, 1907년 Plaza, 1927년 Savoy-Plaza와 Sherry-Netherland 등과 새로운 주옥같은 현대식 호텔들이 들어서면서 경쟁은 격화되었으며 동시에 Waldorf-Astoria 건물의 진부화는 더욱 빨리 진행되었다. 그리고 1920년부터 1933년까지 이어진 금주법의 영향으로 호텔의 연회 및 레스토랑 부서의 영업성과가 현저하게 기울어지기 시작했다. 노련한 Boomer였지만 금주법이라는 폭풍우를 피하는 것은 여간해서 쉬운 일이 아니었다. 엎친 데 덮친 격으로 호텔 부동산 소유에 따른 재산세가 과도하게 부과되면서 이윤을 창출하는 것이 더욱 힘들게 되었다. 그리고 1920년대가 되자 과거와 달리 뉴욕 맨해튼의 중심지가 보다 북쪽으로 이동하게 되는 변화가 만들어졌으며 결국 한계를 느끼게 된 Astor Family는 부동산 개발사에 호텔을 매각하기로 결정했으며, 결국 $13,500,000에 매각했다. 이에 따라 1929년 5월 3일 Waldorf-Astoria는 35년 만에 영업을 종료했다. 호텔을 매각하면서 Boomer는 향후 Waldorf-Astoria라는 상호를 사용할 수 있는 권리를 단돈 $1에 인수했다. 매각된 호텔을 허무는 공사가 바로 시작되었으며 Waldorf-Astoria가 있던 자리에 가장 큰 사무실 건물을 건설하는 프로젝트가 시작되었는데 이것이 바로 한동안 세계에서 가장 높은 건물이었던 유명한 Empire State Building이다.

호텔을 매각한 후 은퇴 이후 여생을 보내기 위해 Boomer는 플로리다로 내려가서 생활하기 시작했다. 그러나 며칠이 지나지 않아서 뉴욕에서 전보가 당도했다. 전보는 초현대식 마천루빌딩 전문 건설업자인 Louis Horowitz가 보낸 것이었는데 그는 Boomer에게 더 큰 새로운 Waldorf-Astoria를 지을 계획인데 관심이 있으면 알려 달라는 내용이었는데, 당신이 호텔의 운영을 맡아준다면 내가 호텔을 짓겠다(If you will run it, I will build it)라고 제안했다. 제안을 흔쾌히 수락한 Boomer는 바로 자신이 보유하고 있는 Waldorf-Astoria 상표권을 가지고 뉴욕으로 복귀했다.

1929년에 새로운 Waldorf-Astoria Hotel이 착공되었을 때 Boomer는 지금까지 많은 경험을 통해 축적된 호텔운영에 대한 자신의 역량을 시험해 볼 수 기회를 가질 수 있었다. 한 팀이 된 Boomer와 Horowitz는 새 호텔은 기본적으로 과거 Waldorf-Astoria의 전통을 유지하면서도 20세기의 최신 기술을 철저히 도입해서 현대적인 상징성도 겸비하고자 했다. 그들은 새로운 호텔의 위치를 결정하는 과정에서 맨해튼 북쪽 업타운의 성장 가능성을 보고 초고층 빌딩이 밀집되고 있는 뉴욕 중앙역(Grand Central Station)에 인접한 북쪽 지역을 호텔의 입지로 점지했다. 호텔을 짓기 위해 전에 있던 4개의 건물을 헐어야 했다. 그런데 호텔이 지어질 터는 Grand Central Station을 건축한 철도회사 New York Central Railroad가 소유하고 있었는데 Boomer와 Horowitz는 장기임차(Lease) 계약을 맺고 토지이용권을 확보했다.

두 사람은 전보다 훨씬 넓은 터에 지어질 호텔의 기능을 일부 변경하기로 결정했는데, 당시 맨해튼에 거주하는 사람들의 주거형태가 바뀌고 있다는 것을 감지한 이들은 새 호텔은 단기체류자용 호텔 건물과 장기체류자용 타워 건물로 구분해서 건축하는 것으로 결정했다. 과거에 뉴욕의 부호들은 맨해튼에 자신의 타운하우스 저택을 직접 지어서 거주했었는데 20세기가 되면서 이들은 타운하우스를 포기하고 대신에 더 편리하게 하우스키핑 서비스와 레스토랑을 이용할 수 있는 레지던스형 호텔에서 거주하기 시작했다. Boomer는 재산이 많은 고객이 이용하게 될 거주용 스위트룸(Suite Room)들은 전부 초고층 타워 빌딩에 마련하고 일반적인 호텔 객실들은 저층 빌딩으로 위치하도록 했다. 그는 스위트룸에 거주하는 손님들의 사생활을 철저히 보호하기 위해 호텔의 메인 로비와는 다른 별도의 출입구를 따로 설치해서 출입할 수 있도록 했다. 그럼에도 불구하고 이들이 주방, 와인 저장고, 연회장 등과 같은 모든 호텔의 시설 및 서비스에 불편함이 없게 이용할 수 있도록 설계했다. 따라서 호텔의 명칭도 Waldorf-Astoria Hotel and Towers로 명명하기로 했다. 그리고 호텔 이용객뿐만 아니라 기차역 환승 허브와 대중을 위한 쇼핑 아케이드에는 레스토랑, 상점, 전시장 등을 마련해서 '도시 내의 도시' 역할을 담당하도록 했다.

Boomer와 Horowitz는 새 호텔의 건축을 유명 건축회사인 Schultze & Weaver에 설계를 맡겼다. 특히 Schultze는 Grand Central Station을 직접 설계한 장본인이어서 적절한 선택이었다. Schultze & Weaver는 많은 호텔을 설계한 유명한 설계회사였는데 이들이 설계한 유명 호텔에는 뉴욕에만 해도 Sherry-Netherland(1929년), Pierre(1929년), Park Lane, Lexington 등이 있으며 이외에도 팜비치의 Breakers, LA와 애틀란타의 Biltmore 등이 있다. Schultze & Weaver는 호텔의 설계를 Lloyd Morgan에게 맡겨 전담하도록 했다. Morgan은 당시 Empire State Building과 Chrysler Building 등이 채택하며 크게 유행했던 아르데코(Art Deco) 양식으로 새 호텔을 건축했는데, 직선을 강조하고 기하학적이고 미적 아름다움을 추구했던 건축양식이었다. Boomer와 Horowitz의 계획을 따르게 되면 거대한 건물이 요구되었는데 일반 고객용 호텔과 거주자용 타워가 구분되지만 서로 연결될 수 있도록 했다. 이런 요구사항에 접한 Lloyd Morgan의 답변은 건물을 세 부분으로 나누는 구조를 제시했다. 즉 일반 객실을 수용하게 될 20층짜리 호텔 건물 두 개를 양쪽에 짓고 그 중간에는 거주자용 42층의 초고층 타워가 샌드위치처럼 들어서도록 했다. 하지만 전체적으로는 하나의 건물처럼 보이도록 했다. 덩치가 크고 낮은 호텔 건물은 종전의 호텔을 갱신한 수준의 호텔로 간주할 수 있었지만 높이가 176m에 이르는 쌍둥이 타워(Twin Tower) 건물은 마천루(Skyscraper)로서 주위에 있는 고층 오피스 빌딩을 모두 압도하는 형상이었다.

경제 대공황이 불어 닥친 시기였음에도 불구하고 1929년에 시작된 공사는 쉬지 않고 순조롭게 진행되었다. 드디어 1931년 10월 1일 4,200만 달러가 투자되고

2,200실을 보유한 세계 최대이자 최고층 호텔인 47층에 높이 188m의 위용을 자랑하는 Waldorf-Astoria Hotel and Towers가 개관했다(<그림 6-6>). 개관식에는 약 2만 명의 하객이 참가하면서 대성황을 이뤘다. 당시 대통령인 후버는 라디오 방송을 통해 개관을 직접 축하했다. 최첨단 기술을 도입한 것 외에도 호텔은 세계 최초로 각 객실에 룸서비스(Room Service)를 제공하는 혁신을 도입했다. Boomer는 새 호텔에 맞는 최초의 여러 서비스를 도입하기도 했다. 미국 호텔에서 최초로 직원들에게 주6일 근무제, 최초로 여성고객만을 위한 전용 객실층, 남아메리카 고객을 위한 전용 객실층과 함께 라틴어를 구사하는 직원을 배치했으며 처음으로 프런트 데스크에 여성을 직원으로 고용했다.

그림 6-6 New Waldorf Astoria, NY

출처: www.nycago.org/Organs/NYC/html/WaldorfAstoria

다시 탄생한 Waldorf-Astoria는 처음부터 뉴욕의 진정한 궁전이었다. New

York Times는 호텔을 뉴욕의 비공식적 궁전(Unofficial Palace)이라고 했으며 오랫동안 뉴욕 시민들 사이에서 '뉴욕의 궁전'으로 불리는 영광을 누렸다. 사업가, 예술인, 정치인, 음악가, 왕족 등이 웅장한 공간에 모여 호화로운 스위트룸에서 즐겁고 여유로운 시간을 가지게 되었다. Waldorf-Astoria의 전설적인 서비스는 미국식 호스피탈리티 서비스의 기준을 세웠다.

그림 6-7 Main Lobby, New Waldorf Astoria, NY

출처: www.hilton.com/en/hotels/nycwawa-waldorf-astoria-new-york

Bowman-Biltmore Hotels Corporation

Bowman-Biltmore Hotels Corporation의 창업자인 John McEntee Bowman(1875~1931)은 캐나다의 가난한 집안에서 태어났으며 17세가 되던 해에 뉴욕으로 이주했다. 그는 호텔에 취직하려고 추천서를 들고 Hotel Manhattan에 면접을 보러 갔으나 몇 시간을 기다려도 면접은 볼 수 없었다. 귀가한 후 그는 다시 면접을 원하는 편지를 호텔에 보냈으나 아무런 대답도 답장도 없었다. 결국 그는 용역회사에서 소개해 준 호텔에서 프런트 데스크 직원으로 일하게 되었으며 이후에는 남부에 있는 호텔에서 일했다. 이후 그는 어린 시절 캐나다 학교에서 배웠던 승마 실력으로 뉴욕의 승마학원에서 일하게 되었는데 유니폼을 입어야 한다는 회사 규정에 반발해서 퇴직을 결심한 후 스스로 승마학원을 차리기로 했다. 그러다가 22세가 되던 해에 맨해튼에 있는 호텔 Holland House에서 일하기 시작했다. 부지런하고 열정적인 Bowman을 보고 주인이던 Gustav Baumann은 큰 관심을 보였으며 그를 비서로 채용했다. Bowman은 주인에게 호텔 비즈니스에 대한 모든 것을 배우고 싶다고 포부를 밝히면서 주방에서부터 시작해서 호텔의 지붕까지 호텔을 샅샅이 파악하기 시작했으며 결국 호텔 영업에 대한 세부 사항을 대부분 터득하게 되었다. Bowman의 역량이 강화되자 Baumann은 그를 관리자로 임명했는데 주인은 그에게 선생님이자 멘토였다.

1910년대 초가 되자 Gustav Baumann은 1914년 개관을 목표로 뉴욕 맨해튼의 Grand Central Station 옆에 New York Biltmore Hotel을 건설하는 계획을 발표했다. Bowman도 호텔을 설계하고 건축하는 데 갖은 노력을 기울였다. 그는 건축회사 Warren & Wetmore의 담당 건축가인 Leonard Schultze에게 합리적인 설계가 될 수 있도록 지원하기 위해 다양한 실무 지식을 제공했다. 드디어 27층 1,000실을 갖춘 보자르 양식의 호텔은 1913년 12월 31일에 개관했다. 호텔이 개관되자 주인은 Bowman을 부사장 겸 경영책임자로 승진시켰다. 그런데 1914년 여름에 주인 Baumann이 갑자기 호텔의 고층 창가에서 떨어져서 사망하게 되면서 Bowman은 사장 자리를 물려받게 되었다.

얼마 후 Bowman은 뉴욕의 Hotel Ansonia를 인수했으며 1916년에는 Hotel Manhattan도 매입했다. 그리고 1918년에는 역시 뉴욕의 Murray Hill Hotel

과 Belmont Hotel의 운영권을 인수했다. 다음 프로젝트로 그는 역시 맨해튼의 Grand Central Station 옆에 그의 가장 큰 호텔인 Commodore Hotel의 건축에 착수했다. 호텔을 지을 터는 Grand Central Station의 소유회사인 New York State Realty and Terminal Company(NYSRTC)로부터 장기 임대했으며 Commodore란 명칭은 NYSRTC의 모기업인 거대한 철도회사 New York Central Railroad의 주인이자 당대 미국 최고의 부호였던 Cornelius Vanderbilt의 별명에서 따온 것이었다. John Bowman도 과학적 관리와 대량생산의 이점을 자신의 새로운 호텔에 적용하려고 했다. John Bowman과 Warren & Wetmore는 Biltmore New York을 건축했던 경험을 잘 살려서 보다 체계적으로 비용분석을 수행한 결과를 새롭게 건축되는 Commodore Hotel에 적용했다. Bowman은 Commodore의 요금을 Biltmore에 비해 더 저렴하게 계획했는데, 추정 수입과 비용을 비교 · 분석한 결과 바람직한 이익 수준을 달성하려면 새로운 Commodore는 1,750실 정도를 갖춰야 한다는 결론에 도달했다. Bowman은 추가적인 이익 달성과 홍보 효과를 노리기 위해 전례가 없는 2,000실의 호텔을 짓는 것을 결정했다. 이와 같은 결정을 내린 Bowman의 논리는 영업비용을 비교했을 때 대량의 판매액을 달성할 수 있다면 Biltmore에서 제공하는 80% 수준의 서비스를 Commodore에서는 60%의 가격으로 공급할 수 있다고 판단했다. 그리고 Bowman은 Commodore의 잠재고객들은 불필요한 개인적 서비스를 제거하는 대신에 저렴한 요금을 선호하게 될 것으로 예상했다. 그는 효율적인 계획 및 영업으로 비례적으로 상승하는 비용을 적게 유지할 수 있다는 신념을 갖고 있었기에 이례적인 대규모 호텔의 건축을 결정할 수 있었다. 그는 Commodore에서의 대량판매는 영업비용을 낮게 유지하고 저렴한 요금으로 판매할 수 있다고 믿었다. Commodore Hotel은 1919년 1월에 개관했다(〈그림 6-8〉). 이 호텔이 개관하자 Bowman은 뉴욕에만 호텔 객실 8,000실을 소유하거나 운영하는 비교적 큰 체인으로 발전했다.

그림 6-8 Commodore Hotel & Grand Central Station, New York

출처: ny.curbed.com/2019/4/3/18290394/trump-grand-hyatt-nyc-commodore-hotel

이후 Bowman은 Biltmore Hotel 브랜드를 중심으로 체인의 규모를 확장했다. Biltmore 명칭 역시 노스캐롤라이나주에 있는 Vanderbilt 가문이 소유했던 Biltmore Estate에서 따온 것이었다. 1919년에 당시로는 드물게 해외에 있는 호텔을 인수하는데 쿠바의 수도 아바나에 있는 1908년에 지어진 4층의 Sevilla Biltmore Hotel을 Charles F. Flynn과 공동으로 매입했다. 1920년에 플로리다에 있는 Belleview Biltmore를 인수했으며 1926년에는 역시 플로리다 마이애미의 Coral Gables에 공동 투자자와 함께 Miami Biltmore를 개관했다. 1922년이 되자 골프장과 다양한 운동시설이 함께 있던 Westchster Biltmore를 5백만 달러에 안수했으며, 같은 해에 공동 투자자와 같이 Providence Biltmore를 개관했다. 1924년에는 두 명의 공동 투자자와 함께 6백만 달러를 투입해서 11층 600

실을 갖춘 Atlanta Biltmore를 개관했다. 한편 1923년 8월에 Bowman과 4명의 이사는 공동으로 Bowman-Biltmore Hotel Corporation을 설립하는데, 이 회사를 통해 체인을 구성하는 2천 9백만 달러 가치에 상당하는 9개 호텔 자산의 80%를 인수하는 것이 그들의 계획이었다.

그리고 1920년대부터 남부 캘리포니아에 인구가 급증하고 비즈니스가 활성화되기 시작하자 1923년에 11층에 1,112실을 보유한 Los Angeles Biltmore Hotel을 개관했는데, 당시 시카고 서쪽에서는 가장 큰 호텔이었다. 이어서 같은 캘리포니아에는 1926년에 Flintridge Biltmore를 그리고 1927년에는 207실의 Santa Barbara를 연이어 건립했다. 그리고 애리조나주의 피닉스에는 1929년에 Arizona Biltmore를 다른 두 명의 투자자와 함께 건립했다. 이 외에도 체인은 Dayton Biltmore, Grinwold Hotel, Hotel du Pont 등을 인수 또는 운영했다. Bowman-Biltmore Hotel Corporation은 계속해서 성장하면서 한때 미국의 2~3위권 호텔체인으로 등극했다. 그런데 1929년 2월에 Bowman은 경쟁사였던 United Hotels Company와 합병(Merger)하기로 결정을 내렸다. 따라서 당시 Bowman-Biltmore가 운영했던 15개소의 호텔들은 모두 United Hotels Company로 편입되었다. Bowman-Biltmore는 디트로이트에 있던 Hotel Tuller를 헐고 그 자리에 35층 1,500실의 Biltmore Detroit를 건축할 계획을 세웠으나 1929년 10월 월스트리트발 대공황으로 무산되고 말았다.

United Hotels Company of America

United Hotels Company of America(=United Hotels Company)를 창업한 Frank A. Dudley(1864~1945)는 뉴욕주에서 태어났으며 처음에는 변호사로 활동을 했다. 유명한 나이아가라 폭포가 있는 도시 Niagara Falls로 이주한 후에는 정치가로 활약하면서 수력을 이용한 발전소의 건설에 공헌했으며 이후 철도회사를 창업하기도 했다. 1901년에 그는 Niagara Falls Country Club을 설립하면서 처음 부동산 사업에 진출했으며 이어서 다른 세 명의 동업자와 함께 'Lewiston Heights'라는 넓은 대지를 소유했다.

1910년이 되자 Dudley는 F. W. Rockwell과 함께 United Hotels Company를 창업했으며 Dudley가 사장을 맡았다. 동업자들은 사업 목적으로 미국과 캐나다의 주요 도시에 방화시설이 완비된 고급호텔들을 운영하는 것으로 삼았다. 두 사람의 구체적인 전략은 일부를 제외하고 운영하는 대다수 호텔은 건물을 임차해서 운영했다. 그리고 일부를 제외하고는 운영하는 호텔들의 경영권을 확보하기 위해 대다수 호텔운영회사 법인의 지분을 51% 이상 소유하는 사업방식을 채택했다. 그리고 호텔 건물을 소유하면서 호텔운영회사에 임대주는 부동산회사의 지분도 상당 부분 소유하는 전략을 구사했다.

Dudley의 진두지휘 아래 체인은 성장 가도를 달리게 됐다. 1922년이 되자 체인은 18개소의 호텔들을 운영하게 되었으며 1928년에는 25개 호텔들을 운영하는 업체로 성장했다. 특히 Dudley는 1924년 개관한 Roosevelt Hotel의 건립에 온 힘을 쏟았다(〈그림 6-9〉). 22층 1,025실의 거대한 호텔을 건축할 터는 Biltmore와 Commodore처럼 Grand Central Station의 소유회사인 New York State Realty and Terminal Company로부터 장기임차했으며 호텔의 명칭은 미국의 26대 대통령이었던 Theodore Roosevelt를 기리기 위함이었다. Roosevelt의 총 건축비용으로 1천2백만 달러가 투자되었으며 설계는 유명 건축회사인 George B. Post & Sons가 맡아서 보자르 양식으로 건축했는데 이들은 호텔 경영진과 효율적인 공간 사용을 중시했다. 특히 당시에는 금주법이 시행 중이었기 때문에 행인들이 지나는 인접한 거리 옆에 바를 배치했던 과거 호텔들과 달리 처음으로 상점들을 배치했는데 뛰어난 아이디어로 평가받게 되었다. Roosevelt Hotel은 세계 최초로 모든 객실에 TV를 제공했다. 한편 Dudley는 1923년에 1910년에 설립된 미국호텔협회 즉 American Hotel Association(AHA)의 회장을 맡아 협회의 발전에 큰 공헌을 했다.

그림 6-9 Roosevelt Hotel, New York

출처: daytoninmanhattan.blogspot.com/2015/10 & en.dailypakistan.com.pk/02-Jul-2020

United Hotels Company는 1928년에 카리브해에 있는 자메이카의 수도 킹스턴에 진출해서 Constant Spring Hotel을 운영하기도 했다. 체인은 1930년대부터 세계 최대의 호텔그룹으로 등장하기 시작했는데, Dudley는 1929년 2월에 그의 회사인 United Hotels Company와 John Bowman이 지휘하는 경쟁업체인 Bowman-Biltmore Hotels Corporation의 합병(Merger)을 발표했다. 두 기업이 합병되면 단일 경영진이 관리하는 호텔 자산의 총 가치는 약 5억 달러에 이르며 연간 매출액은 1억 달러에 이를 것으로 추정되었다. 합병을 알린 New York Times에 의하면 당시 United Hotels Company of America는 지주회사로서 휘하에 United Hotels Company, South and West, American Hotels Corporation, Canada and West Indies Hotels Company 등을 자회사로 두면서 모두 60~70개소의 호텔들을 운영하고 있다고 발표했다. Bowman-Biltmore와 합병하면 Biltmore와 Commodore 등 모두 15개소의 호텔들이 United Hotels Company 체인으로 편입될 계획이었다. 한편 Dudley는 Bowman이 합병된 회사의 주요 경영진으로 참여할 것이라고 했다. 합병했던 같은 해 7월에 Dudley는 체인은 자금과 운영 능력 등에서 모두 잘 준비되었다고 하면서 자신만만하게 더욱 대대적이고 공격적인 인수합병 계획을 발표했다.

지금까지 소개한 4개의 호텔체인 이외에 당시에 규모가 큰 호텔체인에는 Knott Hotels Corporation이 있었다. Knott 체인은 1889년에 James Knott가 처음으로 호텔을 열면서 시작됐다. 1927년에 Knott Hotels Corporation 법인이 설립되면서 장남과 차남이 체인의 운영을 맡아 체인은 성장 가도를 달리게 됐다. 운영하는 호텔들은 주로 뉴욕에 집중해서 운영되었는데, New Weston, McAlpin, Winslow, Wellington 등이 뉴욕에 있었다. 전에 소개한 4대 호텔체인처럼 크고 유명한 호텔들을 많이 소유하지는 않았으나 대공황 기간에는 약 30개의 호텔을 운영하는 체인으로 성장했다.

Ellsworth M. Statler: 현대 호텔산업의 아버지

1950년 호텔산업 잡지 Southern Hotel Journal은 미국 호텔산업의 임원 104명에게 'Hotel Man of the Half Century' 즉 20세기 초반 50년 동안에 가장 훌륭한 호텔리어를 뽑는 질문을 했다. 대상자 104명 중에서 102명이 선택한 사람은 Ellsworth M. Statler(1863~1928)였다. Statler는 전 세계 호텔산업에 공헌한 공로가 매우 크므로 보다 자세하게 살펴보기로 하겠다.

먼저 Statler가 혜성과 같이 등장하게 된 시대적 배경에 대해 살펴보겠다. 20세기 초가 되자 미국 호텔산업에서 눈에 띄는 문제점이 등장하게 되는데 바로 심각한 양극화 현상이었다. 호텔 건축 열풍이 불면서 대도시에는 가장 크고 가장 훌륭한 호텔을 짓기 위한 경쟁이 가속화되면서 '대중을 위해서'라는 미국 호텔산업 고유의 전통을 벗어난 값비싼 최고급 그랜드호텔이 많이 건설됐다. 반면에 철도역 등 주변에는 소형호텔들이 지어졌는데 시설수준이 낮아서 여행객들의 관심을 끌지 못했다. 새롭게 등장한 상용여행객과 중산층 여행객에게 우아하고 화려한 대형호텔은 요금이 너무 비싸서 이용하기가 쉽지 않았으며 반면에 소형호텔은 서비스, 음식, 청결 등에서 많이 뒤처져서 이용을 꺼렸다.

20세기에 들어서면서 미국 호텔산업에 큰 영향을 미치는 몇 가지 새로운 현상이 나타났다. 첫째, 미국 경제가 번영하면서 비즈니스 목적의 여행객이 많이 증가했다. 따라서 새롭게 등장하는 상용여행객의 욕구에 부합되는 새로운 형태의 호텔 공급이 절실해졌다. 둘째, 도로, 철도, 수상 교통 등이 발달하면서 더 쉽고 저렴하게 대륙을 여행하게 되었다. 따라서 광대한 미국을 비즈니스 또는 여가 등의 목적으로 하는 여행객이 많이 증가했다. 셋째, 경제번영으로 소득이 증가함에 따라 미국 사회에 중산층이 증가하면서 여행기회가 더 많아졌다. 이와 같은 상황에서 호화스러운 대형호텔과 부실한 소형호텔로 양극화된 미국 호텔시장은 이제 더 새로운 시대의 새로운 요구에 부응할 수 없었다. 시대에 맞는 새로운 소비층을 위한 적절한 수준의 객실 및 서비스와 합리적인 요금체계를 갖춘 새로운 호텔에 대한 필요성이 강하게 대두되었다.

이와 같은 격변기에 등장한 전설적인 호텔리어가 바로 '미국 현대 호텔산업의 아버지'라고 칭송되는 Ellsworth Milton Statler이다. Statler는 1863년 펜실베이니아주 Somerset에서 가난한 목사이자 농부의 아들로 태어났다. 집이 너무 가난했던 그는 9세인 초등학교 2학년에 중퇴해서 이때부터 유리공장에 나가서 돈을 벌어야 했는데, 하루 일당이 50센트였다. 15세가 되던 해에 McLure Hotel의 야간담당 Bellboy로 일하면서 호텔리어로서의 일생을 시작했다. 호텔에서 그는 스스로 발전하기 위해 부단한 노력을 기울였는데, 손님들의 매너를 유심히 관찰하는가 하면 또 바텐더한테 배우지 못한 부족한 영어를 정확하게 배우기도 했다. 어린 그였지만 한번 배운 것은 절대 까먹는 법이 없었다. McLure Hotel에서 Statler는 어떻게 하면 영업성과가 나아지는가에 대해 꾸준히 배워 나갔다. Bellboy에서 야간 프런트 데스크 직원으로 승진한 후 다시 주간 프런트 데스크 직원으로 승진했는데 이 과정에서 그는 부기 즉 장부를 기록하는 법을 배웠다. 그뿐만 아니라 그는 일반 관리와 재무 등에 관한 책을 독학하면서 호텔관리에 대해 많은 내용을 습득했다. 19세가 되자 그는 호텔운영에 대해 전반적으로 이해할 수 있는 젊은 관리자가 되었다. 호텔주인으로부터 신뢰를 받던 Statler는 당구장의 임대를 허락받아 운영한 끝에 호텔에서 가장 많은 이익을 내는 부서로 만들었으며, 또 프런트 데스크의 일부 공간을 임대해서 여기서 기차표를 판매함으로써 적지 않은 이익을 만들었다.

이후 그는 파산한 작은 볼링장을 매입해서 운영하기 시작했는데, 볼링장 내에 당구장을 함께 운영했으며 또 작은 레스토랑을 열어서 어머니와 여동생이 만든 음식을 판매했다. 장사가 잘되면서 1년에 순이익이 만 달러를 넘게 되었다. 사업이 조금씩 성공하면서 그는 사업가와 은행 사이에서 부지런하고 신뢰받는 인물로 인정받기 시작했다. 1894년에 낚시광이었던 Statler는 캐나다에서 낚시하고 돌아오다가 나이아가라 폭포 인근 버펄로에 새로 지은 멋있고 큰 건물에 관심을 보이게 되었으며, 결국 1년에 $8,400의 임차료를 내는 조건으로 비교적 큰 레스토랑인 Statler's Restaurant을 개업했다. 그러나 버펄로는 사람들이 식사하러 즐겨 찾는 도시가 아니었다. 경험을 살려 레스토랑은 효율적으로 운영했지만 메뉴 판매가 매우 부진하게 되면서 그는 파산 지경에 이르렀고 어머니와 함께 사는 집은 압류를 당할 처지에까지 놓이게 되었다. 친구의 도움으로 위기를 벗어난 Statler는 수천 명이 모이는 퇴역 군인들의 야영지 행사를 위해 'All you can eat for 25¢'를 대대적으로 광고하고 다양한 메뉴로 구성된 음식을 판매한 결과 성공하게 되었으며 위기에서 완전히 벗어나게 되었다.

레스토랑 사업으로 6만 달러 정도를 번 Statler는 호텔사업에 관심을 가지기 시작했는데 첫 기회가 37세이던 1901년에 버펄로에서 열린 전미 박람회였다. 박람회를 보러 오는 관람객들을 위한 임시숙소를 시로부터 허가받아 건축하기 시작했다. 'Statler's Hotel'로 명명된 목재로 된 2,084실의 호텔을 성공적으로 건축했다. 그러나 박람회는 궂은 날씨와 행사를 참관하러 방문 중이던 현직 대통령 William McKinley가 암살되는 사고가 발생하면서 조기 종료되어 버렸다. 장사하던 많은 사람이 손실을 봤으나 Statler를 포함한 아주 일부 사람만이 적은 이익이나마 만들 수 있었다. Statler는 다시 1904년에 세인트루이스에서 개최되는 박람회를 위한 임시숙소 사업에 뛰어들었다. 비록 목재로 건축된 임시 호텔이었지만 'Inside Inn'은 2,257실을 갖춘 세계 최대의 호텔이었다. 이번에는 박람회가 성황리에 개최되면서 Startler의 사업은 대성공을 거두었으며 $361,000에 달하는 막대한 돈을 벌게 되었다. 그러나 여기서 그는 커피기계로 인한 큰 사고로 거의 죽을 뻔할 정도로 크게 다쳐서 몇 달간 휠체어 신세를 지기도 했다. 회복되자 Statler는 평생 숙원사업이었던 호텔 건립에 몰입하기 시작했다.

Statler는 세인트루이스 박람회에 가기 전에 이미 버펄로에 호텔을 지을 땅을 매입해 놓고 있었다. 어린 시절부터 오랫동안 호텔산업에서 체득한 경험과 사업지식을 기반으로 가진 모든 것을 투자해서 혁신적인 호텔을 계획했다. 건축설계는 Esenwein & Johnson이 담당했는데, 당시 등장하기 시작한 Taylor의 과학적 관리에 많은 영감을 얻은 Statler는 건축가에게 효율적인 공간설계를 강조했다. 드디어 1907년에 미국 최초의 상용호텔(Commercial Hotel)이자 가장 혁신적인 300실의 Buffalo Statler가 성공적으로 개관했다. Buffalo Statler는 많은 혁신을 도입했는데, 가장 획기적인 혁신은 무엇보다도 세계 최초로 전 객실에 욕실을 설치한 것이었는데, 이런 시설은 당시 대다수 호화로운 그랜드호텔에서도 찾아볼 수 없는 서비스였다. Statler는 'A room and a bath for a dollar and a half'라는 구호를 내걸어서 객실을 1달러 50센트에 판매했다. 당시에 이 가격으로 객실을 판매하는 것은 너무나 획기적이었기 때문에 대다수 호텔업계 사람들은 호텔이 결국 실패하게 될 것이라고 조소했다.

저렴한 요금으로 객실을 판매하고 전 객실에 욕실 설치가 가능하게 된 것은 무엇보다도 Statler가 스스로 개발한 'Statler Plumbing Shaft'라는 배관기술이었다. 호텔 건축에서 배관의 설치 비용을 크게 절약하는 데 공헌한 이 배관기술은 수직으로 된 하나의 배관 파이프를 인접한 두 개의 객실이 공유하게 함으로써 비용을 절약할 수 있었던 혁신적인 기술이었다. 보통 2개의 욕실에는 2개의 배관 파이프 비용이 소요되는 것에 비해 혁신적인 'Statler Plumbing Shaft'는 배관 파이프 1개를 인접한 2개의 욕실이 공유해서 이용할 수 있도록 설계되어 있어서 훨씬 적은 비용으로 각 객실에 욕실의 설치가 가능하게 된 것이었다.

호텔이 도입한 다른 혁신은 주방을 레스토랑과 연회장 옆에 위치하게 한 것이었다. Statler는 호텔 공간의 효율적 사용을 중시했으며 Buffalo Statler에서는 1인치의 공간도 허투루 사용되지 않았다는 것을 강조했다. Buffalo Statler는 상류층을 주요 대상으로 했던 기존의 호화로운 그랜드호텔과는 달리 새로운 사회계층으로 등장하기 시작한 중산층과 상용여행객을 주요 고객층으로 삼았다는 점에서 큰 의미가 있었다. Buffalo Statler는 호텔 비품의 표준화 등 합리적이고 효율적인 경영을 통해 당시만 해도 일반인에게는 높게만 느껴졌던 고급호텔의 문턱을 크게 낮추면서 호텔 대중화에 큰 공헌을 했다. 호텔을 이용하는 투숙객들은 저렴한 가격으로 〈그림 6-10〉과 같은 고급 서비스를 이용할 수 있게 되었다.

그림 6-10 Buffalo Statler가 도입했던 혁신적인 서비스

- **최초로 객실 도어의 열쇠 구멍을 표준화**
- **최초로 객실 입구 안쪽에 표준화된 전등 스위치 배치**

- **전 객실에 전화 비치**
- **전 객실에 조간신문 서비스 제공**

- **전 객실에 등 달린 옷장 설치**
- **전 객실에 전신거울 비치**

- **각 욕실마다 수도로 찬물 제공**
- **각 욕실마다 수건걸이 제공**

당시 그랜드호텔에서나 볼 수 있던 고급 서비스를 훨씬 저렴한 가격으로 이용할 수 있게 되면서 투숙객들은 환호했다. 따라서 Buffalo Statler는 개관하자마자 대중의 인기를 독차지하며 대성공을 거두었으며 1909년에는 150실을 증축해서 450실의 호텔로 변모했다. 미국 호텔산업의 전통이었던 '호텔의 대중화'를 이룩한 Buffalo Statler의 성공은 창의적인 경영혁신의 결과였다.

당시에 Statler는 50만 달러의 신용한도를 보유하고 있었지만 호텔 영업실적이 너무 좋아서 돈을 빌려서 쓸 기회조차 필요 없을 정도였다. Buffalo Statler의 성공에 감명을 받은 클리블랜드의 지도자들은 시를 대표하는 호텔을 지어주도록 Statler에게 요청했다. 이를 수락한 Statler는 George B. Post & Sons에게 설계를 그리고 실내장식은 Louis Lorimer에게 각각 맡겼으며 결국 1912년에 이탈리아 르네상스 양식으로 16층 800실의 Cleveland Statler를 개관했다. 호텔은 대성공해서 300실을 추가로 건축했다. Statler는 이 사업으로 세계적인 명성을 얻게 되었으며 다른 도시에서도 이와 같은 요청이 쇄도하면서 Statler 체인으로 성장하게 되었는데, 이때 Statler는 체인 본사로 Hotels Statler Company를 창립했다.

1912년이 되자 피츠버그와 디트로이트 두 도시에서 동시에 호텔을 건축해 달라는 요청이 쇄도했다. Statler는 디트로이트를 그의 세 번째 호텔로 결정했다. 그는 Cleveland Statler 프로젝트를 수행했던 George B. Post & Sons에게 다시 설계를 그리고 실내장식은 다시 Louis Lorimer에게 맡겼으며 1915년에 15층에 800실을 갖춘 Detroit Statler가 개관했다. 이 호텔은 처음으로 냉방장치(Air-Conditioning)가 완벽하게 도입된 호텔이었다. Statlers Hotel Company 체인의 네 번째 호텔은 1917년에 개관한 20층에 650실을 보유한 St. Louis Statler였다. 이 호텔의 설계도 George B. Post & Sons가 담당했다. Statler의 다섯 번째 호텔은 1919년에 개관한 2,200실로 당시 세계 최대로 등극했던 Hotel Pennsylvania였다. 어린 시절 그의 꿈은 뉴욕에 1,000실의 호텔을 소유하고 운영하는 것이었다. 꿈이었던 뉴욕 시장 진출을 위해 Statler는 호텔 소유회사였던 Pennsylvania Station에 호텔 임차료로 연간 백만 달러를 지급하는 장기 임차계약을 체결했다. 호텔의 설계는 Pennsylvania Station을 설계했던 건축회사 McKim, Mead, & White가 담당했다. 개관 후에 Statler는 Hotel Pennsylvania의 명칭을 New York Statler로 변경해 보려고 여러 차례 시도했지만 소유회사 Pennsylvania Railroad가 요청을 매번 거부하면서 뜻을 이루지 못했다. 1919년 말이 되자 Statler 체인은 5개소의 호텔에 5,300실을 보유하게 되었으며 직원 4,700명이 하루에 약 6,700명의 손님을 모시게 되었다. 연간 총매출액은 $2,500,000에 달했다.

1907년에 최초의 호텔을 버펄로에 개업한 것에 이어 1923년에 Statler는 다시 버펄로에 두 번째 호텔인 18층 1,100실의 Buffalo Statler를 개관했는데 체인의 여섯 번째 호텔이었다. 설계는 역시 George B. Post & Sons가 담당했다. 처음 지어진 호텔에 비해 대폭 개선된 호텔은 1920년대의 최고 수준 상용호텔의 기본적인 기준들을 채택해서 설계된 호텔이었다. 버펄로의 두 번째 호텔은 설계에서의 많은 경험이 집대성된 결과이자 동시에 세계에서 가장 성공한 호텔체인과 호텔 건축에서 오랫동안 광범위한 경험을 쌓은 건축가들이 힘을 합해 노력한 결과였다. Statler의 상용호텔들은 효율적인 체인 영업으로 사업 목적을 달성하고 동시에 새로운 중산층 고객의 다양한 수요에 부응하고자 했다. E. M. Statler의 일곱 번째이자 그의 마지막 호텔이 된 14층에 1,300실을 갖춘 Boston Statler가

1927년에 개관했다.

1927년에 이르자 Statler 체인은 7,600실로 구성된 7개의 호텔을 거느리게 되었으며 당시 주요 도시에서 가장 많은 호텔을 소유하여 운영하는 호텔체인이 되었다. 여러 도시에 있던 Statler 호텔들은 대부분 명칭, 스타일, 규모 등에서 일관적으로 관리되었다. Statler는 단일 경영진에 의해 다수의 대형호텔을 관리하는 것에 관한 효율성 및 경제성을 잘 파악하고 있었다. 비용통제, 구매, 판매 및 마케팅 등에 대한 체인 본사의 중앙집중식 경영을 통해 체인의 사업성은 크게 좋아졌다.

1925년 아내가 사망한 후 Statler는 1927년에 11년 동안 자신의 비서였던 Alice Statler와 재혼했다. 그러나 E. M. Statler는 1928년 4월 16일 급성 폐렴으로 갑작스럽게 사망하고 말았다. 그의 사후에 아내 Alice Statler는 즉시 Statler 체인 이사회의 회장을 맡아 경영권을 승계해서 1954년까지 남편의 사업 철학을 유지해 나갔다.

Statler는 처음으로 상용여행객과 중산층 고객들이 합리적인 가격으로 쾌적하고 깨끗하며 적절한 수준의 서비스가 제공되는 상용호텔을 이용할 수 있도록 했다. 그는 호텔이 부자만을 위한 장소가 아니라 중산층과 일반 시민도 호텔이 제공하는 고급 서비스를 이용할 수 있도록 만들었다. 그는 '구두 판매사원이든 여행하는 왕자이든 간에 모든 여행자의 공통적인 욕구는 편안한 침대와 좋은 음식이며 그것이 내가 그들에게 제공하는 것이다'라고 말하면서 당시 새로운 여행자들의 새로운 욕구에 대응하지 못했던 호화로운 그랜드호텔과는 다른 서비스를 제공했다. 사람들이 Statler 호텔에는 호화로운 서비스가 없다며 비난하고 또 왜 호화로운 그랜드호텔 사업을 하지 않는가에 대해 질문하자 자신도 그랜드호텔을 운영할 수 있지만 그런 사업에는 관심이 없다고 하며 그가 원하는 전부는 다른 사람이 하는 것에 비해 더욱 안락하고 편리하게 그리고 좋은 음식을 손님에게 제공하는 것이며 그의 호텔들은 보통 사람들이 부담할 수 있는 수준의 요금으로 이용할 수 있다는 점을 강조했다. Buffalo Statler로부터 시작된 상용호텔(Commercial Hotel) 혁신은 현재까지도 호텔산업에 지대한 영향을 미치고 있다. 일부에서는 이를 Henry Ford가 Model-T 자동차를 개발한 것과 비견되는 것이라고 했다.

Statler는 Statler 체인에 소속된 모든 직원에게 서비스강령(Service Code)으로 'The customer is always right'이라고 제시하면서 진정한 고객 서비스의 중요성을 강조했다. 그리고 '호텔에서 판매하는 것은 단 하나다. 그것은 바로 서비스다'라고 하면서 직원들에게 서비스의 중요성을 재차 강조했다. 그리고 그는 "Statler 호텔은 무엇보다도 고객에게 안락함과 편리함을 제공하기 위해 영업하고 있다. 고객이 없다면 Statler 호텔은 존재할 수 없다. 이는 쉽게 이해할 수 있는 평범한 사실이다. 모든 직원은 이를 명심해야 하며 친절과 배려에 최선을 다해 모든 고객을 대접해야 한다"라고 강조했다.

Statler는 손님에게 서비스를 제공하는 직원들의 복지를 증진하기 위해 주6일 근무, 유급휴가, 무료의료보험 혜택, 우리사주를 통한 이익분배 등과 같은 당시로는 획기적인 대우를 제공했다. 특히 1919년에는 모든 직원에게 호텔산업에서는 처음으로 보너스를 지급하는 한편 퇴직연금을 지급했다. 그는 고객 서비스를 향상하려면 직원들을 잘 대우하는 것은 필수적인 것으로 보았다.

Statler가 남긴 '호텔이 성공하려면 세 가지가 가장 중요하다. 그것은 첫째도 입지, 둘째도 입지, 셋째도 입지이다(Location, location, location)'라는 명언은 현재까지도 호텔리어에게 유효한 교훈이 되고 있다. 당대 최고의 호텔체인으로 대성공을 거둔 후 그는 친구의 적극적인 권유로 Cornell University 호텔경영대학에 초청되어 학생들을 상대로 행해졌던 강연에서 유명한 일화를 남겼다. Statler는 강연하는 단상에 오르자마자 학생들을 향해 '당장 강의실에서 나가서 호텔에서 일을 배워라'라고 소리치면서 좋은 호텔리어가 되기 위해서는 이론공부보다는 실제적인 현장경험이 더욱 중요하다는 점을 강조했다. 그러나 호텔경영대학 Howard Meek 학장의 끈질긴 설득으로 좋은 호텔리어가 되기 위해 경영학 교육의 중요성과 이점을 알게 된 그는 이후 대학에 많은 재정적 지원을 아끼지 않았다.

현대 호텔산업의 발전을 위해 Statler가 남긴 가장 큰 공헌은 최초로 혁신적인 현대 상용호텔을 도입했으며 초기 현대 호텔체인의 기틀을 닦은 것이다. 그리고 그는 철저하게 고객을 위주로 하는 호텔 서비스의 전통을 확립했다.

E. M. Statler의 과학적 호텔 관리

E. M. Statler는 호텔산업의 과학적 관리의 대가이며 명장이었다. 지금부터는 Statler가 활약하던 당시에 전 산업계를 휩쓸었던 과학적 관리를 누구보다도 신봉하고 잘 이용했던 그의 효율적인 관리에 대해 자세히 알아보기로 하겠다. 그는 건축가가 아니었으며 오히려 호텔체인이란 개념이 초기 단계였을 때 상용여행객을 상대로 하는 대규모 도시 호텔로 구성된 Hotels Statler Company를 창립한 기업가였다. 당시 잡지인 Hotel World의 편집자는 그를 '호텔 표준화의 아버지'라고 표현했으며, 어떤 이는 Statler를 '호텔 세계의 신화적인 지도자'로, 다른 사람은 '과학적 관리의 열렬한 헌신자'로 묘사했다. Statler가 고용했던 건축가 중의 한 사람은 'The Statler Idea'라는 문구를 사용해서 다양한 설계 혁신을 촉진하는 4개의 기사 시리즈를 Architectural Forum에 게재했으며, 이는 건축계 전반에 Statler의 설계 접근법을 알리게 되었다. 호텔 자체가 각 도시에서 눈길을 끄는 거대한 구조물인 관계로 Statler가 미친 영향은 간과하기 어렵다.

Statler의 전략은 호텔의 건축설계 및 일상적인 영업활동에서 효율성을 극대화하기 위해서 호텔을 기계로 취급하는 것이었다. Statler는 Henry Ford를 흠모했으며, 효율성이 높은 기계처럼 기능하는 호텔을 설계 및 운영하기 위해서 자동차 조립라인에서 영감을 얻었다. Statler는 호텔경영에서 과학적 관리의 분석적 접근법을 취하면서 업계의 관심을 끌었다. 예를 들면 Statler는 객실당 영업비용을 절감하는 작업을 전담해서 수행하는 통계담당 부서를 호텔 내에 만들어 호텔산업에 최초로 혁신적인 원가회계(Cost Accounting) 방식의 도입을 주도했다. Statler의 분석적 접근방식의 또 다른 예는 계속해서 영업손실을 기록하던 차를 파는 카페에서 찾아볼 수 있는데, Statler는 문제점을 파악하기 위해 목수에게는 모든 의자를 점검하게 하고, 요리사에게는 음식별 주문을 점검하도록 했으며, 감독관은 스톱워치로 서비스 시간을 측정하도록 했다. 결국에 Statler는 카페의 조명이 너무 밝다는 사실을 확인했으며 조명을 은은하게 조절한 결과 손님이 증가하게 되었다. Statler는 체인 소유 호텔의 조직구조에서 부서별 전문화를 강조했으며 Statler가 고용한 건축가들은 설계 시에 이를 중요시했다. 그는 건축가들에게 단순화(Simplification)의 필요성을 지속적으로 강조했다. Statler는 호텔을 설계할 때 적은 인원으로 편리하고 효율적으로 서비스를 전달할 수 있는 방법에 대해 연구했다.

호텔관리에 대한 이러한 분석적 접근방식을 통해 Statler는 저렴하고 신뢰할 수 있는 제품으로서의 객실을 손님에게 제공할 수 있게 되었다. Statler가 처음으로 개업한 호텔에서 내세운 구호는 '1달러 50센트에 욕실이 딸린 객실'이었다. 이는 두 가지 차원에서 가히 혁명적이었다. 당시 상용여행객이 잘 묵는 호텔에서는 보통 일부 객실에는 욕실이 딸려 있었지만 반면에 다른 객실에는 욕조나 샤워시설이 없었는데, 오직 Statler의 호텔에서만 고객들은 모든 객실에서 편리하게 욕실을 이용할 수 있었다. 객실요금으로 책정된 $1.50은 현재 시점에서 고려해도 경이로운 수준이었다. Statler는 가격에 민감한 고객들을 유치하기 위해서 규모의 경제를 통해 최대의 효율성을 달성하는 효과적인 전략을 채택했다.

Statler는 여러 건축회사를 고용했으며 George B. Post & Sons와 대다수 설계 계약을 맺었다. George B. Post는 1913년에 사망했지만 회사는 그의 아들에 의해 계속되었다. 이 회사 소속의 건축가는 호텔설계에 대한 Statler의 새로운 접근법을 알렸다. 당시의 일반적인 설계 관행은 철강 기둥을 위주로 주위의 침실을 조정하고 맞추는 것이었다. 그러나 Statler 호텔을 계획할 때는 이런 과정을 반대로 해야 했다. 먼저 객실과 욕실이 서비스 요구사항에 맞게 표준화된 단위로 계획되어야 했으며 구조용 강철기둥과 바닥 받침의 간격은 이 표준방식의 일부가 되어 종속되도록 고안되어야 했다.

Statler의 다섯 번째 호텔인 1919년에 개관한 Hotel Pennsylvania는 그가 뉴욕 시장 진출을 위해 구상한 것이었다. 이 프로젝트를 위해 Statler는 호텔과 연결된 Pennsylvania Railroad 터미널을 설계한 건축회사인 McKim, Mead, & White와 계약을 맺었다. 그의 모든 호텔에서와 마찬가지로 Statler는 설계 프로세스를 미세하게 관리하고 강철 프레임부터 욕실의 수건걸이 위치와 같은 사소한 세부 사항까지 건물을 설계하는 방법을 건축가에게 지시했다. 그 결과 Statler의 호텔들은 건축회사에 관계없이 외관 및 평면도가 비슷하게 건축되었다. Hotel Pennsylvania의 평면도는 Statler의 접근방식의 몇 가지 특징을 보여주고 있다. Hotel Pennsylvania는 Statler 체인의 비교적 초기 단계를 대표하지만 1920년대 열풍 이전에도 Statler의 접근방식을 대표하는 많은 설계 특징을 보여준다.

Plaza Hotel과 비교하면 Hotel Pennsylvania는 설계 접근방식의 큰 변화를 상징한다. 객실의 크기는 다양했지만 Plaza와 달리 평면도는 객실 설계를 표준화하고 객실을 질서있게 배열하려고 했다. 12개의 승객용 엘리베이터들이 모두 클러스터(Cluster)화되고 8개의 서비스용 엘리베이터들도 모두 클러스터화되었다. 객실에 있는 욕실은 모두 마주해서 짝을 이루게 배열되었는데 이것이 Statler가 비용을 절약하기 위해 개발한 'Statler Plumbing Shaft'였다. 서로 마주하고 있는 욕실은 한 세트의 수직 파이프를 두 개의 욕실에서 사용할 수 있었기 때문에 건축비용을 절감할 수 있었다. 이 배관기술은 오늘날 호텔에서도 이용되고 있다. 각 욕실에서 거울은 실제로는 위장된 덮개로 직원들이 숨겨진 배관 파이프와 전기 도관에 쉽게 접근할 수 있도록 한 것이었다. Statler는 호텔의 모든 면을 최대한 표준화하려고 했으며, 이를 통해 대량 구매가 가능하게 했고 장비나 가구가 호텔 간에 서로의 필요에 따라 쉽게 이동할 수 있도록 했다. 그는 최적의 설계가 확인된다면 체인의 향후 호텔을 변경할 이유가 전혀 없다고 믿었다. 그 결과 똑같은 모습을 한 그의 호텔들이 비판을 받게 되자 Statler는 **'최고라면 표준화에는 전혀 문제가 없다'**라고 응수했다.

22층의 Hotel Pennsylvania에서 Statler는 이용 가능한 공간에 가능한 한 많은 객실을 배치하려고 했으나 과학적 관리가 생산 극대화 이외의 기준도 포함하고 있는 만큼 호텔의 객실 수를 최대화하려는 목표를 일부 완화하는 설계기준을 반영했다. 건물 돌출부 사이의 통풍구는 빛과 공기가 충분히 객실로 흡입될 수 있도록 넓어야 했으며, 고객의 이동 동선과 입고되는 물품들이 이동하는 동선이 서로 방해받지 않기 위해 엘리베이터와 몇 개의 계단을 위한 바닥 공간을 충분히 확보하는 것은 필수적이었다. Statler의 건축가 중 한 사람이 표현했듯이 각 층마다 객실 수를 최대화하는 것이 바람직했지만 그것 때문에 객실 크기 및 조명이 희생되면 하지 않았다.

호텔 건축에 대한 전통적인 접근법은 먼저 우아하게 건물의 외관을 설계한 다음 객실 설계를 외관에 맞추는 방식이었지만 반면에 Statler가 고용한 건축가는 먼저 평면도를 설계한 다음 철강 기둥을 평면도에 맞게 설계하고 마지막으로 평면도에 의해 결정된 구조를 덮기 위해 정면 등 외관을 설계했다. 이처럼 객실 배치가 우선되고 이후 건물의 외관을 결정하는 접근법은 외관이 객실 배치를 결정했던 전통적인 접근법과는 완전히 반대였다. 결과적으로 Plaza가 프랑스풍 성을 연상되는 것처럼 미적이지는 않았지만 기능 중심의 근대주의적 관점에서는 미적으로 충분히 매력적이었다.

전형적인 Statler 호텔에서는 직원 숙소 전용층의 바로 위층은 당시 호텔에서 흔히 볼 수 있었던 샘플객실(Sample Room)을 위한 전용층으로 이용되었다. 이는 1920년대에 건립된 호텔들이 목표고객으로 삼았던 제품을 팔기 위해 여행을 자주 해야 했던 상업여행객(Commercial Travelers)을 위한 배려였다. 샘플객실을 이용하는 손님인 상업여행객은 주간에는 객실을 견본실로 이용해서 상품을 전시하고 그의 고객과 상담을 했으며 야간에는 접어서 벽장에 넣는 머피침대(Murphy Bed)에서 잠을 청했다. 샘플객실은 일반 객실에 비해 2~3배 정도 넓은 편이었다. 샘플객실에는 방문객이 많았기 때문에 따라서 같이 이동하는 트렁크도 많아서 Statler의 건축가는 초기에는 고층부에 있던 샘플객실을 가능한 한 저층부의 단일층에 함께 위치하도록 해서 엘리베이터의 통행을 최소화될 수 있도록 했다. 일부 Statler 호텔에서는 특별한 범주에 속하는 손님을 위해 서비스를 제공하는 층이 존재했는데, Hotel Pennsylvania에는 낮에 잠을 자야 하는 손님을 위해 예약된 층과 미혼 여성을 위한 층이 따로 있었다.

Statler는 직원 채용에서 가부장적인 접근법을 채택했다. 직원들의 임금은 시장 평균수준에 비해 많이 지급했으며 이익공유방식도 도입했다. 그러나 대가로서 Statler는 직원 특히 여성 직원들을 엄격하게 통제했다. 대다수 Statler의 호텔에는 직원들을 위한 숙소가 있는 전용층이 있었는데 여직원은 기숙사형 욕실과 식당이 있는 객실에서 2~3명이 함께 기거하도록 했다. 회사는 구내에 거주하는 직원들에게 부모처럼 행동하고자 했다. 이런 관행은 도시에서 미혼 여성이 존경받을 수 있으려면 부모 역할을 하는 누군가의 감독을 받아야 한다는 당시의 시대적 기대와 일치했다. Statler의 호텔에서 직원 숙소 전용층은 연회장이 있는 층의 바로 위에 위치하게 했는데, 이는 공중시설이 많은 저층부에서 발생하는 소음으로부터 고객의 객실을 보호하는 완충장치 역할을 하기 위해서였다.

Statler는 2,200실을 보유한 Hotel Pennsylvania는 **대량소비가 가능하고 대량소비는 자동적으로 적정하고 합리적인 요금으로도 이익을 만들어 낼 수 있다고 믿었다.** 그는 소규모 호텔로는 저렴한 가격에 객실을 판매하는 것이 거의 불가능하다고 했다. Statler의 대량소비로 이익을 창출할 수 있다는 믿음은 호텔설계와 효율적 관리 간의 관계에 집중하도록 했다. Hotel Pennsylvania와 Commodore Hotel은 같은 해에 개관했는데 두 호텔은 모두 철도역을 이용하는 중산층을 대상으로 했고 당시 호텔잡지 Hotel World는 저렴한 자재를 이용해서 건축한 Hotel Pennsylvania가 더 실용적이라고 평가했으며 Statler의 건축에 대한 꼼꼼하고 세부적인 관리로 건축가의 설계와 호텔 관리자의 목표가 효과적으로 조합되었다고 했다.

George B. Post & Sons 소속의 건축가 W. Sydney Wagner는 건축하는 건물의 설계도면을 읽을 수 있는 능력과 건축기술에 대한 방대한 지식 및 호텔운영에 대한 많은 지식을 보유한 Statler를 존경하게 되었다고 밝혔다. 호텔 개발에 있어 현장 접근법을 취하는 Statler는 건축회사의 사무실을 직접 방문해서 설계의 진도 상황을 평가하게 되면서 설계사들로부터 'The Boss'라는 별칭을 얻기도 했다. 한 설계사는 Statler는 객실의 외양뿐만 아니리 가구의 배치까지 모두 꿰뚫고 있으며 그는 대다수 건축가보다 훨씬 나았다고 했다. Statler는 기존 호텔산업의 문제점을 해결하기 위해 표준화 및 단순화를 추구했으며 이는 호텔운영의 높은 효율성으로 이어졌다.

호텔 내의 객실들을 유사하게 설계하는 표준화된 호텔설계와 함께 체인 내의 여러 호텔을 유사하게 설계하는 추세는 현재도 여전히 진행되고 있다. 현대의 일부 호텔들은 Statler 체인보다 훨씬 더 극단적으로 표준화된 설계방식에 의해 건립되었으며 여행자들은 같은 청사진에 의해 전국적으로 복제된 판에 박은 호텔들에 익숙해지게 되었다.

그림 6-11 Statler 호텔체인의 1호 및 2호 호텔

Buffalo(1907) **Cleveland(1912)**

출처: www.dailypublic.com/articles/11162016/looking-backward-hotel-buffalo& www.cleveland.com/entertainment/2018/02/a_visual_history_of_clevelands

그림 6-12 Statler 호텔체인의 3호 및 4호 호텔

Detroit(1915) **St. Louis(1917)**

출처: historicdetroit.org/galleries/statler-hotel-photos & www.stlmag.com/history/another-new-chapter-for-the-historic-hotel-statler

그림 6-13 Statler 호텔체인의 5호 호텔

Hotel Pennsylvania(1919)

출처: wikipedia.com & hotelpenn.com

그림 6-14 Statler 호텔체인의 6호 및 7호 호텔

2nd Buffalo(1923) **Boston(1927)**

출처: Harry Scull Jr., Buffalo News & www.bostonparkplaza.com/hotel/history

Ⅳ ▸▸ 대공황 시대의 호텔산업: 1929~1930년대

1929년 10월 24부터 29일까지 뉴욕 월스트리트의 주식시장에서 주가가 대폭락하고 거품이 꺼지면서 광란의 시대가 종말을 고하고 길고 긴 고난의 시대 대공황(Great Depression)이 시작되었다. 한편에서는 대량생산을 뒷받침할 수 있는 충분한 유효수요가 부족한 것이 대공황의 원인이라고 했으며 다른 한편에서는 소비가 미처 따라가지 못할 만큼 많아진 과잉 생산을 원인으로 보았다. 또 당시 미국 사회는 경제번영으로 오히려 부가 심각하게 편중되는 양극화가 진행되어 전체 부(Wealth)의 1/3을 상위층 5%가 소유하게 되었다. 미국 경제가 세계 경제에서 차지하는 비중이 워낙 크기 때문에 이는 바로 세계적인 경기침체로 이어졌다. Statler가 사망한 이듬해에 대공황이 터지면서 호텔산업도 다른 산업과 마찬가지로 초토화돼버렸다. 객실 수요가 나락으로 떨어지고 새로운 호텔의 건설은 완전히 중단되면서 미국 호텔산업 역사상 가장 어두운 암흑시대가 도래했다.

광란의 20년대 동안에 호텔 건축 붐을 조장했던 기획자(Promoter)들은 미국 전역의 많은 도시와 마을에 사무실을 차리고 부동산은 이윤이 좋고 안전한 투자처라고 지역사회의 주민들을 현혹했다. 그들의 판매 수법은 경제적 타당성에 의한 것이 아니라 지역사회의 자긍심을 유도하거나 개인적 특권을 자극하는 것처럼 지극히 비합리적인 부추김에 의한 것이었다. 일부 경우를 보면 어떤 지역의 상인들에게는 호텔프로젝트에 투자하면 일정 수준의 고객 확보 즉 객실점유율을 약속하기도 했다. 독립적인 호텔산업의 전문가에 의해 수행된 시장조사 및 감정평가가 제공되는 사례는 거의 없었으며 많은 경우에 건립될 호텔의 서비스 수준, 규모, 그리고 디자인은 기획자가 모으는 자금의 수준에 따라 결정되었다. 이처럼 호텔프로젝트의 1순위 및 2순위 부동산 저당채권은 지역사회의 구성원에게 판매되었다. 대다수의 자금조달(금융) 구조는 높은 부채와 과도한 수준의 위험으로 이루어졌다. 기획자가 받는 금융 수수료와 판매 수수료의 수준은 높은 편이었으며 금융이 이루어지는 시점에서 지급되었고, 따라서 기획자는 미래에 개관되는 호텔의 성과에 관심을 가질 아무런 이유가 없었다. 1920년대 중반이 되자 일부 호텔잡지는 호텔 객실의 과잉공급(Overbuilding)을 경고하면서 호텔산업에 정통한 전문가들에게 산업의 상황에 대한 정확한 사실을 발표해 주도록 요청했다. 이에 따라 한 연구기관은 1920년에는 85.5%였던 호텔산업의 평균 객실점유율이 1928년에는 67.6%로 대폭 떨어졌다는 조사 결과를 발표했다. 그리고 전국적으로 파산한 호텔의 수가 1924년에는 64개소였지만 1928년에는 112개소로 많이 증가했다는 사실도 알렸다. 그러나 누구도 대공황 같은 최악의 상황을 염두에 두지 않았으며 투기는 멈추지 않았다.

대공황이 휘몰아치던 1930년대에 전체 호텔의 약 75% 정도는 법정관리를 신청하거나 파산으로 압류당하는 처지에 빠지게 됐다. 이런 최악의 상황은 1920년부터 시행된 오래된 금주법의 악영향, 위험도가 높은 금융방식을 이용해서 건축된 20년대의 많은 호텔, 기업들의 실적 악화 등과 같은 원인에 기인한 것이었다. 1933년에 미국인민 네 사람 중에서 한 사람은 실업자로 전락했으며 국내총생산(GDP)은 40% 이상 감소했다. 따라서 비즈니스 또는 여가 여행은 대폭 감소하게 되었고 1933년에는 연평균 객실점유율이 손익분기점에도 한참 미치지 못하는 51%에 불과했으며 이런 수준은 계속해서 유지되었다. 특히 은행, 저당채권, 보험회사 등에 빚을 갚아야 했던 호텔주인들은 1달러의 현금이라도 구해보려고 객실이나 음식을 형편없는 가격에 판매했지만 역부족이었다. AHA는 이런 판매행위를 적극적으로 말렸지만 압류를 앞둔 호텔주인에게는 아무런 소용이 없었다. 1938년이 되자 법정관리나 파산하는 호텔이 88%에 이르게 되었다.

대공황이 엄습하자 주로 상류층을 상대로 영업했던 그랜드호텔들이 가장 큰 피해를 보게 되었으며, 당시 파산한 그랜드호텔들을 흰코끼리 무리(White Elephants)라고 불렀다. 일부 상류층은 대공황에도 불구하고 그랜드호텔을 이용하면서 흥청망청 돈을 썼지만 이것만으로 영업적자를 메꾸기에는 역부족이었다. 이로써 찬란했던 그랜드호텔의 시대는 결국 종말을 고하게 됐다.

대공황이 한창 몰아치던 1931년에 Waldorf-Astoria Hotel and Towers가 뉴욕 맨해튼에 개관했다. 위기 상황에도 2,200실의 호텔을 운영하기 위해 1,600명에 달하는 많은 직원을 고용해야 했는데, 어떤 날은 호텔에 머무는 총 고객의 수가 260명에 불과하기도 했다. 여러 노력에도 불구하고 영업비용은 예상을 훨씬 초과하게 되었으며 때로는 매출액을 상회하기도 했다. 대공황은 특히 대형 고급호텔들을 더욱 세게 할퀴었다. 어려움을 극복하지 못하고 결국 1934년에 부채 $5,412,119를 갚지 못하게 되면서 Waldorf-Astoria는 법정관리를 신청하게 되었다. 다른 대형호텔들도 마찬가지였다. Pierre는 1931년, Sherry-Netherland는 1933년, 그리고 Park Lane도 1935년에 법정관리에 들어갔다. 위기에 처한 호텔들은 모두 당시 파산법에 따라서 기존 경영진은 법정관리인을 도와서 조직의 구조조정을 감행해야 했다.

1910년에 Ritz-Carlton New York이 개업한 이후 Ritz-Carlton은 연이어 1911년 피츠버그, 1912년 캐나다 몬트리올, 1913년 필라델피아, 1921년 애틀랜틱 시티 등에 건립되었다. 1926년에 보스턴에서 아버지와 함께 아파트 건물을 건설하고 있던 29세의 젊은 청년 Edward. N. Wyner는 당시 보스턴 시장의 간곡한 요청으로 계획을 바꾸어 호텔을 짓기로 했다. 1927년에 300실의 Ritz-Carlton Boston이 개관했으며 인기를 끌면서 큰 성공을 거두었다. 그러나 얼마 못 가 대공황이 시작되면서 호텔은 영업 부진으로 재무적으로 큰 곤경을 겪게 되었고 1930년대 초반까지 Wyner 가문은 불어나는 영업적자를 메꾸기 위해 사재를 내놔야 했으며 이런 노력에도 불구하고 채권에 대한 이자도 지급할 수 없는 지경에 빠졌다. 1933년에는 투숙객이 30명에 불과했음에도 불구하고 Wyner는 모든 객실에 불을 밝혀서 Full House처럼 보이도록 위장하기도 했다. 1940년이 되자 Ritz-Carlton Boston을 제외하고 다른 호텔들은 모두 파산하면서 사라지게 되었다.

Frank A. Dudley의 United Hotels Company of America도 대공황이라는 폭풍우를 피할 수는 없었다. 1933년 11월에 Dudley는 부채비용을 갚지 못하게 되면서 결국 법정관리를 신청하게 됐다고 발표했다. 대공황이 불어닥친 1929년부터 4년간 계속된 체인소속 개별호텔의 영업 부진으로 전체 저당채권의 80%에 대해 채무불이행(Default)에 빠지게 되었으며 일부 경우는 세금과 이자도 치를 수 없는 지경이었다. Dudley는 법원에 의해 다른 두 명과 함께 법정관리인으로 임명되어 체인의 재무개선을 관리하게 되었다. 1934년 5월에 Dudley는 체인의 구조조정을 마치고 과거 회사와 유사한 명칭을 사용해서 새로운 기업으로 United Hotels Co. of America를 설립해서 다시 사장으로 취임했다.

1920년대에 많이 건립된 대형 상용호텔들도 대다수가 파산이나 법정관리를 피할 수 없었다. 이로써 대량소비가 전제되지 않는다면 비용이 많이 소요되는 고급 호텔 서비스를 대중적인 가격으로 제공한다는 것이 결코 쉽지 않다는 사실이 드러났다. 즉 대형 상용호텔의 경우 객실점유율이 80% 정도 이상으로 유지되면 저렴한 요금으로 객실 서비스 등을 제공할 수 있었으나 50% 수준에서는 인건비 등 높은 비용구조로 인해 정상적으로 영업활동을 유지할 수 없었다. 대표적인 사례가 3,000실로 1929년 개관하면서 오랫동안 세계 최대의 호텔로 등극했었던 시카고의 Stevens Hotel이 있는데, 대공황으로 호텔은 파산했으며 1930년대 후반이 되자 3천만 달러를 투자해서 건립한 호텔의 가치는 겨우 7백만 달러에 불과하게 되었다. 한편 대공황 기간에 자동차가 등장하기 시작하면서 모습을 드러냈던 저가의 Auto-camp와 모텔들은 그랜드호텔이나 대형 상용호텔과 비교하면 피해 규모가 비교적 적은 편이었다. 대공황기에도 불구하고 관광여행을 하는 사람들의 수는 오히려 늘었다. 그러나 주로 단거리 여행을 즐겼으며 소비 액수는 적었다.

대공황으로 많은 호텔이 파산했지만 현금을 보유하고 있던 사람들에게는 법정관리인이나 대출기관으로부터 파산한 호텔들을 헐값으로 매입할 수 있는 좋은 기회가 주어졌다. 그러나 파산한 호텔들에 자금을 융통해줬거나 투자했던 사람들은 호텔이 압류를 당하자 소유했던 채권 가치가 형편없이 떨어졌다는 사실을 비로소 인지하게 되었는데, 이들 중에는 과거 1920년대에 지역사회를 통해 조성된 부동산 저당채권을 매입했던 대출기관들과 개인 투자자들이 많이 포함되어 있었다. 이들은 호텔 영업에 대한 전문성이 없었기 때문에 모두들 헐값에도 불구하고 모두 호텔을 매입할 의지가 있는 사람에게 호텔 또는 지분을 매각해 버렸다. 이와 같은 환경은 호텔산업에 대해 잘 알고 또 현금을 보유하거나 높은 신용한도가 있는 사람들에게는 천재일우의 기회가 됐다. 당시 파산한 호텔을 매입할 때 거래조건은 계약금으로 적은 금액의 현금만을 지급해도 쉽게 매입할 수 있었으며, 잔금도 우호적인 조건으로 계약을 체결할 수 있었다. 이때 감정평가를 제공했던 기관들은 5년 정도 후에는 호텔산업이 정상화될 수 있으므로 파산한 호텔의 가치를 산정할 때 이런 점을 잘 고려할 것을 강조했다. 그렇지만 예상과 달리 1920년대에 만들어진 과잉공급과 1930년대에 계속된 비즈니스 및 여가 여행의 축소로 대공황의 여파는 예상보다 더 오랫동안 유지되었다. 이후 투자자들은 호텔산업에서 오랫동안 자취를 감추게 되었으며 1920년대처럼 무더기로 대형호텔들이 건축되는 시절은 다시 돌아오지 않았다. 실제로 1932년부터 1960년까지 뉴욕 맨해튼에는 단 한 개소의 호텔도 새로 건축되지 않았다.

그러나 대공황 같은 최악의 위기상황에서도 최초의 상용호텔 혁신을 이룩하며 E. M. Statler가 최고의 효율적인 호텔체인으로 만들어 놓았던 Statlers Hotel Company와 같은 경쟁적인 호텔조직은 어려운 위기를 잘 극복할 수 있었다. Statler 상용호텔 체인의 혁신적이고 효율적인 경영방식은 현대 호텔산업에 훌륭한 귀감이 되었다.

한편 1930년 워싱턴주 야키마에서 호텔을 운영하던 Severt W. Thurston과 Frank Dupar 두 사람은 보유하던 호텔을 보다 효과적으로 경영하기 위해 전략적 제휴를 맺었다. 그 후 두 명의 동업자가 더 합류하면서 워싱턴주에서만 17개소의 호텔을 운영하는 Western Hotel(현 Westin)이라는 미국 최초의 **호텔경영회사(Hotel Management Company)**가 설립되었다. 그리고 1939년에는 Quality Courts가 7개의 모텔이 상호 간에 객실 예약에 도움을 제공하기 위해 비영리조직인 **소개시스템(Referral System)**의 형태로 설립되었다.

호텔산업에 존재하는 전체 객실에서 호텔체인 즉 브랜드 호텔들이 소유하는 점유율이 1900년대에는 1%에 불과했지만 1930년이 되자 15%로 괄목할 만한 성장세를 기록했는데, 이는 1920년대에 건립된 호텔의 수가 폭발적으로 증가한 것에 기인한 것이었다. 1930년대에 건립된 유명 호텔로는 LA에 건립된 Chateau Marmont, 쿠바의 수도 아바나의 Hotel Nacional de Cuba, 이스라엘 예루살렘의 King David, 그리고 멕시코 아카풀코의 Los Flamingos 등이 있다.

주요 호텔체인의 등장: Hilton & Sheraton

대공황으로 수많은 호텔들이 파산했지만 현금을 보유하고 있던 사람들은 파산한 호텔들을 헐값으로 살 수 있었다. 특히 호텔산업에 정통하고 현금이 많거나 신용한도가 높은 사람에게는 부를 축적할 좋은 기회가 되었다. 일부 호텔체인은 대공황 기간임에도 불구하고 보유 호텔의 수를 많이 확대할 수 있었으며 이는 후에 전국적인 호텔체인망을 구축하는 데 원동력이 되었다. 지금부터는 대공황 시기에 사세를 크게 불리면서 미국의 대표적인 호텔체인으로 성장하 게 된 Hilton 체인과 Sheraton 체인에 대해서 살펴보겠다.

Hilton Hotels Corporation

Hilton 체인을 창업한 Conrad N. Hilton(1887~1979)은 뉴멕시코주의 샌안토니오에서 태어났다. 노르웨이 출신의 이민자인 아버지는 큰 잡화상을 운영했으며 어머니는 독실한 가톨릭 신자였다. 특히 어머니는 Hilton에게 큰 영향을 주었다. 그는 어린 시절에 두 곳의 군사학교를 졸업한 후에 대학을 졸업했다. 그의 호텔리어로서 첫 경험은 청년시절에 잡화상 한쪽 구석에 조그맣게 차린 5실의 'Hotel'을 아버지의 권유로 운영한 것이었다. 그는 여기서 Bellboy부터 시작해서 여러 가지 경험을 할 수 있었는데 아버지는 이익이 나면 그것을 아들이 갖도록 했다. 21세가 되던 1912년에는 뉴멕시코주가 멕시코로부터 독립하면서 주의회가 만들어졌는데 Hilton은 최연소 의원이 되었다. 공화당원으로 활동하면서 여러 법안을 만들기도 했지만 타락한 정치인들의 행동에 염증을 느낀 나머지 정치를 그만두었다. 그 후 그는 아버지를 도와 잡화상을 운영했으며 또 아버지와 함께 은행을 차렸다가 모두 매각했다. 이후 1차 세계대전이 발발하면서 전쟁에 참전하게 된 그는 1918년에 프랑스에 있는 미군기지에서 근무하게 되었다. 그러나 휴전협정이 체결되기 직전에 발생한 갑작스러운 자동차 사고로 아버지가 사망하면서 급거 귀국하게 되었다. 독실한 가톨릭 신자였던 어머니는 Hilton에게 매일 기도하는 삶을 실천하도록 인도했으며 기도가 제일가는 투자라고 아들을 설득했다. 매일 기도하는 습관은 그의 전 인생으로 이어졌으며 이후 사업을 하면서 어려울 때 또는 크게 실망을 하는 경우 꼭 성당에 가서 기도했다.

귀국한 후 Hilton은 은행가가 되고 싶었지만 모든 사람이 이미 많은 은행이 존재하는데 그럴 필요가 있느냐고 하면서 말렸다. 그러던 어느 날 마지막 임종을 앞둔 나이가 많은 오래된 친구를 병문안하였는데 그는 Hilton에게 당시 석유 채굴 붐이 일고 있는 텍사스에는 많은 사업 기회가 있으니 꼭 가서 볼 것을 강권했다. 그래서 그는 텍사스에 있는 은행을 매입하려고 여러 도시를 들러 본 끝에 1919년에 텍사스주의 시스코를 방문하였다. 그는 자신이 모은 5천 달러를 가지고 있었으며 부족한 자금은 친구들로부터 차입할 계획이었다. 그러나 7만5천 달러에 매각하기로 약속했던 은행이 일방적으로 가격을 5천 달러를 올리자 이에 화가 난 Hilton은 자리를 박차고 나와 버렸다. 은행을 포기한 Hilton은 하룻밤을 머물 숙소를 찾던 중 40실의 Mobley Hotel에 들르게 되었다. 호텔 로비는 사람들로 크게 붐비고 있었다. 프런트데스크에 들렀더니 주인은 객실이 교대되는 8시간 후에 다시 오라고 했는데 호텔은 손님이 너무 많아 하루 8시간씩 3번 객실을 판매하고 있었다. 호텔보다는 유전개발 사업에 더 관심이 많았던 주인 Henry Mobley가 '손님이 너무 많아서 레스토랑 식탁 위에서 잠을 재워도 손님들이 기꺼이 돈을 낼 것이다'라고 농담을 건네는 순간 Hilton의 뇌리에 섬광이 번뜩했다. Hilton은 주인에게 호텔을 자신에게 팔 것을 제안하자 처음에 그는 5만 달러를 요구했으나 현금을 제시하자 4만 달러로 매각 가격이 결정됐다. 이후 Hilton은 계약을 위해 장부를 보여달라고 요청한 후 3시간 동안 자세히 관찰한 후에 비로소 계약을 체결하기로 했다. 매각 대금은 보유했던 5천 달러와 친구들을 설득해서 2만 달러를 투자하도록 했으며 나머지는 시스코에 있는 은행으로부터 차입해서 마련했다. 인수하자마자 Hilton은 Mobley Hotel의 레스토랑 공간을 줄여서 작은 객실 20실을 추가했다. 그뿐만 아니라 자신과 총지배인의 사무실까지도 비워서 객실로 전환했는데 따라서 둘은 침대가 없어서 불편한 의자에서 잠을 청해야 했다. Hilton은 당시 호텔 주변에는 레스토랑들이 많이 존재하고 있었으며 또 객실매출이 마진이 높아 더 많은 이익을 창출할 수 있다는 것을 알고 있었다. 그리고 프런트데스크도 축소해서 신문과 담배를 파는 가판대를 만들었다.

이렇게 호텔에서 낭비되는 공간을 찾아서 효과적인 공간으로 만드는 그의 경영철학은 평생 유지되었다. 그는 이후 인수하는 호텔에서 낭비되고 있는 공간을 찾는 것을 '금찾기'(Dig for Gold)라고 하면서 이를 매출 확대로 이어지도록 했다. 그리고 Hilton은 군대에서 배운 단결심을 활용해서 이십여 명의 직원에게 호텔의 명성은 대부분 여러분에 손에 달려 있다면서 격려를 했는데 이는 당시에는 매우 드문 행동이었다. 그는 직원에게 보상을 제공하고 자긍심을 심어주려고 노력했다. 그리고 Hilton은 직원들을 싫어하고 손님에게 무례한 행동을 보였던 한 명의 투자자에게는 투자금액의 2배를 돌려주면서 회사를 떠나도록 했다.

1920년에 Hilton은 Fort Worth에 있던 Melba Hotel을 연간 $25,000의 임차

료를 내고 운영하기 시작했다. Hilton과 절친했던 친구와 함께 두 사람은 18시간 동안 청소를 한 후에 다시 개업했다. 이때 그는 주로 부진한 호텔을 인수해서 성과를 내는 방식을 채택했다. Hilton은 같은 해 댈러스에 있는 150실의 Waldorf Hotel을 세 번째 호텔로 임차해서 운영했다. 1921년에 미국은 경기침체에 빠졌지만 이에 아랑곳하지 않고 Hilton은 운영하는 3개소의 호텔에서 월마다 6천 달러의 투자수익금을 받을 수 있었다. 그 후에 Fort Worth에 있던 Terminal Hotel을 역시 임차해서 운영했다. 1923년부터 Hilton은 'Minimax(Minimum Charge for Maximum Service)' 즉 '가능한 최대의 서비스를 가능한 최소의 요금으로'라는 광고 구호를 개발해서 영업을 수행했다.

1924년이 되자 지금까지 수행했던 영업전략이었던 부진한 호텔을 인수해서 개선하는 사업방식에서 벗어나서 자신의 이름을 딴 호텔을 직접 건축해서 운영하는 방식으로 변경하는 것을 결정했다. 그는 호텔을 건립할 터를 수소문한 끝에 댈러스 도심에 있는 입지(Location)를 찾게 되었다. 그러나 비용이 토지를 제외하고도 백만 달러가 소요된다는 것을 알게 되자 창의적인 대안을 모색한 끝에 당시로는 드물게 99년 동안 연간 임차료로 3만 1천 달러를 물고 대지를 임차하기로 했다. 이로써 건축비용을 아낄 수 있었지만 백만 달러라는 거액은 그의 능력 밖이었다. Hilton은 자신의 투자금으로 10만 달러를 내고 오랜 친구들로부터 20만 달러를 유치했으나 아직도 70만 달러가 부족했다. Hilton은 다시 창의력을 발휘해서 토지주인을 설득한 끝에 토지와 건물을 담보로 해서 은행에서 50만 달러를 차입하는 것에 성공했다. 그러나 은행이 자금을 융통해 주면서 내건 조건은 오직 건물 각 층이 온전하게 건축되고 난 후에 비로소 자금이 제공되며 자금 부족으로 중간에 건설공사가 중단되는 경우에는 집행한 자금을 회수하거나 융자를 취소한다는 것이었다. Hilton은 다시 건설업자로부터 15만 달러를 빌리는 한편 자신이 약속한 투자금을 대기 위해 Mobley와 Waldorf 등 소유 호텔들을 모두 매각했다. 건축공사가 한참 진행되고 중간 정도에 이르자 건축비용이 계획보다 더 많이 들게 되면서 공사가 연기되었다. 대출은행은 문제를 접하자 당시까지 집행된 자금의 회수를 요구했다. 이 위기는 평소 사업가로서 Hilton의 됨됨이와 신망을 좋게 보았던 한 경쟁호텔의 주인이 5만 달러를 대여해 주면서 극복할 수 있었다. 그럼에도 불구하고 5만 달러는 금방 동이 났으며 4개 층의 공사를 남긴 시점에서 또 다시 자금난이 찾아왔다. 다급해진 Hilton은 또다시 토지주인을 설득해서 주인이 토지뿐만 아니라 완공되는 건물도 소유하고, Hilton 자신은 호텔이 완공되면 임차해서 운영하는 조건을 제시했다. 이를 승낙한 토지주인은 자신의 명의로 자금을 차입한 후 Hilton에게 제공했다. 드디어 1925년 8월에 처음으로 자신의 이름을 내건 Dallas Hilton이 개관했으며 Hilton은 토지주인에게 연간 임차료로 10만 달러를 지급하는 조건으로 호텔을 맡아서 운영하게 되었다. 다행히 호텔은 대성공을 거두게 되었으며 겹경사로 같은 해 결혼도 했다.

그림 6-15 Dallas Hilton(좌) & El Paso Hilton(우)

출처: flashbackdallas.com/2016/01/16/the-hilton-hotel-main-harwood/ & www.elpasotimes.com/story/news/history/

상승세를 탄 Hilton은 1926년이 되자 1년에 1개씩 호텔을 건립해 나간다는 성장전략을 발표하고 체인의 활동 범위를 텍사스주 전 지역으로 확장하고자 했다. 그러나 계획과는 달리 Hilton 체인은 1928년까지 즉 2년 동안에 6개의 호텔을 더 건립했는데, 이는 목표를 3배 초과해서 달성한 것이었다. Hilton의 2번째 호텔로 1926년 3월 붐이 일던 서부 텍사스에 275실의 Abilene Hilton이 개관했다. 3번째 호텔은 1927년 9월 중부 텍사스에 200실의 Waco Hilton을 오픈했다. 체인은 계속해서 Marlin Hilton, Plainview Hilton, San Angelo Hilton, Lubbock Hilton 등을 차례로 건립했으며 1929년이 되자 Hilton 체인은 텍사스에서만 총 7개의 호텔을 거느린 체인으로 성장했다. 그리고 1929년 가을이 되자 Hilton은 그의 호텔사업 사상 큰 호텔프로젝트로 $1,750,000이 투자되는 19층 300실의 El Paso Hilton의 건립 계획을 발표했다. 그리고 19일 후에 대공황이 엄습했다.

대공황이 휘몰아치자 Hilton 체인은 부채의 원금상환, 이자비용의 지급, 임차료의 지급 등과 같은 고정된 금액을 제때 지급하기 위해 안간힘을 썼는데, Hilton과 관리자들은 한 푼이라도 아끼기 위해 노력했으며 일부 호텔은 전체 층을 폐쇄하고, 15센트를 절약하기 위해 전화선을 뽑아버리기도 했으며, 그리고 직원들의 임금도 지급할 수 없었다. 이와 같은 상황이 언제 종료될지 아무도 예측할 수 없었다. 그러나 Hilton은 조금만 더 버티고 있으면 언젠가는 반드시 나아질 것으로 고대하면서 매일 기도를 했다.

더 버틸 수 없는 필사적인 상황이 되자 Hilton은 갤버스턴으로 가서 당시 American Life Insurance Company의 소유주이자 부호로서 강력한 힘을 갖고 있던 W. L. Moody와 그의 아들 Shearn Moody를 만났다. 특히 아들 Moody는 당시 현금이 없어 쩔쩔매는 사람들을 상대로 톡톡히 재미를 보던 인물이었다. Hilton은 이것이 매우 위험한 거래가 될 수 있다는 사실과 특히 Shearn Moody는 비즈니스계에서 악명이 높다는 사실도 알고 있었지만 그에게 선택의 여지는 별로 없는 편이었다. 협상한 결과 Hilton은 그가 소유하는 호텔의 주식 전부를 담보로 내놓고 30만 달러를 차입할 수 있었다. 이것으로 그는 시간을 벌 수 있다고 생각했으나 대공황은 계속되었고 자금은 금방 동이 나 버렸다. Hilton은 20만 달러 정도가 필요하고 또 빌릴 수 있다고 생각했지만 이와 같은 절체절명의 순간이 되자 친구도 은행도 아무도 도와주지 않았다. 그의 변호사와 친구들도 모두 현재 부채가 50만 달러에 달해서 이제는 그만 파산을 선언해야 한다고 이구동성으로 말했다. 그러나 Hilton은 이를 물러서는 것으로 인식했으며 이제까지 자신을 믿어주고 투자해준 사람들에 대한 의무를 떠올렸다. 그는 호텔을 구하기 위해 전력을 다했다. 그러던 어느 날 그의 호텔에서 일하는 Bellboy가 그에게 다가오더니 그가 평생 모은 돈 3백 달러를 건네면서 '나는 당신을 믿는다'라고 말했다. 그리고 주유소에 가서 휘발유를 급유하는데 주유을 담당하는 소년이 말하기를 주유소에서는 Hilton에게 더 이상 외상으로 급유하지 못하도록 하는 지시가 내려왔으며 지난 마지막 두 번의 경우에는 자신의 돈으로 주유한 것이라고 알려 주었다. Hilton의 가족이 사는 집도 임차료를 낼 수 없었으며 식료품비도 줄 수 없었다. 그래서 Hilton은 가족을 모두 El Paso Hilton으로 옮겨서 기거하도록 했다. 그는 교통요금도 빌려서 이 호텔 저 호텔을 다니면서 가능한 한 되는 대로 돈을 빌리거나 비용을 절약하는 노력을 멈추지 않았다. 이렇게 기차를 타고 텍사스 전역을 다니던 1931년 어느 날 그는 잡지에 난 Waldorf-Astoria Hotel이 새로 개관한다는 기사를 접하게 되었으며 해당 면을 오려서 지갑 속에 넣어 두었다.

Moody는 Hilton이 가망이 없는 것으로 여기고 압류를 준비하기 위해서 Hilton 체인 전부를 인수하고 Hilton을 쫓아내고자 했으며 그의 가족이 더 El Paso Hilton에 머무는 것도 허용하지 않았다. 이 소식을 접한 Hilton은 갤버스턴을 급히 방문해서 아버지 Moody를 만났다. W. L. Moody는 그가 텍사스에서 소유하고 있는 호텔들과 Hilton 체인을 합병하는 것을 제안하며 합병회사인 National Hotel Company를 설립해서 Hilton은 합병회사의 지분 1/3을 소유하고 또 총지배인으로 임명되어 연봉으로 $18,000을 받는다는 조건을 제시했다. Hilton은 조건에 동의했으며 대신에 계약조항에 자신의 요구 조건 하나를 추가해 주도록 요구했다. 그것은 만약에 두 당사자가 끝까지 함께 못가서 결국 결별하게 되는 경우 그의 몫으로 1/3을 갖고 나머지 2/3는 Moody 가문이 갖도록 한다는 조항을 계약서에 넣어주도록 했으며 Moody를 잘 구슬려서 결국 요구 조건을 관철했다.

다시 시간을 벌었다고 판단한 Hilton은 사기가 올랐으며 이내 Bellboy와 주유소 소년에게 많은 보상을 했으며 그의 관리자들에게도 생활에 필요한 만큼의 임금을 줄 수 있었다. Hilton은 Moody 가문이 소유한 부진한 호텔들을 맡아서 운영하기 시작했다. 그런데 Hilton이 호텔을 개선하기 위해 비용을 쓰려고 시도하면 Shearn Moody는 매번 지급을 방해하곤 했다. 그리고 관리자가 Hilton으로부터 지시를 받아 비용을 지출하는 경우 Moody는 이를 Hilton의 월급에서 차감해 버렸다. 이렇게 Moody는 Hilton의 정당한 업무를 사사건건 방해했다. 참고

참던 Hilton은 결국 아버지 Moody를 찾아가서 하소연을 했지만 그는 자식 편을 들고 말았다. 화가 난 Hilton이 1/3의 지분을 돌려받고 싶다고 요청하자 Shearn Moody는 계약서는 아무 의미가 없는 것이라고 말하면서 그를 몰아내려고 고소까지 했다. Hilton도 맞고소를 했지만 법적 싸움을 이어나갈 자금이 없었다.

그런데 Shearn Moody가 과거 Hilton이 임차계약을 체결했던 El Paso Hilton의 임차료 3만 달러를 토지주인에게 지급하지 않고 있다는 소식을 접하게 되었다. 토지주인은 찾아간 Hilton에게 미지급된 임대료 3만 달러를 주면 호텔은 다시 돌려주겠다고 약속했다. 3만 달러가 필요했지만 아무도 도와주지 않았다. 불과 몇 년 전까지만 해도 호텔을 짓기 위해 $1,750,000의 거액까지 유치할 수 있었던 그였다. 그런데 댈러스에 소재한 한 보험회사의 사장이 3만 달러를 빌려줄 수 있다고 했는데 마지막 순간에 취소되고 말았으며 시간은 더욱 촉박해졌다. 그러던 1933년 가을에 과거 El Paso Hilton에 투자했던 투자자 중에서 7명의 투자자가 각자 5천 달러씩을 모아서 총 3만 5천 달러를 빌려주겠다는 연락이 왔다. 이렇게 해서 El Paso Hilton을 되찾을 수 있었다.

먹구름이 서서히 걷히기 시작했다. 1933년에 Hilton은 댈러스의 은행가인 Bob Thornton을 만나게 되었는데 그는 $110,000을 융통해 줄 수 있다고 했다. 융자 조건은 수년 전 Hilton이 임차했던 텍사스의 유전지대를 담보로 잡는 것이며 융자금을 갚지 못하는 경우 Hilton은 유전지대를 완전히 포기하는 것이었다. 이런 조건은 당시 은행의 규정상 할 수 없는 거래였지만 Hilton을 믿은 Thornton의 도박과도 같은 거래였다. 그런데 그동안 무소식이던 이 유전에서 석유가 나오기 시작했으며 3년 후에 Hilton은 유전에서 나온 이익금으로 모든 부채를 청산할 수 있었다. Hilton은 Abilene Hilton을 매입해서 다시 운영하기 시작했다. 그리고 1934년에는 Moody 가문과 거래를 협상한 결과 Lubbock Hilton, Plainview Hilton, Dallas Hilton을 돌려받기로 했으며 이에 더해 $95,000도 융자받을 수 있었다. 그리고 1937년이 되자 Hilton은 대공황 이전에 운영하던 호텔 8개를 다시 소유하게 되면서 완전히 복귀하는 데 성공했다. 그러나 복귀하기까지 많은 소란과 남편의 끝없는 여행으로 많은 스트레스에 시달려야 했던 아내가 이혼을 요구하면서 1934년에 둘은 이혼했다.

시련을 극복한 후 Hilton 체인은 이후부터 그야말로 승승장구하게 되었다.

현금을 확보한 Hilton은 먼저 1937년에 El Paso에 있던 Paso del Norte와 Longview에 있는 Gregg를 인수했다. 그는 1938년부터 텍사스 지역을 벗어나 미국 전역을 사업영역으로 확대하게 되었다. 1938년에는 처음으로 텍사스주 밖에 위치한 샌프란시스코의 Sir Francis Drake를 $275,000에 인수했는데 호텔을 건축하는 데 원래 소요되었던 비용은 $4,100,000였다. 그리고 1939년에는 LA에 있던 Breakers를 인수했으며 Albuquerque Hilton을 건립했다.

Sheraton Corporation of America

Sheraton 체인의 창업자 Ernest Henderson(1897~1967)은 역사학자였던 아버지의 영향으로 어릴 적부터 프랑스, 독일, 스위스 등지에서 자랐다. 그는 1918년에 하버드대학을 졸업했으며 재학 중에 Robert Moore를 만나 두 사람은 1학년부터 룸메이트로 아주 친하게 지냈다. 두 사람은 함께 1차 세계대전에 조종사로 참여했으며 퇴역 후에는 MIT 대학원에서 함께 수학했다. 얼마 후 두 친구는 여러 사업을 전전하게 되었는데 환전소, 은행, 수입업, 그리고 라디오 가게 등의 사업을 했다. 그리고 투자회사를 차려 가치가 떨어진 기업의 주식을 사 모았다. 1930년대가 되자 두 동업자는 부동산에 투자하기 시작했으며 몇 년 후에는 뉴잉글랜드에서 적지 않은 부동산을 관리하게 됐다.

대공황이 한창이던 1934년에 Henderson과 Moore는 경매에 나온 매사추세츠주 케임브리지에 있는 Continental Hotel을 1호 호텔로 매입하면서 호텔사업에 뛰어들었는데 첫 호텔의 영업은 매우 성공적이었다. 1937년에 Henderson과 Moore는 Standard Investing Corporation과 International Equities Corporation 두 회사를 인수한 뒤 합병해서 새 법인으로 Standard Equities Corporation을 창립했다. 같은 해 매사추세츠주 스프링필드에 있던 200실 규모의 Stonehaven Hotel을 인수했다. 두 동업자는 호텔사업 경험은 없었지만 다른 사업을 통해 모아놓은 현금을 보유하고 있었으며 부동산사업의 본질과 부채의 레버리지 효과에 대해 잘 알고 있었다. 두 사람은 대공황 시기에 가치가 대폭 떨어진 호텔들의 시장가치와 매각 협상에 필사적으로 매달리는 소유주들의 심리를 잘 이용했다. 1939년에 3번째로 매입한 호텔이 보스턴에 있는 Sheraton Hotel이었으며, 같은 해에 Lee House와 Wayland Manor 2개의 호텔을 추가로 인수했다. 두 동업자는 영업이 부진한 호텔을 매입한 후 실적을 향상한 후에 가치가 올라가면 내다 파는 전략으로 이익을 창출했다.

Henderson은 건축이나 실내장식과 같은 분야에 대한 전문성은 전혀 없었다. 오히려 그는 가격이 맞으면 언제든지 호텔을 사고파는 뛰어난 수완을 가진 부동산 사업자이자 자본가였다. 그는 명석한 두뇌로 뛰어난 재무 및 회계지식을 보유했으며 현금의 가치와 부채의 레버리지 효과에 대해 차별화된 지식으로 유명했다. 그는 재무에서 비정통파적 성향의 지식을 보유한 사람이었다. Henderson은 호텔을 사고파는 것을 결정하는 것은 시기(Timing)에 달려 있으며 시기는 부동산의 감가상각비 잔액에 따른 과세표준, 경기 상황, 그리고 현금의 다른 사용처 여부 등에 의해 결정된다고 보았다. 특히 그는 세금 문제를 아주 민감하게 다뤘는데, 감가상각으로 법인세를 절약하는 것을 잘 이용했다.

Henderson은 후일 호텔산업에서 그 누구보다도 현금과 부채를 잘 이용할 수 있어서 호텔산업에서 성공할 수 있었다고 했다. 그의 장남이 소개한 부친의 부동산 거래방식에 대한 한 예를 살펴보기로 하겠다. 만약에 Sheraton 체인이 1년에 10만 달러씩을 버는 모텔을 매입하려고 한다면 체인은 수익의 8배인 $800,000를 지급하고 인수하려고 한다. 이때 Henderson의 목표는 현금 이용을 최소화하면서 모텔을 인수하는 것이다. 그는 은행이나 보험에서 이자율 6%를 주고 $400,000를 차입할 수 있다. 여기서 모텔 주인이 허락해 준다면 2순위 저당으로 $500,000를 다시 차입하고, 주인에게는 이에 대한 보상으로 매각 가격을 $800,000에서 $1,000,000로 올려 준다. 따라서 1순위 저당 $400,000와 2순위 저당 $500,000을 합하면 $900,000로 체인은 현금 10만 달러만 준비하면 모텔을 인수할 수 있다. 이는 극단적인 사례이지만 이런 방식으로 단지 10만 달러로 80만 달러 가치의 모텔을 인수할 수 있었다.

Henderson은 '할인된 달러(Discounted Dollar)'의 의미를 잘 알고 있었다. 오늘 1달러를 빌리고 차후 이를 갚으려고 할 때 1달러의 가치는 떨어지게 되는데 이는 인플레이션 때문이며 이제 모든 미국인에게 인플레이션은 일상생활과도 같은 것이라고 했다. 그는 인플레이션은 채무자의 입장에서 보면 이점이 되는 것으로 보았으며, 일정 수준에서의 인플레이션은 연방정부가 용인하고 있으며 지속적인 경제성장을 위해 필수적인 것으로 판단한다고도 했다. 따라서 호텔이나 모텔과 같은 부동산은 시간이 흐르면서 가치가 증가하게 되는데 위치가 좋고 잘 운영되면 특히 더 높은 가치를 인정받을 수 있다. 만약에 호텔의 가치가 오르지 않은 경우에도 대지의 가치가 올라서 호텔 건물이 잃어버린 가치를 충분히 보상하고도 남는 경우가 있다. 물론 반대의 경우도 많다.

대공황 시기에도 불구하고 일부 호텔체인은 규모를 크게 확장할 수 있었는데 특히 Hilton 체인과 Sheraton 체인이 그랬다. 이들과 같은 주요 체인은 은행, 다른 대출기관, 그리고 호텔 투자 전반에 공포를 극복할 수 있었다. 거의 세일 가격으로 나온 호텔 매물과 우호적인 대출조건은 Hilton이나 Sheraton처럼 평판이 좋고 실적이 검증된 호텔체인에게 계속해서 성장할 수 있는 좋은 발판이 되었다. 경우에 따라 유명 호텔체인은 보유하고 있는 호텔 전부를 담보로 제공해서 저당을 보증할 수 있었으며, 따라서 체인들은 매입하려는 호텔의 시장가치의 60~70%에 해당하는 자금을 융통하는 것이 가능했다.

V ▸▸ 2차 세계대전 전후의 호텔산업

1939년에 2차 세계대전이 발발하면서 미국 호텔산업은 전혀 예상하지 못했던 호황을 누리게 된다. 세계대전이 터지면서 미국 역사상 가장 극적인 인구이동 현상이 일어나게 되었다. 수백만 명에 달하는 미국인들이 참전하게 되었으며 동시에 수백만 명이 전쟁 지원을 위한 군수시설 공장에서 일하기 위해 또 많은 사람이 공무를 위해 여행에 나서야 했다. 이처럼 엄청난 인구가 이동함에 따라 미국에서는 여행 활동이 역사적인 수준으로까지 증가하게 되었다. 이에 따라 호텔산업의 객실 수요가 역사상 최고 수준까지 올라 객실점유율이 90%에 이르게 되었다. 장기간의 대공황은 결과적으로 1939년에 2차 세계대전이 터지고 군수경기가 살아나며 서서히 회복되었다. 전쟁은 수많은 새로운 일자리를 창출했으며, 많은 여성들이 처음으로 노동력 대열에 합류했다.

대공황으로 새로운 호텔 건축이 중지되었으며 많은 호텔이 문을 닫아서 객실 공급이 많이 부족하게 되면서 로비에서 잠을 청하는 사람들도 많았다. 또 군에서 Stevens나 Greenbrier와 같은 일부 대형호텔을 군인들을 위한 숙소로 사용하면서 공급이 더 줄게 되었다. 어떤 때는 뉴욕에서는 투숙객의 숙박일을 3일로 강제로 제한하기도 했다. 전쟁 기간에 많은 도시나 마을에 숙박시설이 필요했지만 자금 차입이 어렵고 인력 및 건축자재가 부족해서 지을 수 없었다. 그리고 많은 사람이 참전하거나 아니면 공장에 나가서 일해야 했기 때문에 호텔은 인력이 크게 부족했으며 따라서 호텔 일부 서비스의 수준 저하는 어쩔 수 없었다. 전쟁기간 중에 주요 군수물자에 대해 배급제가 시행되면서 설탕과 같은 일부 물품은 구하기가 어려워서 항상 부족했다. 한편 1940년대가 되자 냉방시설은 전국 호텔에서 보편적으로 제공되었다.

전쟁 특수로 인한 호황으로 종전 직후인 1946년 전체 호텔산업의 평균 객실점유율은 사상 최고인 93%에 달했으며 이듬해에는 90%를 기록했다. 그러나 객실 공급이 늘면서 객실점유율은 1950년에는 82% 그리고 1955년에는 75%로 하향곡선을 그렸다. 1940년대에 건립된 유명 호텔에는 아일랜드의 Ashford House, 텔아비브의 Dan Hotel, 라스베이거스의 Flamingo, 그리고 피닉스의 Royal Palms Hotel & Casitas 등이 있었다.

● 2차 세계대전 전후의 호텔체인

United Hotels Company of America

Frank Dudley는 1941년 12월 31일을 기준으로 당시에 United Hotels Company of America의 사장과 American Hotels Corporation의 부사장을 겸임하고 있었는데 두 회사의 호텔을 합하면 모두 60개소의 호텔을 운영하는 세계 최대의 체인이었다. 그러나 1945년 Dudley가 사망한 후에 체인은 다른 체인들에 의해 인수되었으며 특히 기함(Flagship) 호텔이었던 뉴욕 맨해튼의 Roosevelt는 Conrad

Hilton이 인수했다.

| 표 6-1 | United Hotels Company of America 체인소속 호텔

호텔명	소재 도시 및 주	국가
Roosevelt	New York, N.Y.	미국
Ten Eyck in	Albany, N.Y.	〃
Utica	Utica, N.Y.	〃
Onondaga	Syracuse, N.Y.	〃
Seneca	Rochester, N.Y.	〃
Rochester	Rochester, N.Y.	〃
Benjamin Franklin	Philadelphia, Pa.	〃
Lawrence	Erie, Pa.	〃
Penn-Harris	Harrisburg, Pa.	〃
Olympic	Seattle, Wash.	〃
Bancroft	Worcester, Mass.	〃
Portage	Akron, Ohio	〃
Fort Steuben Hotel	Steubenville, Ohio	〃
Durant	Flint, Mich.	〃
Robert Treat	Newark, N.J.	〃
Alexander Hamilton	Paterson, N.J.	〃
Stacy-Trent	Trenton, New Jersey	〃
Tutwiler	Birmingham, Alabama	〃
Roosevelt	New Orleans	〃
Bienville	New Orleans	〃
Washington-Youree Hotel	Shreveport, Louisiana	〃
Hotel Niagara	Niagara Falls, N.Y.	〃
President	Kansas City, Missouri	〃
El Conquistador Hotel	Tucson, Arizona	〃
Mount Royal	Montreal	캐나다
Royal Connaught	Hamilton, Ontario	〃
Clifton	Niagara Falls, Ontario	〃
Niagara	Niagara Falls, Ontario	〃

호텔명	소재 도시 및 주	국가
King Edward Hotel	Toronto	〃
Prince Edward	Windsor, Ontario	〃
Admiral Beatty	Saint John, New Brunswick	〃
Constant Spring Hotel	Kingston	자메이카

Hilton Hotels Corporation

Conrad Hilton은 1942년이 되자 체인 본사를 LA로 옮겼으며 같은 해에 유명한 젊은 여배우였던 Zsa Zsa Gabor와 재혼했다. 그러나 그의 관심은 항상 호텔에 집중되어 있었다. 1930년대에도 Hilton은 여러 호텔을 인수했으나 그의 본격적인 인수 활동은 1940년대부터 시작됐다. 그는 대공황으로 파산해서 매물로 나와 있던 대도시의 유명 그랜드호텔이나 상용호텔들을 좋은 가격으로 매입해서 체인의 규모를 확장하는 전략에 집중했다.

먼저 Hilton은 1942년에 처음으로 외국으로 진출하게 되었는데 멕시코의 현지 투자자와 공동으로 치와와에 130실의 Palacio Hilton을 건립했다. 같은 해 LA에 있던 Town House를 $850,000에 인수했는데 원래 투자된 건축비용은 $3,000,000에 달했다. 1943년에는 드디어 동부지역으로 진출해서 뉴욕 맨해튼의 유명한 Plaza를 $7,400,000에 인수했는데 이 호텔의 총건축비용은 $17,000,000였다. Plaza를 인수한 후에는 전에 바였던 곳을 Oak Room이라는 레스토랑으로 개조했는데 센트럴 파크를 내려다보는 멋진 뷰가 있는 곳이어서 많은 인기를 끌었다. 같은 해에 Roosevelt의 운영권도 인수했다. 이로써 Hilton 체인은 동해안과 서해안을 모두 아우르는 최초의 호텔체인으로 성장했다. 1944년에는 오하이오주의 Dayton Biltmore도 인수했다.

1945년에는 총비용으로 $26,000,000가 투자됐던 시카고의 Palmer House를 $19,385,000에 매입했다. 그리고 몇 달 후 건축비용 $30,000,000가 투자된 세계 최대의 호텔이었던 시카고의 Stevens를 $7,500,000에 인수했다. 거대한 컨벤션호텔 두 곳을 동시에 매입하는 것을 이사회에서 극구 반대했지만 성장하는 컨벤션 시장의 미래를 보고 그는 일을 저지르고 말았다. 한편 1942년에 Hilton은 가격이 대폭 추락했던 Waldorf-Astoria Hotel 운영회사의 채권을 1달러당 4.5센트의 가격으로 매입했는데 총투자액은 $22,500였다. 그는 친구에게도 투자하도록 권유했지만 망설이고 말았다. 그러나 18개월 후 그는 1달러당 85센트의 가치로 채권을 매각해서 $500,000를 받았다. 드디어 1949년이 되자 '흰코끼리'의 인수를 필사적으로 막는 이사회의 반대를 무릅쓰고 Hilton은 그의 일생일대 숙원이었던 뉴욕 맨해튼의 상징 Waldorf-Astoria의 운영권을 $3,000,000에 인수하는데 성공했다. 이후부터 Conrad Hilton은 전 세계 호텔산업에서 제일 유명한 인물이 되었다.

그림 6-16 1948년 Conrad Hilton이 인수한 호텔과 운영하는 호텔

출처: Hilton Hotels Corporation, 1948 Annual Report

Hilton은 1946년까지는 체인소속의 호텔들을 책임지는 총지배인에게 최대한 자율성을 가지고 각자 독자적인 방식으로 호텔을 운영하도록 했다. 따라서 Hilton은 운영에 대해 골칫거리를 가지고 살지 않았다. 각 호텔은 서로 독립적으

로 다르게 운영되었다. 그는 집에 있거나 출장 중에도 한결같이 각 호텔의 총지배인으로부터 일일 영업보고서를 받았으며 이 통계보고를 매우 중요시했다. 만일 한 호텔의 실적이 계속해서 부진을 면치 못하게 되는 경우 그는 질책했다.

1946년 5월이 되자 비로소 Hilton은 투자자들을 규합해서 Hilton Hotels Corporation이란 법인을 창립했는데 세계대전 발발 이후 처음으로 주식을 파는 호텔기업이 되었다. 1947년에는 월스트리트 주식시장에 상장했다. 상장 전까지 Hilton이 투자한 액수는 2백2십만 달러였지만 상장된 후에 그의 지분가치는 9백2십만 달러에 달했다. 1946년에 Hilton 체인은 수도 워싱턴 DC에서 정치 활동의 중심지 역할을 했던 Mayflower Hotel을 2백6십만 달러에 인수했지만, 너무 헐값에 팔렸다고 분노했던 일부 주주들은 Hilton 체인을 상대로 소송을 제기했다.

그림 6-17 1948년 연말 기준 Hilton 체인의 호텔 운영방식

소유경영

- **Stevens, Palmer House, Plaza, Town House, Mayflower, Lubbock Hilton**

임차경영

- **Dayton Biltmore, El Paso Hilton, Albuquerque Hilton**

위탁경영

- **Roosevelt, Hotel Bermudiana, Castle Harbour Hotel, Palacio Hotel**

출처: Hilton Hotels Corporation, 1948 Annual Report

〈그림 6-17〉에서 보듯이 1948년 연말이 되자 Hilton 체인은 6개소의 호텔을 소유하고 3곳의 호텔을 임차해서 운영하고 있으며 또 4개소의 호텔을 위탁경영하는 등 총 13개소의 호텔을 관리하는 체인이 되었다. 그리고 Conrad Hilton은 체인의 해외 진출을 대비하기 위해 1948년 4월에 100% 투자한 자회사 Hilton

Hotels International, Inc.를 창립했다. 한편 Hilton 체인은 1948년에 소속된 호텔 간에 객실 예약을 지원하는 예약시스템인 Inter-Hilton Hotel Reservation System을 도입했다.

Sheraton Corporation of America

Sheraton 체인의 두 동업자 Henderson과 Moore는 1940년이 되자 당시 유명했던 Statler 체인에 영향을 받게 되면서 보유하고 있던 4개 호텔의 명칭을 하나로 통일해서 체계적인 체인으로 운영하고자 했다. 그런데 보스턴 호텔의 지붕 위에 있던 'Sheraton'이란 현란한 전기 광고 간판을 제거하는 비용이 너무 많이 소요된다는 사실을 알고 철거를 포기했다. 그리고 이후부터 나머지 3개의 호텔도 모두 Sheraton으로 명칭을 통일했다. 1941년이 되자 동업자들은 1912년에 건립된 보스턴의 유명한 그랜드호텔인 Copley Plaza를 인수하면서 전국적인 명성을 얻게 되었다. 이후 1946년에 메인주와 플로리다주에 있는 호텔들을 인수하며 주로 미국 동부지역을 중심으로 성장하게 되었다. 체인은 이후 성장해서 1947년에는 Sheraton Corporation of America라는 법인으로 월스트리트 증권시장에 최초로 상장하는 호텔체인이 되었다. 이후 Sheraton은 Statler, Hilton과 더불어 미국의 3대 주요 호텔체인으로 자리매김하였으며 이 체인들은 호텔산업의 발전을 견인하면서 시장 지배를 서서히 강화해 나가기 시작했다. 그러나 1940년대 말에 Statler, Hilton, Sheraton이 보유했던 객실을 모두 합하면 약 38,600실에 달했는데 이는 호텔산업의 전체 객실 수의 2%에 불과한 것이었다.

Ernest Henderson은 Conrad Hilton과 대비되는 점이 몇 가지 있었다. 첫째, Hilton은 Waldorf-Astoria나 Plaza 같은 유명한 대형호텔을 주로 인수하는 것에 집중했으나 반면에 Henderson은 주로 덜 알려진 호텔들을 인수해서 감가상각하고 가격이 맞으면 즉각 매각해 버렸다. 어떤 호텔은 Henderson에 의해 4번이나 사고팔고를 반복했다. 둘째, Hilton은 캘리포니아주의 Beverly Hills에 넓고 훌륭한 체인 본사 사무실을 두었지만 반면에 Henderson은 보스턴에 보통 수준의 사무실을 체인 본사로 사용했다. 이처럼 두 사람은 특성이 아주 달랐다.

1946년이 되자 두 동업자는 Standard Equities Corporation과 United States Realty & Improvement Corporation을 합병해서 새로운 법인으로 Sheraton Corporation of America를 창립했으며 이 회사는 이듬해인 1947년에는 주식시장에 상장하면서 호텔체인으로는 최초로 상장기업이 됐다.

TraveLodge의 창업자인 Scott King은 1940년 샌디에이고에 최초의 TraveLodge를 개업했다. 이 호텔은 초기에 설립된 모텔체인의 하나였다. 이 밖에도 Quality Court와 Best Western은 다른 형태의 조직구조를 보이는 체인으로 성장하기 시작했다. 1939년 7명의 플로리다주의 모텔 주인들은 단합하여 모텔의 물리적 시설과 운영방식에서 품질 표준을 설정해서 운영되는 비공식 모텔 단체인 Quality Court United를 결성했다. Quality Court United는 설정된 품질 기준을 준수하고 여행객에게 서로 객실을 소개(Referral)해 주는 모텔들의 명단을 공유해서 모두의 이익을 증대하기 위해 노력했다. 1941년이 되자 회원들은 공식적으로 독립적인 모텔 소유주로 구성된 협회인 Quality Courts United, Inc.를 설립해서 회원의 자격 기준을 만들었다.

1946년에 M. K. Guertin은 54명의 친구를 규합해서 Best Western을 설립했다. Best Western이란 이름은 소속된 대다수 모텔이 미시시피강 서쪽에 있다고 해서 붙여진 것이다. Guertin은 고속도로에서 독립적으로 모텔을 운영하는 주인들을 모아서 여행객들에게 모텔을 소개(Referral)해 주는 조그마한 비공식적 네트워크를 조직했다. 그는 직접 고속도로에 나가서 소속된 모텔 간의 거리와 시간을 측정하고 주유소 등에 대한 정보를 모아서 회원에게 공유하도록 했다. 이와 같은 Referral System은 한참 동안 유지되었다.

Globalization

Hotel Chain Management

Chapter 07

호텔체인의 성장기: 1946~1999년

Ⅰ. 1950년대의 호텔산업

Ⅱ. 1960년대의 호텔산업

Ⅲ. 호텔체인의 국제화

Ⅳ. 1970년대의 호텔산업

Ⅴ. 1980년대의 호텔산업

Ⅵ. 1990년대의 호텔산업

Chapter 07 호텔체인의 성장기: 1946~1999년

1946~1999년

호텔체인의 성장기

- 항공여행
- 대중관광
- 호텔체인 국제화
- 위탁경영&프랜차이즈
- 브랜드 포트폴리오
- 인수합병
- Technology
- Kemmons Wilson

1900년 이전

호텔의 등장

- 철도여행
- Inn&Tavern
- 철도호텔
- Tremont House
- 그랜드호텔
- Cesar Ritz

1900~1945년

호텔체인의 태동기

- 자동차여행
- 과학의 관리 및 대량생산
- 그랜드호텔: 성장&몰락
- 상용호텔
- 독립호텔
- 소유 및 직영 호텔체인
- 표준화
- E. M. Statler

2000년~현재

호텔체인의 고도화

- 세계화(Globalization)
- 부티크&라이프스타일
- 모바일 혁명
- OTAs&Airbnb
- Asset-light Strategy
- 개발도상국 시장
- 인수합병
- 메가 호텔체인

I ▸▸ 1950년대의 호텔산업

미국인들은 20세기 초부터 등장하기 시작했던 자동차와 사랑에 빠지게 되었다. 특히 Henry Ford의 T-Model로 대중화되기 시작한 자동차는 미국의 전반적인 지형을 바꿔 놓았다. 1910년대 초기에 미국에는 약 30만 대의 자동차가 도로에서 운행되었다. 자동차를 타고 광활한 대륙을 탐험하는 것은 개척자 정신, 거친 개인주의, 그리고 자유라는 미국적 정서와 완벽하게 일치했다. 미국인들은 자동차를 타고 여행하면서 모험을 즐기고, 아름다운 자연경관을 직접 목격하고, 가족과의 유대를 강화하고, 그리고 도로에서 만나는 여행자와 경험을 공유하는 등 새로운 생활양식을 수용했다.

자동차 여행의 증가라는 트렌드가 등장하자 1916년에 미국 연방정부는 자동차 도로를 건설하기 위한 법을 통과시키면서 도로 사정이 나아지기 시작했으며 이에 따라 더 많은 사람이 자동차 여행에 나서게 되었다. 이와 같은 트렌드에 발맞추어 도로 주변에 전에는 없었던 새로운 유형의 숙소가 속속 들어서기 시작했다. 〈그림 7-1〉에서 보듯이 자동차 여행이 처음 시작된 1910년대 초기에 미국인들은 여행 중에 휴식을 취하기 위해서 자동차 옆에 텐트를 치고 숙박하는 Auto Camping을 이용해서 잠을 청했다. 그 후부터 1940년대까지 Cabin Camp와 Tourist Cottage를 거치면서 Motor Court 또는 Tourist Court라고 불리는 모텔(Motel)의 전신으로까지 발전하게 되었다. 모텔이라는 명칭은 1925년 캘리포니아주 San Luis Obispo의 도로 주변에 건립됐던 Milestone Motor Hotel에서 최초로 사용되었는데, 개업을 준비하던 총지배인이 건물 지붕 위에 점토 타일로 'Motor hotel'이란 간판을 만들어서 매달려고 했으나 명칭이 길어서 'Mo-tel'로 간판을 줄여서 만들어 사용한 것에서 유래되었다. 이후 시간이 흐르면서 모텔이라는 명칭이 일반화되기에 이르렀다.

그림 7-1 20세기 초기 미국 도로 주변의 숙소

Auto Tourist Camp: SHORPY

Cabin Camp: Vermont Journal

Indiana Lincoln Highway Association

출처: SHORPY; Vermont Journal; Indiana Lincoln Highway Association

도로가의 모텔들은 1920년에 1,000개소, 1926년에는 2,000개소로 증가했다. 1920년대 후반이 되자 연방정부는 다시 새로운 고속도로를 건설하기 시작했으며 1930년대의 대공황에도 불구하고 Motor Court는 1930년에 9,800개소, 그리고 1940년에는 20,000개소로 대폭 증가했다. 그러나 당시 모텔에서는 안전 및 보안에 대한 시설이 제대로 갖춰지지 않아서 강도와 성폭행 같은 범죄가 종종 발생했다. 따라서 이런 위협에 대응하고 안전과 보안에 대한 자체적인 규제 및 정책으로 Motor Court들을 규합하기 위해 가입한 회원 Motor Court 간의 소개시스템(Referral Systems)이었던 비영리단체 United Motor Courts와 Quality Motor Courts가 설립됐다.

길었던 대공황과 전쟁 중 시행된 배급제로 전전긍긍했던 미국인들은 전쟁이 종료되자 비로소 휴식을 취할 수 있게 되었으며 경제가 번영하면서 여유롭게 소비할 수 있게 되었다. 2차 세계대전 이후 미국에서는 새로운 사회현상이 나타나면

서 일반인에게 더 많은 여행 기회가 제공됐다. 첫째, 미국인들의 경제생활에 큰 변화가 생겼다. 노동조합 운동이 거세지면서 노동시간 단축, 임금 상승, 복지 향상 등 노동조건이 크게 개선되었다. 특히 1937년에는 37%에 불과했던 유급휴가(Paid Vacation Plans)가 더 보편화되면서 가족과 함께 여행할 수 있게 되었다. 소득이 향상되고 여가시간이 증가하자 자연히 여행이 크게 늘게 되었다. 둘째, 100여 년간 주요 교통수단이었던 철도는 쇠퇴했으며 단거리 및 장거리 여행을 위한 주요 교통수단이 자동차로 전환되었다. 이에 따라 미국 주요 도로의 통행 시간 및 주행 여건이 크게 향상되었다. 그리고 장거리 여행을 위한 대중 교통수단으로 비행기가 등장하기 시작했다. 자동차와 비행기로 이동하는 여행객들은 주로 철도역 주변에 위치했던 기존 호텔들을 피하고 더욱 편리한 입지에 있는 새로운 숙소를 찾게 되었다.

자동차의 증가와 함께 고속도로가 개선되면서 미국인들은 짐을 챙겨 가족과 함께 휴가를 즐기려고 자동차로 고속도로를 이용해서 접근이 가능한 관광지로 향했다. 1950년대 초기부터 미국인들은 본격적으로 자동차 여행에 나서게 되는데, 1950년에 미국에서 휴가여행을 즐기는 인구가 약 2천2백만 명에 달했다. 바야흐로 **대중관광**(Mass Tourism)의 시대가 개시됐는데 자동차와 항공기의 등장으로 이루어진 것이었다. 여행객의 약 86%는 자동차로 여행을 즐겼으며 고속도로관광(Highway Tourism)이 성행하면서 이는 경제성장의 중요한 동력으로 작용하게 되었다. 여행객의 50% 정도는 모텔을 이용했으며 1951년이 되자 모텔의 수가 호텔을 능가하게 되었다. 이에 따라 고속도로 주변에 'Tourist Court'와 **모텔**들이 많이 들어섰는데, 1948년에는 Tourist Court가 30,000개소에 달했다.

자동차를 이용하는 대다수 미국인은 그들의 자유로운 생활방식과 맞지 않으며 가격도 비싼 철도역 주변의 호텔과 그랜드호텔형 리조트에는 별로 관심을 보이지 않았다. 과거에는 최고의 호텔 입지였던 철도역 주변의 호텔들은 자동차 여행객에게 선호되지 않았으며 비경제적인 숙소로 변모하기 시작했다. 과거와 달리 격식에 얽매이지 않는 새 시대의 여행객들은 Doorman, Bellboy, Valet Parking, Turndown Service 등과 같은 사치를 포기하는 대신에 저렴한 가격을 택했다. 자동차 여행객들은 형식을 중시했던 전통적인 호텔문화를 좋아하지 않았다. 이들은 호텔에서 정장에 넥타이를 하고 유니폼을 입은 종사원에게 팁을 주는 것을 탐

탁하지 않게 생각했으며 결정적으로 주차가 불편했다. 또 과거에 지어진 호텔들은 대부분 대공황과 세계대전을 거치면서 시설이 낡아 있었고 시설 개보수가 되지 않아서 기대에 한참 미치지 못했다. 자동차 여행객이 가장 원했던 숙박서비스는 저렴한 가격에 쾌적하고 청결한 객실 그리고 편리한 주차시설이었다. 당시 모텔의 건축적 특징은 보통 단층건물로 숙박을 위한 목적으로만 건립되었으며 자동차를 무료로 객실의 바로 앞이나 가까운 주차장에 주차할 수 있어서 무척 편리했다. 격식을 중시해서 정장에 팁도 줘야 하는 호텔과 달리 모텔에서는 훨씬 자유롭게 지낼 수 있었다.

그런데 1950년대 초기까지 모텔의 전신 즉 Motor Court들은 주로 개인이나 가족에 의해 대부분 20~40실 정도의 소규모로 운영되었다. 특히 인기가 많았던 선벨트(Sun Belt) 지역에는 부부가 운영하는 작은 모텔들이 많았다. 이들은 소규모 모텔의 운영을 대부분 가족의 노동력으로 해결했고 따라서 좋은 사업이 되었다. 그러나 모텔 주인들은 밤늦게 찾는 손님들로 깊은 잠을 청하기가 쉽지 않았고 도둑도 많아서 가방도 없이 체크인하는 사람들은 경계해야 했다. 그렇지만 부지런한 사람들에게 보상은 적지 않았다.

1920년대부터 등장한 모텔은 특히 1950년대부터 인기를 끌게 되었는데 비결은 접근이 편리한 고속도로에 위치하고 주차장이 널찍했으며 가격이 저렴했기 때문이었다. 모텔을 이용하는 고객층을 살펴보면 자동차로 여행하는 젊은 가족과 노인층, 판매사원, 기업의 중간관리자, 그리고 공무원 등이 대다수를 차지했다. 모텔 이용객이 늘었던 1950년대 호텔산업의 통계를 보면 호텔의 객실점유율은 꾸준하게 줄어드는 반면에 모텔의 객실점유율은 안정적으로 유지되었다. 이와 같은 현상은 모텔 객실공급이 늘면서 과거에는 호텔이 독점했던 **단기숙박시장(Transient Market)**을 모텔이 빼앗아 갔기 때문이었다.

1950년대 10년 동안에 모텔의 객실공급은 600,000실에서 1,500,000실로 대폭 증가했는데 이유는 첫째, 1956년에 주간 고속도로 개발법(Interstate Highway Act)이 선포되면서 전국 50개 주를 잇는 고속도로망이 개발되기 시작했다. 따라서 주별로 건설된 고속도로를 벗어나 전국적인 네트워크의 고속도로를 따라 또다시 모텔들이 들어서게 되었다. 둘째, 1954년에 연방정부는 부동산 소유주에게 부동산의 감가상각에서 가속감가상각(Accelerated Depreciation) 방식을 허용하는 세법의 변경을 발표했다. 이로써 당시 부동산 투자자는 감가상각 및 이자비용에서 절세혜택을 받게 되었으며 이는 모텔 공급의 증가로 이어졌다. 셋째, 1950년대 중반부터 도입되기 시작한 프랜차이즈(Franchise)는 모텔 공급을 더욱 부추겼다. 유명한 브랜드를 보유한 가맹본사는 모텔프랜차이즈사업에 모텔산업과는 관련이 전혀 없는 사람들도 투자를 유인하게 되면서 모텔은 더욱 증가했다. 1950년대에 Hilton과 Sheraton 등 유명 호텔체인들은 프랜차이즈 사업에 전혀 진출하지 않았다.

1950년대의 호텔체인

20세기 초부터 대공황 직전까지 건립된 대규모 다목적 상용호텔들은 운영에 너무 많은 비용이 소요된다는 것을 깨달은 호텔산업은 다른 방향으로 선회하기 시작했다. 세계대전이 종료되자 도로가에 저렴한 모텔들이 많이 건립되었으며 공항 근처에 호텔들이 건설되기 시작했다. 1950년대 동안에 호텔 및 모텔산업의 객실공급은 객실수요와 비교하면 2배 이상으로 빠르게 성장했다. 이는 호텔보다는 모텔이 많이 들어섰기 때문이었는데 대공황을 겪으면서 호텔 투자에 관한 관심이 축소되었다. 수많은 모텔의 등장은 호텔산업에 큰 위협이 되었으며 새로운 환경변화에 효과적으로 대처하지 못하고 문을 닫는 호텔들이 점차 늘어나기 시작했다. 1950년대에 규모가 제법 되는 호텔체인들이 등장하기 시작하면서 독립호텔의 주인들은 경계심을 갖게 되었다. 그러나 1950년대의 호텔산업을 전반적으로 보면 체인보다는 독립적으로 호텔을 소유하고 운영하는 것이 대세였다.

1950년대가 되자 전과 비해 비교적 많은 호텔체인이 전 세계에서 등장하기 시작했다. 1957년에 Hyatt 체인의 창업자 Jay Pritzker는 LA 국제공항에 있던 Hyatt House를 매입하면서 처음으로 호텔사업에 뛰어들었다. 같은 해에 창립한 거대 외식기업 Marriott Corporation이 356실의 Twin Bridge Marriott Motor Hotel을 개관하면서 호텔산업에 진출했다. 한편 유럽에서는 1950년에는 프랑스의 Club Med가, 1956년에는 스페인의 Melia가 첫 호텔을 개업했다.

1950년대에 건립된 호텔의 건축 트렌드를 보면 1954년에 플로리다주의 마이애미비치에 건축가 Morris Lapidus에 의해 건립된 Fontainebleau Hotel이 유명했다. 특히 Fontainebleau로 유명해진 Lapidus는 전 세계에 존재하는 약 250개 호텔의 건축설계를 담당했다.

그림 7-2 Fontainebleau Hotel, Miami Beach

출처: www.fontainebleaumiamibeach.com

Waldorf-Astoria & Boomer

2차 세계대전이 발발하면서 Waldorf-Astoria와 다른 호텔들의 사정이 점차 나아지기 시작했다. Boomer는 호텔을 운영하기 위한 법인체로 Hotel Waldorf-Astoria Corporation을 설립했으며 1945년까지 사장을 역임했고 1946년에는 회장에 취임했다. Boomer는 1931년부터 1947년 사망할 때까지 계속해서 경영했다. 많은 경험을 보유한 호텔경영인이었던 Boomer는 그의 도움이 필요한 곳에 많은 지원을 제공하기도 했다. 그는 1918년 미국 육군 참모총장의 요청으로 파리로 가서 미군의 숙소를 점검하기도 했으며 이때 파리의 유명 호텔인 Hotel du Louvre를 담당했다. 그리고 1933년부터 이듬해까지 미국 연방법원에 의해 대공황으로 파산을 당한 세계 최대의 호텔 Stevens Hotel을 정리하기 위한 파산관재인의 자문역으로 임명되기도 했다. Boomer는 전 생애를 호텔리어로 보내면서 Winston Churchill 수상 등 많은 정·재계 인사와 친분을 나누기도 했다.

Boomer는 선견지명이 있는 인물이었다. 그는 미국의 산업이 크게 발전하는 시대에 현대적인 경영방식을 수용한 최초의 호텔리어 중의 한 사람이었으며, 사실상 호텔운영을 현대적인 기업경영방식과 연계시켰다. 그는 Henry Ford의 대량생산 방식과 F. W. Taylor의 과학적 관리와 같은 엄격한 당근과 채찍 방식을 다소 유연하게 호텔운영에 적용하려고 많은 노력을 했다. 그뿐만 아니라 그는 Cornell University의 호텔경영대학 및 기타 대학의 프로그램, 또 직업훈련 프로그램 등 호텔교육의 중요성을 옹호하는 것에 앞장서기도 했다. 그는 거대한 호텔에 과학적 관리를 처음 도입한 선구자였다. 1925년에 Boomer는 호텔운영에 대한 포괄적인 내용을 포함하는 책인 "Hotel Management"를 발행했는데, 후에 이 책은 일본어를 비롯한 여러 언어로 번역되기도 했다. Boomer는 Hotel Management를 통해 호텔운영에서의 모든 절차, 재료, 회계방식 등에 대해 자세하게 설명했는데 궁극적인 목적은 과학적 관리로 무장한 조직의 이점을 호텔직원은 물론이고 외부 투자자에게 알리고 교육하기 위함이었다. 이 책은 교재가 턱없이 부족했던 여러 호텔경영대학에서 훌륭한 교재로 사용되었다. 또 Boomer가 성공적인 호텔운영을 위해 강조한 분야가 바로 홍보(Public Relations)의 필요성이었다. 당시 호텔산업에서 언론 보도의 가치를 이해하는 호텔들이 거의 없었지만 Boomer는 홍보를 호텔운영에서 매우 중요한 구성요소로 간주했다. 효과적인 홍보 활동을 통해 무료 광고의 효과와 함께 호텔에 대한 긍정적인 이미지를 대중에게 알리는 좋은 기회가 된다고 보았다. Boomer가 호텔운영에 도입한 혁신은 이후 호텔산업에서 오랫동안 이용되는 훌륭한 경영원칙이 되었다.

Hotels Statler Company

E. M. Statler가 사망하자 아내 Alice Statler가 이사회의 회장으로서 체인의 경영권 승계를 발표하면서 생전에 창업자 Statler는 자신이 없어도 직원들이 체인을 운영할 수 있도록 만반의 준비태세를 잘 갖추어 놨다고 말했다. Statler 체인은 개인적이고 사려가 깊은 서비스를 중시했는데 이를 위해 직원 선발을 매우 중요하게 여겼다. 대인관계 기술이 없고 적응력이 떨어지며 호텔 직무가 적성에 맞지 않는 사람은 절대 채용하지 않았다. 당시 체인의 직원을 선발하는 규정을 살펴보면 첫째, 직무에 필요한 요건을 적은 직무기술서를 기반으로 후보자에게 질문한 후 답변에 따라 적합성을 측정한다. 둘째, 태만하고 논쟁적이고 윤리적이지 않은 사람은 선발하지 않는다. 그리고 체인은 직원들에게 모든 고객이 원하는 것은 반가운 인사, 친근한 행동 등과 같은 개인적 관심을 보이는 것이며 이로써 고객이 바라는 바가 이루어지는 것이라고 가르쳤다.

그 결과 Statler 체인은 1940년부터 다시 성장하기 시작했다. 1940년에 Pittsburgh Statler, 1943년에 Washington DC Statler를 개관했으며 1948년에는 생전에 Statler가 그토록 원했으며 임차해서 운영했던 Hotel Pennsylvania를 Pennsylvania Railroad로부터 매입해서 명칭을 New York Statler로 변경했다. 계속해서 1952년에는 LA Statler, 1954년에는 Hartford Statler를 개관하면서 총 12개의 호텔에 10,400실을 보유하는 미국의 대표적인 호텔체인으로 등극했다.

Statler는 최고로 효율적인 기업이었다. 1953년에 미국 경영연구소인 American Institute of Management는 미국 전체 산업을 통틀어 3,000개의 기업을 대상으로 12개월 동안 수행한 연구조사를 통해 미국에서 최고로 잘 관리(Best Managed)되는 기업 'Top 10'을 선정해서 발표했다. 즉 미국에서 효율성(Efficiency)이 제일 높은 기업을 선정해서 발표하는 것이었다. 그런데 Top 10 중에서 즉 전체 1위를 한 기업으로 Hotels Statler Company가 선정됐다. Top 10 중 나머지 2위에서 10위까지 기업의 면모를 순위별로 보면 AT&T, E. I. du Pont, B. F. Goodrich, Grand Union, Minnesota Mining & Manufacturing, National Cash Register, National City Bank of NY, Proctor & Gamble 등 모두 미국

을 대표하는 거대기업들이었다. American Institute of Management의 대표는 1위 선정을 발표하면서 "Statler 체인은 호텔관리와 기획에서 많은 혁신을 도입해서 효율성, 표준화 그리고 통제에서 최고 수준을 달성하였으며 전 세계 호텔산업에 깊은 영향을 미쳐왔다"라고 칭송했다. 그리고 과거 15년 동안 Statler 체인의 영업활동을 조사한 결과 만약에 현재 체인이 기록 중인 90%의 객실점유율이 65%까지 떨어지더라도 계속해서 효율적인 영업을 유지해 나갈 수 있다고 내다봤다. 그리고 총매출액의 20%에 달하는 컨벤션 등 단체고객(Group Business)의 매출액이 이익 창출에 큰 공헌을 하는 것으로 판단했다. 1947~1951년의 경기침체 기간에도 불구하고 안정적인 이익 수준을 유지할 수 있었던 원동력은 탁월한 비용통제 역량이 있었기 때문이며 이는 휘발성이 높은 대중의 수요에 의존하지 않고 있다는 사실을 증명한다고 봤다. 마지막으로 연구소는 Statler가 최초로 도입한 표준회계시스템은 이제 호텔산업 전반에 이용되고 있다고 했다.

그러나 1954년이 되자 26년 동안 체인을 잘 이끌어왔으나 노쇠해진 Alice는 Hotels Statler Company 체인을 Conrad Hilton의 Hilton Hotels Corporation에 여태까지 부동산 거래금액으로는 최고 금액인 111억 달러에 매각하는 것을 결정했다. 체인을 매각한 이후 Alice는 남편의 유언대로 The Statler Foundation을 설립해서 사회봉사와 기부활동을 행하였는데 특히 Cornell 호텔경영대학에 천만 달러가 넘는 거액을 기부하면서 대학이 세계 최고의 호텔경영대학으로 성장하는 데 크게 기여했다. Alice가 사망하고 오랜 시간이 지난 1986년 The Statler Foundation은 대학 캠퍼스에 The Statler Hotel을 건립해 주었다.

Hilton Hotels Corporation

Conrad Hilton은 호텔운영에는 아무런 공헌이 없는 사람이었다. 그래도 그는 거대하고 복잡한 호텔을 운영하는 데 아무런 거리낌이 없었는데 그것은 바로 그가 문제해결 능력이 있는 직원을 잘 선발하는 역량이 있었기 때문이었다. Hilton은 새로운 호텔을 인수할 때마다 관리자에게 낭비되고 있는 공간을 잘 찾아볼 것을 지시했으며 대다수의 경우 직원들은 그런 공간을 기어코 찾아내고 말았다. 예를 들어 1945년에 인수했던 시카고의 Palmer House의 사례를 보면 관리자들은 인수 후 1년 동안 '금찾기'를 통해 영업이익을 $1,450,000 증가시켜 놓았다. 그들은 비생산적이었던 상점 공간을 칵테일 라운지로 전환해서 $200,000을 추가했으며, 컨벤션 장비 공간을 임대주고 대가로 $60,000을 받았으며, 인수 이전에는 사진 촬영을 금지했던 것을 풀어서 손님에게 사진 촬영을 허용해 주면서 $20,000을, 그리고 예전에는 적자였던 주차장 운영을 개선해서 $36,000의 수입을 올렸다. Palmer House의 전체 상가임대 공간의 수입은 100만 달러에 달하게 되었다. 그리고 호텔직원들이 이용하는 라커룸은 이동시키고 추가로 객실을 조성했다.

1951년이 되자 Hilton 체인은 모두 14개소의 호텔에 12,000실을 운영하는 체인이 되었다. 연매출액은 7천1백만 달러에 달했으며 고용하는 직원은 모두 12,000명이었다. 그리고 연간 2천7백만 달러에 달하는 물품 및 서비스를 구매했으며 연간 지급되는 인건비도 2천7백만 달러에 달했다. Hilton 체인은 중앙집중구매, 사전 원가계산, 메뉴 양의 정량화, 예산 예측 및 책정, 인건비 분석, 직원의 효과적인 감독 및 관계 개선 등의 노력을 통해 영업비용을 절감했다. 체인의 회계책임자였던 J. B. Henderson은 규모의 경제 효과에 따른 비용을 절감하게 된 사례를 소개했다. 체인소속의 호텔에서는 연간 약 14,000개의 칵테일을 젓는 막대기를 이용하고 있는데 일반 시중 단가는 개당 $1.10이었지만 체인은 중앙집중구매로 $0.60에 구매할 수 있었다. 그리고 토스터와 식기세척기 등과 같은 장비도 싸게 구매할 수 있어서 1950년도 11개월 동안에만 절약된 비용이 모두 $667,250에 달하게 됐다.

1954년 8월에 Hilton은 경쟁업체였던 Hotels Statler Company가 1주당 50달러에 뉴욕의 부동산업자인 William Zeckendorf에 매각된다는 소식을 알게 되었다. 이미 6월에 매각하기로 양해가 이루어졌으며 3일 후에 예정된 임시 주주총회를 열어서 승인을 받으면 인수절차는 끝나게 되어 있었다. 이와 같은 사실을 접하게 된 Hilton은 재빠르게 Alice Statler 등 주식을 보유하고 있는 사람들을 직접 만나서 Statler 체인을 자신에게 팔 것을 간청했다. 그는 Zeckendorf와 같은 부동산업자에게 체인을 팔면 인수 후 모든 호텔 부동산을 매각해 버려서 종국에는 체인은 해체되고 Statler 브랜드도 영원히 없어지게 될 것이라고 설명했다. 그는 같은 가격으로 Statler 체인을 Hilton 체인에 팔면 Hilton Statler라는 브랜드를 이용하게 되어 체인도 브랜드도 모두 살릴 수 있다고 설득했다. Hilton의 끈질긴 설득에 Alice Statler는 결국 동의해 주었다. 인수 자금의 준비에 몰두하고 있었던 Zeckendorf는 계약이 무산될 처지에 놓이게 되자 바로 회유책을 제시했다. Statler 체인을 자신에게 넘기면 모든 호텔을 Hilton 체인에 임대해서 운영할 수 있게 해주겠다고 제안했다. 그러나 Hilton은 제안을 바로 거부했다. 드디어 10월 27일에 매각절차가 모두 끝나고 Hilton 체인은 Statler 체인의 새로운 주인이 되었다. 〈그림 7-3〉에서 보듯이 거래 내용을 자세히 살펴보면 첫째, 매각가치 111억 달러의 자산을 가진 Hotels Statler Company는 새로 설립된 Hilton Hotels Corporation의 자회사인 Statler Hotels Delaware Corporation에 보유하는 모든 호텔의 대지와 건물, 그리고 임차해서 경영하는 호텔의 임차권을 양도했다.

그림 7-3 Hilton 체인의 Statler 체인 합병

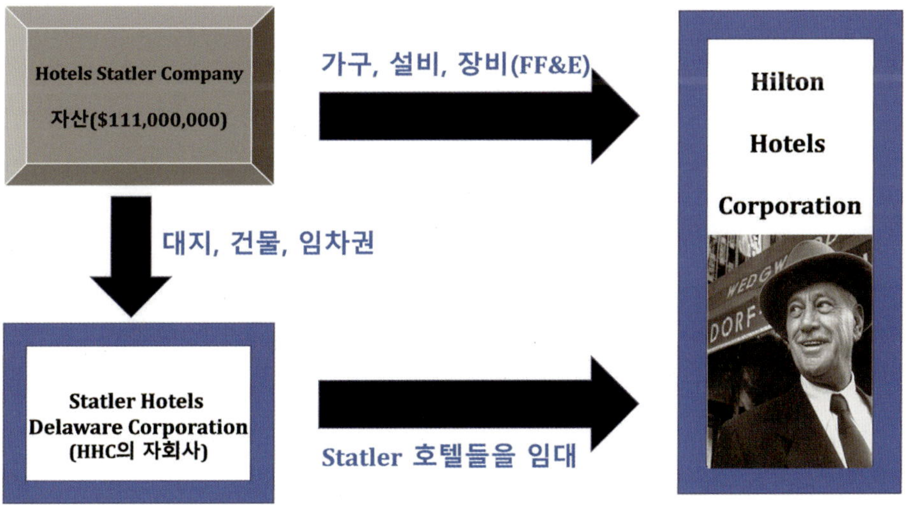

출처: Hilton Hotels Corporation, 1954 Annual Report

둘째, Hotels Statler Company는 보유하는 모든 가구, 설비, 장비(FF&E)의 소유권을 Hilton Hotels Corporation에 양도했다. 셋째, 자회사 Statler Hotels Delaware Corporation은 Hotels Statler Company로부터 양도받은 호텔들을 모두 모회사인 Hilton Hotels Corporation에 임대했다. 즉 모기업은 자회사 소

유의 호텔들을 임대해서 운영하도록 했다. 이 거래는 전 세계 호텔산업 인수합병 역사상 최고액의 거래이자 또 미국 부동산 거래 사상 최고의 액수를 기록했다. 인수 후 Hilton 체인이 거느리는 호텔의 수는 28개가 되었으며 총 27,062실로 객실 수에서 세계 최대의 호텔체인으로 등극했다. Conrad Hilton은 1949년에는 최고의 호텔인 Waldorf-Astoria를 인수하고 이어서 1954년에는 Statler라는 최고의 호텔체인을 인수하는 전무후무한 기록을 보유한 호텔산업의 제왕이 되었다.

그러나 호사다마라고 1955년 4월에 미국 연방정부는 Hilton 체인을 독점금지법(Anti-trust Law) 위반으로 소송을 제기했다. 법무부는 과거 뉴욕, 워싱턴 DC, LA, 디트로이트 등의 네 도시에서는 Hilton 체인과 Statler 체인이 각 1개 이상의 호텔을 보유하면서 직접 경쟁을 해왔는데 작년에 있었던 인수합병으로 경쟁체제가 무너지자 호텔산업에 경쟁요인이 완전히 제거되면서 경쟁이 존재하지 않는 독점체제로 변했다는 것이 소송을 제기하게 된 요지였다. 그리고 특히 컨벤션 시장에서 실재적 및 잠재적 경쟁사가 사라지면서 Hilton 체인의 경쟁우위가 강화되었기 때문에 하루빨리 호텔산업은 다시 경쟁체제로 복귀되어야 한다고 주장했다. Hilton 체인은 결국 1956년에 법무부의 요구사항을 받아들여서 주요 도시에 존재하는 4개소의 호텔을 매각해야 했다. 먼저 워싱턴 DC에 있는 Mayflower를 Hotel Corporation of America(HCA)에 1천2백8십만 달러에 매각했으며, 뉴욕의 Roosevelt도 HCA에 매각했다. 그리고 뉴욕의 New Yorker는 개인에게 넘겼으며 마지막으로 세인트루이스의 Jefferson Hotel은 Sheraton 체인에 7백5십만 달러에 매각했다. 이로써 경쟁체제는 복원되었다. 한편 인생의 절정기를 맞이했던 Conrad Hilton은 1957년에 자서전 'Be My Guest'를 발행했으며 모든 Hilton 호텔의 객실에 바이블과 함께 비치하도록 했다. 그리고 1959년에는 샌프란시스코 공항에 Hilton San Francisco Airport라는 공항호텔을 건립했는데, 이 호텔은 공항호텔의 모델이 되었다.

Sheraton Corporation of America

Henderson도 과학적 접근법에 의한 호텔경영을 중요시했다. 1955년에 그는 Cornell 호텔경영대학 초청 강연에서 "20~30년 전에 호텔리어의 역량은 개인의 매력도, 인기도, 그리고 손님 이름 많이 외우기 등에 의해 측정되었다. 그렇지만 현재는 과학적 관리라는 도구에 대한 확실한 정보, 노하우, 숙련도 등에 의해 역량이 평가되고 있으며 경영성과는 과학적 관리방식에 의해 결정되고 있다고 강조했다. 때때로 직감이 필요할 때도 있지만 실상은 더 많은 배당금의 지급은 결국 지식에 의해 결정되고 있으며, 현재와 같은 경쟁적 경영환경에서는 과학적 접근법이 더욱 요구되고 있다"라고 했다.

1950년대 중반에 두 동업자는 선두 Hilton 체인을 뒤쫓기 위해 호텔을 매입해서 성장하는 것에 집중했다. 1954년에만 Sheraton 체인은 두 개의 유명한 호텔을 매입했다. 먼저 8월에는 시카고에 있는 500실의 Blackstone Hotel을 인수했으며 10월에는 샌프란시스코의 최고 명물인 Palace Hotel을 7백5십만 달러에 매입했고 인수 후 명칭을 Sheraton-Palace Hotel로 변경했다. 그리고 1955년에는 Hilton 체인이 연방정부가 제기한 반독점 소송을 피하기 위해서 매물로 내놓았던 741실의 Jefferson Hotel을 역시 7백5십만 달러에 인수했다. 그리고 1956년에는 5,420실로 구성된 22개 호텔을 보유하고 있던 체인 Eppley Hotels Company를 3천만 달러에 인수하는 기염을 토했다. 1955년 연말을 기준으로 했을 때 Hilton 체인은 모두 29개소의 호텔에서 27,912실을 운영하는 객실 수 기준 세계 최대의 호텔이었다. 반면에 Sheraton 체인은 24,360실로 구성된 54개소의 호텔을 운영하는 호텔 수 기준 세계 최대의 호텔체인이 되었다. Hilton 체인은 호텔 수가 적지만 대형호텔을 많이 보유했다. 그러나 Eppley Hotels Company로부터 매입한 호텔 중 규모가 작은 호텔 12개소는 바로 매각해 버렸다. 계속해서 1956년에 체인 최초로 모텔을 매입했으며 시러큐스에 있는 두 개의 호텔을 인수했다. 과거에는 기존에 영업 중인 호텔을 주로 인수했던 Sheraton 체인이었지만 1957년에는 처음으로 신축한 호텔인 Philadelphia Sheraton Hotel을 개관했다. 그리고 1958년에 호텔산업 최초의 자동화된 전자예약시스템이었던 'Reservatron'을 도입했으며 이를 통해 Sheraton 체인은 최초로 예약기능을 중앙화하고 전산화했다. 1959년에는 Matson Navigation Company가 보유하고 있던 하와이 와이키키 비치에 있는 유명한 4개의 호텔 Moana Hotel, Surfrider, Royal Hawaiian, Princess Kaiulani를 매입했다. 같은 해에 새로 신축된 고속도로변에 처음으로 모텔인 Sheraton Inn을 개관했다.

Marriott Corporation, Inc.

Marriott Corporation의 창립자인 John Willard Marriott은 1900년에 미국 유타주의 4대째 내려오는 모르몬교(Mormonism) 정착촌에서 태어났다. 그의 부모인 Hyrum Willard Marriott와 Ellen Morris Marriott는 슬하에 여덟 자녀를 두었으며 J. W. Marriott은 둘째지만 장남이었다. 그의 부모는 예수그리스도 후기성도교회 즉 모르몬교의 독실한 신도였으며, 조그마한 농장에서 사탕무와 양을 기르는 것을 주업으로 하는 가난한 농부였다. J. W. Marriott는 어린 시절부터 본명보다는 'Bill'이라는 애칭으로 불렸다.

총명했던 Bill은 어려서부터 두각을 나타내기 시작했다. 특히 13살 때 그는 부친의 농장에서 놀고 있는 몇몇 농지를 이용해서 형제들과 함께 상추를 재배하기 시작했고 여름에 수확한 후 시장에 내다 팔아서 모은 2천 달러를 부친에게 드렸다. 똑똑한 장남을 신뢰하게 된 부친은 다음 해 삼천 마리에 달하는 양들을 팔러 샌프란시스코까지 몰고 가는 험난한 장도에 불과 14세인 Bill을 딸려 보내기도 했다. 성장하면서 Bill은 고향 유타주에서 보이는 웅장한 로키산맥을 바라보면서 농장 너머 보이는 자신의 미래를 꿈꾸기 시작했다.

모르몬교에서는 전통적인 행사로 어린 신도가 10대 후반이나 20대 초가 되면 몇 년간 먼 타지로 선교 활동을 나설 것을 권고하고 있었다. 따라서 Bill도 19세가 되자 선교 활동을 위해 생애 처음으로 미국의 동부지방을 방문하게 되었다. Bill은 뉴잉글랜드주에서 2년간 선교활동을 하는 도중에 미국의 수도 Washington DC를 잠시 방문하게 되었는데, 그때가 1921년 여름이었다. 여러 유명 관광지를 지나치면서 Bill은 후덥지근하고 습한 도시의 날씨 때문에 많은 보행자나 관광객들이 힘들어하는 것을 생생하게 목격하게 되었다. 그 순간 그의 뇌리에는 더위에 지친 사람들에게 음료수나 아이스크림을 손수레에 싣고서 거리에서 팔면 괜찮을 것이라는 생각을 잠깐 하게 되었는데, 이것은 그의 운명을 결정짓는 순간이었다.

그러나 Bill이 집에 돌아가 봤더니 부친의 장사가 실패해서 양을 기르기 위해 빌렸던 빚을 갚지 못해 부도 처리되면서 가정은 파탄이 난 상태였다. 그런데 Bill은 21세인 당시까지 제대로 된 교육을 이수하지 못하고 있었는데, 주된 원인은 부친이 양이나 키우라고 강하게 막아서면서 Bill은 학교에 가서 공부할 수 있는 형편이 아니었다.

이후 겨우 2년제 대학에 입학한 Bill은 열심히 공부했으며 학생회 회장으로 일하기도 했다. Bill의 총명함과 잠재력에 매료된 대학의 학장은 그에게 상급대학으로 진학할 것을 강하게 권유했다. 그는 결국 유타대학교로 진학했고 학장은 Bill에게 하급학교의 선생 일자리를 알선해서 학비에 보태도록 했다. Bill은 돈을 더 모으기 위해 벌목꾼들에게 속옷을 판매하는 등 다른 일도 병행하는 것을 기꺼이 감수했다. 그는 1926년 6월에 학사학위를 받았다. 한편 Bill은 4학년 재학 중에 눈에 띄는 3학년 여학생을 만나게 되었는데 바로 Alice Sheets였다. 두 사람은 아직 Alice가 18세로 어렸기 때문에 졸업하면 바로 결혼식을 올리기로 굳게 약속했다.

선교 활동에서 고향으로 돌아온 후 Bill은 사촌으로부터 당시 미국 서부지방에서 선풍적인 인기를 끌기 시작한 청량음료 기업인 A&W Root Beer에 대한 소식을 듣고 Salt Lake City에 있는 매장을 찾아가 봤더니 많은 사람이 줄을 지어 차례를 기다리고 있는 광경을 목격했다. 이후 Bill은 과거 여름에 Washington DC에서 경험했던 기억을 떠올리며 루트비어라는 청량음료가 무더운 Washington DC의 시민이나 관광객들의 갈증을 덜어주는 데 가장 적합한 음료라고 굳게 믿었다. 창업을 결심한 그는 1927년 초에 A&W Root Beer 본사로부터 Washington DC와 메릴랜드주의 Baltimore 그리고 버지니아주의 Richmond 등 세 도시에 대한 프랜차이즈 권리를 확보했다. 스스로 모은 돈 5백 달러와 어머니한테 빌린 돈을 합해도 창업자금이 한참 부족했던 Bill은 동업자로 같은 유타주 출신인 Hugh Colton을 사업 파트너로 삼아 둘이 투자금 6천 달러를 모아서 이 돈으로 식당설비와 루트비어 원액을 구입하고 또 가게점포를 임차했다. 각고의 노력 끝에 드디어 동업자들은 1927년 5월 20일 Washington DC에 좌석 9개를 갖춘 Washington DC의 제1호 A&W Root Beer 프랜차이즈 가게를 개업하게 되었다.

그러나 개업 직후인 2주 후에 Bill은 Alice와의 결혼식 약속을 지키기 위해 고향인 유타주로 급히 돌아가게 되었다. Alice가 대학을 졸업한 다음 날 두 사람은 결혼식을 거행했지만 신혼부부에게 둘만의 달콤한 허니문은 허락되지 않았다. 이제 막 개업한 가게의 장사가 급했던 관계로 두 부부의 신혼여행은 당시 Bill의 애마였던 Ford Model-T에 짐을 싣고 미국 서부에서 동부의 끝자락까지 무덥고 울퉁불퉁한 도로를 장장 11일 동안 달려서 Washington DC에 있는 가게로 돌아오는 여정으로 대신해야 했다.

여름이 시작되면서 개업한 A&W Root Beer 장사는 개시하자마자 성공적이었다. 머그컵에 담긴 루트비어 한 잔은 5센트에 판매되었다. 처음 맛보는 청량음료에 그동안 여름 무더위에 찌들었던 Washington DC의 시민들은 열광했다. 부부는 하루에 16시간씩 종일토록 일해야만 했지만, 가게가 바빠서 피곤함도 잊어버릴 정도였다. 사업 초기에 동업자들은 계절이 바뀌면 사업의 양상이 어떻게 변할 것인가에 관한 생각을 미처 하지 못했었다. 그런데 가을이 지나 겨울로 들어서면서 시원한 청량음료의 매출액이 급격히 떨어지게 되었다.

그림 7-4 A&W Root Beer와 Hot Shoppe

A&W Root Beer Franchise(1927)

Hot Shoppe 1호점(1927)

출처: www.marriott.com

이런 어려움을 극복하기 위해 이들이 생각해낸 묘책은 바로 청량음료 가게인 A&W Root Beer의 메뉴에 뜨거운 음식을 새로이 내놓는 것이었다. 마침 가게 인근에 주미 멕시코대사관이 있었는데 여기에서 근무하는 멕시코인 주방장이 직접 수도의 시민들에게 멕시칸 음식의 조리법을 교육하는 무료강좌를 시행하고 있었다. 미국 서부와 달리 당시만 해도 멕시칸 음식이 동부에서는 아직 덜 알려진 상태였다. 이에 착안한 동업자들은 뜨거운 멕시칸 음식을 새로운 메뉴로 출시하는 것을 결정했다. 우연의 일치로 Alice Marriott의 대학 전공이 바로 스페인어학과였다. Alice는 주방장의 도움으로 배운 타말레(Tamale)와 칠리 콘 카르네(Chilli Con Carne)의 조리법을 익히는 데 열중했다. Alice가 새로운 메뉴의 완성도를 높이기 위해 열중하는 동안에 Bill은 A&W Root Beer 본사로 가서 더운 메뉴를 추가할 수 있는 특별허가를 받기 위해 분주하게 뛰어다녔다. 이들은 결국 본사의 허가를 받아내었으며 새로운 메뉴를 출시하게 되었다. 결과는 대성공이었다. 많은 손님이 밀려들기 시작했으며 처음 먹어보는 매콤한 멕시칸 음식이었기 때문에 이를 달래줄 수 있는 시원한 청량음료의 매출도 덩달아 늘게 되었다. 그런데 뜨거운 메뉴를 준비하고 있던 기간에 이런 계획에 대해 잘 알고 있던 한 지인이 어느 날 부부에게 "뜨거운 가게는 언제 개업하는 거야?"라고 물어보게 되었다. 이 질문에 착안해서 부부는 그 후부터 가게 이름을 'The Hot Shoppe'으로 변경하기로 결정했다. 동업자였던 Colton은 1928년에 자기 지분을 5천 달러에 Marriott 부부에게 매각하고 고향으로 되돌아갔다.

맛있는 음식에 가격도 저렴하고 친절한 서비스를 제공했기에 사업은 크게 성공하였다. 1928년이 되자 같은 Washington DC에 두 개의 가게를 추가로 개업하게 되었으며 바비큐와 토스트 샌드위치를 메뉴에 추가했다. 1928년 여름에 3번째로 개업한 Hot Shoppes 레스토랑은 미국 동부지역에서 최초로 소개되는 Drive-in 레스토랑이었다. 당시 미국 사회에서는 자동차가 점차 대중화되고 있었는데 많은 손님이 3번째 Hot Shoppes에 자동차를 타고 오면 차에서 내리지 않고 주문을 하고 또 시킨 음식을 차에서 받을 수 있어서 무척 편리하게 레스토랑을 이용할 수 있었다. 이 가게에서는 손님들이 자동차를 타고 가게로 진입하면 당시 '뛰어다니는 소년들'(Running Boys)이라고 불리던 유니폼을 차려입은 직원들이 손님에게 다가가서 주문을 받은 후 즉시 주방으로 뛰어가서 주문 내용을 전하고 또 음식이 준비되면 다시 뛰어가서 자동차에서 기다리고 있는 손님에게 음식을 전하게 되었다. 당시 미국인들 사이에서는 자동차와 사랑에 빠졌다고 할 정도로 자동차를 운전하는 사람들이 지속적으로 증가하고 있었는데 자동차 수가 증가하면 할수록 Drive-in 시설을 갖춘 Hot Shoppes 가게들도 따라서 증가하게 되었다.

이후 온화한 날씨가 계속되는 계절에는 Drive-in Hot Shoppes에서 '뛰어다니는 소년들'이 식당과 자동차 사이를 분주하게 뛰어다니면서 인기가 많은 바비큐, 밀크셰이크, 버거 등을 고객에게 제공했으며 반대로 추운 계절이 오면 고객들은 레스토랑의 긴 카운터에 자리를 잡고앉아 언 몸을 녹이기 위해 뜨거운 수프나 스튜 그리고 파이 등을 들거나 아니면 단지 맛있는 커피를 마시는 것이 일반적인 광경이었다. 그러나 1929년에 갑자기 불어닥친 대공황은 미국을 혼란에 빠지게 했다. 그럼에도 불구하고 Hot Shoppes의 성장가도는 거침이 없었다. 1932년이 되자 Marriott부부는 메릴랜드주의 Baltimore에 진출하여 Hot Shoppes를 개업하게 되었는데 Washington DC 밖에서 개업한 최초의 가게였다. 그리고 1933년에는 펜실베니아주의 Philadelphia에도 진출하면서 사업영토를 확장하기 시작했다. 한편 Drive-in Hot Shoppes가 10개소를 넘어 증가하게 되면서 '뛰어다니는 소년들'의 수도 수백 명에 달하게 되었으며 이들이 쟁반을 높게 들고 뛰는 모습은 Hot Shoppes의 빠르고 친절한 서비스를 상징하게 되었다.

Bill은 철저한 현장중심형 경영자이자 완벽주의자였다. 그는 현장에서 일하는 직원들과 만나서 대화하는 것을 매우 즐겼다. 그는 Hot Shoppes 레스토랑을 불시에 방문해서 운영되는 상황을 점검하곤 했다. 그리고 만약에 레스토랑 운영이 본사에서 사전에 결정한 **표준운영절차(SOP: Standard Operating Procedure)**대로 정확하게 실행되지 않는 것을 확인하면 직원들을 야단치고 질책하기도 했다.

Washington DC를 중심으로 성장을 거듭하던 Hot Shoppes는 우연한 기회에 창사 이래 처음으로 사업다각화를 시도하게 됐다. 1930년대 중반이 되자 Marriott부부는 Washington DC와 주변 지역에서 모두 8개의 Hot Shoppes 레스토랑을 운영하게 되었다. 그런데 유독 한 가게에서만 새로운 판매 현상이 일어나고 있다는 사실을 알게 되었다. 당시 Washington DC의 남부에 위치하고 있던 Hoover공항 인근에서 영업하는 Hot Shoppes 레스토랑에서 소비자들의 새로운 구매 현상이 나타나기 시작했는데, 눈에 띌 정도로 많은 고객이 공항으로 가서 비행기에 탑승하기 전에 이 가게를 먼저 들러서 비행기 안에서 먹을 음식을 포장해 간다는 사실이었다. 이들이 주로 포장해서 가져가는 메뉴는 스낵, 과일, 그리고 커피였다.

그런데 이런 현상을 눈여겨보고 있던 American Airlines의 한 관리자가 8번째 Hot Shoppes의 관리자였던 William Kahrl에게 아침 비행기에 탑승하는 승객에게 더 나은 기내식사 경험을 제공하기 위해 롤빵과 커피를 제공해 줄 것을 요청했다. 처음에 Kahrl은 롤빵과 커피를 종이봉투에 담아서 고객에게 제공했는데, 이것은 두 관리자 간의 사이에서 생긴 비공식적인 사업 관계였다.

그런데 Bill Marriott는 모든 Hot Shoppes 매장들을 자주 불시에 방문하는 것을 일상화하고 있었는데, 하루는 8번째 가게를 방문했는데 한 여직원(Waitress)이 비행기에 탑승하는 승객들의 새로운 구매 현상에 대해 사장에게 자랑스럽게 얘기를 했다. 관심이 커진 Bill이 자세하게 알아본 결과 이 공항에서 주로 뉴욕, 보스턴, 마이애미로 가는 항공기의 승객들이 포장된 음식을 주문하고 있었다. 그런데 이 공항을 거점(Hub)으로 하는 주요 항공사였던 Eastern Airlines는 기내에서 승객에게 아무런 식사도 제공하지 않고 있었다. Bill은 향후 미국에서 항공여행이 일반화되면서 지속적으로 성장할 것이라는 판단 아래 기내식 사업이 회사의 성장에 큰 공헌을 하게 될 것으로 확신하게 된다.

새로운 사업 기회를 포착한 Marriott는 곧장 마이애미로 날아가서 Eastern Airlines의 대표이사를 만나서 Hot Shoppe에서 박스에 포장된 식사를 만들어서 승객들에게 제공하게 된다면 이는 결국 다른 항공사와의 경쟁에서 큰 도움이 될 것이라고 설득한 끝에 결국 기내식 공급계약을 체결하는 데 성공했다. 드디어 1937년에 Hot Shoppes는 Eastern Airlines의 승객에게 포장된 도시락을 제공하면서 기내식(In-flight Catering)이라는 사업 분야를 개척한 초기 기업 중의 하나가 되었다. Eastern Airline이 처음으로 Hot Shoppes와 공식적인 사업관계를 맺게 되자 American Airlines도 몇 달 후에 공식적으로 같은 기내식을 공급하는 계약을 체결하게 되었다.

한편 기내식 사업이 공식적으로 전개되자 8번째 Hot Shoppes의 관리자였던 William Kahrl은 현재처럼 음식을 종이봉투에 싸서 제공하는 방식에 큰 개선이 필요하다는 것을 인지하게 되었다. 그래서 그는 혁신적인 기내식 공급방식을 새로 고안하게 되었다. 그는 먼저 음식과 냅킨 등 모든 것을 사전에 쟁반 위에 담아서 포장한 후 모든 포장된 쟁반들을 밀어 넣는 카트(Pushcart)에 적재한 후 운송하는 차에 싣고 공항으로 가서 항공기에 인도하도록 했다. 작은 혁신이 일어나는 순간이었다. 그렇지만 사업 초기에 제공되는 기내식 메뉴는 불과 몇 개로 매우 한정적이었다. 이듬해인 1938년이 되자 Hot Shoppes의 기내식 사업부는 매일 20여 편에 달하는 항공기에 기내식을 제공하게 되었다.

이후 기내식 사업이 점점 커지자 Hot Shoppes는 Washington DC, New York, Chicago, Miami와 같은 대도시의 주요 거점공항에 주방시설을 만들어서 기내식을 제공했다. 그런데 Hot Shoppes는 Harvey House에 이어 두 번째로 기내식 사업을 시작하긴 했지만 현재처럼 공항 내에 또는 주변에 기내식 제조공장(주방)을 지어서 기내식을 제공한 최초의 기업이 되었다. 이후 Hot Shoppes 기내식 사업부는 규모를 키우기 위해 소형 기내식 제공업체들을 차례로 인수하면서 몸집을 키웠다. 사업 규모가 계속해서 성장해 나가자 1953년에 Hot Shoppes, Inc.는 기업을 공개해서 상장기업이 되었는데, 거래를 시작한 지 2시간 만에 $10.25의 가격에 모든 주식의 거래가 완료되었다. 그리고 1957년에는 처음으로 고속도로 휴게소에서 자동차 여행객에게 음식을 판매하는 사업을 개시했다.

1927년에 창업한 Hot Shoppes는 약 30년 동안 주요 패밀리 레스토랑 사업과 기내식 사업을 주된 사업으로 성장했다. 그러나 1957년에 Marriott Corporation은 그야말로 우연한 기회에 호텔사업에 뛰어들게 되었다. J. W. Marriott 1세는 1950년에 공항 근처에 차들이 많이 다니는 곳에 장차 본사와 창고를 짓기 위해서 넓은 땅을 구매해 놓고 있었다. 그런데 1950년대 중반이 되자 항공기로 여행하는 사람들이 대폭 증가하게 되면서 후버공항 근처를 중심으로 숙박시설 공급이 크게 부족하게 되었다. 이런 트렌드를 유심히 관찰하고 해당 부지의 가능성을 감지한 수석부사장은 여기에 호텔을 건설할 것을 최고경영자에게 제안했다. 매일 12만 5천 대의 자동차가 부지 주변을 왕래하고 다닐 정도로 요지로 변한 것이다. 이 제안에 동의한 Bill은 호텔사업에 진출하는 것을 결심했다. 드디어 1957년에 Washington DC 펜타곤 인근 버지니아주 알링턴에 6층에 365실을 갖춘 Twin Bridges Motor Hotel을 당시 유명 호텔체인이던 Quality Courts 계열의 멤버십

호텔로 개관했다. 이 호텔은 냉방시설이 완비되었으며 객실에는 전화기, 라디오, TV가 비치됐다. 이 호텔에서는 손님들이 차에서 내리지 않고도 손쉽게 체크인을 할 수 있었으며 자전거를 탄 직원이 고객을 객실까지 안내했으므로 객실에 인접한 주차장에 주차했다. 그리고 호텔 내에는 Hot Shoppe 레스토랑과 잡화점, 이발소, 주유소, 수영장이 갖춰져 있었다.

첫 호텔이 성공하자 1959년에는 국방성인 펜타곤과 공항이 가까운 입지에 2호 호텔인 Key Bridge Marriott Hotel을 개관했는데 초기의 공항호텔이었다. 소유하는 호텔이 2개가 되자 비로소 Marriott Motor Hotels로 두 호텔의 명칭을 변경하고 체인으로서 새롭게 시작했다.

그림 7-5 Twin Bridge Motor Hotel(좌) & Key Bridge Marriott Hotel(우)

출처: www.marriott.com/marriott/aboutmarriott & www.marriott.com/hotels/travel/waskb-key-bridge-marriott/

Holiday Inns, Inc.

1950년대 초반의 대다수 모텔에는 레스토랑이 없었기 때문에 여행객들은 외부에서 식사를 해야 하는 큰 불편을 감수해야 했다. 그리고 개인 또는 가족에 의해 운영됐던 모텔들은 운영에서 전문성이 떨어져서 쾌적성 및 청결, 품질관리, 다양한 시설 및 부대 서비스 등과 같은 면에서 여행객들의 기대에 한참 미치지 못해서 원성이 높은 모텔들도 많았다. 특히 여름철에는 냉방시설이 없어서 불편했다.

1950년대에 모텔의 서비스 차원을 한 단계 끌어올리고 호텔산업에 최초로 프랜차이즈를 도입하면서 모텔산업을 혁명적으로 발전시키는 전설적인 인물이 등장했다. 바로 Holiday Inn의 창업자인 Kemmons Wilson(1913~2003)이다. Wilson은 Holiday Inn을 소개하면서 혁신적인 모텔경영의 표준을 만들었으며 그 영향은 미국을 넘어 전 세계로 미쳤다.

Wilson은 어린 시절부터 사업수완이 무척 좋은 사람이었다. 생후 9개월 만에 아버지가 사망하자 생활이 어려웠던 어머니를 돕기 위해 Wilson은 어려서부터 돈을 벌어야만 했다. 그는 17세가 되자 고등학교를 중퇴한 후 지배인의 허락을 받고 영화관 정문 앞에서 팝콘을 파는 장사를 시작했는데, 판매는 일당을 받는 친구들과 같이했고 당시에 함께했던 여학생 Dorothy는 후일 Wilson과 결혼까지 했다. 얼마 후 팝콘 수입이 영화관의 티켓 수입보다 더 많다는 사실을 알아차린 지배인은 Wilson을 내쫓고 직접 팝콘을 판매했다. Wilson은 팝콘 기계를 매각한 돈으로 핀볼이라는 게임기를 임차해서 장사를 시작했으며 다시 성공했다. 하는 사업마다 성공하면서 불과 20세라는 어린 나이에도 불구하고 Wilson은 어머니에게 처음으로 주택을 선물했다. 그 후 그는 주택을 담보로 자금을 빌려서 다른 사업을 벌였으며 결국 주택 및 상업용 건물을 건설하는 사업에서 성공을 거두었고 1950년이 되자 멤피스에서 건설회사와 여러 영화관을 소유하는 재력가로 성장했다.

30대 후반이던 1951년에 Wilson은 가족인 아내와 다섯 아이와 함께 고향인 테네시주 멤피스에서 수도 워싱턴 DC까지 약 1,300km에 달하는 거리를 자동차로 여행을 떠났다. 그러나 두 도시 사이를 여행하면서 숙박했던 모텔들의 객실은 비좁고 냉방시설이 갖춰지지 않아서 전혀 쾌적하지 않았다. 이에 더해서 모텔들은 객실료 6달러에 추가해서 아이마다 2달러씩 더 낼 것을 요구했다. 객실 하나를 이용하고도 16달러를 지급한 것이었다. 같은 요금으로 거의 세 개의 객실을 이용할 수 있다는 사실에 Wilson은 화가 치밀어 올랐다. 이뿐만 아니라 레스토랑 시설은 너무 형편없었다. 이렇듯 불쾌한 여행을 경험한 직후에 오히려 Wilson은 당시 자동차가 증가하는 추세에 맞춰서 적절한 수준의 모텔을 건립하면 좋은 사업이 될 수 있다고 확신하게 되었다. Wilson은 경험했던 것과 같은 모텔들은 오히려 가족들의 즐거운 자동차 여행을 방해한다고 보았다. 그는 아내에게 자신이 직접 사업에 나서서 더 나은 시설을 갖춘 450개 정도로 구성된 체인을 구축할 것이며 자신의 모텔에서는 아이들에게 절대 추가 요금을 받지 않을 것이라고 공언했다. 사업개시 결심을 밝히고 귀가하자마자 그는 즉시 모텔사업 계획에 몰입하기 시작했다. 어려서부터 사업에 동물적인 직감을 가졌던 그는 모텔을 미국에서 가장 덜 개척된 사업 분야로 판단했다. Wilson은 기존의 모텔들은 특히 품질관리에서 가장 큰 문제점을 보이는 것으로 판단했다. 그는 모텔들은 외관상으로는 멀쩡해 보이지만 로비나 객실로 들어가서 보면 그렇지 않다는 것에 큰 관심을 가졌다.

Wilson은 건축사업가로서의 기량을 발휘해서 새로 건축할 모텔에서 객실 크기 및 구조를 직접 결정했다. 그리고 건축기사와 함께 건축설계를 연구하기 시작했다. 그런데 유명배우였던 빙 크로스비가 출연했던 뮤지컬영화 'Holiday Inn'의 재상영을 봤던 건축기사가 모텔의 설계도면 밑에 Holiday Inn이라고 메모해둔 것을 우연히 발견한 Wilson은 이를 모텔의 명칭으로 전격 채택했다. Wilson은 은행에서 $325,000을 차입하고 소유하고 있던 멤피스의 고속도로 분기점 주변에 있는 목재적재장 터에 모텔을 건축하는 것으로 결정했다. 드디어 1952년 8월에 처음으로 120실을 갖춘 'Holiday Inn Hotel Court'를 개관했다.

1호 Holiday Inn과 다른 곳에 존재하는 Tourist Court와의 차이는 극명하게 달랐다. 먼저 호텔의 규모가 120실로 다른 모텔들에 비해 규모가 3~4배 정도 컸으며 쾌적하고 청결하면서 요금도 저렴한 객실과 적절한 수준의 서비스 제공과 함께 세심한 배려를 아끼지 않았다. 특히 부모와 함께 객실을 이용하는 어린이에게는 절대 추가 요금을 받지 않았다. 또 종전의 모텔과는 확연히 다르게 냉방시설이 갖춰진 넓은 객실에 2개의 더블베드와 아기용 침대, 무료 TV, 전화, 무료 얼음물 등이 제공됐다. 특히 부대시설로서 고가의 호텔에서나 볼 수 있었던 맛있는 레스토랑과 넓은 야외 수영장도 갖추었으며 모텔 앞에는 초록색으로 된 큰 네온사인 간판(Great Sign)을 설치해 자동차 여행객들의 눈에 잘 띄도록 했다.

혁신적인 Holiday Inn이 개업하자마자 자동차 여행객들은 환호했으며 사업은 대성공하게 되었다. 가족과 함께 여행하는 사람들과 가격에 민감한 비즈니스 여행객에게 특히 인기가 높았다. 1호 Holiday Inn은 15년 이상 계속해서 객실점유율 80% 이상을 유지했다. 첫 모텔이 성공하자 1954년에 다시 똑같은 모텔 3개소를 멤피스 주변 도로에 추가로 건립했다.

초기 모텔들이 대성공을 거두자 Wilson은 아내에게 예고한 대로 Holiday Inn

전국 네트워크를 구상하기 시작했다. 그렇지만 4개소의 모텔을 개업하면서 이미 신용한도는 동이 난 상태였다. 당면한 문제를 해결하기 위해 Wilson은 두 가지 중요한 전략적인 결정을 내렸다. 첫째, 1953년에 Wilson은 Wallace Johnson을 만나서 동업자(Partner) 관계를 맺었다. 그는 전국적으로 지명도가 있었으며 주택개발 사업에서 넓은 인적 네트워크를 보유했던 유명 주택단지 개발업자였다. 둘째, 프랜차이즈 레스토랑으로 크게 성공했던 유명한 외식체인 Howard Johnson에 감명을 받은 Wilson은 프랜차이즈 사업을 도입하기로 전격적으로 결정했다. Johnson을 동업자로 끌어들였던 것도 Johnson이 보유한 광대한 인적 네트워크가 프랜차이즈 가맹사업에 큰 도움이 될 것으로 판단했기 때문이다.

1954년에 Wilson과 Johnson은 프랜차이즈 가맹사업을 위해 Holiday Inn of America, Inc.라는 법인을 공동으로 설립했다. Holiday Inn은 모텔 프랜차이즈 사업에서 차별화된 면을 강조했다. 첫째, Holiday Inn의 주요 고객층으로 자동차 여행을 즐기는 중산층 가족으로 선정했다. 둘째, 소규모 모텔과는 다른 더 큰 규모 및 객실 크기를 강조했다. 셋째, 체인소속의 **모든 모텔을 표준화해서 고객에게 일관성이 있는 서비스를 제공**하는 것을 중요시했다. Wilson은 자동차 여행객들이 원하는 것은 청결하고 편리한 객실, 식음료 및 숙박에 대한 사전 정보, 비용수준에 대한 대략적인 정보, 그리고 안전 및 위생이라고 판단했다. 그리고 그는 자동차 여행객들은 사치스러운 서비스를 원하지 않으며 일정한 수준에서 표준적인 서비스를 기대하는 것으로 판단했다. Wilson은 프랜차이즈 사업을 통해 이와 같은 여행객들의 일정한 기대에 부응하려고 노력했다.

프랜차이즈 가맹사업을 통해 Holiday Inn 체인은 신축하는 모텔에 대한 건축비용과 투자위험을 가맹호텔에 전가할 수 있었다. 또 가맹모텔들로부터 Holiday Inn의 상호, 사업개념, 영업시스템 등을 이용하는 대가로 로열티(Royalty)를 받았다. Wilson은 본사 입장에서 자본의 투자가 거의 없는 프랜차이즈 사업의 특성을 잘 이해하고 있어서 수익성을 확신했다. 즉 본사 비용과 마케팅비용은 소속 가맹모텔들이 대부분 부담하고 있으며 이는 규모에 비례해서 분산할 수 있었다. 또 규모의 경제를 이용해서 프랜차이즈 가맹모텔의 설계 및 건설과 구매비용을 낮게 유지할 수 있었다. Holiday Inn 소속의 가맹모텔이 되려면 모텔의 주인은 가입수수료로 현금 500달러를 지급하고 또 객실당 5센트의 로열티를 물어야 했으며 그리고 전국적인 광고비용으로 객실당 2센트의 지급을 약속하는 계약서에 서명했다.

동업자들은 처음으로 프랜차이즈 가맹모텔을 모집하기 위해 전국적으로 유명한 주택개발업자 75명을 초대해서 사업설명회를 열었다. 그러나 체인 가입을 신청한 사람은 단지 3명에 불과했다. 최초의 프랜차이즈 모텔은 1954년에 미시시피주의 Clarksdale에서 개관했다. 그리고 1954년 말이 되자 Holiday Inn 체인은 모두 11개소의 모텔을 운영하게 되었지만 계획에 비해 훨씬 저조한 실적이었다. 1955년에 체인의 영업실적은 $32,500의 적자를 기록했으며 직원들의 봉급도 간신히 줄 수 있었다. 본사 사무실도 Johnson이 기부한 문 닫은 목재소에 마련했다.

예상보다 더딘 프랜차이즈 사업의 확장 속도와 늘어나는 부채에 크게 실망한 두 동업자는 1956년이 되자 Holiday Inn 체인을 보다 효과적으로 관리하기 위해서 경영진을 보강했다. 변호사였던 William Walton을 수석부사장으로 임명하고 새로운 가맹점 모집전략을 전담하도록 했다. Walton은 주택개발업자를 대상으로 했던 종전의 가맹점 모집전략을 과감하게 변경해서 투자할 수 있는 현금을 많이 보유하고 있으며 동시에 새로운 사업을 원하는 의사 및 변호사와 기타 전문직종의 사람들을 대상으로 가맹모텔을 모집했다. 또 가맹모텔 모집을 촉진하기 위해 두 명의 판매사원을 뽑아서 외부 판매에 전념하도록 했다. 아울러 가맹호텔의 가입수수료도 1,000달러로 인상했다. 그러던 1956년에 아이젠하워 대통령은 770억 달러가 투입되는 미국 50개 주를 연결하는 주간 고속도로 네트워크(Interstate Highway Network)의 건설계획을 발표했다. 이와 같은 대운의 등장에 두 동업자는 프랜차이즈 사업의 성공을 더욱 확신하게 되었다.

그 후 체인의 자금조달을 위해 경영진은 1957년에 주식상장(IPO: Initial Public Offering)을 결정했다. 개장 첫날에 $9.75의 가격으로 주식 12만 주가 전부 거래됐다. 성장을 위해 절실했던 자금의 조달에 성공한 주식상장 결정은 Holiday Inn 체인에 큰 변곡점이 되었다. 성장에 투입될 많은 현금이 유입되고 동시에 기존에 가입한 가맹모텔들의 영업실적이 크게 향상되면서 체인 본사에는 더욱 많은 가맹모텔 지원자들과 투자자들이 몰려들었다. Holiday Inn의 프랜차이즈에 가입한 가맹모텔이 들어서는 지역에서 다른 모텔들과 호텔들은 영업실적이 계속 하락하는 것을 지켜보는 도리밖에 없었다. 1959년이 되자 Holiday Inn

체인의 프랜차이즈 가맹시스템에 소속된 가맹모텔의 수가 100개소에 달할 정도로 성장하게 되었다.

대성공을 이룩한 초기 75개소의 모텔은 도로변의 모텔(Roadside Holiday Inn)이라는 개념으로 모두 표준화되어 단층건물로 건축됐었다. 그러나 1958년부터는 체인소속의 모텔은 2층 건물로 표준화되었으며 객실 규모는 150실~300실 사이였다. 1957년 주식상장 이후 Holiday Inn 가맹시스템만 성장한 것이 아니라 체인 본사의 사업 규모도 더욱 커졌다. 1957년이 돼서 규모가 커지자 체인소속 모텔들의 영업에서 필요한 모든 표준화된 물품과 장비를 맡아서 주문, 저장, 배달하는 기업인 Inn Keeper Supply Company를 자회사로 설립했다.

그림 7-6 Kemmons Wilson & Holiday Inn

출처: www.ihgplc.com/en/about-us/our-history

Howard Johnson Motor Lodge

Holiday Inn과 같은 시기에 프랜차이즈를 통해 모텔사업의 확장을 도모했던 기업이 바로 Howard Johnson Restaurants였는데, 미국 최대의 외식기업이었다. 창업자 Howard Johnson은 1925년에 매사추세츠주 퀸시에서 처음으로 아이스크림 가게를 개업했으며, 같은 해에 같은 도시에서 두 번째 가게를 열었다. 그는 1935년에 사업을 확장하기 위해 친구와 동업으로 외식 프랜차이즈 사업을 개시했다. 가맹점에서 판매하는 주요 메뉴는 아이스크림과 조개튀김이었으며 대부분 도로변에 위치하면서 자동차 여행객들을 주로 상대했다. 프랜차이즈 사업을 통한 성장전략은 크게 성공하게 되었으며 1936년이 되자 점포수는 61개로 늘고, 1941년이 되자 150개소로 성장했다. 전쟁으로 성장이 잠시 정체되었지만 이후 다시 성장하면서 1954년에는 400개소의 점포를 거느린 미국 최대의 외식기업으로 등극하게 되었다.

프랜차이즈 사업에 자신감이 붙은 Howard Johnson은 프랜차이즈 방식으로 모텔사업에도 진출하는 것을 결정했으며 1954년에 조지아주 Savannah에 최초로 Howard Johnson Motor Lodge를 개관했다. 우연하게도 Holiday Inn이 최초로 프랜차이즈 호텔을 개업한 것과 같은 해였다. Johnson은 레스토랑 건물의 설계를 맡았던 Rufus Nims와 Karl Koch에게 모텔의 설계도 맡도록 했다. Howard Johnson Motor Lodge의 특징은 모텔 옆에 Howard Johnson 레스토랑을 두어 같이 영업하도록 했다. 이와 같은 새로운 방식의 도입으로 체인은 고객들의 큰 호응을 이끌게 되어 크게 성공했다.

Ramada Inns, Inc.

Ramada Inn의 창업자 Marion W. Isbell(1905~1988)은 매우 불행하게 어린 시절을 보낸 인물이었다. 5세가 되던 해 몇 달 사이에 연이어 부모가 갑자기 사망하면서 형제들과 함께 고아원으로 가야 했다. 몇 년 후 친척 집으로 갔지만 거기서 어린 나이임에도 불구하고 하루종일 목화밭에서 일해야 했다. 견디다 못한 끝에 그는 8세가 되던 해에 형과 함께 시카고로 도망쳐서 레스토랑에서 일을 배우기 시작했으며 결국에는 레스토랑 사업가로 크게 성공했다. 1952년에 Isbell은 처남으로부터 Flamingo Motor Hotel의 투자에 관한 관심을 묻는 전화를 받게 되었는데 이에 동의했으며 투자는 성공적이었다. 이후 Isbell은 모두 9명의 공동창업자와 함께 법인을 창립했으며 1954년에 처음으로 60실의 Ramada Inn을 개업했다. Ramada는 '그늘이 드리워져 있는 휴식처'라는 뜻으로 당시 애리조나주에서 추수하는 시기에 잘 쓰던 용어였다.

Isbell도 Holiday Inn의 Wilson과 같이 가족과 함께 미국 전역을 일주하는 여행을 하면서 고속도로변에 있는 Motor Court의 낮은 수준의 시설 및 서비스를 경험하게 되었다. 이와 같은 경험을 했던 Isbell은 수영장과 레스토랑 등이 있는 호텔 수준의 시설 및 품질에 모텔 수준의 요금을 받는 고속도로 모텔체인의 건설을 계획했다. 1956년과 1958년에 피닉스에 모두 2개소의 Ramada Inn을 개관했다. 1958년에는 프랜차이즈 사업을 개시하면서 Ramada Inn Roadside Hotels로 명칭을 변경했으며 1959년이 되자 체인은 14개의 모텔을 거느린 체인으로 성장했다.

Holiday Inn, Howard Johnson, Ramada Inn과 같은 체인의 모텔들은 도심에 존재하는 큰 호텔들에 비해 프로젝트 비용이 훨씬 덜 소요됐다. 고속도로변이나 도시 외곽에 위치해서 대지 매입비용이 적게 들었으며 건물구조가 비교적 단순해서 건축비용도 적었다. 따라서 규모가 큰 호텔에 비해 훨씬 적은 비용이 투입되는 모텔 프로젝트에 대출기관은 자금 융통에서 크게 까다롭게 대하지 않았다. 미국의 고속도로시스템이 개선되면서 도로변과 중요한 교차로에, 또 쇼핑센터와 복합상업지구가 개발되는 각 지역에, 그리고 비즈니스 또는 주거 단지가 개발되면서 확대되는 도시 주변에 수많은 모텔이 급속하게 들어섰다. 낮은 건설비용 외에도 프랜차이즈 가맹사업을 통해 가맹호텔 소유주들에게 금융 및 건설에 따른 위험을 분산할 수 있어서 모텔체인들은 신속하게 성장할 수 있었다. 체인 본사가 제공하는 표준화된 영업 및 회계 시스템으로 모텔들은 쉽게 운영할 수 있었다. 또 레스토랑 영업은 메뉴의 가격은 낮은 편이었지만 영업절차가 단순하고 낮은 인건비 및 투자비용으로 인해 가맹점주는 충분한 이윤을 창출할 수 있었다. 그리고 체인 본사는 대량구매를 통해 대폭 할인된 가격으로 가구, 설비, 장비와 기타 물품들을 가맹모텔에 공급했다. 그러나 시간이 흐르면서 점차 대다수 모텔체인은 본사의 이윤 추구에만 먼저 관심을 두고 가맹모텔의 영업비용 절약을 위한 지원에는 별로 관심을 두지 않기 시작했다.

〈그림 7-7〉에서 보는 것처럼 자동차의 증가는 여행자의 증가에 직접적인 영향을 미쳤으며 여행하는 사람들이 증가하자 모텔 객실의 공급이 크게 늘었다. 또 모텔이 증가하기 시작하자 이를 성장을 위한 절호의 기회로 이용하기 위해서 프랜차이즈를 채택해서 성장을 가속하려는 체인의 수가 많이 증가했다. 모텔에서의 효험이 확인되자 이어서 호텔체인도 너도나도 프랜차이즈를 도입하면서 크게 성장하게 되었다.

그림 7-7 자동차와 호텔체인의 성장

Ⅱ 1960년대의 호텔산업

모텔은 호텔처럼 다양한 서비스와 부대시설을 제공하지는 않았지만 청결하고 쾌적한 객실에 저렴한 가격으로 미국인들로부터 큰 호응을 얻게 되었다. 초기 모텔들은 주로 도시나 마을에서 가까운 주요 고속도로의 주변에 건축되었다. 과거 그랜드호텔과 상용호텔처럼 이번에는 모텔 건축 열풍이 미국 전역을 휩쓸게 되었으며 순식간에 수많은 모텔이 고속도로망을 따라 건설되었다. 1950년대부터 1960년대까지 계속된 모텔 건축 붐과 프랜차이즈의 성행은 호텔산업의 지형을 완전히 바뀌 놓았다. 이런 변화의 원동력은 자동차였다. 1961년에만 1억 명 이상의 미국인들이 자동차로 휴가여행에 나섰다. 그리고 1960년대가 되자 미국 전역에 존재하는 호텔은 23,000개소였으며 모텔은 40,000개에 달했다. 또 모두 170개의 호텔체인들이 존재하고 있었다.

모텔 붐이 일자 철도역이나 폐쇄된 철도역 주변에 위치하던 오래된 도심호텔은 유지비용이 많이 늘어나게 되면서 경쟁력이 크게 떨어지게 되었다. 모텔의 등장은 호텔 전체에 큰 위협이 되었으며 모텔에 냉담하게 반응했던 호텔들은 문을 닫게 됐다. 소득이 향상되고 여가 시간이 많아지면서 자동차로 여행을 즐기는 미국인들이 많이 증가했지만 호텔들의 객실점유율은 오히려 감소했는데, 많은 사람이 모텔로 발길을 돌렸다. 특히 소도시에 있던 호텔들은 모텔과의 경쟁에서 밀리게 되면서 가장 큰 피해를 봤는데 결국 불과 몇 년 사이에 많은 호텔이 문을 닫았으며 일부는 다른 용도의 건물이나 주차장으로 전환됐다. 모텔의 등장으로 많은 호텔은 위기 상황을 극복하기 위한 효과적인 영업정책을 개발하지 못하면 생존할 수 없었다.

1950년대 초반 모텔들의 규모는 보통 50실 정도였으나 1950년대 후반과 1960년대가 되면서 평균 객실 규모가 100실 정도로 커졌다. 또 호텔과 달리 초기 모텔들은 대부분 단층이었으나 얼마 지나지 않아서 호텔처럼 대부분 복층 또는 그 이상으로 변했다. 규모가 커지면서 모텔에서 제공하는 서비스도 더욱 다양해지고 고급스러워졌다. 이는 순전히 Holiday Inn의 성공이 불러온 긍정적인 영향이었다.

초기 모텔들은 규모, 건축비용, 토지비용, 관리수준 등에서 호텔과는 확연히 달랐었다. 그러나 여러 이유에 의해 모텔과 호텔의 차이는 점점 사라지게 되었다. 첫째, 모텔은 기존 건물을 증축하거나 새로운 모텔을 건축하면서 규모를 키워 나갔다. 둘째, 모텔들도 호텔처럼 소개시스템(Referral system)이나 프랜차이즈에 가입함으로써 전국적 이미지를 구축하게 되었다. 셋째, 모텔들도 TV, 냉방시설, 카펫, 타일 욕실, 전화, 수영장, 라운지, 회의실, 연회장, 선물가게 등처럼 호텔에서 제공하는 다양한 어메니티(Amenities)를 제공하게 되었다. 넷째, 모텔들도 24시간 전화 교환원, 프런트데스크 직원, 전국적 전화예약시스템, 신용카드 결제, 직통전화 등과 같이 호텔에서 제공되는 서비스를 제공하게 되었다. 다섯째, 호텔처럼 콘크리트와 철강 등을 모텔 건축에도 도입하면서 고층으로 건축됐다.

따라서 1960년대 중반을 지나면서 새롭게 건립되는 모텔에서는 호텔과 유사한 시설과 서비스가 제공되기에 이르렀다. 호텔들도 모텔과의 경쟁에 효과적으로 대처하기 위해서 모텔의 편리함을 모방하는 등 과거의 영업방식을 일부 수정했다. 이런 현상에 맞춰서 자동차 여행객을 위해 모텔의 편리함과 호텔의 다양한 시설과 서비스를 결합하여 제공하는 도심지 모텔이 등장하게 되는데 이것이 바로 Motor Hotel이다. 1957년에 개관한 Marriott Corporation의 Twin Bridge Motor Hotel이 비교적 초기에 나타난 Motor Hotel이었다. 주로 고급호텔로 영업을 했던 Sheraton 체인도 1960년대 초가 되자 Sheraton Motor Inn을 새로 출시해서 뉴욕 등 도시에 건립했다. 도심에 모텔과 호텔의 장점을 결합한 Motor Hotel들이 등장하게 되면서 종전에 철도역 주변에 있던 고급호텔들은 객실점유율이 떨어지는 것을 지켜볼 수밖에 없었다. 자동차 여행객들이 Motor Hotel을 선호한 이유는 편리한 주차장이 제일 컸다. 반면에 과거에 지어진 호텔에는 주차장 시설이 부족하거나 거의 없었다. 1960년대 초부터 Motor Hotel들이 많이 증가하기 시작했으며 1968년이 되자 전국에 존재하는 Motor Hotel의 수가 약 6,124개소에 달하게 되었다. 그러나 시간이 흐르면서 자금 차입이 어려워지고 건축비용이 상승하며 경쟁이 강화되면서 증가 속도가 1960년대 말부터 떨어지기 시작했다. 한편 모텔과 프랜차이즈가 성행하면서 다른 산업에 속한 거대기업들이 모텔 또는 Motor Hotel에 투자하는 새로운 트렌드가 만들어졌다. 예를 들면 거대기업이었던 ABC(American Broadcasting Companies), Great Lakes Carbon Corporation, ITT(International Telephone & Telegraph) 등은 Holiday Inn의 프랜차이즈에 가입한 모텔들을 소유했으며, Phillips Petroleum Company는 직접 여러 Motor Hotel을 소유해서 운영했다. 이들은 사업성이 좋은 모텔에 투자해서 많은 이익을 창출했다.

그러나 모텔이 변화해서 Motor Hotel로 진화하면서 보다 많은 시설 및 서비스를 제공하게 되자 객실 요금이 상승했으며 종전의 저렴한 가격이라는 모텔들의 고유한 경쟁우위가 퇴색되었다. 종국에는 모텔은 점점 더 호텔을 닮아가고 호텔은 점점 더 모텔을 닮아가면서 서로 간의 경계가 모호해지는 지경에 이르게 되었다.

저렴한 모텔의 경계가 모호해지면서 이를 기회로 새로운 저가모텔(Budget Motel)이 등장하기 시작했다. 1960년대 초반부터 등장하기 시작한 저가모텔은 여행객들의 선풍적인 인기를 끌었으며 1970년대 초반까지 수많은 저가모텔이 미국 전역을 뒤덮었다. 저가모텔은 대규모 모텔이나 Motor Hotel에 비해 훨씬 저렴한 가격으로 객실을 판매했다. 공격적인 가격전략을 행하기 위해서 저가모텔들은 낮은 초기 투자비용, 낮은 영업비용, 박리다매 등의 여러 장점을 최대한 활용했다. 1960년대 초반에 등장한 저가모텔 체인에는 TraveLodge, Motel 6 등이 있었으며 1970년에는 Cecil Day에 의해 Days Inn이 창립됐다. 저가모텔 체인들도 비교적 쉽게 규모의 경제를 이룩할 수 있는 프랜차이즈 사업모델을 채택하면서 비약적인 성장을 이룩했다.

저가모텔 세분시장의 선두주자였던 Motel 6는 영업비용을 낮추기 위해 세심하게 모텔을 설계했다. 1962년에 캘리포니아주 산타바바라에 1호 Motel 6를 건립한 공동창업자 William Becker와 Paul Greene은 객실요금을 6달러로 책정했으며 이 가격으로 건축비용, 토지 임차료, 담보비용, 관리자 임금, 객실 청소비용을 충당했다. 지역의 건물 건축업자였던 두 사람은 한창 성장 가도를 달리고 있던 Holiday Inn이 품질 및 가격 면에서 점점 더 고급화되고 있다는 것을 인지하게 되었으며 대안적인 모텔을 여행객에게 제공하기 위해서 Motel 6의 사업모델을 개발했다. 2년 동안에 걸쳐 영업비용을 최대한 절약할 수 있는 방식을 심각하게 고민한 끝에 개발된 Motel 6는 고객에게 꼭 필요한 서비스만을 제공하는 저가의 모텔로 새로 탄생했다. Motel 6에서는 값비싼 객실에서나 볼 수 있는 컬러TV 대신에 동전을 넣고 볼 수 있는 TV를 설치했으며, 욕실에서는 욕조 대신에 샤워만 가능하게 했고, 그리고 객실 청소시간을 줄이기 위해서 기능적인 실내장식을 선정했다. 또 도시 교외지역에 위치하는 Motel 6의 1호점에는 레스토랑과 수영장이 없었는데 이는 기존의 모텔들과 비교할 때 현저하게 다른 점이었다. 그러나 대다수 호텔 및 모텔 체인들과 달리 여행객에게 애완견의 객실 출입은 허용했다. Motel 6는 청결하고, 기능적이며, 조금 안락한 객실을 제공하면서 동시에 비용을 절대적인 수준으로 최소화하여 미국에서 가장 가격경쟁력이 높은 저가모텔로 자리잡게 되었고, 1966년에는 25번째 모텔이 건립됐다. 한편 1950년대부터 1960년대까지 줄기차게 미국 전역에 수많은 모텔이 건립되자 처음에는 이를 경시하던 호텔산업도 태도를 바꾸게 되었다. 이전에는 American Hotel Association(AHA)이라는 조직명을 이용했던 미국호텔협회도 커지는 모텔의 위상을 반영해서 1962

년부터는 명칭을 American Hotel & Motel Association(AH&MA)으로 변경됐다.

Holiday Inn, Howard Johnson Motor Lodge, 그리고 Ramada Inn과 같은 고속도로변에 있는 모텔들이 프랜차이즈 가맹사업을 통해 쾌속성장을 거두자 1960년대 초까지 최대의 호텔체인으로 군림했던 Hilton 체인과 Sheraton 체인도 뒤늦게 도심, 교외, 공항지역에 모텔이나 고급호텔들을 대상으로 프랜차이즈 가맹사업을 시작했다. Sheraton 체인은 1963년부터 Sheraton Inn이라는 브랜드로 프랜차이즈 사업을 개시했으며 1966년 1월이 되자 41개소로 증가했다. 그리고 Hilton 체인은 더 늦게 1965년 9월에 Statler Hilton Hotels & Motels라는 브랜드를 개발해서 프랜차이즈를 시작했으며 1968년 12월에 4개소가 영업 중이었고 5개소가 건축 중이었다.

그런데 1960년대 후반 보험회사들이 처음으로 투자목적으로 본격적으로 호텔들을 매입하기 시작했다. 그러나 보험회사들은 호텔을 경영할 수 있는 기업이 아니었기 때문에 먼저 Hilton 체인과 프랜차이즈 계약을 맺고 소유하는 호텔들을 관리하기 시작했다. 〈표 7-1〉에서 볼 수 있듯이 Hilton 체인도 프랜차이즈를 통해 성장을 가속하기 시작했으며 시간이 흐를수록 프랜차이즈 가맹호텔이 호텔체인 사업에서 주축을 이루게 되었다. 위험을 줄이면서도 성장을 가속할 수 있는 프랜차이즈 사업모델은 Hilton 체인 성장의 원동력이 됐다. 한편 1969년 11월에 Sheraton 체인은 미국을 포함한 14국에 173개 호텔(7,832실)로 구성되어 있었는데, 이 중에서 절반이 넘는 102개의 호텔이 프랜차이즈 가맹호텔이었다. 이후 이들을 따라서 다른 호텔체인도 프랜차이즈를 중요한 성장전략으로 이용했다. 그러나 다수의 호텔체인은 제품 및 서비스 표준에서 상당한 수준의 일관성을 유지하는 데 성공하지 못했다. 호텔과 모텔의 프랜차이즈 사업에는 여러 차이점이 존재한다. 고급호텔은 모텔처럼 단순하고 경험이 없는 사람들도 가맹본부가 제공한 매뉴얼로 쉽게 운영할 수 있는 영업시스템이 아니었다. 복잡한 구조의 규모가 있는 고급호텔을 잘 운영하려면 잘 훈련된 관리자와 부서장 또 마케팅 역량이 요구되었다. 고급호텔에서는 자세하게 브랜드 표준을 유지하는 것이 핵심성공요인이었기 때문에 프랜차이즈를 이용하는 경우 문제점이 적지 않게 나타났다.

| 표 7-1 | Hilton 호텔체인의 성장 추세

연도	100%소유&임차		부분 소유		위탁경영 호텔		프랜차이즈 호텔		전체 호텔	
	호텔수	객실수	호텔수	객실수	호텔수	객실수	호텔수	객실수	호텔수	객실수
1969	28	23,096	5	5,689	7	2,939	31	6,142	71	37,866
1970	29	23,442	5	5,823	10	4,127	40	7,803	84	41,195
1971	**29**	23,826	**5**	5,817	**10**	4,121	**45**	9,163	**89**	42,927
1972	28	21,832	5	5,818	10	4,097	55	11,673	98	43,420
1973	24	20,750	6	6,156	9	3,973	81	16,447	120	47,326
1974	**23**	20.625	**6**	6,153	**15**	5,808	**100**	20.587	**144**	53,173
1975	17	15,111	11	11,201	17	6,914	114	24,144	159	57,370
1976	16	13,960	11	11,190	17	7,512	123	25,774	167	58,436
1977	16	13,778	11	11,047	19	9,109	126	26,125	172	60,059
1978	**16**	13,558	**11**	11,132	**19**	9,754	**136**	28,968	**182**	63,412
1979	15	11,878	14	12,894	17	8.052	145	31,855	191	64,679
1980	15	11,737	14	12,887	15	7,454	163	36,877	207	68,954
1981	14	11,072	15	13,235	16	7,977	171	39,630	216	71,914
1982	14	10,909	14	14,152	19	8,852	188	44,877	235	78,790
1983	13	10.464	13	13,430	23	12,031	194	46,914	243	82,839
1984	11	7.580	13	12,904	22	13,258	204	49,543	250	83,285
1985	11	7,399	14	14,123	23	13,692	218	54,285	266	89,499
1986	8	6.085	14	14,350	22	13,425	223	55,602	267	89,462
1987	8	6,027	13	13,528	22	14,183	224	55,641	267	89,379

출처: Hilton Hotels Corporation, 1972 & 1987 Annual Reports

항공기의 운항횟수가 많이 증가하면서 1950년대 중반부터 공항호텔(Airport Hotel)이 건립되기 시작했다. 최초의 공항호텔은 Hyatt Von Dehn이 1953년에 LA 국제공항 근처에 건립한 Hyatt House이다. 호텔은 처음에는 80실로 개업했는데 인기가 높아서 바로 만실이 되면서 70실을 증축했다. 호텔은 개관 이후 8년 동안 계속해서 객실점유율 98%를 유지하면서 명성이 높았다. 그리고 1953년 6월에 개업한 Pittsburgh Airport Hotel도 개업하자마자 이익을 창출하게 되면서 많은 공항호텔의 등장을 예고했다. 이어서 1954년에는 볼티모어와 뉴욕에도 공항호텔이 들어섰다. 1971년에는 시카고 오헤어 국제공항에 유명 건축가 John Portman에 의해 설계되어 건립된 Hyatt Regency O'Hare Airport는 도심호텔의 서비스와 거의 흡사한 다양한 서비스를 도입하면서 큰 인기를 끌었다. 공항호텔의 주요 고객은 비즈니스 여행객이었으며 이들은 도심으로 들어가야 하는 불편이 없고 요금도 20% 이상 저렴한 공항호텔을 선호했다.

1960년대가 되자 항공요금이 낮아지면서 미국 동부와 서부의 도시들을 쉽고 빠르게 여행할 수 있게 되었다. 1958년에는 최초로 대륙 간을 연결하는 장거리 제트여객기가 취항했으며 1960년대 및 1970년대가 되자 항공기 여행객은 3배나 증가하게 되었다. 제트여객기와 자동차가 주요 교통수단으로 자리매김하면서 미국인들의 이동성이 크게 향상되어 호텔과 리조트를 여행하는 사람들은 많이 증가했지만 반면에 이동시간의 단축으로 호텔의 숙박일수는 점차 감소하여 약 15~25% 정도 줄게 되었다.

1950년대 본격적인 모텔의 등장으로 인해 힘든 경쟁을 벌여오던 과거 도심호텔들은 1960년대가 되면서 새로운 유형의 도심호텔이 건립되는 것을 목격하게 되었다. 1930년대 대공황 이후 처음으로 도심호텔들에 대한 투자가 시작됐다. 새로 건립되는 호텔들은 주로 대규모 단체고객을 주요 고객층으로 삼아 설계되었는데 수백 명이 사용할 수 있는 회의실과 수천 명을 수용할 수 있는 연회장이 필수적인 시설이었다. 이들이 바로 **컨벤션호텔**(Convention Hotel)이다. 과거 그랜드호텔의 수준보다는 덜 화려하지만 웅장한 대형호텔들이 각 도시에 경쟁적으로 건설되기 시작했다. 예를 들어 1960년부터 1965년 사이에 뉴욕에는 New York Hilton, Americana, Summit, Regency, City Square 등과 같은 대형 컨벤션호텔이 건설되었는데 이는 1931년 Waldorf-Astoria가 개관된 이후 처음으로 뉴욕에 건축된 대형 고급호텔들이었다.

컨벤션호텔로서 1967년 현대 호텔산업의 건축양식에 큰 영향을 미치는 호텔이 애틀랜타에서 개관했다. Georgia Tech 출신의 야심찬 건축가 John Portman이 설계하여 건축된 Hyatt Regency Atlanta에는 예술적인 공간 활용의 극치인 **아트리움**(Atrium) 건축양식이 처음 도입됐다. 22층 규모의 Hyatt 호텔에서는 객실에서 로비를 내려다볼 수 있었으며 투명한 유리로 된 엘리베이터가 우주선처럼 오르내리는 것을 볼 수 있었고 또 꼭대기 층에 있던 회전하는 비행접시 모양의 레스토랑에서는 맛있는 식사와 함께 도시의 야경을 즐기도록 설계됐다. Hyatt Regency Atlanta는 개관하자마자 큰 인기를 끌었으며 호텔이 아니라 유명한 관광명소로 변모했다. 이후부터 호텔은 잠만 자는 곳이 아니라 재미있고 활기에 찬 오락 및 여흥을 즐기는 장소가 되었다.

Portman은 부동산 개발업자도 겸했던 거의 유일한 건축가였다. 그는 후일 Hyatt Regency Atlanta가 되는 호텔프로젝트를 처음에는 자신의 자금으로 스스로 건축하기 시작했다. 그리고 건축하는 도중에 그는 부족한 자금을 모으기 위해 여러 호텔체인의 최고경영자를 만나서 프로젝트에 투자할 것을 권유했는데, 이 중에는 J. W. Marriott 2세도 있었다. 그러나 대다수 최고경영자들은 아트리움 공간은 낭비되는 공간이어서 결국 돈을 잃게 될 것이라고 혹평하면서 투자를 거부했다. 최후에는 몇 개의 공항호텔로 구성됐던 규모가 크지 않은 Hyatt 체인의 최고경영자 Jay Pritzker가 도박과도 같았던 투자를 과감하게 결행했다. 1967년 새로운 개념의 호텔이 들어서자 많은 사람이 몰려들면서 프로젝트는 대성공을 거두었으며 개관한 지 3개월 만에 200실을 증축하기 시작했다. Hyatt 체인은 이후 여러 유명 도시에 유사한 아트리움 호텔들을 건립하면서 유명 호텔체인으로 성장하게 되었다.

그림 7-8 Hyatt Regency Atlanta

출처: The Portman Archives, LLC & https://atlanta.curbed.com/2017/5/3/15526550/hyatt-regency-downtown-atlanta-50th-anniversary

세계대전 이후 교통수단에 혁명이 일어나면서 리조트산업에도 큰 변화가 일어났다. 자동차와 비행기로 여행이 가능해지면서 많은 것이 변했다. 첫째, 리조트 여행객들은 이동성이 크게 향상되면서 전보다 숙박일수가 현저히 짧아졌다. 둘째, 도시에서 가까운 곳에 있던 리조트들은 점점 손님들이 줄어드는 것을 목격하게 되었다. 교통수단이 개선되면서 미국인들은 하와이나 카리브해 같은 먼 곳의 리조트를 선호하게 되었다. 또 라스베이거스나 콜로라도 스키리조트처럼 과거에는 멀어서 가기 힘들었던 중부나 서부의 리조트를 선호했다. 셋째, 리조트의 잠재성을 인지한 Hilton, Marriott, Sheraton 같은 유명 호텔체인들이 너도나도 리조트 사업에 뛰어들게 되었다. 이에 따라 독립적으로 운영되던 리조트가 거대한 호텔체인에 소유권을 넘기는 일이 빈번하게 발생했다. 넷째, 종전에 리조트는 계절성 때문에 연중무휴로 영업을 할 수 없었다. 그러나 2차 세계대전 이후 경쟁력을 강화하고 유능한 직원을 유지하기 위해 또 증가하는 영업비용을 충당하기 위해 많은 리조트가 연중무휴 영업정책으로 변경했다. 다섯째, 연중무휴 영업정책을 유지하고 비수기를 극복하기 위해서 리조트들은 전통적으로 도시의 컨벤션호텔들이 장악하고 있던 컨벤션과 비즈니스회의 세분시장에 도전장을 내밀었다. 시간이 지나면서 과거 리조트의 주요 고객이었던 가족 또는 개인 단위였던 휴가 여행객에 비해 컨벤션과 기업회의 고객들이 더 많아지게 되었다.

1778년에 웨스트버지니아주의 White Sulphur Springs에 건립된 Greenbrier 리조트가 좋은 예이다. 과거 원주민 인디언들이 의료목적으로 이용했던 온천에 건립된 Greenbrier는 개관 이후 오랫동안 가족들이 휴가를 즐기던 미국의 대표적인 리조트였다. 2차 세계대전 때는 군에서 병원으로 이용했다. 그리고 종전이 된 이후 새 소유주는 1948년에 재개업했다. 1950년대 이후 교통수단이 발전하면서 종전의 주요 고객이던 휴가 여행객들이 더 멀고 이국적인 리조트로 발길을 돌리기 시작했다. 1951년에 생존을 위해 Greenbrier 경영진은 컨벤션과 기업회의 등을 포함하는 단체고객(Group Business) 시장에 진출하기로 결정했다. 단체로 이동하는 기업고객을 유치하기 위해서 가장 시급한 시설은 수백 명 이상을 수용할 수 있는 행사장을 확보하는 것이었다. 새 시설을 건축하기 위해 모기업으로부터 자금을 차입해서 약 1,000명을 수용하는 행사장을 건축했다. 이 시설로 당시 최대의 기업이었던 General Motors의 연례 중역진 회의를 유치할 수 있게 되었고, 이후 많은 기업고객과 컨벤션 행사를 유치할 수 있었다. 더 많은 가치를 고객에게 제공하기 위해 1956년에 처음으로 큰 야외 수영장을 건축해서 과거 실내 수영장만 이용했던 여행객의 선택 폭을 확대했다. 그리고 1962년에는 세 번째의 골프장을 건설했는데 이용객들로 매우 붐볐다. 단체고객을 받게 되면서 가족 또는 개인적으로 휴가를 즐기는 여행객들과 섞이면서 발생하는 문제점도 잘 해결할 수 있었다. 시간이 흐르면서 연간 총매출액에서 단체고객이 차지하는 비중이 70%에 이르게 되었으며 이 중에서 65%는 재방문하는 고객(Repeat Business)이었다. 이들은 매년 방문하거나 2년마다 아니면 3년마다 등 주기적으로 리조트를 방문했다.

1960년대의 호텔체인

Holiday Inns, Inc.

Holiday Inn 체인은 프랜차이즈를 도입한 후부터 줄기차게 성장했으며 전 세계 호텔산업 역사에서 보기 드문 성장 기록을 달성하기에 이르렀다. 1963년이 되자 Holiday Inn에 소속된 모텔은 Wilson이 처음 목표로 했던 400개를 넘어서게 되었다. 이처럼 성장이 가속되자 1964년에는 가맹점을 원하는 신청서가 평균 3일마다 1건씩 접수됐다. 급기야 1968년에는 역사적인 1,000번째 Holiday Inn이 텍사스주 산안토니오에서 오픈했다. 전 세계 호텔산업 역사상 전례가 없는 대기록이었다. 1968년 연말을 기준으로 했을 때 1,015개의 Holiday Inn 중에서 15%는 Holiday Inn 본사가 직접 소유하고 직영했으며 나머지 85%는 프랜차이즈 시스템에 가입된 가맹모텔들이었다.

Holiday Inn의 성장에서 프랜차이즈는 성장을 촉진하기 위한 재무적 지원의 역할을 했을 뿐만 아니라 가맹점과 본사 간에 효율적이고 일관성이 있는 사업 관계의 구축에도 크게 공헌했다. 멤피스에 있는 체인 본사와 많은 가맹모텔이 영업 관계에서 서로 견고한 협력관계를 구축하기 위해서 1955년에 Holiday Inn은 NAHI(National Association of Holiday Inn)라는 자문기구를 조직했으며, 구성원은 본사 임원과 가맹호텔의 소유주들이었다. NAHI는 전체 가맹호텔에 대한 영업전략과 전국적인 광고 및 홍보에 대한 대안을 개발하는 권한이 주어졌다. 그리고 NAHI를 통해 가맹호텔들은 체인 본사에 건설적인 제안을 하거나 불평을 토로할 수 있는 소통창구로 삼았다.

체인 본사 경영진은 Holiday Inn 프랜차이즈 사업개념의 강점과 매력을 유지하고 강화하기 위해, 소속된 전국의 모든 Holiday Inn에서 많은 여행객에게 일관성이 있는 서비스를 제공하기 위해 모든 가맹모텔에 본사의 영업표준을 철저히 준수해줄 것을 강조했다. 품질이 형편없는 모텔로 인해 크게 실망하는 많은 여행객을 놓치지 않고 오히려 높은 충성도를 유인하기 위해서 체인 본사는 모텔의 설계 및 자재에 대한 자세한 내역부터 청결한 레스토랑의 유지, 그리고 프런트데스크 직원이 손님을 응대하는 요령 등 모든 업무에서 완성도가 높은 **표준영업절차(Standard Operating Procedures)**를 개발했다. 또 본사는 각 가맹모텔이 위치하는 지역 주민들의 좋은 반응은 해당 모텔의 성공에 매우 중요하며 이는 궁극적으로 Holiday Inn 체인의 성공을 위해서도 매우 중요하다는 것을 알렸다. 전국적인 체인의 일원으로서 개별적인 가맹모텔은 해당 지역사회로부터 낯선 이방인으로 인식될 수 있기에 이에 대처하기 위해서 모텔의 건축과정이나 영업 개시 후에 여러 필요한 분야에서 되도록이면 해당 지역사회의 기업을 이용하도록 장려했다. 그리고 본사는 가맹모텔의 관리자에게 지역사회의 주민이나 조직을 개인 자격으로 방문해서 그들의 얘기를 경청할 수 있도록 했다. 만일 특정 가맹모텔이 위치하는 지역사회의 주민이 자신의 마을에 있는 Holiday Inn에 대해 호감을 보인다면 이 사람이 다른 지방을 여행하게 되는 경우 역시 Holiday Inn을 선택할 확률이 높다고 판단했다.

모텔의 설계 및 시설도 중요했지만 새로운 가맹모텔이 위치하게 될 **입지(Location)**를 선정하는 것도 중요했다. 어느 도로에 또 그 도로의 어느 지점에 모텔이 들어서야 하는지를 결정하는 것은 성공과 직결되는 사안이었다. 탁월한 입지에 Holiday Inn을 건설하기 위해 1962년까지 Wilson은 가맹모텔의 신청서가 접수되면 본사 경영진이 검토 및 승인을 끝내기 전에 자가용 비행기를 타고 직접 해당 입지를 둘러봤다. 그는 모텔 입지의 적격성을 평가하는 기준으로 해당 지역의 출퇴근 통행 패턴, 교통량, 제조공장, 대학, 경기장, 콘퍼런스센터 등과 같은 수요를 유발하는 건물과의 인접성 등을 중요하게 고려했다. 또 낯선 곳을 방문하는 여행객을 위한 편의성도 고려했다. 따라서 가맹모텔들은 주로 지역사회의 외곽, 주요 고속도로변, 그리고 자동차 여행객이 교차로에서 진입해서 들어서는 경우 반드시 오른쪽에 모텔이 위치하도록 표준화했다. Wilson과 본사 직원들은 가맹점주들이 좋은 입지를 찾는 것에 있어 아낌없는 조언을 제공했다. 특히 1956년에 새로운 고속도로 개발이 발표되고 대대적인 고속도로 건설이 시작되자 각 주를 연결하는 고속도로시스템에서 어느 곳에 인터체인지가 건설되는가에 대한 정보를 가능하면 신속하게 파악하는 것이 매우 중요했다. 왜냐하면 이런 정보가 알려지면 토지가격이 오르기 때문에 그전에 해당 입지를 확보해야 했으며 또 개관 후에는 모텔의 재산 가치에 매우 큰 영향을 미치기 때문이었다.

1957년에 주식을 상장한 이후 Holiday Inn 가맹시스템만 성장했을 뿐 아니라 체인 본사의 사업 규모와 유형도 커지고 다양해졌다. 1957년에 많은 물품을 중앙에서 구매하는 Inn Keeper Supply Company를 자회사로 설립했으며, 1960년대 후반이 되자 같은 제품들을 아파트단지, 학교 및 대학, 병원, 심지어는 경쟁하는 다른 모텔에도 판매했다. 이후에도 가맹점목록(Chain Directories), 잡지 메뉴 등 체인 전체에서 이용되는 인쇄물을 제작하는 기업, 본사 및 가맹모텔의 건축을 담당하는 건축부서, 가맹모텔들이 가구와 장비를 구입하기 위해 자금을 융통해주는 금융사, 모텔의 레스토랑 영업에서 소요되는 고기를 생산하고 배달하는 기업, 플라스틱 가구 제품을 제조하는 기업, 객실 및 레스토랑과 로비에 필요한 가구를 제작하는 기업 등과 같은 다양한 기업들을 설립해서 신축 모텔의 입지를 제외하고는 모텔영업에 필요한 거의 모든 것을 체인 본사에서 공급했다. 이로써 Holiday Inn 체인은 거대한 수직적 통합체(Vertical Integration)로 변모했다. 그리고 사업다각화 전략으로 1969년에 버스운송회사인 Continental Trailways와 증기선 운송회사인 Delta Steamship Lines를 보유하고 있는 TCO Industries를 인수했다.

급속도로 성장하면서 또 더욱 복잡해지는 체인 영업을 지원하기 위해 Wilson은 1960년대 초부터 여러 가지 대안을 고심한 끝에 때마침 등장하는 컴퓨터를 전략적으로 이용하기로 결정했다. 1964년에 Holiday Inn은 IBM과 8백만 달러에 Holidex Reservation System을 개발하는 계약을 체결했으며 1965년에 실제 업무에 도입하였다. 호텔체인으로는 세계 최초로 객실 예약을 위한 최첨단 정보시스템에 대대적인 투자를 감행한 사례였다. Holidex는 다른 어떤 투자보다도 체인의 성장에 가장 큰 공헌을 하게 되었는데, 연간 체인 전체에서 판매되는 객실의 약 25~30%는 Holidex 정보시스템을 통해 이루어졌다. 만약에 전산화 프로젝트가 잘못됐다면 본사는 큰 손해를 볼 수 있었으나 다행히 도입하자마자 대성공을 거두었다. Holidex의 성공으로 이후부터는 가맹점을 판매하는 것이 문제가 아니라 오히려 어느 위치에 가맹점을 건설하는 것이 나을지가 더 큰 문제였다고 후일 Wilson은 회고했다. Holiday Inn 체인 네트워크에 소속된 모든 모텔을 연결해서 객실 예약을 중개하는 중앙예약시스템(CRS: Central Resevation Systems)인 Holidex는 고객들이 체인에 소속된 어느 모텔에서나 모든 모텔의 객실을 예약할 수 있도록 하면서 편의성이 극대화되었다. 이후 1980년대에는 Holidex를 이용하여 여행사 및 항공사의 정보시스템과 연결해서 고객들이 쉽게 객실 예약이 가능하도록 했다.

종전에는 주요 도시나 비교적 규모가 큰 마을의 외곽지역 주요 도로변을 중심으로 성장을 유지했던 Holiday Inn은 1960년대 중반부터는 도시의 도심, 작은 마을, 그리고 국제지역 등으로 지리적인 영역을 넓히는 확장전략을 채택했다. Holiday Inn은 가격에 민감한 비즈니스 여행객으로부터 관심이 높아지고 있었으며, 본사도 도심호텔을 관리하는 역량이 향상되었다. 또 도시에 있던 기존 호텔들은 새로운 모텔들의 진입에 따른 경쟁 심화로 대부분 경쟁력이 저하되고 있었다. 따라서 대도시의 도심으로 진출하는 확장전략은 실행 가능해 보이는 좋은 전략이었다. 1963년에 볼티모어의 도심에 문을 열었으며 최상층에 회전하는 루프톱 레스토랑을 보유한 14층 254실의 Holiday Inn은 도심호텔의 초기 모델이었다. 그러나 보다 작은 마을로 진출하는 전략은 실패하게 되었는데, 왜냐하면 보통 120실에 달하는 Holiday Inn의 객실을 채울 수 있는 충분한 수요가 작은 마을에서는 만들어지지 못했다. 그리고 일반적인 Holiday Inn에 비해 규모 및 객실 크기가 훨씬 적고 레스토랑과 수영장도 없애고 대신에 요금은 반으로 내린 Holiday Inn Junior를 출시했으나 이 또한 실패했는데, 당시 체인의 위세에 견주어보면 보기 드문 실패 사례였다.

1970년대 초가 되자 Holiday Inn은 2위 체인이었던 Ramada 체인에 비해

100,000실이나 더 많은 객실을 보유하게 되면서 거의 독주체제를 유지하고 있었다. 1950년대와 1960년대를 거쳐 1970년대 초반까지 Holiday Inn은 그야말로 승승장구하며 거칠 것이 없는 최전성기를 누렸다. 그런데 1969년에 Wilson은 자신조차도 예상하지 못했으며 또 지금까지 그가 보여줬던 패턴과는 전혀 다른 패턴의 중요한 투자 결정을 내렸다. 예전과는 반대로 이번에는 가맹본부가 가장 많은 가맹모텔을 소유하고 있던 2명의 가맹점주로부터 60개의 Holiday Inn을 매입한 것이었다. 60개의 모텔을 매입하는 동시에 가맹점주와 위탁경영계약을 체결해서 운영은 계속해서 담당하도록 했다. 이 거래를 통해 2명의 가맹점주의 한 사람이었던 Roy Winegardner는 Wilson에 이어 Holiday Inn 체인의 2번째 대주주가 됐다. 이와 같은 결정을 내렸던 시기에 Holiday Inn의 주가는 절정기에 도달하고 있었으며 또 Wilson은 부동산을 갖고 있으면 세금혜택과 감가상각에서 이점이 있다고 판단했다. 따라서 Wilson은 아마도 체인의 성장과 1960년대 후반부터 일었던 투자 붐이 계속되면서 호황이 지속될 것이라는 가정하에 결정을 내렸던 것으로 판단되고 있다.

Sheraton Corporation of America

Sheraton 체인은 Holiday Inn이 모텔로 무섭게 성장하는 것을 지켜보다가 결국에는 대대적으로 모텔사업에 뛰어들게 되었다. 1962년에 처음으로 프랜차이즈 사업부를 조직해서 Motor Hotel인 Sheraton Motor Inn의 프랜차이즈 사업을 개시했으며, 모텔처럼 이 호텔에서는 편리한 주차가 가능하도록 설계했다. 1965년에는 보스턴에 체인의 100번째 호텔인 Sheraton Boston을 개관했다. 그리고 1966년에 뉴욕 맨해튼의 유명 호텔인 St. Regis의 운영을 맡게 되면서 호텔의 이름을 St. Regis-Sheraton으로 변경해서 운영하기 시작했다. 또 1967년에는 개인화된 컴퓨터 예약시스템인 Resevatron II를 도입했다.

그러나 1962년부터 1967년 사이에 Sheraton의 주식가격은 22달러에서 9달러로 떨어지면서 기업가치가 크게 하락했다. 이에 Henderson은 단호하게 체인의 재무상태는 양호하다고 증권시장에 설명했으나 소용없었다. Henderson은 Annual Report를 통해 부가적으로 보통주, 수정된 수익, 그리고 보유하고 있는 부동산 등에 대해 나름대로 정확하게 체인의 실제 가치를 제시했지만 금융시장의 반응은 차가웠다. 사업이 부진해지기 시작하던 1967년 9월에 Sheraton 체인의 창업자 Henderson은 심장마비로 사망했다. Henderson이 사망하던 해에 Sheraton 체인은 10개국에서 모두 153개소의 호텔들을 소유 또는 운영하고 있었으며 연간 매출액은 3억 달러에 달했다. 부친이 사망하자 아들인 Ernest Henderson 3세가 CEO를 승계했다.

창업자가 사망하고 1968년에 Sheraton Corporation of America는 거대한 복합기업(Conglomerate)이었던 ITT에 매각되었다. ITT의 CEO Harold S. Geneen은 1960년대와 1970년대에 걸쳐 모두 80개국에 있는 다양한 업종에 있는 350개의 기업을 인수하면서 명성을 떨쳤던 아주 유명한 기업인이었다. 그 결과 1977년에 ITT는 375,000명의 직원이 일하는 미국에서 11번째로 큰 기업이 됐다. ITT는 이미 1966년에 공항 주차장 회사(APCOA)를 인수하면서 기업에 속했던 8개의 Holiday Inn 가맹모텔을 소유하고 있었다.

Geneen은 처음에는 Holiday Inn 체인을 인수하려 했으나 실패했다. 다음으로 Hilton 체인을 인수하려고 접근했는데, 시기가 Hilton International을 TWA에 매각한 직후였다. Conrad Hilton은 Geneen을 시카고에 있는 대형 컨벤션호텔인 Palmer House로 직접 안내하면서 성공적인 체인의 운영 상황을 설명했다. 그러나 Hilton이 너무 높은 매각 가격을 제시하는 바람에 인수 협상은 중지됐다. Geneen이 다음 인수대상으로 접근했던 먹잇감으로 Sheraton 체인이 선택되었다. ITT와 Gennen이 평가했을 때 당시 Sheraton 체인의 영업이익률은 산업 내에서 최저수준이었으며, 보유했던 호텔들은 대다수가 건립된 지 30년 이상의 낡은 호텔이어서 개보수가 절실히 필요한 상태였다. 게다가 많은 호텔이 침체된 도시의 중심부에 위치하고 있었다. 부하 직원들이 인수를 만류했지만 Geneen은 체인을 정상화할 수 있다는 자신감에 결국에는 인수하는 것으로 결정했다. Gennen은 모텔을 운영했던 APCOA의 직원이 제시한 1주당 인수가격에 10달러를 더 주고 Sheraton 체인을 인수했다. 인수하자마자 곧바로 낡고 오래된 호텔 18개를 매각했다.

Geneen은 Sheraton의 현저한 약점에도 불구하고 고유한 강점에 관심을 더 두었다. 먼저 Sheraton 브랜드는 세계 어느 곳에서도 이용할 수 있는 강력한 브랜드 파워가 있다고 보았다. 특히 국제적으로 더 확장할 수 있는 여력이 충분히 존재하고 있음에도 불구하고 과거 Sheraton 경영진은 기회주의적 태도와 자금조달의 가능성에만 의존하는 전략으로 성장해 왔다. 좋은 호텔 매물이 포착되면 부채를 통해 자금을 조달해서 인수하는 전략으로 Sheraton 체인은 빠르게 성장해 왔으며 이는 당시로서는 좋은 전략이었다. 1960년대 초만 해도 Hilton과 Sheraton은 미국 호텔산업의 최강자였으며 Holiday Inn, Howard Johnson, Ramada, Marriott, Lowe 등이 경쟁사로 인정되기에는 아직 역부족이었다. 그러나 1960년대 말부터 불붙기 시작한 호텔건축 붐은 모든 것을 바꿔 놓았다고 Geneen은 보았다. 새로운 진입자들은 최전방에서 새로운 시장을 찾고 있었으며 국내 및 국제 시장에서 많은 호텔과 모텔을 건립해서 고객들을 만족시키고 있었다. 이와 같은 새로운 환경에서 과거와 같은 기회주의적 방식으로는 경쟁할 수 없다고 봤으며 Sheraton은 지난 20년간의 성장을 이끌어왔던 전략을 변경해야 하는 당위성을 인지하지 못한 것으로 판단했다. Geneen은 이제 ITT의 재무적 지원 등을 통해 Sheraton 체인은 무엇을 가지고 어디로 가야 하는지 그리고 얼마나 빨리 가야 하는지 지금부터 찾기 시작해야만 한다고 보았다.

1969년에 Geneen은 Sheraton 체인의 CEO였던 Ernest Henderson 3세에게 위로금으로 50만 달러를 주면서 해고했다. 후임으로는 부하 직원이었던 Philip L. Lowe를 임명했다. 호텔 경험이 일천함에도 불구하고 Lowe는 몇 개월 후에 대대적인 성장전략을 발표했는데, 5년 동안에 무려 8억 6천5백만 달러를 투자하여 76개소의 호텔과 모텔을 국내 및 해외시장에 건립해서 체인의 규모를 크게 확장하는 것이 전략의 주요 요지였다. 성장전략을 통해 1970년 1월 기준으로 Sheraton 체인이 운영하고 있던 14개국에 존재하는 47,832실의 173개소 호텔들을 1975년에는 38개국에 740개소의 호텔체인으로 확장하려고 했다. 그리고 같은 해에 고객이 무료로 전화 이용이 가능한 toll-free-800-number 시스템을 최초로 도입했다. 또 Lowe는 프랜차이즈 사업을 활성화하기 시작했는데 얼마 지나지 않아 프랜차이즈 호텔의 수가 소유 및 위탁경영하는 호텔보다 더 많아지게 되었으며 프랜차이즈 사업부는 체인에서 제일 많은 이익을 창출하는 사업부가 되었다. 다음 CEO로 임명된 호텔경영학과를 졸업한 Howard James는 Sheraton 체인이 국내는 물론이고 해외로 본격적으로 확장하게 되자 호텔들을 직접 소유 및 운영하던 종전의 비즈니스모델에서 점차 타인이 소유하는 호텔들을 체인이 프랜차이즈와 위탁경영으로 운영하는 비즈니스모델로 전환하는 것으로 결정했다.

Marriott Corporation, Inc.

Marriott Corporation의 3호 호텔은 텍사스주 댈러스에 Motor Hotel로 건립된 Dallas-Stemmons Marriott였다. 호텔사업부는 성장전략으로 공항이나 컨벤션 도시 주변의 교외 지역을 주요 입지로 선정했다. 1961년에 4호 Motor Hotel인 Philadelphia Marriott를 개관했다. 성장을 위한 자금을 마련하기 위해 소유 호텔 3개소를 매각하고 임차해서 운영했다. 그리고 1962년에 호텔사업부는 인력을 강화하기 위해 Hilton 또는 Sheraton 체인에서 일을 했던 경험이 많은 호텔리어들을 모집했다. 1965년에는 애틀랜타에 대형 컨벤션 호텔인 Atlanta Marriott를 개관했으며, 다음 해에 6호 호텔 Saddlebrook N. J. Marriott를 개업했다. 1969년이 되자 Marriott 체인은 모두 11개소의 호텔을 운영하게 되었으며 또 처음으로 외국지역인 멕시코에 진출했다. 같은 해에 뉴욕 맨해튼의 명물 호텔 Essex House를 매입했다.

체인은 Hot Shoppe의 성장 기조를 유지하기 위해 보수적인 재무관리시스템을 시도했으며, 메뉴의 표준화와 식재료의 중앙공급 방식을 도입하고, 기타 모든 소요 물자들을 중앙집하장(Central Warehouse)에서 공급하도록 했다.

1964년이 되자 J. W. Marriott 1세는 사장 자리를 J. W. Marriott 2세에게 물려주고 자신은 회장으로 경영 일선에서 거리를 두기 시작했다. 32세의 나이에 부친으로부터 경영권을 승계한 아들은 레스토랑 사업에서 더욱 공격적인 성장전략을 전개했다. 같은 해에 사명을 Hot Shoppes, Inc.에서 Marriott-Hot Shoppes, Inc.로 변경했다. 기내식 사업이 계속 성장하게 되면서 나타난 새로운 경험은 기내식 사업을 통해서 기업사상 최초로 해외시장으로 진출하게 된 것이었다. 즉 1966년에 Hot Shoppes의 기내식 사업부는 남아메리카 국가인 베네수엘라의 수도 카라카스에 있는 기내식 기업을 인수하면서 기업 최초의 해외 진출은 물론이고 처음으로 미국 영토 밖으로 사업영역을 확장하게 되었다. 이후에도 기내식 사업의 해외시장 진출은 더욱 활성화되면서 절정기에는 약 20개 이상의 국가에서 많은 항공사에 기내식을 제공했다.

1967년에 Marriott는 22개소의 레스토랑으로 구성된 Big Boy 레스토랑체인과 Farrell's란 아이스크림 회사를 인수했다. 같은 해에 다시 사명을 Marriott-Hot Shoppes, Inc.에서 Marriott Corporation으로 변경했다. 그리고 1968년에는 Roy Rogers라는 체인 최초의 패스트푸드 체인점을 창업했다.

한편 1962년에 거대한 여행사 기업이었던 Carlson 그룹이 Radisson Hotel을 창업했다. 그리고 유럽에서는 1966년에는 스위스의 Movenpick 그리고 1967년에는 프랑스의 Accor가 창업했다.

III ▸▸ 호텔체인의 국제화

기업들이 해외로 진출하는 이유를 확인한 절충이론(The Eclectic Theory)은 기업들은 기업특유의 우위, 입지 우위, 내부화 우위와 같은 세 가지 유형의 경쟁우위 요소를 보유하고 있어서 해외시장에 성공적으로 진출하고 있다고 밝혔다. 각 우위는 기업들이 해외로 진출해서 경쟁을 뚫고 가치를 창출하는 것에서 큰 역할을 담당하고 있다고 보았다. 절충이론은 세 가지 우위 즉 기업특유의 우위(Ownership Advantage), 입지 우위(Location Advantage), 내부화 우위(Internalization)로 구성되었다고 해서 OLI 이론(OLI Theory)이라고도 부른다. **즉 다국적기업은 기업특유의 우위를 가지고, 내부화 우위를 향유하기 위해서, 입지상의 강점이 있는 국가나 지역으로 진출한다는 이론이다.**

호텔체인도 해외로 진출해서 성공하려면 세 가지 우위를 갖춰야 한다. 먼저 기업특유의 우위에서는 외국에 진출하려는 호텔체인이 처음에는 현지 경쟁사에 비해 외국비용 등 몇 가지 불이익에 직면할 수 있다는 점을 가정하고 있다. 예를 들면, 진출하는 지역의 조건에 대한 정보가 부족하고 외국에서 사업하면서 발생하는 추가 비용이 연상될 수 있다. 그러나 특정 호텔체인이 보유하는 고유한 강점은 이러한 부정적인 조건을 무력화할 수 있다. 특허권, 브랜드 이미지, 특출한 인적자원은 고유한 강점에 대한 예가 될 수 있다. 호텔사업은 고객이 사전에 체험할 수 없는 서비스를 판매하고 있다. 또 고객은 호텔 서비스를 여러 번 보지도 않고 구매하고 있다. 이와 같은 소비자 상황에서 고객의 마음을 얻는 것이 중요하다. 호텔체인의 브랜드 이미지와 명성은 고객에게 판매한 서비스의 품질보증을 상징할 수 있다. 따라서 호텔체인의 브랜드와 평판은 중요한 기업특유의 우위로 간주될 수 있다. 〈표 7-2〉는 호텔체인의 보유할 수 있는 여러 유형의 기업특유의 우위를 보여 주고 있다.

입지 우위는 현지국의 특성에서 유래된다. 현지국의 특성은 정치, 경제, 사회 · 문화 환경으로 나누어 볼 수 있는데 현지국의 경제정책 및 산업 특성, 시장의 규모 및 범위, 운송 및 통신 비용, 본국과의 물리적 거리와 문화적 차이, 무역정책, 정치 안정성 등이 포함될 수 있다. 호텔체인은 해외로 진출하려고 목적지를 선정할 때 〈표 7-2〉에 나타난 입지상 우위를 점할 수 있는 요인들에 대해 유념하고 있다.

| 표 7-2 | 호텔체인의 기업특유의 우위와 입지 우위

기업특유의 우위	입지 우위
기업 규모(규모의 경제)	현지국 경제수준 및 경제정책
해외시장 진출 경험	시장 규모 및 성장성
선호되는 브랜드 이미지	무역정책 및 외국인 투자 환경
우수한 경영인력 및 전문기술	정치 안정성
마케팅 등 경영 노하우	문화적 차이 및 소비자 취향
충분한 재무자원	인프라의 양 및 질
품질관리 역량	관광산업 정책 및 관광자원
글로벌 중앙예약시스템(CRS)	현지 인력의 질 및 임금 수준
교육시스템	환율 및 소비자 물가지수
명성	외국인 친화정책 및 규제정책

기업은 보유하고 있는 강점을 가지고 직접 외국에 진출하지 않는 대신에 외국 기업에 강점을 임대 또는 라이센스해서 사용할 수 있는 권한을 양도할 수 있다. 그러나 그렇게 하지 않고 많은 기업이 직접 외국으로 진출해서 부가가치 활동을 기업의 계층구조(Hierarchy) 내로 내부화하는 것을 선호하는 이유를 **내부화 우위**는 설명하고 있다. 호텔체인들은 기업특유의 우위를 갖고 세 가지 형태로 해외로 진출하고 있다. 첫째, 호텔체인은 라이선스 또는 프랜차이즈 계약을 통해 현지 기업에 기업특유의 우위를 양도해서 이용하도록 할 수 있다. 특히 프랜차이즈는 거래비용이론과 관련해서 유사시장거래(Quasi-market Transaction)로 볼 수 있다. 둘째, 기업특유의 우위를 양도하는 대신에 호텔체인은 직접 투자해서 자체적인 조직구조를 통해 기업특유의 우위를 활용하는 것이 더 유리하다고 판단되는 경우에 기업특유의 우위를 대상 국가로 이전해서 사용할 수 있는데 이를 내부화 우위로 설명할 수 있다. 외국에 진출해서 내부화하는 경우 호텔체인은 규모의 경제 실현에 유리할 수 있다. 셋째, 호텔체인은 프랜차이즈 또는 직접투자하는 대신에 현지 호텔과 위탁경영계약을 체결하면서 진출할 수도 있는데, 이를 유사내부거래(Quasi-internalized Transaction)로 볼 수 있다.

호텔체인의 해외시장 진출 동기

지속적인 성장을 위해서 호텔체인은 보통 세 가지 선택을 할 수 있다. 첫째, 현재 영업하는 국내 시장을 확대하는 것이고 둘째, 국내 시장의 표적시장에 잘 맞는 새로운 상품과 서비스를 출시하는 것이며 셋째, 다른 국가로 진출해서 새로운 시장을 개척하는 것이다. 호텔체인이 성장을 위해 해외로 진출할 때 현지국의 법률 시스템, 외국인투자에 대한 제약, 문화적 차이, 경제구조, 규제, 노동법의 차이, 원재료의 존재 여부 등과 같은 다양하고 복잡한 도전에 직면할 수 있다.

호텔체인이 해외로 진출하는 동기는 보통 다섯 가지로 볼 수 있다. 첫째, 해외로 진출하는 가장 큰 동기는 무엇보다도 새로운 시장을 개척하기 위한 것이다(Market-seeking). 1980년대에 국내시장에서는 더 성장할 수 없다는 것을 인지한 미국의 주요 호텔체인은 새로운 성장의 발판을 마련하기 위해서 해외시장에 진출하기로 결정했다. 보통 해외시장 진출국의 선정은 시장규모, 성장성, 매력적인 세분시장의 존재, 체인 브랜드에 대한 수요 등에 의해 결정된다. 시장 개척 동기는 주로 현지국의 소비자를 대상으로 하지만 그렇지 않은 경우도 있다. 호텔체인들은 자국 소비자들이 여가나 비즈니스 목적으로 해외로 여행하는 경우 이들을 따라 해외로 진출했다(Follow-the-Customer). 2차 세계대전 이후 1950년대에 수많은 미국인 여행객들이 해외로 나가면서 미국의 주요 호텔체인들은 주요 고객인 이들을 따라서 해외로 진출해서 매출을 극대화할 수 있었다. 그리고 1980년대에는 일본이 세계 최고의 경제국으로 부상하자 수많은 일본인이 해외를 여행하면서 JAL의 Nikko Hotel 체인도 이들을 따라서 해외 진출을 한층 강화했다. 이는 서유럽 국가의 호텔체인도 마찬가지다. 또 21세기에 들어 중국이 경제대국으로 부상하면서 엄청난 수의 중국인들이 해외여행에 나서게 되자 중국의 호텔체인들은 현지국의 호텔체인들을 인수합병하면서 해외 진출을 시도했다.

둘째, 특정 자원에 대해 접근을 확보하기 위함이다(Resource-seeking). 호텔체인이 해외시장 진출을 고려할 때 선호하는 것에는 인건비가 싸고 숙련된 근로자, 적절한 공급자, 적절한 수준의 사회 인프라, 효율적인 금융시장 등이 있다. 또 호텔체인은 콜센터나 지역별 예약센터를 구축하기 위해 여러 국가를 모색하고 있다.

셋째, 규모의 경제 및 범위의 경제를 통한 효율성을 향상하기 위해 해외시장에 진출한다(Efficiency-seeking). 호텔체인이 보유하는 중앙예약시스템(CRS)처럼 막대한 비용을 투자해서 구축된 특정한 장비 또는 시스템을 여러 시장에서 활용함으로써 규모 및 범위의 경제를 극대화할 수 있다. 그리고 전 세계로 영업지역의 확대와 함께 다양한 브랜드 포트폴리오로 범위의 경제를 극대화할 수 있다. 또 고객충성도 프로그램과 광고도 세계화를 통해 규모의 경제를 최대화할 수 있다.

넷째, 위험 분산이다(Risk-distributing). 세계시장이 통합되고 있지만 대체로 각 국가는 고유한 **경기변동주기**(Business Cycle)를 가지고 있다. 즉 국가마다 호경기 또는 불경기가 정확히 동시에 일어나지 않는 편이다. 호텔체인도 경기순환주기가 다른 세계 여러 국가로 진출함으로써 경기 변동성을 감소할 수 있어서 안정적인 수익 향상을 기대할 수 있다.

다섯째, 선도기업을 추격하기 위해서이다(Follow-the-leader). 경쟁의 강도가 높은 산업에서는 경쟁사의 움직임에 매우 민감하다. 따라서 선도기업과 같은 유력 기업이 해외국가로 진출하면 경쟁기업은 바로 뒤따른다. 특히 직접적인 경쟁을 벌이고 있는 호텔체인이 새로 특정 국가 또는 시장에 먼저 진출하는 경우에 뒤질세라 곧바로 따라서 진출한다.

호텔체인의 해외시장 입지 선정

호텔체인이 외국으로 진출해서 투자하려면 높은 위험과 여러 가지 어려운 여건을 감수해야 한다. 첫째, 해외시장에서 좋은 입지(Location)를 찾기가 쉽지 않다. 둘째, 자본조달을 위한 금융(Finance)은 국내와 달리 더욱 복잡하고 소요되는 자금을 확보하는 것이 어렵다. 셋째, 개발도상국의 경우에는 호텔건축, 직원 충원, 지역 풍습, 비즈니스 관행 등에서 다른 점이 많이 존재하고 있다. 넷째, 정국이 불안정한 개발도상국에서는 호텔 자산의 강제적인 국유화 위험이 존재하고 있으며, 정치환경이 혼란스러울 때는 외래여행객의 수는 급격하게 감소해서 호텔 영업에 심각한 영향을 미칠 수 있다. 다섯째, 해외에서 영업활동을 수행하는 호텔체인은 급격한 환율변동, 가격통제, 이윤의 본국 송금에 대한 제약, 불공정한 세제, 이윤과 경영수수료에 대한 제한 등과 같은 제약조건을 받아들여야 하는 경우가 존재하는데, 이로써 현지 호텔과의 경쟁에서 불리해질 수 있다. 그러나 불리한 외국비용이 있음에도 불구하고 호텔체인은 성장을 지속하기 위해서 해외시장으로 진출하고 있다.

호텔체인의 해외시장 진출은 현지국에 고용 창출, 투자 촉진, 사회 인프라 확충, 선진 경영기술 이전 등을 통해 경제성장에 공헌하고 있다. 기업에 우호적 환경을 조성하여 호텔체인의 진출을 촉진하기 위해서 선행되어야 하는 기본 전제가 몇 가지 있다. 첫째, 효과적인 비자 관리를 통해 국경을 개방해야 한다. 둘째, 공항과 도로 같은 충분한 관광인프라를 건설한다. 셋째, 관광안내소, 주유소 등 관광 지원체제가 잘 구비되어 있어야 한다. 넷째, 충분한 항공노선과 편수가 확보되어야 한다.

호텔체인의 해외시장 진입방식

호텔산업은 생산과 소비의 동시성이라는 본질적 특성으로 인해 호텔체인은 제조업처럼 수출방식을 해외시장 진입방식(Entry Mode)으로 이용할 수 없다. 또 계약방식 중 하청계약과 턴키프로젝트 방식은 호텔산업에서 이용되지 않고 있다. 호텔체인이 해외시장에 진출하기 위해 일반적으로 사용하는 진입방식의 유형에는 프랜차이즈, 위탁경영계약, 전략적 제휴, 합작투자, 장기리스, 전액투자 자회사(신설법인), 인수합병 등이 있다. 이와 같은 진입방식은 새로운 해외시장으로 진출할 때 최고경영진에 의해 선택되고 있다. 진입방식은 지각된 정치적 및 경제적 위험에 의해 결정되고 있는데, 의사결정의 판단기준은 요구되는 자기자본의 투자수준이다. 자기자본 투자수준에 의해 진입방식들은 연속선(Continuum)상에 위치하는 것으로 판단할 수 있다. 프랜차이즈와 위탁경영계약(낮은 수준의 통제와 자본투자)을 한편의 극점으로 하고, 전액투자 자회사와 장기리스(비교적 높은 수준의 통제와 자본투자)를 반대편의 극점으로 하며, 그리고 합작투자와 전략적 제휴(다양한 형태의 통제와 자본투자)를 중간 지점으로 볼 수 있다.

그림 7-9 호텔체인 해외시장 진입방식

직접투자방식

- 단독투자
  - 신설법인(Greenfield)
  - 인수합병(M&A)
  - 장기리스(Long-term Lease)
- 합작투자(Joint Venture)
  - 다수지분(Majority)
  - 소수지분(Minority)

계약방식

- 라이센싱(Licensing)
- 프랜차이징(Franchising)
- 전략적 제휴(Strategic Alliance)
- 위탁경영계약(Management Contract)

위탁경영계약

위탁경영계약(Management Contract)은 호텔체인이 해외시장에 진출할 때 가장 많이 이용되는 진입방식이다. 1950년대부터 이용되기 시작한 위탁경영의 목적은 호텔사업에서 소유와 경영을 분리하는 것이었다. 많은 경우 호텔소유주들은 호텔운영에 대해 전혀 지식을 보유하지 못하고 있거나 호텔운영 이외의 목적으로 호텔을 보유하고 있다. 호텔을 위탁경영하는 운영사 즉 호텔체인은 소유주를 대신하는 대리인으로서 영업에 대한 전반적인 권한을 갖고 호텔을 운영하며, 이와 같은 경영서비스를 제공하는 대가로 경영수수료를 받고 있다. 위탁경영계약의 주요 장점은 호텔체인은 아주 적은 자기자본 투자 또는 전혀 자기자본을 투하할 필요가 없다는 점이다. 프랜차이즈와 달리 위탁경영에서 체인 본사는 관리자를 파견해서 호텔의 일상적인 영업활동에서 체인의 표준운영방식, 품질관리, 직원 채용 등에서 비교적 강한 통제권을 행사할 수 있다. 많은 경험에서 유래된 경영 노하우를 가진 호텔체인은 전 세계에서 수많은 위탁경영계약을 수주하고 있다. Marriott, Hyatt, Shangri-la, Four Seasons 등과 같이 주로 고급 브랜드에 집중하는 호텔체인들이 가장 활발하게 위탁경영계약을 이용하고 있다.

프랜차이즈

프랜차이즈(Franchise)는 해외시장으로 확장 시에 선호되는 전략의 하나이다. 프랜차이즈는 가맹본사(Franchisor) 즉 호텔체인이 가맹호텔(Franchisee)에 사업을 영위할 수 있도록 허가된 영업권을 사용할 수 있는 권리를 부여하는 것이다. 허가된 영업권에는 브랜드, 표준상품, 운영시스템, 예약시스템, 그리고 경영지원 서비스 등이 있다. 영업권을 사용하는 대가로 가맹호텔은 가맹본사에 로열티와 기타 수수료를 지급해야 한다. 가맹호텔은 호텔을 건축하고 운영을 담당한다. 가맹본사인 호텔체인은 호텔을 직접 소유하거나 운영에는 참여하지 않아도 프랜차이즈 네트워크를 통해 브랜드 외에도 건축설계, 중앙예약시스템, 구매, 교육·훈련, 실내장식 등의 지원을 통해 차별화 및 규모의 경제 효과를 누리고 있다.

호텔체인이 프랜차이즈를 이용하는 장점에는 적은 자본투자, 신속한 성장과 확장, 부가적인 매출 및 이익, 시장점유율 향상의 잠재력 등이 있다. 많은 호텔체인들이 세계 경영환경의 변화에 적응하고, 직접투자의 위험을 회피하기 위해 프랜차이즈를 주요한 해외시장 진출전략으로 이용하고 있다.

거대한 경제권역이나 국가에서 호텔체인들은 Master Franchising을 이용하고 있다. 호텔체인은 일부 지역에서 프랜차이즈 사업을 확장하기 위해 현지국의 기업과 Master Franchising 계약을 체결했는데, 이 방법은 신속한 성장과 프랜차이즈 개념의 확산에 많은 도움을 제공했다. 그러나 Master Franchising에도 적지 않은 단점이 존재했다. 호텔체인은 저하된 품질관리 또는 Franchisor와 Franchisee의 충돌 등을 경험했다. 상호 갈등은 보통 영업보호구역의 정의, 계약기간, 품질관리, 그리고 광고 등의 분야에서 발생했다. 호텔체인들은 미국에서 성공한 프랜차이즈 개념을 현지국에서도 복제해서 사용하려 했지만 모든 국가에서 성공하지는 못했는데, 문제의 근원은 문화적 차이에서 비롯되는 경우가 많았다.

프랜차이즈와 위탁경영은 유명 호텔체인들이 해외시장 진입방식으로 가장 많이 사용하고 있다. 두 진입방식에 대한 호텔체인들의 이용에도 일정한 패턴이 있는데 예를 들면 Marriott International의 경우에 서비스 품질관리가 필요한 고급호텔(Full-service) 브랜드는 주로 위탁경영을 진입방식으로 이용하고 있으며 반면에 서비스에 대한 통제가 덜 요구되는 저가 브랜드에는 주로 프랜차이즈를 이용하고 있다. 하지만 프랜차이즈도 유럽과 같이 호텔산업의 성숙도가 높은 지역에서는 프랜차이즈를 이용하지만 아시아 등 비교적 시장 성숙도가 낮은 국가에서는 저가 브랜드에도 위탁경영을 요구하고 있다.

전략적 제휴

세계 호텔산업에서 경영자원이 한정된 단일 기업이 전 세계를 통틀어 효과적이고 효율적으로 경쟁하는 것은 매우 힘든 도전이다. 이런 문제점에 대응하기 위해 전략적 제휴(Strategic Alliances)는 유사하거나 관련된 상품을 보유한 두 개 이상의 기업이 공동의 목적을 위해 동반자(Partner) 관계를 맺는 것을 말한다. 성공적인 전략적 제휴는 더욱 확대된 시장, 규모 및 범위의 경제 효과, 브랜드의 인지도 증가, 상호마케팅 등과 같은 혜택을 파트너들에게 제공하며, 또 자본투자의 최소화와 상호 강점 및 약점의 보완 등을 제공한다.

호텔체인들은 제휴를 통해 좋은 동반자가 될 수 있었다. 2007년 합병하기 전에 미국의 Hilton Hotels Corporation과 영국의 Hilton International은 마케팅과 중앙예약시스템에서 동반관계를 구축해서 상호 간에 시장점유율을 향상할 수 있었다. 그리고 항공사와 호텔체인 간의 전략적 제휴 사례는 Westin 체인과 Japan Airlines이 있다. 이처럼 전략적 제휴는 호텔체인이 국제시장으로 진출할 때 좋은 진입방식이 되고 있다.

합작투자

지분소유방식(Equity Ownership)인 합작투자(Joint Venture)도 선호되는 해외시장 진입전략이 되었다. 합작투자에서 호텔체인은 일부 자본을 투자해서 현지국 또는 지역 파트너들과 합작회사를 설립한다. 투자되는 자원은 재무적 공헌, 인력공급, 기술공급 등 계약마다 다양한 편이다. 예를 들면 Carlson은 이스라엘의 Moriah Company, 인도네시아의 Slim Group과 합작회사를 설립해서 호텔을 건립했으며, InterContinental은 남아프리카의 Sun Group, 아시아의 Dynasty Group과의 합작투자를 통해 호텔들을 개업했다. 그리고 Accor는 아시아 · 태평양 지역에서 호텔사업을 확대하기 위해 중국, 한국, 베트남, 말레이시아, 인도네시아, 태국과의 합작투자를 감행했다.

단독투자

대표적인 지분소유방식인 단독투자는 소요되는 자본을 한 기업이 전액 투자해서 설립한 자회사(신설법인: Greenfield)를 통한 진입방식으로 호텔체인이 현지국의 호텔산업에 직접 투자해서 모든 재무자원, 인력, 기술 등을 스스로 확보한다. 이 방식을 이용하는 호텔체인은 자회사에 대해 직접 경영권을 행사한다. 단독투자의 장점은 완전한 소유권의 확보와 자회사에 대한 강력한 통제권을 행사할 수 있다. 예를 들면 전면적인 경영권과 100% 소유권을 확보하기 위해서 1996년에 Bristol Hotel Company는 영국의 Bass PLC로부터 61개소의 Holiday Inn 호텔들을 인수하는 데 6억 6천만 달러를 투자했다. 이 방법을 사용하는 호텔체인의 주요 관심사는 현지국의 장기적, 정치적 및 경제적 안정성인데, 이런 사항을 예측하기 위해서는 다국적 환경에서 충분한 경험이 있어야 가능하다.

장기리스

장기리스(Long-term Lease)는 계약기간 동안 재무적 부담을 져야 하지만 동시에 호텔에 대한 통제권을 갖기 때문에 호텔산업에서는 전액출자방법으로 간주되고 있다. 이 방법은 호텔체인이 현지국의 좋은 입지에 있는 호텔을 확보하고자 할 때 자주 이용되고 있다. 예를 들면 Marriott International과 Hilton International은 일부 호텔을 장기리스로 운영하고 있다. 장기리스는 대부분 장기적 재무자원의 투자가 요구되고 있다. 따라서 현지국의 안정성과 호텔의 입지와 시장의 장기 전망을 충분히 고려한 후에 투자를 결정해야 한다.

인수합병

호텔산업의 공급초과 현상과 새로운 호텔을 위한 적절한 입지의 제한 등으로 인해 많은 호텔체인들은 서로 합병하거나 경쟁사를 인수해서 자회사로 편입함으로써 시장점유율과 경쟁력을 향상하고 있다. 인수합병(M&A)을 통해 호텔체인은 신속하게 해외시장에 진출하고, 새로운 브랜드를 확보하거나, 또 기존 브랜드의 이용을 극대화해서 다른 방식에 비해 더 신속하게 성장할 수 있다. 1954년 Hilton 체인이 Statler를 인수했던 이후부터 세계 호텔산업에서는 수많은 인수합병 거래가 발생했으며 이 때문에 세계 호텔산업의 경영환경에 많은 변화가 일어났다.

다수의 해외시장 진입방식이 존재하고 있지만 일부 호텔체인은 자국에서 이용했던 방법을 해외시장에서 다시 활용하는 것을 선호한다. 예를 들면 Choice International은 프랜차이즈를 주로 이용했으며, Hilton International, InterContinental, Marriott International 등은 위탁경영계약을 선호했다. 그러나 특히 개발도상국에서는 정치적 불안정, 불확실성, 위험이 존재하기 때문에 대다수 호텔체인은 해외시장에 진출할 때 자기자본의 투자 없이 진출하는 방법들을 선호했다.

그러나 시간이 흐르면서 개발도상국들은 외국 투자자본을 이용해서 자국의 관광산업 인프라를 확충할 수 있다는 것을 알게 됐다. 이들은 외국 자본에 대한 투자규제를 완화하는 동시에 호텔체인에게 자기자본을 투자할 것을 요구하게 되었다. 따라서 일부 국가에서는 호텔체인에 현지국에 진출을 원한다면 위탁경영계약이나 프랜차이즈 계약을 하려면 프로젝트에 최소한 10% 이상의 자기자본을 투자할 것을 요구했다. Choice International의 부사장이었던 Roy Murray는 호텔체인과 현지국 사이에 이제는 더 이상 진정한 의미의 프랜차이즈 또는 위탁경영계약은 존재하고 있지 않다고 주장했다.

글로벌 경영환경이 역동적이고 복잡해지고 서로 의존하는 관계가 깊어질수록 적은 자본투자, 합작투자, 전략적 제휴, 파트너십 등의 협업 노력이 세계 호텔산업에서 주요 진입방식으로 이용되고 있다. 따라서 파트너 선택은 다국적기업과 현지국 기업 간의 중요한 전략적 고려사항이 되었는데, 협력관계가 목표를 달성하려면 적절한 파트너의 선택은 아주 중요해졌다. 두 파트너 사이에는 서로 간의 욕구와 기대가 존재하는데, 성공하기 위해서 서로의 장점 및 단점을 보완할 수 있다.

호텔체인은 세계시장에서 다수의 진입방식을 이용하고 있다. 예를 들면, 아시아에서 Holiday Inn Worldwide는 중국에서 호텔을 개업할 때 Master Franchising과 위탁경영계약을 주로 이용했으며, 태국에서는 합작투자를 이용했다. Hilton Hotels Corporation은 Hilton International과 전략적 제휴를 체결했고, 이스라엘과 아일랜드에서는 위탁경영계약을 이용했다. 또 Carlson Hospitality는 이탈리아의 호텔체인과 프랜차이즈 계약을 맺고, 이스라엘의 Moriah Company와는 합작투자를 체결했으며, SAS와는 전략적 제휴를 했다.

문화적 차이 등 다른 배경을 가진 각 지역을 공략하기 위해서는 각기 다른 전략이 필요할 것이다. 해외시장에서 높은 수준의 서비스 제공을 보장하려면 호텔체인은 아마도 신설법인, 장기리스, 또는 위탁경영계약을 선택하는 것이 옳을 것이다. 세계적인 명성을 지닌 브랜드로 현지국의 소비자를 상대하려면 프랜차이즈가 아마 옳은 전략일 것이다. 또 현지국 시장이 성숙하다면 호텔체인들은 어쩌면 프랜차이즈를 선호할 것이며, 호텔시장이 성장하는 중이라면 운영관리에 대한 효과적인 통제와 브랜드의 명성 유지를 위해 위탁경영계약이 효과적일 것이다. 안정적인 정치 및 경제 환경을 보유한 서구 선진국에서는 상당한 자기자본이 요구되는 인수합병이 적합한 전략이 될 수 있다.

호텔체인의 국제화

해외시장 즉 다른 국가로 진출하는 것은 이전에도 일부 호텔체인에 의해 수행되었지만 지속적으로 이루어지지 않았고 대부분 일회성이거나 단기투자 목적이어서 미미한 수준에 그쳤다. 과거 유럽의 Ritz Hotels Company가 영국, 프랑스, 스위스, 미국 등 여러 국가로 진출했지만 두 차례의 세계대전을 치르면서 체인은 사라져 버렸다. 또 일부 미국 호텔체인도 카리브해 국가 등으로 진출했으나 지속성이 없었으며 성장에 대한 동기가 약했다. 대다수 미국 호텔체인은 성장 잠재력이 높은 국내시장에 집중했다.

2차 세계대전이 끝나자 미국 정부는 세계를 이끄는 역할을 하는 위치에 놓이게 되었다. 미국이 전 세계적으로 여러 역할을 담당하게 된 것은 미국과 소련 간의 냉전 시대가 열리면서 주도권을 잡는 동시에 세계로 경제권을 확대하기 위해서였다.

먼저 유럽을 살펴보면 1947년부터 1951년까지 미국 정부는 서유럽 18개 국가에 대한 대외원조계획인 Marshall Plan(정식명칭은 ERP(European Recovery Program))을 시행해서 전쟁으로 폐허가 된 국가들에 총 120억 달러를 지원했다. 원조계획의 목표는 종전 후 기아와 빈곤이 만연하고 경제 불안정이 심화되고 있던 서유럽의 경제부흥을 지원해서 각 국가에서 무역적자와 달러화 부족 현상을 해소하는 것이었다. 그리고 원조계획을 통해 소련과 공산주의의 팽창으로부터 유럽을 보호하려고 했다. 그러나 Marshall Plan의 근본적인 목적은 새로운 세계 질서에서 미국의 경제 지배력을 확대하기 위한 것이었다. 아시아 국가에도 유사한 지원이 제공되었다.

종전 직후 대다수 유럽과 아시아 국가들은 전쟁의 여파로 완전히 파괴된 상태였다. 각 국가의 농업과 산업은 폐허가 된 상태였기 때문에 수출을 촉진하기 위해서는 미국의 달러화처럼 널리 통용되는 경화가 절실하게 필요했지만 충분한 달러 자금을 확보할 수 있는 경제적 여력이 없었다. 그래도 이런 상황에서 관광산업은 몇 개 없는 비교적 전망이 좋은 산업 중의 하나였다. 전쟁 직후에 세계를 여행하는 관광객은 미국인들이 유일했으며 또 경제부흥을 위한 유일한 자금조달원은 미국 정부의 Marshall Plan에 의한 자금 지원이 전부였다.

다음으로 남미와 중남미 국가에 대해 과거 1910년대 및 1920년대에 미국 정부는 지역의 안정적인 질서를 유지한다는 목적으로 월등한 군사력을 이용해서 강하게 압박했었다. 그러나 1933년에 새로 취임한 Franklin Roosevelt 대통령은 과거의 내정간섭 정책에서 탈피해서 새로운 **선린외교정책(Good Neighbor Policy)**을 시행하여 주변 국가들과 협력 및 교역의 증진을 도모하고자 했다.

이런 상황과 함께 전쟁이 끝나자 그동안 대공황과 전쟁으로 고단한 삶을 보내야 했던 수많은 미국인들 사이에 해외여행이 성행하게 되었다. 미국인들은 먼저 가까운 이웃 나라인 중남미와 남미로 여행을 즐기러 가게 되었다. 1946년에 전체 미국인이 해외여행에서 소비한 금액이 무려 5억 5천만 달러에 달했는데, 이 중에서 3억 3천만 달러는 주로 캐나다와 멕시코처럼 인접된 이웃 나라에서 소비됐다. 그러나 이후 유럽에 대한 여행 제한이 풀리면서 유럽으로 대거 여행객이 몰리게 되었다. 미국인들의 해외여행 소비액은 1949년이 되자 9억 달러로 대폭 증가했다. 전쟁 기간에 미국에서 연합국과 동맹국의 여러 지역 및 풍물이 영화관에서 뉴스 보도로 상영되면서 군인과 가족 그리고 일반 시민들은 지구상에 존재하는 다른 나라들의 이국적인 모습에 관심을 보이게 됐다. 종전이 되고 다시 평화와 번영의 시기가 도래하자 미국인들은 뉴스에서 보았던 이국적 취향의 나라들을 방문하고자 하는 욕구가 형성되었다. 그런데 당시에 하늘을 찌를 정도로 높았던 달러화의 가치와 계속해서 발전하는 항공여행 수단은 이와 같은 해외여행 욕구를 현실화하는 데 촉매제 역할을 했다.

당시 자국민 사이에 해외여행이 대폭 증가하는 사회현상에 대해 미국 국무부의 입장은 다음과 같았다. 첫째, 자국민들의 해외여행 증가는 상호 이해 증진과 현지국과의 유대 관계 개선에 크게 공헌할 것이다. 둘째, 비즈니스 목적의 해외여행 증가는 해외시장에 개척에 공헌할 것이다. 셋째, 해외여행 증가는 현지국의 달러화 부족을 해소해서 결과적으로 교역의 증가로 이어질 것이다. 특히 해외여행 소비 증가는 유럽국가들의 경제개발에 필요한 달러화의 공급원이 될 수 있다. 그리고 미국 정부는 Pax Americana 즉 미국이 주도하는 세계 평화를 통해 주변국 또는 우방국에 대한 영향력을 강화하는 한편 미국 문화의 우월성을 전파할 목적으로 자국민들의 해외여행을 장려했다.

그러나 미국인 여행객들이 방문하는 유럽 등 대다수 국가에서 호텔 등 각종 숙박시설들은 전쟁 중에 대부분 파괴된 상태였으며, 호텔은 투자금 회수가 비교적 늦기 때문에 현지국에서는 호텔 투자를 별로 고려하지 않고 있었다. 따라서 전쟁의 피해를 보지 않았으며 세계 최고 수준의 현대적인 호텔을 이용했던 미국인들이 세계를 여행하면서 경험한 불편한 숙박시설에 대한 불평이 여기저기서 터져 나왔다. 때마침 미국 의회가 의뢰해서 수행된 전문가의 분석보고서가 발표되었는데, 결론은 해외국가에는 미국인들의 여행에 적합한 현대적인 숙박시설이 턱없이 부족하다는 것이었다. 그리고 만약에 적합한 수준의 현대적인 호텔이 공급된다면 여행 수요가 상당히 증가할 수 있다고 보고서는 주장했다. 이와 같은 사실을 인지한 미국 국무부는 주요 호텔체인에게 미국인들이 방문하는 세계의 주요 도시에 진출할 것을 독려하기 시작했으며 이는 원조계획인 Marshall Plan에도 공헌하는 효과가 있을 것으로 판단했다.

이와 같은 변화된 새로운 세계 질서는 호텔체인에 좋은 기회가 되었다. 1920년대부터 과학적 관리, 효율성, 표준화, 일관성, 그리고 대량생산 등에 큰 노력을 기울인 결과 미국의 주요 호텔체인들은 크게 성장하고 경쟁력도 강화할 수 있었다. 그리고 대공황이라는 사상 최악의 암흑기를 겪으면서 부족했던 점을 뒤돌아볼 수 있었다. 그리고 2차 세계대전이 끝나고 호황이 시작되자 호텔체인들은 세계무대에서 높아진 국가 위상에 걸맞게 해외 진출을 고려하기 시작했다.

InterContinental Hotels Corporation: 선구자

2차 세계대전 이후 지속적인 호텔체인의 국제화를 주도하면서 선구자적 역할을 했던 체인이 바로 InterContinental Hotels Corporation이다. 그런데

InterContinental 호텔은 당시까지만 해도 존재하지 않는 체인이었다.

InterContinental은 당시 미국의 최대 항공사이자 20세기의 가장 유명하고 성공했던 항공사였던 Pan Am(Pan American World Airways)의 창업자였던 Juan Terry Trippe(1899~1981)에 의해 1946년에 자회사로 설립됐다. 설립 목적은 브랜드명에서 보듯이 국내보다는 외국에 호텔을 건설하기 위함이었다. 처음에는 사명을 International Hotels Corporation으로 했다가 보다 넓은 영역으로 사업을 확대한다는 의미에서 InterContinental Hotels Corporation으로 변경했다. 그러나 InterContinental을 설립하게 된 동기는 정치적인 이유도 상당했다. 미국 국무부는 패권적 지배를 통해 우방국 또는 주변국에 대한 영향력을 강화하고 동시에 미국 문화의 우수성을 세계에 알리고자 했으며 또 미국인들이 비즈니스나 여가 목적으로 자주 방문하는 외국 도시에 대한 미국식 호텔의 건립을 호텔기업에 독려했다. 특히 Trippe는 1944년에 회의에서 만났던 Roosevelt 대통령이 그에게 Pan Am이 앞장서서 미국인을 위해 남미에 현대식 호텔을 건립할 것을 요청하기도 했다. 처음에 Trippe는 호텔기업을 창업하는 것에 부담스러워 했다. 그래서 그는 Statler 체인 등 기존 호텔체인에 해외로 진출할 것을 권유했다. 그러나 아무도 반응하지 않자 결국에 Trippe는 InterContinental을 창업했다.

그런데 Trippe는 최고의 호텔로 유명했던 Waldorf-Astoria를 운영하는 회사의 이사회에서 이사를 맡고 있었다. 따라서 Trippe는 유명한 호텔경영자인 Lucius Boomer를 새로 창업한 InterContinental Hotels Corporation 이사회의 회장도 겸임해 주도록 요청하고 호텔사업을 이끌도록 했다. 그러나 1947년 노르웨이에 휴가를 갔던 Boomer가 갑자기 사고로 사망하게 되면서 사업이 늦어졌다. 같은 해 호텔사업 책임자로 35년의 호텔 경험을 보유한 Byron Calhoun을 임명했다.

InterContinental Hotels Corporation은 1947년 4월과 7월에 걸쳐 남미와 중남미에 모두 11개소의 호텔건설 프로젝트를 발표했다. 호텔이 건립될 도시로는 멕시코시티(멕시코), 과테말라시티(과테말라), 카라카스(베네수엘라), 리우데자네이로와 상파울로(브라질), 몬테비데오(우루과이), 부에노스아이레스(아르헨티나), 산티아고(칠레), 리마(페루), 보고타(콜롬비아), 퀴토(에쿠아도르) 등 모두 10개 국가에 속했다. 모든 호텔은 1951년까지 건축을 끝내도록 할 계획이었다. 호텔 규모는 다양해서 과테말라에는 150실의 소규모로, 반면에 멕시코시티와 리우데자네이로에는 1,000실 규모의 대형호텔을 건립할 계획이었다. 호텔들의 건축설계는 현대적인 Washington DC Statler Hotel을 건립했던 시카고의 유명 건축회사인 Hollabird & Root Company가 자문을 맡도록 해서 각국의 현지 건축가와 함께 설계를 진행하도록 했다. 호텔들이 완공되면 미국 호텔체인의 뛰어난 경영 노하우와 함께 현지국의 분위기 및 요리가 잘 조합되면서 운영될 것으로 예상했다. 각 호텔은 현지국의 사업가가 소유하게 되지만 호텔의 운영, 예약, 판촉 등 모든 관리는 InterContinental Hotels Corporation이 맡아서 하도록 했다. 그리고 호텔건축과 자금조달 계획은 각 국가의 호텔사업가와 InterContinental Hotels Corporation이 서로 협력해서 진행되는 것으로 발표됐는데, InterContinental은 각 호텔에 일부 지분을 투자하기로 했다. 그리고 InterContinental Hotels Corporation은 모기업인 Pan Am으로부터 완전하게 독립되어 운영된다고 밝혔다. 한편 이 사업에 관심이 많았던 미국 국무부는 이 프로젝트를 지원하기 위해서 수출입은행을 통해 2천5백만 달러의 자금을 저금리로 융자해 주도록 알선해 주었다. 2차 세계대전 이전부터 남미국가는 적절한 시설을 갖춘 호텔 부족 등 여건이 좋지 않아서 미국인들이 많이 여행하지 못했다. 그러나 전쟁이 종료된 후 미국 정부는 남미국가로 많은 미국인 여행객을 보내서 그들이 달러를 확보해서 경제발전에 도움이 되도록 하고 또 국가 간의 유대 관계를 향상해서 많은 교역이 이루어지기를 원했다.

이후 여러 사정이 겹치게 되면서 호텔 건립계획은 몇 차례 연기되었으며 드디어 1949년 브라질의 북부도시 Belem에 InterContinental 최초의 호텔인 85실의 Hotel Grande를 개관했다. 이 호텔은 처음 예상과 달리 신축된 호텔은 아니었다. 이어서 1950년에는 칠레의 Santiago에 400실 Hotel Carrera와 콜롬비아의 Baranquilla에 250실 Hotel El Prado 2개의 호텔을 개관했다. 1952년에는 멕시코의 멕시코시티에서 270실의 Reforma InterContinental을 개관했다. InterContinental은 해외시장 진입방식으로 주로 **위탁경영계약**(Management Contract)을 이용했다. 동시에 초창기에는 호텔들을 소유회사의 이사회에 이사로서 자격을 얻기 위해 일부 지분에 대해 투자했다. 투자금은 보통 호텔프로젝트 비용에서 최대 1/3까지 투자했는데, 이를 회사 내부에서는 'Token'이라고 불렀다.

그림 7-10 CEO Juan Trippe & Hotel Grande. Belem, Brasil

출처: https://www.ihgplc.com/en/about-us/our-history

InterContinental 체인은 1953년에 남미에서만 모두 5개소의 호텔을 건립했다. 콜롬비아의 보고타에 Hotel Tequendama, 베네수엘라의 카라카스에 Hotel Tamanaco, 같은 베네수엘라 마라카이보에 Hotel De Lago, 우루과이 몬테비데오에 Hotel Victoria Plaza, 그리고 버뮤다에 Hotel Princess 등이다. InterContinental 체인은 1960년이 되자 남미와 중남미에서만 모두 17개소의 호텔을 운영하는 체인으로 성장했다. 호텔들은 주로 모기업인 Pan Am의 주요 취항지였던 남미의 항공노선을 따라 개관됐다. InterContinental 체인은 진출하는 도시마다 호텔운영은 미국식 경영방식을 유지했지만 현지국의 고유한 지역 정취를 잘 반영했다. 'Local Flavor & American Comfort'라는 구호를 이용해서 지역의 정취와 미국식 안락함이 잘 조화될 수 있도록 노력했다.

현지 호텔과 위탁경영계약을 체결하면서 InterContinental은 초기에는 호텔소유주로부터 객실당 고정된 수수료에 더해서 인센티브수수료를 지급받는 조건으로 계약을 체결했다. 즉 InterContinental이 위탁경영 서비스를 제공하는 대가로 받는 경영수수료 구조는 [(객실수 × 고정 수수료 = 기본수수료) + 인센티브수수료]였다. 인센티브수수료의 도입은 당시로는 혁신적인 개념이었다. 후에 InterContinental은 기본수수료를 책정하는 방식을 객실당 고정 수수료에서 총매출액의 일정 %로 변경했다.

InterContinental은 1961년에는 처음으로 중동지역인 베이루트에 진출했으며 이후부터 아시아, 유럽, 아프리카 등으로 진출 지역을 확대해 나갔다. 주로 Pan Am의 취항지를 따라 진출했으며 미국인 여행객과 승무원에게 미국과 같은 현대식 고급 호텔시설을 제공했으며, 개관하는 지역마다 최초의 국제 호텔체인으로 명성을 이어갔다. 현지의 지역 정취를 반영하기 위해 노력한 결과 호텔설계를 고려할 때 지역 특색을 잘 반영해서 독특한 호텔건축이 되도록 했다. 현지국에 있던 궁전, 관공서 등을 복원해서 호텔로 전환하기도 했는데 예를 들어 시드니에서는 과거 재무성 건물을 호텔로 전환하기도 했다. 그리고 1964년에는 유고슬라비아 자그레브에 진출하면서 최초로 프랜차이즈를 도입하게 되었는데, 이는 문화적 차이 때문이었다. 유고슬라비아의 관행에서는 외국인 경영책임자가 자국인 소유의 호텔을 관리할 수 없게 되어 있어서 불가피한 선택이었다.

InterContinental 체인은 계속 성장해서 1960년대 말이 되자 전 대륙에 모두 43개소의 호텔을 운영하는 유명 호텔체인으로 성장하였다. 1972년에는 가격대가 낮은 세분시장에 Forum Hotel을 출시했으며 1973년에는 미국 국내 지역으로서는 처음으로 샌프란시스코에 InterContinental Mark Hopkins를 개관했으며 이후부터 뉴욕 등에도 개관했다. 1970년대가 되자 50여 개 국가에서 모두 20,000실 60개소의 호텔을 거느리게 되었다.

Hilton International, Inc.: 또 하나의 선구자

제2차 세계대전이 종료되자 사업기회를 잘 놓치지 않는 Hilton Hotels Corporation의 창업자 Conrad Hilton의 레이더에 해외시장이 아른거리기 시작했다. 그는 기회를 놓치지 않고 적극적으로 해외 진출을 하고 싶었다. 그는 '비즈니스가 국경을 넘지 않으면 군대가 넘는다'라는 유명한 학자의 말에 깊이 감명을 받았으며 '국제 교역과 여행을 통한 세계의 평화'를 신봉했다. 이처럼 Hilton은 해외 진출 즉 국제화에 대한 비전을 보유하고 있었으나 그것을 성취할 수 있는 수단이 부족했다. 왜냐하면 Hilton Hotels Corporation의 이사회가 극심한 반대를 했기 때문이었다. 이사회는 첫째, 당시 세계 경제가 대부분 너무 좋지 않은 상황이었으며, 둘째, 전쟁과 혁명 또 인플레이션 등으로 엄청난 재무위험이 존재했으며, 셋째, 당시 미국도 전시통제가 해제되면서 높은 물가인상으로 상황이 좋지 않았으므로 국내 시장에만 집중할 것을 요구했다. 다른 호텔체인도 국내 호텔산업은 아직도 성장 잠재력이 남아있었기 때문에 위험부담이 큰 해외시장 진출은 피하고 있었다.

그러나 예전과 같이 Hilton은 결국에는 해외 진출을 감행했다. Hilton 체인은 1948년 4월에 모기업 Hilton Hotels Corporation이 100% 지분을 소유하는 자회사로 Hilton Hotels International, Inc.를 창업해서 해외시장 진출을 전담하도록 했다. 끈질기게 이사회를 설득해서 Hilton이 해외 진출을 위해 승인받은 금액은 30만 달러뿐이었다. 해외 진출을 위해 그는 유럽 시장을 둘러보기 위한 여행을 하기도 했다. 그는 유럽에 먼저 진출할 것을 고려했으나 이 계획은 한국전쟁의 발발로 연기됐다. 드디어 Hilton International의 첫 번째 해외시장 진출은 1949년대 말에 이루어졌다. 미국 정부는 주변의 저개발 국가와의 관계를 개선하기 위해서 관광산업의 개발을 독려하고 있었다. 중남미 개발도상국 정부는 관광산업을 육성하려면 경제개발과 현대식 호텔이 절실히 필요하다는 사실을 인지했다. 또 각국 정부도 잘 알려진 미국기업과 함께하는 것이 관광객을 유치하는 데 가장 효과적이라는 사실을 깨닫게 되었다. 그리고 적절한 실내장식과 적합한 시설 및 장비를 갖춘 현대식 호텔을 건축하기 위해서는 유명 호텔브랜드와 경영기술이 필요했다. 따라서 이들은 유명 호텔체인이 보유하고 있는 전문적인 경영지식과 브랜드를 제공받는 조건으로 신축호텔의 건설에 대한 투자위험을 기꺼이 부담했다.

1947년에 푸에르토리코의 정부투자 기관이었던 Puerto Rico Industrial Development Company는 수도 산후안에 현대식 호텔을 건설하고 이를 운영할 호텔체인을 선정하기 위해 미국의 유명 호텔체인 세 곳에 제안요청서를 보냈는데, 결국에는 Hilton이 운영사로 선정되었다. 후일 알려진 바에 의하면 푸에르토리코 정부가 Hilton을 선택하게 된 동기는 영어로 된 답신을 보낸 다른 호텔체인들과 달리 Hilton 체인만 스페인어로 작성된 답신을 보냈기 때문이었다고 하는데, 이는 Hilton의 작품이었다.

호텔건축은 1947년부터 시작됐으며 공사기간 동안 Hilton International은 건축과 설계 등의 분야에서 보유하고 있는 경영 노하우를 지원했다. 드디어 1949년 12월에 중남미 카리브해에 있는 푸에르토리코의 수도 산후안에 Hilton International 최초의 호텔인 307실의 Caribe Hilton이 개관했다. 그런데 Hilton 체인은 해외시장에 진출하면서 국내 시장과는 다른 전략을 채택했다. 외부에서 자금을 차입한 후 투자해서 직접 호텔을 소유하는 국내의 영업방식과 달리 해외시장에서는 자금을 거의 투자하지 않는 방식을 채택했다. 즉 Hilton International은 해외시장에서는 호텔 부동산을 직접 소유하지 않는 방식을 채택하고, 대신에 해외에 소재하는 호텔소유주를 위해 운영만을 담당했다. 즉 호텔에서 소유와 경영을 분리했다.

당시까지는 현재 많이 이용하고 있는 프랜차이즈나 위탁경영계약은 아직 등장하기 이전이었다. Hilton International이 푸에르토리코 정부기관과 이익공유임차(Profit-sharing Lease) 또는 영업임차(Operating Lease)라고 부르는 새로운 계약방식을 도입했다. 새로운 이익공유임차 계약방식에 의하면 푸에르토리코 정부기관은 채권을 발행해서 조달한 800만 달러를 자본금으로 전액 출자해서 호텔을 건축하고 완공된 이후에는 Hilton International에 호텔을 임대줘서 운영을 담당하도록 했다. 반면에 Hilton International은 영업 장비와 초기 운전자본의 명목으로 30만 달러를 투자한 것이 전부였다.

Caribe Hilton이 개관하자마자 밀려드는 미국 관광객으로 인해 푸에르토리코 정부의 관광산업 수입은 크게 증가했다. 호텔이 개관하기 전인 1947년에 외국인 관광객 수는 4만 명에 관광수입은 400만 달러였다. 그러나 1956년이 되자 관광객 수가 16만 명으로 증가하면서 관광수입도 2천5백만 달러로 대폭 늘었다. 푸에르토리코 정부는 순전히 Caribe Hilton 때문이라고 발표했다. 정부기관은 4년 만에 투자금을 대부분 회수했으며, Hilton International도 많은 이익을 가져갔다. Caribe Hilton의 성공 사례는 새로운 사업기회를 발견하고 이를 잘 이용한 창업자 Hilton의 사업수완을 여실히 보여줬다.

Caribe Hilton의 성공을 서곡으로 Hilton International은 해외시장 진출을 가속하면서 신속하게 성장했다. Hilton International은 처음 유럽 진출을 고려할 때 전쟁 피해가 막심한 런던이나 파리보다는 피해가 비교적 적은 로마나 마드리드를 적합한 입지로 판단했다. Hilton International의 2호 호텔은 1953년 스페인 마드리드에 330실의 Castellana Hilton으로 유럽에서는 최초로 개관했다.

그리고 1955년에는 소련이 지배하는 공산국 진영의 영토와 인접한 최전선 지역인 터키의 이스탄불에 3호 호텔로 300실의 Istanbul Hilton을 개관했다. 이스탄불 진출 결정은 소련과의 냉전 체제하에서 대결을 벌이고 있던 미국 국무부의 요청으로 소련 영토에 최대한 접근해서 건립되었다. 유럽에서는 처음으로 현대식 호텔로 건축된 Istanbul Hilton은 후에 다른 호텔들에 모델이 될 정도로 유명했다. 호텔은 개관하자마자 크게 성공했으며 많은 인기를 끌면서 첫해에만 130만 달러의 이익을 창출했다. 같은 냉전의 동기로 1958년에는 서독의 서베를린에도 Berlin Hilton이 문을 열었다. 이어서 1956년에는 멕시코시티에 Continental Hilton을, 1957년에는 파나마에 El Panama Hilton을 개관했다. 1958년에는 쿠바에 Hilton Havana를 개관했다. 이들과도 모두 이익공유임차계약을 체결했다.

Hilton International은 Caribe Hilton의 성공을 다시 재현하기 위해 1958년 3월에 쿠바의 수도 아바나에 670실의 Hilton Havana를 개관했다. 남미에서 가장 높고 컸던 호텔프로젝트의 총비용은 2천4백만 달러에 달했는데 Hilton International은 개업 전 비용과 영업비용으로 2백만 달러를 지분으로 투자했다. 호텔영업이 시작되자 특히 미국 마피아들이 주도했던 카지노영업장이 큰 인기였다. 그러던 1959년 1월에 피델 카스트로가 친미적이었던 바티스타 정권을 몰아내는 쿠바혁명이 갑자기 터졌다. 카스트로는 처음 3달 동안 23층 전체를 차지하는 제일 높고 화려한 객실인 Conrad Hilton Suite에서 지냈다. 그러나 혁명 이후 쿠바에서 반미성향의 정치 정서가 확대되자 큰 불안을 느낀 미국인 관광객들의 발길이 끊기게 되면서 이들에 의존하던 쿠바의 관광산업은 큰 타격을 입게 되었다. 관광객이 끊기면서 Hilton Havana의 객실점유율은 14%까지 추락했다. 카스트로도 미국 여행사협회(ASTA)가 주최하는 컨벤션에 직접 참가해서 미국인 관광객을 다시 쿠바로 끌어들이기 위한 노력을 시도했으나 별 효과가 없었다. Hilton Havana의 경영진은 영업을 지속하기 위해서 온 힘을 다했다. 그러나 손님이 100명이 채 되지 않아도 쿠바 정부는 670명에 달하는 직원들을 단 한 명도 해고할 수 없도록 막았다. 카스트로는 직원들의 고용을 유지하기 위해 긴급자금 대출을 지원해서 영업비용으로 사용하도록 조치했다. 그러나 그 후에 미국과 쿠바의 관계가 더욱 악화되면서 카스트로 정부는 결국 1960년 6월이 되자 호텔 상호를 'Hotel Free Havana'로 변경함과 동시에 전격적으로 호텔을 국유화해 버렸다. Hilton International은 쫓겨나게 되었으며, 호텔 국유화로 인해서 지분으로 투자했던 2백만 달러에서 다행히 돌려받은 30만 달러를 제외하고 나머지 투자액은 회수하지 못했다.

Hilton International이 쿠바사태를 통해 터득한 교훈은 정치환경이 불안정한 개발도상국에서 경영진의 통제 불가능과 이로 인한 영업손실 위험을 감수할 수 없다는 것이었다. 이에 따라 Hilton International의 최고경영진은 향후부터는 종전의 이익공유임차 계약방식을 포기하고 새로운 해외시장 진입방식으로 위탁경영계약을 도입했다. 새로 도입한 위탁경영계약을 통해 Hilton International은 호텔소유주에게 모든 위험을 전가했다. 그리고 영업 및 인사 등 호텔운영에 대한 통제권(Control)은 철저히 유지했다. 새로 개발된 위탁경영계약이 처음으로 채택된 호텔이 1963년에 문을 연 750실의 Hong Kong Hilton이었다.

Hilton International은 유럽과 일본 등 선진국 시장에 진출을 꾀하는 동시에 진입장벽이 낮은 개발도상국 시장에 대한 관심도 놓지 않았다. 그렇지만 정치적 위험 등이 높은 개발도상국에서는 높은 사업개시 비용이 소요되는 이익공유임차방식을 이용할 수 없었다. 따라서 쿠바사태 이후부터 Hilton International은 진출하는 지역에 따라 진입방식을 차별해서 이용하는 전략을 채택했다. 먼저 선진국의 주요 도시에 진출할 때는 기존과 같은 이익공유임차를 이용했다. 그중에서도 런던이나 파리처럼 시장이 성숙한 지역에서는 표준적인 고정임차방식을 이용했다. 그렇지만 개발도상국으로 진출할 때는 위험이 거의 없는 진입방식인 위탁경영계약을 주로 이용했다. 〈그림 7-11〉에서 보듯이 1953~1962년 동안에 Hilton International은 모기업에 비하면 규모는 작았지만 성장하는 속도는 훨씬 빨랐다.

그림 7-11 Hilton Hotels Corporation vs Hilton International 객실 수 비교

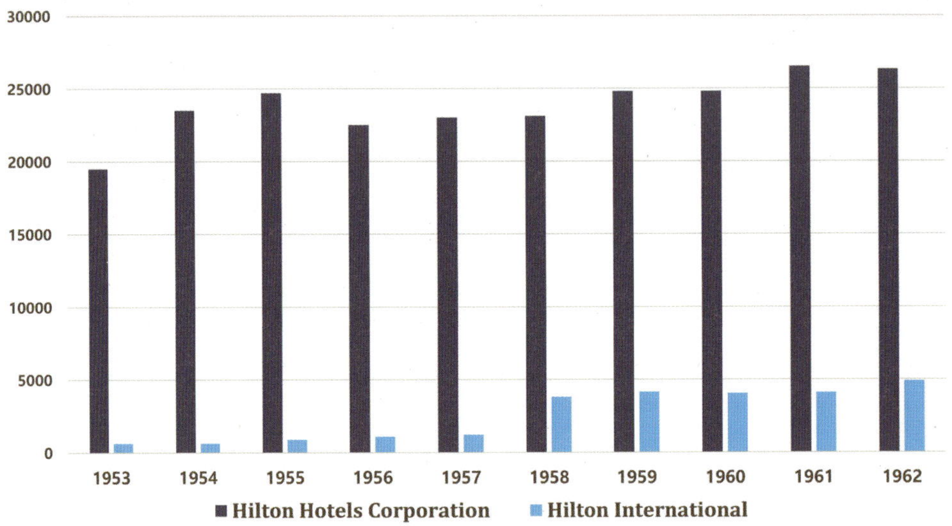

출처: Hilton Hotels Corporation. 1962 Annual Report

Hilton International은 해외시장을 통한 성장에 박차를 가한 결과 1963년에만 8개소의 호텔을 세계 여러 국가에서 개관했다(〈그림 7-12〉). 그 결과 1964년이 되자 Hilton International은 산후안, 아바나, 멕시코시티, 트리니다드토바고, 파나마, 카라카스, 로마, 베를린, 런던, 암스테르담, 브뤼셀, 비엔나, 아테네, 이스탄불, 몬트리올, 카이로, 베이루트, 홍콩, 도쿄, 방콕, 시드니 등 총 22개 국가에서 모두 29개의 호텔을 운영하는 중견 호텔체인으로 성장했다.

Hilton International은 해외시장으로 진출하면서 곳곳마다 전형적인 미국식의 숙박경험을 제공했다. 창업자 Hilton은 해외지역에 새로운 호텔이 개업할 때마다 해당 호텔을 'Little Americas'라고 불렀으며, 세계 주요 도시에서도 미국에 있는 Hilton 호텔과 흡사한 서비스를 제공했다. 이는 해외시장 진출 초기에는 고객층이 주로 미국인 비즈니스 또는 여가 여행객이었기 때문이었다. Hilton 체인은 기업을 공개하고 큰 체인으로 성장한 이후부터 호텔들을 운영하면서 한결같은 품질과 영업시스템을 고수하기 위해 본사 중심의 철저한 중앙집중식 표준화(Standardization) 전략을 채택했는데, 해외시장에서도 같은 전략이 채택됐다.

따라서 외국에 'Little Americas'를 건설하기 위해 채택된 위탁경영계약은 안성맞춤이었다. Hilton International의 국제화가 진행되면서 모기업 Hilton 체인이 표방하는 구호도 '전국 도처에(Across the Nation)'서 '전 세계 도처에(Around the World)'로 변경됐다.

이처럼 세계 곳곳에 Hilton International이 진출하면서 현지국의 경제부흥에 긍정적인 영향을 미쳤다. 호텔들이 개업하면서 많은 일자리가 창출되었으며, 경영기술이 이전되고, 오랫동안 자취를 감추었던 현지 지역의 공예 및 예술이 부활하면서 외국인 관광객들이 현지 호텔에서 기대하는 지역 정취를 제공했다. 그리고 달러화의 유입으로 승수효과가 발생해서 사회적 인프라의 향상을 촉진하게 되었으며 또 외래관광객의 소비로 해당국 정부의 세금수입도 증가했다. 1950년대 및 1960년대에 Hilton International이 해외로 진출하면서 개관한 호텔들은 대부분 빠르게 높은 객실점유율을 달성하게 되어 투자자와 호텔체인 모두 많은 이익을 창출할 수 있었다.

그림 7-12 Hilton International이 1963년에 건립한 8개 호텔

출처: Hilton Hotels Corporation. 1962 Annual Report

1964년에 Hilton 체인은 Hilton International을 모기업에서 분사(Spin-off)해서 하나의 독립된 기업으로 운영하도록 했다. 분사하게 된 주요 목적은 모기업의 주식 가치가 증가하지 않자 성장성이 좋은 Hilton International을 상장해서 기업의 전체 가치를 향상하기 위해서 취한 조치였다. 그런데 1967년이 되자 Hilton 체인은 대형항공사였던 TWA(Trans World Airlines)로부터 자신들이 Hilton International을 맡아서 운영하면 주식 가치가 향상될 것이라고 하면서 Hilton 체인에 매각 의사를 타진했다. 결국에 같은 해 Hilton International을 8천6백만 달러에 TWA에 매각해 버렸다. 1948년에 창립한 이후 20년 만에 갈라서서 각자도생하기로 했다. 이 거래로 인해서 이후부터 Hilton Hotels Corporation은 Hilton이란 브랜드를 미국, 캐나다, 멕시코 등 북미지역에 한해서 이용할 수 있게 되었으며 나머지 지역에서는 Hilton International이 독점적 사용권을 보유하게 되었다. 나중에 이 결정은 Conrad Hilton이 저지른 가장 큰 실수로 두고두고 후회했으며 최고경영진에 속했던 직원들도 후에 매우 잘못된 의사결정이었다고 이구동성으로 말했다.

InterContinental과 Hilton Interational의 성과 비교

InterContinental과 Hilton International은 1949년 같은 해에 해외로 진출했다. 이들의 선구적 노력으로 1950년대 후반부터 다른 호텔체인도 이들을 따라 해외시장 개척에 나서게 됐다. 그러나 이런 선구적 노력이 빛을 발휘하려면 좋은 경영성과도 뒤따라야 했다. 그러나 가장 초기에 해외시장을 개척한 두 호텔체인의 성과는 다르게 나타났다. 〈그림 7-13〉의 그래프에서 볼 수 있듯이 Hilton International은 처음부터 지속적으로 이윤 창출에 성공했다. 반면에 InterContinental은 많은 해에 걸쳐 영업적자를 기록했다. 1950~1953년 사이에 나타난 영업적자의 원인은 초기에 사업개시 투자비용의 지출, 현지국의 달러 부족, 남미국가 화폐의 평가절하, 그리고 정치 불안정 등이 복합적으로 발생하면서 산출된 결과였다. 호텔사업에 많은 자금을 투자하며 지원을 아끼지 않았던 모기업 Pan Am의 CEO Trippe는 이윤을 창출하기 위한 수단으로 InterContinental의 구조개편을 지시했다. 최고재무책임자가 자회사의 실태를 심층적으로 실사해서 분석한 결과 InterContinental은 사업 초기부터 호텔의 자금조달, 디자인, 건축, 엔지니어링, 실내장식, 장비 및 설비, 인력 충원 등에서 많은 문제점들이 복합적으로 나타나면서 결국은 영업 부진으로 이어지게 됐다는 사실을 확인했다. 구조개편을 통해 새로운 호텔개발 및 건축 활동을 줄이는 등 성장 속도를 조절했다. 그 결과 1954년부터 1957년 동안에는 영업흑자로 전환하는 것에 성공했다. 그러나 1958년부터 다시 영업적자가 나타나기 시작했는데 원인으로는 현지국의 높은 법인세율, 현지 화폐를 달러화로 환전하는 어려움, 그리고 쿠바혁명 발발과 같은 정치적 불안정 등이었다.

그러나 정작 영업 부진의 근본적인 원인은 딴 곳에 있었다.

첫째, InterContinental의 진입방식과 자본구조에 문제점이 존재했다. InterContinental은 해외로 진출할 때마다 보통 호텔프로젝트의 전체 비용에서 약 1/3을 지분으로 직접 투자했다. 지분출자를 일부 또는 거의 하지 않았던 Hilton International과 달리 InterContinental은 비교적 높은 수준의 자본을 투자하게 되면서 정치적 불안정이 발생하거나 경기가 악화되는 경우에는 어쩔 수 없이 영업적자를 감수해야 했다.

둘째, InterContinental의 영업적자는 Hilton International에 비해 여행 수요가 적은 지역으로 진출한 결과였다(〈표 7-3〉). 당시 남미 및 중남미 지역은 유럽에 비해 미국인 여행객의 수요가 훨씬 적었다. 그런데 InterContinental은 1963년이 돼서야 유럽에 진출하기 시작했다. 특히 1958년부터 제트여객기의 시대에 돌입하게 되면서 미국과 유럽을 운항하는 대서양 항공노선에 관광객들이 대거 몰리기 시작했다.

셋째, InterContinental 최고경영진의 경험이 부족했다. Pan Am과 InterContinental은 사업영역이 다름에도 불구하고 같은 이사회가 두 회사를 모두 관장했다. 그런데 이사회 구성원 중에 호텔산업의 경험을 보유한 사람은 소수에 불과했으며, 대다수의 항공사 경력을 가진 임원들이 주요 의사결정을 주도했다. 따라서 항공사 출신 임원들을 주축으로 InterContinental이 진출하게 될 지역과 현지 파트너 선정 등 중요한 사안에 대한 의사결정을 내렸다. 그 결과 InterContinental은 주로 Pan Am의 주요 취항지였던 남미의 항공노선을 따라 호텔의 입지를 결정하는 과오를 저질렀다.

그림 7-13 1950~1964년 InterContinental과 Hilton International의 경영성과 비교

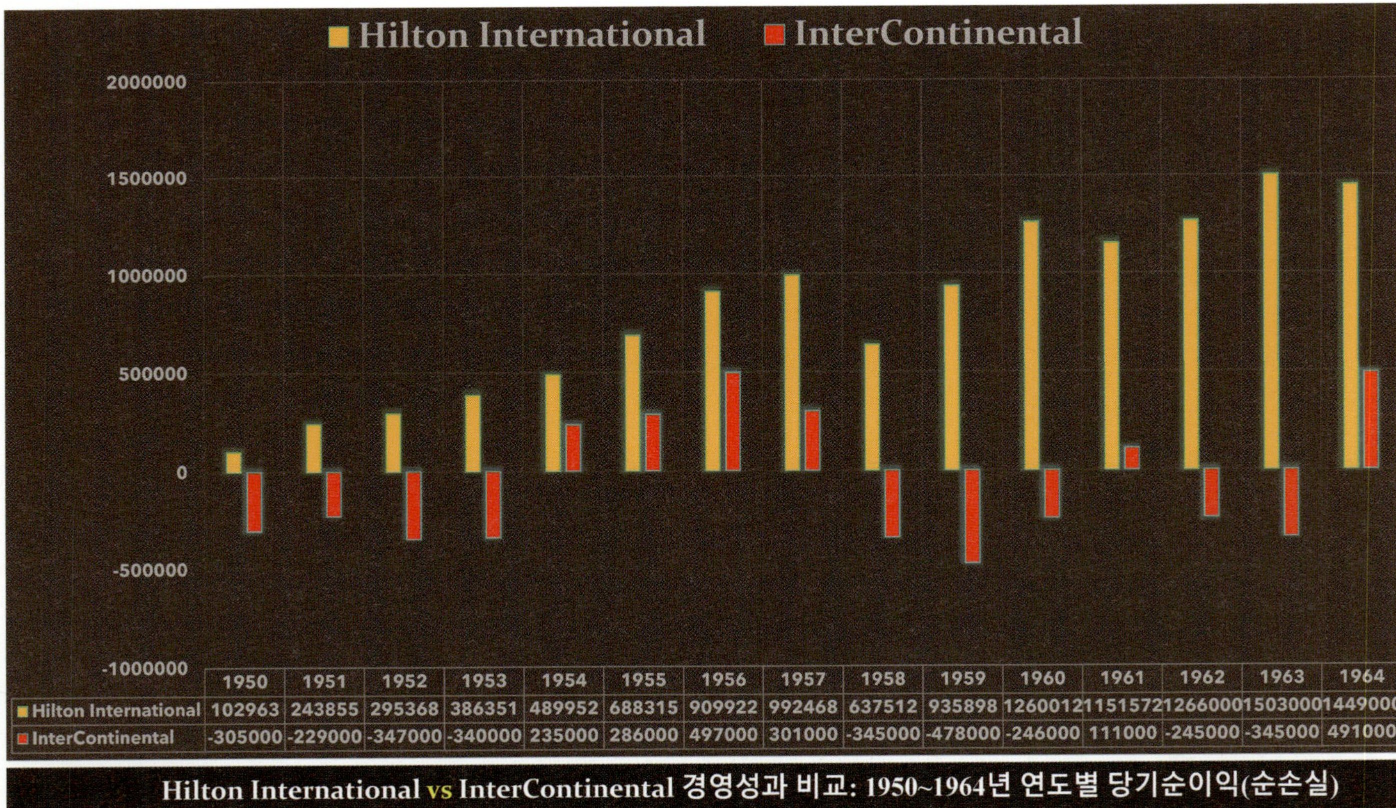

| 표 7-3 | InterContinental과 Hilton International의 해외시장 진출 비교

Year	InterContinental	Hilton International
1949	Hotel Grande, Belem BRASIL	Caribe Hilton, San Juan PUERTO RICO
1950	Hotel Carrera, Santiago CHILE El Prado InterContinental, Barranquilla COLOMBIA	
1952	Reforma InterContinental, Mexico City MEXICO	
1953	Hotel Victoria Plaza, Montevideo URUGUAY Hotel Princess, Hamilton BERMUDA Hotel Tequendama, Bogota COLOMBIA Hotel De Lago, Maracaibo VENEZUELA Hotel Tamanaco, Caracas VENEZUELA	Castallana Hilton, Madrid SPAIN
1955		Istanbul Hilton, Istanbul TURKEY
1956	Hotel Nacional de Cuba, Havana CUBA	Continental Hilton, Mexico City MEXICO
1957	Jaragua InterContinental, Santo Domingo DOMINICAN Embajador InterContinental, Santo Domingo DOMINICAN Curacao InterContinental, Curacao NETHERLANDS. ANTILLES Varadero Oasis, Varadero Beach CUBA	El Panama Hilton, Panama City PANAMA
1958	El Salvador InterContinental, San Salvador EL SALVADOR El San Juan InterContinental, San Juan PUERTO RICO	Queen Elizabeth, Montreal CANADA Berlin Hilton, Berlin WEST GERMENAY Havana Hilton, Havana CUBA
1959		Nile Hilton, Cairo EGYPT Las Brisas Hilton, Las Brisas MEXICO
1960	El Ponce InterContinental, Ponce PUERTO RICO	Virgin Isle Hilton, St. Thomas US VIRGIN Islands
1961	Phoenicia InterContinental, Beirut LEBANON	
1962	Ducor InterContinental, Monrovia LIBERIA Hotel Indonesia, Jakarta INODONESIA Southern Cross InterContinental, Melbourne AUSTRALIA	Trinidad Hilton, Port of Spain TRINIDAD Amsterdam Hilton, Amsterdam NETHERLANDS
1963	Dublin InterContinental, Dublin IRELAND Cork InterContinental, Cork IRELAND Limerick InterContinental, Limerick IRELAND Frankfurt InterContinental, Frankfurt WEST GERMANY Ivoire InterContinental, Abdidjan IVORY COAST Singapore InterContinental, SINGAPORE Mandarin Hotel, HONG KONG	London Hilton, London UK Athens Hilton, Athens GREECE Rotterdam Hilton, Rotterdam NETHERLANDS Cavalieri Hilton, Rome ITALY Montreal Hilton, Montreal CANADA Hong Kong Hilton, HONG KONG Tokyo Hilton, Tokyo JAPAN Teheran Hilton, Teheran IRAN Jamaica Hilton, Ocho Rios JAMAICA Dorado Hilton, Dorado PUERTO RICO

Year	InterContinental	Hilton International
1964	Jordan InterContinental, Amman JORDAN Wien InterContinental, Vienna AUSTRIA Geneva InterContinental, Geneva SWITZERLAND Jerusalem InterContinental, ISRAEL Karachi InterContinental, Karachi PAKISTAN Okura Hotel, Tokyo JAPAN Esplanade InterContinental, Zagreb YUGOSLAVIA	Hotel Vancouver, Vancouver CANADA Mayaguez Hilton, Mayaguez PUERTO RICO

Black: South & Central America; Blue: Europe; Light Blue: Canada; Purple: Asia Pacific; Red: Middle East; Green: Africa

출처: M. Quek, 2012

다른 호텔체인들의 해외진출

1955년에 미국인들이 해외여행에서 소비한 금액이 15억 달러에 이르게 되었다. 그리고 1958년부터 제트여객기가 운항하면서 더 빠르게 여행이 가능해지자 해외여행 및 소비는 더욱 급증했다. 그러나 미국 국내 호텔산업에서 제트여객기의 등장은 반가운 일만은 아니었으며 오히려 일부 호텔은 매출이 감소하면서 수익성이 저하되었다. 왜냐하면 비즈니스 여행객이 하루에 수백 마일의 여행이 가능해지면서 당일에 비즈니스를 마치고 귀가하는 것이 가능해졌기 때문이었다. 따라서 종전처럼 호텔에 숙박할 필요가 아예 없어지거나 숙박일수가 짧아졌다. 1950년대 중반이 되자 InterContinental 체인과 Hilton International이 조금씩 성장을 이어나가게 되자 다른 호텔체인들도 고무되었다. 따라서 그동안 효율적인 경영과 표준화로 성장을 이뤘던 다른 호텔체인들도 1950년대 후반부터 해외시장 진출을 서두르기 시작했다. 선구자 InterContinental과 Hilton International의 뒤를 이어 1950년대 후반부터 해외 진출을 감행한 미국의 호텔체인에는 Sheraton Corporation of America, Hotel Corporation of America(HCA), 그리고 Knott Hotels Corporation 등이 있었다. 미국인 해외여행객, 제트여객기, 미국 정부의 여행 장려, 그리고 여행객을 따라 호텔체인들도 해외로 진출하면서 전 세계적으로 호텔건축 붐이 발생하기 시작했다.

특히 1950년대 후반부터 미국의 여러 호텔체인들이 해외 진출을 감행한 결과 1960년대 중반이 되자 InterContinental은 28개소, Hilton International은 29

개소, Sheraton은 14개소, HCA는 4개소(런던, 바하마, 버뮤다, 푸에르토리코), Knott는 3개소(런던, 브뤼셀, 토론토) 등을 해외에서 운영하게 되었다. 해외로 진출한 성과는 좋았다. 그러나 호텔체인들은 그동안 국내 숙박산업에서 강력한 경쟁사로 등장한 Holiday Inn 등 모텔체인들도 결국에는 해외시장에 진출하면서 점차 경쟁이 격화될 것으로 예상했다. 1960년에 캐나다로 진출했던 Holiday Inn은 유럽에 진출하기 위해 1964년에는 고위 임원들을 유럽에 파견해서 현지 파트너와 진출 계획을 논의했으며 Howard Johnson과 Ramada도 해외 진출을 모색하기 시작했다. 당시 주요 호텔체인들은 모텔이 급격하게 성장하면서 매출과 이익이 감소하는 것을 경험하고 있었는데, 1959년에는 전체 호텔의 평균 객실점유율 66%였지만 모텔들이 들어서면서 1963년이 되자 객실점유율은 60%로 크게 떨어졌다.

그렇지만 반가운 소식도 있었다. 1960년대에 유럽국가들이 경제부흥에 성공하면서 호텔산업에도 좋은 기회가 만들어졌다. 경제성장과 함께 유럽인들의 휴가기간이 길어졌으며 항공사들이 요금을 많이 할인하게 되면서 유럽의 여행시즌이 점진적으로 장기화되기 시작했다.

한편 미국 호텔체인이 해외에 진출해서 수행하는 주요 역할은 대부분 현지국 사업파트너가 소유하는 호텔의 설계 및 건축에 대해 자문하고, 실내장식을 기획하고, 그리고 완공 후에는 도맡아서 운영하는 것이었다. 미국 호텔체인들이 해외로 진출하면서 행하는 공통점의 하나는 국내 호텔산업처럼 호텔에 많은 돈을 투자하지 않는 것이었다.

Sheraton 체인은 1949년에 캐나다에서 두 개의 호텔체인을 인수하면서 처음으로 국제무대에 진출했다. 처음에는 3개의 호텔을 보유했던 Ford Hotels를 인수했으나 두 개의 호텔은 곧바로 매각해서 다음 해에 6개의 호텔을 소유하고 있던 Candy Hotels를 4백8십만 달러에 인수하는 것에 자금을 보태었다. 이후 1961년에는 이스라엘의 텔아비브에 체인 최초의 중동지역 호텔인 Sheraton-Tel Aviv Hotel을 개관했다. 그리고 1962년에는 카리브해 자메이카의 수도 킹스턴에 Sheraton-Kingston Hotel과 바하마의 수도 나소에 Sheraton-British Colonial Hotel 두 개소의 호텔을 개관했다. 1963년에는 남미지역에는 체인 최초로 베네수엘라의 수도 카라카스에 Macuto-Sheraton Hotel을 개관했다.

Western Hotels 체인은 1954년에 처음으로 미국 영토 밖인 캐나다에 진출하면서 사명을 Western International로 변경했다. 그러나 체인은 1970년에 United Airlines에 매각되었으며, 1980년에는 창립 50주년을 기해서 체인명을 다시 Westin Hotels & Resorts로 변경했다.

Holiday Inn 체인은 1960년대부터 프랜차이즈를 진입전략으로 삼고 해외시장으로 진출하기 시작했다. 1960년에 Holiday Inn은 캐나다의 몬트리올에 최초로 국외지역에 호텔을 개업했다. 이후 1967년에는 처음으로 유럽 및 중동지역에 호텔을 개관했으며 이어서 네덜란드에서도 개관하면서 성장을 도모했다. 1973년에는 아시아 지역에 그리고 1974년에는 남미로 사업영역을 확대했다.

Hyatt 체인은 1968년에 해외시장 진출을 위해서 전담조직인 Hyatt International을 설립하고 위탁경영계약을 진입전략으로 채택했다. 1969년에는 홍콩에 최초의 해외호텔인 Hyatt Regency Hong Kong을 개관했으며 이어서 필리핀에 Hyatt Regency Manila와 멕시코에 Hyatt Regency Acapulco를 각각 개관했다. Marriott Corporation도 1969년에 처음으로 외국에 진출했는데 멕시코의 유명한 휴양지인 아카풀코에 Acapulco Marriott를 임차해서 운영하기 시작했다.

항공사와 호텔체인의 결합

1960~70년대에 호텔산업에서 있었던 특기할 만한 트렌드가 바로 미국의 주요 항공사들이 주도하면서 전 세계로 유행처럼 번져나갔던 여행산업의 수직적 통합(Vertical Integration)이었다. 이 트렌드에 불을 지핀 기업이 세계 최대 항공사이자 20세기에 가장 유명하고 성공적인 항공사인 Pan American World Airways(Pan Am)였다. Pan Am은 1946년에 InterContinental Hotel Corporation을 자회사로 창립하고 1949년부터 여러 국가에 호텔들을 건립해 나갔다. 그러나 당시 Pan Am과 치열한 경쟁을 벌이고 있던 항공사인 TWA의 소유주이자 미국의 대부호 Howard Hughes는 1967년에 Hilton International을 8천6백만 달러에 인수했다. 이때부터 항공사와 호텔이 통합되는 트렌드가 만들어

지기 시작했다. 이어서 이에 뒤질세라 1967년에 Eastern Airlines는 푸에르토리코, 버진아일랜드, 하와이에 있는 호텔을 매입했으며, United Airlines도 1970년에 Western International Hotels 체인을 합병했다. 또 American Airlines는 1970년에 자회사로 Americana Hotel 체인을 설립해서 인수합병 경쟁에 가담했다. 결국에 이 트렌드는 전 세계로 확산되어 나가기 시작했는데, 1976년에 아일랜드의 항공사인 Air Lingus가 미국의 호텔체인 Dunfey Hotel을 인수했다. 그리고 프랑스의 Air France는 Le Meridien, 독일의 Lufthansa는 Kempinski, 네덜란드의 KLM은 Golden Tulip, 스위스의 Swissair는 Swissotel, 일본의 JAL은 Nikko, 일본의 ANA는 ANA Crowne Plaza, 그리고 한국의 대한항공은 KAL호텔을 인수 또는 창업하게 되었다.

항공사들은 호텔체인을 인수해서 단일 조직에서 관리하면 시너지(Synergy)가 있을 것이라는 판단을 했다. 그러나 기대했던 시너지는 그리 크지 않았다. 예를 들어 TWA의 인수 동기도 시너지 효과를 노린 것이었다. 그러나 예상했던 시너지는 크지 않거나 없었다. TWA의 항공기에 탑승한 승객들은 대부분 가격에 민감한 여행객이어서 Hilton과 같은 고급호텔에는 관심이 적었으며 또 TWA가 취항하는 도시와 Hilton International 호텔들이 위치한 도시나 지역들은 부분적으로 보완적인 것으로 드러나게 되었다. 결국에는 항공사와 호텔은 서로의 사업에 필요한 핵심역량이 다르다는 것을 인지하게 되었다. 따라서 오래지 않아 항공사들은 기대했던 시너지 효과가 없다는 사실을 확인하게 되면서 인수했던 호텔체인을 대부분 매각해 버렸으며, 일부만이 남게 되었다.

이에 한술 더 떠서 더욱 거대하고 극적인 수직적 통합체를 꿈꾼 기업이 있었는데 미국의 Allegis Corporation이다. United Airlines는 1970년에 Western International Hotels를 인수해서 수직통합체를 구축했다. 그러나 1979년에 새로 CEO로 취임한 Richard Ferris는 수직통합 전략을 더욱 추진했다. 1985년에 선두 렌터카업체이던 Hertz를 인수했으며, 1986년에는 Pan Am으로부터 태평양 항공노선을 인수했다. 그리고 1987년 2월 CEO Ferris는 United Airlines의 사명을 Allegis Corporation으로 전격 변경했다. 직후인 1987년 5월에는 높은 프리미엄 가격을 지급하면서까지 TWA로부터 Hilton International을 인수했다. Ferris의 성장전략은 자사 소유의 여행사 터미널과 중앙예약시스템인 Apollo

와 항공운송사업, 호텔사업, 그리고 렌터카사업을 모두 함께 묶는 '여행백화점'을 구축하는 것이었다. 그러나 과도한 부채를 사용했던 인수합병과 경쟁사와의 가격 경쟁이 격화되었으며, 또 기대했던 시너지 효과도 별로 나타나지 않았다. 예를 들어 렌터카업체인 Hertz와 항공사가 결합하면서 창출되는 고객은 단지 18%에 불과했으며 대다수 매출은 공항에서 발생하고 있었다. 사업이 크게 부진해지고 과도한 부채로 부담이 커지면서 이와 같은 전략에 대해 불만이 많았던 주주, 조종사 노조, 그리고 투자기관 등은 결국 1987년 6월 긴급 이사회를 열어서 CEO를 해임해 버렸다. 이 소식에 회사의 주가는 크게 올랐으며 이후에 들어선 새 경영진은 United Airlines만 남기고 인수했던 기업들은 모두 매각했다.

Ⅳ ▸▸ 1970년대의 호텔산업

1970년대 초가 되자 호텔의 수는 현저하게 줄었다. 1948년에는 30,000개소에 달했던 호텔이 1970년이 되자 21,000개소로 30% 이상 감소했다. 호텔의 보유하는 객실의 수도 1948년 150만 실에서 1970년에는 120만 실로 20% 이상 감소했다. 그리고 호텔의 성과를 측정하는 객실점유율도 85%에서 58%로 급격하게 떨어졌다. 모텔, 저가모텔, Motor Hotel 등에 밀려 호텔의 경쟁력이 급격하게 저하된 것이었다.

| 표 7-4 | 호텔의 연도별 추세 변화

	1948	1958	1963	1970
호텔 수(개소)	30,000	29,000	23,000	21,000
객실 수(실)	1,500,000	1,500,000	1,300,000	1,200,000
평균 객실점유율	85%	67%	61%	58%

출처: B. D. Ayres. The New York Times, February 23, 1972

1970년대에는 '광란의 20년대'와 같은 호텔건축 붐이 불면서 수많은 호텔이 미국 전역에 건립됐는데, 특히 수많은 저가모텔(Budget Motel)이 전국에 들어섰다. 호텔과 같은 상업용 부동산에 대한 투자 붐이 일면서 자금이 풍부하게 공급되었다. 1930년대 대공황 시기에 파산했던 호텔들에 자금을 빌려줬다가 큰 홍역을 치렀던 상업은행(Commercial Banks), 저축대부조합(Saving & Loan Associations), 저축은행(Savings Banks), 연기금(Pension Funds), 그리고 생명보험회사(Life-insurance Companies) 등과 같은 전통적인 대출기관(Lender)들이 1960년대 후반 및 1970년대 초반이 되자 귀환하기 시작했다. 대출기관들은 사업성이 좋아진 호텔사업에 다시 적극적으로 투자하기 시작했으며, 유명 호텔체인들이 직접 건축하고 소유했던 호텔들을 사들이기 시작했고 일부는 호텔체인에게 소유하는 호텔들의 위탁경영을 맡기기도 했다. 그리고 유동성이 좋아지자 많은 호텔프로젝트에 자금이 몰리면서 호텔산업에는 객실공급이 많이 증가했다. 투자자들은 2차 세계대전 이후부터 부동산투자 가치가 물가인상률보다 빠르게 향상되었기 때문에 물가상승에 대한 대비책(Hedge)으로 호텔 부동산을 매입했다.

당시 전통적인 대출기관과 함께 호텔 부동산에 대한 투자를 주도하면서 투자 붐을 조성한 조직이 바로 리츠(REITs: Real Estate Investment Funds, 부동산투자회사)였다. 1960년대 초에 연방정부에 의해 처음 도입된 리츠는 투자 수익의 90% 이상을 투자자들에게 배당해주면 법인세를 면제받을 수 있었다. 금융시장에서 리츠 투자에 관한 관심이 높아지면서 수십억 달러에 달하는 엄청난 자금이 호텔과 상업용 부동산에 집중되었으며 이에 고조된 대출기관은 정상적인 절차를 무시하고 투자 수익에 한계가 엿보이는 부동산사업에도 자금을 적극 공급했다. 투자 수익을 극대화하려면 리츠는 자본비용(Cost of Capital)과 투자수익률(Rate of Return) 간의 평균 가산금리(Spread)를 최대한 확대할 수 있어야 가능했는데, 1973년까지만 해도 이와 같은 방식은 잘 통했다. 그러나 1974년 초에 연방준비은행이 돌연히 기준금리를 인상하면서 리츠가 발행하는 기업어음의 자본비용이 부동산 투자수익률보다 더 높아졌다. 수익률이 마이너스로 변하면서 리츠 조직들은 급격하게 무너지기 시작했다.

1960년대 후반부터 1970년대 초반까지 호텔체인들은 프랜차이즈를 활용해서 성장을 가속했다. 체인 본사는 가맹호텔에 자금 대출을 중개하며 프랜차이즈 가입을 유인하거나 가맹호텔의 자발적인 투자로 개발된 많은 가맹호텔을 체인 본사로 유입하고 성장을 지속하면서 체인의 전국적 인지도 향상을 도모했다. 그러나 이런 사업목표를 달성하기 위해 체인 본사들은 비윤리적인 프랜차이즈 판매전략도 채택했다. 당시 체인 본사는 프랜차이즈 판매직원들에게 가맹호텔을 판매한 수와 비례해서 성과급을 지급했다. 이와 같은 정책에 편승해서 판매직원들은 사업성이 떨어지는 입지나 이미 공급이 초과된 지역에도 호텔이나 모텔의 건설을 부추기게 되었다. 또 많은 대출업자와 개발업자들은 전국적인 명성을 자랑하는 호텔체인에 가입하는 것이 투자의 성공을 보장하는 것이라고 믿으면서 맹목적으로 투자했다.

이처럼 풍부한 자금과 호텔체인의 공격적인 프랜차이즈 판매전략의 결합으로 인하여 수많은 모텔과 호텔이 건립되면서 결국 호텔산업은 공급과잉(Overbuilding)에 처하게 되었다. 공급이 초과하게 된 시장은 주로 모텔들이었으며 호텔시장은 초과되지 않았다. 설상가상으로 2차례에 걸친 석유파동이 발생하고 물가가 급격하게 인상되면서 여행수요가 현저히 감소했으며 이어진 경기불황으로 비즈니스 여행객도 많이 줄면서 호텔산업은 위기에 빠지게 되었다. 1970년대 중반의 석유파동 위기에 호텔들은 운영경비를 줄이기 위해 외부 광고 간판의 조명을 어둡게 하고 빈 객실의 난방을 중지했으며 손님에게는 전기를 절약해 줄 것을 호소하기도 했다.

당시에 입지가 좋지 않거나 경험이 없는 주인에 의해 운영되고 자금이 부족했던 가맹호텔들이 공급과잉으로 인해서 가장 큰 피해를 봤다. 결국에는 건설자금을 제공했던 대출기관에게 파산한 호텔의 소유권이 이전됐다. 파산한 호텔들의 소유권을 이전받은 대출기관들은 몇 가지 방식으로 도산한 호텔들을 관리했다. 첫째, 압류된 호텔들을 소유하게 된 소유주들은 손실을 줄이기 위해 영업실적을 향상해서 부동산의 가치를 높인 후에 매각하기 위한 목적으로 대부분 독립운영사를 고용해서 위탁경영을 맡겼다. 둘째, 경험이 많은 호텔리어를 책임자로 하는 기업개선부서를 조직해서 운용했다. 파산한 호텔을 매각하지 않고 보유하기로 결정한 대출기관들은 3~5년 후 호텔산업이 회복될 것이라는 기대에 전문 호텔관리자를 고용해서 파산한 호텔을 리포지셔닝(Repositioning)하거나 영업실적을 향상토록 했다. 하지만 호텔 투자에 관한 관심이 줄어들고 자금공급이 끊기면서 결국 호텔들을 매각하게 되었다. 셋째, 파산한 호텔들을 떠안게 된 대출기관들은 호텔 자산을 대차대조표에서 빨리 없애버리기 위해서 전액 현금조건으로 매입자금을 결제하는 투자자에게 헐값으로 넘겨 버렸다.

그리고 당시 위기에 처한 많은 독립호텔과 프랜차이즈 가맹호텔들은 유명 호텔체인에 비해 위기를 극복할 수 있는 역량이 부족했으며 관리에 재능있는 인력을 모집하는 것도 힘이 들었다. 또 많은 호텔 개발사들은 소유하고 있던 호텔 부동산을 압류당할 처지에 놓이게 되었으며 대출기관들도 호텔영업을 담당할 수 있는 인력이 없었다. 이와 같은 환경이 조성되자 당시까지만 해도 거의 존재하지 않았던 독립운영사(Independent Management Companies 또는 Independnet Operators)라는 조직형태가 시장에 나타나기 시작했다. 새롭게 등장한 독립운영사들은 호텔체인에 비해 낮은 비용으로도 영업활동이 가능했기 때문에 소규모 호텔들의 입장에서는 적은 경영수수료로 이들과 위탁경영계약을 체결할 수 있었다. 따라서 독립운영사들은 경쟁적인 틈새시장을 구축할 수 있었다.

1970년대 말이 되자 호텔산업은 비교적 안정세를 유지했다. 대다수 대출기관은 1970년대 중반에 닥친 경기침체로 인한 부진에서 회복했지만 호텔 투자에 별 관심을 보이지 않았다. 따라서 기존 호텔의 증축이나 대규모 도심형 컨벤션호텔 등 일부 프로젝트에 대해서만 제한적인 투자가 이루어졌다. 특히 새로운 대형 도심호텔의 건설은 도심재개발 프로젝트에 대한 지방정부의 재정적 지원에 기인한 것이었다. 반면에 휘발유 가격의 인상으로 이어진 여행수요의 감소로 고속도로 주변 호텔에 대한 투자는 거의 중지되었다. 다행히도 1970년대 후반이 되자 객실 공급은 감소하고 낡은 호텔들이 영업을 중단하는 상황에서 경기가 회복되면서 호텔산업에는 우호적인 수요와 공급의 관계가 만들어졌다. 이 시기에 객실점유율은 유래가 없을 정도로 높은 수준을 기록했으며 호텔들은 객실공급의 부족으로 인한 기회를 최대한 이용하고 또 물가인상에 편승해서 객실요금을 신속하게 인상할 수 있었다.

〈표 7-5〉에서 보는 것처럼 1977년이 되자 미국 호텔산업은 2차 세계대전 직후였던 1948년에 비해 호텔들의 규모가 대형화됐다는 것을 알 수 있다. 1948년에는 규모가 100실을 초과하는 호텔의 비율이 44%였지만 1977년에는 58%로 증가했다. 특히 객실 수 100~299실 정도의 호텔들의 많이 증가했다. 반면에 50실 이

하의 호텔은 오히려 감소했다.

Ⅰ표 7-5Ⅰ 1948~1977년 호텔산업 객실규모의 변화

호텔 객실 수	1948년(실)	1977년(실)	연평균 증가율
300실 이상	255,399	398,292	1.5%
100~299실	390,996	710,992	2.1%
50~99실	335,222	377,886	0.4%
25~49실	285,852	260,435	-0.3%
25실 이하	194,890	157,215	-0.7%
합계	1,462,359	1,904,820	0.9%

출처: Laventhol & Horwath) 연중무휴로 영업하는 호텔만을 포함한 통계임

1950년대 이후부터 종전에 대세를 이루던 독립호텔들은 점차 경쟁력을 상실하기 시작했으며 반면에 호텔체인들은 성장을 통해 시장지배력이 강화되기 시작했다. 합리적인 호텔체인들은 브랜드 인지도와 전국적인 호텔네트워크의 구축을 통한 강점에 집중했다. 그리고 체인 본사들이 갖게 된 **규모의 경제(Economies of Scale) 효과**는 광고, 중앙집중구매, 마케팅, 금융, 회계, 연구 및 개발, 부동산투자, 자본시장 접근, 체계적인 인력관리에 의한 인재의 채용 및 유지 등에서 큰 위력을 발휘하기 시작했다.

호텔산업처럼 진입장벽이 낮은 시장에서 신속한 시장침투를 추구하는 체인에 성장은 중요한 목표였다. 호텔체인들은 모두 브랜드 인지도 및 전국예약시스템의 구축을 통한 전국적인 시장침투와 함께 관리하는 객실 수의 증가를 통해 수익기반을 신속하게 확대하는 목표를 설정했다. 대다수 호텔체인은 직접 소유하는 호텔에 더해 성장을 가속하기 위해 임차경영 호텔 및 프랜차이즈 가맹호텔로 보완하는 전략을 이용했다. 특히 1960년대 후반부터 1970년대 초반까지 많은 호텔체인은 자본 투자가 거의 없거나 적은 자본으로 손쉽게 성장을 가속할 수 있는 프랜차이즈 사업방식을 활용했다. 프랜차이즈 성장전략은 큰 성공을 거두었으며 급속히 확대되면서 호텔체인의 시장점유율은 크게 향상되었다(〈표 7-6〉).

| 표 7-6 | 1963부터 1975년까지 호텔체인의 시장침투율

연도	객실수 비율	매출액 비율
1963	19.1%	25.4%
1967	25.4%	33.6%
1970	33.2%	41.5%
1973	40.6%	60.7%
1975	47.5%	68.0%

출처: DeBiase, 1971

그러나 점차 시간이 흐르면서 체인들은 프랜차이즈 사업방식은 가맹호텔에 대한 통제수단이 결여되어 있어서 한계가 있다는 사실을 알게 되었다. 많은 프랜차이즈 가맹호텔을 관리하는 데 있어 체인 본사는 원하는 수준의 품질과 서비스 표준의 유지에 대한 통제권을 적극적으로 행사하기 어렵다는 것을 절감하게 됐다. 체인들은 프랜차이즈로 쾌속성장을 이룩한 대신에 품질 및 서비스 표준에 대한 통제를 상실하게 되었다. 따라서 이런 문제점에 대처하고 또 새로운 방식으로의 성장을 모색하기 위해 호텔체인들은 사업방식의 전환을 신중하게 고려하기 시작했다.

1970년대부터 호텔체인들은 성장을 가속하기 위해 해외시장에 진출하면서 주로 이용했던 위탁경영을 성장전략으로 채택했다. 그리고 당시 호텔체인들은 성장을 지속하고 상장기업으로서 주주들의 이익을 제고하기 위해서 주식의 가치를 높이는 것을 중시하게 되었다. 월스트리트에서는 기업 성장을 위해 가장 중요하고도 유일한 성과지표로 주당순이익(EPS: Earnings Per Share)에 과도할 정도로 집착했다. 호텔체인으로서는 자본시장에서 자금을 조달하기 위해서 달리 방법이 없었기 때문에 주식가격을 높이기 위해 주당순이익을 증진하는 전략에 중점을 두게 되었다. 이를 위해 호텔체인의 대차대조표에서 부동산에 대한 가치평가를 재고하게 되었다. 그 결과 호텔체인들은 보유하고 있던 많은 호텔을 매각하기 시작했으며 또 새롭게 개관하는 호텔에서도 지분투자를 최소화했다. 현금흐름을 최대화하고 재무위험을 줄이기 위한 목적으로 호텔체인들은 직접 소유했던 호텔들을 매각하기 시작한 것이다.

호텔체인들은 소유했던 호텔을 매각하는 대신에 호텔을 매입하는 새로운 소유주와의 협상을 통해 위탁경영계약을 체결함으로써 매각 이후에도 호텔에 대한 운영권을 계속해서 유지할 수 있었다. 이를 통해서 호텔체인들은 즉각적으로 현금흐름이 증가하면서 이를 이용해서 체인 서비스를 확대하거나 새로운 위탁경영계약을 체결하기 위해 소요되는 자금으로 이용할 수 있었다. 그리고 보통 소유했던 호텔을 매각하면 해당 연도에 호텔의 장부가치가 시장가치보다 낮아지므로 이익이 증가했다. 이렇게 함으로써 호텔체인들은 부채를 최소화함과 동시에 체인의 수익기반인 **관리 객실 수(Number of Rooms Operated)**를 유지하거나 늘릴 수 있었다. 이로써 과거 부동산기업과 흡사했던 호텔체인이 순수한 **호텔운영사(Operator 또는 Operating Company)**로 거듭나게 되었다. 1970년대의 호텔체인들은 운영기법, 마케팅기법, 객실예약 네트워크 등의 분야에서 종전에 비해 역량이 많이 강화되었는데, 이로써 위탁경영계약에 의한 확장전략을 정당화할 수 있었다.

신규 호텔에 대한 자본투자를 전혀 하지 않거나 최소화하는 동시에 운영하는 호텔 및 객실 수를 늘림으로써 호텔체인은 여러 가지 이점을 누릴 수 있었다. 첫째, 호텔체인 본사에 위탁경영을 관리하는 기본 관리팀이 일단 구축되면 이후 새로운 계약을 체결하는 단위호텔마다 한계수입(Marginal Revenue)이 한계비용(Marginal Costs)을 훨씬 초과했다. 둘째, 신축 호텔의 개관 전 기간과 개관 초기 수년간에 걸쳐 발생하는 부정적인 현금흐름으로 말미암아 따로 준비해야 하는 상당량의 현금을 이후부터는 운영사인 호텔체인이 아니라 소유주가 제공해야 했다. 셋째, 대차대조표에서 부동산이 제거됨으로써 운영사인 호텔체인은 감가상각비용이 최소화되면서 보통주의 주당순이익이 향상되었으며, 호텔소유주의 입장에서도 감가상각비를 이용해서 절세혜택을 누리면서 현금흐름을 최대화할 수 있었다. 넷째, 호텔 부동산에 50% 이하의 지분을 투자하는 경우 지분법 회계방식(Equity Method Accounting)을 따르면 호텔체인의 투자관련 부채는 대차대조표에 보고되지 않으면서도 동시에 소유지분에 대한 의사결정권을 유지할 수 있었다. 다섯째, 운영사로서 호텔체인은 비용 초과, 시장 변화, 공급과잉, 또 경기침체에 대한 노출 위험이 크게 감소됐다.

이때부터 호텔체인들이 소유했던 많은 호텔이 연기금(Pension Funds), 사모펀드(Private Equiry Funds), 리츠(REITs), 상업은행(Commercial Banks), 생

명보험회사(Life Insurance Companies), 거부, 국부펀드(Sovereign Wealth Funds)와 여러 외국인 투자자 등으로 소유권이 전환되기 시작했다.

1970년대의 호텔체인

Holiday Inns, Inc.

기록적으로 성장을 유지하던 1960년대와 달리 1970년대 초가 되자 Holiday Inn 체인의 성장세가 눈에 띄게 둔화되기 시작했다. 1972년에 Kemmons Wilson은 해마다 연말에 Time지가 선정해서 발표하는 '올해의 인물'로 선정되면서 잡지의 표지 인물로 등장했다. Wilson은 이때까지만 해도 1980년까지 전 세계에서 3,000개소를 운영하는 독보적인 체인으로 성장한다는 계획을 발표하기도 했다.

그러나 1970년대 중반이 되면서 Holiday Inn은 창사 이래 20년 만에 처음으로 큰 위기에 빠지게 되었다. 1960년대 후반이 되자 모텔산업 성장의 기반이 됐던 고속도로의 건설이 거의 마무리되고 있었다. 그러나 더 큰 위기는 따로 있었다. **1973년에 터진 석유파동과 1974년부터 시작된 경기침체로 휘발유 가격이 폭등하고, 휘발유의 공급 부족과 물가가 많이 인상했다. 결과적으로 여가 또는 비즈니스 여행객들의 자동차 여행이 급격하게 줄면서 체인의 매출액은 급감했다.** 그와 동시에 모텔 건축비용이 급격하게 인상되고, 체인소속의 가맹모텔에서 품질의 일관성이 잘 유지되지 않았다. 게다가 전에 인수했던 버스운송회사는 많은 영업적자를 기록했다. 그리고 1970년대 초부터 새롭게 등장하기 시작했던 Days Inn과 Motel 6와 같은 저가모텔(Budget Motel)들이 Holiday Inn 체인의 여가 여행객 수요를 잠식하기 시작하면서 체인 본사의 재무상태는 심각할 정도로 악화됐다. 1973년이 되자 창사 이래 처음으로 이익 증가율이 감소했으며 하늘을 찌르던 주식가격도 하락하기 시작했다. 다음 해가 되자 체인의 총매출액은 11.9% 향상되었지만 영업이익은 오히려 34.1%나 감소했다. 더욱 심각한 것은 종전에는 50달러 대를 유지했던 주가가 90% 이상 하락하면서 5달러 이하에 거래됐다.

비슷한 시기에 전에 구축했었던 수직적 통합체 즉 가맹모텔들의 영업에 필요한 모든 물품을 공급했던 다수의 자회사 및 조직부서들은 과거에는 이익 창출에 크게 공헌했지만 1970년대 중반이 되자 오히려 체인에 큰 부담되는 존재로 변모했다. 그리고 종전과 비교했을 때 훨씬 적은 수의 모텔이 건축되었으며 또 가맹모텔들이 필요한 모든 물품들을 본사로부터 의무적으로 구매하도록 하는 관행을 금지하도록 하는 법원 판결이 내려졌다. 이후부터 체인 본사는 신축 모텔의 설계에서만 조언을 제공할 수 있었다. 설상가상으로 1960년대에는 세계시장에서 효과적이었던 한결같은 표준화 전략이 1970년대가 되면서 너무 과도하게 엄격한 표준화로 인식되면서 한계를 보이기 시작했으며 지역별 취향에 맞는 영업정책 및 서비스의 부재로 영업실적이 대폭 하락하면서 1971년부터 1975년 사이에 해외사업부의 영업손실이 2천8백만 달러에 달했다.

체인 사상 최대의 위기를 극복하기 위해 Holiday Inn은 경영진을 교체했다. 1974년에 주가 하락으로 큰 손해를 보고 있던 2대 주주 Roy Winegardner가 수석부회장에 임명되었는데, 업무시간을 줄이고자 원했던 Wilson의 요청으로 실질적으로는 최고경영자의 역할을 담당했다. 그런데 Winegardner는 수석부회장으로 취임하면서 총애하는 사업파트너였던 30대의 젊은 변호사 Michael Rose를 데리고 와서 부회장으로 임명해서 실질적으로 체인의 경영을 맡도록 했다. Rose는 위기 극복을 위해 종전과는 다른 전략을 실행했다. 가맹모텔에 물품을 공급했던 대다수 자회사와 전에 인수했던 버스운송회사와 증기선 운송회사를 모두 매각했다. 그리고 Holiday Inn 체인은 숙박과 식음료를 위주로 하는 호스피탈리티 사업에만 전력을 집중하기로 했다. 1979년에 Perkin's Cake & Steak를 인수했으며 같은 해에 River Boat 카지노사업을 인수했다. 1980년이 되자 본격적으로 카지노사업에 진출하기 위해 큰 카지노 기업인 Harrah's Casino를 인수해서 Holiday Inn과 합병했다. 이후부터 Holiday Inn 매출액의 약 1/3은 카지노사업에서 만들어졌다. Rose는 80개의 모텔을 매각하거나 문을 닫았으며 체인 소유의 모텔들을 개보수하고 가맹모텔에도 따를 것을 권유했으며 강화된 체인의 새로운 품질 표준을 따르지 않는 가맹모텔들은 계약을 해지하고 탈퇴시켰다. 해외시장 진출도 강화했다. 한편 종전에는 고속도로에서 가족 여행객을 주요 고객으로 삼았지만 이후 도심에 모텔을 건립해서 비즈니스 여행객을 새로운 표적고객으로 정했다.

1979년이 되자 드디어 30년 이상 Holiday Inn을 이끌며 세계 최대의 호텔체인으로 키운 창업주 Kemmons Wilson은 경영 일선에서의 은퇴를 선언했다. 경영 전권을 쥐게 된 Winegardner는 회장에 취임하고 Rose가 사장 겸 최고경영자(CEO)로 취임해서 체인의 경영을 책임지도록 했다. 전임 사장이던 Clymer는 사임했다. **미국 호텔산업에서 20세기 초에 E. M. Statler는 표준화와 상용호텔의 혁신을 일으켰으며, 20세기 중반에는 Kemmons Wilson이 표준화를 더욱 고도화해서 모텔과 프랜차이즈 혁신을 이룩하며 세계 호텔산업의 발전에 크게 공헌했다.**

그림 7-14 1972년의 세계 최대 호텔체인(객실 수 기준)

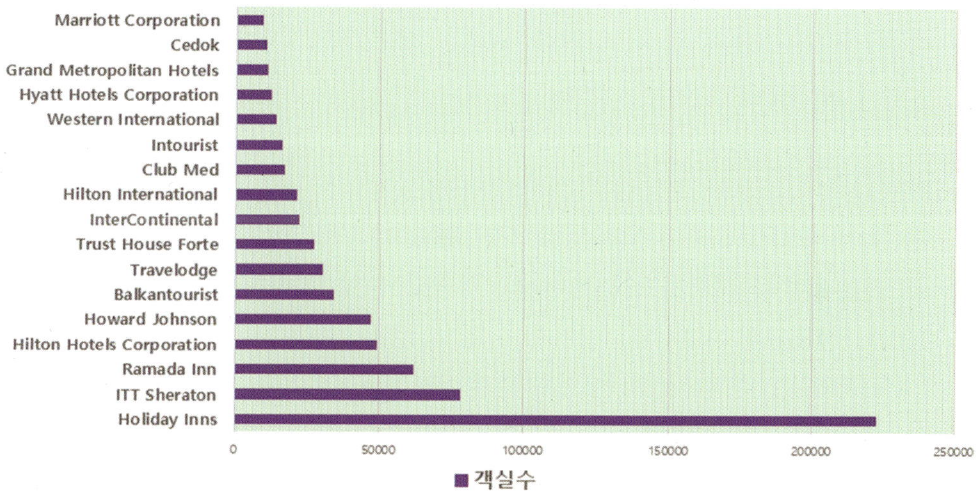

출처: Service World International "100"

Howard Johnson Motor Lodge

창업자 Johnson은 1959년이 되자 26세의 아들 Howard Brennan Johnson에게 경영권을 넘기고 회장으로 물러났다. 1961년에는 주식을 상장하면서 Howard Johnson Company를 설립했으며, 모두 605개의 레스토랑과 미국 32주와 바하마에 존재하는 Howard Johnson Motor Lodge를 운영했다. Howard Johnson Motor Lodge는 1969년이 되자 391개소로 성장했는데, 90%가 프랜차이즈 가맹점이었다. 이후에도 미국 전역은 물론이고 캐나다에도 진출하면서 체인은 계속해서 성장했다. 1975년이 되면서 체인은 정점에 이르게 되었으며 체인에 소속된 레스토랑은 1,000개소가 넘었고 Howard Johnson Motor Lodge 모텔은 42개 주와 캐나다에 모두 500개소에 달하게 되었다. 이렇게 거대한 체인으로 성장하면서 Howard Johnson 체인은 미국의 상징(American Icon)으로 미국 사회에서 널리 알려지게 되었으며, 체인을 상징하는 인상적인 오렌지색 가게 지붕은 아주 유명했다. 하지만 Howard Johnson 체인의 행운은 1970년대 후반이 되면서 무너지기 시작했다.

1970년대에 불어닥친 2차례의 석유파동으로 자동차로 장거리 여행을 하거나 자주 여행을 할 수 없게 되었다. 자동차 여행객들이 총매출의 85%를 차지했던 체인은 이익을 만들어 낼 수 없었다. 그리고 좋은 식재료를 사용해서 미리 음식을 만들어 놓았다가 판매하는 전통적인 방식은 새로 등장하기 시작한 McDonald's와 같은 패스트푸드 레스토랑 업체와 경쟁을 할 수 없게 되었다. 부친이 사망한 1972년부터 완전한 경영권을 승계한 아들은 저렴한 메뉴를 내놓고 직원을 줄이는 등 비용을 절감하는 노력을 했지만 별 효과가 없었다. 설상가상으로 1970년대 모텔에서 큰 화재사고, 살인사건, 그리고 유명 여배우 성폭행 사건이 연이어 터지면서 체인의 대중적인 이미지가 크게 손상되었다. 결국에는 1979년이 되자 1,040개의 레스토랑과 520개소의 모텔(25% 체인 소유와 75% 가맹모텔)로 구성되었던 체인은 영국의 Imperial Group에 6억 3천만 달러에 매각됐다.

Ramada Inns, Inc.

Ramada Inn 경영진은 1962년부터 Holiday Inn과 직접 경쟁하기 위해 주로 도로변 모텔의 건설에 집중했다. 그리고 Holiday Inn처럼 Ramada Inn도 본사에 설계, 건축, 구매 부서를 조직해서 가맹모텔에 필요한 모든 것을 제공했다. 1963년에는 기업 공개를 했다. 또 1950년대부터 1970년대 중반까지 체인 본사는 Ramada Inn의 표준 건축양식으로 Marion Isbell이 방문했었던 미국 식민지 시절의 도시였던 식민지 윌리엄스버그 건축양식(Colonial Williamsburg-style Architecture)을 기본적인 개념으로 유지했다. 체인 본사는 가맹모텔의 성장에만 의존하지 않고 좋은 입지가 나타나면 직접 직영모텔을 건설했다. 1960년대와 1970년대를 통해 Ramada Inn은 성장을 거듭했다. 1964년에 체인소속 모텔은 400개로, 1970년이 되자 550개, 그리고 1976년에는 650개로 급속하게 성장했다. 1970년대 말이 되자 Ramada Inn은 Holiday Inn의 뒤를 이은 2위 모텔체인으로 등극했다. Ramada 체인의 성공 원인은 'Luxury For Less'라는 슬로건과 함께 룸서비스와 회의 시설 및 장비 등과 같이 호텔에서나 볼 수 있는 서비스를 모텔 수준의 요금으로 제공한 것이 여행객에게 많은 호응을 얻게 되었다. 성장을 거듭하면서 1970년대에는 유럽 등 해외시장에도 진출했다. 그리고 같은 시기에 캠핑장, 렌터카, 병원 등으로 사업 다각화를 시도했다. 또 Howard Johnson Motor Lodge를 모방해서 Ramada 모텔 옆에 자사 브랜드 레스토랑을 함께 영업했다.

그러나 Ramada Inn도 1970년대 중반 불어닥친 석유파동 및 경기침체와 경쟁심화로 수익성이 크게 악화되면서 위기를 맞이하게 됐다. 1970년대 중반 이후 최고경영자의 자리를 승계한 아들은 다각화 전략을 중지하는 대신에 체인 본사의 운영을 내실화하고 본사 소유 모텔들을 대대적으로 개보수 했으며 가맹호텔에 참여를 권고했다. 이후 경기가 좋아지면서 개보수를 마친 Ramada Inn에 더 많은 사람이 몰리면서 산업 평균보다 더 나은 수익을 올렸다. 1981년에 Ramada 체인은 처음으로 고급호텔(Full-service Hotel) 브랜드인 Ramada Renaissance 호텔을 콜로라도주 덴버에 개업하면서 대대적인 확장 계획을 발표했다. 그러나 창업자의 아들은 카지노에 더 많은 관심을 보였으며 결국 1979년에 카지노사업에 진출을 감행했다. 1976년과 1982년 사이에 Ramada Inn 체인의 규모는 35% 정도 축소되는데 이는 카지노사업에 투자하기 위한 자금을 마련하기 위해서였다. 투자 자금으로 Tropicana 카지노를 인수해서 기존 사업과 합병했다. 1980년대 중반이 되자 카지노사업의 매출액이 모텔사업보다 더 많아졌다. 1989년 사업이 부진해지자 Ramada 체인은 카지노사업과 모텔 및 레스토랑 사업을 각각 독립된 법인으로 분사했다. 결국에는 1989년 4월에 825개소의 모텔로 구성된 Ramada 체인은 5억 4천만 달러에 홍콩의 거대한 부동산기업인 New World Development Company에 매각되었다. 체인은 카지노사업에만 집중하기로 했다.

Marriott Corporation, Inc.

Marriott 체인은 1970년대 중반부터 성장을 가속했다. 1974년에는 24개소였던 호텔 수가 1980년 말에는 54개소로 증가했다. 체인 직원들은 호텔이 개관할 때마다 다양하고 창의적인 축하 행사를 할 수 있도록 만반의 준비를 했다. 그리고 1981년 한 해에만 국내에서 모두 21개소의 호텔들이 개관했다. 그리고 체인은 1979년 말을 기준으로 보유하고 있던 21,000실의 객실 수를 1985년에는 60,000실로 확대하기로 하는 계획도 발표했다. 여러 사업부를 거느리고 있는 Marriott Corporation에서 호텔사업부는 1978년부터 급식사업부와 기내식사업부를 추월해서 가장 많은 이익을 내는 사업부가 되었다. 1979년 Marriott Corporation의 총매출액 15억 달러에서 호텔사업부의 매출액은 1/3 정도를 점유했으나 그룹 전체의 영업이익 1억 7천만 달러에서는 50%를 넘게 점유했다. 전년도 성과와 비교하면 호텔사업부의 매출액은 31% 그리고 영업이익은 30% 각각 증가하면서 사업부 사상 최고의 성과를 달성했다. 이처럼 좋은 성과의 배경은 Marriott 체인의 객실점유율이 산업평균에 비해 약 9~10% 정도 높은 것에 기인하였다. 1972년에 부친이 맡던 최고경영자(CEO)직을 승계한 Bill Marriott 2세는 Marriott 체인은 친근하며 청결한 호텔, 훌륭한 식사, 탁월한 입지, 고급 어메니티 그리고 한결같은 서비스를 제공하고 있다고 강조했다. 현장경영을 중시하는 그는 호텔 등 많은 사업장을 돌아보기 위해 1979년에만 25만km에 달하는 거리의 출장을 감행했다. 그가 사장에 취임했던 1964년에 Marriott Corporation은 단지 4개의 호텔만을 소유하고 있었다.

그리고 당시에 대다수 호텔체인들은 카지노사업에 진출해서 자원을 집중하고 있었으며 새로운 호텔을 건축하는 체인은 Marriott 체인을 포함해서 소수에 불과했다. 높은 이자율과 경기침체로 호텔체인들은 호텔을 새로 건축하는 것이 부담스러웠으며 자금에 여유가 있는 호텔체인들의 상당수는 카지노사업에 투자를 집중하고 있었다. 또 최대의 호텔체인이던 Holiday Inn은 1,753개소의 호텔과 302,000실의 객실을 보유하고 있었는데, 이처럼 거대한 호텔체인들은 이미 전국 각지에서 호텔들을 운영하고 있었으므로 더 성장할 수 있는 여지가 별로 없었다. 그러나 14위 체인이었던 Marriott 체인은 달랐다. 경기침체가 끝나면 객실의 수요가 공급을 앞지르게 되면서 신축호텔을 많이 보유한 체인에 유리할 수 있었다.

그림 7-15 Marriott Corporation의 보유 객실 수 추세

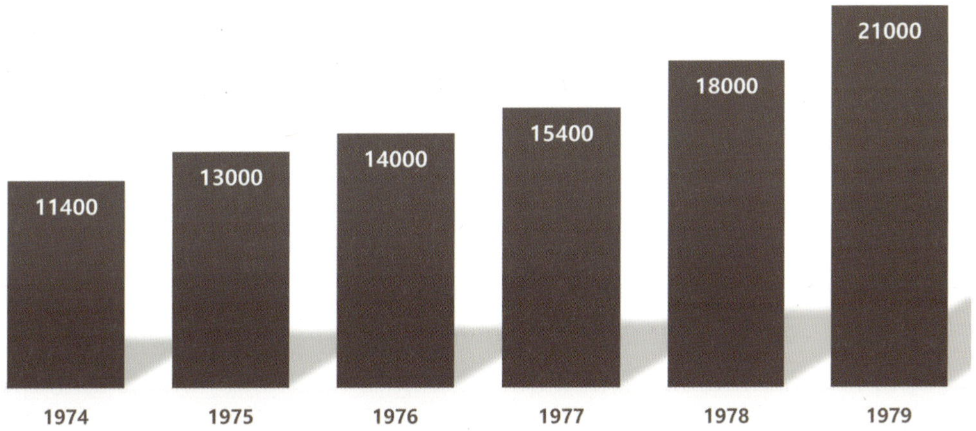

출처: The New York Times, December 11, 1980

그림 7-16 1979년 연말 기준 미국 Top 5 호텔체인

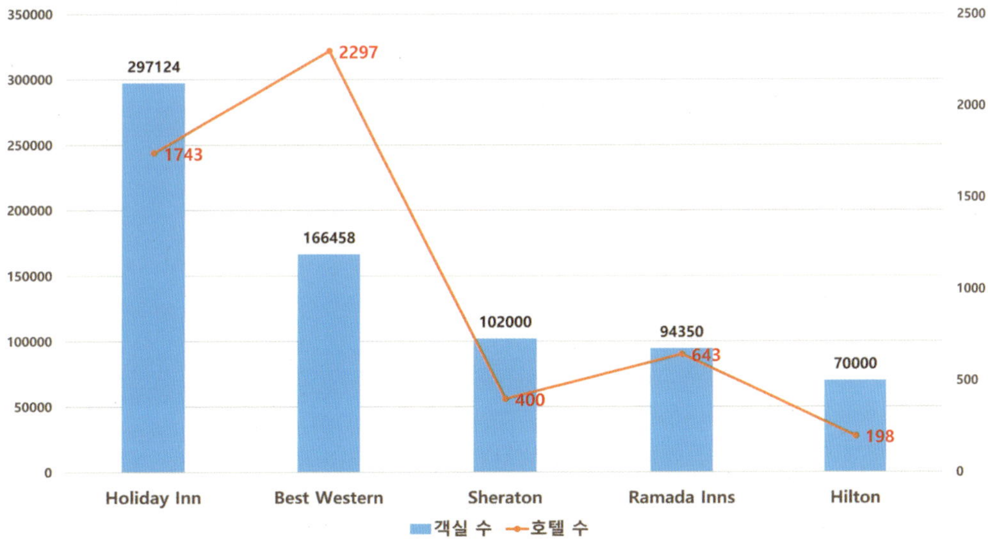

출처: P. G. Hollie. The New York Times. February 15, 1980

Marriott 체인이 확장 계획을 추진하는 목적은 체인 전체 수입의 약 3/4을 차지하는 비즈니스 고객을 유치하기 위해서였다. 따라서 새로 건축되는 호텔들도 대부분 도심, 공항, 오피스파크 근처에 건립됐다. Marriott 체인의 비즈니스 여행객에 대한 집중으로 경기침체, 높은 항공요금, 그리고 비싼 휘발유 가격과 같은 위협을 완충할 수 있었다. 석유파동에 따른 물가인상의 여파로 호텔체인들은 지난 5년 동안 매해 평균 10~15%씩 객실 요금을 인상할 수 있었다.

그리고 1972년이 되자 보유한 호텔은 11개소로 증가했다. Marriott 체인의 신속한 성장은 호텔들을 소유하지 않고 운영하는 방식으로 이루어졌다. 체인은 1970년에 중부 도시에 Marriott Inn을 개업하면서 처음으로 **프랜차이즈** 사업을 개시했다. 그리고 1973년에 처음으로 **위탁경영계약**을 맺고 타인 소유의 호텔을 운영하기 시작했다. 1970년대부터 Marriott를 포함한 여러 호텔체인은 과거와 달리 호텔들을 소유하지 않고 운영만을 담당하면서 성장하는 방식을 많이 이용하기 시작했는데 이 방식을 채택함으로써 위험을 최소화하는 동시에 체인의 규모를 확장할 수 있었다. 호텔체인이 타인 소유의 호텔을 운영하는 위탁경영 방식에서 투자자는 호텔을 건축하는 데 소요되는 모든 비용을 부담했다. 호텔운영사인 Marriott 체인은 기본수수료와 함께 경영성과가 사전에 설정된 기준을 넘는 경우 인센티브수수료를 받을 수 있었다. 일부 호텔은 Marriott 체인이 직접 자금을 투자해서 건축했다. 1979년 연말 기준으로 Marriott 체인은 모두 19개소의 호텔을 직접 소유해서 운영하고, 35개소는 위탁경영으로 운영하였으며, 프랜차이즈로 관리되는 21개소의 Marriott Inn은 대부분 비교적 소규모 도시에 존재했다.

Marriott 체인은 1979년에 모두 8억 달러에 달하는 호텔들을 건설하고 있었는데 이는 자기자본만으로는 불가능했다. 부채총액을 자기자본으로 나눈 비율인 부채비율에서 Marriott 체인은 63.3%로 산업평균인 25~40%에 비해 높은 수준을 유지하고 있었다. 그러나 물가인상 시기에 외부에서 최대한 자금을 끌어모아 호텔들을 건축하는 것은 효과적인 전략으로 인정받았다. 이는 경기가 회복되면 좋은 성과를 기대하기 때문이었다. 반대로 경기침체가 더 연장되는 경우에는 객실 요금을 더 올릴 수 있었다.

한편 Marriott Corporation은 1937년의 항공기 기내식사업에 진출해서 최초로 사업다각화에 성공했는데 여기에 그치지 않고 기업, 학교, 병원 등에 식사서비스를 제공하는 급식사업(Institutional Catering)까지 진출했다. 그리고 1957년에는 호텔사업에 진출했으며, 이어서 공항터미널에서 레스토랑, 스낵바, 상품매점 등 외식과 관련된 사업 분야로 진출했다. 이와 같은 관련다각화에서 Marriott Corporation은 식음료 서비스 및 호스피탈리티 사업을 통해 잘 개발되고 숙련된 기술을 훌륭히 활용했다. Marriott 조직의 수많은 주방에서는 6,000개 이상의 표준조리법에 따라 식사 메뉴가 준비되었고, 호텔 서비스의 절차도 표준화되어 있었으며, 이는 많은 공을 들여 완성한 정교한 매뉴얼에 따라 수행되었다. 그리고 Marriott의 여러 중요한 활동들은 사업단위 전반에 걸쳐 공유되었다. 음식을 위해 공유되는 조달 및 유통 시스템은 9개의 지역별 조달센터를 통해 모든 Marriott의 사업단위 즉 개별 레스토랑이나 호텔에 제공되었다. 그 결과 Marriott는 식음료 서비스에서 다른 어떤 호텔체인보다도 높은 50% 이상의 마진율을 달성할 수 있었다. 또 Marriott는 통합된 부동산 사업부를 보유하고 있어서 좋은 입지(Location)의 확보에 전사적으로 역량을 동원할 수 있었을 뿐만 아니라 Marriott가 위치하는 모든 지역의 호텔이나 레스토랑 등의 영업장 설계 및 건축도 지원할 수 있었다. Marriott의 다각화전략은 인수합병과 내부성장을 공히 이용했다. 이처럼 지식 및 기술의 이전과 가치활동의 공유를 통해 Marriott 체인은 사업다각화에 성공할 수 있었다.

그런데 여기에서 그치지 않고 Marriott Corporation은 미식가 레스토랑, 크루즈 유람선, 테마파크, 도매여행사, 가정 경비시스템, 저가 모텔, 은퇴자 요양센터 등으로 사업영역을 광범위하게 확장했다. Marriott Corporation은 1971년에 Marriott World Travel로 여행사산업에 진출하고, 1972년에는 Sun Line으로 크루즈산업에, 그리고 비슷한 시기에 테마파크산업과 가정경비시스템사업에 진출하면서 한층 더 다각화를 강화했다. 진출하기 전에는 이런 사업들이 Marriott Corporation의 강점에 잘 맞아떨어지고 기존 사업과도 함께 잘 어울리면서 기업은 성장하는 것처럼 보였지만 결국에는 1980년이 되기도 전에 사업부들을 모두 매각하고 말았다. 실패하게 된 이유에는 입지(Location)를 중요시하는 기존 사업과는 사업의 본질적인 면에서 많이 달랐을 뿐만 아니라 새로운 사업 분야에 대한 지식과 경험이 너무 부족했다. Marriott Corporation은 미식가 레스토랑, 테마파크, 크루즈선, 도매여행사, 가정경비시스템 등과 같은 사업다각화에서는 광범위하게 실패했다.

실패했던 사업부의 원인에 대해 자세하게 살펴보기로 하겠다. 첫째, 도매여행사인 Marriott World Travel이 실패했던 이유는 사업에 대한 사전 지식이 너무 부족했다. 왜냐하면 Marriott가 도매여행 사업에 진출하자 기존에 호텔사업부의 주요 고객이었던 주요 여행사들은 Marriott와 관련된 곳이면 어느 곳이든지 여행객들을 보내지 않았다. 이와 같은 잠재적 갈등 요인을 전혀 인지하지 못했던 것은 열정만 높았지 실행에 문제가 있었던 것이었다. 결국에 이 사업부는 1979년에 매각했다. 둘째, 1972년에 진출한 Sun Line이란 유람선산업이다. 이 사업에 진출하면서 최고경영진은 결국에는 크루즈사업도 근본적으로는 바다에 떠다니는 호텔에 불과하다는 다소 안이한 생각을 했지만 예상과 달리 훨씬 복잡한 사업이었다. 이에 더해 크루즈사업은 다른 기업과 동업으로 진출하게 되면서 Marriott의 강점인 시스템경영을 통한 통제력을 전혀 발휘하지 못했다. 또 키프로스 전쟁의 발발로 극성수기에 크루즈선들의 발이 묶이는 등 고전을 면치 못하다가 결국에는 사업이 개시되고 15년 후에 매각했다.

그림 7-17 1979년 Marriott Corporatrion 사업부별 매출 분포

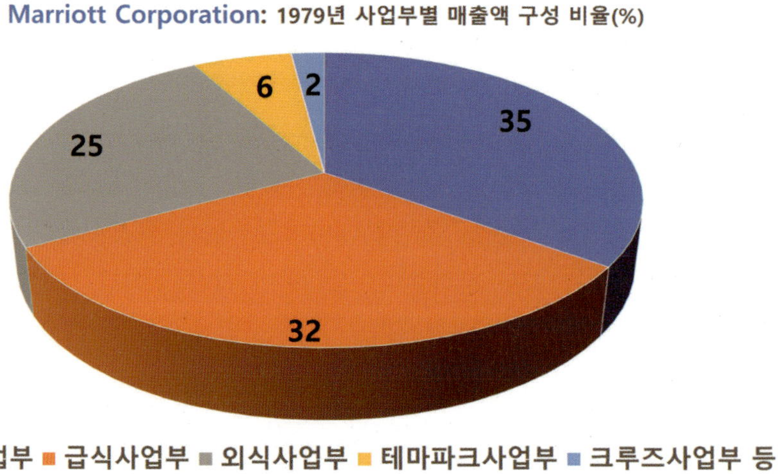

출처: December 11, 1980. The New York Times

셋째, 크루즈사업 진출과 비슷한 시기에 테마파크사업에도 진출했다. 그러나 테마파크 건설은 호텔의 건설과는 너무나 다르고 복잡했으며 비용이 너무 많이 소요되는 사업이었다. 게다가 롤러코스터 같은 놀이기구의 건설에는 독창성과 탁월한 창의성이 요구된다는 사실을 뒤늦게 깨닫게 되었으며 결국에 이 사업부도 매각해서 정리했다. Marriott의 최고경영진은 지식이나 기술의 이전 또는 가치 활동의 공유를 통해 사업다각화를 이루려고 했지만 기대한 효과는 나타나지 않았다. Marriott 최고경영진은 다각화를 통해 여러 사업에 뛰어든 후에야 극복할 수 없는 어려움을 발견했다. 해당 사업들에 대해 충분히 알고 있었다면 실책들을 충분히 바로잡을 수 있었으나 그렇게 하지 못하였다. 초기 다각화의 성공에 고무된 나머지 최고경영진은 진출하기 전에 충분한 연구 및 조사도 없이 즉 충분한 사전 지식의 축적도 없이 진출한 후에 비로소 이를 깨달았다. 또 최고경영진은 사업들을 개별적인 기준에서 바라보는 실수를 범했다. 사업 성공에서 입지 요인을 중요시하는 호텔 및 식음료 사업은 초기의 사업다각화에는 성공의 견인차 역할을 했지만 새롭고 익숙하지 않은 사업에서는 전혀 적합하지 않았다. 1975년에 Marriott 체인은 석유파동으로 인한 물가인상, 경기침체 그리고 크루즈사업의 부진으로 15년 만에 처음으로 수익 감소를 경험했다.

1977년에 Marriott Corporation은 처음으로 본사에 전략부서를 조직했다. 1970년대에 모험적으로 업종 다변화에 나섰다가 큰 실패를 경험했다. 더 체계적으로 신규 사업을 분석하고 성숙한 조직으로서 도약하기 위해서 전격적으로 전략기획 부서(Strategic Planning Department)를 설립한 것이었다. 전략기획 부서를 도입하면서 보다 정교하게 호텔 사업계획을 짰다. 먼저 선제적으로 채권을 발행해서 자금을 모은 후에 호텔을 건축하는 방식을 이용하기 시작했다. 재무책임자였던 Gary Wilson에 의해 고안된 채권금융(Bond Financing)은 이후부터 1980년대 후반까지 Marriott 체인을 성공으로 이끄는 성장동력(Growth Driver)이 되었다. 건축자금 조성이 완료되면 호텔들을 건립하고 완공되면 투자자에게 매각해서 위탁경영으로 호텔의 운영권은 유지했다. 앞으로는 호텔을 소유하는 방식에서 운영하는 방식으로 사업방식을 전환하고 위탁경영계약을 주요 성장전략으로 삼기로 했다. 1978년에 처음으로 중동지역인 사우디아라비아의 리야드에 Khurais Marriott를 개관했다. 소유에서 운영으로 전략이 바뀌면서 체인이 소유하는 호텔의 절반을 투자자에게 매각하고 동시에 위탁경영계약을 체결했다. 1970년대 초에 만들어진 건축사업부는 1978년 한 해에만 1억 달러 가치에 달하는 호텔건축을 달성했다. 그리고 1978년에 Marriott 체인은 20/20 비전을 발표했다. 20/20은 향후 해마다 매출액 성장률 20%와 자기자본수익률 20% 달성을 목표로 하는 야심에 찬 성장전략이었다. 1979년에는 체인 본사를 메릴랜드주 베데스다로 이전했으며 같은 해에 건축 중인 호텔의 수가 50개소나 됐다.

Hyatt Hotels Corporation

Hyatt Hotels Corporation의 창업자 Jay Pritzker의 할아버지 Nicholas Pritzker는 9세였던 19세기 말엽 가족과 함께 우크라이나에서 미국에 이민을 왔다. 그는 신문을 팔고 구두를 닦는 어려운 환경에서도 열심히 공부한 끝에 변호사가 되었다. 1902년에는 Pritzker & Pritzker라는 로펌을 개업했으며 이후에 여러 가지 사업을 하는 기업으로 발전했다. 그의 아들 A. N. Pritzker는 고객의 소개로 시카고 대형은행의 임원을 만나게 되었으며 두 사람은 곧 사업 동료가 됐다. 든든한 은행을 배경으로 한 Pritzker 가문의 사업은 성장가도를 달리게 되었으며 제조업과 부동산 등 여러 사업으로 진출했다. A. N. Pritzker의 아들 Jay Pritzker도 변호사가 되었다. 그는 재무제표를 꿰뚫어 보고 거래하는 능력이 매우 뛰어난 인물이었다.

1957년에 Jay Pritzker는 항공여행이 증가함에 따라 공항 근처에서 호텔을 운영하는 것을 좋은 사업기회로 판단하고 인수할 호텔을 물색하기 시작했다. 그런데 Jay Pritzker는 LA 국제공항 근처에 있는 공항호텔 Hyatt House의 소유주였던 Hyatt Von Dehn이 호텔을 팔고 싶어 한다는 소식을 접하게 되었다. Hyatt House는 개관 이후 계속해서 객실점유율을 90% 이상으로 유지해서 명성이 좋은 호텔이었다. Jay Pritzker는 같은 해 9월에 호텔을 직접 방문해서 Dehn에게 매각할 것을 제안했다. Hyatt House에 있는 커피숍에서 만나 흥정하던 Jay Pritzker는 테이블에 있던 냅킨 위에 2백2십만 달러라고 호텔의 매입가격을 써서 Hyatt Von Dehn에게 보여줬으며 그것으로 인수 협상은 끝이 났다. 2년 후에는 샌프란시스코 국제공항과 시애틀 국제공항 인근에 각각 공항호텔을 건립했다.

1961년이 되자 소유하는 호텔이 모두 6개소로 늘었으며 Jay Pritzker는 역시 변호사였던 막내동생 Donald Pritzker를 호텔로 보내서 운영을 담당하도록 했다. 그 후부터 형이 호텔을 인수하면 동생이 맡아서 운영하는 환상적인 팀이 만들어졌다. 체인은 처음에 주로 미국 서부지역을 중심으로 호텔을 운영했다.

계속해서 성장하던 Hyatt 체인은 1967년에는 기업을 공개하면서 사명을 Hyatt Corporation으로 정했다. 그런데 같은 해에 Hyatt 체인은 기념비적인 호텔을 개관하게 된다. 1960년 중반에 건축가 John Portman은 신개념으로 건축설계된 22층의 대형호텔을 애틀랜타에 건축하고 있었다. 호텔건축의 가장 큰 특징은 실내에 아트리움(Atrium) 공간을 도입한 것이었다. 당시에는 처음 시도되는 공간을 크게 비우는 건축양식이었는데, 아트리움에는 나무, 폭포, 정원 등이 조성되어 마치 작은 공원 같도록 설계됐다. 또 호텔의 객실에서 로비의 아트리움을 내려다볼 수 있었으며, 투명한 유리로 된 엘리베이터가 오르내리는 것을 볼 수 있고, 또 꼭대기에는 회전하는 레스토랑에서 도시의 야경을 보면서 식사를 즐기도록 설계되어 있었다. 그러나 아트리움으로 인해 건축비용이 다른 호텔건물에 비해 25% 이상 더 소요되었으며 프로젝트 총비용은 2천만 달러에 달했다. 건축비용이 모자란 Portman은 Hilton과 Marriott 등 여러 호텔체인을 다니면서 자금을 구하고 있었는데 마침내 Jay Pritzker를 만나게 되었다. Jay Pritzker는 이내 투자를 결정해서 총 1천8백9십만 달러의 자금을 동원해서 호텔을 완공하도록 했다. **과감한 건축설계와 과감한 투자가 함께한 빛나는 순간이었다.** 1967년에 새로운 개념의 호텔이 개관하자 수많은 사람이 구경하러 몰려들면서 호텔은 대성황을 기록했는데, 객실점유율이 95%에 달했으며 객실요금도 비교적 높게 받을 수 있었다. 호텔 자체가 관광명소가 되면서 크게 인기를 끌자 개관한 지 3개월 만에 200실 증축에 들어갔다. 이후부터 Hyatt 체인은 여러 도시에 아트리움 호텔을 건립하면서 미국에서 제일 빠르게 성장하는 호텔체인이 되었다.

1972년에 Hyatt 체인은 중앙예약사무소를 오픈했으며 1973년에는 Hyatt Regency San Francisco를 개업했다. 그런데 1972년에 체인의 사장을 맡아 운영을 책임지고 있던 동생 Donald Pritzker가 39세 젊은 나이에 갑자기 심장마비로 사망했다. Jay Pritzker는 바로 처남을 사장으로 임명했다. 그러나 1977년에 사장이었던 처남이 30만 달러를 사적 용도로 사용한 사실이 밝혀지면서 이에 Jay

Pritaker는 처남을 좌천시키고 기존에 맡고 있던 회장 및 CEO에 더해 사장도 함께 맡았다. 그리고 체인을 좀 더 근접거리에서 관리할 수 있도록 본사를 시카고로 이전하도록 했다. 한편 Jay Pritzker는 오랫동안 월스트리트가 Hyatt 체인의 주식 가치를 저평가하는 것에 대해 큰 스트레스를 받고 있었는데, 1979년이 되자 그는 1천2백5십만 달러를 들여서 회사의 보통주 25%를 매입하면서 상장을 폐지시켜 버리고 Pritzker 가문의 관리하에 두게 했다.

1977년이 되자 체인은 25,000실을 갖춘 51개소의 호텔과 14개의 모텔로 구성된 큰 체인으로 성장했다. 그런데 이렇게 큰 성장을 하면서 Hyatt 체인은 자기자본의 투자는 최소화하는 전략을 채택하기 시작했다. 1969년에 해외시장에 처음으로 진출하면서 이용했던 위탁경영계약을 이제 체인에서는 보편적인 성장전략으로 이용하게 됐다. 1970년대부터 체인은 최소한의 예외를 제외하고는 다른 사람들의 투자금을 이용해서 체인의 성장을 이끌어 나갔다. Hyatt 체인은 새로운 호텔을 설계하고 건축할 때 보통 40만에서 80만 달러의 소수 지분만을 투자했다. 그리고 호텔이 완공되면 소유주와 위탁경영계약을 체결해서 호텔의 운영을 담당했다. 보통 소유주는 자금 여력이 풍부한 보험회사 또는 Ford Motor Company나 Tenneco와 같은 대기업이었다. 특히 큰 보험회사였던 Prudential Insurance Company는 Hyatt 체인이 운영하는 여러 호텔에 4억 달러 이상을 투자했는데, 이런 대형 투자자들은 지속력이 좋아서 호텔이 새로 개관해서 이익이 창출되는 3~5년 동안을 잘 기다려 주었다. 그런데 보통 이들은 소유하는 호텔들을 운영하려고 들지 않기 때문에 Hyatt 체인은 이들과 위탁경영을 체결해서 운영을 맡았다. 호텔들을 대신 운영해 주는 대가로 Hyatt 체인은 보통 해마다 순이익의 20%를 또는 총매출액의 3~5%를 경영수수료로 지급받았다.

한편 Hyatt는 경비를 절약하고 효율적인 운영을 유지하기 위해 체인 본사(HQ)의 인력을 최소화했는데, 1977년에는 단지 42명이 본사 사무실에서 근무하고 있었다. 그리고 본사에서는 체인소속 모든 Regency 호텔들의 영업성과 목표를 총영업이익(GOP)의 30~35%로 설정해서 이를 달성할 수 있도록 독려했다.

한편 1976년에 프랑스의 Louvre Hotel Group이 그리고 1978년에 스페인의 NH Hotels 등이 시장에 등장했다.

V ▸▸ 1980년대의 호텔산업

1980년대 미국의 경제는 레이건 대통령의 신자유주의 정책을 도입하면서 경기가 회복되어 다시 성장세를 보이기 시작했다. 소비지향적인 베이비부머 세대와 맞벌이 가족이 늘어나고 여가 시간이 증가하면서 호텔산업에는 긍정적인 영향을 미쳤다. 호텔산업은 당시 기승을 부리던 인플레이션으로 인한 물가인상률만큼 객실 요금을 거의 자동으로 인상할 수 있었다. 한편 1978년에 연방정부가 항공운송산업에 대한 탈규제(Deregulation) 경제정책을 선언하면서 항공운송산업에 새로운 저가항공사(LCC)들이 우후죽순으로 진입하여 비행기 좌석 공급이 급격하게 증가했다. 이에 따라 항공요금이 크게 떨어지면서 비행기를 통한 여행 수요가 대폭 증가하여 여행산업은 호황기를 맞게 되었다.

1980년대에 걸쳐서 미국 호텔산업에는 큰 변화가 발생했다. 지금부터는 이에 대해 자세하게 살펴보기로 하겠다. **먼저 호텔체인들은 성숙한 시장 여건을 돌파하고 계속해서 성장을 도모하기 위해 시장세분화(Market Segmentation) 전략을 도입하기 시작했다.** 1980년대 이전까지 미국 호텔시장은 최고급(Luxury)호텔, 상용(Commercial)호텔, 리조트(Resort)호텔, 모텔(Motel)과 같은 네 가지 시장으로만 세분되어 있었다. 그리고 당시까지만 해도 호텔체인들은 마케팅 기능을 영업활동에 잘 활용하지 못하고 있었다. 그러나 1970년대 및 1980년대에 공급초과로 시장이 포화되고 경쟁이 심화되면서 성장이 정체되자 이를 극복하기 위한 전략으로 호텔체인들은 시장세분화란 마케팅전략을 활용하는 것에 집중하게 되었다.

과거 오랜 시간 동안 단일브랜드만을 고수했던 호텔체인들은 고객들의 체인 브랜드에 대한 충성도가 상당히 높다는 것을 비로소 알게 되었다. 종전에 호텔체인들은 대부분 단일 또는 소수의 상품으로 전체 시장을 상대하고 있었다. 예를 들면 Marriott 체인은 Marriott란 고급호텔 브랜드만을 보유하고 있었다. 그러나 시장에는 Marriott를 원하는 하나의 고객그룹만이 존재하는 것이 아니라 다양한 욕구를 가진 여러 층 또는 유형의 고객들이 존재하고 있다는 것이 시장세분화의 기본적인 전제조건이다. 마찬가지로 호텔산업에는 원하거나 추구하는 경험, 서비스, 어메니티, 가격 등과 같은 여러 분류 기준에 따라 다양한 욕구를 가진 여러 여행객 유형이 존재하고 있다. 호텔체인들은 이와 같은 고객들의 서로 다른 욕구에 맞는 여러 세분시장을 개발해서 그에 맞는 브랜드의 호텔상품을 소개함으로써 이에 부응하고자 했다. 최첨단 정보기술(IT)은 호텔체인이 다양한 고객유형에 적합한 세분시장을 개발하기 위한 정보의 수집 및 분석에 큰 도움이 됐다.

시장세분화를 일찍 도입한 호텔체인은 Quality International(현 Choice Hotels), Marriott Corporation(현 Mariott International), Holiday Corporation(현 IHG)이었다. 시장세분화 전략을 가장 먼저 도입한 인물은 Quality International의 CEO였던 Robert Hazard이다. 그는 1981년 기존 보유 브랜드인 Quality Inn에 더해 추가로 고급(Upscale) 세분시장에 Quality Royale, 경제가(Economy) 세분시장에는 Comfort Inns를 그리고 All-suite 세분시장에는 Comfort Suites를 연이어 출시하면서 큰 성공을 거두었다. 다음으로 1983년부터 Marriott Corporation은 기존 브랜드인 Marriott보다 하위 등급에는 Courtyard by Marriott를, 상위 등급에는 Marriott Marquis를, 경제가(Economy) 세분시장에는 Fairfield Inn, 그리고 All-suite 세분시장에는 Residence Inn을 각각 도입했으며, 더 나아가 최초로 Time-share 시장에도 진출했다. 최대의 호텔체인이던 Holiday Corporation도 바로 단일브랜드였던 Holiday Inn에서 벗어나 고급(Upscale) 세분시장에는 Crowne Plaza, 경제가(Economy) 세분시장에는 Hampton Inn, All-suite 세분시장에는 Embassy Suites를 각각 출시했다. 시장세분화 또는 브랜드 포트폴리오 전략에 대한 시장의 반응은 매우 우호적이었다. 세 호텔체인의 시장세분화가 성공하자 곧바로 Ramada Inn은 고급(Upscale) 세분시장에 Renaissance를 출시했으며 1980년대 후반이 되자 대다수 호텔체인들이 시장세분화 행렬에 너도나도 참여하면서 호텔산업에 대대적인 메가트렌드가 개발되었다.

| 표 7-7 | 1980년대 유명 호텔체인이 시장세분화를 통해 구축한 브랜드 포트폴리오

호텔체인명	브랜드 포트폴리오
Aircoa	Wynfield Inns(moderate prices) Clarion Hotel(highly diversified)
Doubletree	Doubletree(upscale) Compri(midpriced)
Holiday Corporation	Holiday Inn Hotels(midpriced) Holiday Inn Crowne Plaza(upper midscale) Hampton Inns(economy) Embassy Suites(low end of upscale) Granada Royale(low end of upscale)
Marriott Corporation	Marriott Hotels and Resorts(diversified) Courtyard by Marriott(midpriced) Marriott Marquis(luxury) Marriott Suites(suites)
Quality Inns	Quality Inns(midpriced) Comfort Inns(budget) Comfort Inn Suites(suites) McSleep(budget) Calrion(upper end)
Radisson	Radisson Hotels(upper middle) Radisson Inns(midrange) Radisson Resorts(middle to upper) Radisson Plaza Hotels(upper end) Radisson Suites Hotels(suites)
Ramada	Ramada Inns(midpriced) Ramada Hotels(midpriced) Ramada Renaissance(upper midpriced)
Royce Hotels	Royce Inns(midrange) Royce Hotels(upscale) Royce Resorts(luxury suites)
Trust House Forte	Travelodge(economy) Viscount(upscale)
Wyndham	Wyndham Hotels and Resorts(upscale) Wyndham Garden Hotels(upper midscale)

출처: A Burst of Tiers, 1985. The Cornell H.R.A Quarterly, pp. 36~38

시장세분화 전략을 통해 호텔시장이 과거와 달리 많은 유형의 상품군으로 다변화되었는데 종전의 4개에 불과했던 호텔산업의 세분시장이 공항호텔, 재개발 계획에 의해 지어진 도심호텔, 지역회의를 위한 소도시의 컨벤션 또는 컨퍼런스(Conference) 호텔, 새로 단장한 과거의 유명 그랜드호텔, 크게 성장한 경제가(Economy) 호텔, 연속해서 5일 이상을 체류하고 침실과 거실이 분리되고 주방도 갖춘 장기체류(Extended Stay)호텔, 고급호텔에서 제공되는 연회장, 회의실, 레스토랑, 라운지를 없애는 대신 모든 서비스를 객실에 중점을 두는 All-suite호텔, 타임쉐어(Time-share), 콘도 등으로 소비자의 선택 범위가 넓게 확대되었다.

시장세분화 전략을 통해 호텔체인들은 시장의 수요 및 가격을 기반으로 하여 각 세분시장별로 알맞은 서비스와 어메니티(Amenities)를 제공하게 되었다. 호텔체인이 시장세분화 전략을 통해서 얻은 혜택으로는 첫째, 선제적으로 시장에 진출함으로써 경쟁호텔의 확장에 미리 대응할 수 있었으며 둘째, 각 세분시장에서 습득한 지식을 공유할 수 있게 되었다. 호텔체인들에 도입된 시장세분화 전략은 새롭게 정의된 세분시장의 특정 욕구를 충족시키기 위한 새로운 호텔상품이 만들어지는 계기가 되었다. 따라서 각 세분시장마다 적절하게 들어맞는 새로운 브랜드의 호텔들이 많이 건축되었다.

다음으로 1980년대에 호텔체인들은 성장하기 위해 위탁경영계약(Management Contract)을 대대적으로 채택하기 시작했다. 호텔체인들은 성장과 함께 상장기업으로서 주주들의 부를 증진하기 위해서 주식의 가격을 향상하는 것에 집중하게 되었다. 호텔체인들은 주식의 가치를 높이기 위해서 당시 월스트리트에서 중요시했던 주당순이익(EPS: Earnings Per Share)을 증진하는 것에 중점을 두었다. 사업목표를 달성하기 위해서 호텔체인들은 새롭게 개관하는 호텔에서 자본투자 즉 지분의 소유권을 최소한으로 유지하면서 동시에 프랜차이즈 가맹사업의 확대를 도모했다. 이는 시장점유율을 향상하기 위한 아주 효과적인 선택이었다. 프랜차이즈로 호텔체인의 시장점유율은 크게 향상되었다. 그러나 프랜차이즈는 효과적인 통제수단이 없다는 엄연한 한계점도 존재했다. 따라서 이와 같은 문제에 효과적으로 대처하고 또 새로운 방식으로의 성장을 모색하기 위해 호텔체인들은 전략을 변경했다.

새로운 전략의 핵심은 종전에 부동산기업처럼 행동했던 호텔체인을 순수한 호텔운영사(Hotel Operating Company)로 전환하는 것이었다. 현금흐름을 최대화하고 재무위험을 줄이기 위한 목적으로 1970년대 말엽부터 계속해서 호텔체인들은 직접 소유했던 호텔들을 투자자에게 매각하기 시작했다. 호텔체인들은 종전에 소유했던 호텔을 매각하는 대신에 이를 매입하는 새로운 소유주와 협상을 통해 위탁경영계약을 체결함으로써 호텔을 매각한 이후에도 운영은 계속해서 유지할 수 있었다. 호텔체인들이 보유했던 호텔을 매각해서 조성된 자금은 부채 축소, 인수합병, 일부 보유호텔의 수리, 새로운 호텔의 건립 등의 보다 전략적 용도로 이용했다.

1980년대에 다시 일게 된 호텔건축 붐으로 1980년대 후반이 되자 호텔산업은 또다시 공급과잉(Overbuilding)의 위기를 겪어야 했다. 미국 연방정부의 경제정책이 공급과잉에 대해 큰 역할을 했다. 미국 연방정부는 침체된 경기를 부양하기 위해 1981년에는 The Economic Recovery Tax Act of 1981을, 또 1982년에는 The Tax Equity and Fiscal Responsibility Act of 1982와 같은 새로운 세법을 공포했다. 새로운 법은 상업용 부동산에 투자를 행하는 경우 가구 · 설비 · 장비(FF&E: Furniture, Fixture, and Equipment)에 대한 투자세액공제(Investment Tax Credits), 확대된 가속감가상각(Accelerated Depreciation)의 허용, 빌딩 · 장비 · 가구에 대한 짧은 내용연한(Useful Life) 그리고 오래된 역사적인 건물의 재건(Rehabilitation) 투자에 대한 세액공제 등과 같은 다양하고 폭넓은 절세혜택을 제공했다. 이런 조치들의 결합으로 호텔프로젝트에 투자한 소유주의 수익성은 크게 좋아졌다. 그런데 수익성이 향상된 이유는 호텔 자체의 경제성에 의한 것이 아니라 대부분 절세수단(Tax Shelter)의 혜택에 의한 것이었다.

호텔 개발사(Hotel Developer)들은 크게 두 가지 방식으로 절세혜택을 누릴 수 있었다. 첫째, 호텔프로젝트는 다른 부동산투자에 비해 전체 프로젝트비용에서 FF&E 비용이 차지하는 비율이 높기 때문에 투자세액공제가 더 많았을 뿐만 아니라 동시에 짧은 기간 내에 감가상각이 가능하도록 허용됨으로써 좋은 절세수단이 되었다. 둘째, 연방정부는 도시재개발을 촉진하면서 도심지에 있는 오랜 역사적인 건물이 재단장을 통해 호텔로 전환하는 투자에 대해 세액공제 혜택을 제공했다. 또 복합건물에 대한 투자도 장려했다.

미국 정부의 세제개혁과 함께 낙관적인 경제전망이 결합되면서 호텔 투자에서 비정상적으로 수익성이 향상되었으며, 호텔산업에 매우 우호적인 환경이 조성됐다. 과거처럼 엄청난 투자 호기를 만난 기업이나 개인 투자자들은 기다렸다는 듯이 호텔건축 투자사업에 엄청난 자금을 쏟아부었다. 1970년대의 리츠처럼 1980

년대에는 저축은행들이 엄청난 자금을 호텔건설에 공급했다. 그러나 불행히도 이들은 호텔사업에 대한 경험이 전혀 없었으며 소유하는 호텔에서 수익을 확보하기 위해서는 위탁경영을 체결한 호텔운영사에 크게 의존해야만 했다. 호텔건축의 광풍으로 1980년대에 호텔산업에는 모두 900,000실에 7,000개소의 새로운 호텔이 공급되었다. 1970년대와 1980년대 사이에 미국 호텔산업에서 객실공급은 연평균 2.7%씩 성장했으나 객실수요의 연평균 성장률은 2% 수준에 불과했다. 이로 인해 1980년대 중반이 되자 호텔산업은 다시 포화상태에 빠지게 되었으며 많은 세분시장이 공급과잉 상태에 처하게 됐다. 따라서 공급초과 시장에서는 객실점유율이 크게 하락하면서 수익성은 떨어지고 경쟁은 가열되었다. 그러나 1986년에 연방정부는 갑작스럽게 또다시 **'86 세제개혁법'**을 선포하면서 종전에 제공했던 부동산투자에 우호적이었던 세금혜택들을 모두 제거해 버렸다. 갑작스러운 변화에 호텔건축은 거의 중지되었다.

상황이 돌변하면서 1980년대 후반이 되자 많은 가맹호텔이 많은 영업손실을 입었으며 그중에 일부는 도산하거나 압류를 당했고 자금을 제공했던 많은 저축은행도 같이 도산했다. 이로 인해 전체 호텔 중에서 약 75% 정도가 프랜차이즈 가맹호텔들로 구성되었던 Sheraton, Hilton, Radisson 등과 같은 호텔체인들은 가맹호텔의 영업 및 품질관리에 대한 통제권이 없었기 때문에 체인 이미지에 심한 손상을 입었다.

이때부터 많은 프랜차이즈 가맹호텔이 위기를 극복하기 위해 전문성을 가진 **독립운영사**에 위탁경영을 맡기게 되었으며 이를 계기로 많은 독립운영사가 호텔산업에 진입하게 되었다. 따라서 1980년대 초 50개에 불과했던 독립운영사가 1990년대 초가 되자 500여 개 이상으로 급증했다. 독립운영사들은 전국적인 명성을 지닌 유명 호텔체인에 비해 가맹호텔들이 위치하는 지역시장에 대해 많은 지식을 보유하고 있었기 때문에 위기에 처한 여러 호텔에서 좋은 성과를 거둘 수 있었다. 결과적으로 가맹호텔의 소유주는 호텔체인에게 프랜차이즈 로열티를 지급해야 했을 뿐만 아니라 독립운영사에게도 위탁경영 수수료를 지급해야 하는 이중구조의 부담을 지게 되었다.

한편 1980년대 들어 경쟁이 격화되면서 기존 고객을 유지하고 또 새로운 고객을 유치하는 동시에 인플레이션으로 객실요금을 인상할 수 있었던 호텔체인들은 보다 많은 새로운 어메니티를 제공하게 되었다. 이러한 노력이 가열되면서 결국에는 호텔체인 간에 때아닌 **'어메니티 전쟁(Amenities War)'**이 일어났다. 그 결과 객실 내 오락장비, 빠른 체크아웃, 무료주차, 무료 공항셔틀버스, 24시간 서비스, 클럽층, 컨시어즈 등 종전에 비해 향상되거나 새로운 어메니티가 손님에게 제공되었다.

1980년대 동안에 호텔체인과 모텔체인은 세제 혜택과 공급과잉 등과 같은 외부 요인과 시장세분화, 인수합병, 프랜차이즈 및 위탁경영 등의 내부 요인이 결합되면서 대체적으로 성장을 지속했다. 〈그림 7-18〉과 〈그림 7-19〉는 체인의 유형을 모텔체인과 호텔체인으로 구분해서 그들의 성장 속도를 살펴보았다.

그림 7-18 모텔체인의 성장(모텔 수) 추세(1970~1986)

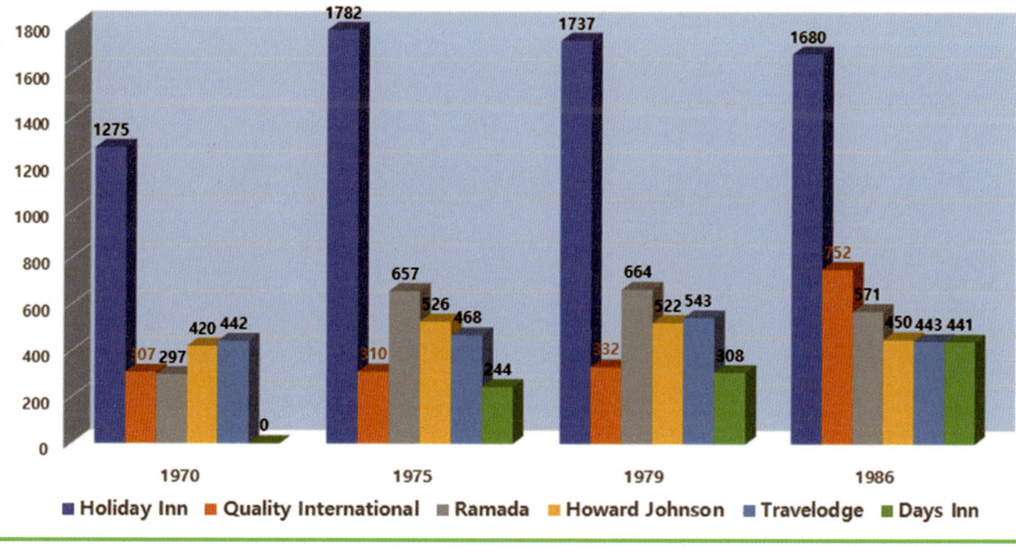

출처: Eyster, 1988

그림 7-19 호텔체인의 성장(호텔 수) 추세(1970~1986)

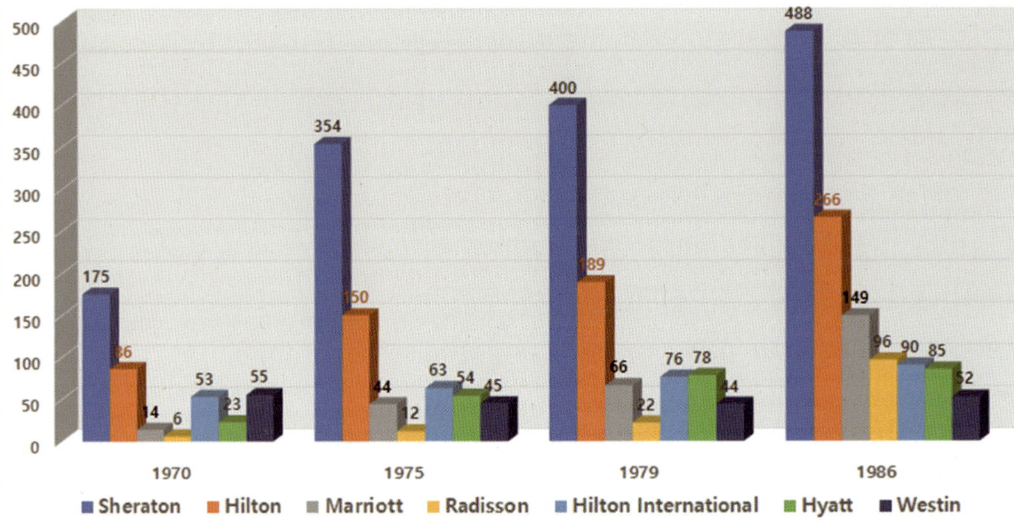

출처: Eyster, 1988

호텔체인의 국제화

1980년대 호텔체인들의 국제화 과정에서 나타났던 특징은 유럽과 아시아 등 외국 호텔체인들이 미국 시장에 활발히 진출하기 시작했던 것이다. 유럽 및 아시아의 국가들은 2차 세계대전 후의 폐허와 같은 악몽에서 벗어나 경제부흥을 달성하고 미국이 독주하던 국제시장에 도전하기 시작했으며 호텔산업도 예외가 아니었다. 1980년대 중반이 되자 그렇게 강했던 미국 달러화의 가치가 하락하기 시작했으며 이는 경쟁하는 국가들의 화폐 가치 상승으로 이어졌다. 그리고 1981년에 선포된 상업용 부동산투자에 유리하게 된 미국의 세법 개정 등과 같은 우호적인 환경이 조성되면서 이에 편승한 유럽, 일본, 홍콩의 여러 기업이 그동안 세계 호텔산업의 발전과 성장을 주도했던 미국의 유명 호텔체인들을 하나씩 인수하기 시작했다. 대격변의 시대가 개막된 것이었다.

외국의 호텔체인이 세계 최대의 미국 호텔산업에 본격적으로 진출해서 위협을 가한 사례는 영국의 Forte Group이 거의 최초였는데 Forte는 1973년에 Travelodge 체인을 인수했으며 이어서 1977년에는 다시 Knott Hotels를 인수했다. 그리고 1980년대 중반부터 1990년대 초반까지의 기간에 외국의 호텔체인들이 미국의 유명 호텔체인들을 인수합병(M&A)하는 과거에는 거의 볼 수 없었던 보기 드문 현상이 나타났다. 먼저 1981년에 영국의 Grand Metropolitan은 항공사 Pan Am이 보유했던 InterContinental 체인을 5억 달러에 인수했다. 그리고 1987년에 영국의 Ladbroke PLC는 역시 항공사 TWA가 보유하던 Hilton International을 10억 7천만 달러에 인수했다. 1989년에는 영국의 맥주회사 Bass PLC가 세계 최대의 호텔체인 Holiday Inn을 22억 2천5백만 달러에 인수하면서 세계 호텔산업을 놀라게 했다. 또 프랑스의 거대 호텔체인 Accor는 1990년에 저가모텔 체인이던 Motel 6를 13억 달러를 주고 인수했으며 1999년에는 Red Roof Inn을 11억 달러에 인수했다.

1980년대 인수합병 대열에 참여한 아시아 기업을 보면 1988년에 일본의 건설회사 아오키그룹은 United Airlines의 모기업인 Allegis가 보유하고 있던 Westin Hotels & Resorts 체인을 13억 5천만 달러에 인수했으며, 일본의 거대 유통기업이던 세이부그룹은 영국의 Grand Metropolitan 그룹이 보유했던 InterContinental 체인을 22억 7천만 달러에 인수했다. 세이부그룹은 처음에는 핀란드의 항공사 SAS와 공동으로 인수했으나 후에 지분 100%를 인수했다. 홍콩의 부동산투자 기업인 New World Development는 1989년에 Ramada 체인을 5억 4천만 달러에 인수했으며 또 1993년에는 고급호텔 체인이던 Stouffer Hotels를 10억 달러에 인수하면서 당당하게 대열에 합류했다. 이로써 20세기 이후 세계 호텔산업을 선도했던 미국 호텔산업과 호텔체인들의 위상은 예전과 같지 않게 되었다. 특히 미국의 자랑이자 혁신의 상징이었던 Holiday Inn과 고급호텔을 뽐내던 InterContinental은 미국에서 탄생했지만 이제 영국의 호텔체인으로 변모해 버렸다.

미국을 제외한 외국의 호텔체인들은 인수합병 말고도 자체적으로 해외시장에 진출하면서 성장을 지속했다. 프랑스를 대표하는 호텔체인 Accor는 먼저 유럽 인접국과 브라질 등으로 진출했다. 1979년에는 Sofitel이란 고급호텔 브랜드로 미국 시장에 진출을 시도했다. 그리고 스페인 호텔체인 Melia는 1985년에 국제사업부를 설립하고 발리를 시발로 해서 베네수엘라, 콜롬비아, 이라크 등지로 진출했다.

아시아 지역의 호텔체인으로 일본의 Prince Hotel 체인은 1974년 캐나다의 토론토에 처음으로 호텔을 오픈하며 이어서 하와이, 대만, 말레이시아, 태국 등지로 연이어 진출했다. 또 일본의 New Otani 체인은 1976년에 처음으로 하와이에 진출했으며 이후 LA, 북경 등에 호텔을 개업했다. 일본의 대표 항공사인 JAL의 자회사로 1970년에 설립된 Nikko Hotel 체인은 초기에는 점보제트기의 등장과 해외여행 규제완화로 인해 증가하는 일본인 해외여행객에게 일본 호텔체인의 서비스를 제공하려는 목적으로 설립되었다. Nikko Hotel은 먼저 동남아시아 지역에 진출한 후 이어서 독일과 프랑스로 확장했으며, 1985년에는 뉴욕 맨해튼의 명물 Essex House를 인수하면서 미국에 진출했다. 해외지역에서 개업한 Nikko Hotel은 대부분 서구식 건축 및 설계양식으로 건설되었지만, 일본식 조경, 일본식 다다미 객실, 일본식 꽃꽂이, 일본 전통차 서비스, 안락한 고객 서비스를 가미하는 등 일본의 고유한 문화적 특성을 조화롭게 곁들였다.

홍콩의 Mandarin Oriental 체인은 동남아시아 시장을 거쳐 1984년에는 캐나다의 밴쿠버에 북미 최초의 호텔을 개관했다. 특히 체인은 뉴욕에 본사 브랜드의 호텔을 개관하기 전에 The Mark Hotel을 먼저 매입해서 경험을 충분히 쌓은 후 본격적인 진출을 꾀하는 전략을 채택했다. 홍콩의 Peninsula는 상하이, 베이징, 도쿄, 마닐라, 방콕, 뉴욕, 비버리힐스, 시카고, 파리 등지에 진출했다. 그리고 홍콩의 Shangri-La는 중국을 주력 시장으로 삼았으며 이후 동남아시아로 진출을 도모했다. 인도의 Taj 체인은 1980년에 해외에는 처음으로 예멘에 호텔을 개관했다. 인도의 다른 호텔체인 Oberoi 체인은 1960년에 최초로 네팔 카트만두에 Soaltee Oberoi와 이집트의 카이로에 Mena House Oberoi를 해외호텔로 개업했다.

한편 1980년대에 미국 호텔체인들은 인수합병, 공급과잉, 경쟁 심화 등으로 국내시장에서 더 이상의 성장을 지속할 수 없는 상황이 되었다. 따라서 성장을 위해서 호텔체인들은 해외시장으로 공격적인 진출을 감행했다. 그 결과 세계 10대 호텔체인들이 해외에서 운영하는 호텔의 수가 1979년에 579개소에서 1989년에는 1,118개소로 대폭 증가했다. 이는 1980년 중반 이후부터 거세지기 시작했던 세계화 열풍의 영향도 컸다. 그동안 '죽의 장막'으로 불리던 중국에도 미국의 호텔체인이 진출하기 시작했다. Holiday Inn은 1984년에는 중국 북경에 Holiday Inn Lido Beijing을 개관했으며 또 같은 해 ITT Sheraton 체인도 북경에 The Great Wall Sheraton을 개관하면서 중국에 진출한 최초의 외국 호텔체인들이 되었다.

Choice Hotels 체인은 1958년에 미국의 피닉스와 영국의 런던에 새로운 예약센터를 건립하면서 해외시장에 진출을 시도했다. 처음에는 영국, 스위스, 독일 등지에 호텔을 오픈했다. 이후 1986년에는 프랑스와 이탈리아에, 1989년에는 일본, 터키, 남미 및 중남미 등지로 진출했으며, 이후부터는 캐나다, 영국, 호주, 유럽 등지로 더욱 큰 확장을 시도했다.

호텔체인 본사(HQ)의 역할

호텔체인의 본사(Headquarters)는 해외시장에 넓게 퍼져있는 호텔들을 중앙집권형 또는 분권형으로 관리할 수 있다. 초기에 Hilton International과 Holiday Inn은 철저하게 중앙에서 세계에 존재하는 호텔들을 통제했다. 두 체인은 경제대국 미국의 탁월한 비즈니스방식을 신봉했으며 일관성 있는 호텔운영을 통해 전 세계를 마치 하나처럼 관리하려고 했다.

이와 달리 1968년에 뒤늦게 해외로 진출했던 Hyatt International은 본사 인력을 최소화하고 의사결정을 지역 차원에서 할 것을 권장했다. 그렇지만 일련의 보고서들을 받아서 영업 결과를 신중하게 검증했다. Hyatt International은 세계시장을 세 지역으로 나누고 각 지역에 부사장을 임명해서 담당하는 지역을 맡도록 했다. 세계시장의 첫 번째 지역은 서아시아, 극동, 아프리카, 그리고 중동지역이었다. 두 번째 지역은 미국, 캐나다, 유럽지역이었으며, 세 번째 지역은 카리브해와 중남미 지역이었다. 각 지역에 속하는 개별적인 Hyatt 호텔의 총지배인은 해당 지역 부사장이나 이사에게 보고하도록 했다. 각 지역은 고유한 특징과 문제를 가지고 있으므로 각 지역을 담당하는 임원들은 담당 지역의 총지배인들이 호텔과 관련된 의사결정을 할 때 잘 지원해 줄 수 있는 충분한 자격을 갖춘 사람을 임명했다. 각 호텔의 총지배인은 지역담당 임원과 일상적인 소통을 하는 것 이외에 월별 영업실적 보고서를 본사로 보고하도록 했다. 이 보고서를 기반으로 해서 본사의 담당 직원과 총지배인 그리고 지역담당 임원이 참가하는 연간 회의를 개최하도록 했다. 회의 준비를 위해 총지배인은 다음 해에 예상되는 비용 지출과 매출원을 확인하고, 목표시장에 대해서 파악한 후 호텔의 다음 해 예산(Budget)안을 자세하게 작성해서 제출하도록 했다. 예산작성에 이용된 예상치에 대해 참가자들은 면밀하게 살피고 충분히 논의한 후에 보통 처음 목표가 수정되기에 이른다. 수정된 다음 해의 영업실적 목표를 총지배인이 수락하면 수정된 예산은 다음 해의 경영실적을 평가하는 기준으로 이용되었다.

각 호텔의 총지배인이 시카고에 있는 본사에 제출하는 월별 영업실적 보고서에는 판매액, 외상매출금, 인건비, 마케팅, 식음료, 그리고 구매와 같은 핵심 분야에 대해 새로 대두되는 문제점이 포함되었다. 이 외에도 보고서는 영업실적의 추세와 그것을 뒷받침하는 보충자료가 포함됐다. 만약에 보고서의 영업실적 추세가 전년도에 확정했던 예산과 심각한 차이를 보이는 경우 이와 같은 편차를 조사하는 시스템 분석부서로 보내서 보충자료를 심층 조사해서 차이가 나타나는 이유를 정확하게 밝혔다. 시스템 분석부서의 역할은 현장관리자들의 잠재적인 문제점을 확인하는 것이었다. 본사에 의해 수행된 분석으로 의문점에 대한 조사를 마무리하고 권고사항을 총지배인과 지역담당 임원에게 송부했으며, 조사했던 문제점에 대해 밀접하게 관찰한 결과가 다음 달 보고서에 포함됐다.

세계 각 지역에 위치하는 호텔들로부터 제공되는 정보를 취합하는 정보센터의 역할을 담당하는 본사는 이를 통해 트렌드를 먼저 보고 이를 관리자에게 알려서 지역에서 나타나는 새로운 현상을 예측할 수 있도록 지원하였다. 세계 도처에 존재하는 호텔 중에서 특정 호텔에서 새로 개발된 경영기술의 효험이 성공적으로 검증이 된 것을 확인한 경우 본사에서는 주기별로 정책보고서를 발행해서 이런 지식을 전 세계 체인소속 호텔들이 공유할 수 있도록 했다.

본사의 해외지역 호텔개발 부서는 새로운 프로젝트에 대해 자문 역할을 수행하거나 프로젝트 관리자로서 역할을 수행하였다. 프로젝트 관리자의 경우에 호텔개발 부서는 호텔소유주를 대신해서 건축가, 건설사, 엔지니어 등을 고용하고 FF&E에 대한 입찰을 대행하였다. 본사는 지속적으로 여행객들의 욕구를 분석해서 이들의 요구사항들이 호텔설계에 포함될 수 있도록 노력했다. 그리고 건축가와 식음료시설 엔지니어의 설계가 본사에 제출되면 담당직원은 해당 지역의 외식시장 및 식재료시장에 대해 철저하게 조사하고, 다양한 식재료의 입수 가능성 및 가격에 관해 확인했다. 이와 같은 정보와 생산 가능한 메뉴에 대한 역량을 평가해서 호텔의 여러 식음료 부서에 대한 통합된 콘셉트가 개발됐다. 일반적으로 경쟁적인 콘셉트는 고객들이 한 지붕 밑에서 다양한 선택을 할 수 있도록 2~3개의 서로 다른 유형의 레스토랑을 열게 하는 것이다.

세계 도처에 존재하는 호텔에서 일하는 직원들의 배치 및 이동은 큰 골칫거리이기도 했다. 직원 사이에는 서로가 원하고 또 원하지 않는 곳이 존재했다. 어떤 경우를 보면 아주 능력있는 직원이 승진 기회를 포기하기도 했는데 이유인즉슨 현재 상사가 자신의 능력을 잘 인정해주고 있어서였으며 대체되는 것을 두려워했다. 다른 경우를 보면 특히 가족이 있는 직원은 자신이 원하는 지역으로 이동 배치되기를 원했는데 이런 행태는 유사한 직급 및 경력의 직원들도 같은 요구를 촉발하기도 했다. 한편 세계 여러 곳마다 새로 개업하는 호텔은 본사의 Hyatt 명칭을 마케팅에 이용하지만 동시에 각 호텔이 보유하고 있는 시장에서의 특장점을 강조했다. 그리고 마케팅 및 광고는 목표 고객층과 정확하게 일치해서 수행되고 있었다.

많은 기업이 거대한 해외시장으로 진출할수록 기업구조에서 해외시장 개척 노력을 조정해야 할 사업부의 필요성이 증가했다. 이런 목적에 부응하기 위해 '국제사업부'란 조직이 거대한 호텔체인에서 이용되고 있으며, 이 사업부는 해외시장의 사업기회를 파악하고, 영업활동을 전개하고 통제하는 역할을 담당했다. 국제사업부 산하에는 지역사무소들이 전 세계에 걸쳐 분포되고 있었다.

국제사업부를 추가함으로써 본사가 더욱 거대하고 비대해진다는 의미는 아니다. 과거 Holiday Inn Worldwide, Choice International, Hilton, Hyatt 등은 구조조정, 리엔지니어링 또는 기능부서의 통폐합을 통해 경영비용을 절감했다. 그리고 비대한 조직구조에서 권한 분산은 본사를 작지만 효과적이고 효율적으로 기능하는 조직으로 전환했다. 호텔체인 본사는 의사결정권한을 지역사무소로 이양함으로써 지역사무소의 관리자들과 각 호텔의 총지배인은 시장의 욕구 변화에 더욱 신속히 대응할 수 있는 것은 물론이고 더욱 효과적인 관리와 현지 시장의 환경에 맞게 특화된 경영활동을 할 수 있었다. Accor는 아시아 · 태평양 지역본부에 권한을 위임함으로써 이 지역에서 신속하게 성장했다. 경쟁하는 지역에서 주로 고급호텔의 건립을 고수하는 미국의 호텔체인과는 달리 Accor는 현지 고객에게 적합한 중저가 시장을 목표시장으로 삼았다. 그 결과 Accor는 1997년 말에 아시아 · 태평양 지역에서 약 170여 개소의 호텔들을 운영하게 되었고 매출액은 1993년 1억 4천만 달러에서 1995년 2억 달러로 증가했다. Hilton International, Westin, Golden Tulip 등도 기업구조를 분권화했다.

해외시장 진출의 위험성

호텔체인들이 해외시장에서 성장 기회를 확보하고 시장점유율을 향상하는 것은 국내 시장과는 다르다. 기회에는 항상 많은 위험과 문제가 따른다. 자국 도시와 달리 뉴델리 또는 부다페스트 등 타국에서 새로운 호텔이 들어설 좋은 입지를 찾는 것은 쉬운 일이 아니다. 해외 호텔프로젝트에서 건축 자금을 조성하는 것도 또 호텔을 건설하는 기술이나 관행도 아주 다르며, 그리고 일부 국가에서는 정치적 불안정도 발생하고 있다.

외국에서 호텔을 건립했던 사례 중에 기억될 만한 두 사건이 중동에서 벌어졌었다. Mecca InterContinental Hotel의 경우 본사에서 파견한 외국인 엔지니어들은 이슬람 성도(Holy City)의 입장을 허용하지 않고 있었기 때문에 공사를 감독해야 하는 엔지니어들은 밖에서 CCTV를 통해서 공정을 관리해야만 했다. 그리고 Beirut Holiday Inn은 1975년부터 발생한 내전으로 호텔이 심하게 파괴되었으며 콘크리트 흉물이 되어 오랫동안 방치되었다.

호텔은 한번 특정 장소에 건립되면 전쟁이나 다른 사건들을 회피하거나 이동할 수 없다. 쿠바에 건립되었던 Havana Hilton, 과거 베트남의 Saigon InterContinental, 이란의 Teheran Hilton은 국유화되었다. 멕시코처럼 서방세계와 가까운 나라에서도 외국기업들은 보유했던 지분을 불리한 조건으로 현지 기업에게 매각하도록 강요당하기도 했다.

국유화 위험 말고도 다른 위험이 존재했다. 새로 들어선 자메이카 정부가 쿠바

정부와 동맹국 체제를 형성하자 이 나라를 여행하는 사람들이 급격하게 감소했다. 여러 호텔이 문을 닫아야 했다. 후에 새로운 관광산업에 친화적인 정부가 들어서면서 상황은 눈에 띄게 향상되었다. 다른 경우를 보면 1970년대 초 서인도제도 휴양지 St. Croix에서 미국인 관광객 2명이 골프장에서 총기에 의해 살해되었는데 그 후로 수년간 이 섬의 관광산업은 극심한 타격을 입게 되었다.

외국에서 호텔을 운영할 때에는 자국과는 아주 다른 기준과 관습이 요구된다. 스칸디나비아반도의 국가에서 미국 호텔이 내부에 패스트푸드 레스토랑을 개업했는데 손님들은 모두 나이프와 포크를 요구했다. 더 심한 경우를 보면 카리브해에서 미국 호텔의 임원이 납치를 당한 후에 조합규약(Union Contract)에 서명할 것을 강요받았다. 후에 호텔체인은 계약을 무효로 돌리기 위해 법정 싸움을 벌여야 했다.

해외로 진출하는 다른 모든 기업처럼 호텔들도 많은 국가에서 환율변동과 이익의 본국 송금 제한으로 여러 문제를 겪고 있다. 마지막으로 특정국 호텔체인이 외국으로 진출하면서 현지국 호텔체인과 심한 경쟁을 벌여야 했다. 사업환경이 좋은 곳에서는 더욱 그렇다. 이제 세계 대다수 국가는 자국 호텔체인을 보유하고 있으며 어떤 체인은 국제시장으로 진출해서 유명 호텔체인들과 경쟁을 벌이게 되었다. 또 현지 호텔체인들은 현지인에게 매우 익숙하며 때때로 세계적인 브랜드보다 더 그러할 때도 있다. 과거 유명 호텔체인들이 독점적으로 보유했던 호텔운영에 대한 노하우는 이제 보편적인 지식이 되고 있다.

1980년대의 호텔체인

Holiday Inns, Inc.

Michael Rose는 Harvard 법학대학원 출신의 변호사로 1974년에 위기에 처해 있던 Holiday Inn 체인으로 와서 1981년에 Roy Winegardner에 의해 최고경영자로 임명되었다. 그는 체인이 보유하고 있던 사업 포트폴리오를 분석해서 불필요한 사업은 매각했으며 나머지는 리포지셔닝해서 1970년대의 석유파동 사태를 극복하였다. 1970년대 말이 되자 순이익이 1974년에 비해 3배나 증가했으며 자기자본이익률(ROE)도 2배 정도 향상됐다. 이렇게 성과가 나아진 이유는 수익성(Profitability)이 많이 향상되었기 때문인데 체인의 1978년 매출액은 1974년에 비해 30% 정도 늘었지만 영업이익은 224%나 증가했다. Rose는 Wilson이 보유했던 창업가형 경영사고로는 석유파동 같은 험한 파고를 넘기가 힘들며 고도의 역량을 보유한 전문가(Professionals)들이 체인의 경영을 맡아야 한다고 믿었다. Rose가 CEO로 임명된 이후 종전에 Wilson과 함께했던 18명의 중역진은 모두 회사를 떠났다.

| 표 7-8 | Holiday Inn의 성장 추세

연도	전체 모텔수	전체 객실수	모텔당 평균 객실수	총매출액($mil.)	순이익($mil.)
1952	1	-	-	-	-
1954	11	-	-	-	-
1956	26	2,107	81.0	1.6	0.2
1957	51	4,000	78.4	2.0	0.4
1958	76	6,123	80.6	2.5	0.4
1959	105	9,085	86.5	5.5	0.5
1960	162	15,249	94.1	12.2	0.7
1961	196	-	-	17.5	1.2
1962	300	-	-	30.1	1.8
1963	415	-	-	49.3	2.5
1964	493	-	-	57.1	2.9
1965	587	69,880	119.0	71.2	4.1
1966	728	93,283	128.1	100.8	7.1
1967	882	114,093	129.1	319.2	19.5
1968	1,015	133,730	131.8	404.9	27.3
1969	1,164	158,887	136.5	539.8	32.6
1970	1,271	179,364	141.1	604.6	37.3
1971	1,371	200,464	146.2	707.9	42.1
1972	1,470	221,113	150.4	775.2	42.0
1973	1,591	246,913	155.2	808.8	41.7

연도	전체 모텔수	전체 객실수	모텔당 평균 객실수	총매출액($mil.)	순이익($mil.)
1974	1,688	267,032	158.2	905.1	27.5
1975	1,714	274,969	160.4	917.0	41.9
1976	1,713	278,064	162.3	965.6	38.8
1977	1,700	278,957	164.1	1,035.3	52.7
1978	1,718	286,579	166.8	935.8	62.8
1979	1,741	296,251	170.2	1,112.6	55.9
1980	**1,755**	303,578	173.0	1,533.8	108.3
1981	1,751	308,113	176.0	1,765.1	137.4
1982	1,744	312,302	179.1	1.425.3	72.0
1983	1,707	310,337	181.8	1,585.1	124.4
1984	1,696	314,032	185.2	1,759.8	131.0
1985	1,688	**317,628**	188.2	1,804.5	150.0
1986	1,641	317,038	193.2	1,648.7	103.4
1987	1,599	314,001	196.4	1,664.8	108.1
1988	1,592	314,127	197.3	1,596.6	87.6

출처: Moody's; Holiday Inn. Inc.; Jakle, Sculle & Rogers, 2002. *The Motel of America*

Rose는 1980년에 Harrah's 카지노를 인수했으며 1982년에는 Donald Trump와 공동으로 애틀랜틱시티에 Trump Casino Hotel을 운영했으나 분쟁이 생기면서 1986년에 Trump에게 지분을 모두 넘겨 버렸다. 그리고 해외시장 진출을 독려한 끝에 1982년이 되자 60개국에서 모두 215개소의 Holiday Inn을 운영하게 되었다. 1983년이 되자 Roy Winegardner는 경영에서 완전히 은퇴했으며 Rose가 회장직도 겸했다. 같은 해에 당시 호텔산업의 메가트렌드로 등장하기 시작한 시장세분화 대열에 참여해서 체인의 최상위 브랜드로 Crowne Plaza 1호 호텔이 개관했다. 그리고 1984년에는 세분화를 더 강화해서 처음으로 저가모텔 브랜드인 Hampton Inn과 All-suite 브랜드인 Embassy Suites를 개관했으며 Granada Royale을 인수해서 호텔들을 모두 Embassy Suites 브랜드로 바꾸도록 했다. 같은 해부터 Holiday Inn 체인의 정체성을 호텔을 소유하는 회사(Hotel Owner)에서 운영사(Hotel Operator)로 탈바꿈하는 작업을 본격화했다. 그리고 1985년에는 기업명을 Holiday Inns, Inc.에서 Holiday Corporation으로 변경했다. 같은 해에 장기숙박(Extended-stay) 세분시장의 브랜드인 Residence Inn을 Hotel Corporation과 공동으로 인수해서 지분 50%를 보유했다.

1980년대 초반은 비교적 괜찮은 편이었지만 중반이 되자 호텔산업은 공급과잉에 빠지면서 호텔체인 간의 경쟁은 격화되었다. 그리고 테러 위험과 약달러 현상으로 여행 수요도 많이 줄었다. 경영환경이 이렇게 변하자 월스트리트에서 대다수 호텔체인의 주가가 곤두박질치기 시작했으며 최대의 체인 Holiday Inn도 예외일 수 없었다. 이와 같은 환경에서 체인의 안녕을 지키려면 성장을 계속하거나 주가를 올려야 하는 것이 경영진에게 주어진 책무였다. 그러나 Holiday Corporation 체인의 주력 브랜드 Holiday Inn은 운영하는 객실 수가 318,000실에 달했는데 즉 미국 전역에 존재하고 있어서 더 성장을 기대하기 어려운 상황에 빠졌다. 그럼에도 불구하고 성장을 위해 Hampton Inn, Embassy Suites, Residenc Inn 등 새로운 브랜드를 출시해서 약 28,000실 정도의 객실을 늘렸다. 그리고 경영진은 자사주 매입(Buyback)을 통해 주식가격을 높였는데, 1981년부터 5년간 경영진은 기업 전체 주식의 36%에 달하는 분량을 자사주로 매입했다. 경영진이 자사주 매입을 시도했던 전략적 이유는 체인이 보유하고 있는 자산 즉 호텔 부동산과 수익 잠재력을 과소평가하는 것에 대한 대응책이었다. 1981년에 경영진은 독립된 기업가치 평가업체에 맡겨 Holiday Corporation의 정확한 가치 측정을 의뢰했다. 가치평가 보고서는 체인의 가치는 현재 주식 가치의 2배를 넘는다고 평가했다. 이에 경영진은 보고서가 체인이 보유하고 있는 많은 호텔과 프랜차이즈 가맹계약의 가치를 정확하게 반영했다고 확신하고 이를 알렸으나 월스트리트는 여전히 주당순이익(EPS)으로 평가했으며 계속해서 체인을 부정적으로 평가했다.

그러나 자사주를 매입한 더욱 중요한 이유는 뉴욕의 부동산업자 Donald Trump가 체인의 주식을 5% 정도를 누적해서 매입하면서 체인 인수를 위협하기 시작했는데 경영진은 이를 막기 위한 방어막이 필요했다. 1980년대에 미국 증권시장에는 정크본드(Junk Bond)라는 신종 채권이 횡행하면서 기업 사냥꾼들(Corporate Raiders)이 호시탐탐 먹잇감이 될 기업을 노리고 있었다.

1980년대에 체인은 여러 가지 난관에 봉착하고 있었다. 영업이익이 증가했지만 상당 부분이 영업활동을 통해서 창출된 것이 아니라 보유하는 호텔들을 매각해서 만들어진 것이었다. 1985년 한 해만 해도 37개소의 자사 소유 호텔들이 매각되었다. 그럼에도 불구하고 체인은 아직도 많은 자산과 적은 부채를 보유하고 있었는데 문제는 보유한 호텔에서 체인의 수익이 만들어지고 있지만 주가를 결정하는 주당순이익(EPS: Earnings Per Share)의 향상으로 이어지지 않고 있다는 사실이었다. 그리고 시장의 공급과잉으로 향후 견고한 영업이익의 상승은 어렵다는 전망이 다수였다. 또 시장세분화를 통해 여러 새 브랜드를 출시했는데 이는 역으로 기함브랜드 Holiday Inn의 경쟁력을 약화시키는 결과를 초래하고 있었다. 한편 자사주를 매입하기 위해 빌려다 쓴 외부 자금이 쌓이면서 부채비율이 상승했다. 그리고 자사주 매입을 통해 주가를 부양하는 전략에는 이중성이 존재했다. 주가를 비싸게 만들어서 기업 사냥꾼의 위협을 막을 수 있지만 동시에 높아진 주가는 향후 자사주를 매입하는 체인을 어렵게 만들 수 있었다. 결국 Holiday Corporation의 경영진은 현재처럼 자산 매각을 통해 수익성을 유지할 것이 아니라 이른 시간 내에 영업활동을 통해서 만족할 만한 수준의 이익을 창출해 내야 했다.

결국 Holiday Corporation 체인은 1986년 11월에 대대적인 구조조정(Restructuring) 계획을 발표했다. 구조조정을 발표하게 된 주된 이유는 첫째, 저평가된 주식의 가치를 증진하기 위한 것이었다. 둘째, Trump의 인수 위협을 막기 위해서였다. 경영진은 Trump도 다른 기업 사냥꾼들이 하는 것처럼 인수한 뒤에 체인을 몇 개로 분할해서 관심이 많은 카지노사업부만 놔두고 모두 매각해 버릴 수 있다고 판단했다. 셋째, 호텔을 소유하는 체인에서 운영사로 전환하고 있는 다른 호텔체인들처럼 Holiday Corporation도 같은 대열에 동참하기 위해서였다. 1984년부터 1987년까지 체인의 재무책임자(CFO)로 일했던 Steven Bollenbach는 1985년부터 2년 동안에 체인은 자사 소유 호텔을 50개소나 매각해서 수억 달러의 자금을 마련했으며 이것으로 자사주 1천2백만 주를 매입했다는 사실을 알렸다. 넷째, 체인 내부와 외부에서 최고경영진이 Embassy Suites와 Hampton Inn처럼 빠르게 성장하는 브랜드에만 집중하고 있으며 이는 기함브랜드의 가치를 훼손하고 있는 것이라며 비난하는 목소리가 컸다.

구조조정계획은 크게 재자본화와 부동산 매각이라는 두 부분으로 나뉘었다.

첫째, 재자본화(Recapitalization)를 통해 저평가된 자산을 현금화해서 주주에게 현금으로 돌려주는 것이었다. 먼저 소유하고 있는 부동산을 담보로 해서 28억 달러를 차입했다. 이 중에서 16억 달러는 주주에게 1주당 현금 65달러씩을 배당금으로 돌려주는 것에 이용했으며 나머지 12억 달러는 기존 부채를 재대출(Refinance)하고 구조조정하는 비용으로 사용했다. 그리고 경영진에게 10%의 주식을 제공했는데, 이는 조건부로 이사회에서 정한 성과목표를 달성하고 계속해서 근무하는 경우에 8년 동안 유지되도록 했는데, 이는 순전히 경영권 방어가 목적이었다. 또 이자 비용을 포함한 부채를 갚기 위해서 3년 동안에 걸쳐 모두 110개소의 호텔과 다른 자산을 매각하기로 했다. 둘째, 부동산 매각은 Residence Inn의 소유지분 50%를 5천4백1십만 달러에 매각했으며, 추가로 19개소의 호텔을 1억 1천9백3십만 달러에 판매했다. 그리고 영국기업 Bass PLC에 북미지역 이외의 지역에서 Holiday Inn과 Crowne Plaza 브랜드를 사용할 수 있는 독점권을 양도하고 또 미국 국내 14개 가맹호텔의 소유권을 넘기는 조건으로 모두 4억 7천5백만 달러를 받고 팔았다. Holiday Corporation은 3년 목표였던 호텔의 매각을 1년도 채 되지 않아서 목표의 80%를 달성했는데 이런 성과는 많은 부동산 전문가를 놀라게 했다. 이로써 Trump의 인수 시도는 무산되었으며 적지 않은 배당금을 받은 주주들은 즐거웠다. 그렇지만 최고경영진이 Hampton Inn 등 새로운 브랜드만 애지중지한다는 Holiday Inn 브랜드의 프랜차이즈 가맹협회 등의 내부 비판은 해소할 수 없었다.

1988년에는 Residence Inn을 매각하면서 포기했던 장기숙박 세분시장에 Homewood Suites를 출시하면서 다시 진입했으며, 또 네바다주에 Harrah's 카지노 호텔을 오픈했다. 그리고 새로운 Embassy Suites, Hampton Inn, Crowne Plaza 등은 신속하게 성장했다. 1987년의 성공적인 1차 구조조정으로 체인은 기업사냥꾼의 인수합병 위협을 잘 막아내고 주주들을 기쁘게 하는 데 성공했지만 부채는 크게 늘었다. 그 후에도 Rose와 Bollenbach를 주축으로 구성된 최고경영진은 월스트리트의 관심을 얻어 주가를 띄우기 위해 노력을 많이 했다. 먼저 체인 소유 고급 자동차와 제트여객기를 매각해서 경영진에게 주어졌던 특전을 없애고, 직원을 감원했으며, 체인이 보유했던 호텔 부동산을 점진적으로 좋은 가격에 매각하면서 저평가된 기업가치를 향상하려 했다. 이와 같은 전략 덕분에 체인의 부채 1/5을 갚을 수 있었다. 그럼에도 불구하고 최고경영진은 영업활동의 현금흐름과 빠르게 성장하고 있는 새 브랜드의 미래 잠재력 등을 보유한 체인의 실제 가치를 시장이 잘 인식하지 못해서 주가가 저평가되고 있다고 판단하였다. 하지만 자본시장은 느리게 성장하고 있는 기함브랜드 Holiday Inn에 편중해서 기업가치를 평가하고 있었다는 것이 문제였다.

결국에는 1989년에 최고경영진은 2차 구조조정계획을 발표하면서 Holiday Inn은 큰 변화를 맞이하게 되었다. 구조조정의 요지는 Holiday Inn을 매각하고 부채를 10억 달러 줄이며 그리고 주주들에게 배당금을 제공하는 것이었다. 보다 구체적으로 구조조정 내용을 살펴보면 첫째, 체인 본사인 Holiday Corporation에서 분사한 새 회사 Promus Company를 설립해서 Embassy Suites, Hampton Inn, Homewood Suites, 그리고 Harrah's Casino 등을 보유해서 운영하기로 했다. 둘째, Holiday Corporation의 주주들은 1주당 새로운 기업인 Promus Company의 주식 1주를 대신 받게 되었다. 또 Holiday Corporation 주주들은 1주당 5달러에 달하는 Bass PLC의 미국 자회사 주식과 교환하기로 했는데 총 가치가 1억 3천1백만 달러에 달했다. 셋째, 21억 달러의 부채를 가진 Holiday Corporation은 영국 Bass PLC의 미국 자회사와 합병하기로 했다. Bass PLC는 Holiday Inn의 부채 21억 달러를 떠안기로 했다. 셋째, 새로운 기업인 Promus Company는 10억 달러를 차입해서 새로운 기업에 관한 관심을 유지해주는 대가로 주주들에게 세금부담이 없는 1주당 35달러의 배당금을 주었다. 이로써 Holiday Corporation의 주주들은 1주당 현금 배당금 35달러와 Bass PLC 자회사 주식 5달러를 합해서 총 40달러를 받고 또 Promus Company의 주식도 보유하게 되면서 구조조정으로 제일 많은 혜택을 본 이해관계자가 되었다. 이처럼 조금은 복잡한 세금면제형 분사(Tax-free Spin-off) 방식을 사용했던 이유는 기업 수준에서 내야 하는 세금을 절약하기 위해서였다. 이 거래로 Holiday Corporation이 절약한 세금 액수는 약 3억 6천만 달러에 달했다.

2차 구조조정으로 영국기업 Bass PLC는 모든 Holiday Inn을 관리할 수 있게 되었다. 즉 이 거래로 체인이 소유하고 운영했던 55개소의 Holiday Inn(15,000실)과 체인이 위탁경영으로 운영하는 67개소의 Holiday Inn(18,000실), 북미에 존재하는 1,300개소의 Holiday Inn 프랜차이즈 가맹호텔(245,000실), 국내 및 해외의 Holiday Inn들에 설계와 구매에 대한 지원을 제공하는 Hotel Service Division, 그리고 Holiday Inn의 마케팅과 고객충성도프로그램을 관리하는 Holidex 등은 이후부터 영국기업에 의해 관리되었다.

한편 2차 구조조정으로 새로 탄생한 호텔체인 Promus Company는 94개소의 Emabbsy Suites(23,000실), 198개소의 Hampton Inn(25,00실), 11개소의 Homewood Suites(1,200실), 그리고 네바다주와 뉴저지주에 소재하는 5개의 카지노 호텔로 구성된 Harrah's Casino를 소유하게 되었다.

1차 및 2차 구조조정이 단행된 이후 과거 Holiday Corporation은 완전하게 두 개의 기업으로 분리되어 독립적으로 운영되기 시작했다. 영국의 Bass PLC는 전 세계에 존재하는 Holiday Inn과 Crowne Plaza를 운영하게 되었다. 그리고 Promus Company는 Embassy Suites, Hampton Inn, Homewood Suite, Harrah's Casino를 보유하는 호텔체인이 되었다.

그림 7-20 Holiday Corporation의 기업 분할

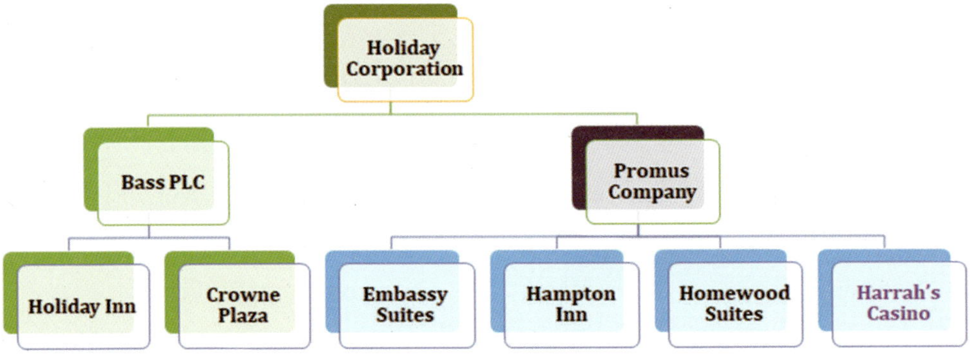

Marriott Corporation, Inc.

Marriott Corporation은 1980년대에 쾌속성장을 구가하며 미국에서 가장 빠르게 성장하면서 큰 호텔체인으로 성장하였다. 1980년이 되자 Marriott 체인의 전체 매출액에서 호텔사업부가 차지하는 비율이 처음으로 50%를 상회했다. 1980년도에는 전년도에 비해 2배나 많은 100개소 호텔의 건축공사가 진행되고 있었

으며 체인이 운영하는 전체 객실에서 약 70%는 투자자 등 타인이 소유하게 되었다. 그리고 전체 보통주 수량의 25%를 자사주 매입(Buyback)했다. 1981년에 체인의 100호 호텔이 하와이의 마우이에서 개업했다. 1981년에 체인은 11개의 호텔을 건축하기 위한 자금을 마련하기 위해 여러 은행으로 구성된 연합체를 통해 유한책임회사(Limited Liability Company)를 설립했다. 체인은 1년 사이에 운영하는 객실이 40% 늘면서 모두 40,000실을 운영하게 되었다. 1982년에 체인은 평균적으로 매 2주 간격으로 1개소의 호텔이 개업했다. 같은 해에 공항에서 레스토랑을 운영하는 큰 급식사업체였던 Host International을 인수했다.

1977년에 전략기획부서가 조직된 후 제일 먼저 사업계획에 착수한 것이 1981년에서부터 추진한 중간가격대의 호텔개발 프로젝트였다. 이전까지 주로 고급호텔 위주로 영업을 했던 Marriott 체인으로서는 큰 모험이었지만 새로운 변화를 시도하지 않으면 20/20 비전을 달성하는 것이 쉽지 않다고 판단되었다. 그리고 시장조사 결과 중간가격대 호텔시장의 절반을 차지하고 있는 선두주자 Holiday Inn의 호텔들은 시설이 오래되고 낡아서 고객들의 불만족이 높아지고 있었다. Marriott 체인은 이 점에 집중하였으며 고객들이 원하는 새로운 중간가격대 호텔을 개발해서 출시하면 시장침투에 성공할 수 있을 것으로 예상했다. 당시 Marriott 체인의 고급호텔은 가격에 덜 민감한 비즈니스 여행객을 두고 Hyatt 체인과 치열하게 경쟁하고 있었으며 한편 Hilton이나 Sheraton에 비해 비교적 높은 객실료를 받고 있었으나 Westin보다는 낮은 편이었다. 이런 상황에서 체인은 비즈니스 여행객 중에서도 가격에 비교적 민감한 층을 공략하기 위해 차별화된 새로운 브랜드를 준비하였다. 새로운 브랜드는 비교적 낮은 객실료를 고객에게 제공하는 것이 가능하게 하고 또 호텔의 영업비용을 줄이기 위해 연회장과 벨보이 서비스는 없애고 레스토랑과 수영장처럼 고객들이 잘 찾는 어메니티는 반드시 갖추었다. 그러나 저가 호텔의 도입은 고급호텔 체인의 이미지를 해칠 수 있다는 관점을 가진 관리자들은 새로운 변화를 강력하게 반대했다. 질서유지 세력과 변화주도 세력이 갈등하는 상황에서 결국에 Marriott 부자는 변화하는 것을 선택했다. 이후 3년 동안에 걸쳐 새로운 중간가격대 호텔인 Courtyard by Marriott 브랜드를 개발하는 데 모두 20억 달러의 거금이 투자되었고 프로젝트는 철저하게 비밀리에 차근차근 계획되어 나갔으며 사업성에 대한 분석도 철저히 수행되었다. 특히 새로운 브랜드가 지향하는 표적고객의 욕구를 정확하게 충족할 수 있는 혁신적인 개념의 호텔상품을 개발하기 위해 체인은 명문 Wharton Business School과 마케팅 협력체제를 구축했다. 그리고 프로젝트팀의 직원들은 경쟁사의 호텔에 직접 투숙하면서 그들의 영업행태를 관찰했으며 수백 일 동안 객실에 머무르면서 객실 배치, 가구, 서비스 등에 대해 꼼꼼하게 메모를 남기는 등과 같은 다각도의 노력을 기울였다. 드디어 1983년에 조지아주 애틀랜타에 실험적으로 Courtyard by Marriott 2개소를 개관했다. 새로운 개념의 호텔 브랜드에 대한 시장의 반응은 뜨거웠으며 공전의 히트를 기록했다. 이후 Courtyard by Marriott는 Marriott 체인의 성장을 주도하는 대표 브랜드로 자리매김하게 됐다.

1984년에 체인의 최고급 브랜드 JW Marriott가 워싱턴 DC에서 개관했다. 같은 해에 체인은 맨해튼에 있던 Essex House를 일본 투자자에게 매각했는데 이때부터 일본 투자자들이 미국의 상업용 부동산에 관심을 보이기 시작했으며 이들은 Marriott 체인의 호텔개발 사업에도 적지 않은 금액을 투자했다. 1984년 체인의 연매출액은 35억 달러에 이르렀다.

그림 7-21 1984년 Marriott Corporation의 사업부별 매출액 비율

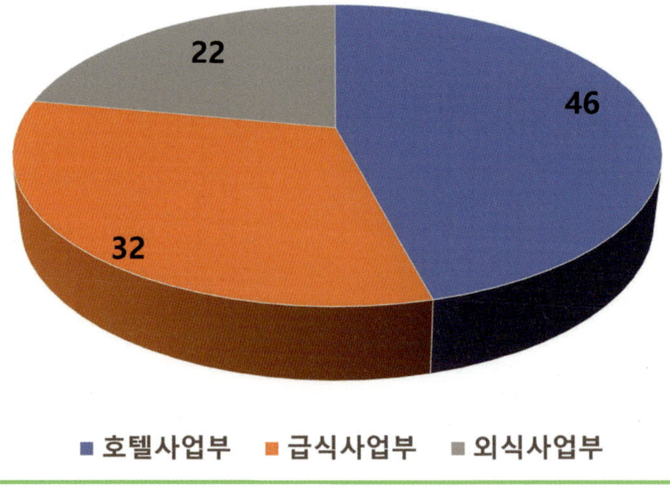

출처: L. Wayne. September 22, 1985, The New York Times

1984년 5월에 Marriott 체인은 인수합병과 관련된 문제로 심각한 고민에 빠지게 되었다. 테마파크의 거대한 기업인 Walt Disney가 영업 부진으로 인수합병의 대상이 된 것이었다. 체인은 Walt Disney가 보유했던 어마어마한 부동산과 외식 사업 및 연회 서비스에 대한 엄청난 잠재력에 큰 매력을 느꼈다. 그러나 공동 투자자와 함께 고려했던 인수합병은 결국 장고한 끝에 무산되었다.

1985년에 체인은 한때 미국 호스피탈리티산업의 상징과도 같았으며 어린 시절의 Bill Marriott 2세가 부러워했을 정도로 큰 기업이었던 Howard Johnson Company를 3억 1천4백만 달러에 영국의 Imperial Group으로부터 인수했다. 그런데 체인은 좋은 위치에 있던 Howard Johnson 레스토랑들을 모두 체인의 Big Boy 레스토랑으로 변경했으며, 모텔 및 호텔들은 모두 Prime Motor Inn에 매각했다. 같은 해에 체인의 최고경영자 Bill Marriott 2세는 1990년까지 연매출액 100억 달러에 달하는 거대한 기업으로 성장하게 될 것이라는 야심찬 포부를 발표했다. 그러나 같은 해 Marriott Corporation을 창업한 John Willard Marriott 1세가 84세를 일기로 사망했다.

Marriott 체인은 1983년부터 뉴욕 맨해튼의 브로드웨이에서 건축공사를 시작했던 체인 사상 최대인 1,877실의 New York Marriott Marquis 컨벤션호텔을 1985년에 개관했다. NY Marriott Marquis는 1967년 애틀랜타에 Hyatt Regency Atlanta를 개관하며 큰 인기를 끌었던 유명 건축가 John Portman이 설계를 담당했다. 총비용 4억 달러가 투자된 이 호텔도 Portman의 트레이드 마크가 된 아트리움(Atrium) 호텔로 개발됐다. 투자된 4억 달러에서 Marriott 체인이 지분 50%를 투자했으며 Marriott 임원진과 투자자의 연합체가 11%, 그리고 나머지 39%는 Portman이 소유하는 회사가 출자했다. NY Marriott Marquis는 컨벤션호텔로서 컨벤션호텔 시장의 선두주자인 Hilton 체인과 경쟁하기 위해 건축되었는데, Marriott 체인은 뉴욕 외에도 샌프란시스코, 애틀랜타, 올랜도에 컨벤션호텔을 건립했지만 라스베이거스에는 진입하지 않았다. Marriott 체인이 새로 진입하려는 컨벤션호텔은 보통 객실 규모가 1,000~2,000실에 달했는데 매일 많은 객실을 판매하는 것은 결코 쉬운 일이 아니었다. 거기에다가 객실료도 많이 할인해주고 있었다. 그러나 객실 요금을 할인해주면서 놓친 판매액은 컨벤션 고객들이 이용하는 연회장, 레스토랑 및 연회 서비스를 통해 메꿀 수 있었으며 컨벤션 고객들은 가격에 비교적 덜 민감한 특성이 있었다. 특히 컨벤션에 집중하는 호텔체인들이 사업을 매력적으로 보는 이유는 단체고객들은 보통 수년간에 걸쳐 유지되는 계약 체결이 가능했기 때문이었다. 그러나 컨벤션호텔이 개관해서 적어도 4~5년이 지나야 비로소 이윤이 창출되기 시작한다는 점도 고려해야 했다.

1987년에 Marriott 체인은 시장다변화 전략을 강화하기 위한 노력에 박차를 가했다. 먼저 장기숙박의 강자였던 Residence Inn을 인수했으며, 또 경제가(Economy) 세분시장에는 Fairfield Inn을 자체적으로 개발해서 출시했으며, 그리고 All-Suite 시장에는 Marriott Suite를 출시했다. 체인의 새로운 호텔개발을 담당하는 건축사업부는 1988년 한 해에만 모두 14억 달러에 달하는 호텔들을 건립했다. 그러나 1986년에 부동산에 대한 감세 혜택을 없애버린 새로운 세제개혁 발표의 영향으로 부동산투자에 관심이 식으면서 Marriott 체인이 판매할 목적으로 건립해서 보유하고 있던 호텔들의 재고가 서서히 늘기 시작했다.

그림 7-22 초기 Courtyard 앞에 선 Bill Marriott 2세와 1호 JW Marriott

그림 7-23 Residence Inn과 Fairfield Inn

1989년이 되자 Marriott 체인이 운영하는 호텔은 모두 539개소에 134,000실이 되었으며 직원의 총수는 23만 명에 달했다. 그러나 호텔산업은 부동산 시장의 불황으로 보유하는 호텔의 판매가 부진해지면서 자금이 회전되지 못해서 체인의 부채는 33억 달러로 사상 최대를 기록하게 되었다. 위기를 감지한 Marriott의 최고경영진은 결국에는 1989년에 구조조정계획을 발표했다. 구조조정을 통해 Roy Rogers, Bob's Big Boy, Howard Johnson's 등으로 구성된 외식사업부와 그동안 효자 노릇을 톡톡히 해냈던 기내식 사업부를 모두 매각해서 부채를 탕감하는 것으로 결정했다. Marriott Corporation의 뿌리였던 사업을 잘라내야 할 정도로 체인은 위기에 내몰리게 되었다. 체인은 1978년부터 1989년까지 12년 동안 연속해서 20/20 성장목표를 달성했다. 그러나 향후의 목표 달성은 매우 불확실해졌다. 이렇게 상황이 걷잡을 수 없이 악화돼서 그런지 CEO Bill Marriott 2세는 10월부터 12월 사이에 2번이나 심장마비를 겪었다.

1980년대 Marriott 체인 호텔사업부의 전략은 호텔들을 소유하지 않고 운영하는 것이었다. 타인이 소유한 호텔을 위탁경영하는 전략을 채택하면서 체인은 공격적으로 성장하는 방식을 택했다. 1980년대에 Marriott 체인의 전형적인 호텔 개발 성장전략은 먼저 선제적으로 채권을 발행해서 호텔들의 건축자금을 마련한 후에 건축공사를 개시하고 건물이 완공되면 보험회사, 유한책임회사, REITs 등과 같은 투자자에게 판매했다. 투자자들은 1981년에 공표된 세법 개정으로 호텔에 투자함으로써 감세 혜택(Tax Break)을 받을 수 있었으며 호텔운영을 통해 창출되는 현금 일부를 움켜쥘 수 있었다. 그리고 Marriott 체인은 완공된 호텔들을 투자자들에게 판매한 후에 위탁경영계약을 체결해서 호텔들의 운영권을 확보했다. 투자자를 대신해서 호텔들을 운영하는 대가로 Marriott 체인은 보통 매출액의 5%를 기본수수료와 영업이익의 20%를 인센티브수수료로 받을 수 있었다. 1985년에 Marriott 체인이 운영하는 전체 객실 61,000실에서 위탁경영으로 관리되는 객실이 43,000실에 이르렀으며, 프랜차이즈로 운영되는 객실이 10,000실이었으며, 그리고 7,900실은 직접 소유해서 운영하고 있었다. 이처럼 Marriott 호텔체인은 호텔들을 소유하지 않고도 현금을 창출할 수 있었다. 호텔프로젝트마다 적은 현금으로도 Marriott는 자금을 마련해서 더 많은 호텔을 건축해서 팔 수 있으므로 빠르게 성장할 수 있었다. 게다가 위탁경영으로 관리하는 호텔들의 영업활동에서 이익이 발생하지 않아도 이와 상관없이 기본수수료를 받을 수 있으므로 Marriott의 수익성은 보장받을 수 있었다. 이로써 Marriott 체인은 대표적인 경기변동사업(Cyclical Business)인 호텔산업의 부정적인 특성의 굴레를 벗어날 수 있었다. 이에 더해서 자본집약적인(Capital-intensive) 호텔산업의 특성도 피할 수 있었다. 그러나 Marriott 체인의 비소유 운영위주의 사업전략에도 한계는 있었다. 먼저 잠재적 이익 창출에 한계가 분명했다. 즉 영업실적이 아주 좋은 경우에 대다수 이익은 소유주에게 귀속되었다. 그리고 시간이 흘러 건물과 시설이 노후화되어 개보수를 위한 자금이 요구되는 경우에 체인은 소유주와 쉽지 않은 협상을 벌여야 했다.

Hilton Hotels Corporation

1970년에 Hilton 체인은 네바다주 라스베이거스에 있는 카지노 호텔인 Flamingo Hotel과 Las Vegas International(후에 Las Vegas Hilton으로 변경)을 인수하면서 카지노사업에 진출했다. 이 거래로 Hilton 체인은 뉴욕 증권거래소에 상장된 기업으로는 처음으로 미국 국내 카지노사업에 진출한 기업이 되었다. 즉 처음으로 월스트리트의 자금이 마피아 등으로 이미지가 좋지 않았던 라스베이거스로 흘러가게 된 것이었다. 그 후 Hilton의 카지노사업은 더욱 확대되었다.

Hilotn의 뒤를 따라 Holiday Inn, Ramada, Hyatt 등 많은 호텔체인이 카지노 사업으로 진출하게 되었다. 1973년에는 최신 정보시스템으로 객실예약시스템인 HILTRON을 개발해서 사용을 개시했다.

1975년에 Hilton 체인은 소유 및 운영하고(Owned & Managed) 있던 호텔 6개소(San Francisco Hilton, LA Hilton, Beverly Hilton, Dallas Statler Hilton, Washington Statler Hilton, Tarrytown Hilton Inn)의 지분 50%를 8천3백4십만 달러에 보험회사 Prudential Insurance Company에 팔았다. Hilton과 Prudential은 50:50 합작회사를 설립해서 호텔들을 공동으로 소유하기로 했다. 그리고 Hilton은 합작회사와 위탁경영계약을 맺고 운영은 계속해서 맡기로 했다. Hilton은 이미 1969년부터 Prudential과 같은 조건으로 계약된 5개의 호텔을 운영하고 있었다. 따라서 모두 11개소의 호텔이 같은 조건으로 운영하게 되었다.

1977년에 Hilton 체인은 1949년에 임차해서 운영해왔던 뉴욕 맨해튼의 Waldorf–Astoria를 3천5백만 달러에 인수했다. Hilton은 기존 호텔 명칭에 '–'을 하나 더 넣어서 Waldorf=Astoria로 변경했다. 그로부터 2년 후인 1979년에 창업자 Conrad N. Hilton이 91세로 사망했다. 회장직은 장남 Barron Hilton이 승계했다.

1982년에 체인은 국제호텔 사업을 담당하는 자회사로 Conrad Hotels Corporation을 설립했다. 이는 1967년에 TWA로 Hilton International을 넘기면서 부진해진 해외 진출 사업을 강화하기 위한 포석이었다. 그리고 1987년에 체인 최초의 고객 충성도 프로그램인 Hilton HHonors를 출시했다.

1989년 8월에 Hilton 체인의 최고경영자 Barron Hilton은 스스로 체인을 매각하기 위해 시장에 매물로 내놓았다. 당시 호텔산업은 공급과잉으로 심하게 몸살을 앓고 있었다. 매물로 나왔다는 소식에 Hilton 체인의 주가는 급격하게 상승했다. 그 후부터 약 7개월 동안 여러 구매자와 가격 협상을 벌였으나 Barron Hilton이 원하는 가격을 제시하는 당사자는 나타나지 않았다. 결국에는 1990년 3월에 Barron Hilton은 체인 매각계획을 취소한다고 발표했다. 공급과잉 상황에서 호텔 부동산에 대한 투자 관심이 식었으며 너무 오른 주가가 구매자에게는 큰 부담으로 작용한 결과였다.

Best Western International

Best Western은 2차 세계대전 직후부터 호텔사업을 시작했다. 캘리포니아주에서 독립적으로 운영되는 몇몇 호텔들은 서로 협력해서 여행객에게 서로의 호텔을 소개(Referral)하기 시작했다. 이런 작고 비공식적인 네트워크가 성장해서 1946년 M. K. Guertin에 의해 Best Western이 설립됐다.

Best Western이란 이름은 대다수 소속된 독립호텔들이 미국의 미시시피강 서쪽에 위치하고 있어 붙여진 것이다. 1946년부터 1964년까지 Best Western은 대다수 소속 호텔들이 미시시피강 동쪽에 있어서 경쟁관계에 있지 않았던 Quality Courts와 마케팅 파트너 관계를 체결했다. 그러나 1964년 Best Western은 성장 전략으로 Best Eastern이란 브랜드를 출시하여 Quality Court와의 유대 관계를 깨면서 처음으로 미시시피강 동쪽에 호텔을 오픈했다. 그러나 얼마 못가서 1967년에 Best Eastern의 사용을 중지하고 전 지역에서 다시 Best Western으로 명칭을 통일했다. 1964년에는 처음으로 캐나다에 진출하면서 그 쪽의 독립호텔들과 연합체를 구성하면서 외국시장에 진출했으며, 이후 1976년에 멕시코, 호주, 뉴질랜드 등지에 진출하면서 해외시장 진출을 가속했다. 그리고 Best Western 고유의 황금왕관 로고는 1964년 처음 개발된 후 여러 차례의 수정을 거치면서 변경되었다.

호텔체인 소유 또는 운영 호텔과 프랜차이즈 가맹호텔로 구성되는 일반 호텔체인과 달리 Best Western은 호텔소유주에 의해 독립적으로 소유되면서 프랜차이즈 형태로 운영되는 특이한 구조였다. 그러나 프랜차이즈 본사와 가맹점이 서로 이윤 창출을 위해 운영되는 일반적인 프랜차이즈와 달리 Best Western은 각 프랜차이즈 가맹호텔은 협회(Association)의 구성원으로서 행동하고 투표권을 행사하였다. Best Western은 초기 가입수수료에 추가되는 객실 수만큼의 비용을 징수하며, 각 가맹호텔이 준수해야 하는 표준 규칙을 제정하였다. 그리고 장기계약을 지양하고 해마다 계약을 갱신하도록 하였는데, 재계약률이 90%를 넘었다. 각 가맹호텔은 스스로 독립된 정체성을 유지할 수 있었다. 각 가맹점은 Best Western 간판과 상호를 반드시 사용해야 하지만, 옵션으로 Best Western Adobe Inn처럼 스스로 고유한 명칭도 사용할 수 있었다. Best Western의 다른 특징은 가맹호텔의 상당수가 인도인 가족에 의해 가업으로 운영되는 호텔들이 많다는 점이다.

Best Western은 창립 이래 조직을 비영리 협조적(Cooperative) 구성원 협회란 명칭을 유지해 왔다. 그러나 1984년 미국 연방법원으로부터 Best Western은 프랜차이즈 기업으로서 그에 따른 적절한 법과 규정을 따라야 한다는 명령을 받게 되었다. 따라서 종전의 고유했던 소개(Referral) 조직은 중단되고 프랜차이즈 본사로서 거듭나게 되었다.

VI ▸▸ 1990년대의 호텔산업

1990년대 초가 되자 미국 경제는 침체기에 접어들게 되었으며 이에 더해 1991년에는 걸프전쟁이 발발했다. 비우호적인 외부환경과 더불어 설상가상으로 1980년대에 부동산투자에 우호적인 세법으로 만들어진 호텔산업의 공급과잉 현상으로 인해 연평균 객실점유율은 60%까지 하락했으며 일부 시장은 35%까지 추락했다. 그 결과 1991년에 호텔산업 전체적으로 약 57억 달러에 달하는 손실을 기록했는데 이는 1930년대 대공황 이후 최악의 실적이었다.

이 시기에 객실의 공급과 수요의 불균형은 1970년대에 공급과잉으로 인하여 많은 호텔이 실패하게 된 사례의 재현이었으며 객실점유율과 함께 평균객실요금도 하락했다. 호텔들은 객실요금을 내리는 대신에 객실점유율을 올리려는 노력에 중점을 두었다. 그러나 객실요금 할인정책은 잠시 동안 수요를 창출하는 데 기여했으나 호텔 간에 첨예한 '가격전쟁'이 벌어지면서 결국 대다수 호텔은 장기에 걸쳐 이윤이 감소되는 것을 지켜봐야 했다.

결국에는 수많은 호텔이 부채비용을 감당할 수 없어서 파산하거나 정리절차에 들어가야 했다. 그리고 파산으로 대출금을 돌려받지 못하게 된 저축은행들이 위기에 빠지자 연방정부는 RTC(Resolution Trust Corporation)라는 공적기관을 설립해서 부실한 은행들의 자산이나 채권을 매입하여 정리하도록 했다. RTC는 수백 개에 달하는 호텔자산들을 보유하지 않고 대신에 모두 공매하거나 매각해 버렸다. 이때 호텔자산을 헐값에 매입한 투자자는 후에 경제가 회복되고 호텔산업의 상황이 좋아지면서 훨씬 비싼 가격으로 되팔 수 있었다. 한편 많은 대출기관들은 자금을 공급했던 호텔들이 위기를 겪게 되자 파산을 시키는 대신에 원금을 탕감하거나 이자율을 내려주는 등과 같은 지원을 통해 후일을 도모할 수 있도록 지원하기도 했다. 수많은 호텔과 더불어 여러 호텔체인들도 도산하거나 다른 호텔체인에 인수되고 말았다. Howard Johnson, Days Inn, Ramada Inns, Knight Inns, Travelodge, Rodeway Inns, Econo Lodge, Friendship Inns, Royal Inns 등과 같은 호텔체인의 소유권이 바뀌거나 시장에서 퇴출됐다.

그 이후로는 새로운 호텔의 건축은 이루어지지 않았다. 그러나 1992년 연말이 되면서 경기가 회복되자 객실수요가 증가하기 시작했는데 호텔공급이 지체되는 상황과 맞물리면서 객실점유율이 향상되기 시작했다. 1993년부터 2000년까지 호텔산업은 다시 성장이 유지되는 호황을 누리게 되었으며 2000년에는 사상 최고의 이익을 거두기도 했다. 〈표 7-9〉는 호텔산업이 다시 성장하기 시작한 1992년과 성장이 한창 지속되었던 1998년 호텔산업의 성과를 비교한 것인데, 높은 **평균객실요금(ADR)**이 성과 향상에 크게 공헌한 것으로 보인다.

| 표 7-9 | 1992년부터 1998년까지 호텔산업의 성장

	1992	1998	증감률
호텔 수	30,509	34,964	14.6%
객실 수	3,247,518	3,658,049	12.6%
총객실 매출액	$44,300,000,000	$67,200,000,000	51.7%
평균 객실점유율	62.7%	63.9%	1.9%
RevPAR	$37.40	$50.37	34.7%

출처: R. A. Smith & J. D. Lesure, 1999

1990년대 중반 이후 객실공급은 저가모텔에서 먼저 시작되었고 이후 경제가 세분시장에 호텔공급이 많이 이루어졌다. 그러나 최고급 또는 고급호텔들은 **시장가치**가 새로운 호텔을 건축하는 데 소요되는 **대체비용**보다도 낮게 형성이 되면서

새로운 공급이 이루어지지 못했다. 이와 같은 환경에서 1990년대 중반과 후반에 걸쳐 다시 등장하게 된 리츠(REITs)는 호텔산업에 큰 영향을 미쳤다. 자본비용이 낮은 구조적인 장점을 십분 활용해서 리츠들은 많은 호텔을 매입했다. 전체 리츠 조직들이 보유한 호텔 수가 1993년에는 39개소에 불과했으나 1998년에는 970개소에 달했으며 또 같은 기간 보유한 객실의 수는 6,643실에서 183,784실로 대폭 증가했다. 그리고 리츠와 호텔체인 등은 시장에 매물로 나와 있던 최고급호텔들을 매입하기 위해 경쟁을 벌였으며 이로 인해 호텔의 매각 가격이 오르게 되었다. 그러나 이후 아시아 금융위기로 인한 공포와 경제의 불확실성이 높아지면서 주식시장이 곤두박질치자 호황기는 종말을 고했다. 1990년 말이 되자 새로운 호텔건축에서 투자위험이 가장 컸던 곳은 저가와 경제가 세분시장이었으며 반면에 가장 안전한 곳은 최고급 세분시장이었다. 그럼에도 불구하고 최고급호텔시장은 투자비용을 정당화하기가 쉽지 않았을 뿐만 아니라 높은 진입비용과 긴 건축기간 등의 이유로 인해 새로운 공급은 최소화되었다. 따라서 향후 장기간에 걸쳐 나타난 공급과잉의 폐해를 피할 수 있었다.

1990년대 미국 호텔산업에는 다음과 같은 주요한 트렌드가 나타났다. **먼저 1990년대에 인수합병 활동은 활발하게 이루어졌다.** 1980년대에는 외국기업들이 인수합병의 주체였지만 1990년대에는 반대로 주로 미국 호텔체인들이 활발한 인수 활동을 벌였는데 호텔체인들이 향상된 주식 가치를 십분 활용한 결과였다. 1980년대에 외국기업에 인수됐었던 미국 호텔체인의 상당수가 도로 환원되면서 미국 호텔체인의 경쟁력이 복원되는 계기가 됐다.

HFS는 1990년대에 가장 활발한 인수활동을 벌인 호텔체인이었는데 1990년에 Howard Johnson과 Ramada, 1991년 Days Inn, 1993년 Super 8 Motel과 Park Inn, 1994년 Villager, 1995년 Knights Inn과 TraveLodge를 각각 인수하면서 세계 최대의 호텔체인으로 성장했다. 단 1개의 호텔도 소유하지 않으면서 프랜차이즈로 몸집을 불리는 데 성공한 것이었다.

Marriott International은 Ritz-Carlton 체인을 인수하며 경쟁적인 브랜드 포트폴리오 구축에 박차를 가한 후 홍콩의 New World Development로부터 Renaissance까지 인수해서 시장다변화를 이룩했다. 거대 여행사인 Carlson은 기존 브랜드인 Radisson에 더해 Country Suites를 출시하고 Regent, Park

Inn, Plazas를 인수했다. 외국 호텔체인도 인수합병 붐에서 빠지지 않았다.

영국 최대의 맥주회사인 Bass PLC는 1989년에 Holiday Inn을 먼저 인수한 후 1998년에는 InterContinental 체인을 전격 인수했으며 체인명을 Six Continents로 명명했으나 최종적으로 IHG로 다시 변경했다. Bass는 1990년에 Holiday Inn의 종속브랜드로 Holiday Inn Express를 출시하면서 큰 성공을 거두었으며 이후 Candlewood Suites와 Cambridge Suites를 인수했으며 또 Lifestyle 브랜드인 Indigo를 출시했다. 또 유럽 최대의 호텔체인이자 프랑스의 자랑 Accor는 Motel 6와 Red Roof Inn을 인수하면서 북미시장에서 시장점유율을 크게 확대했다.

Hilton 체인은 Bally Entertainment를 인수하며 카지노사업에서 규모의 경제를 강화했으며 이어서 보완적인 브랜드인 Hampton Inn, Homewood Suites, Embassy Suites, Doubletree Hotels 등을 보유하고 있던 Promus Group을 인수했으며 동시에 Garden Inn과 Conrad와 같은 브랜드를 출시했다. 이로써 Hilton 체인은 과거의 부진을 만회하기 시작했다. 그리고 Hilton 체인의 최고경영자였던 Steve Bollenbach는 Hilton보다 훨씬 더 큰 거대기업이었던 ITT Sheraton을 적대적 인수를 시도하면서 월스트리트 금융시장에서 호텔산업의 위상을 높였다.

Starwood Lodging Trust와 Patriot American Hospitality는 이중구조(Paired-share) 리츠(REITs)란 비교우위를 가진 조직구조의 이점을 십분 활용해서 미국 호텔산업의 새로운 총아로 등장했다. 특히 Starwood Lodging Trust는 1998년에 일본 아오키그룹으로부터 Westin 체인을 인수하면서 화려하게 데뷔를 한 후 Hilton과의 ITT Sheraton을 인수하기 위한 경쟁에서 백기사 역할로 승리를 쟁취하면서 Starwood Hotels & Resorts라는 거대한 신생 체인을 탄생시켰다.

한편 1980년대와 1990년에 걸쳐 미국에서 많은 호텔 또는 호텔체인을 인수하면서 기염을 토했던 아시아 기업들은 기업 사정이 악화되면서 1990년대 말이 되자 인수했었던 상당수의 호텔 또는 호텔체인을 매각했다. 아시아 기업들이 미국 호텔이나 체인들을 인수했던 광풍의 시기는 2차례로 나누어 시행되었다. 1차 시기였던 1985년부터 1992년 사이에 일본 기업들은 Essex House, Rockefeller

Center, Exxon Building 등과 같은 미국의 상업용 부동산을 매입하는 데 770억 달러라는 엄청난 자금을 쏟아부었다. 당시에 일본 투자자에게 비싼 가격이란 존재하지 않았으며 이들은 사무실 빌딩, 호텔, 골프장, 쇼핑센터 등과 같은 미국 부동산의 장기 가치를 확신하고 있었다. 그러나 1990년대 초에 미국에 경기침체가 불어닥치자 많은 일본 투자자들은 원래 매입했던 부동산의 1/3 정도를 매입가의 절반을 조금 넘는 수준으로 매각했다. 일본 기업들이 후퇴하기 시작하자 이번에는 2차 투자 광풍이 불기 시작했는데 1993년부터 1996년 사이에 홍콩, 싱가포르, 인도네시아, 대만, 한국 등의 투자자들이 63억 달러를 투자하면서 주로 호텔들을 헐값에 사들였다. 1998년에 이르자 아시아 투자자들이 미국 부동산을 매입한 금액은 1억 6천만 달러에 불과했지만 매각한 부동산의 총금액은 10억 달러에 달했다.

아시아 기업들은 주로 뉴욕, 캘리포니아, 하와이 등지에 있던 주로 최상위급 호텔(Trophy Hotels)들을 매입했었다. 일본의 항공사 JAL은 1985년에 뉴욕 맨해튼의 Essex House를 1억 9천만 달러에 인수하고 곧바로 9천만 달러를 더 투입해서 개보수(Renovation)한 후에 자회사인 Nikko Hotels 체인에 편입시켜서 운영하도록 했다. 또 일본 세이부그룹은 1988년에 하와이에 있는 Westin Mauna Kea 호텔을 높은 프리미엄을 주고 매입했다. 그리고 홍콩의 Lai Sun Group은 뉴욕의 초호화(Super Luxury) Four Seasons 호텔과 LA의 Regent Beverly Wilshire 호텔을 매입했다.

그러나 1999년에 회사의 사정이 매우 어려워졌던 JAL은 Essex House를 미국의 Strategic Hotel Capital에 2억 5천만 달러에 매각했다. 또 1988년에 InterContinental 체인을 인수했던 세이부그룹은 1998년에, 또 같은 해에 Westin 체인을 인수했던 아오키그룹은 1994년에 각각 인수했던 호텔체인들을 매각했다. 이렇게 1990년대 후반 아시아 기업들이 매입했던 미국 부동산을 매각했던 주된 이유는 기업들의 국내 사정이 좋지 않아서 악화된 재무상태를 향상하기 위한 고육지책이었다. 아시아 기업들의 퇴진은 부진했던 미국 호텔체인들의 위상 회복을 의미했다.

1990년대 후반부터 호텔산업에는 부티크 호텔 열풍이 불어 닥쳤다. 신생 체인 Starwood는 맨해튼에 호텔체인으로는 처음으로 부티크 호텔을 개관했다. 원래 최초의 부티크 호텔은 1981년에 Bill Kimpton이 샌프란시스코에서 매입한 Bedford Hotel을 부티크 호텔로 전환한 것과 1984년에 Ian Schrager와 Steve Rubell에 의해 뉴욕에 건립된 Morgans Hotel 등이 선구적인 역할을 담당했다. Starwood 체인은 초기 부티크 호텔의 아이디어를 이용해서 1998년에 뉴욕 맨해튼에 W New York 호텔을 전격 출시했으며 데뷔하자마자 큰 선풍을 일으키면서 세계 호텔산업에 신선한 충격을 주었다. 여태까지 대다수 호텔체인들은 표준화(Standardization)를 기반으로 하는 획일적인 호텔 서비스를 제공했다. 전통적인 호텔과 달리 부티크 호텔에서는 객실, 레스토랑, 바 등에서 차별화된 디자인으로 고객들에게 개인화된 서비스를 제공했다. 또 호텔체인들이 중요하게 고려했던 일관성(Consistency)에서 탈피해서 호텔이 위치하는 각 지역의 정취 및 특성을 적절히 반영함으로써 고객에게 지역의 고유한 멋을 맛보게 했다. 그리고 밀집된 도시에서 작은 옛 건물을 다시 재단장하는 것으로 소비자의 호감을 유인했으며 또 이미지를 중시하는 소비자가 크게 늘면서 부티크 호텔은 그들에게 특별함을 제공하는 이점을 살리게 되었다. 부티크 호텔 선풍은 1980년대부터 시작된 호텔체인들의 시장세분화 전략과 결합되면서 여러 호텔체인이 많은 부티크 브랜드를 출시하게 되었으며 유사한 개념을 가진 Lifestyle 브랜드들도 많이 출시되었다. 과거에 대다수 호텔체인은 가격(Price)을 기준으로 시장을 세분화해서 브랜드를 개발했다. 그러나 부티크 호텔은 낡은 전통에서 벗어나 처음으로 여행자들의 라이프스타일(Lifestyle), 관심(Interest), 선호도(Preference) 등을 기반으로 하는 세분화 전략을 선보였다.

그리고 1999년에 Starwood 체인은 'Heavenly Bed'를 출시했다. 새로워진 침구 세트에 여행객들은 환호했다. 이후 '천상의 침대'는 선풍적인 인기를 끌게 되었으며 많은 호텔체인들이 모방하면서 10년 동안 '침대전쟁(Bed war)'이 벌어지기도 했다. 이후 전 세계 호텔의 객실에서 침대는 과거와는 판이할 정도로 달라졌으며 품질 수준이 한층 강화됐으나 이것은 객실요금의 인상으로 이어졌다.

1990년대에 등장한 인터넷이 대중화되면서 호텔체인들은 정보기술(IT)에 대한 투자를 한층 강화했다. 전통적으로 미국 호텔산업에서는 손님에게 높은 품질의 서비스를 제공하는 것에 중점을 두었다. 그러나 세계적으로 정보화 트렌드가 깊어지면서 고객들의 정보에 대한 욕구가 증가하여 호텔체인은 매출 증진, 영업효율성 강화, 비용 절감, 고객서비스 품질의 향상 등과 같은 목표를 달성하기 위해 중앙예약시스템과 같은 효과적인 정보시스템을 고도화하고 유무선 초고속통신망 등과 같은 객실 내의 정보기술 어메니티에 대한 투자를 강화했다. 호텔 영업활동에 정보기술을 이용함으로써 호텔체인들은 수익률이 높아져서 재무성과가 향상될 것이라고 기대했다.

1980년대부터 개시된 호텔산업의 시장세분화 트렌드는 1990년대에도 계속되었으며 결국에는 전 세계로 확산되면서 세분화 트렌드는 오히려 더욱 강화되었다. 호텔체인들은 시장세분화로 기존 브랜드에 영향을 미치지 않으면서도 또 브랜드 자산(Brand Equity) 가치의 희석없이도 여러 브랜드를 동시에 출시해서 시장점유율을 향상할 수 있었다. 시장세분화는 특히 호텔체인의 프랜차이즈 성장 전략에 강한 긍정적인 영향을 미쳤다. 즉 많은 호텔체인들이 동시에 다양한 세분시장에서 여태껏 없었던 많은 브랜드를 출시해서 성공을 거두자 프랜차이즈 가맹 신청이 쇄도하기 시작했다. 시장세분화와 프랜차이즈의 결합으로 체인 브랜드에 가맹(Brand Affiliation)을 신청하는 호텔 및 모텔들이 많이 증가했으며 따라서 호텔체인들은 다시 성장할 수 있게 되었다(〈그림 7-24〉).

그림 7-24 시장세분화의 영향

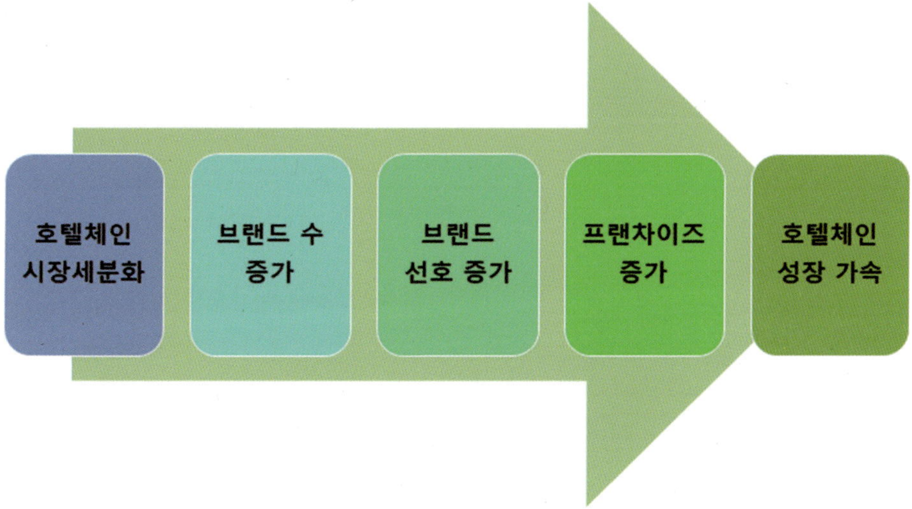

출처: 저자

시장세분화의 영향으로 브랜드의 중요성 및 영향력은 점점 더 커졌다. 호텔체인의 브랜드 가맹호텔이 증가한 원인에는 그동안 독자적인 방식으로 영업활동을 수행했던 **독립호텔(Independnet Hotels)** 중에서 상당수가 프랜차이즈 가맹호텔로 **전환(Conversion)**한 경우도 상당수 있었다. 〈표 7-10〉은 1990년부터 1998년 사이에 미국 호텔산업에서 세분시장별로 객실공급이 증가 또는 감소했던 트렌드를 보여주고 있다. 같은 기간에 객실공급이 가장 늘어난 세분시장은 레스토랑 시설이 없는 중급호텔(Midscale w/o F&B 또는 Limited service)이었다. 즉 이 세분시장에서 새로운 호텔들이 건설되면서 객실공급이 172,925실 증가했으며, 이에 더해 바로 상위 등급이었던 레스토랑이 있는 중급호텔(Midscale with F&B) 세분시장에 속했던 객실 중에서 37,979실이 아래 등급 세분시장으로 전환되면서 총 209,529실이 늘어났다. 반면에 같은 기간에 객실공급이 가장 감소한 세분시장은 독립호텔이었다. 즉 많은 독립호텔들이 체인의 프랜차이즈 가맹호텔로 전환(Conversion)하면서 총 92,794실만큼이나 감소했다.

| 표 7-10 | 1990년부터 1999년 사이 미국 호텔산업 객실공급 변화

세분시장	새로 공급된 객실수(A)	전환된 객실수(B)	객실수 증감(A+B)
Upper Upscale	50,220	15,697	65,917
Upscale	61,177	33,505	94,682
Midscale with F&B	29,959	-37,979	-8,020
Midscale w/o F&B *	172,925	36,604	209,529
Economy	143,506	43,941	187,447
Independents	10,110	-92,794	-82,684

출처: Singh & Schmidgall, 2000. * Limited service와 같은 의미임

독립호텔들이 호텔체인으로 전환된 이유는 크게 두 가지가 있었다. 첫째, 1980년대 후반부터 대출기관들은 호텔체인과의 브랜드 가맹 계약이 없는 호텔프로젝트의 경우에는 자금을 융통해 주지 않았다. 대출기관들은 호텔체인의 유명 브랜드는 규모의 경제 실현이 가능하고 다양한 지원시스템이 확립되어 있어서 투자위험을 낮출 수 있는 것으로 판단했다. 호텔체인의 브랜드가 우선시되는 환경에서 생존하려면 독립호텔들은 독특한 특성을 유지해야 가능한데, 이를 위해서 고객

들의 기대에 충분히 부응하는 것이 결코 쉬운 일이 아니었다. 따라서 고객으로부터 신뢰를 받는 명확하게 정의된 세분시장의 브랜드와 함께 해야만 성공할 수 있다는 사실을 실감했던 많은 독립호텔이 호텔체인으로 전환했다. 둘째, 호텔체인과 효과적으로 경쟁하려면 지속적으로 증가하는 정보기술과 관련된 어메니티에 대한 고객들의 요구에 부응해야 하고 또 자체적인 첨단 정보시스템의 구축에 소요되는 많은 비용은 항상 큰 부담이었다. 이에 더해서 마케팅 비용도 증가하면서 독립호텔들은 정보기술과 마케팅 인프라가 잘 구축된 호텔체인으로 전환하는 것이 최선이라는 결정에 도달하게 됐다. 즉 독립호텔들은 호텔체인의 마케팅 역량과 전국적인 명성 없이는 효과적으로 경쟁할 수 없다는 현실을 인지하고 결국에는 프랜차이즈 호텔로 전환했다. 이로써 독립호텔 혼자서는 할 수 없었던 것이 비로소 가능하게 됐다.

1986년부터 1991년까지 미국 호텔산업은 아주 힘든 시간을 보냈다. 그러나 이후 한결 나아진 자본구조와 많은 경험을 보유하게 된 유명 호텔체인들은 더욱 강한 조직으로 재등장하게 되었다. 어려운 시간을 보내면서 호텔체인들은 많은 호텔들을 직접 소유함으로써 어쩔 수 없이 보유하게 되는 많은 부채의 부정적인 영향 특히 경기침체기에 대해 심각하게 고민하게 되었다. 따라서 경기불황을 겪으면서 호텔산업은 새로운 전환점을 맞이하게 되었다. 즉 이후 호텔체인들은 불황기에 취약한 호텔을 직접 소유하는 방식을 극히 꺼리게 되었으며 선별적으로만 투자했다. 대다수 호텔체인은 호텔 부동산을 직접 소유해서 운영하는 과거 방식에서 탈피해서 대신에 보유하고 있는 무형자산인 브랜드의 성장에 최우선적인 관심을 쏟기 시작했다. 즉 과거처럼 호텔자산의 직접적인 소유를 포기하는 대신에 브랜드의 소유를 통한 성장에 집중하기 시작했다. 따라서 호텔체인들은 프랜차이즈나 위탁경영을 통해 효과적으로 브랜드를 라이센스하는 것에서 큰 성공을 거두게 되었다. 특히 1990년대 이후부터 호텔체인들은 자본투자가 거의 없고 보다 신속하게 성장할 수 있는 프랜차이즈와 위탁경영에 관심을 집중하게 되었다. 이처럼 종전의 소유 및 운영하는 전통적인 비즈니스모델에서 위탁경영과 프랜차이즈를 위주로 하는 혁신적인 비즈니스모델로 처음으로 전환하는 데 성공했던 호텔체인이 바로 Marriott International이다.

1950년대 및 1960년대에 비해 1990년대가 되자 호텔산업의 프랜차이즈 사업모델은 훨씬 세련되고 더 효과적으로 발전했다. 〈그림 7-25〉에서 볼 수 있듯이 1950년대부터 프랜차이즈가 도입된 이후 가맹본부가 브랜드 및 영업시스템(마케팅, 중앙예약시스템 등)을 제공하면 소유주가 직접 운영했던 초기 프랜차이즈 방식과 달리 1990년대가 되자 가맹호텔들은 성공적인 호텔경영을 위해 절실히 느꼈던 부족한 관리역량을 보완하기 위해서 전문성 및 경험을 겸비한 **독립운영사(Independent Operating Companies)**와 **위탁경영계약**을 체결해서 경영권을 위임함으로써 보다 전문적인 호텔운영이 이루어질 수 있게 되었다. 즉 소유주의 호텔을 효과적으로 운영하기 위해 한 호텔에 프랜차이즈와 위탁경영 계약을 결합해서 이용하게 되었고, 효과가 좋게 나타나면서 이 방식은 크게 확대되었다.

그림 7-25 소유주 직접 운영 프랜차이즈 vs 독립운영사 운영 프랜차이즈

출처: 저자

1950년대부터 호텔체인들이 해외시장에 진출하기 시작하면서 처음 이용하기 시작했던 위탁경영계약은 1970년대부터는 미국 국내에서도 유명 호텔체인에 의해서 본격적으로 채택되기 시작했다. 호텔산업에서 소유와 경영을 분리하기 위한 목적으로 고안된 위탁경영은 1970년대 및 1980년대에 걸쳐 호텔체인에 국내 및 해외시장에서 새로운 호텔건설에 필요한 자금을 공급했으며 동시에 호텔체인이 네트워크 규모와 시장점유율을 향상하기 위한 중요한 수단이 되었다. 1992년이 되자 미국의 주요 45개 호텔체인은 약 2,900개소의 호텔들과 위탁경영계약을 체

결해서 운영하게 되었다. 〈표 7-11〉은 1992년 연말을 기준으로 주요 호텔체인이 운용하고 있던 여러 유형의 비즈니스모델을 소개하고 있다. Hyatt 체인은 100% 위탁경영계약으로만 호텔들을 운영하고 있었는데, 고급호텔 체인으로서 품질을 유지하기 위한 전략적 선택이었다.

| 표 7-11 | 1992년 연말 기준 주요 호텔체인의 비즈니스모델 유형 및 규모

호텔체인명	객실수	호텔수	직접소유 호텔	프랜차이즈호텔	위탁경영호텔	기타
HFS	373,207	3,634	0	3,573	0	61
Holiday Inns	329,037	1,693	102	1,591	0	0
Choice Hotels	200,026	2,231	17	2,214	0	0
Best Western	165,614	1,790	0	0	0	1,790
Marriott	144,154	726	370	197	159	0
Hilton	93,768	237	21	179	25	12
Motel 6	85,197	758	679	0	79	0
Sheraton	81,878	275	14	217	44	0
Promus	75,161	478	86	392	0	0
Hyatt	55,700	106	0	0	106	0
Radisson	55,448	248	0	199	46	3
Forte	44,922	524	69	311	10	139
La Quinta	27,002	212	166	3	40	0
Hilton International	24,345	370	0	370	0	0
Red Roof Inns	23,526	209	0	209	0	0
Westin	23,124	39	18	2	16	2
Economy Lodge	22,500	182	25	123	34	0
R&B Realty	21,084	40	25	0	15	0
Preferrd Hotels	16,774	69	0	0	0	69
Stouffer	15,540	40	31	0	9	0
Omni	15,205	40	8	17	15	0
Doubletree	15,041	53	0	10	43	0
Red Lion	14,200	59	50	6	3	0

출처: Lodging Hospitality, 1993, August. Lodging's 400 Top Performers: The Chain Report

1990년대 초에 호텔산업이 추락하기 시작하자 신축호텔 또는 기존 호텔 매입을 위한 자금을 제공했던 상업은행, 생명보험회사, 저축은행 등과 전통적인 대출기관들은 대부분 위험도가 높은 호텔산업에 대한 자금의 제공을 중단했기 때문에 새로운 호텔공급은 제한적으로만 이루어졌다. 호텔투자에 대한 자금공급이 중단되자 이때부터 **상업용부동산저당증권**(CMBS: Commercial Mortgage-backed Securities)**과 지분형리츠**(Equity REITs)가 기존 대출기관의 역할을 대체하기 시작했다. 1990년대 중반에 종전의 저당형리츠(Mortgage REITs)와 달리 새로운 모습으로 재등장한 지분형리츠는 이후 호텔산업에 큰 영향력을 미쳤다.

세금 혜택 및 자본비용이 낮은 구조적인 장점을 십분 활용해서 리츠는 가격이 많이 하락했었던 부실한 호텔들을 매입하면서 가장 많이 호텔을 매입했다. 리츠들이 보유했던 호텔수가 1993년에는 39개소에 불과했으나, 1996년에는 562개소, 그리고 1998년이 되자 970개소에 달했다. 보유한 객실 수도 1993년 6,643실에서 1998년에는 183,784실로 대폭 증가했다. 또 리츠와 일부 대형 호텔체인들은 거의 반값까지 떨어진 고급호텔들을 매입하기 위해 경쟁을 벌이면서 호텔자산의 가격이 상승했다. 특히 지분형리츠의 절정기였던 1997년에 Starwood Capital Trust, American Patriot Hospitality, Meditrust와 같은 대형 리츠들은 ITT Sheraton, Westin, Wyndham, La Quinta Inns, Interstate Hotels 등과 같은 유명 호텔체인들을 연이어 인수합병하면서 호텔산업의 기린아로 떠오르게 되었으며, 같은 해 거래됐던 대형 인수합병 15건 중에서 10건이 이들에 의한 것이었다. 그러나 이후 리츠법이 개정되면서 지분형리츠의 호황기는 종말을 고하는 듯했다. 그러나 2001년에 **리츠현대화법**이 공표되면서 리츠의 수익구조가 달라지게 되었다. 종전에 지분형리츠는 매입해서 소유한 호텔들을 직접 운영할 수 없었으며 단지 다른 사업자에게 임대만 할 수 있었다. 즉 임대수입으로만 수익을 올릴 수 있는 사업구조였으며, 이 경우 위탁경영 운영사들이 들어설 여지가 없었다. 그러나 법개정으로 리츠는 법인세를 내는 **자회사**를 설립해서 모기업인 리츠로부터 임차한 호텔들을 다시 독립운영사를 고용해서 위탁경영계약을 체결할 수 있게 되었다. 따라서 지분형리츠는 종전의 임대수입뿐만 아니라 소유한 호텔들의 영업실적 향상을 통해 얻는 수익도 함께 차지할 수 있게 됐다.

| 표 7-12 | 1994년~2002년 사이 호텔산업에서 리츠의 인수합병 사례

연도	인수자(Acquirer)	피인수자(Target)	거래금액($Million)
1994	없음	없음	0
1995	FelCor Suites	Crown Sterling Suites	141.5
1996	없음	없음	0
1997	Starwood Lodging Trust	HEI Hotels	327.0
1997	Patriot American Hospitality	Carefree Resorts	256.6
1997	Patriot American Hospitality	California Jockey Club	238.0
1997	Starwood Lodging Trust	Flatley/Tara Hotels	470.0
1997	Sunstone Hotels	Kahler Realty	322.0
1997	Patriot American Hospitality	Grand Heritage Hotels	22.0
1998	Patriot American Hospitality	WHG Resorts & Casinos	300.0
1998	Patriot American Hospitality	Summerfield Hotel Gorp.	180.0
1998	Patriot American Hospitality	Arcadian	296.0
1998	Starwood Lodging Trust	ITT Sheraton	17,000.0
1998	Patriot American Hospitality	Interstate Hotels & Resorts	2,100.0
1998	Starwood Lodging Trust	Westin Hotels & Resorts	1,570.0
1998	Patriot American Hospitality	Wyndham Hotels Corp.	1,100.0
1998	Patriot American Hospitality	Carnival Hotels & Resorts	485.0
1998	Boykin Lodging	Red Lion Inns	271.0
1998	Meditrust	La Quinta Inns	2,650.0
1998	FelCor Suites	Bristol Hotels	1,700.0
1998	Meristar	South Seas Properties	NA
1999	Jameson Inns	Signature Inns	105.1
1999	Humphrey Hospitality Trust	Supertel Hospitality Inc.	43.3
2000	없음	없음	0
2001	없음	없음	0
2002	MeriStar Hotels & Resorts	Interstate Hotels & Resorts	68.0

출처: PWC & Bear Stearns & Securities Datas Corporation

호텔체인의 세계화 전략: 표준화와 현지화

글로벌화된 산업 환경하에서 영업활동을 수행하는 호텔체인은 서로 배치되는 두 가지 목표에 직면하는 경우가 많다. 한편으로는 각기 다른 현지국의 환경에 적응해야 하는 현지적응 압력(Local Responsiveness)이며, 다른 한편으로는 글로벌 효율성을 창출하기 위해서 표준화를 통해 전 세계시장을 통합해야 하는 글로벌통합 압력(Global Integration)이다(〈그림 〈7-26〉).

글로벌 효율성을 극대화하려는 호텔체인은 표준화 전략(Standardization Strategy)을 이용해야 할 것이며, 반면에 개별국가의 시장 환경에 잘 맞춰서 다국적 유연성을 높이려는 호텔체인은 현지화 전략(Localization Strategy)을 채택해야 한다. 다국적 유연성과 글로벌 효율성을 모두 활용하려는 호텔체인은 두 가지 특성을 잘 혼합할 수도 있을 것이다.

그림 7-26 글로벌통합 압력(표준화) vs 현지적응 압력(현지화)

출처: 장세진

호텔체인의 표준화 전략

표준화 이론은 기본적으로 인간의 욕구와 기대는 국가적, 지리적, 문화적 경계를 초월하여 같다고 전제한다. 세계시장의 동질화에 근거한 표준화 이론은 각국의 소비자들은 근본적으로 정신적 및 육체적 차이가 인정된다고 하더라도 기술혁명에 의해 세계가 사고방식, 문화, 생활양식 및 수준 등이 비슷해짐으로써 격차를 해소할 수 있다고 본다. 세계시장의 동질화 트렌드는 교통 및 통신의 지속적인 혁신 및 발전, 자유무역 지역과 관세동맹의 결성, 국가 간 생활수준의 수렴성 증대, 국제경쟁의 심화, 더 많은 다국적 소비자의 출현, 국제여행의 확대, 글로벌 전략을 추구하는 다국적기업의 증가 등에 의해 더욱 가속화되고 있다. 특히 1980년대 이후부터 가속된 세계화로 세계인들의 여행 자체에 대한 요구는 점점 동질화(Homogenization) 되고 있으며, 이것으로 호텔체인들의 해외시장에 진출하는 목적을 정당화할 수 있다.

호텔체인과 같은 서비스 기업이 표준화 전략을 채택하는 주요 목적은 서비스 활동과 서비스 품질을 제어하는 것이며, 표준화와 매뉴얼을 이용해서 결함 등의 위험을 최소화하고자 한다. 표준화를 통해 경영진은 서비스 운영과정을 제어하고 예측하며 결함 및 편차가 최소화될 수 있기를 기대한다. 이로써 고객에게 놀라움이 없는 일관성 있는 서비스를 제공할 수 있다. 기업이 표준화 없이 효율성을 극대화한다는 것은 여간해서는 쉬운 일이 아니다.

Marriott Corporation은 체인의 핵심역량이라고 할 수 있는 표준운영절차(SOP: Standard Operating Procedure)를 보유하고 있다. Marriott에서 호텔 서비스 절차는 표준화되어 있으며 많은 공을 들여 완성한 정교한 매뉴얼에 따라 수행되고 있다. 아주 세밀하게 만들어진 표준운영절차는 과거 외식업체일 때도 그랬듯이 현재도 호텔업계에 꽤 유명하다. 너무 유명해서 그런지 때로는 지나친 열정 때문에 놀림감이 되기도 한다. 그러나 Marriott 체인의 경영진은 SOP를 서비스를 제공하는 과정에서 고객들이 귀찮아하거나 놀라는 일이 없도록 하기 위한 장치로 여기고 있다. Marriott 체인에 표준운영절차가 없었다면 또 새로운 호텔을 건립할 때마다 처음부터 여러 가지 절차를 다시 개발해야 했다면 신속하게 성장하는 것은 불가능했을 것이다. 그리고 새로운 호텔을 개관할 때마다 체인을 다시 소개해야 하는 경우도 같은데, Marriott 호텔을 다시 찾는 대다수 고객은 이미 다른 Marriott를 경험해본 적이 있었기 때문에 다시 찾는 것이다. 고객들이 Marriott 호텔들을 재방문하는 이유에는 언제 어디서든 한결같은 서비스가 가능하도록 만든 표준운영절차가 큰 역할을 했다.

Bill Marriott 2세는 호텔 객실을 판매하는 Marriott 체인이 진짜로 판매하는 것은 사실은 객실판매를 가능하게 만들어 주는 여러 가지 프로세스들을 운영하는 전문 기술이라고 했다. Marriott 체인은 Check-in을 하는 고객을 빠르고 반갑게 맞이하는 환영 인사, 공항에 고객을 맞이하러 간 리무진 운전기사의 반가운 미소, 예약 담당 직원이 건네는 레스토랑 추천, 그리고 언제 수영장이 문을 열며 또 수영장 안전요원이 수행해야 하는 14가지 독립된 표준운영절차 등과 같은 다양한 프로세스를 효과적 및 효율적으로 운영할 수 있는 전문 기술을 직원에게 매뉴얼로 제공하였다. 그리고 전문 기술의 효력은 수백 가지의 사소하고 자잘한 세부적인 사항들을 완벽하게 처리해 내는 데 달려있다. 이와 같은 세부사항에 대한 집중은 일관성 있는 품질을 고객에게 약속하는 것을 의미한다. 일관성 있는 품질은 고객만족도 향상으로 이어지고, 고객 만족은 곧바로 높은 재방문율, ADR, 시장점유율로 연결되며, 최종적으로 호텔소유주와 가맹호텔의 성공으로 귀결됐다.

과거 Marriott Corporation의 외식사업을 수행하는 수많은 레스토랑의 주방에서는 6,000개 이상의 표준 조리법에 따라 메뉴를 만들었다. 그리고 식재료의 운송을 위한 조달 및 유통 시스템은 9개의 지역조달센터를 통해 모든 레스토랑에 제공됐다. 표준화된 시스템으로 Marriott Corporation은 식음료 서비스에서 경쟁업체에 비교하면 50% 이상 높은 마진을 올릴 수 있었다. Marriott Corporation의 표준화 시스템은 완벽주의자였던 창업자 Bill Marriott가 있어서 가능했다. 그는 원하는 결과를 얻으려면 완벽해야 한다고 믿는 인물이었다. 그리고 그는 성장해서 가게가 많아질수록 더 엄격하게 표준화를 적용해야 한다고 판단했다. 현장에서 일하는 직원들과 만나서 대화하는 것을 매우 즐겼던 그는 Hot Shoppes 레스토랑을 수시로 방문해서 운영되는 상황을 점검했다. 그리고 만약에 레스토랑 운영이 사전에 본사에서 결정한 표준운영절차(SOP: Standard Operating Procedure)대로 정확하게 실행되지 않고 있는 경우에는 직원들을 다그쳤다.

표준화를 통한 효율성의 극대화라는 목표를 달성하려면 '**악마는 디테일에 있다(The Devil is in the Detail)**'라는 말처럼 현미경으로 보듯이 세심하게 모든 것에 관심을 기울여야 한다. 1992년에 Marriott Corporation이 재무 위기에 처하자 직원들도 하나둘씩 떠나기 시작했다. 그런데 그들은 다른 회사로 이직하면서도 Marriott의 운영매뉴얼(Operations Manual)을 갖고 회사를 떠났는데, 그들은 인쇄된 매뉴얼이 성공적으로 호텔을 운영하는 방식을 잘 말해주고 있다고 믿었다.

표준화, 일관성, 효율성 등을 통해 크게 성장한 미국 호텔체인들은 1950년대부터 해외시장에 진출하면서 같은 방식으로 사업을 유지해 나갔다. 이들이 채택한 효율적인 표준화 운영방식은 1970년대까지 이어졌다. 특히 미국 호텔체인들이 유럽에 진출하면서 과거 호텔의 탄생지였지만 여태까지도 가족경영의 단계를 넘어서지 못했던 유럽의 호텔산업에 큰 경종을 울렸다. 유럽 이외의 지역은 말할 것도 없는 형편이었다. 효율성을 앞세운 대규모 미국의 기업형 호텔체인들은 1950년대부터 세계 호텔산업의 발전을 주도하는 원동력이 되었다.

Hilton International은 해외시장으로 진출하면서 곳곳마다 미국방식의 숙박경험을 제공했다. Conrad Hilton이 각 호텔을 'Little Americas'라고 부르던 호칭이 말해 주듯이 이스탄불, 도쿄, 런던, 밀라노, 시드니 등에서도 미국 국내에 존재하는 Hilton 호텔과 흡사한 서비스를 제공했다. Hilton International이 해외로 진출하면서 노린 주요 고객층은 바로 미국인 비즈니스 또는 여가 여행객이었다. 당시 전 세계에서 많은 해외여행객을 송출할 수 있는 국가는 미국뿐이었다. 해외지역을 여행하는 미국 여행객들에게 Hilton, Sheraton, InterContinental, Holiday Inn 등은 그야말로 'Home Away From Home'이었다. 또 해외여행 중에 다른 국가의 언어에 밝지 않은 미국 여행객에게 자국 호텔체인이 운영하는 호텔에서는 아무런 언어장벽 없이 체류할 수 있었다. 그리고 주간에는 다른 국가의 풍습과 전통을 잘 즐겼지만, 저녁이 되면 미국 여행객들은 미국 국내에서 볼 수 있는 현대식 호텔을 찾았다. 미국 호텔체인들은 자국 해외여행객에 친밀감, 안전, 표준화된 위생, 실내장식, 서비스뿐만 아니라 현대식 시설과 장비를 보유한 현대식 빌딩을 제공했다.

1973년에 Holiday Inn 체인은 42개국에서 모두 140개소의 Holiday Inn을 운영하고 있었다. Holiday Inn 체인은 미국에서 성공이 검증된 일관성 있는 표준화된 서비스를 진출하는 세계 모든 국가의 호텔에서도 엄격하게 적용하도록 했다. 미국에서 개발된 Holiday Inn 모텔 문화는 하나도 손상되지 않고 있는 그대로 해외국가로 수출되었다. 해외국가에 존재하는 모든 Holiday Inn도 국내에서와 똑

같은 표준을 유지해야 했다. 먼저 냉방시설(Air Conditioning)과 무료 얼음은 반드시 구비하고 무료 TV, 부모와 함께 투숙하는 12세 이하의 아동은 무료, 애완견을 위한 무료 개집, 하루 세끼의 식사가 가능한 레스토랑, 그리고 수영장을 갖추도록 했다. 또 같은 수준의 위생도 유지되었으며 초록색의 "Great Sign"도 똑같았다. 심지어는 국민의 키가 비교적 작은 일본의 교토에 있는 Holiday Inn에도 미국 국내와 똑같은 80"(203cm) 길이의 더블베드를 단호하게 적용하도록 했다. 담당 임원은 "일본인들도 결국에는 키가 커질 것이다. 아마도 그렇게 되려면 50년은 걸릴 수 있겠지만 결국에 일본인들도 큰 매트리스를 반기게 될 것이다"라고 했다. 그러나 일부 사소한 예외도 있었다. 독일에 있는 Holiday Inn에 설치된 자판기에는 여러 종류의 콜라 대신에 네 종류의 브랜드 맥주를 판매하는 것을 허용했다.

외국에서 표준화 서비스가 필요했던 경우도 있었다. Four Seasons Hotels & Resorts를 창업한 Isadore Sharp는 1970년에 런던에서 체인 최초의 최고급(Luxury) 호텔 Inn on the Park London을 건축하고 있었다. 그런데 당시에 런던의 호텔들은 모두 냉방시설을 갖추고 있지 않았다. 왜냐하면 영국 날씨에는 냉방시설이 필요 없다고 믿었기 때문이었다. 그러나 Sharp는 런던을 찾는 외래여행객 특히 미국인 여행객들은 냉방시설이 갖춰진 호텔을 기대할 것이라고 주장하면서 반드시 설치하도록 요구했다. Inn on the Park London은 개관하던 첫해에 냉방시설과 같은 현대식 편리함을 제공한 공으로 '올해의 호텔'로 선정되었다.

호텔체인의 현지화 전략

동질성을 추구하는 표준화 전략과 달리 현지화 전략은 지역마다 다른 특성이나 취향을 잘 고려해서 유연하게 전략을 시행하는 것이 주요 골자이다. 즉 제품이나 서비스에 대한 소비자의 경험이나 인식이 국가 또는 지역마다 다르기 때문에 현지화 전략을 채택해야 한다. 현지국에 잘 적응하기 위해 우선해서 심사숙고해야 하는 것이 현지국의 문화다. 많은 다국적기업이 자국 시장과는 다른 문화권에서 실패를 거듭하고 있다. 이에 대한 주요 원인은 시장의 세계화와 문화의 동질성이 가속화되고 있다는 잘못된 관점에 의해서 채택된 표준화 전략을 시행한 것이다.

1950년대부터 미국 호텔체인들이 해외시장으로 진출하면서 이용했던 표준화 전략은 1970년대 중반이 되면서 큰 한계에 봉착하게 되었다. 미국 호텔체인들은 국내에서 성공을 가져다 준 표준화 정책을 해외지역에서도 너무 집착하고 엄격하게 강조한 나머지 많은 문제점이 양산되었다. Holiday Inn의 창업자 Kemmons Wilson은 문화 동질화를 너무 신봉한 나머지 세계가 모두 미국을 닮아갈 것이라는 잘못된 믿음을 가지게 되었다. 결국에 현지국 소비자의 욕구를 반영하지 못한 결과로 Holiday Inn은 1971년부터 1975년 사이에 2천8백만 달러의 손실을 기록했다. Conrad Hilton이 'Little Americas'라고 부르던 호텔들도 1960년대 이후에는 사라졌다. 그러나 표준화 자체를 싫어했던 것이 아니라 미국이 독주하는 것에 대한 세계 시민들의 반감이 표출되었던 영향도 크다고 할 수 있다. 특히 문화적 자존심이 강한 유럽인들은 미국화(Americanization)에 대해 적지 않은 반감을 드러냈다고도 볼 수 있겠다. 다른 산업에 속하는 미국의 다국적기업들도 비슷한 이유로 경쟁력 하락을 맛봐야 했다.

1970년대 중반 이후 미국의 일부 호텔체인은 고루한 표준화 전략에서 탈피하기 시작했다. 미국 호텔체인 중 처음으로 현지화 전략을 채택한 Hyatt는 세계 각 지역의 독특한 욕구를 영업활동에 반영하는 동시에 현지국의 욕구와 정서에 맞는 고유한 서비스를 도입했다. 그리고 Accor와 Hilton International 등 유럽의 호텔체인들도 처음에는 미국 호텔체인들의 표준화 등의 경영방식을 따라서 했으나 시간이 지나면서 점차 독자적인 경영방식을 추구하게 되면서 결국에는 현지화 전략을 채택했다.

1990년에 출시했던 Holiday Inn Express도 현지국의 정서를 잘 반영하지 못하면서 시행착오를 겪었다. Holiday Inn의 브랜드 표준(Brand Standard)에 따르면 욕조 대신에 샤워실을 객실에 설치하는 것으로 규정되어 있었다. 객실에 샤워실이 존재하면 보통 2성급 호텔로 분류되었다. 이는 영국이나 다른 나라에서는 큰 문제가 없었다. 그러나 스페인 사회에서는 2성급 호텔들은 보통 트럭 운송기사들이 주로 이용하는 모텔로 인식되고 있었다. 이에 따라 Holiday Inn Express는 스페인에서는 객실에 욕조를 설치하고 3성급 호텔로 허가받았다. 많은 경우에 호텔체인들은 고급호텔에 대해서는 현지화를 위한 노력을 많이 하지만 가격이 낮은 세분시장에서는 현지화에 덜 노력하는 경향을 보였다.

표준화의 역사는 꽤 길다. 1900년대 초반 Frederick Taylor의 과학적 관리에서, 1910년대 Henry Ford의 대량생산, 그리고 1920년대 E. M. Statler의 대형 상용호텔 등에 힘입어 미국 호텔체인들은 가장 효율적으로 호텔들을 운영하였으며 그것을 무기로 1950년대부터 해외시장으로 진출하였다. 그때부터 1970년대까지만 해도 미국은 세계 최대의 경제대국이었으며 미국 기업 역시 최고의 경쟁력을 보유하고 있었다. 그러나 1970년대 후반부터 상황은 달라지기 시작했으며 1985년에 뉴욕의 Plaza Hotel에서 체결된 플라자합의에서 볼 수 있듯이 미국의 산업경제 및 경영방식을 배운 세계 여러 국가의 경제력이 급상승하면서 미국이 독주하는 시대는 끝이 났다. 서유럽과 일본은 미국으로부터 배운 것을 토대로 해서 다양한 방식으로 경제성장을 이룩했다. 이들에 이어 중국과 아시아의 개발도상국도 다른 방식으로 경제성장을 이룩하면서 서방세계에 도전했다. 또 이들에 이어서 동남아시아 등 다른 지역 개발도상국들도 경제성장의 경로를 밟아가고 있으며, 이렇게 다양한 지역에서 다양한 방식으로 경제성장이 이루어지고 있다. 오래된 표준화 정책의 효험이 사라진 것은 아니지만 그것만으로 모든 것을 다할 수 있던 시대는 이미 오래전에 끝이 났다. 미국의 독주가 끝났듯이 표준화의 독주 시대도 끝이 났다고 봄이 타당하다. 오히려 이제는 표준화와 다양성이 공존하는 시대가 됐다. 따라서 이제 표준화를 보완할 수 있는 다른 무엇이 필요한 시점이 되었다.

1999년 12월에 캐나다가 자랑하는 최고급 호텔체인 Four Seasons Hotels and Resort는 프랑스 파리에 처음으로 Four Seasons George V를 개관했다. George V는 파리에 존재하는 Hotel Ritz, Hotel de Crillon 등과 같은 6개의 최고급 궁전(Palace) 호텔의 하나였는데 1996년 12월에 사우디 Al Waleed 왕자가 1억 7천만 달러에 매입한 후 1997년에 Four Seasons 체인과 위탁경영계약을 체결했다. 그리고 호텔 문을 닫고 다시 1억 2천5백만 달러를 투입해서 2년 동안에 걸쳐 개보수한 후에 1999년에 다시 개업하기로 예정하였다.

Four Seasons 체인은 일관되게 뛰어난 최고의 서비스로 세계적인 명성을 누리고 있던 호텔체인이다. '일관되게 뛰어난 최고의 서비스'라는 의미는 최고 품질의 진정한 맞춤 서비스를 고객에게 제공한다는 것이다. Four Seasons의 성공은 조직문화에서 유래되었는데, 첫째, 조직에서 강조하는 가치는 "다른 사람들이 당신을 잘 대접해 주기를 원하듯이 당신도 다른 사람들을 잘 대접하십시오"라는 황금률(Golden Rule)에 잘 표현되어 있다. 둘째, 드러내 보이는 직원들과 관리자들의 행동은 기업의 가치를 실현하고 있다. 핵심가치를 실현된 행동으로 전환하는 데에 성공한 역량으로 Four Seasons는 경쟁우위를 창출할 수 있었다. Four Seasons는 SERVICE라고 표현되는 서비스 문화표준을 세계의 모든 직원이 항상 유념하기를 기대하고 있다. 그리고 세계의 모든 Four Seasons Hotel에서 공유되고 있는 270가지에 달하는 핵심표준절차(Core Worldwide Operating Standards)를 보유하고 있다. 1998년까지는 핵심표준절차가 800가지에 달했었다.

이렇게 강력하고 성공적인 조직문화를 가진 호텔체인이 독특하고 강렬한 민족문화를 가진 프랑스에 진입하는 것은 쉬운 도전이 아니었다. 개관준비팀은 각고의 노력으로 체인의 조직문화와 프랑스 문화가 잘 조화되기 위해 일관성과 유연성을 잘 결합했다. Four Seasons George V가 파리에 개업하면서 조직문화는 굳건하게 잘 지켜졌으며 일부 분야는 유연하게 처리했다. 호텔 경영진은 고객에게 제공되는 서비스 절차, 화려하면서도 기능적인 호텔건물, 관리자가 직원들을 대하는 방식 등과 관련된 조직가치는 아무것도 변경하지 않았다. 파리라는 지역환경에 맞게 변경된 것은 주로 영업환경과 관련된 것이었는데 이에는 유연성이 발휘되었다.

첫째, 체인의 다른 호텔들처럼 George V도 화려했다. 그러나 다른 호텔들과 달리 George V의 1층에는 화려한 17세기식 양탄자로 바닥을 장식했다. 세계의 어떤 Four Seasons 호텔도 이렇게 장식된 곳은 없었다. 그리고 미슐랭 2성급 레스토랑이 호텔에 문을 열었는데 이것은 파리 시민들은 궁전호텔에서 화려한 레스토랑을 기대하고 있었기 때문이었다. 호텔영업에서 객실 손님의 90%가 외국인 여행객이었지만 레스토랑 고객은 대다수가 프랑스인이었다. 또 호텔에 화려한 꽃들이 장식되었는데 이것도 궁전호텔에 대한 기대와 같은 이유였다. 호화스러움(Luxury)은 물리적 시설이 아니라 서비스에 따라 정의가 된다는 Four Seasons의 철학과 배치되지만 융통성 있게 현지의 취향을 반영했다.

그림 7-27 Four Seasons George V. Paris, France

출처: Fourseasons.com

둘째, 사소한 것이지만 영업정책이 변경된 것도 있었다. 일반적으로 다른 Four Seasons 호텔에서는 아침 식사 시에 레스토랑의 테이블 위에 커피가 든 주전자를 올려놓는데, 그러면 고객이 스스로 커피잔을 다시 채울 수 있다. 그러나 이것은 프랑스 서비스문화에 무지한 행태였다. 프랑스에서는 커피를 스스로 채우지 않고 직원이 서비스하였다. 따라서 Four Seasons Paris 호텔의 레스토랑에서는 커피 주전자를 절대 테이블 위에 놓지 않았다. 그러나 이것도 고객이 예상하는 서비스를 제공한다는 차원에서 보면 체인의 조직가치에 크게 벗어난 것은 아니었다.

셋째, 관리방식이 변경되었다. 체인의 조직가치에 적합한 직원들을 확보하기 위해 다른 호텔들과 아주 다를 정도로 직원 선발에 많은 공을 기울였다. 특별히 강화된 직원 선발의 목적은 다른 궁전호텔의 전형적인 직원들과 달리 경험이 적은 직원들을 선발하는 것이었다. 경험이 많은 직원들은 변화를 거부하고 익숙한 방식으로 고객을 대한다는 것을 알게 되었기 때문이었으며 이들은 태도에서 문제점이 많았다. 경험이 적은 직원들이 더 융통성이 있는 태도를 보였으며 고정관념도 강하지 않았으므로 이들이 Four Seasons의 유명한 서비스를 제공하기에는 더 적합했다. 이들을 교육하는 데 시간이 다소 더 소요되겠지만 Four Seasons의 조직가치 실현에는 더 적합하다고 보았다. 따라서 경영진은 직원들을 선발할 때 경력보다는 **태도(Attitudes)**를 중요시했다. 경영진은 하나의 썩은 사과가 같은 통에 있는 다른 사과들을 망치듯이 변화를 거부하는 사과들을 제거하고 조직문화에 맞는 오렌지들을 잘 선발해서 사과와 오렌지가 섞이지 않도록 했다. 이로써 파리에서 관리방식이 변경됐지만 조직가치는 변함없이 유지될 수 있었다.

그리고 경영진은 문화 개보수(Cultural Renovation)도 시행했다. 전에 총지배인을 지냈던 사람이 호텔 임원과 호텔에 있는 레스토랑에 들어서자 지배인은 즉시 총지배인 일행을 그가 자주 이용했던 테이블로 안내했다. 그런데 문제는 당시에 다른 고객들이 옆에서 차례를 기다리고 있었다. Four Seasons 체인에서 이런 행위는 특권 남용이었다. 고객이 항상 먼저였다. 이런 행동은 George V에서 다시는 용납되지 않았다.

Four Seasons George V의 경영진은 체인은 어떤 면에서는 문화적 카멜레온(Cultural Cameleon)이라고 했다. 그들의 상품이나 서비스는 100% Four Seasons이지만 스타일은 현지국에 적합하게 맞추었다. McDonald's나 Disney와 달리 Four Seasons의 각 호텔은 위치하는 지역을 잘 대표하였다. 이스탄불에 있는 Four Seasons Hotel에서 고객이 아침에 잠이 깨면 바로 자신이 터키에 있다는 것을 느낄 수 있도록 했다.

현지화에 대한 노력으로 호텔체인들은 지역시장의 욕구에 부응하기 위해서 지역 브랜드(Regional Brand)를 출시하고 있다. IHG는 중국시장을 공략하기 위해 HUALUXE란 브랜드를 출시했다. 또 Accor는 중국 시장을 위한 브랜드로 Grand Mercure를 그리고 호주와 뉴질랜드를 비롯한 남태평양 지역을 위해서는 The Sebel을 각각 출시했다.

1990년대의 호텔체인

Accor

Accor는 1967년에 Paul Dubrule과 Gerard Pelisson이 공동으로 창업했다. 두 사람은 모두 세계대전 후의 미국에서 살면서 미국인들의 진보적인 정신과 첨단 기술에 많은 감명을 받았다. 프랑스 북부 릴(Lille) 출신의 33세 Dubrule은 뉴욕에서 생활하면서 Holiday Inn이 달성했던 성공에 감명을 받았으며 성공요인을 깊이 분석해서 프랑스로 귀국해서 프랜차이즈 호텔체인 사업을 펼쳐 보는 꿈을 꾸기 시작했다. 그는 미국에서 한 마케팅전문가가 했던 '당신에게 미국을 지켜보는 것은 내일 신문을 오늘 보는 것과 같다'라는 말에 크게 감동했다. 프랑스 남부의 리옹(Lyon)이 고향인 35세의 Pelisson은 MIT에서 학업을 하고 세계 최상위 기업이던 IBM의 유럽지역 본사가 있는 파리에서 근무하고 있는 엔지니어였다. Dubrule은 1963년부터 자본금 일만 프랑으로 기업을 차리고 첫 호텔을 건축하기 위한 사전 준비를 하기 시작했으며 1965년에 Pelisson과 Maurice Simond가 참여하면서 자본금은 십만 프랑으로 늘었다. Dubrule과 매부 관계에 있던 사람의 소개로 두 사람은 Pelisson의 집에서 처음 만나서 사업계획을 논의했다. 당시 프랑스 호텔산업이 고급호텔과 낡은 모텔로 양극화되어 있다는 사실을 인지하고 있던 Pelisson은 Dubrule의 현대식 호텔체인에 대한 사업계획에 전적으로 찬성했으며 다만 프랜차이즈 사업은 아직 시기가 이르다는 의견을 제시했다. 직접 살면서 체험했던 미국식 생활양식이 결국에는 유럽에도 전파될 것이라고 확신하며 의기투합한 두 사람은 사업에 착수하기로 결의했으며 사업자금을 구하기 위해 가족과 친구들을 만나러 다니기 시작했다.

첫 호텔을 건립하는 자금은 아들을 신뢰하고 또 직접 미국을 다녀와서 프로젝트의 사업성을 확신했던 Dubrule의 부친이 제공하기로 했다. Pelisson과 Simond은 다음 두 개의 Novotel을 건립하기 위해서 33명의 친구와 친척들에게 투자를 요청했는데 32명이 투자하겠다는 의사를 전해오면서 1966년 말에 자금 모집이 완료됐다. 1967년 2월에 일백일십만 프랑의 자본금으로 Novotel-SIEH를 창업했으며 Dubrule이 사장으로 취임했다.

창업자들은 호텔의 명칭을 처음에는 친구라는 뜻의 Ami로 정하려 했으나 프랑스의 자동차 회사 시트로엥이 Ami 6라는 새로운 모델을 발표한 직후여서 포기하고 결국에는 Novotel로 결정했다. 첫 호텔의 입지로는 주요 도시의 외곽에 짓는 것을 결정했는데, 땅값이 싸고 자동차가 많이 다닌다는 이점이 있어서 선택했다. 릴의 외곽에 있는 Lesquin에 1호 호텔을 건립하기로 결정하고 대지를 매입했으며, 드디어 1967년에 62실의 Novotel Lille Lesquin이 개관했다.

그림 7-28 Accor 공동 창업자와 최초의 Novotel Lille Lesquin

출처: Accor; Reaching for the Impossible 1967~2007

3성급 호텔로 설계한 Novotel은 건물을 1층으로만 건립해서 엘리베이터와 그 외의 비용을 절약해서 고객들이 저렴한 요금으로 이용할 수 있도록 했다. 당시 객실료는 42프랑으로 경제적인 요금이었지만 고객이 더블베드가 있는 널찍하고 밝고 조용한 객실에서 TV와 함께 편안함을 누릴 수 있도록 했다. 특히 객실마다 욕실을 설치한 것은 획기적인 것으로 당시 프랑스에서 호텔들은 대부분 욕실이 객실 수의 반 정도만 존재했다. Novotel이 도입한 욕실은 전 호텔산업으로 전파되는 혁신을 일으켰다. 주차장은 호텔 정면에 배치해서 편리하게 주차하도록 했으며 야외 수영장은 고객에게 Novotel을 고급호텔로 인식되도록 했다. 그리고 Dubrule은 고객들이 침대에서 편안한 잠을 잘 수 있도록 보장하기 위해서 자기 집에 매트리스 15개를 가져다가 하나씩 시도해 본 끝에 결정했다. 비즈니스 여행객들에게는 큰 데스크와 전화가 꼭 필요해서 필수 어메니티가 되었다. 그리고 주말에는 가족단위 여행객이 많았는데 부모와 함께 여행하는 아이 두 명까지는 무료였으며 또 아침 식사도 무료로 제공했다. 가성비가 최고 수준이었다. Holiday Inn의 혁신을 잘 활용한 결과 Novotel Lille Lesquin은 대성공을 거두었다. 두 창업자는 이처럼 표준화된 호텔을 주요 도시의 외곽에 무한정으로 재생산해서 큰 체인으로 발전하는 것을 목표로 했다.

1968년 5월, 2호 호텔인 Colmar Novotel이 그리고 1969년에는 3호 Novotel이 마르세유에서 개관했다. 1970년에는 오를리 국제공항 근처에 Evry Novotel

이 개관했으며 또 Reims에는 최초의 프랜차이즈 Novotel이 개업했다. 1971년에는 Novotel Holding International을 설립해서 프랑스 영토 밖으로 진출하는 것을 모색하기 시작했다. Novotel 체인은 발전을 거듭해서 1972년 말이 되자 모두 23개소의 호텔로 구성된 체인으로 성장했으며 그중에 브뤼셀과 스위스에 각 1개의 호텔이 있었다. 1973년에는 파리 샤를드골 국제공항으로 가는 길목에 5천4백만 프랑이 투자되었던 체인 최대의 600실을 갖춘 Novotel Bagnolet을 개관했다. 두 창업자는 1,000실의 호텔을 건립하기를 원했으나 은행이 허락해준 차입금 규모는 600실 수준이었다.

1970년대 동안에 Novotel은 신속하게 행동하는 두 창업자 덕분에 프랑스의 주요 도시 주변으로 빠르게 성장할 수 있었다. 두 사람에게는 좋은 입지를 찾아서 호텔을 개관하는 것이 2년이면 족했다. 그렇지만 창업자들은 경계심도 항상 늦추지 않았다. 당시 물가인상률이 이자율을 상회했으며 이와 같은 상황에서 창업자들은 미래는 부채를 이용하는 사람이 차지할 수 있다고 믿었다. 두 창업자는 각자의 역할을 분담했다. Dubrule이 호텔 입지를 발견하면 Pelisson은 자금을 조달했는데 두 사람의 목표는 고속도로 출구 주변에 있는 값싼 입지를 찾아서 호텔을 건립하는 것이었다. 창업자들이 신속하게 행동한 결과 1970년에 4개소, 1971년에 8개소의 호텔을 건립했으며 그리고 1974년이 되자 체인은 모두 45개소의 호텔을 운영하게 되었다. 그리고 체인의 신속한 성장은 프랜차이즈 가맹호텔들과 함께해서 가능한 것이었다.

인상적인 성장세를 기록하고 있던 1974년에 두 창업자는 또 다른 혁신으로 크게 성공하게 되었다. 창업자들은 다시 속도와 혁신으로 1974년에 보르도에 2성급 호텔인 ibis를 성공적으로 개관했다. Novotel이 성공하자 창업자들은 다음 프로젝트로 2성급 호텔에 관심을 두기 시작했다. 그러나 많은 사람이 그 시장은 포화가 되어있는 상태이며 이미 많은 브랜드가 출시되어서 전국 도처에 존재하고 있으므로 진출하지 않는 것이 좋다고 조언했다. 당시 많은 경쟁사가 고급호텔 시장으로 많이 진출했는데 두 창업자도 진출에 대한 유혹을 견디고 있었다. 대신에 그들은 고객을 더 깊숙이 들여다 봤으며 2성급 호텔의 표적고객으로 젊은 층과 여행을 많이 하는 판매사원을 선정했다. ibis의 브랜드 콘셉트는 단순함(Simplicity)과 마법의 수(Magic Number) 30이었다. 초기 포지셔닝은 단순하고 야심찬 사고에 기반했다. 즉 **ibis는 Novotel과 비교해서 요금은 30% 더 싸고, 규모도 30% 더 작고, 그리고 건축비용도 30% 더 적게 소요되도록 하는 것이 주 골자였다.** ibis의 건축설계는 Novotel Bagnolet를 설계했던 Pierre-Yves Cochin이 담당하도록 했다. ibis는 현대식 시설이 잘 구비돼 있는 호텔로 설계했으며 또 모든 객실에 욕실을 갖추었다. 당시 같은 급의 호텔에는 20% 정도만이 객실에 욕실이 갖춰져 있었다. ibis의 출시는 다른 혁신도 동반했는데 ibis 호텔이 건립되는 장소로 기존 Novotel 호텔이 있는 가까운 근처에 위치하도록 했다. 이처럼 배치한 목적은 고객이 호주머니 사정에 따라 두 호텔 중에서 선택하게 하고 또 경쟁을 막기 위해서였다. ibis Bordeaux는 개관하자마자 큰 인기를 끌었으며 곧바로 가성비의 끝판왕으로 군림하게 되었다.

1975년에 ibis는 3개소로 그리고 1976년에는 15개소로 신속하게 성장했다. 두 창업자는 보유하는 신용한도를 다 소진하면서까지 신속한 성장을 이끌었다. ibis의 신속한 성장은 15년 동안에 300개소의 ibis 프랜차이즈를 판매했던 Robert Molinari와 Andre Cointet의 공이 매우 컸다. 그리고 ibis는 빠르게 성장하면서 프랑스뿐만 아니라 유럽을 대표하는 경제가 호텔(Economy Hotel) 세분시장의 표준이 되었다.

그림 7-29 1970년대의 ibis 및 레스토랑

출처: Accor; Reaching for the Impossible 1967~2007

1975년에 되자 Novotel-SIEH는 프랑스를 넘어 유럽의 주요 체인으로 성장했다. 그리고 남미의 브라질로 진출해서 상파울로에 Novotel을 개관했으며 아프리카에도 진출하여 콩고에 Novotel을 개업했다. 그리고 같은 해에 3성급 호텔체인 Mercure를 인수해서 더 다양한 서비스를 고객에게 제공할 수 있게 되었다. 체인을 창업한 지 10주년이 되는 1977년이 되자 총직원은 6,624명에 달했으며 모두 144개소의 호텔을 운영하는 큰 체인이 되었다. 그 사이에 레스토랑 사업에도 진출해서 모두 34개소의 레스토랑을 운영했다. 그리고 1978년이 되자 체인은 120개소의 Novotel, 32개소의 Mercure, 그리고 26개소의 ibis로 더욱 성장했으며 총 객실 수는 21,760실에 달했다. 1979년에는 처음으로 중동지역의 아부다비에 Novotel을 건립했다. 그리고 같은 해에 미국 미네소타주 미니애폴리스에 300실 규모의 프렌치 스타일인 Hotel de France로 미국에 진출했으며 또 뉴욕 맨해튼에 있는 유서깊은 호텔인 Roosevelt의 소유주가 체인에 위탁경영을 맡겼다. 1984년에는 맨해튼의 브로드웨이에 Novotel을 개업했다.

1980년에 Novotel 체인은 1964년에 창립하고 34개소의 호텔을 운영하고 있던 프랑스 고급호텔의 대명사 Sofitel 체인을 인수하는 데 성공했다. 그리고 1981년에 Novotel-SIEH는 프랑스 주식시장에 기업을 공개했으며 이듬해에 급식사업을 하던 거대기업인 Jacques Borel International(JBI)을 인수했다. JBI를 인수하면서 Novotel-SIEH는 1983년이 되자 모두 440개소의 호텔, 1,500개의 레스토랑, 그리고 3만 5천 명의 직원들이 일하는 엄청난 규모의 기업으로 변모했다. 같은 해에 사명을 Accor로 변경하고 새로 주식시장에 상장했다.

1985년에 Accor 체인은 또다시 혁신적인 브랜드를 출시했다. 이번에는 경쟁사들이 소홀히 했던 1성급 호텔이란 세분시장에 집중했는데 누구나 접근할 수 있는 대중적인 시장의 개발을 추진했다. 보고된 시장조사에 의하면 프랑스에는 작고 저렴한 호텔이 많지만 대부분 최소한의 편안함도 갖추지 못하고 있다는 사실이 밝혀졌다. 그렇지만 근로자, 학생, 은퇴자로 구성되는 잠재 수요는 많은 것으로 판단됐다. 새로운 브랜드의 명칭은 Formule 1으로 정했으며 고객 3명이 하루 숙박요금으로 최저수준인 80프랑 미만으로 책정했다. 요금을 최저가 수준으로 낮추기 위해 모텔에서 모든 서비스를 제거했는데, 예를 들면 모텔에 직원을 아예 두지 않았다. 고객이 모텔에 도착해서 카드로 결제하면 열쇠의 역할을 하는 코드를 받도록 했다. 그리고 4개의 객실이 1개의 욕실을 공유해서 이용하도록 했다. 노보텔이 행했던 것의 정반대였으니 아이러니의 극치였으며, 이것 때문에 반대도 많았다. 드디어 1985년에 Evry와 Macon에 최초의 Formule 1이 개업했다. Formule 1이 보유한 다른 특징은 모텔을 건축하는 공사 기간이 매우 짧게 설계됐다. 따라서 Formule 1은 1986년에 10개소, 1989년에 50개소, 그리고 1994년에는 200개소가 될 정도로 급속히 성장할 수 있었다.

1988년 한 해에만 모두 100개소의 호텔을 개업했으며 250개의 레스토랑도 오픈했다. 이와 같은 쾌속성장의 결과 1978년에는 45개소에 불과했던 체인이 운영하는 호텔의 수가 1989년이 되자 모두 263개소로 500%에 가까운 신장세를 이룩했다. 1989년에 처음으로 중국에 진출했지만 미국 시장에서 Sofitel과 Novotel은 부진을 면치 못하고 있었다. 결국에는 1990년에 Accor는 미국에서 모두 550개소의 저가 모텔을 운영하는 체인이었던 Motel 6를 체인 사상 최대의 금액인 13억 달러에 도박에 가까운 인수합병을 실행하면서 비로소 세계적인 규모를 자랑하는 호텔체인으로 발돋움하게 되었다. 1991년에는 Pullman 호텔을 보유했던 거대 여행사인 Wagonlit Travel을 인수했으며 역시 같은 해에 새로운 브랜드로 Etap Hotel을 출시했다.

1992년이 되자 Accor 체인의 규모는 세계 최상위 수준으로 성장했는데 모두 2,098개소의 호텔, 664개소의 레스토랑, 그리고 3,364개소의 급식소를 거느리게 되었다. 1993년에 Accor의 아시아 호텔사업부가 호주기업이던 Quality Pacific Corporation과 합병하면서 Accor Asia Pacific Corporation(AAPC)을 설립했다. 그러나 부채가 많이 쌓이면서 1994년에 Accor는 자산 매각계획을 발표했으며 고속도로 휴게소 식당 등을 매각하면서 핵심사업에 역량을 집중하도록 했다. 그리고 같은 해에 Air France는 보유하고 있던 Le Meridien 체인을 매물로 시장에 내놓았다. Accor와 함께 여러 국제 경쟁사들이 입찰에 참여했는데 프랑스 정부는 놀랍게도 영국의 Forte에 매각해 버렸다. Accor는 1996년이 되자 성장기에 접어든 아시아 · 태평양 지역에서 모두 16개국에서 144개소의 호텔을 운영하는 주도적인 호텔체인이 되었다. 그럼에도 불구하고 체인의 구조조정은 계속되었다.

그리고 1997년은 변화가 많았던 해였다. 30년 동안 Accor 체인의 성장을 이끌었던 Paul Dubrule과 Gerard Pelisson 두 창업자는 공동회장으로 취임하면서 경영 일선에서 한 걸음 물러나고 최고경영자로 젊은 Jean-Marc Espalioux가 취임했다. 그리고 같은 해 미국의 거대 여행사 Carlson과 Accor의 Wagonlit가 합병하면서 세계에서 두 번째로 규모가 큰 여행사인 Carlson Wagolit Travel이 탄생했으며 소유지분은 50 : 50으로 똑같이 양분했다. 1998년에 Accor는 전 세계에 모두 2,700개소의 호텔을 보유하는 제국을 건설했다. 그리고 1999년이 되자 미국의 호텔사업을 한층 강화하기 위해 322개소의 모텔을 운영했던 Red Roof Inn 체인을 인수했으며, 같은 해에 새로운 브랜드로 Suite Hotel을 출시했다.

Marriott Corporation, Inc.

1970년대 말에만 해도 Marriott Corporation은 불과 75개소의 호텔을 운영하는 작은 체인이었다. 특히 1980년대에 Marriott Corporation은 대대적으로 성장했으며, 다른 호텔체인과 달리 Marriott 체인은 공격적으로 새로운 호텔을 건설하는 것에 집중했다. 1970년대에 재무책임자(CFO)였던 Gary Wilson에 의해 개발된 Marriott 체인의 성장전략을 보면 첫째, 채권을 발행해서 기업 외부로부터 가능한 최대한의 투자 자금을 모집했다. 둘째, 탁월한 입지에 새로운 호텔들을 건립했다. 셋째, 신축한 호텔들을 보험회사나 유한책임회사 등과 같은 투자자에게 판매하는 동시에 을 체결해서 호텔의 운영권을 확보했다. 보통 1년에 10억 달러에 달하는 호텔들이 건립됐다.

이처럼 호텔의 소유와 경영의 분리는 Marriott 체인의 빠른 성장을 위해 필수적인 투자자본을 확충해야 하는 부담을 덜어주었을 뿐만 아니라 위탁경영계약을 통해 체인은 직접 및 간접비용을 부담해야 하는 직접 소유하는 방식에 비해 덜 변동적이며 안정적인 현금흐름을 창출할 수 있었다. 1980년대에 공격적인 확장전략을 전개한 결과 호텔사업부는 1980년에는 1개 브랜드에 75개소의 호텔(약 30,000실)로 구성되었지만 1989년 연말이 되자 4개의 브랜드에 모두 539개소의 호텔과 134,000실을 운영하는 거대한 호텔체인으로 성장했다. 그러나 1986년에 세법 개정으로 부동산 세제 혜택이 모두 제거됐음에도 불구하고 과거의 성공에 취한 나머지 경영진은 호텔건축을 위한 진군을 멈추지 않았는데 이 결정이 뼈아

픈 실수가 되었다.

공교롭게도 채권금융 등 많은 부채를 기반으로 하는 공격적인 확장전략은 Marriott에 짧은 기간에 큰 성장을 제공했지만 반면에 확장전략은 1990년대 초반 미국에 경기침체가 닥치면서 심각한 부채로 인해 창업 이래 최악의 위기로 몰리게 되었다. 채권발행–자금확보–호텔건축–호텔판매 전략은 호황기 시장에서는 큰 위력을 발휘했으나 불황기가 닥치자 전혀 맞지 않았다. 1989년부터 부동산 시장의 불황으로 Marriott 체인이 판매할 목적으로 건립해서 보유하고 있던 호텔들의 재고가 서서히 늘기 시작했다. 상황이 이런데도 1990년에만 100개소의 호텔이 완공되었는데, 1980년대에도 평균적으로 한 해에 100여 개소의 호텔이 완공되고 또 매각됐다. 1991년에도 57개소의 호텔이 완공될 예정이었다.

1989년에 구조조정으로 체인의 근간이었던 외식사업과 기내식 사업부를 매각한 것에 이어 1990년에는 체인이 호텔개발의 중단을 선언하면서 존립 여부가 불확실해진 건축사업부의 직원 1,500여 명을 정리해고했다. 사상 최초의 대량 해고였다. 체인의 부채 규모는 36억 달러로 늘었다. 그리고 신용평가회사 Moody's는 1990년과 1991년에 걸쳐 계속하여 Marriott 체인의 부채 등급을 강등해 버렸다. 1990년에 체인은 처음으로 프랜차이즈를 성장전략으로 채택하기 시작했는데 1980년대에는 표준화와 품질의 일관성을 중시하는 Bill Marriott 1세의 강력한 반대로 대대적으로 추진하지 못했다.

1989년에 Marriott 체인의 당기순이익이 1억 7천7백만 달러로 전년도에 비해 많이 감소했다. 그런데 1990년이 되자 때마침 불어닥친 경기침체와 걸프전쟁의 영향으로 영업실적이 부진해지면서 1990년의 당기순이익은 더욱 감소해서 4천7백만 달러를 기록했다. 체인에 현금이 마르기 시작했다. 부채에 대한 연간 이자비용이 3억 달러에 달했는데 호텔을 매각한 자금으로 부족한 자금을 메꿔야 하는 상황에서 체인의 향후 성장은 기약할 수 없었다.

1991년이 되자 Marriott 체인은 은행과 신용한도를 늘리려고 협상도 하고 15억 달러에 달하는 호텔자산을 매각하는 작업을 하였지만 절반의 성공만을 거두고 있었다. 체인의 재무구조가 악화되고 위기에 처하자 1990년 초에는 33달러에 달하던 주가가 1991년 초가 되자 8달러 초반까지 하락했다. 또 체인의 성장이 정체되고 재무 위기를 겪게 되자 부지런하고 야심에 찼던 일부 젊은 직원들은 체인을 떠나기 시작했다.

체인은 아직도 141개소의 판매할 신축호텔들을 보유하고 있었으며 경영진은 호텔들을 더 매각해서 부족한 현금을 마련하려 했으나 시장가격이 너무 떨어져 있어서 선뜻 내놓지 못했다. 오히려 1991년이 되자 경영진은 Annual Report를 통해 호텔들을 빠르게 처분하기 위해서 헐값에 판매해서 본래의 가치를 희생할 수 없다고 밝히기도 했다. 1991년에 부채는 조금 줄어 29억 달러였다.

악화된 재무구조를 극복하기 위해서 경영진은 문제를 해결하고 미래 성장을 지속할 수 있는 대안을 찾기에 골몰했다. 결국에 Bill Marriott 2세는 재무책임자(CFO) Steven Bollenbach가 개발한 분사전략을 실행하기로 했다. 1992년 10월 5일에 Marriott 체인은 기업 분사(Spin-off) 계획을 발표했다. 이 계획의 핵심내용은 Marriott Corporation이 보유하고 있는 29억 달러의 부채와 모든 호텔 부동산의 소유권은 상호를 바꿔서 설립되는 Host Marriott Corporation에 모두 넘기고, Marriott International이라는 신설법인을 설립해서 브랜드를 보유하고 부채부담에서 완전히 벗어나서 위탁경영계약을 위주로 운영되는 호텔운영사로 전환하도록 하는 것이었다.

Marriott 경영진이 예상했던 대로 분사 발표 소식에 주식시장은 우호적으로 반응했다. Marriott Corporation의 주식가격은 발표 후 3일 동안에 약 11.68% 상승했다. 그러나 Marriott Corporation의 회사채 채권자들(Bondholders)의 가치는 반대로 30%가량 떨어졌다. 채권자들의 자본이 주주들과 Marriott 체인에게로 이전된 것이었다. 이는 분사 소식에 Moody's가 부채의 투자등급을 Baa3에서 Ba2로 하향 조정한 것 때문이었다. 등급 강등으로 인해 Marriott Corporation의 20년 장기채권의 가치가 분사 발표 이전과 비교하면 30% 감소했다. 이에 분노한 채권자들은 분사 실행을 막기 위해서 분사 발표 후 십여 일 사이에 2건의 법적 소송을 제기했고, 연말이 되자 모두 10건으로 증가했다.

채권자들의 분노와 요구에 부응하기 위해서 경영진은 초기 분사계획을 일부 수정하기로 했다. Bill Marriott 2세는 채권자들의 강한 반발이 체인이 그동안 쌓아온 명성을 훼손하게 되는 것을 크게 걱정했다. 수정된 분사계획은 1993년 7월 23일에 열린 주주총회에서 승인되었으며, 1993년 10월 8일에 Marriott 체인은 특별 배당금의 지급을 통해서 분사계획을 실행에 옮겼다. 수정안의 주요 내용은 초안에서 부채부담이 거의 없게 설계된 Marriott International에게 4억 5천만 달러의 장기부채를 이월함으로써 Host Marriott Corporation의 과도한 부채부담을 덜어주는 것이었다. 그러나 PPM America Inc.가 이끄는 일단의 기관 채권자들은 Marriott Corporation과 3명의 최고경영진을 고소하면서 1992년 4월과 5월에 판매된 4억 달러 상당의 채권은 분사계획을 사전에 투자자에게 알려주지 않았기 때문에 사기에 해당한다고 소송 사유를 제기했다. 1억 2천만 달러 가치의 채권을 보유하고 있던 이들은 그 뒤에도 상당 기간에 걸쳐 Marriott 체인과 법적 소송을 벌였다.

그림 7-30 Marriott Corporation: 2개 기업으로 분할

Host Marriott Corporation

- 24억 달러 부채 부담
- 모든 호텔을 소유하고 공항 및 고속도로에서 외식사업 수행
- 23,000명의 직원
- 분사 이후 회사 연매출은 17억 달러, 영업이익은 3억 5천만 달러로 예상(그러나 이자비용이 2억 2천5백만 달러에 이를 것으로 예상)

Marriott International, Inc.

- Marriott 상표, 브랜드, 예약 및 프랜차이즈 시스템을 소유. 4억 5천만 달러 부채 부담
- 주요 사업은 호텔들을 운영하며 일부 서비스를 운영
- 182,000명의 직원
- 분사 이후 회사 연매출은 74억 달러, 영업이익은 5억 달러에 이를 것으로 예상

출처: E, McDowell. March 12, 1993. The New York Times

분사 이후 새로 탄생한 Marriott International은 상당한 경쟁우위를 보유하게 되었는데 개선된 재무구조로 인해 성장에 필요한 부채를 다시 자본시장에서 조달할 수 있게 되었다. 그리고 Marriott International은 호텔을 소유하는 위험에서 완전히 탈피하는 동시에 적은 자본으로도 신속하게 성장할 수 있게 되었다.

서로 분리된 이후 Marriott International과 Host Marriott는 각자의 사업 분

야에서 탁월한 성과를 거두었다. 두 기업의 상호 보완적인 관계는 서로의 성과 향상에 큰 도움이 되었다. 후에 REIT로 조직형태를 변경한 Host Marriott는 많은 호텔을 매입한 후 관리는 Marriott International에게 위탁경영을 하도록 했다. 즉 Host Marriott가 호텔들을 매입하면 Marriott International이 도맡아서 운영하는 환상적인 조합이 만들어졌다. 실제로 1994년과 1995년에 Host Marriott는 9억 1천만 달러를 투자해서 11,300실 27개소의 고급호텔들을 매입한 후에 모두 Marriott International에 위탁경영을 맡겨서 운영하도록 했다.

1993년부터 다시 성장을 모색하기 시작한 Marriott International은 시장정보의 신속한 파악, 고객의 선택 여지 확대와 호텔운영을 자동화하여 직원이 고객에게 서비스하는 시간을 더 확보하는 방향에 초점을 맞추어 정보기술을 응용했다. 체인은 1993년에 "1st 10"이라는 고객의 신속한 체크인을 위한 프로그램을 개발했는데, 이 프로그램은 고급호텔(Full-service hotel)을 이용하는 고객이 호텔에 들어섰을 때 처음 10분이 가장 중요하다는 판단 아래 신속하고 효율적으로 Check-in 절차를 처리하고자 하였다. 구체적으로 살펴보면 예약 시에 고객이 선호하는 객실 유형, 예상되는 도착 시간, 요금 지급방법 등이 결정된다. 그 후 고객이 예약한 호텔에 도착하면 객실 키와 투숙 정보를 보유한 직원이 고객을 현관 입구에서 맞이해서 프런트데스크를 거치지 않고 곧장 객실로 안내하도록 하는 것이었다. 그리고 Marriott International은 세 브랜드 즉 Courtyard, Residence Inn, Fairfield Inn의 개발에 이용되던 개발모형의 원형보다 적은 수의 객실을 보유한 새롭고 경제적인 개발모형을 선보였다. 기존 세 브랜드의 개발모형은 모두 고정된 객실 수에 의해 개발되었으나 수정된 새로운 모형은 융통성을 발휘해서 60개에서 85개의 객실을 보유하도록 했다. 1993년에 수정된 모형으로 16개소의 호텔들이 건립되었으며, 1995년에 Courtyard는 새롭게 개발되는 호텔들의 수익성(Profitability)을 향상하기 위해 150실, 120실, 90실의 다양한 모형으로 개발했다. 그리고 새로운 Fairfield Inn은 전에 비해 더 넓은 로비 공간과 아침 식사 공간을 확보했다. 이와 같은 새로운 개발모형의 시도는 아주 성공적이었다. 일반적으로 한정서비스(Limited-service)를 제공하는 호텔들은 개업 후 약 3년이 지나야 안정된 객실점유율에 도달할 수 있다. 하지만 새로운 개발모형에 의해 건립된 호텔들은 이런 고정관념을 무색하게 했다. 1995년부터 1996년 사이에 수정된 모형에 의해 건축된 호텔들은 모두 6개월 이내에 안정된 객실점유율에 도달하게 되었는데, Courtyard와 Residence Inn은 불과 4개월 만에, Fairfield Inn은 6개월 만에 안정된 영업환경을 달성했다.

1994년부터 Courtyard와 Fairfield Inn에서 프랜차이즈 사업을 크게 확장하기로 했다. 1995년에는 TQM으로 최고의 품질 수준을 자랑했던 최고급 호텔(Luxury Hotel) 31개소(10,300실)로 구성된 Ritz-Carlton 체인의 지분 49%를 공동 투자자와 함께 인수했다. Edward Wyner가 사망한 후에 Ritz-Carlton 상표권은 Gerald Blakeley에게 매각됐다. 그리고 Blakeley는 1983년에 William Johnson에 Ritz-Carlton Boston 호텔과 미국지역 상표권을 7천5백5십만 달러에 매각했다. Johnson은 Ritz-Carlton Hotel Company를 설립해서 호텔들을 건립해 나갔으며 Ritz-Carlton 체인은 최고경영자 Horst Schulze의 지휘 아래 성장하기 시작했다. 그리고 Johnson은 1988년에 Hotel Ritz Paris, Ritz-Carlton Chicago, 그리고 Ritz-Carlton Montreal을 제외한 전 세계 Ritz-Carlton 브랜드의 독점권을 확보했다.

Marriott International에 인수된 후 Ritz-Carlton의 재무성과는 현저히 좋아졌다. Marriott International의 중앙예약시스템(CRS) 지원으로 RevPAR가 9% 상승했으며 영업이익도 크게 향상됐다. Marriott International의 강점인 규모의 경제 효과를 통한 마케팅 및 구매비용의 절감은 Ritz-Carlton이 자랑하는 최고의 서비스에 손상을 입히지 않으면서 재무성과를 향상할 수 있었으며, Ritz-Carlton의 고객만족도는 예전과 마찬가지로 90% 이상을 유지했다.

1997년 2월에 Marriott International은 홍콩의 New World Development로부터 38개국에서 150개소의 호텔들을 운영하는 Renaissance Hotel Group NV를 현금 10억 달러에 인수했다. 인수 경쟁에서 Marriott International은 8억 9천만 달러를 제시했던 Doubletree 체인을 물리쳤다. 이 거래로 인해 체인의 해외시장 진출국은 30개국에서 50개국으로 증가했으며, 특히 중국, 인도, 러시아, 터키 등지에서 처음으로 호텔을 운영하게 되면서 진정한 다국적기업으로 변신할 수 있었다. 같은 해에 Marriott International은 고객가치와 만족도를 향상하기 위해서 서비스 내용이 강화되고 통합된 새로운 충성도 프로그램인 Marriott Rewards를 출시했다. 새로운 프로그램은 많은 고객이 좀 더 쉽게 포인트를 누적할 수 있도록 고안되었다. 세계에서 가장 큰 다중브랜드 충성도 프로그램인 Marriott Rewards는 기존의 Honored Guest Awards, Fairfield INNsiders, Courtyard Club 등을 모두 통합해서 새로운 단일 프로그램으로 탄생하게 되었다.

1993년 이후 Marriott International의 경영성과는 지속해서 향상되었다. 연간 매출액이 1994년 3%, 1995년 8%, 1996년 10%, 1997년 20%라는 비교적 높은 신장세를 달성했으며, 영업이익은 같은 기간 내내 12%에서 26%라는 높은 수익성을 유지했다. 1999년 4월 기준으로 Marriott International은 모두 12개의 브랜드를 보유하게 되었으며, 세계 52개국에서 1,800개소의 호텔과 객실 330,000실을 운영하게 되었다.

Hospitality Franchise Systems(HFS)

1950년대와 1960년대의 Holiday Inn처럼 1990년대에 프랜차이즈를 이용해서 세계 최대의 호텔체인으로 성장했던 기업이 HFS(Hospitality Franchise Systems)이다. HFS는 1990년에 세계적인 사모펀드 회사(PEFs)이자 부동산 투자기업인 Blackstone Group에 의해 설립되었으며 투자은행에서 근무한 경험이 있던 변호사 Henry Silverman을 최고경영자로 고용해서 경영을 맡도록 했다. HFS의 창업자들은 1990년대 초반에 호텔산업이 공급과잉, 경기침체, 그리고 경쟁 심화와 같은 최악의 상황에 빠졌음에도 불구하고 위기 속에 기회가 있다는 것을 확신했다. HFS는 경기침체기에도 불구하고 많은 규모의 경제 효과를 누리는 호텔체인에 비해 열세에 놓인 독립호텔들은 높은 영업비용으로 생존이 어렵다는 점에 주목했다. 그리고 독립호텔들에 비해 호텔체인들의 시장점유율이 크게 높지 않아서 프랜차이즈 전문 호텔체인을 설립해서 곤경에 처한 독립호텔들에게 비교적 낮은 가격으로 프랜차이즈 가맹호텔을 모집하면 성공할 가능성이 있다고 판단했다.

HFS는 체인의 목표시장을 주로 경제가 및 한정서비스(Economy/Limited-service) 호텔로 설정했다. 드디어 1990년 7월에 처음으로 Howard Johnson 체인(417개 호텔에 51,786실)을 인수했으며, 이어서 같은 해 적자에 빠져있던 Ramada 체인(472개 호텔에 77,608실)의 미국 국내 영업권을 인수했다. 1990

년에 HFS는 1억 9백만 달러의 적자를 기록했다. 그리고 1991년에도 두 체인의 통합 마케팅시스템 구축에 비용을 소비하면서 역시 5억 달러의 적자를 기록했다. HFS는 수익성을 향상하기 위해서 체인에 가맹한 기존 호텔 외에도 독립호텔, 다른 호텔체인에 가입한 호텔, 또 신축호텔 등을 상대로 Ramada나 Howard Johnson 브랜드에 가입하도록 유도했다. 그 결과 1990년과 1991년에만 두 브랜드에 새로 가입해서 증가된 객실의 수가 22,000실에 달했다. 이와 같은 노력의 결과 HFS 체인의 수익은 곧바로 증가하게 되었는데 새로 가입한 가맹호텔들은 가입수수료로 2만~3만 달러를 선불로 HFS에 지급했다. 그리고 로열티(Royalty)로 연간 객실매출액의 6~10%를 지급했다. 대신에 가맹호텔들은 유명브랜드의 이용과 함께 중앙예약시스템 및 마케팅 지원을 제공받을 수 있었다.

초기 성공에 고무된 HFS의 Silverman은 1992년 1월에 브랜드 중에서 3번째로 규모가 컸던 Days Inn 체인(1,220개 호텔에 133,127실)을 2억 5천9백만 달러에 인수해서 체인의 규모를 2배로 확장했다. Days Inn 인수는 시의적절한 결정이었다. 1992년에 HFS 체인은 처음으로 총매출액 2억 달러에 2천만 달러의 흑자를 거두게 되었다. 창업한 지 채 3년이 지나기도 전에 HFS는 세계 최대의 프랜차이즈 호텔체인으로 성장하는 기염을 토했다. HFS는 1992년에 주식시장에 상장했는데 당일 주가는 4달러였으나 1998년에는 주가가 최고 77달러까지 치솟았다.

HFS는 이후에도 계속해서 성장전략을 유지했으며 1993년 4월에는 주로 중서부에 많은 가맹호텔이 존재하고 있어서 HFS 체인에 보완적인 Super 8 체인(971개 호텔에 59,532실)을 1억 2천5백만 달러에 인수했다. 이로써 HFS는 Holiday Inn을 물리치고 세계 최대의 호텔체인으로 등극하게 되었다. 이에 멈추지 않고 같은 해 6월에는 Park Inn(39개 호텔에 4,683실)도 인수했다.

HFS의 초기 사업전략은 체인에 소속된 여러 프랜차이즈 시스템의 지속적인 확장을 도모하는 동시에 각 브랜드의 명성을 향상하고 고품질의 부가 서비스를 각 브랜드에 제공하고자 했다. 이런 목표를 달성함으로써 HFS는 지속적인 프랜차이즈 수수료 수입의 증가를 기대했으며 마련된 자금으로 다시 새로운 인수합병을 시도했다. HFS의 영업전략에서 가장 중요한 역할을 담당한 것이 바로 최첨단 중앙예약시스템(CRS)이었다. HFS의 예약시스템은 고객이 소속 브랜드에 전화하면 전국적인 통신 네트워크를 보유한 4대 GDS(항공사예약시스템)중 하나의 유통

채널로 연결되면서 여행사, 항공사, 렌터카 등과 같은 여행 관련 서비스를 원스톱으로 편리하게 이용할 수 있도록 했다. 또 HFS는 각 브랜드에 소속된 가맹호텔에 고객들의 전화 패턴과 객실예약 트렌드를 분석한 특별 보고서를 제공했다. 이 보고서는 가맹호텔들의 객실점유율 향상에 큰 도움이 되었다.

그리고 HFS는 마케팅 프로그램을 강화함으로써 가맹호텔들을 지원했다. 소속된 각 브랜드는 서로 분리된 마케팅팀을 통해 시장조사와 전국적 및 권역별 마케팅 캠페인을 수행했다. 그러나 각 팀은 인쇄물 및 광고매체의 대량구매에서 오는 이점으로 인해 관련 비용을 비교적 낮게 유지할 수 있는 이점을 공유했다. 그리고 HFS는 개별 브랜드에 소속된 모든 가맹호텔 사이에 일관성을 유지하기 위해서 브랜드별 품질관리시스템을 준수하게 함으로써 마케팅 노력을 보완하는 품질보증 프로그램을 개발했다. 또 HFS는 교육프로그램을 개발해서 가맹호텔들이 쉽게 예약시스템과 마케팅 프로그램을 이용할 수 있도록 했다. HFS가 새로운 가맹호텔을 유인하는 데 큰 역할을 담당한 것이 바로 구매지원이었다. 중앙집중 대량구매를 통해 가맹호텔들이 영업에 소요되는 모든 제품이나 서비스를 매입하는 비용을 크게 낮춰 주었다. 이런 여러 지원을 제공한 결과 가맹호텔들의 객실점유율은 향상되었고 영업비용은 낮아졌으며 결과적으로 대다수 독립호텔에 비해 수익성이 높았다. HFS의 확장전략은 큰 성공을 거두었으며 결과적으로 〈표 7-13〉에서 보듯이 소속된 체인들이 모두 인수 당시에 비해서 규모가 커졌다. 1993년 말이 되자 HFS는 383,931실 3,783개소의 호텔로 구성된 거대한 호텔체인으로 변모했다.

| 표 7-13 | HFS 주요 브랜드의 성장 추세

브랜드	인수연도	호텔수	객실수	비교연도	호텔수	객실수
Howard Johnson	1990	417	51,786	1993	566	63,000
Ramada	1990	472	77,608	1993	676	107,000
Days Inn	1992	1,220	133,127	1993	1,441	145,000
합 계		**2,109**	**262,521**		**2,683**	**315,000**

출처: Reference for Business

HFS는 1994년에 Villager, 1995년에 Knights Inn과 Travelodge 등을 차례로 인수했다. 그리고 HFS는 업종 다변화의 일환으로 카지노업체인 National Gaming Corporation, 콘도미니엄업체인 RCI, 부동산업체인 Century 21과 Coldwell Banker, 또 렌터카 업체인 Avis와 Budge 등을 차례로 설립 또는 인수하면서 명실상부한 호스피탈리티 프랜차이즈 제국을 건설했다. 이후에도 HFS는 단 1개소의 호텔도 소유하지 않고 프랜차이즈만을 통한 성장전략을 유지하면서 〈표 7-14〉에서 볼 수 있듯이 1995년 말을 기준으로 했을 때 2위인 Holiday Inn Worldwide보다도 약 14만 실이나 많은 세계 최대의 호텔체인으로 등극하게 되었다. 세계 호텔산업 역사상 최초로 500,000실 이상의 객실을 운영하는 호텔체인이 된 것이다. HFS의 쾌속성장은 과거 Holiday Inn 신화를 무색하게 했다. 〈표 7-14〉를 보면 세계 1위 HFS, 2위 Holiday Inn, 3위 Best Western, 5위 Choice, 9위 Promus 등은 모두 프랜차이즈만을 비즈니스모델로 채택하고 있었으며, 나머지 체인들도 프랜차이즈 사업 비중이 가장 크게 나타나고 있다. 이런 사실은 프랜차이즈 비즈니스모델의 무한한 성장 잠재력과 사업성을 여실히 보여주고 있는 셈이다.

| 표 7-14 | 1995년 연말 기준 세계 Top 10 호텔체인

순위	호텔체인명	1995년 객실수	1994년 객실수	1995년 호텔수	1994년 호텔수
1	HFS Inc.	509,500	424,352	6,430	4,291
2	Holiday Inn Worldwide	369,738	356,000	2,096	1,930
3	Best Western International	282,002	280,144	3,462	3,409
4	Accor	268,256	256,607	2,378	2,265
5	Choice Hotels International	249,926	247,069	2,902	2,827
6	Marriott International	198,000	180,500	976	851
7	ITT Sheraton Corporation	129,201	132,477	414	425
8	Hilton Hotels Corporation	90,879	92,452	219	226
9	Promus Hotel Corporation	88,117	78,690	669	570
10	Carlson/Radisson/SAS	84,607	79,482	383	349

출처: HOTELS, 1996. Hotels 325

1998년에 HFS는 전격적으로 직접마케팅 기업이었던 CUC International과 1백4십억 달러에 합병하면서 사명을 Cendant Corporation으로 변경했으며 사세는 더욱 확장되는 것처럼 보였다. 그러나 인수합병의 대가였던 Henry Silverman에게 이 거래는 큰 재앙이었다. 같은 해 CUC International의 최고경영자와 재무책임자가 수년간 영업적자를 영업흑자로 부풀리는 분식회계를 일삼아왔다는 사실이 밝혀지면서 Cendant의 주가는 340%나 크게 하락하는 큰 위기를 맞이했다. 이는 미국 역사상으로도 보기 드문 큰 회계부정 사건이었으며 큰 사회적 문제로 대두되었는데 결국에 두 사람은 형사재판을 받고 교도소에서 복역하게 되었다. 활기를 잃은 Cendant는 이후 4개의 사업부로 나뉘어서 운영되다가 결국 모두 분사(Spin-off)를 통해 독립기업으로 재탄생하게 되었다. 그중에서 Cendant의 호텔사업부는 2006년 7월에 분사하면서 Wyndham Worldwide로 법인명이 변경됐다.

Hilton International, Inc.

Hilton International은 1967년에 항공사 TWA에 의해 인수되면서 모기업 Hilton Hotels Corporation으로부터 독립되어 운영되기 시작했다. TWA가 Hilton International처럼 가치가 있는 기업을 인수한 것은 좋은 결정이었으나 잘못된 동기에 의해 수행되었다. TWA의 인수 동기는 항공사와 호텔 사이에 존재하는 시너지를 노린 것이었다. 그렇지만 예상했던 시너지는 많이 없었다. TWA의 승객들은 대부분 가격에 민감한 손님이어서 Hilton과 같은 고급호텔을 찾지 않았다. 또 TWA가 취항하는 도시와 Hilton 호텔이 위치하는 도시는 부분적으로 보완적이었다.

그럼에도 불구하고 인수 결정은 TWA를 위해서 아주 좋은 거래였다. 1969

년부터 TWA는 영업 부진으로 막대한 적자를 기록하기 시작했다. 그러나 Hilton International의 성과는 날이 갈수록 좋아졌다. 결과적으로 Hilton International의 영업이익으로 TWA의 영업손실을 메꿔나가는 형국이 지속되었다. 1981년이 되자 Hilton International은 성장을 위해 모기업이 있는 미국 호텔산업에 진출하게 되었다. 체인은 미국 국내에서는 Hilton이란 브랜드를 이용할 수 있는 권리가 없었기 때문에 새로 Vista International이란 회사를 설립해서 뉴욕 맨해튼에 체인의 1호 Vista Hotel을 개관했다. 1986년대 중반이 되자 미국에는 모두 6개의 Vista International Hotel이 영업했다. 당시 최고경영자였던 Curt Strand는 체인은 부동산 회사도 아니며 프랜차이즈 사업도 하지 않고 있다고 발표했다. 그리고 체인에서 위탁경영하는 호텔들은 모두 현지인이 소유하고 있으며 체인의 역할은 호텔들이 일관성 있는 표준에 의해 운영될 수 있도록 통제하는 것이었다. 그리고 체인은 호텔들을 위탁경영하고 있을 뿐만 아니라 건축설계, 엔지니어링, 실내장식, 주방설계 등과 같은 분야에서 서비스를 제공하고 있었다.

그러나 TWA의 성과는 계속해서 곤두박질하면서 항공사의 존립 자체가 위험해졌다. 결국 견디다 못한 TWA는 자회사인 Hilton International을 매각하기로 결정했다. 1987년 9월에 인수한 지 약 20년 만에 TWA는 Hilton International을 항공사 United Airlines의 모기업인 Allegis Corporation에 9억 8천만 달러에 매각했다. 그러나 6개월 후에 그룹이 구조조정에 돌입함에 따라 Allegis는 Hilton International을 다시 시장에 매물로 내놓게 되었다. 사업성이 좋은 Hilton International을 인수하기 위해 여러 기업이 큰 관심을 보였는데, 독일의 항공사 Lufthansa, 일본의 항공사 JAL, 영국기업인 Grand Metropolitan과 Ladbroke, 그리고 프랑스의 호텔체인 Accor 등이 경합을 벌이게 되었다. 특히 Ladbroke는 TWA가 Hilton International을 Allegis에 매각할 때 인수 경쟁에서 쓴맛을 본 적이 있는 기업이었다. 인수 경쟁의 승자는 10억 7천만 달러의 가격을 제시한 영국의 복합기업인 Ladbroke PLC였다. Ladbroke의 최고경영자는 과거처럼 인수 실패를 반복하지 않기 위해서 이번에는 Allegis에게 가격을 제시하면서 가격은 오직 3주간 동안만 유지된다고 밝히면서 Allegis 경영진에 신속한 결정을 하도록 압박했다. 반면에 다른 경쟁사들은 각국 정부의 허가를 득하기 위해 기다리고 있었다. 매각 당시 Hilton International은 세계 44개국에서 91개소의 Hilton Hotel과 미국에만 6개소의 Vista International Hotel을 운영하고 있었다. 이후부터 Hilton International은 미국이 아닌 영국의 대표적인 호텔체인으로서 성장해 나가기 시작했다.

Ladbroke PLC는 영국에서 여러 사업을 수행하는 복합기업으로 이미 유럽에서 75개소의 호텔을 운영하고 있었다. Hilton International을 인수하면서 일약 세계적인 호텔체인으로 발돋움하게 되었다. Ladbroke는 Hilton Hotels Corporation이 자회사 Hilton International을 TWA에 매각하면서 함께 넘긴 Hilton 예약시스템의 지분 50%를 세계 호텔산업을 효과적으로 운영하기 위한 중요한 자산으로 보았다.

1995년부터 1996년 동안에 미국의 Hilton Hotels Corporation 체인이 과거 자회사였던 Hilton International을 인수할 것이라는 루머가 나돌기 시작했지만 결국은 Hilton 체인이 주저하면서 인수에 대한 루머는 사라졌다. 대신에 두 체인은 1997년 1월 전략적 제휴(Strategic Alliances)를 발표했다. 전략적 제휴의 내용은 두 회사는 마케팅 및 판매, 고객충성도프로그램, Conrad 호텔의 공동 개발 등에서 서로 협력해 나가기로 했으며 상대방 회사의 주식 지분 20%씩을 인수하기로 했다.

1998년에도 두 회사의 합병 논의가 이루어졌지만 무산되고 말았다. 같은 해 Ladbroke는 시장에 매물로 나왔던 InterContinental 체인을 인수하기 위한 경쟁에서 같은 영국기업인 Bass PLC에 패하고 말았다. 1년여 후에 Ladbroke는 54개소의 호텔과 22개소의 카지노를 소유한 기업인 Stakis PLC를 19억 달러에 인수했으며 Stakis의 호텔 54개소를 모두 Hilton 브랜드로 변경해서 Hilton International로 편입시켰다. 인수 직후에 Ladbroke는 사명을 Hilton Group PLC로 변경했다.

Hilton Hotels Corporation

1996년 2월에 Steven Bollenbach는 Hilton 가족이 아닌 사람으로서는 처음으로 Hilton Hotels Corporation의 사장 겸 최고경영자(CEO)로 임명되었다.

과거 호텔산업의 선두주자였던 Hilton 체인은 1980년대를 거치면서 Marriott Corporation과 같은 경쟁사가 급성장하면서 호텔산업에서 확고했던 위치가 많이 흔들리게 되었다. 이런 상황에서 Hilton 주식 지분 1/3을 소유하고 있는 회장 Barron Hilton은 1980년대에 Hilton 체인을 매각하려고 여러 차례 시도했다. 또 Barron Hilton은 Hilton의 호텔사업부와 카지노사업부를 분사하려는 계획을 시도하면서 체인은 경쟁력이 상실되고 있었다. Bollenbach는 검증된 성공적인 경험이 있었기 때문에 자본시장의 분석가들은 그가 Hilton 체인의 과거 영광을 재건할 적임자로 기대했다. Bollenbach는 타의 추종을 불허하는 탁월한 재무지식을 보유하고 있었으며 자금의 효율적인 활용은 최대 강점이었다. '그는 호텔산업에서 최고이다' 또 '그는 모두가 기대하는 것보다 더 큰 성공을 거두었으며, 그의 능력은 마이다스의 터치와 같다'라고 분석가들은 칭찬을 아끼지 않았다. '그는 총명하며 굉장한 사람이다'라고 Donald Trump도 칭찬할 정도였다. 보유한 능력에 비해 과도하게 높은 임금을 받는 최고경영자들이 즐비한 상황에서 Bollenbach는 자신의 가치를 스스로 입증했다. 즉 Bollenbach를 최고경영자로 임명한다는 소식의 발표에 Hilton 체인의 주가는 하루 사이에 21%가 상승했는데 늘어난 총가치가 7억 5천만 달러에 달할 정도였다. Bollenbach가 최고경영자로 임명된 후 분사계획은 슬그머니 자취를 감추었다. 많은 호스피탈리티기업에서 Bollenbach가 활약했던 흔적이 남아있다. Bollenabch는 종전에 Holiday Inn, Trump, Marriott, Walt Disney 등과 같은 기업들을 위기에서 구출하거나 경쟁력을 강화했던 뛰어난 경력이 있다.

1989년에 Holiday Corporation의 재무책임자(CFO)로서 Bollenbach는 Holiday Inns를 영국의 맥주회사인 Bass PLC에 아주 유리한 가격으로 매각하는 데 성공했으며 매각과정에서 Promus Company를 탄생시켰다. 또 1990년에 Bollenbach는 8억 달러에 달하는 사적 부채를 포함한 총 10억 달러의 부채로 절체절명의 위기에 빠져있던 Atlantic City 카지노기업의 회장이던 Donald Trump를 구출해주었다. 당시 Bollenbach는 Trump에게 Trump Casino를 살리려면 불필요한 자산이었던 맨해튼의 Plaza 호텔과 소유하던 화려한 요트 등을 매각하도록 요구한 결과 결국에 Trump는 카지노의 통제권을 유지하는 것에 성공하며 위기를 겨우 벗어날 수 있었다.

그리고 1992년에 Bollenbach는 재무구조 악화로 큰 위기를 겪고 있던 Marriott Corporation의 CFO로 임명되었다. 새로 부임한 Bollenbach는 창조적인 기지와 천재적인 재무지식을 동원해서 Marriott Corporation을 두 개의 독립된 기업으로 분사(Spin-off)시키면서 위기에서 구했다. 이후 1995년에 Bollenbach는 다시 Walt Disney의 수석부사장 겸 CFO로 임명되었다. 당시에 Disney는 엄청난 투자 여력을 보유하고 있었으나 마땅한 투자대상을 찾지 못하고 있었는데 Bollenbach는 큰 도움을 제공했다. Disney는 테마파크에서 시작해서 영화산업의 거인으로 성장했으며 크루즈사업도 추가했다. Disney의 회장 겸 CEO였던 Michael Eisner는 몇년 전부터 방송사의 인수를 심각하게 고려하고 있었다. Disney는 풍부한 자금력을 충분히 활용하기 위해서 유람선 몇 척을 매입하는 것보다 몇 배 더 큰 투자처가 필요했다. 1995년 여름에 Bollenbach는 Disney에 입사하자마자 방송산업을 샅샅이 조사하기 시작했으며 결국에는 Disney의 CFO로 임명된 지 두 달여 만에 Eisner를 도와 미국 기업 인수합병 역사상 두 번째로 큰 거래인 Capital Cities/ABC를 1백9십억 달러에 인수하는 데 성공했다. ABC 인수는 Bollenbach가 주도한 작품은 아니었으나 거래를 단기간에 성사시킬 수 있었던 것은 순전히 그의 공헌이었다. Bollenbach는 Disney의 가장 큰 문제점이었던 넘치는 자금을 효과적으로 활용할 수 있는 투자처를 개발했다.

1996년 2월에 Bollenbach는 Hilton의 사장 겸 최고경영자로 취임하기 위해 Walt Disney를 떠났다. 그는 비록 Hilton 체인의 시장가치는 Disney의 1/10 정도에 불과하지만 Disney와 유사한 문제점을 가지고 있는 것으로 파악했다. Hilton 체인은 부채가 적어서 대다수 경쟁하고 있는 호텔체인에 비해 더욱 유리한 조건으로 자금을 차입할 수 있었으나 즉 엄청난 투자 잠재력을 보유하고 있었으나 이를 전혀 활용하지 못하고 있다는 점을 그는 큰 문제점으로 보았다. 반대로 Marriott Corporation은 부채를 담보로 성장을 가속해서 결국에는 Hilton을 추월했다. Hilton 체인은 2개의 사업부를 운영하고 있었다. 먼저 객실 공급이 부족한 호텔산업에 종사하는 호텔사업부와 그리고 산업 통합(Consolidation)이 이루어지고 있으며 여러 기업이 시장에 저렴한 매물로 나와 있는 카지노사업부였는데, Hilton 체인 매출액의 60%가 카지노사업에서 발생하고 있었다. Bollenbach의 성장전략은 미국에서 많은 호텔을 인수하고 동시에 해외시장으로의 진출을 확대하는 것이었으며 2000년이 되면 Hilton의 매출을 호텔사업부 50%와 카지노사업부 50%로 해서 균형을 맞추고자 했다. Bollenbach는 특히 Hilton 브랜드의 명성이 Marriott에 비해 훨씬 높다는 사실을 강조했다.

Bollechbach은 Hilton CEO에 임명된 첫 주에 임원들을 소집해서 성장을 위한 4가지의 가치창출요인(Value Drivers)을 강조하면서 전략적 의도를 제시했다. 첫째, 산업통합이 이루어지고 있는 카지노산업에서 선두로 부상하는 것 둘째, 싼 매물로 시장에 많이 나와 있는 고급호텔들을 인수하는 것 셋째, Hilton의 브랜드 가치를 극대화하는 것 넷째, 유동성이 풍부한 당시의 자본시장의 환경을 충분히 활용하는 것이었다.

Hilton의 CEO로 임명된 지 6개월이 채 되기도 전에 Bollenbach는 시카고의 카지노기업 Bally Entertainment를 인수하는 경쟁에서 ITT Sheraton을 물리치고 30억 달러에 인수하는 데 성공했다. 인수대금의 지급은 20억 달러는 Hilton의 주식으로 그리고 10억 달러는 피인수기업의 기존 부채를 껴안는 조건이었다. Bally Entertainment는 Atlantic City에서 가장 수익성이 높은 두 곳의 카지노를 소유하고 있었으며 3번째 카지노는 건설 중이었다. Hilton 체인은 여태껏 Atlantic City에 소유한 카지노가 없었으며 Las Vegas에 위치하던 Bally의 카지노도 함께 인수함으로써 Hilton 체인은 시장다변화를 할 수 있었다. Bally를 인수함으로써 Hilton은 많은 곳에서 비용을 절감할 수 있었다. 먼저 10억 달러에 이르는 Bally의 부채를 차환(Refinance)하는 것이었는데, Hilton 체인의 투자등급은 Bally보다 훨씬 높아서 차환을 통해서 연간 이자비용 3천만 달러를 절감할 수 있었으며, 다른 분야에서도 비용을 절감할 수 있었다. Bally를 인수하자 Hilton의 주가는 113달러로 상승했으며 Bollenbach의 경영 체제하에서 Hilton 체인의 시장가치는 19억 달러 상승했다. 또 Bally를 인수함으로써 호텔 객실 4,826실이 추가되면서 Hilton 체인은 모두 99,105실을 보유하게 되었다. Bally 인수와 같은 전략적 행동은 평소 신속한 가치평가와 결단력 있는 행동으로 명성이 자자한 Bollenbach의 전형적인 전략이었다. Bally Entertainment를 인수하면서 Hilton 체인은 세계 최대의 카지노기업이 되었다. Bollenbach는 카지노사업에 대해 잘 모르기 때문에 Bally의 회장이던 Arthur Goldberg가 Bally와 Hilton의 카지노사업을 통합해서 진두지휘하도록 했다. Bollenbach와 Goldberg의 등장은 그동안 미래에 대한 불확실성으로 혼란했던 Hilton의 직원들에게 큰 활기를 불어넣어 주었다. 그러나 Bollenbach는 1998년에 카지노사업부인 Park Place Entertainment Company를 새로 설립해서 독립된 기업으로서 Hilton Hotels Corporation에서 분사하는 결단을 내리고 호텔사업에만 집중하는 전략적 선택을 취했다.

Bollenbach는 Hilton 체인의 호텔사업부를 활성화하기 위한 전략적 행동에도 돌입했다. 그는 주요 도시에 있는 고급호텔들을 주로 인수했다. 그는 신규호텔 건설비용보다 적게 비용이 소요되는 5천만 달러에서 1억 달러의 가격으로 매수할 수 있는 도심과 리조트의 고급호텔을 인수하는 것을 선호했다. 1980년대에 투자자들은 많은 자금을 투입했는데 이처럼 과거에 건립된 호텔들은 경기가 안좋아지면서 총투자비용의 50% 정도면 매입할 수 있었다. 예를 들면, 1993년에 개관했던 맨해튼의 Four Seasons 호텔은 총투자비용이 5억 달러였으나 달랑 1억 5천만 달러에 매각되었다. Bollenbach는 1996년에 모두 10,000실을 추가해서 Hilton 체인의 옛 명성을 찾고자 했으며, 여기에만 4억 3천만 달러를 집중해서 투자했다.

Bollenbach의 등장 시점은 거의 완벽에 가까웠다. Hilton에서 Bollenbach의 전략은 그가 Marriott에서 재임할 때와는 완전히 딴판이었다. 과거 Marriott의 전략은 많은 호텔을 건설한 후 투자자에게 매각했는데 동시에 위탁경영계약을 맺어 호텔의 운영권은 계속 유지했다. '그 당시는 그 전략이 적절한 것이고 지금은 호텔을 소유하는 것이 중요하다'라고 그는 설명했다. 왜냐하면 1980년대 초반에는 호텔을 소유하는 데 엄청난 자금이 투자되었는데, 즉 1986년에 시행된 세제개혁(Tax Reform) 이전에는 호텔산업에 투자한 어떠한 사람도 1달러를 투자하면 3달러의 수익을 올릴 수 있었다. 이로 인해 1983년부터 1985년까지 호텔산업에는 해마다 140,000실이 추가로 공급됐다. 그러나 객실공급에 비해 시장의 수요는 턱없이 모자랐으며, 이로 인해 미국 호텔산업은 1987년부터 1993년까지의 7년 동안 많은 적자를 감수해야 했다. 특히 1990년과 1991년의 경제침체기 동안에 호텔산업은 전체적으로 80억 달러의 적자를 경험했다. 1991년이 되자 새로운 호텔건축 프로젝트는 대부분 중지되었다. 1995년이 되어서야 호텔산업은 비로소 부진에서 벗어나면서 기록적인 성과를 보이게 되었는데 객실이 부족할 지경이었다. 새로운 호텔건축 프로젝트는 소규모 한정서비스(Limited-service)를 제공하는 세분시장에서만 진행되고 있었다. 1995년에 호텔산업은 유사 이래 최대기록인 100억 달러의 수익을 기록하였으며 객실점유율과 평균객실요금은 상승하고 비용은 감소했다. HFS, Marriott, ITT Sheraton과 같은 호텔체인의 주가는 크게 상승했다. Sheraton 호텔사업부를 소유하고 있던 1960~1970년대의 유명 복합기업이었던 ITT는 호텔사업부를 미래를 위한 주력사업으로 선택했다.

Travel Weekly와의 인터뷰에서 Bollenbach는 경영진의 책무로서 주주들을 위해 일하고 주주들의 부를 창출하는 것의 중요성을 강조했다. 그런 맥락에서 주주들이 신뢰할 수 있는 투자를 계속해서 수행하는 것도 매우 중요하다는 것을 강조했다. 그는 전임자인 Barron Hilton이 과거에 카지노사업을 인수함으로써 Hilton 체인을 경쟁력 있는 기업으로 만든 공로를 치하했다. 그러나 그는 Barron Hilton이 놓친 전략적 기회는 Hilton 브랜드의 가치를 확장하는 데에는 거의 성과를 거두지 못한 것을 지적했다. 이로 인해 Marriott 체인은 250,000실을 운영하고 있었으나 Hilton은 겨우 60,000실에 불과했다. 따라서 Bollenbach는 Hilton이란 브랜드의 엄청난 잠재 가치를 인식해서 브랜드를 대대적으로 확장하기 위한 전략을 수립했다. Hilton은 New York의 Waldorf-Astoria와 같은 유명한 호텔들을 소유하고 있으며 Hilton 브랜드는 Coca-Cola와 Disney와 같이 세계 10대 브랜드에 속한다고 그는 언급했다. 그는 Hilton 브랜드를 더욱 활용할 수 있는 기회를 창출해야 한다고 주장했으며, 또 중저가 세분시장에서 프랜차이즈 가맹호텔의 수를 증가할 계획을 가지고 있었는데 새로운 브랜드의 명칭은 Hilton Garden Inn이었다. Hilton Garden Inn은 겨우 12개의 호텔을 운영하고 있었으나 반면에 Marriott 체인은 267개소의 Courtyard by Marriott을 운영하고 있었다.

드디어 Bollenbach는 호텔사업부의 성장을 위한 활시위를 당겼다. 1997년 1월에 Hilton 체인은 104억 달러에 거함 ITT Sheraton을 인수하기 위한 적대적 인수(Hostile Takeover)를 발표했다. 복합기업인 ITT는 Sheraton 브랜드와 The Luxury Collection, Four Points, St. Regis 등과 같은 많은 고급호텔과 Caesar Palace와 같은 유명 카지노를 보유하고 있었다. 그러나 ITT Sheraton의 CEO와 이사회는 Hilton의 인수 제안을 완강하게 거부하면서 두 기업은 전쟁을 벌이게 되었다. 이후 약 10개월 동안 두 기업의 CEO들은 사적 감정을 드러내며 서로를 비난했으며 이런 갈등 상황은 CNN과 CNBC와 같은 여러 미디어를 통해 대중에게 공개되었다. 결국에 두 기업의 전쟁은 연말이 되자 젊은 사업가 Barry Sternlicht가 소유한 REITs인 Starwood Lodging Trust가 백기사(White Knight)로 나서면서 막을 내렸다. 144억 달러에 ITT Sheraton의 호텔 및 카지노사업 인수에 성공한 Starwood Lodging Trust는 이후 Starwood Hotels & Resorts라는 호텔체인으로 전환하면서 세계 호텔사업의 새로운 강자로 떠오르게 되었다.

ITT Sheraton의 인수 실패 이후 절치부심하던 Bollenbach는 1999년 9월에 Promus Hotel Company를 31억 달러에 전격 인수했다. Promus는 Hampton Inn, Embassy Suites, Doubletree와 같은 성장하는 브랜드를 보유하고 있었는데, 이는 한정서비스 세분시장이 경쟁체인들에 비해 훨씬 약했던 Hilton에게는 완벽하게 보완적인 투자였다. 당시에 Hilton 체인의 호텔사업부는 모두 275개의 호텔로 구성되어 있었는데 대부분 고급호텔이었다. 특히 문제점은 호텔사업부 매출액의 60%는 Waldorf-Astoria와 New York Hilton과 같이 직접 소유하고 있는 10개의 대형호텔에서 유래되고 있다는 사실이었다. 또 Hilton 체인의 프랜차이즈 수수료 수입은 매출액의 13%에 불과했다. 이는 성장을 구가하고 있던 Marriott 체인에 비해 훨씬 뒤지는 수준이었다. 매출과 연동해서 수입을 확보하는 프랜차이즈 사업은 훨씬 안정적으로 현금흐름을 확보할 수 있었다. Promus의 인수를 통해 Hilton은 1,700개소의 호텔에서 290,000실을 운영하게 되면서 호텔산업 경쟁우위의 원천인 규모의 경제를 이룩할 수 있게 되었다. 당시에 경쟁사 Marriott International은 1,600개소의 호텔에 330,000실을 운영하고 있었으며, Starwood Hotels & Resorts는 670개소의 호텔에 220,000실을 운영하고 있었다. 그리고 Hilton 체인은 Promus를 인수하면서 총매출의 약 30%를 프랜차이즈에서 창출하게 되면서 빠르게 성장할 수 있었다. 이로써 그동안 Marriott 등에 뒤처져 있던 호텔사업부의 경쟁우위를 같은 수준으로 끌어올릴 수 있었다.

Bollenbach는 해외 호텔시장에 대한 확장에도 손을 뻗치기 시작했다. 1964년에 Hilton은 미국 밖의 해외 호텔사업을 수행하기 위해 Hilton International을 설립해서 분사했는데 1967년에는 항공사인 TWA에 매각했다. 이후 Hilton International은 손이 여러 번 바뀌면서 결국에는 1987년부터 영국기업

Ladbroke PLC가 소유하고 있었다. 따라서 이후 Hilton 체인은 브랜드를 북미지역에서만 이용할 수 있었다. 해외시장에 진출하기 위해서는 이를 타개해야 했던 Bollenbach는 먼저 1997년에 Hilton International과 판매 및 마케팅에 대한 전략적 제휴 관계를 맺었다. 제휴를 통해 두 호텔체인은 객실예약시스템을 공유하고 신생 최고급 브랜드인 Conrad를 위해 합작투자를 실행했다. 드디어 2005년에 Bollenbach는 Ladbroke와 인수합병에 합의하면서 Hilton International을 57억 달러에 인수했다. 이 거래는 Hilton Hotels Corporation으로서는 역사적인 순간이었는데 왜냐하면 1964년에 분리된 지 40년 만에 드디어 다시 하나로 통합되었기 때문이다. Bollenbach는 쇠퇴하던 호텔제국을 다시 일으켜 세우는 것에 성공했으며 동시에 뛰어난 재무역량으로 자본시장에서 호텔산업의 위상을 크게 높였다.

Le Meridien

Le Meridien 호텔은 프랑스의 대표항공사 Air France가 승객들의 투숙과 파리의 객실공급이 부족한 상황에 대응하기 위해서 1972년에 항공사가 보유한 호텔과 다른 호텔들을 합병하면서 설립되었다. 초창기 호텔의 정식명칭은 Hotel France International이었다. 그러나 설립된 직후에 개인호텔기업인 Les Relais Aeriens와 합병하면서 Societe des Hotels Meridien으로 개칭했다. Le Meridien은 처음에는 프랑스에 있는 호텔만을 운영하였으나 신속하게 영업활동의 범위를 중동으로 확대했다. 20년 사이에 Le Meridien은 세계 50여 개 도시에서 54개소의 호텔을 운영하는 체인으로 성장했다. 성장전략은 Air France의 전철을 밟아 나갔다. 1976년에 Le Meridien은 북미에서 처음 호텔영업을 시작했으며 이후 뉴욕, 샌프란시스코 등에도 진출하였는데, 미국 호텔시장을 관리하는 경영진에는 미국인과 프랑스인이 같이 활동했다. Air France가 Le Meridien호텔을 개발한 이유 중의 하나는 프랑스 문화를 세계로 전파하는 것이었으며, 이를 통해 미국의 독주에 따른 프랑스의 문화유산을 보호하기 위해서였다.

Le Meridien의 전략은 고객들이 편안함을 느낄 수 있는 격조 높은 호텔을 운영하는 것이었으며, 대다수 호텔은 중간 정도의 크기였다. 문화주의 경영철학과 함께 Le Meridien은 프랑스 전통과 최상의 프랑스 요리를 강조했다. 그리고 패션의 나라 프랑스의 정수로서 직원들의 유니폼도 프랑스 패션디자이너들에 의해 개발되었다. Le Meridien의 요리에 대한 몰입은 세계적으로 유명한 프랑스 요리 주방장들이 프랑스지역 외에서 영업하는 Le Meridien호텔의 요리에 대한 자문역을 수행키로 한 계약을 예로 들 수 있다. 그리고 1992년 Le Meridien은 독일의 항공사 Lufthansa의 자회사 Kempinski 체인과 전략적 제휴를 결성했는데 이로 인해 Le Meridien은 세계 80개국에 호텔네트워크를 보유하게 되었다.

그러나 1994년에 Le Meridien은 프랑스 정부에 의해서 영국 호텔산업의 거인 Forte 체인에 매각되었다. 당시 많은 사람들이 체인을 프랑스 기업인 Accor에 팔지 않고 영국기업에 매각한 것을 두고 뒷말이 무성했다. 그 후 다시 소유권이 영국의 급식사업 전문회사인 Compass Group에 매각됐다. 또다시 2005년에 Le Meridien 체인은 Starwood Hotels & Resorts Worldwide에 매각됐다. 그리고 2016년에 Marriott International이 Starwood Hotels & Resort를 전격 인수합병하면서 Le Meridien 체인은 이제 Marriott International의 일원이 되었다.

Westin Hotels & Resorts

1930년에 미국 워싱턴주 야키마에서 Severt W. Thurston과 Frank Dupar는 서로 보유하고 있던 호텔들을 보다 효과적으로 경영하기 위해 파트너관계를 맺었다. 그 후 Peter Schmidt와 Adolph Schmidt가 사업에 합류하면서 워싱턴주 내에서만 17개의 호텔을 운영하는 Western Hotels란 호텔체인을 설립했다. 초기에 경영진은 각 호텔을 개별적으로 관리했다. 20년간 눈부신 성장을 이룩한 1954년에 체인명을 Western International Hotels로 개명했다. 1958년에 운영하는 모든 호텔을 단일 기업구조에 의해 관리하기 시작했으며, 1963년에는 기업공개를 하여 상장기업으로 면모를 일신했다. 그러나 1970년에 체인은 거대 항공사 United Airlines의 모기업인 UAL에 인수되었다. 창립 50주년이 되던 1980년에는 다시 Westin Hotels & Resorts로 변경했다.

1987년에 Richard Ferris는 UAL을 United Airlines, Hertz Rent a Car, Hilton International, Westin Hotels 등의 기업들을 Apollo란 중앙예약시스템

을 통해 통합하는 Allegis란 여행기업의 탄생을 발표했다. 그러나 전략은 크게 실패하게 되었으며 결국에 Westin은 일본의 아오키 그룹에 매각되었다. 그러나 부채에 시달리던 아오키 그룹은 1994년에 다시 Westin 체인을 Starwood Capital과 유명 투자회사 Goldman Sachs에 매각해 버렸다. 1998년에 Starwood는 Goldman Sachs의 지분을 모두 매입해서 Westin 체인을 완전하게 소유하게 되었다.

Westin 체인은 성장하면서 호텔산업에 많은 혁신을 일으켰다. 1946년에 최초로 고객 신용카드를 선보였으며, 1969년에는 24시간 룸서비스, 1991년에는 객실마다 Voice Mail을 설치했다. 1999년에 Westin 체인은 'The Heavenly Bed'란 침구상품을 선보여 공전의 히트를 기록했다. 호텔 역사상 최초로 침대의 브랜드화에 성공했다. 2005년에 Heavenly Bed를 구성하는 침구상품이 유명 백화점인 Nordstrom의 60개 점포에서 판매되었는데, Westin 체인은 이를 통해 소매점에 호텔상품을 판매한 최초의 호텔체인이란 영광을 얻게 된다. Westin은 United Airlines와 좋은 동반자 관계를 유지해 왔는데, Heavenly Bed 상품을 뉴욕과 캘리포니아 간의 프리미엄 서비스 노선에 투입하기도 했다. 2016년에 Marriott International이 Starwood Hotels & Resort를 인수합병하면서 Westin 체인은 Marriott International의 구성원이 되었다.

Forte PLC

Forte 그룹의 설립자인 Charles Forte는 이탈리아에서 영국에 이민을 온 뒤 결국 1,000여 개의 호텔을 경영하는 왕국을 건립했다. 1935년에 Forte는 런던에서 밀크바를 영업하는 Forte 지주회사를 설립했다. Forte의 중요한 성장기는 2차 세계대전 이후부터로 주로 면세점, 급식사업, 고속도로 서비스 사업을 운영했으며, 1958년부터 영국과 다른 나라에서 호텔사업을 시작하였다. 1970년에 Forte는 41개의 호텔을 운영하였고 이때 Trust House Group과 합병하면서 Trust House Forte(THE)로 개칭하였으며, 이후 눈부신 성장을 거듭하였다. 그러나 합병 후에 두 회사에 분쟁이 발생했는데 결국에는 Charles Forte 측이 승리했다. THE는 공격적인 성장전략을 채택했으며 확장전략으로 합작투자, 새로운 콘셉트 개발,

인수합병 등을 이용했다. 1970년대에는 미국 시장을 공략했다. 1973년에는 모두 460개소의 모텔을 운영하는 미국의 저가모텔 체인 Travelodge 체인을 현금 3천만 달러로 인수했다. 그리고 1977년에는 1889년에 창업된 미국의 유서 깊은 호텔체인 Knott Hotels 체인을 7백3십만 달러에 인수했다.

1990년에 THE는 전 세계에 고급 및 중저가 호텔을 포함한 810여 개소의 호텔을 운영하게 되었다. 같은 해에 세계화 마케팅과 브랜드 가치를 제고하기 위해 사명을 Forte PLC로 변경했으며, 운영하던 호텔들을 Forte Crest Hotels, Forte Posthouse Hotels, Forte Travelodge와 같은 세 유형의 브랜드로 구분해서 운영했다. 그리고 Forte Exclusive Hotels, Forte Grand Hotels, Forte Heritage Hotels와 같은 'Collections'도 운영했다. Forte는 1981년부터 영국 런던의 Savoy와 Claridge's, Berkeley, Connaught 등의 최고급 호텔을 보유한 The Savoy Hotel Ltd를 인수하기 위해 공방을 벌인 끝에 1994년이 돼서야 비로소 다수 지분을 인수했다. 대다수 대형 호텔체인과 달리 Forte는 많은 호텔을 직접 소유했는데, 영국의 표준 회계법 영향이 컸다. Forte는 런던에 있는 호텔들은 지분 100%, 그리고 다른 주에 있는 호텔들은 지분의 98%를 소유했다. 외국에서 운영하는 호텔들에 대한 직접 소유는 국내에서보다는 적었지만 다른 호텔체인에 비하면 높은 비중이었다. Forte는 호텔산업에서 가장 큰 부동산 투자업체이기도 했다.

1990년대에 Forte의 성장전략은 크게 네 가지였는데 첫째, 직접 소유를 통한 성장, 둘째, 위탁경영계약과 지분참여 기회 탐색, 셋째, 합작투자 도모, 넷째, Travelodge와 Thriftlodge 브랜드를 위한 프랜차이즈 기회 탐색 등이 있었다. 1994년에 Forte는 2억 7백만 달러를 주고 Le Meridien 체인을 인수했다. Air France가 소유하고 있던 Le Meridien은 모두 18,000실로 구성된 98개소의 호텔을 운영하고 있었다. 1994년이 되자 Forte는 세계 33개국에서 영업하는 큰 체인이 되었다. 그러나 1996년에 Forte는 영국기업인 Granada Group이 적대적 인수(Hostile Takeover)를 전격적으로 감행하는 바람에 먹잇감으로 추락하면서 결국은 인수당하고 말았다. 당시 경영을 맡고 있던 창업자의 아들 Rocco Forte는 부친이 평생 이룩한 모든 것을 무너뜨리고 말았다는 비난을 받게 되었다.

EDEN PALACE

Globalization

Hotel Chain Management

Chapter 08

호텔체인의 고도화: 2000년~현재

Ⅰ. 21세기 호텔산업

Ⅱ. 호텔체인의 세계화

Ⅲ. 21세기의 호텔체인

Chapter

08 호텔체인의 고도화: 2000년~현재

1900년 이전

호텔의 등장

- 철도여행
- Inn&Tavern
- 철도호텔
- Tremont House
- 그랜드호텔
- Cesar Ritz

1900~1945년

호텔체인의 태동기

- 자동차여행
- 과학의 관리 및 대량생산
- 그랜드호텔: 성장&몰락
- 상용호텔
- 독립호텔
- 소유 및 직영 호텔체인
- 표준화
- E. M. Statler

1946~1999년

호텔체인의 성장기

- 항공여행
- 대중관광
- 호텔체인 국제화
- 위탁경영&프랜차이즈
- 브랜드 포트폴리오
- 인수합병
- Technology
- Kemmons Wilson

2000년~현재

호텔체인의 고도화

- 세계화(Globalization)
- 부티크&라이프스타일
- 모바일 혁명
- OTAs&Airbnb
- Asset-light Strategy
- 개발도상국 시장
- 인수합병
- 메가 호텔체인

I ▸▸ 21세기 호텔산업

새로운 밀레니엄이 열렸던 해 2000년에 미국 호텔산업은 사상 최고 수준의 수익을 달성했다. 그러나 이듬해 닷컴버블이 터지고 9.11이라는 초유의 테러사태로 큰 위기를 맞이하게 되었으며 테러에 대한 공포로 전 세계적으로 비즈니스와 여가 여행객은 급감했다. 9.11사태로 인한 경영난으로 문을 닫은 호텔이 2001년에만 400개소에 달했다. 결국에는 2001년 호텔산업의 전체 매출액은 전년도보다도 못했으며 수익성 차원에서 보면 1990년대 초반 이후 최악의 실적을 기록했다. 9.11사태로 촉발된 경제 위기를 극복하기 위해서 호텔들은 주로 인력을 감축하고 비용 절감에 노력했으며 또 개보수 계획은 전면적으로 취소되거나 연기됐다. 호텔산업의 불황은 2002년이 지나면서 회복되었는데 경기가 회복되고 또 테러 공포가 감소하면서 비즈니스 및 여가 여행이 증가했다. 이후부터 호텔산업은 9.11의 악몽에서 완전히 벗어나 2007년까지 계속해서 호황을 누리게 됐다.

다시 호황을 누리던 미국 호텔산업은 2008년에 세계금융위기가 발생하면서 다시 한번 큰 위기를 맞게 되었다. 2009년의 호텔산업의 전체 매출액은 2008년에 비해 10% 이상 감소했는데 2001년에 비해 조금 더 심했다. 2008년 세계금융위기 초기의 예상은 1930년대 대공황에 버금가는 경제 한파가 불어닥칠 것으로 봤지만 다행히 미국 경제가 빨리 회복되면서 호텔산업의 위기도 2010년이 되자 완연하게 회복되었다. 과거 위기 때도 그랬듯이 21세기에도 여러 차례 위기가 찾아왔지만 힘든 시간이 지나고 나면 수요는 바로 회복되었다. 미국 호텔산업은 2010년부터 다시 성장하기 시작해서 2019년까지 10년 동안 연속적으로 성장하는 새로운 기록을 세웠다.

21세기 초반 20년 동안에 크고 작은 사건들이 많이 터지면서 새로운 트렌드가 개발되기도 했으며 한편으로는 20세기의 유산이 계속해서 발전하기도 했다. 지금부터는 이에 대해 알아보기로 하겠다.

○ 호텔산업 프랜차이즈

1980년대 이후 세계화가 가속되면서 지구는 점점 더 좁아지고 평평해지고 있으며 무역량이 증가하고 많은 개발도상국 경제가 성장하면서 더 많은 관광객이 비즈니스, 여가, 힐링, 호기심 등 여러 목적으로 세계 각국을 여행하고 있다. 세계를 여행하는 국제관광객은 해마다 계속해서 증가하고 있으며 2019년에는 14억 6천만 명에 달했다. 그리고 세계인들의 여행행태는 다양하게 목격되고 있지만, 여행 자체에 대한 욕구는 점점 동질화(Homogenization)되고 있다. 이런 세계 관광산업의 질서는 세계 각 지역에 있는 수많은 호텔이 유명 호텔체인의 프랜차이즈 네트워크에 통합되는 것에 대한 강한 동기가 되고 있다. 여행객의 선택을 받아서 생존하려면 세계 각 지역의 호텔들은 글로벌 예약시스템의 회원이 되어야 하며 세계적인 유명 브랜드와 첨단 정보기술, 그리고 강력한 마케팅 기량으로 무장된 호텔체인의 일원이 되기를 원하고 있다. 따라서 프랜차이즈 사업이 주요 호텔체인들이 해외시장으로 진출하기 위한 중요한 전략이 되는 것은 어떻게 보면 필연적이다.

현재 미국 호텔산업은 54,200여 개소의 호텔에 500만 실이 넘는 객실로 구성된 거대한 산업으로 성장했으며, 전체 호텔에서 절반이 호텔체인들의 프랜차이즈에 소속된 가맹호텔들이다. 1970년에 미국에서 호텔체인의 브랜드에 가입한 가맹호텔은 32%에 불과했지만 즉 당시에는 68%가 독립호텔이었다. 그러나 2000년대가 되자 프랜차이즈 및 위탁경영을 통한 성장전략이 크게 확대되면서 호텔체인들의 브랜드에 가입한 호텔들이 전체의 67%를 차지하게 되었다. 이와 같은 호텔체인들의 눈부신 성장에는 프랜차이즈의 역할이 가장 컸다. 호텔체인이 운용하는 브랜드의 프랜차이즈 사업에 가입한 가맹호텔은 독립적으로 운영되는 독립호텔에 비해 더 높은 가치를 인정받고 있다. 체인 프랜차이즈 가맹호텔이 독립호텔보다 수익성이 높고 안정성이 높았기 때문이었다. 따라서 점차 많은 독립호텔이 호텔체인 소속으로 전환되고 있다.

프랜차이즈 및 위탁경영 비즈니스모델은 유명 호텔체인들에 의해 미국 국내 호텔산업뿐만 아니라 해외시장으로 진출하기 위한 중요한 성장전략으로 이용되었으며, 세계 호텔산업에서 체인화 또는 브랜드화 트렌드는 점점 확대되고 있다.

2015년 기준으로 보면 북미지역이 브랜드화(=체인화)가 67%로 가장 많이 진행되었으며 다음으로 아시아 · 태평양지역이 51%였다. 그런데 북미지역과 함께 세계 호텔산업의 양대산맥인 유럽지역이 예상 외로 41%의 가장 낮은 체인화 비율로 나타났으며, 남미는 41%, 중동 · 아프리카 지역은 44%였다.

프랜차이즈 비즈니스모델은 프랜차이즈 가맹본부(Franchisor)인 호텔체인이 호텔을 건설 및 운영하는 데 큰 비용을 들이지 않고도 사업을 확장할 수 있게 했으며 동시에 가맹호텔(Franchisee)은 호텔사업자를 지원하기 위해 개발된 사업 인프라와 전문 경영가술을 보유하고 있는 호텔체인의 성공적인 브랜드를 구매할 수 있어서 서로에게 이득이 되는 사업이다.

호텔체인의 프랜차이즈 사업은 주주들의 가치를 창출하는 데 가장 안전하고 효율적인 사업방식이었다. 호텔체인들은 프랜차이즈 사업을 통해 위험도가 높은 주주들의 자본보다는 가맹호텔들이 제공하는 재무자원을 이용해서 성장하고 있다. 호텔체인은 프랜차이즈 가맹사업의 확장을 통해 성장을 가속하고, 규모의 경제를 창출해서 효율성을 향상했으며, 가장 중요한 자산이라 할 수 있는 브랜드의 가치를 증대할 수 있었다. 따라서 세계 호텔산업에서 프랜차이즈를 중요한 성장전략으로 채택하는 호텔체인들이 점차 늘고 있다.

호텔산업 위탁경영

프랜차이즈 사업은 품질 및 서비스 표준의 유지에 대한 통제권을 행사하기 어려워서 고급호텔들을 많이 운영하는 호텔체인들은 한계를 절감하게 되었으며, 결국에는 전략을 변경하기 시작했다. 새로운 전략으로 부동산업체의 특성을 보유했던 호텔체인을 순수한 호텔운영회사(Hotel Operator)로 비즈니스모델을 변경했다. 현금흐름을 극대화하고 재무위험을 줄이기 위해 호텔체인들은 소유하던 호텔들을 투자자에게 매각했다. 호텔체인들은 소유했던 호텔을 매각하는 대신 새로운 호텔소유주와 협상을 통해 위탁경영계약을 맺음으로써 매각하는 호텔의 운영권을 유지하였다.

위탁경영을 확대하는 전략을 통해 호텔체인은 신속하게 성장하고 시장점유율을 확대할 수 있었다. 호텔소유주에 의해 호텔이 운영되는 프랜차이즈에 비해 위탁경영은 계약조항에 따라 호텔의 일상적인 운영권을 호텔체인이 보유하기 때문에 호텔마다 체인의 브랜드표준과 품질에 대해 완전하게 통제권을 확보할 수 있었다. 이는 호텔체인이 계약을 체결한 각 호텔에 총지배인 등 경영진을 파견할 수 있어서 가능했다.

브랜드표준 및 품질관리에 대해 통제할 수 있어서 호텔체인들은 프랜차이즈에 더해서 공격적으로 위탁경영을 활용했다. 그리고 자기자본의 투하 없이도 신속한 성장을 유지할 수 있으며, 새로운 호텔이 개관한 후 초기 2~3년 동안에 객실점유율이 안정될 때까지 발생할 수 있는 금전적 손실을 호텔체인이 아닌 호텔소유주가 부담했다. 호텔체인은 시장 환경의 변화, 공급초과, 불경기, 비용 초과로 인한 손실 등으로 인한 부정적인 영업실적에 대한 책임이 호텔소유주에게 존재했기 때문에 이에 대한 위험을 피하거나 최소화할 수 있었다. 재무적인 관점에서 이와 같은 위탁경영의 사업구조는 호텔체인이 주당순이익(EPS)을 높이는 동시에 성장이 가능하도록 하고 있다. 미국 호텔체인들의 성공적인 위탁경영과 프랜차이즈 전략은 유럽으로 전파되며 IHG와 Accor를 비롯한 많은 유럽의 호텔체인뿐만 아니라 이제 전 세계 유력 호텔체인들이 이용하고 있다. 예를 들면 일본의 Nikko Hotels International 체인은 1998년에 크로아티아에 진출하면서 28개소의 호텔들과 위탁경영계약을 체결해서 운영했다.

호텔체인의 Asset-light Strategy

호텔체인들은 초기에 주로 호텔을 직접 소유해서 직영하는 구조로 조직되어 있었다. 이 때문에 호텔체인은 부동산업체의 특성도 상당 부분 존재했다. 그러나 호텔을 건축하는 데 비용이 많이 소요되기 때문에 위험도가 높았을 뿐만 아니라 성장 속도가 늦는 편이었다. 이를 보완하고 성장하기 위해 호텔체인들은 타인이 소유하는 호텔을 임차해서 운영하기도 했다. 이와 같은 부동산 중심의 **비즈니스모델(Business Model)**은 오랫동안 유지되었다.

그러나 1954년에 Holiday Inn 체인이 프랜차이즈 사업을 도입하여 크게 성공하고, 비슷한 시기에 Hilton International 체인과 InterContinental 체인이 해외시장에 진출하면서 위탁경영계약을 처음으로 도입했다. 이후부터 프랜차이즈와 위탁경영은 호텔체인에 중요한 성장수단이 되었다.

이처럼 프랜차이즈와 위탁경영이 도입되었지만 1980년대 이전까지만 해도 주요 호텔체인들의 주력 비즈니스모델은 소유 및 직영이었다. 즉 많은 호텔을 직접 소유하고 있었다. 그러나 1980년대에 들어서면서 주요 호텔체인들은 성장을 지속하기 위해 전통적인 비즈니스모델에 전환을 기하기 시작했다. 새로운 비즈니스 모델은 과거 호텔들을 소유해서 부동산기업의 특성을 지니고 있던 호텔체인들이 호텔들을 매각하기 시작한 것이었다. 호텔체인들은 호텔들을 매각하는 동시에 새 소유주와 협상을 통해 위탁경영 또는 프랜차이즈 계약을 체결해서 호텔의 운영권은 계속해서 유지했다. 이때부터 호텔체인들은 부동산 대신에 브랜드를 소유하고 타인 소유의 호텔을 전문으로 운영하는 순수한 브랜드운영사(Brand Operator)로 변모하기 시작했다. 따라서 호텔체인들은 자신들의 핵심역량인 브랜드 관리, 객실 판매, 탁월한 고객서비스, 체인소속 호텔 및 체인 본사의 비용통제에 집중할 수 있게 되었다. 호텔체인들의 이런 핵심역량은 매력적인 시설, 입지, 서비스 수준, 숙박 품질, 어메니티, 식음료 및 기타 영업장, 로비 및 회의 공간, 일관적인 서비스, 객실요금, 브랜드 명성, 글로벌 고객충성도 프로그램 등에서 치열하게 경쟁하고 있는 호텔산업에 최적화된 것이었다.

1993년에 처음으로 대대적으로 자산경량화전략(Asset-light Strategy)을 도입했던 호텔체인이 바로 Marriott International이다. Marriott Corporation은 1990년대 초부터 불거진 과도한 부채로 인한 재무위기를 극복하기 위해 1993년 10월 8일에 분사(Spin-off)를 감행했다. 분사를 통해 종전의 단일기업이 2개의 독립된 회사로 분리됐다. Marriott Corporation은 Host Marriott로 상호를 변경했으며, Marriott International, Inc.란 새로운 기업이 설립됐다. 모든 호텔 부동산과 함께 많은 부채를 짊어져야 했던 Host Marriott Corporation(현 Host Hotels & Resorts)과 달리 새로 탄생한 Marriott International에 모든 브랜드의 소유권과 그에 따른 모든 위탁경영계약과 프랜차이즈계약이 넘어가도록 했으며 부채부담은 훨씬 적었다. 분사 이후 Marriott International은 호텔을 소유하는 부담에서 벗어나는 동시에 적은 자본으로 신속하게 성장하면서 탁월한 성과를 거두며 쾌속성장을 시작했다.

자산경량화전략으로 무장한 Marriott International이 거두는 인상적인 실적과 효과적인 위험회피로 특히 증권시장으로부터 호평을 받게 되었다. 이를 감지한 경쟁 호텔체인들도 기존의 호텔소유전략을 버리고 하나둘씩 자산경량화전략을 모방하기 시작했다. 결국에 21세기에 들어서자 세계의 주요 호텔체인들은 모두 자산경량화전략을 이용하게 되었다.

가장 먼저 Marriott International을 따라 자산경량화전략을 채택한 호텔체인이 바로 영국의 대표적인 호텔체인 IHG(InterContinental Hotels Group)이다. IHG는 2003년에 Asset-light Strategy로의 전환을 발표했으며 이후 소유하고 있던 호텔들을 매각하기 시작했다. IHG는 2003년부터 10년 동안에 걸쳐 약 200여 개소의 호텔들을 매각했는데 매각대금이 80억 달러에 달했다. IHG는 매각하는 동시에 대부분 위탁경영계약 등을 체결해서 호텔의 운영권은 유지했다. 그리고 매각자금은 후일 인수합병, 새로운 브랜드의 개발, 배당금 지급 등에 사용했다.

주로 고급호텔들을 많이 소유했던 Starwood Hotels & Resorts도 2005년부터 2006년까지 모두 38개소의 호텔들(18,964실)을 41억 달러에 Host Marriott Corporation에 매각했다. 매각하는 호텔들을 자세히 보면 Sheraton 20개소, Westin 13개소, W 2개소, The Luxury Collection 1개소, 그리고 브랜드 미상이 1개소였다. Strarwood 체인도 매각하는 호텔들을 40년간 위탁경영하기로 합의했다.

유럽의 강자 Accor 체인도 2012년에 Asset-light Strategy로의 전환을 발표하면서 호텔들을 매각하기 시작했다. 그러나 이후 최고경영자가 바뀌면서 계획이 중지되고 다시 호텔소유전략으로 복귀하게 되었다. 그러나 과거 방식에 한계를 느낀 최고경영자는 2017년에 다시 자산경량화전략을 실시한다고 번복했으며, 2019년 12월에는 Asset-light Roadmap의 완성을 발표했다.

호텔산업의 전통적 강자 Hilton 체인도 2016년에 체인을 3개의 독립된 기업으로 분사하면서 전격적으로 자산경량화전략을 채택했다. 분사 계획에 의한 3개의 독립된 기업을 살펴보면 먼저 Hilton Worldwide는 전문 호텔운영사로서 향후 체인 매출의 90%는 모두 위탁경영 수수료와 프랜차이즈 로열티에서 발생하게 되었다. 둘째, Park Hotels & Reorts는 67개소의 호텔 부동산을 소유하는 리츠(REITs)로 변신했다. 셋째, Hilton Grand Vacations는 49개소의 콘도 리조트를 소유 및 운영하는 체인이 되며 Hilton Worldwide와 장기적으로 계속해서 관계를 맺게 되었다.

그동안 자산경량화전략과 거리를 두고 있던 Hyatt 체인은 Marriott, Hilton, IHG 등이 같은 전략으로 빠르게 규모를 확대해 나가자 위기감을 느끼게 되었다. 경쟁에서 밀리게 되자 결국 2017년 11월에 향후 3년 이내에 모두 15억 달러에 이르는 호텔 매각계획을 발표하면서 Asset-light Strategy를 채택했다. 그리고 2018년 초에 고급호텔 3개소를 Host Hotels & Resorts(전 Host Marriott)에 10억 달러에 매각했다.

그림 8-1 2016년 Hilton Worldwide의 분사

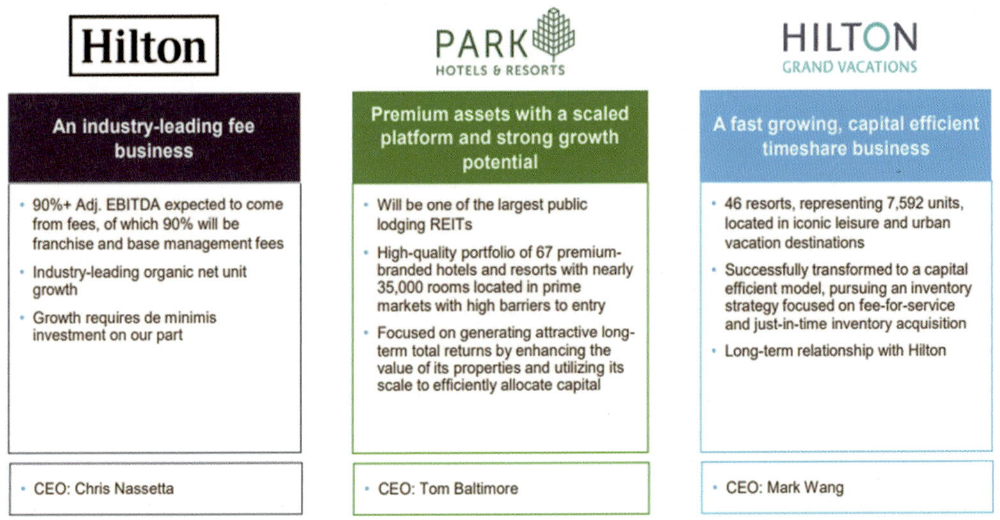

출처: Hilton Wordlwide 2016 Annual Report

이로써 대다수 유명 호텔체인들은 소유하는 브랜드를 이용해서 타인 소유의 호텔들과 프랜차이즈나 위탁경영 계약을 체결해서 호텔을 운영하거나 경영지원을 담당하는 순수한 호텔운영사 및 프랜차이즈 가맹본부로서의 면모를 일신하는 데 성공했다. 호텔체인들이 종전에 많은 호텔 부동산을 소유하고 직영했으므로 이를

호텔소유전략(Asset-heavy Strategy)이라고 부르고 있다. 반면에 대차대조표에서 부동산을 제거하고 브랜드 확장을 위주로 프랜차이즈와 위탁경영에 집중하는 전략을 자산경량화전략(Asset-light Strategy)이라고 부르게 됐다. 그리고 자산경량화전략은 프랜차이즈 및 위탁경영 계약에 따라 호텔소유주로부터 받는 프랜차이즈 로열티와 경영수수료가 주요 수입원이므로 이를 수수료 비즈니스모델(Fee-based Business Model)이라고도 부르고 있다.

〈그림 8-2〉는 호텔소유전략과 자산경량화전략을 비교하고 있다. 호텔소유전략은 호텔운영에서 완전한 통제권을 확보할 수 있으며 보다 많은 이익을 창출할 수 있다. 반면에 자산경량화전략을 통해 호텔체인들은 호텔운영에만 전념해서 위험을 줄이고 적은 자본으로도 빠르게 성장하게 되었다. 무엇보다도 호텔체인들은 호텔을 소유하는 것에 따른 많은 고정비 부담과 고위험 고수익 사업구조에서 벗어날 수 있게 되었다.

그림 8-2 Asset-heavy Strategy vs Asset-light Strategy

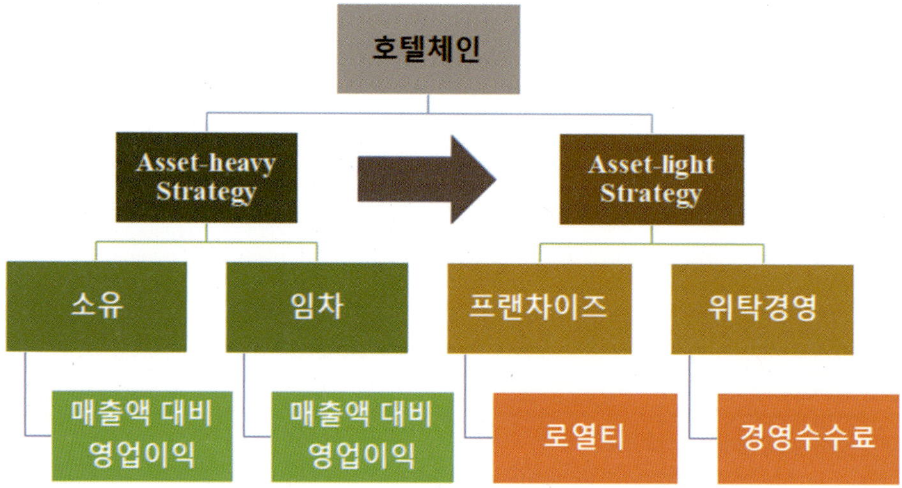

자산경량화전략이 성공하려면 무엇보다도 관리하는 객실을 최대로 유지해서 규모의 경제를 극대화하는 것이 핵심이다. 과거 소유호텔 1개소와 비슷한 수준의 매출을 올리려면 위탁경영계약은 10개소 그리고 프랜차이즈 가맹계약은 100개소를 확보해야 한다는 얘기가 있다. 〈표 8-1〉에서 보는 것처럼 자산경량화전략을 채택한 Marriott, Hilton, IHG는 객실 수 기준으로 세계 최상위 호텔체인으로 등극했다. Wyndham 체인은 대부분 프랜차이즈 위주로 운영되는 수수료 비즈니스모델을 이용하고 있다.

| 표 8-1 | 주요 호텔체인의 비즈니스모델 비교(2018. 12. 31. 기준)

호텔 체인명	소유/임차 호텔수	소유/임차 객실수	위탁경영 호텔수	위탁경영 객실수	프랜차이즈 호텔수	프랜차이즈 객실수	총 호텔수	총 객실수
Marriott	63	17,095	1,957	549,664	4,735	729,413	6,906	1,317,368
Hilton	71	21,720	689	215,437	4,874	667,436	5,634	904,593
IHG	23	5,996	965	253,566	4,615	576,979	5,603	836,541
Accor	247	46,223	2.275	427,260	2,258	230,323	4,780	705,806
Hyatt	33	16,441	452	142,626	400	68,392	885	227,459

출처: 각사 2018 Annual Report를 토대로 저자 작성

대다수 유력 호텔체인들이 소유 및 직영 비즈니스모델에서 자산경량화전략 또는 수수료 비즈니스모델로 전환하게 된 배경에는 여러 요인이 존재한다. 첫째, 상업용 부동산 투자자들이 비로소 호텔을 좋은 대안적인 투자자산으로 인식하기 시작했다. 둘째, 이자율이 낮은 금융환경과 종전의 주요 투자처였던 오피스건물 등의 상업용 부동산이 공급초과로 매물이 시장에 넘치게 되었다. 그러나 호텔자산의 가치는 오히려 향상되면서 보다 높은 가격을 받을 수 있게 되었다. 셋째, Marriott, Hilton, IHG와 같은 상장기업 호텔체인의 주주들은 경영진에게 대차대조표에서 호텔 부동산에 잠겨있는 자금을 제거해서(즉 매각해서) 이를 배당금으로 돌려줌으로써 자신들에게 높은 투자수익률을 보장할 것을 거세게 요구했다.

주요 호텔체인들이 기꺼이 Asset-light Strategy를 채택하게 된 이유는 다음과 같다. 첫째, 자산경량화전략은 소유나 임차방식에 비해 적은 자본이 투하되지만 투자되는 자본의 양에 비해 더욱 많은 이익을 산출함으로써 보다 높은 투자수

익률(ROIC)을 달성할 수 있었다. 둘째, 자산경량화전략은 자본이 적게 소요되므로 보다 신속한 성장과 함께 브랜드 포트폴리오의 확장을 도모할 수 있었으며 결과적으로 고객들의 브랜드 인지도가 크게 향상되었다. 셋째, 프랜차이즈와 위탁경영을 위주로 하는 자산경량화전략은 직접 소유방식에 비해 호텔체인의 재무위험이 훨씬 낮아졌다. 넷째, 호텔자산에 대한 소유와 경영을 분리함으로써 호텔체인은 종전에 중점을 두었던 호텔자산관리(Property Asset Management) 대신에 핵심역량인 호텔운영에만 집중할 수 있게 되었으며 소유에 따르는 재무레버리지 부담을 제거할 수 있었다.

위탁경영과 프랜차이즈 두 방식을 결합한 자산경량화전략은 주요 호텔체인들이 세계 호텔시장에서 지속적인 성장을 이룩하는 데 매우 중요한 전략이 되었다. 유명 호텔체인들은 Asset-light Strategy를 통해 비즈니스모델 혁신을 달성하는 쾌거를 이룩했다. 호텔체인들은 자산경량화전략을 통해 적은 자본투자로도 신속한 성장을 이룩했다. 그리고 과거 자산관리 역량 대신에 영업 및 마케팅 역량을 강화하고 있다. 그렇지만 프랜차이즈 가맹호텔들에 대한 체인의 운영통제권은 크게 약화되었다.

○ 호텔산업 시장세분화

1980년대에 처음 시작된 시장세분화가 등장하기 이전에 호텔체인들은 이미 자리를 잡은 시장에 재진입하지 않고서는 브랜드를 확장하고 수익을 늘리는 데 많은 어려움을 겪었다. 그러나 호텔체인들이 많은 자금을 투입해서 과학적으로 조사한 결과 새로운 세분시장이 존재한다는 사실을 알게 되었다. 서비스가 부족하게 제공되었던 세분시장 또는 전체 인구에서 특정 계층을 인식하고 해당 층의 특정한 욕구와 원하는 것을 충족할 수 있는 상품 및 서비스를 개발함으로써 새로 개발된 호텔브랜드는 확산되었으며 동시에 주주를 위한 지속적인 성장을 호텔체인에 제공하게 되었다. 다양하게 존재하는 여러 유형의 고객 욕구를 충족하기 위한 호텔브랜드 포트폴리오를 만들어 호텔산업을 재창조했던 것은 매우 효과적인 성장전략이었다. 예를 들어, 새로운 시장세분화 전략을 통해 기존 Holiday Inn

은 중간(Mid-price) 계층의 고객에게 객실과 서비스를 제공했고, 새로운 브랜드 Crowne Plaza를 출시해서 고급(Upscale)을 찾는 고객에게 어울리는 고급 객실과 서비스를 제공했다. 게다가 두 호텔브랜드는 같은 고객을 두고 경쟁하지 않으면서도 같은 시장에 위치할 수 있었다. 그리고 두 브랜드는 모기업인 호텔체인의 프랜차이즈 사업 확대전략과 맞물리면서 큰 자본투자 없이도 빠르게 확장할 수 있었다.

주요 호텔체인들은 시장세분화 개념이 제공한 기회를 잘 포착하고 주력 브랜드의 종속브랜드(Sub-brand)를 개발하고 부동산 개발사 및 소유주와 공고한 사업협력체제를 구축해서 신제품 즉 새로운 브랜드를 성공적으로 출시하게 되었다. 특정 유형의 여행객 또는 새로 식별된 시장의 특정한 욕구를 충족하기 위해 새로운 브랜드 및 호텔 유형이 계속해서 출시되고 있다. 〈그림 8-3〉은 2010년 이전에 소개되었던 호텔산업의 대표 브랜드들을 소개하고 있다. 시장세분화의 영향을 보려면 해마다 발표하는 Smith Travel Research의 Chain Scales 발표를 보면 알 수 있는데 2018년 2월 기준으로 전 세계에는 1,000개가 넘는 호텔체인들의 브랜드가 존재하고 있다. 그리고 〈표 8-2〉는 2010년 이후 주요 호텔체인들에 의해서 새로 출시된 다양한 브랜드들을 소개하고 있다.

그림 8-3 호텔산업 시대별 브랜드 출시 트렌드

1800s

- Carlton
- Claridge's
- Harvey House
- Kempinski
- Langham
- NH
- Ritz
- Savoy
- Vier Jahraszolton
- Waldorf-Astoria

1900~1959

- Americana
- Ashok
- Best Western
- Ciga
- Club Med
- Dan
- Fairmont
- Hilton
- Hiway House
- Holiday Inn
- Howard Johnson
- Hyatt
- InterContinental
- Lowes
- Marriott
- Oberoi
- Othon
- Peninsula
- Quality Courts
- Ramada
- Radisson
- Ritz-Carlton
- Riu
- RockResorts
- St. Regis
- Sands
- Sheraton
- Statler
- Steigenberger
- Taj
- Travelodge
- Westin

1960s

- Affinia
- Arabella
- Barcelo
- Camino Real
- Dedeman
- Delta
- Doubletree
- Econolodge
- Four Seasons
- Golden Tulip
- Harrah's
- Hyatt Regency
- La Quinta
- Mandarin Oriental
- Maritim
- Mercure
- Motel 6
- New Otani
- Novotel
- Okura
- Outrigger
- Park Royal
- Rodeway Inn
- SAS
- Sofitel
- Southern Sun
- Stouffer
- Thistle
- Woodfin

1970s

- Adam's Mark
- Brittania
- Budgetel
- Caesar Park
- Concorde
- Crest
- Days Inn
- Dunfey
- Dusit
- Fiesmericana
- Gaylord
- Hyatt House
- Ibis
- ITC
- JAL
- Knights Inn
- Le Meridien
- Lotte
- Movenpick
- Orient Express
- Red Lion
- Rad Roof Inn
- Residence Inn
- Rosewood
- Shangri-la
- Shilla
- Sonesta
- Super 8
- TH Forte

1980s

- Aman
- AmericInn
- AmeriHost
- City Lodge
- Clarion
- Comfort
- Conrad
- Copthorne
- Courtyard
- Crowne Plaza
- Embassy Suite
- Fairfield Inn
- Formule 1
- Grand Hyatt
- Hampton Inn
- Hawthorne Suite
- Homewood Suite
- Jin Jiang
- Jinling
- Joie de Vivre
- Kimpton
- Marco polo
- Microtel
- Morgans
- New Century
- Omni
- Pan Pacific
- Park Hyatt
- Park Inn
- Pestana
- Pretea
- Regent
- Renaissance
- Sandals
- Scandic
- Sleep Inn
- Swissotel
- Toyoko Inn
- Warwick
- Wyndham

1990s

- AC
- Americas B V
- Baymont
- Beaches
- Candlewood Suite
- Fiesta Am Grand
- Four Points
- Gloria
- Great Wolf
- Holiday Inn Express
- Trump
- Jumeirah
- Katerina
- Mainstay Suite
- Malmaison
- Millennium
- Radisson SAS
- Sarovar
- Springhill Suite
- Staybridge Suite
- Studio 6
- Luxury Collection
- TownePlace
- W
- Wingate

2000s

- Aloft
- Anantara
- Andaz
- Azimut
- Bulgari
- Domina
- Element
- Hard Rock
- Hellopark
- HNA
- Home Inns
- Home2Suite
- Hyatt Place
- Indigo
- Maxima
- Mgallery
- Missoni
- One
- Pullman
- Radisson Blu
- Rezidor
- Rocco Forte
- Wynn

출처: Dev, Buschman & Bowen, 2010

I 표 8-2 I 2010년 이후 출시된 주요 호텔체인의 새 브랜드

연도	새 브랜드	STR Chain Scale	호텔체인
2010	Best Western Premier	Upscale	Best Western
2010	Best Western Plus	Upper Midscale	Best Western
2010	Home2 Suites	Upper Midscale	Hilton
2011	Hyatt House	Upscale	Hyat
2011	EVEN	Upscale	IHG
2011	HUALUXE	Upscale	IHG
2013	Hyatt Ziva	Luxury	Hyatt
2013	Hyatt Zilara	Luxury	Hyatt
2013	Moxy	Upper Midscale	Marriott
2013	AC Hotels	Upper Midscale	Marriott
2014	Radisson Collection	Upper Upscale	Radisson
2014	Radisson RED	Upper Upscale	Radisson
2014	Curio Collection	Upper Upscale	Hilton
2014	Canopy	Upper Upscale	Hilton
2014	Vib	Upscale	Best Western
2014	BW Premire Collection	Upscale	Best Western
2014	Hotel RL	Upscale	Red Lion
2014	Red Roof Plus	Economy	Red Roof
2015	Hyatt Centric	Upper Upscale	Hyatt
2015	Gio	Upper Upscale	Best Western
2016	Unbound Collection	Luxury	Hyatt
2016	Tru	Midscale	Hilton
2016	SureStay Collection	Midscale	Best Western
2016	SureStay Plus	Midscale	Best Western
2016	SureStay	Economy	Best Western
2017	Tapestry Collection	Upscale	Hilton
2017	Trademark Hotel Collection	Upper Midscale	Wyndham
2017	BW Signiture Collection	Upper Midscale	Best Western
2017	avid	Midscale	IHG
2017	The Red Collection	Midscale	Red Roof

연도	새 브랜드	STR Chain Scale	호텔체인
2018	Sadie	Upscale	Best Western
2018	Moto	Upper Midscale	Hilton
2018	voco	Upper Midscale	IHG
2018	Aiden	Upper Midscale	Best Western
2018	Clarion Pointe	Midscale	Choice
2018	HomeTowne Studios	Economy	Red Roof
2019	Signia	Upper Upscale	Hilton
2019	Atwell Suites	Upper Midscale	IHG

출처: STR, Hotel & Leisure Advisors

1980년대 초에 미국 호텔산업에는 90개의 브랜드가 존재하였으며, 그중 12개 브랜드가 주요 호텔체인에 속해 있었다. 그러나 2018년이 되자 미국 호텔산업에만 약 270여 개의 브랜드가 존재하게 되었으며, 그중 2/3는 주요 호텔체인에 속해 있다. 이제 Marriott, Hilton, IHG, Accor, Wyndham 같은 메가 호텔체인들은 대부분 15~30개 정도의 브랜드 포트폴리오로 구성되어 있다. 현재 미국 호텔산업에서는 9개의 메가 호텔체인이 전체 브랜드의 약 1/2 정도를 차지하고 있다.

라이프스타일(Lifestyle) 호텔

상장기업인 호텔체인에게 시장세분화는 지속적으로 수익을 향상하는 데 효과적인 수단이 되었다. 그리고 20세기 말부터 나타나기 시작했던 부티크 호텔의 등장은 시장세분화를 더욱 확대하는 계기가 되었다. 부티크 호텔에 대한 대중의 높은 관심은 차별화와 독특한 스타일에 기인하고 있었다. 호텔체인들은 밀레니얼 세대와 같은 젊은 고객들은 자신의 생활방식을 중시하며 그에 맞는 독특한 취향을 선호한다는 사실을 알게 되었다. 이것이 더욱 진화된 시장세분화를 일으켰으며 결국 Lifestyle 브랜드가 개발됐다. 부티크 호텔이란 새로운 트렌드를 활용하기 위해 호텔체인들은 여러 세분시장에서 고객의 흥미와 브랜드 충성도를 향상하기에 필요한 요인들을 조사했다. 각 세분시장에 맞는 적절한 방식을 식별해냄으로써 호텔체인들은 부티크 개념을 중심으로 호텔브랜드를 새로 구축하거나 재구성했다. Ernst & Young 보고서는 "호텔체인들은 고객의 기본적인 제품 욕구 및 선호도뿐만 아니라 고객의 생활방식, 자아상 및 관심사와 연계되는 독특한 숙박 경험을 개발하는 데 초점을 맞추었으며 고객에게 개성표현이란 이점을 제공했다."라고 발표했다. 이처럼 시장세분화가 진화되면서 만들어진 것이 바로 라이프스타일(Lifestyle) 브랜드이며, Starwood 체인이 1998년에 출시했던 W Hotel이 이와 같은 트렌드를 대대적으로 반영한 최초의 호텔브랜드였다. 프랜차이즈와 시장세분화 트렌드가 결합되면서 라이프스타일 브랜드라는 호텔산업의 혁신이 개발되었다. 시장세분화와 부티크 또는 라이프스타일 호텔의 성공은 결국 호텔체인의 전통 깊은 표준화 전략이 한계점에 이르렀으며 이를 다양성으로 보완하고 있다.

선택서비스 호텔(Select-service Hotel)

2000년대 중반부터 기존의 고급서비스(Full-service) 호텔과 한정서비스(Limited-service) 호텔로 양분되었던 기존 호텔산업의 구분방식에 선택서비스(Select-service) 호텔이란 새로운 유형이 추가되었다. 선택서비스 호텔은 고급서비스 호텔과 한정서비스 호텔의 하이브리드(Hybrid)이다. 선택서비스 호텔은 기본적으로는 한정서비스 호텔의 서비스에 선택적으로 고급호텔의 일부 서비스 및 어메니티를 추가한 개념의 호텔을 지칭한다. 즉 선택서비스 호텔에서는 레스토랑과 연회장 등과 같은 전형적인 고급호텔 서비스의 수준 및 규모를 상당 부분 줄여서 도입한 것이다. 그러나 시간이 흐르면서 선택서비스 호텔에서 도입되고 있는 고급호텔 서비스의 유형은 정형화되지 않을 뿐더러 브랜드별로 점점 다양해지고 있다. 선택서비스 호텔은 전통적인 고급서비스와 한정서비스 호텔 사이의 공간을 채우는 개념이다. 그리고 선택서비스 호텔은 낮은 영업비용으로 운영할 수 있어서 많은 인기를 끌었다.

많은 부티크와 라이프스타일 호텔의 성공에 영향을 받은 일부 선택서비스 호텔은 부티크 호텔의 영역으로 진출하기 시작했다. Starwood 체인의 aloft와 IHG의 Indigo 등은 프랜차이즈 선택서비스 호텔의 운영상 이점과 라이프스타일 호텔의 혁신적인 디자인이 조화롭게 결합이 되면서 만들어진 브랜드들이다.

| 표 8-3 | 고급서비스, 선택서비스, 한정서비스 호텔 브랜드의 예

고급서비스 호텔 브랜드	선택서비스 호텔 브랜드	한정서비스 호텔 브랜드
Marriott	aloft	Comfort Inn
Crowne Plaza	Courtyard	Country Inn
Four Seasons	Donble Tree Club	Fairfield Inn
Hyatt	Wyndham Garden Inn	Holiday Inn Express
InterContinental	Holiday Inn Select	Knight Inn
Luxury Collection	Hilton Garden Inn	La Quinta Inn
Le Meridien	Hyatt Place	Motel 6
Regent	Clarion	Red Roof Inn
Renaissance	Four Points	Sleep Inn
Ritz-Carlton	Indigo	Super 8
Sheraton	Ramada	TownePlace Suites
Westin	Cambria Suites	Wingate Inn

출처: U.S. Hotel Appraisals

소프트 브랜드(Soft Brand) 호텔

2008년에 Choice Hotels 체인은 처음으로 소프트 브랜드(Soft Brand) 호텔인 Ascend Hotel Collection을 출시했다. 소프트 브랜드를 출시한 목적은 강한 지역 정서를 보유하고 있는 부티크 호텔과 역사적 호텔 등 고급 독립호텔들이 고유 명칭 등 자신의 정체성을 유지하면서도 동시에 호텔체인의 광대한 판매경로에 따른 혜택을 누릴 수 있는 서비스를 제공하는 것이었다. 독립호텔들은 지역 정서를 잘 반영하고 독특한 서비스를 제공하는 강점이 있지만 호텔체인이 보유한 광대한 중앙예약시스템과 고객들이 많이 찾는 고객충성도 프로그램 등에서 뚜렷한 약점이 있다. Soft Brand는 호텔체인과 독립호텔의 느슨한 연대 관계를 의미하며 기존에 호텔체인과 강한 연대 관계로 맺어진 일반 호텔브랜드인 Hilton이나 Marriott 등과 같은 Hard Brand에 대비해서 부르고 있는 명칭이다.

Choice Hotels 체인의 뒤를 이어 2009년에는 Marriott International이 Autograph Collection이란 소프트 브랜드를 출시하면서 대열에 가담했다. 소강상태를 보이던 소프트 브랜드는 2014년에 Radisson 체인이 Quorvus Collection

을 그리고 같은 해에 Hilton 체인이 Curio Collection을 출시했다. 이후부터 대다수 호텔체인이 소프트 브랜드 대열에 합류하게 되었다. 그 결과 2019년 말이 되자 유력 호텔체인들은 모두 1~3개의 소프트 브랜드를 보유하게 되었다.

호텔체인의 입장에서는 각 지역시장의 고유한 욕구를 효과적으로 반영하고 있는 부티크 호텔 등 독립호텔들을 가입시켜서 이들을 찾는 고객을 체인으로 유인할 수 있게 되었다. 그리고 이들을 체인으로 편입함으로써 규모의 경제 효과를 더욱 극대화할 수 있게 되었으며 프랜차이즈 수수료 수입도 늘릴 수 있고 성장 기회를 확대할 수 있다. 호텔체인이 보유한 중앙예약시스템과 충성도 프로그램 등은 가입호텔의 수가 많아질수록 비용 등에서 더욱 위력이 극대화된다.

독립호텔의 입장에서는 자신의 독자적인 정체성을 유지하면서도 규모의 경제가 발휘되는 체인네트워크에 가입할 수 있다. 소프트 브랜드라는 프랜차이즈 시스템에 가입함으로써 독립호텔은 광대한 글로벌 예약시스템의 이용, 고객에 충성도 프로그램 혜택 제공, 비교적 낮은 로열티 지급, 낮아진 OTA 예약 수수료(Commission), 덜 까다로운 브랜드표준의 적용, 그리고 자체적으로는 불가능한 최신 정보기술(Information Technology) 관련 서비스를 체인으로부터 지원받을 수 있게 되었다.

현재 대다수 호텔체인은 성장을 유지하고 규모의 경제 효과를 극대화하기 위한 방편의 하나로 소프트 브랜드를 적극적으로 육성하고 있으며, 소프트 브랜드를 이용하는 독립호텔들이 늘면서 체인화 현상은 더욱 가속되고 있다.

충성도 프로그램(Loyalty Program)

고객을 위한 충성도 프로그램(Loyalty Program)은 1981년 항공사 America Airline이 최초로 도입하면서 성공을 거두게 되자 1981년에 Holiday Inn이 같은 프로그램을 도입하면서 시작되었으며 이어서 1983년에 Marriott 체인도 도입했다. 이후부터 규모가 큰 유력 호텔체인들은 모두 도입했으며 현재 호텔산업에서 충성도 프로그램이 없는 호텔체인은 거의 없을 정도가 됐다. 현재 Marriott International은 Marriott Bonvoy, Hilton Worldwide는 Hilton Honors,

IHG는 IHG Rewards, AccorHotels는 ALL, Wyndham Hotels & Resorts는 Wyndham Rewards, 그리고 Hyatt Hotels Corporation은 World of Hyatt라는 명칭의 충성도 프로그램을 운영하고 있다. 2019년 연말 기준으로 Marriott Bonvoy 프로그램에 가입한 회원은 총 1억 3천9백만 명에 달한다.

충성도 프로그램은 호텔체인에게 고객 충성도를 향상하기 위해 필수적인 도구가 되고 있다. 충성도가 높은 고객들은 재방문을 많이 하기 때문이다. 호텔체인은 충성도 프로그램을 운영해서 여러 이점을 얻을 수 있다. 첫째, 고객의 경험을 향상할 수 있다. 충성도 프로그램에 가입한 고객은 비교적 자주 여행하는 고객으로 호텔 방문 빈도가 높다. 충성도 프로그램을 통하여 고객들의 선호도를 파악해서 욕구를 더 적절히 충족할 수 있으며, 즐거운 숙박 경험이 되도록 할 수 있다. 둘째, 객실 예약이 증가할 수 있다. 포인트 등 보상을 약속함으로써 예약을 망설이는 고객을 유인할 수 있다. 충성도 프로그램을 통해 고객을 지킬 수 있으며 또 재방문 선택을 받을 수 있다. 셋째, 비용면에서 효과적이다. 고객의 재방문은 새로운 고객을 찾는 데 드는 비용에 비해 적게 든다. 그리고 재방문하는 고객은 OTA보다는 체인의 홈페이지 또는 앱을 통해 직접 예약을 함으로써 예약 수수료를 절약할 수 있다. 넷째, 매출이 향상될 수 있다. 재방문하는 고객은 서비스에 만족하고 있으며 그러므로 여러 목적으로 비용을 더 지출할 수 있고 비용이 드는 어메니티도 구입할 수 있다. 이처럼 고객을 계속해서 더욱 즐겁게 할 수 있다면 고객은 더 많은 비용을 지출할 수 있다. 다섯째, 가치가 높은 정보를 제공한다. 프로그램에 가입한 수많은 고객 정보를 통해 고객들의 선호도, 관심, 행태 등을 확인할 수 있으며 이는 호텔체인에 매우 유익한 정보가 될 수 있다. 이 정보를 통해 더 많은 재방문을 유도할 수 있을 뿐만 아니라 새로운 고객도 유치할 수 있다.

그러나 충성도 프로그램은 비용이 많이 들고 시간이 많이 소요된다는 단점이 있다. 처음 프로그램을 개발하고 유지하는 데 막대한 비용이 든다. 마케팅비용, 정보 및 소통 시스템 비용, 정보 및 지식 관리비용, 인건비 등에서 적지 않은 비용이 소요된다. 그리고 시간이 많이 소요된다는 단점은 어쩌면 당연한 것으로 단기적 차원에서 고객과의 관계를 맺어 효과를 보려는 자세는 지양되어야 하며 양자 간에 win-win이 될 수 있는 장기적인 관계를 구축하도록 힘써야 한다.

프랜차이즈, 시장세분화, 부티크 및 라이프스타일 호텔, 선택서비스 호텔, 소프트 브랜드 등은 개별적인 활동으로 보이지만 사실은 모두 밀접하게 연계되어 운영되면서 가치를 창출하고 있으며, 충성도 프로그램도 마찬가지다. 이들 간의 높은 수준의 연계성으로 호텔체인은 경쟁우위를 창출할 수 있다. 프랜차이즈 가맹호텔이나 위탁경영 호텔이 성공하려면 충성도 프로그램은 반드시 요구되고 있다. 고객들은 가성비를 추구하는 동시에 구매 선택에 따른 보상을 찾기 때문이다. 또 프랜차이즈 가맹호텔 입장에서도 데이터베이스에 저장되어 있는 정보를 통해 고객과 효과적으로 소통할 수 있을 뿐만 아니라 고객들의 지갑 속에 있는 충성도 프로그램 카드는 작지만 좋은 광고 효과를 얻을 수 있다.

호텔산업 객실 판매경로

20세기 말까지 호텔산업에서 체인소속 호텔들은 여행사, GDS, Switch를 이용해서 객실을 판매할 때마다 수수료를 물어야 했으며 이에 더해 호텔체인의 CRS를 이용하는 것에 대한 수수료도 지급해야만 했고, 이 비용이 판매금액의 약 20%에 달했다. 그리고 호텔산업은 팔지 못한 객실을 판매하기 위해서 항공사의 GDS에 의존하게 되었다. 이로 인해 호텔들은 객실 재고를 스스로 판매할 수 없을 뿐만 아니라 객실요금의 책정도 외부에 의해 결정되는 기형적인 구조를 안고 사업을 수행하게 되었다.

호텔은 여행사나 GDS와 같은 중개인(Intermediaries)을 이용하지 않고 직접(Direct) 판매를 할 수 있다면 비용이 절약되면서 수익성을 향상할 수 있다. 1990년 중반 이후 인터넷이 등장하면서 호텔들은 중개인 도움 없이 홈페이지를 통해 소비자가 직접 예약을 할 수 있기를 희망했다. 그래서 1996년에 Marriott, Hilton, Hyatt 등 주요 호텔체인은 자체적인 Web Site(Brand.com)를 개발하면서 많은 이용자가 이를 통해 객실을 예약하기 시작했다.

그런데 같은 해에 미국의 Microsoft는 Expedia.com이라는 온라인여행사(OTA: Online Travel Agents)를 출범했으며 다음 해에 유럽에서 Priceline.com이 사업을 개시했다. 비슷한 시기에 GDS인 Sabre가 Travelocity라는 OTA를 설립하면서 경쟁에 가세했다. 이후부터 인터넷을 이용한 온라인(Online) 예약이 선풍적인 인기를 끌게 되었다. 이처럼 인터넷을 통한 전자예약시장은 소비자들이 가격을 비교할 수 있고 저렴하게 예약할 수 있었을 뿐만 아니라 먼저 이용한 사람들의 후기와 권고를 볼 수 있었기 때문에 폭발적인 성장을 했다. 이에 더해 2007년에 아이폰의 등장으로 인한 모바일혁명으로 앱(App)을 통한 예약이 크게 늘고 있다.

개별적인 호텔의 자체적인 예약과 CRS나 Brand.com처럼 체인 본사의 지원에 의한 것은 직접(Direct) 예약방식으로 예약에 따른 비용이 비교적 적게 소요된다. 그러나 호텔들은 자체적 또는 체인본사의 지원으로도 팔 수 없는 객실들은 예약 중개인을 통한 간접방식을 통해 판매하고 있다. 호텔들은 예약 중개인들이 객실을 호텔을 대신해서 고객에 판매하기 위해 객실요금, 객실 예약가능성, 객실유형, 패키지, 어메니티, 위치, 연락처, 회의시설의 존재 등 개별 호텔에 대해 비교적 자세한 정보를 제공했다.

객실을 판매하는 여러 유통경로 중에서 가장 일반적인 단기숙박 손님에 대한 객실예약이 가장 많이 이루어지는 곳은 호텔의 자체예약, Brand.com, CRS, GDS, OTA로 압축되고 있다. 그중에서 시간이 흐르면서 전통적 방식인 자체예약과 CRS의 점유율은 점차 저하되는 반면에 Brand.com, GDS, OTA의 시장지배력은 점차 강화되었다. 미국 호텔산업에서 2015년 1월을 기준으로 했을 때 호텔 객실을 예약하는 판매경로별 시장점유율을 보면 Brand.com이 33%로 가장 높았으며 다음으로 자체예약(Direct)이 24%, GDS 16%, OTA 14%, CRS 13% 순으로 나타났다. 그런데 유통경로별 비용을 보면 OTA를 통해 예약하는 방식이 수수료(Commission)가 높아서 비용이 가장 많았다. 이는 호텔의 수익성 악화로 직결되었다.

호텔체인들은 Marriott.com이나 Hilton.com과 같은 Brand.com을 통해 객실 예약이 이루어지기를 원했으나 이런 바람과는 달리 OTA에 고객들이 몰리게 되었다. 원래 호텔 객실의 예약에서 OTA의 영향력은 그리 크지 않았는데, OTA의 시장침투가 갑자기 높아지는 계기가 발생했다. 2001년 9.11 사태가 터지자 호텔 체인들은 자체적으로 남는 객실들을 판매할 수 없는 지경에 이르면서 위기를 맞게 되었다. 위기상황을 돌파하기 위해서 호텔체인들은 OTA에 재고로 남은 객실의 판매를 위탁했고, 이후부터 OTA의 시장점유율은 점점 더 높아졌다.

OTA가 객실 판매를 대행하면서 호텔의 매출액은 증가했다. 그러나 OTA를 통해서 매출액이 20% 정도 증가했지만 동시에 이들에게 지급하는 수수료는 39% 정도 증가했다. 즉 수수료 증가율이 매출액 증가율보다 두 배 이상 빠르게 증가했다. 이는 호텔의 수익성 향상에 크나큰 악영향을 미쳤다.

그런데 OTA시장에서 인수합병이 발생하면서 산업통합이 이루어졌다. 미국의 Expedia.com과 유럽의 Priceline.com은 계속해서 경쟁사를 인수하면서 규모를 확대해서 세계 OTA시장을 양분하게 되었다. Expedia.com은 Orbitz, Hotels.com, Travelocity, Hotwire, Wotif, Elong, Venere, Trivago 등을 자회사로 거느리고 있으며, Priceline.com은 Booking.com, Agoda, Ctrip, Kayak, OpenTable, Rentalcars.com 등을 자회사로 거느리고 있다. 그중에서 Expedia.com은 미국 OTA시장에서 70%를 점유하고 있으며, Booking.com은 유럽 OTA 시장에서 62%의 시장점유율을 차지하고 있다. 그러나 높은 예약 수수료로 인해서 OTA시장이 성장할수록 호텔의 수익성에는 부정적인 영향을 미치고 있다. Wall Street Journal은 머지않은 장래에 OTA의 객실 예약이 Brand.com을 추월할 것으로 예측했다.

커가는 OTA의 위협에 대응하기 위해 호텔체인들은 드디어 대대적인 반격에 나서기 시작했다. 2015년 후반 Marriott 체인이 처음으로 직접 예약(Direct Booking)을 독려하는 광고 캠페인을 벌이기 시작한 것에 이어서 2016년이 되자 Hilton Worldwide는 〈그림 8-4〉에서 보는 것처럼 "Stop Clicking Around"라는 슬로건을 제시하면서 고객에게 비용과 시간이 절약되는 Hilton.com에서 직접 예약을 하도록 권고했다. Hilton 체인 역사상 가장 많은 광고 및 홍보 비용이 투입되었으며 TV 광고 등 모든 미디어를 통해 대대적인 광고홍보 캠페인을 벌였다. OTA에 현혹되지 말고 또 여기저기 두리번거리지 말고 가장 싸고 가장 신속하게 객실을 예약하는 방법은 바로 Hilton.com에서 하는 것임을 강조하면서 고객을 교육하면서 그들의 예약행태를 바꾸려고 했다. Hilton.com으로 와서 Hilton Honors 충성도 프로그램의 회원으로 가입하면 객실 요금을 5~10% 할인해 주었으며 다른 혜택도 제공했다. 캠페인은 성공을 거두었으며 대다수 체인이 따라하기 시작했다.

그림 8-4 2015년 Hilton의 직접 예약 권고 광고

출처: Hilton.com

○ 호텔산업 인수합병

1990년대에 세계 호텔산업에 거세게 일었던 인수합병 붐은 2000년대가 되어서도 멈추지 않고 계속되었다. 전 세계 호텔산업에서 호텔 또는 호텔체인을 사고파는 거래금액은 2007년에 1천2백2십억 달러를 기록하면서 절정에 달했다. 그러나 2008년에 세계금융위기가 터지면서 2008년의 거래액은 2백억 달러 수준으로 대폭 하락했으며 2009년에는 1백억 달러까지 떨어지면서 거래시장이 얼어붙었다. 이후 경기가 회복하면서 거래액이 늘기 시작했으며 2013년이 되자 4백7십억 달러에 달했는데 전년도에 비하면 46% 향상된 것이었다. 그리고 2015년의 거래금액은 2007년 수준에 버금가는 신장세를 보였다. 이듬해 다시 감소했으나 2017년부터 거의 비슷한 수준을 유지하고 있다.

2000년대에 가장 관심이 집중되었던 인수합병 사례는 2006년에 미국의 Hilton Hotels Corporation이 영국의 Hilton International을 57억 달러에 인

수하면서 40년 만에 다시 한 식구가 된 것이다. 그러나 이듬해 Hilton Hotels Corporation은 260억 달러에 Blackstone Group에 매각되면서 전설적인 Hilton 가문은 호텔산업에서 영원히 사라졌다. 〈표 8-4〉에서 보는 바와 같이 1980년대부터 21세기까지 호텔체인들은 서로 경쟁하듯이 경쟁업체들을 인수하면서 몸집을 키워나가고 있다. 인수합병 거래가 많이 이루어질수록 호텔체인들이 대형화되고 있으며 규모의 경제를 키워서 경쟁력을 강화하는 것이 이들에게는 전략의 최우선 순위가 되고 있다.

| 표 8-4 | 주요 호텔체인의 인수합병 사례

호텔체인(인수기업)	인수된 호텔체인 or 브랜드
Marriott International	Residence Inn, Ritz-Carlton, Renaissance, Gaylord, AC, Delta, Protea, **Starwood**
Hilton Worldwide	Promus, Hilton International
IHG	Holiday Inn, InterContinental, Candlewood, Kimpton
AccorHotels	Good Morning Hotels, Red Roof Inns(재매각), Motel 6(재매각), Movenpick, FRHI(Fairmont, Raffles, Swissotel)
Starwood	Westin, CIGA, ITT Sheraton, Le Meridien
Radisson	Park Plaza/Park Inn
Hyatt	Amerisuites, Summerfield Suites, LodgeWorks
Choice Hotels	Suburban Franchise System, Flag Choice Hotels
Wyndham Hotels	Cendant, US Franchise System, Exel Inn, Dolce, TRYP
Jin Jiang Hotels Group	Louvre Hotel Group, Plateno Group, Radisson Hotel Group

출처: 저자 정리

2000년대 중반에 호텔산업에서 가장 활발한 인수합병 활동을 벌였던 조직이 바로 사모펀드(Private Equity Funds: PEFs)이다. 과거 호텔산업에서 인수합병은 호텔체인을 제외하고는 리츠(REITs)가 주로 담당했다. 그러나 2000년 이후부터 사모펀드는 총 8백억 달러를 투자해서 4,700여 개소의 호텔을 인수하며 가장 왕성한 구매자로 등장했다. 2003년에 사모펀드들은 미국 호텔산업 총 객실의 12%를 소유하고 있었으나 리츠들은 훨씬 많은 67%를 소유하고 있었다. 그러나 2013년이 되자 오히려 사모펀드가 59%를 소유했으며 반면에 리츠는 33%로 점유

율이 대폭 감소했다.

주요 사모펀드에는 Blackstone Group, Starwood Capital, Apollo, Oaktree 등이 있는데 이 중에서 특히 세계 최고의 사모펀드이자 부동산 펀드회사인 미국의 Blackstone Group은 1998년에 영국의 Forte를 인수하였고, 2005년에 Extended Stay America 체인을 31억 달러에 인수해서 가치를 향상한 후 2007년에 80억 달러에 매각했다. 그러나 2010년에 Extended Stay America 체인이 파산하게 되자 39억 달러에 다시 인수했다. 또 Blackstone은 2005년에 La Quinta 체인을 34억 달러에 인수했다. Blackstone Group의 인수합병 활동은 2007년에 Hilton Hotels Corporation을 호텔산업 역사상 최대의 액수인 260억 달러에 인수하면서 절정에 달하게 되었다. 많은 인수합병 활동의 결과 2010년이 되자 Blackstone Group은 전 세계에서 5,950개소의 호텔(892,608실)들을 소유 · 위탁경영 · 프랜차이즈 · 임차경영을 하는 실질적인 세계 최대의 호텔기업으로 등극하게 됐다. Blackstone Group이 직접 소유하고 있던 호텔만 해도 2,459개소에 달해서 당시 세계에서 가장 많은 호텔을 소유한 기업이 되었다. Blackstone은 쉬지 않고 인수 활동에 몰두한 결과 2012년에는 프랑스의 Accor로 소유권이 넘어갔었던 Motel 6를 미국으로 되찾아 오고 얼마 후 다시 매각했다. Blackstone은 보통 매입 후 몇 년이 지나고 가격이 좋아지면 Forte나 Wyndham과 같은 체인들은 재매각했다. 결국에 Blackstone Group은 2018년에 인수한 지 11년 만에 높은 투자수익을 올리면서 Hilton 체인을 매각했다.

그리고 2006년에 중동의 거부 Awaleed가 소유하는 기업 Kingdom Hotels International은 세계 최고의 부호 Bill Gates의 기업 Cascade Investment와 공동으로 세계 31개국에서 모두 74개소의 최고급 호텔을 운영하는 Four Seasons Hotels & Resorts를 38억 달러에 인수하면서 상장을 폐지해 버렸다. 이 거래로 Alwaleed와 Gates는 각자 45%씩의 지분을 소유하게 되었으며 창업자 Isadore Sharp는 나머지 5%를 가지게 되었다.

사모펀드들은 특히 2006년부터 2007년도 사이에 붐을 일으킬 정도로 호텔산업에 대대적인 투자를 감행했다. 관심이 예전 같지 않지만 지금도 사모펀드의 호텔 투자는 멈추지 않고 있다. 〈표 8-5〉는 2004년부터 2007년도 사이에 세계 호텔산업에서 사모펀드들이 유명 호텔체인들을 인수했던 굵직굵직한 거래 중에서 일부 사례들을 소개하고 있다.

| 표 8-5 | 2004~2007년 호텔산업에서 사모펀드의 인수합병 사례

연도	인수된 기업명	인수자(사모펀드)	인수가격
2004	Extended Stay America	Blackstone Group	$2.0 Billion
2004	Prime Hospitality	Blackstone Group	$790 Million
2004	Boca Resorts	Blackstone Group	$1.1 Billion
2005	Wyndham International	Blackstone Group	3.2 Billion
2005	Raffles Colony(부채 미포함)	Capital	$1.0 Billion
2005	La Quinta Hotels	Blackstone Group	$3.4 Billion
2006	Fairmont Hotels & Resorts	Kingdom & Colony Capital	$3.9 Billion
2006	Meristar Hospitaltiy Corporatrion	Blackstone Group	$2.6 Billion
2006	Kerzner International	Investor Group	$3.8 Billion
2006	Boykin	Westmont & Caisse de depot	$416 Million
2006	Jameson	JER Partners	$371 Million
2006	Intrawest Corporation	Fortress	$2.8 Billion
2006	Four Seasons Hotels	Kingdom & Cascade & Triple Holding	$3.8 Billion
2007	CNL Hotels & Resorts(부채 미포함)	Morgan Stanley Real Estate	$6.6 Billion
2007	Innkeepers USA Trust	Apollo	$1.5 Billion
2007	Highland Hospitality Corporation	JER Partners	$2.0 Billion
2007	Eagle	Apollo	$237 Million
2007	Crescent Real Estate Equities	Morgan Stanley Real Estate	$6.5 Billion
2007	Harrah's	Apollo & Texas Pacific	$17.1 Billion
2007	Hilton Hotels Corporation	Blackstone Group	$26 Billion

출처: Corgel, 2008

2010년대에도 호텔산업에서 인수합병 활동은 쉬지 않고 계속되었다. 이 기간에 발생한 주요 인수합병 사례를 보면 가장 큰 관심을 모았던 인수합병은 2015년에 Marriott International이 강력한 경쟁업체였던 Starwood Hotels & Resort Worldwide를 136억 달러에 인수하면서 사상 최초로 백만 실이 넘는 객실을 운영하는 세계 최대의 호텔체인으로 등극하게 되었다. 같은 해 AccorHotels는 Fairmont, Raffles, Swissotel 등을 보유하는 고급호텔 체인 FRHI Hotels & Resorts를 29억 달러에 인수하면서 약점을 보완하고 북미 시장에서 위상도 강화했다. 그리고 2014년에 IHG는 최대의 부티크 호텔체인이던 Kimpton Hotels & Resorts를 4억 3천만 달러에 인수함으로써 부티크 또는 라이프스타일 브랜드 포트폴리오의 경쟁력을 크게 향상할 수 있었다.

2018년에 세계 최대의 호텔 프랜차이즈 기업인 Wyndham 체인은 La Quinta Inn 체인을 19억 5천만 달러에 인수하면서 규모를 더욱 확장했다. 같은 해에 태국기업 Minor International은 스페인의 강력한 호텔체인 NH Hotels 체인을 27억 4천만 달러에 인수했다. 그리고 미국의 1 · 2위 독립운영사였던 Aimbridge Hospitality와 Interstate Hotels & Resorts는 합병하면서 웬만한 호텔체인을 능가하는 강력한 호텔운영사가 되었다.

21세기 세계 호텔산업에서 가장 눈에 띄는 현상은 중국의 대표적인 호텔체인 Jin Jiang International Hotels Group, BTG Hotels Group, HNA Tourism Group, Huazhu Group 등이 미국 및 유럽의 유명 호텔체인들을 잇달아 인수하면서 결국에는 세계 최상위 호텔체인으로 부상하게 되었다는 점이다. 이 외에도 AccorHotels, Marriott International, Hyatt Hotels Corporation, IHG 등 주요 호텔체인은 활발하게 인수합병 활동을 벌이면서 규모를 극대화하고 있다. 〈표 8-6〉은 2008년부터 2021년 사이에 거래됐던 주요 인수합병 사례를 요약해서 보여주고 있다.

| 표 8-6 | 세계 호텔산업의 주요 인수합병 사례: 2008~2021년(단위: 백만 달러)

발생 연도	인수기업	피인수기업	거래가격
2008	Morgan Stanley Real Estate	Crescent Real estate Equities	6,434
2010	Jin Jiang Hotels & Thayer Lodging G.	Interstate Hotels & Resorts	307
2012	Blackstone Group	Motel 6(Accor)	1,900
2014	AccorHotels	Mama Sheltor(35%)	N/A
2014	Jin Jiang International Hotels Group	Louvre Hotels Group(France)	1,350
2014	IHG	Kimpton Hotels & Resorts	430
2015	Marriott International	Delta Hotels & Resorts(Canada)	127
2015	Wyndham Hotel Group	Dolce Hotels & Resorts	57
2015	Jin Jiang International Hotels Group	Vienna House Group(80%, China)	289
2015	Jin Jiang International Hotels Group	Plateno Hotels(81%, China)	N/A
2015	Marriott International	Starwood Hotels & Resorts Worldwide	13,600
2015	AccorHotels	FRHI Hotels & Resorts	2,900
2015	Homeinns Hotel Group	BTG Hotels Group(Merger, China)	1,200
2016	HNA Tourism Group	Carlson Hospitality Group(51%)	N/A
2016	HNA Tourism Group	Hilton Worldwide(25%)	6,500
2016	SBE Entertainment	Morgans Hotel Group	794
2016	Vail Resort	Whistler Blackcomb Holdings	1,100
2016	Anbang Insurance	Strategic Hotels & Resorts	6,500
2017	Hyatt Hotels Corporation	Miraval Group	215
2017	China Lodging Group	Crystal Orange Hotels(China)	540
2017	KSL, Aspen Skiing	Intrawest Resorts	1,500
2017	Scandic Hotels Group	Restel Group	127
2017	Wyndham Hotel Group	AmericInn	170
2017	Mantra Group	Art Series Hotel Group(Australia)	53
2017	AccorHotels	Mantra Group	N/A
2017	Choice Hotel International	WoodSpring Suites	231
2017	Fattal Hotels & Pandox AB(Sweden)	Jurys Inn	1,100
2018	Wyndham Worldwide	La Quinta Holdings	1,950
2018	Pebblebrook Hotel Trust	LaSalle Hotel Properties	5,200

발생 연도	인수기업	피인수기업	거래가격
2018	IHG	Regent Hotels & Resorts(UK)	39
2018	Red Lion Hotels Corporation	Knights Inn	27
2018	AccorHotels	Movenpick Hotels & Resorts	482
2018	AccorHotels	Atton Hotels	105
2018	AccorHotels	SBE Entertainment(50%)	125
2018	Fattal Hotels(Israel)	European Hotel Management(Apollo)	181
2018	Minor International(Thailand)	NH Hotel Group(94.1%, Spain)	2,740
2018	AccorHotels	21C Museum Hotels	N/A
2018	Jin Jiang International Hotels Group	Radisson Holdings	N/A
2018	Hyatt Hotels Corporation	Two Roads Hospitality	480
2018	Aimbridge Hospitality	Interstate Hotels & Resorts	N/A
2019	Advent International	Aimbridge Hospitality	N/A
2019	Deutsche Hospitality	Zleep Hotels	N/A
2019	IHG	Six Sense Hotels Resorts Spas	300
2019	Park Hotels & Resorts	Chesapeak Lodging Trust	2,700
2019	Ashford Inc.	Remington Holdings	275
2019	Eldorado Resorts	Caesars Entertainment	8,600
2019	Blackstone Group	Great Wolf Resorts	N/A
2019	Aimbridga Hospitality	Bellstar Hotels & Resorts	N/A
2019	Marriott International	Elegant Hotels Group	130
2019	Bet Western Hotels & Resorts	WorldHotels	N/A
2019	Advantage Hotels	Vista & Select Inn	N/A
2019	Vail Resorts	Peak Resorts	N/A
2019	Huazhu Group(China)	Deutsche Hospitality	776
2020	Sonesta International	RLH Corporation	900
2021	Blackstone Group & Starwood Capital	Extended Stay America	6,000

출처: S. Ricca, 2019 Mergers & Acquisitions in Review, Hotel News Now

호텔산업 신소유주

21세기에 호텔체인들이 소유했던 많은 호텔들을 매각하면서 소유권은 주로 리츠, 사모펀드, 연기금과 투자은행 같은 기관투자자, 상업은행, 보험회사, 내국인 또는 외국인 고액자산가, 그리고 외국의 국부펀드 등으로 이전되면서 소유와 경영이 분리되는 현상이 심화되고 있다.

그림 8-5 21세기 호텔산업 고급호텔 소유주의 구성

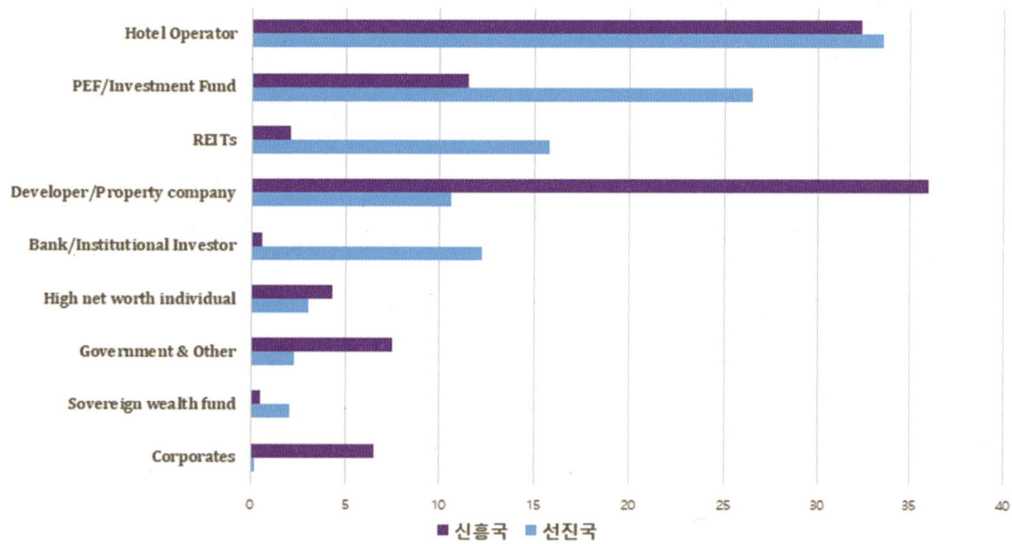

출처: JLL Hotel Investment Outlook 2015

〈그림 8-5〉에서 볼 수 있듯이 선진국처럼 성숙된 시장에서 고급호텔의 거의 50%는 사모펀드, 리츠, 기관투자자에 의해 소유되고 있다. 반면에 신흥국 시장에서 고급호텔은 거의 50%가 주로 개발사, 기업, 고액자산가와 관련된 투자자집단이 보유하고 있다. 현재 고급호텔들을 소유하고 있는 호텔체인은 유명 호텔체인이 아니라 대다수가 중소 호텔체인들이다. 대다수 새로운 투자자 겸 소유주들은 호텔사업에 대한 경험이 거의 없기 때문에 약점을 극복하는 한편 투자수익률을 극대화하기 위해서 독립운영사 또는 자산관리사를 고용하는 것이 일반화되었다.

이에 더해 신축호텔들이 시장에 진입하고 있으며 이 중에서 호텔산업을 잘 모르는 일부 소유주들은 성공적인 투자를 위해 전문적인 운영사 또는 유명 브랜드를 찾고 있다. 그런데 호텔체인이나 보험회사와 같은 전통적인 호텔소유주들은 보통 호텔을 장기투자의 형태로 보유했었다. 그러나 새롭게 등장하고 있는 신소유주들은 전통적 소유주와 달리 호텔을 훨씬 단기적으로 보유하고 있으며 언제든지 가격이 충분히 오르면 신속하게 되팔아 버리는 특성을 보이고 있다.

JLL의 2015년 Hotel Investment Outlook에 의하면 사모펀드의 호텔자산 평균 보유기간은 보통 3~5년이며 기관투자자 · 국부펀드 · 고액자산가 · 개발사들의 보유기간은 평균 10년 또는 그 이상으로 나타나고 있다. 사모펀드들은 적절한 시점에서 호텔자산을 매입하고 자본을 신속하게 투입한 후 주로 3~5년 동안의 투자기간 내에 충분한 수익률을 달성하는 것을 목표로 하고 있다. 그리고 이제 대다수 유명 호텔체인은 과거처럼 호텔을 소유하지 않고도 보유하고 있는 브랜드로 프랜차이즈 및 위탁경영에만 집중하고 있기 때문에 이런 현상은 더욱 확대되고 있다.

21세기 현재 호텔산업에서 소유와 경영이 분리되는 현상은 이제 미국을 넘어 전 세계 호텔산업으로 확대되고 있다. 따라서 이제 호텔경영에 대한 전문지식이 없어도 다수의 호텔을 소유하는 것이 가능성을 넘어 일반화되고 있으며 호텔 소유를 위한 자금 부담 없이도 메가 호텔체인과 같이 수천 개의 호텔을 운영하는 것이 가능해졌다.

호텔산업 기업집중(Consolidation)

호텔산업에서 많은 인수합병이 발생하고 호텔체인들이 주요 거래 대상이 되면서 결과적으로 소수의 거대한 호텔체인이 호텔산업을 평정하게 되는 산업통합(Industry Consolidation) 현상이 과거에 비해 빠르게 진행되고 있다.

특히 2015년 Marriott-Starwood 합병 이후 다른 호텔체인들도 성장 기회를 모색해야 하는 처지에 놓이게 되었다. 투자자들은 호텔체인이 계속해서 공격적인 성장을 하는 것을 원하고 있다. 다른 산업에 비해 호텔산업은 아직도 기업 집중도가 낮은 파편화된 산업(Fragmented Industry)의 형태를 유지하고 있다. 세계 호텔산업은 CR5 즉 1위 체인부터 5위 체인까지의 시장점유율 합계가 25% 이하여서 독과점은 아직 멀다고 볼 수 있어서 산업의 본질은 거의 변함이 없다. 그러나 기업이 집중되는 속도는 종전에 비해 빨라지고 있다. 따라서 인수합병을 이용해서 성장을 추구하려는 호텔체인에게 기회는 많이 있다. 그리고 자체적인 성장보다는 인수합병으로 성장하는 것이 훨씬 빠르며 이를 통해 선두가 되거나 선두기업을 위협할 수 있기 때문이다.

호텔체인들은 인수합병을 통해 세계화 지역을 넓히고, 충성도 프로그램으로 고객층의 저변을 확대하며, 기업통합으로 비용을 절감하고, 그리고 Asset-light Strategy를 확대하면서 규모의 경제 효과를 최대화하고 있다. 그러나 호텔체인들이 인수합병에 나서는 보다 근본적인 원인은 OTA의 성장과 위협을 방어하기 위한 것이 더 크다고 할 수 있다. OTA가 뺏어가는 객실 예약 물량을 되찾아와서 체인 내의 유통경로에서 직접 예약이 이루어지기를 원하고 있다. 항공사의 경우에는 기업 집중도가 높고 기업 규모가 크며 경쟁사가 많지 않아서 OTA에 훨씬 적은 수수료를 물고 있다. 이런 상태가 계속해서 유지된다면 결국에 호텔체인도 항공사와 같은 경로를 택하는 수밖에 없을 것 같다. 세계 호텔의 최강자 Marriott International도 OTA의 위협에서 자유롭지 못한 형편이다. 호텔체인 간에는 이제 경쟁은 체인 간에 이루어지는 것이 아니라 오히려 OTA하고 경쟁하고 있다는 말이 나올 정도가 됐다. 인수합병은 결국은 OTA 위협에 대응하기 위한 방어책이었다. 물량을 키워서 OTA와의 협상에서 유리한 구도를 만들 수 있으며 결과로서 수익성이 형상될 수 있다. 이와 같은 동기로 향후 호텔산업에서 크고 작은 인수합병이 발생하면서 체인들의 규모는 더욱 커질 것으로 예측되고 있다. 호텔체인들은 개별 호텔들이 아닌 브랜드를 플랫폼으로 하는 체인이 되어야 하며 브랜드를 중심으로 하는 핵심역량을 개발하고 육성해야 할 것으로 보인다.

호텔체인들은 비용을 절감하고, 성장 브랜드를 확보하고, 판매경로 경쟁에서 우위를 점하고, 투자자들의 기대에 부응하고, 그리고 지속적인 성장을 유지하기 위해 앞으로도 계속해서 인수합병에 나설 것으로 기대되고 있다.

21세기에 거대한 호텔체인들은 〈그림 8-6〉에서 보듯이 규모의 경제와 범위의 경제를 극대화하는 전략을 펼치면서 쾌속성장하고 있다. 먼저 규모의 경제를 극대화하기 위해 Asset-light Strategy를 강력하게 추진하면서 내부 성장을 도모하고 있고, 충성도 프로그램을 통해 고객 저변을 확대하고 있으며, 그리고 인수합병으로 경쟁을 줄이면서 외적 성장을 하고 있다. 그리고 범위의 경제를 극대화하기 위해 시장세분화 전략을 통해 시장과 고객의 범위를 확대하고 있으며, 해외시장으로 진출해서 지리적 범위를 확대하는 동시에 현지화에 충실하면서 전 세계 시민들의 욕구를 충족하고 있다.

그림 8-6 21세기 호텔체인의 주요 성장전략

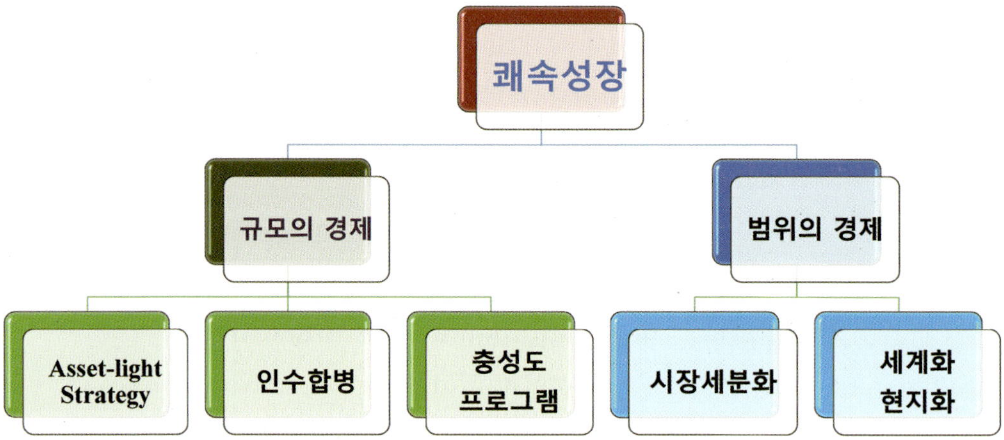

II ▸▸ 호텔체인의 세계화

21세기 세계화 시대에 세계 호텔산업에서 가장 많은 관심을 받는 시장은 바로 중국이다. 제조업을 중심으로 눈부신 경제성장을 이룩해서 세계의 공장이 된 중국에서 호텔산업도 급격하게 성장했다. 21세기 호텔체인들의 해외시장 진출 경쟁에서 중국만큼 많은 관심을 받았던 곳은 없었다. 지금부터 21세기 중국 호텔산업에 대해 살펴보기로 하겠다.

중국 호텔산업

중국은 1978년부터 개방 및 개혁 정책을 채택하면서 점진적으로 시장경제 국가로 전환하기 시작했다. 그리고 2001년에 중국이 세계무역기구(WTO)에 가입하면서 눈부신 경제발전을 지속하게 되었다. 경제발전과 함께 호텔산업도 성장하기 시작했는데, 1978년에 중국에는 단지 137개소의 호텔만이 존재했으나 2004년이 되자 10,888개소로 대폭 늘었다. 관광산업의 극적인 성장을 기하기 위해서 1970년대 말부터 중국 정부는 새로운 호텔의 개발에 큰 노력을 기울였다.

WTO에 가입하고 2000년대 중반 이후부터 중국 시장이 빠르게 성장하면서 서구의 주요 호텔체인들은 중국 호텔시장의 엄청난 잠재력을 보고 대대적인 중국 진출 전략을 시행하기 시작했다. 중국의 호텔 수요가 급속하게 증가했던 주요 원인은 14억 인구 대국 중국의 국내 관광수요가 엄청난 속도로 늘기 시작했기 때문이었다.

2010년 기준으로 중국 호텔시장의 규모는 600억 달러에 달하였다. 2000년대 들어서면서 중국 호텔시장은 급속하게 성장하기 시작했다. 그리고 2005년부터 2010년 사이에 중국 호텔시장의 연평균 성장률은 10.0%를 기록했으며 향후 5년간의 연평균 성장률은 더 늘어나 12.6%의 성장세를 기록할 것으로 예측되었다(〈그림 8-7〉). 이와 비교하면 2006년부터 2010년 사이에 미국 호텔시장의 연평균 성장률은 1.5%라는 초라한 성적을 기록했으며, 서유럽은 불과 0.1%에 지나지 않았다. 중국 호텔산업의 신속한 성장은 자국 호텔산업의 성장이 정체되거나 침체에 빠져있던 서구 선진국 호텔체인에 단비와도 같은 소식이었다. 2008년 세계금융위기 시에도 중국 호텔시장은 서구 선진국들을 훨씬 앞지르는 기록을 보였다. 그리고 2011년을 기준으로 중국은 아시아 · 태평양지역 총매출액의 약 45%를 차지하였으며, 세계 호텔시장의 경우에는 약 14%를 차지한 거대한 시장이 되었다.

2000년대 중반에 IHG의 최고경영자였던 Andrew Cosslett는 The New York Times와의 인터뷰에서 중국 시장의 잠재력을 설명했다. 그는 중국에서는 하루에 4천 대의 자동차가 새로 등록을 하고, 중국 정부는 85,000km에 달하는 고속도로와 47개의 국제공항을 건설하고 있다고 했다. 그리고 당시 중국 호텔시장은 브랜드 호텔 즉 체인화 비율이 10% 정도에 불과하다고 밝혔다. 그래서 그는 1950

년대에 Kemmons Wilson이 미국 고속도로에 수많은 Holiday Inn을 건립해 나갔듯이 IHG 체인은 중국에서도 역사를 재현하겠다는 포부를 제시했다.

그림 8-7 2005~2015년 중국 호텔시장 규모

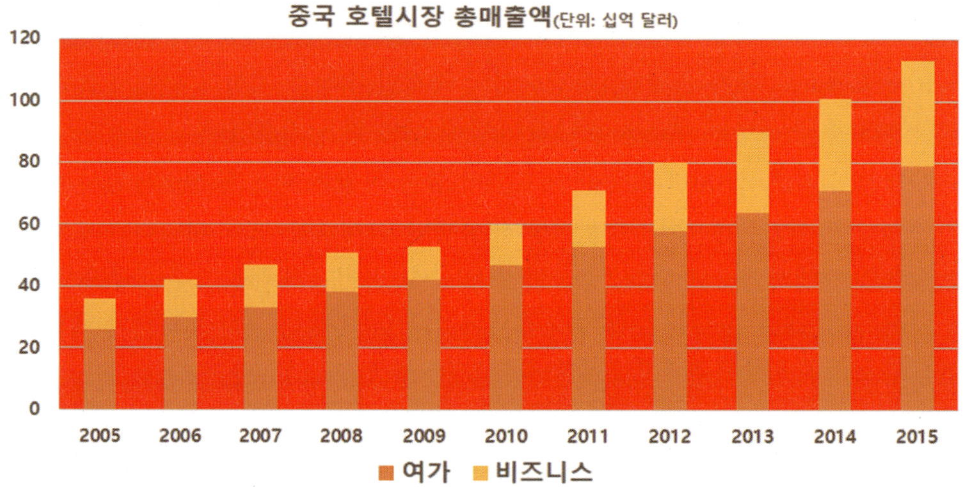

출처: MarketLine, 2012

〈그림 8-7〉에서 볼 수 있듯이 여가 여행객은 중국 국내 호텔시장의 가장 큰 비중을 차지하고 있었다. 중국 관광산업에서 국내관광 분야는 장기간 빠르게 성장해 왔다. 중국 통계청의 자료에 의하면 1994년부터 2009년 사이에 중국 국내를 여행하는 연인원은 1994년에는 5억 2천4백만 명이었지만 2009년이 되자 19억 2백만 명으로 엄청나게 증가했는데. 이는 연평균 성장률 9.0%씩 성장한 것이었다. 이후로도 국내관광 연인원은 지속적으로 성장했는데, 〈그림 8-8〉을 보면 2004년에 11억 명이었던 것이 2019년이 되자 60억 명으로 5배 이상 증가했다. 그리고 국내관광객들이 소비한 금액은 1994년 160억 달러에서 2009년에는 1,570억 달러로 10배 정도 성장했다. 세계 어느 나라도 이를 앞서는 기록은 없었다. 중국 호텔시장의 성장을 주도하는 인구층은 도시 인구였다. 도시 인구는 중국 총인구의 절반에 미치지 못하지만 국내관광에서 이들이 차지하는 비율은 71%에 달하며, 보다 수준 높은 숙소를 원한다.

그림 8-8 2005~2019년 중국 국내관광객 및 인바운드 관광객 추세

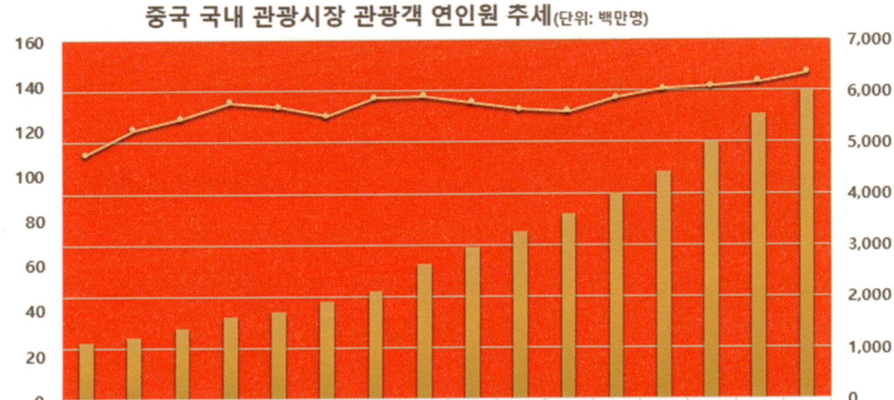

	2004	2005	2006	2007	2008	2009	2010	2011	2012	2013	2014	2015	2016	2017	2018	2019
국내관광객	1,102	1,212	1,394	1,610	1,712	1,902	2,103	2,641	2,957	3,262	3,611	3,990	4,435	5,001	5,540	6,006
인바운드관광객	109	120	125	132	130	126	134	135	132	129	128	134	138	139	141	145

■국내관광객 —인바운드관광객

출처: TravelChinaGuide.com

중국의 국내관광이 빠르게 성장했던 가장 큰 이유는 2000년대 들어 중국경제가 눈부시게 빨리 성장하면서 중국인들의 소득수준이 크게 향상되었기 때문이다. 중국 통계청에 의하면 1995년의 평균연봉 수준은 829달러였지만 2009년에는 5천 달러로 상승했는데, 이는 연평균 13.7%의 속도로 성장한 것이었다. 물론 서구 선진국 관점에서는 높지 않은 수준이다. 그러나 중국인들은 소득이 크게 향상되면서 기본적인 욕구 외에 여행상품의 소비가 급속하게 늘었던 것으로 판단되고 있다.

국내관광과 함께 중국 호텔시장의 성장을 이끄는 동력이 인바운드 즉 외래여행객이다. 중국 통계청에 의하면 1995년에 중국을 방문했던 외국인 여행객은 모두 588만 명이었지만 2009년에는 2,193만 명으로 연평균 9% 속도로 증가했다. 그러나 여기에 홍콩, 마카오, 대만 등지에서 중국 본토를 방문하는 여행객을 합하면 1억 2천6백만 명에 달하고 있으며 〈그림 8-8〉에서 볼 수 있듯이 이 여행객의 숫자는 2019년까지 꾸준히 조금씩 늘고 있다. 그리고 중국 상무성에 의하면 2010년에 외국인 직접투자(FDI)로 중국에 투자된 금액이 1,057억 달러에 달하는데 이

는 많은 비즈니스 여행객을 의미한다.

지금까지 살펴본 것처럼 무궁한 성장 잠재력과 경제력을 보유하고 있으며 세계 어느 국가보다도 빨리 성장하고 있는 중국 호텔시장은 성장에 목말랐던 주요 호텔체인들에 호재였다. 2000년대 중반 이후부터 성장 기회를 찾아서 주요 호텔체인들은 너도나도 앞다퉈서 대대적인 중국 호텔시장 진출계획을 발표하고 실행했다. 그 결과 2007년부터 2012년 사이에 중국에 진출했던 호텔체인들은 모두 큰 성장을 이룩할 수 있었다. 〈그림 8-9〉에서 보는 것처럼 같은 기간에 IHG, Marriott, Hilton, Accor 등과 같은 유력 호텔체인들은 모두 2배 이상의 성장을 기록했다.

그림 8-9 2007~2012년 사이 주요 호텔체인의 중국 진출 현황

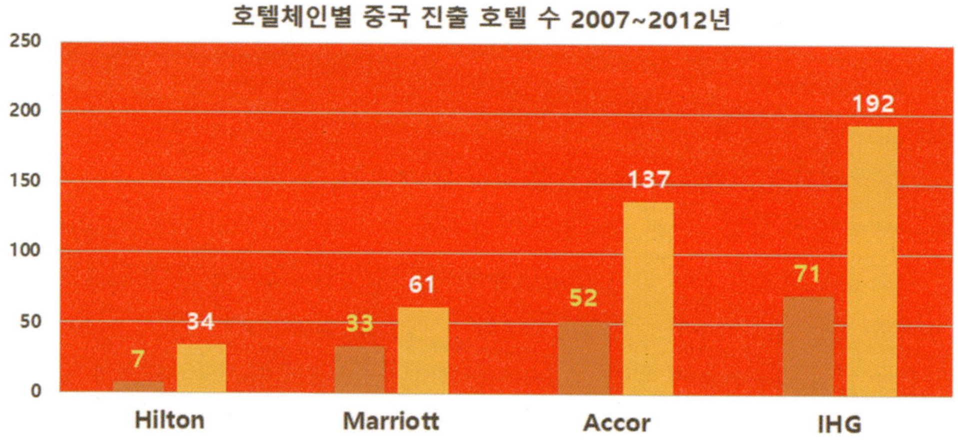

출처: Wall Street Journal

외국기업이 처음 중국에 호텔 투자를 시작한 것은 1982년에 홍콩의 Peninsula Hotel Group이었다. 그리고 주요 호텔체인이 중국에 진출하기 시작한 것은 1984년에 Holiday Inn이 북경에 Holiday Inn Lido Beijing을 개업했으며, 같은 해에 ITT Sheraton 체인도 역시 북경에 The Great Wall Sheraton을 개업했다. 그러나 이들이 목표했던 고객은 국내 여행객이 아니라 인바운드 즉 외국인 여행객이었다.

2012년을 기준으로 했을 때 중국에는 5성급 고급호텔이 640개소가 존재했으며 이 중에서 외국자본이 투자된 합자호텔은 145개소로 23%였다. 당시에 중국에서 고급호텔의 주요 고객은 비즈니스 고객으로 이들은 비즈니스 행사, 대형회의 등의 목적으로 호텔을 이용하고 있었다. 고급호텔의 이용자는 비즈니스 고객이 48.5%였으며 개별관광객과 단체관광객은 26.1%였다. 그리고 고급호텔에서 중국인 즉 내국인 고객이 차지하는 비율이 66.7%에 달했다. 또 고급호텔은 비즈니스 고객에 대한 의존도가 높았기 때문에 대부분 각종 행사와 회의가 집중되는 대도시와 동남 해안지역에 분포하고 있었다. 북경, 상해, 광동, 장쑤에 존재하는 고급호텔이 270개소로 전체의 37.7%를 차지했다.

세계의 유명 호텔체인들은 초기에는 주로 고급호텔 시장 위주로 진출했다. 북경, 상하이, 광저우 등 대도시에 먼저 진출하고 후에 시장 수요가 증가하는 지방 도시로 진출했다. 그리고 유명 호텔체인들이 고급호텔에만 집중하는 사이에 Home Inn, 7 Days Inn, Jin Jiang 등과 같은 중국 국내 호텔체인들이 크게 성장하면서 중저가 호텔시장을 점령하였다.

그리고 유명 호텔체인들은 성장을 위해서 매우 중요한 중국 시장에 뿌리를 내리기 위해 현지화 전략을 도입했다. 영국의 IHG 체인은 2012년에 처음으로 중국 시장에서 중국인들을 위한 브랜드로 HUALUXE를 출시한다고 발표했다. 중국을 뜻하는 華와 호사(Luxury)가 합성된 의미의 브랜드다. HUALUXE는 중국의 호스피탈리티와 철학을 상징하며 중국의 고급호텔(Upscale)을 목표로 해서 개발되었다. 그리고 HUALUXE는 전통, 원기회복, 지위, 사회적 공간의 4가지를 핵심 가치로 삼고 있다. 호텔 내에는 중국인들이 좋아하는 다실(Tea Room)과 면요리 레스토랑을 개업했다. 2015년에 처음으로 2개소의 호텔이 개업했으며, 2020년 연말에는 모두 12개소(3,433실)로 증가했다.

프랑스의 Accor 체인도 기존 Mercure 브랜드를 중국에 맞게 Grand Mercure 라고 변경해서 현지화된 브랜드를 출시했다. Grand Mercure 호텔의 레스토랑에서는 24시간 내내 중국인이 즐기는 죽과 각종 간식을 제공했으며 매일 고객에게 태극권을 가르치고 중국식 마사지도 소개했다.

한편 중국 화상 출신 말레이시아 기업인이 소유하고 있는 Shangri-La 호텔체인은 1984년에 처음으로 항주 서호에 Shangri-La 호텔을 건립하면서 중국에 진출했다. 이후 중국에 집중적으로 투자한 결과 2020년 연말 기준으로 체인이 운영하는 호텔 총 80개 중에서 46개소의 호텔이 중국에서 영업하고 있다. 아시아 호텔기업으로는 중국 최대의 호텔사업을 운영해 나가고 있다.

중국 호텔시장의 놀라운 성장 잠재력에 매료된 세계 각국의 유명 호텔체인들이 중국에 진출했다. 그 결과 2007년부터 2018년까지 12년 사이에 중국 호텔산업에는 모두 30만 실에 달하는 총 1,100개소의 고급호텔이 건립되었다. 2007년에 비해 317% 성장한 것이었으며, 매년 평균 28,000실의 새로운 고급호텔 객실이 공급되었다.

Marriott 체인은 2019년 연말 기준으로 중국에 모두 358개소의 호텔에 117,468실을 운영하고 있으며, Accor 체인은 2020년 연말에 445개소의 호텔에서 모두 83,300실을 운영하고 있다. 그리고 IHG 체인은 2019년 말에 모두 400개소의 호텔을, Hilton 체인은 2020년 말에 300개소의 호텔을 운영하고 있다. 세계 최대의 프랜차이즈 호텔체인 Wyndham Hotels & Resort도 2020년 말 기준으로 1,418개소(144,520실)의 호텔을 운영하고 있는데 중저가호텔이 대다수다. 이렇게 세계 Top 5 호텔체인이 중국에서 운영하는 호텔을 모두 합하면 2,921개소에 달하고 있다.

주요 호텔체인들은 기존에 보유하고 있는 많은 해외시장 진출 경험, 규모의 경제, 브랜드 및 명성, 그리고 잘 구축된 경영시스템과 전문기술을 가지고 중국에 진출했다. 이들은 중국 호텔시장에 진출하면서 다른 정치 및 경제 시스템, 문화적 차이, 호텔 소유권, 현지인의 호텔 운영역량 및 숙련된 인력, 그리고 중국 국내 호텔체인과의 경쟁 등의 장해물을 경험하고 또 극복했다. 그리고 호텔체인들은 중국 시장에서도 현지 사업파트너의 중요성을 새삼 느꼈으며 중국 사회에서 중시하는 장기적 꽌시(관계)문화를 경험했다.

중국 호텔체인의 해외시장 진출

외국 호텔체인들이 중국 호텔시장에 진입한 것과 반대로 중국의 국내 호텔체인들도 해외시장으로 진출하는 현상도 벌어졌다. 그리고 중국 체인끼리 합병하면서 규모를 키워서 유명 호텔체인과 경쟁할 수 있게 되었다. 중국의 1위 호텔체인

Jin Jiang International Hotels 체인은 먼저 2010년에 미국의 Thayer Lodging Group과 50:50 합작투자를 통해 미국 최대의 독립운영사 Interstate Hotels & Resorts를 인수하면서 처음으로 미국 시장에 진출했다. 이어서 2014년에는 프랑스의 2위 호텔체인 Louvre Hotels Group을 인수하며 유럽 시장에 진출했다. 그리고 2015년에는 같은 중국의 호텔기업인 Viena house Group을 인수하고 연이어 같은 해에 중국 중저가호텔의 강자인 Plateno Hotels와 합병하면서 세계의 유명 체인에 버금가는 규모로 성장했다. 결정적으로 2018년에 Radisson Holdings를 인수하면서 서구 선진국의 유명 호텔체인들을 보란 듯이 물리치고 Marriott International에 이어 세계 2위의 호텔체인으로 등극했다.

그리고 2015년에 중국 최대의 중저가 호텔체인 Home Inns Hotel Group은 BTG Hotels Group과 합병하면서 객실 수 기준으로 세계 10위 호텔체인의 자리에 오르게 되었다. 또 Huazhu Group은 독일의 Deutsche Hospitality를 인수해서 세계 9위의 반열에 올랐다. 이로써 중국은 세계 호텔체인 TOP 10에 3개의 호텔체인을 보유하게 되었다.

중국의 보험회사 안방보험은 2015년에 뉴욕 맨해튼의 명물 1,413실의 Waldorf Astoria Hotel을 19억 5천만 달러에 인수하면서 세계를 놀라게 했다. 이는 단일 호텔 매각 가격으로는 사상 최고의 액수였으며, 객실당 매각가는 1백4십만 달러로 기록적이었다. 호텔을 매각한 Hilton 체인은 위탁경영계약으로 향후 100년 동안 계속 운영하게 되었다. 그리고 매각 후에 Waldorf Astoria는 저층은 주로 호텔로 운영하고 고층은 콘도형 아파트먼트로 개조되면서 호텔사업 부분이 상당히 줄게 되었다.

21세기 세계화 시대에 중국 호텔체인들이 해외시장으로 진출하는 것은 투자목적도 있지만 1950년대의 미국 호텔체인이나, 1980년대의 일본 호텔체인처럼, 수많은 중국인이 해외여행을 나서게 되자 이들을 따라나서 고객으로 유치하기 위한 것으로 판단된다. 해외를 여행하는 중국인들도 자국 호텔체인이 자신의 취향을 잘 알고 기대에 부응할 것으로 보인다. 여기에 자긍심에 의한 국수주의도 적지 않은 영향이 있다고 볼 수 있다.

동양 호텔체인의 역수출

호텔체인의 세계화가 깊어가면서 호텔의 세계화는 서구사회에서 동양으로 일방통행으로만 진행되는 것이 아니었다. 서구식 문물로 볼 수 있는 호텔문화를 답습해서 동양식 문화로 승화하는 동양의 호텔체인들이 늘고 있다. Mandarin Oriental, Peninsula, Shangri-La, Taj 등은 미국식 호텔경영을 답습하고 동시에 지역 고유의 정취를 가미해서 미국과 유럽으로 동양의 호텔문화를 역수출하고 있다.

홍콩의 Mandarin Oriental 체인은 동남아시아 시장을 거쳐 1984년에는 캐나다의 밴쿠버에 북미 최초의 호텔을 개관했다. 특히 체인은 뉴욕에 본사 브랜드의 호텔을 개관하기 전에 먼저 Mark Hotel을 매입해서 경험을 충분히 쌓은 후 본격적인 진출을 꾀하는 지혜로운 전략을 채택했다. 현재 Mandarin Oriental은 아시아 지역에는 방콕, 북경, 광저우, 홍콩(2개), 자카르타, 쿠알라룸푸르, 마카오, 산야, 싱가포르, 상하이, 타이페이, 도쿄에 진출해 있다. 미국에는 보스턴, 마이애미, 뉴욕, 워싱턴 DC에 진출했으며, 중남미에는 산티아고와 캐노우안에 진출했다. 그리고 유럽에는 바르셀로나, 터키(보드룸과 이스탄불), 제네바, 코모호수, 런던, 마드리드, 밀라노, 뮌헨, 파리, 프라하에 진출했다. 중동지역에는 아부다비, 도하, 두바이, 마라캐시, 리야드에 진출해 있다. 대양주를 제외한 전 세계 네트워크를 형성하고 있으며 동양체인으로는 가장 세계화된 호텔체인이다.

홍콩의 Peninsula 체인은 홍콩, 상하이, 북경, 도쿄, 마닐라, 방콕 등과 같은 아시아 지역은 물론이고, 미국의 뉴욕, 비버리힐스, 시카고와 프랑스 파리에 진출해 있다. Kuok(郭) Group이 소유하고 있는 홍콩의 Shangri-La는 중국이 주력 시장이며 동남아시아에도 진출했다. 2003년에 호주와 중동에 최초로 호텔을 개업했는데, 호주에는 현재 시드니와 케언즈 또 대양주의 피지에, 그리고 중동에는 오만, 사우디아라비아, UAE에 진출했다. 유럽에는 파리, 런던, 이스탄불에 진출해 있으며 북미 시장에는 토론토와 밴쿠버에 진출하고 있는데, 미국에는 아직 진출하지 않고 있다. 그리고 아프리카의 모리셔스에 2개의 호텔이 있다.

인도의 Taj 체인은 1980년에 해외에는 처음으로 예멘에 호텔을 개관했다. 2004년에는 미국 뉴욕의 유명호텔인 Pierre의 위탁경영권을 확보했다. 그리고 현재 런던(2개)과 샌프란시스코에도 진출해 있다.

그림 8-10 Mandarin Oriental Paris

출처: 저자&mandarinoriental.com/paris

III ▸▸ 21세기의 호텔체인

citizenM

블루오션 전략의 모델로 소개되면서 더욱 유명해진 네덜란드의 호텔체인 citizenM은 자주 여행하는 여행객을 위해서 새로운 개념의 호텔브랜드를 도입했다. 2005년에 citizenM을 창립한 공동창업자 Rattan Chadha와 Michael Levie

는 당시 세계 호텔산업의 현황을 4성급 호텔들은 5성급 호텔들이 제공하는 거의 4/5를 제공하고 있고, 3성급 호텔들은 4성급 호텔들의 3/4를 제공하며, 1성급 호텔들은 2성급 호텔들의 1/2을 제공하고 있다고 보고 이런 상황을 비판적으로 봤다. 세계 호텔산업을 근본적으로 보면 모든 호텔은 모두 같은 요인들을 놓고 경쟁하고 있다고 판단했다.

이런 판단하에 citizenM은 세계적으로 증가하고 있는 여행객 즉 이동하는 시민들(Mobile Citizens)을 주요 고객으로 정하고 이들을 위해 혁신적인 가성비를 제공할 수 있는 호텔을 개발하기로 했다. 이를 위해 창업자들은 먼저 3성급 호텔과 최고급(Luxury) 호텔이란 두 세분시장을 집중적으로 연구했으며, 여행객을 대상으로 해당 세분시장을 선택하는 이유에 대한 조사를 실시했다. 시장조사 결과 최고급 호텔을 선택하는 여행자들은 편리한 입지, 고급스러운 느낌의 객실, 그리고 무료 Wi-Fi를 제공하는 객실을 선택할 때에 우선적으로 선호한다고 응답했다. 그리고 3성급 호텔을 선택하는 여행객은 낮은 가격과 캐주얼한 분위기를 선호하는 것으로 나타났다. 호텔개발팀은 자주 여행하는 여행객들은 프런트데스크와 컨시어즈가 있는 종전처럼 정형화된 로비를 별로 중요하게 고려하지 않는다는 사실을 확인하고 이것들을 제거하는 대신에 셀프체크인 키오스크(Self Check-in Kiosk)와 공용 거실 공간(Communal Living Space)으로 교체하도록 했다. 그리고 객실은 크기보다는 고품질 침대 및 시트와 욕실에서 강한 수압의 샤워기와 같은 세부사항이 더욱 중요하다고 판단했다. 또 룸서비스도 최우선 순위는 아니었기 때문에 영업비용이 많이 소요되는 고급 레스토랑 대신에 호텔 근처에 있는 연회 사업자와의 파트너 관계를 수립해서 고객의 식사문제를 해결했다.

〈그림 8-11〉처럼 호텔개발팀은 **ERRC(제거-감소-증가-창조)** 분석을 통해 여행자들의 선호도를 정확히 확인할 수 있었다. 여행객이 실제로 가치를 별로 인지하지 못하는 것에 비해 비용이 턱없이 많이 드는 서비스/어메니티는 없애버리거나 줄이고 반면에 여행객들이 선호하는 다른 서비스/어메니티는 증가시키거나 새로 개발했다. 그 결과 citizenM은 영업비용을 크게 절감하는 동시에 여행객이 느끼는 가치는 크게 늘림으로써 편리한 입지에 **감당 가능한 호사 라이프스타일(Affordable Luxury Lifestyle) 호텔**이라는 새로운 시장 공간을 개발했다. 또 citizenM은 고객과 마주하는 서비스 접점에서 일하는 모든 직원에게 대사

(Ambassador)라는 지위를 부여하고 동시에 권한위임(Empowerment)을 통해 직원에게 권한을 주는 것이 중요하다는 것을 깨달았다. 그리고 직원을 채용할 때는 후보자의 태도와 가치관을 우선시했으며, 사내 교육을 통해 역량 강화에 중점을 두었다.

그림 8-11 citizenM의 ERRC 분석

제거	증가
• 프런트데스크와 컨시어즈 • 도어맨 & 벨보이 • 레스토랑 & 룸서비스 • 로비	• 수면환경: 대형 침대, 고급 시트 및 리넨, 정숙한 실내 분위기, 높은 샤워 수압 • 편리한 입지 • 미디어 경험(무료 영화, 무료 초고속 인터넷, 저렴한 인터넷 전화 등)
감소	**창조**
• 객실 크기 • 다양한 객실유형 • Luxury 호텔에 비해 낮은 요금	• 1~3분 걸리는 셀프서비스 Check-in • 하루 24시간 일주일 내내 제공되는 바 및 공용 거실 공간(식품저장, 맥 컴퓨터) • 사교 경험 • 다중 역할을 하는 직원(Ambassador)

출처: Kim & Mauborgne

이와 같은 준비과정을 거쳐 citizenM은 결국 2008년에 네덜란드 암스테르담의 스키폴 국제공항에 첫 호텔을 개관했다. 첫 호텔은 3성급 호텔로서 고객에게 부담스럽지 않은 가격대로 혁신적인 개념의 서비스를 제공했으며, 객실점유율이 90%에 달하는 공전의 히트를 기록했다. 그리고 citizenM의 객실당 영업비용은 4성급 호텔 평균과 비교하면 약 40% 낮았으며, 가장 많은 고정비 항목인 인건비는 업계 평균에 비해 약 50% 정도 낮았다. 그리고 평방미터당 즉 면적당 수익성은 최고급 호텔의 2배에 달했다. 이와 같은 혁신적인 서비스의 도입으로 여러 호텔 평가기관으로부터 최고의 고객등급을 받게 되었다. citizenM은 가장 낮은 비용구조로 호텔업계 최고 수준의 고객만족을 기록하는 브랜드가 되었다. citizenM

은 호텔산업의 전통적인 사고였던 객실이 넓을수록 또 직원이 많을수록 바람직한 서비스가 제공된다는 고정관념을 깨트리면서 전통적인 호텔산업에서 블루오션을 창출하는 데 성공했다.

citizenM은 호텔을 이용하는 고객을 모바일 시민이라고 부르는데, 보통 탐험가, 여행가, 전문가, 또 쇼핑객으로 주로 이동하는 사람들이다. citizenM은 모바일 시민이 독립적이고, 다른 문화를 존경하며, 또 주로 젊은이들이라고 판단한다. 또한 이들은 세련된 디자인, 훌륭한 가치, 최고의 엔터테인먼트, 사교적인 분위기, 편안한 침대, 고급 수건, 좋은 위치 등이 제공되는 호텔을 선호하고 있다고 믿는다. 이와 같은 서비스가 합리적인 가격으로 제공되는 새로운 유형의 호텔이 바로 citizenM이다.

citizenM 호텔은 네 가지 중요한 특성으로 구성되어 있다(〈그림 8-12〉). 첫째, 저가 호텔(Budget Hotel) 수준에 맞춘 객실 크기다. 객실은 높은 수준의 품질을 유지하지만 보통 고급호텔 객실의 면적을 절반 정도만 제공하고 있다. 이는 citizenM의 성공에 매우 중요한 요소이다. 기존 고급호텔에 비하면 면적을 반으로 줄여서 2배의 객실을 만들 수 있었기 때문이다.

둘째, 매출은 고급호텔(Upscale Hotel) 수준에 맞추었다. citizenM은 독특하면서도 강렬한 라이프스타일 브랜드를 개발했다. 주로 웹(Web)만을 이용하는 객실 판매경로 정책을 통해 여행객에게 최적의 가격으로 객실을 제공하고 있다. 그리고 단체나 기업에 할인된 요금으로 객실을 대량 판매하는 대신에 모든 모바일 시민에게 투명한 가격정책을 적용해서 고객만족도를 극대화했다.

셋째, 한정서비스 호텔(Limited-service Hotel) 수준의 영업비용이다. 한정서비스 호텔의 수준으로 맞춰서 영업비용을 대폭 낮추었다. 예약, 영업, 브랜딩 및 회계와 같은 관리역량은 모두 본사의 지원 부서에서 집중하도록 했다. 따라서 호텔마다 직원은 적게 유지하고 고객 만족에 집중하도록 했다. 또 독창적인 채용전략과 여러 역할을 하는 대사들은 낮은 인건비를 유지하는 데 큰 도움이 됐다.

넷째, 호텔프로젝트 투자금액은 중급호텔(Midscale Hotel) 수준으로 책정했다. citizenM은 대다수 호텔을 소유하고 있어서 비용, 위험, 또 수익의 균형을 유지하는 방법을 잘 이해하고 있다. 많은 경험과 설계 및 건설 팀이 참여해서 citizenM 호텔을 개발할 때 비용을 최소화하고 효율적으로 공정시간을 관리해서 위험을 줄였다. 가능한 한 많은 표준화된 요소를 이용했고 가장 중요한 곳에는 맞춤형 디자인을 개발해서 독창적인 호텔을 개발했다. 또 citizenM은 혁신적인 디자인과 독창적인 모듈방식의 건축법으로 호텔을 건축했다.

그림 8-12 citizenM 호텔의 특성

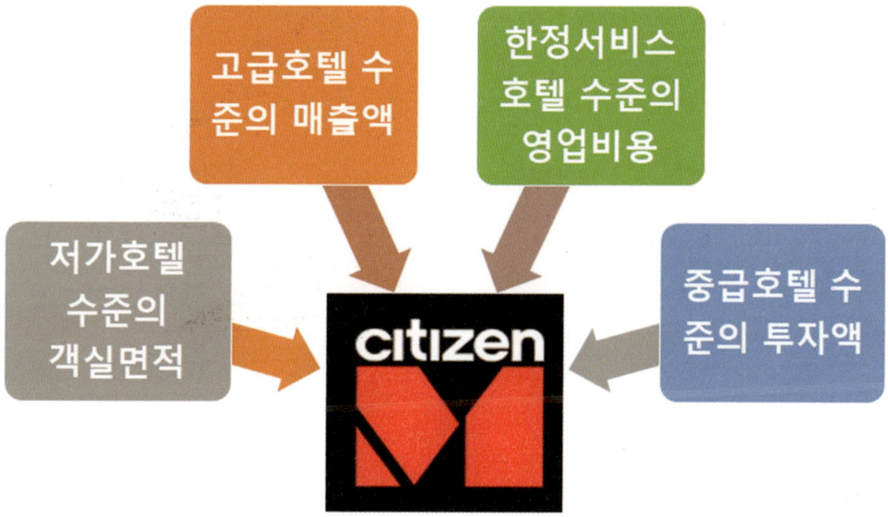

출처: www.citizenm.com

citizenM 호텔이 들어서는 전략적 입지는 대도시나 주요 국제공항 지역으로 정했으며, 이와 같은 호텔로 구성되는 글로벌 포트폴리오를 개발하는 것을 목표로 하고 있다. 2008년 이후부터 citizenM은 런던, 파리, 뉴욕, 아시아 등으로 진출했으며, 2020년 12월 연말 기준으로 유럽, 북미, 아시아 세 개의 대륙에서 모두 20개소(4,760실)의 호텔을 운영하고 있다. 2019년에는 싱가포르의 투자회사 GIC가 지분 25%를 인수하면서 citizenM은 체인 확장을 위해 필요한 자금을 공급받게 되었다.

그림 8-13 citizenM Paris La Defense(좌) & citizenM NY Times Square(우)

출처: www.citizenm.com

Starwood Hotels & Resorts Worldwide

Starwood Capital은 1991년에 젊은 야심가 Barry Sternlicht가 창업했다. Starwood Capital은 1994년에 도산하기 일보 직전에 놓였던 Hotel Investors Trust를 인수하면서 상장기업이 되었다. 이후 Hotel Investors Trust는 호텔운영회사인 Starwood Lodging Corporation과 리츠인 Starwood Lodging Trust로 나눠서 운영되었다. 두 회사는 Paired-share라는 특이한 조직형태로 운영되었는데 조직은 두 개였지만 하나의 주식으로 주식거래소에서 거래되고 있었다.

그러나 두 회사는 1997년에 두 개의 큰 호텔체인을 잇달아 인수하면서 일약 세계 최상위 호텔체인으로 도약하게 되었다. 먼저 1997년에 두 회사는 38개국에 219개소의 호텔을 운영하는 Westin Hotels & Resorts를 15억 달러에 인수했다. Starwood Lodging Corporation은 Westin Hotels & Resorts Worldwide로

Starwood Lodging Trust는 Starwood Hotels and Lodging Trust로 법인명을 변경했다.

그리고 같은 해에 Hilton Hotels Corporation은 ITT Corporation을 인수하기 하기 위해 전쟁을 벌이고 있었는데 Starwood Lodging이 백기사로 등장해서 ITT를 146억 달러에 인수하게 되었으며 Hilton 체인은 분루를 삼켜야 했다. Westin과 ITT를 인수하는 거래는 모두 1998년 초에 종결되었다. 이로써 Starwood는 70개국에서 650개소의 호텔을 운영하게 되었는데, 보유하는 브랜드에는 Sheraton, Westin, The Luxury Collection, St. Regis, Four Points, 그리고 카지노기업인 Caesars 등이 있었다. 그리고 세계에서 고급호텔을 가장 많이 운영하는 체인이 되었다. 또 Westin Hotels & Resorts Worldwide는 Starwood Hotels & Resorts Worldwide로 사명을 변경했다.

신흥 강자로 등장한 Starwood Hotels & Resorts Worldwide는 등장하자마자 1998년부터 세계 호텔산업에 혁신의 바람을 일으켰다. Starwood는 1998년에 뉴욕 맨해튼에 호텔체인으로는 최초로 부티크 호텔인 W New York 호텔을 개관했다. CEO Barry Sternlicht가 직접 주도했던 W 호텔은 파란을 일으키면서 세계 호텔산업에 신선한 충격을 주었다. 전통적으로 제공되었던 호텔체인들의 표준화된 획일적인 상품과 서비스에 이골이 났던 고객들은 환호했다. W 호텔의 대성공은 전통적인 경영사고에 젖어 있던 여러 호텔체인에게 큰 충격을 주었으며 얼마 지나자 이들도 유사한 라이프스타일 브랜드를 출시하기 시작했다. Marriott International의 CEO Bill Marriott 2세는 W의 성공에 충격을 받았다고 실토하며 실내장식은 단순함과 간결함을 추구하는 미니멀리즘(Minimalism)을 선호하지만, 스타일(Style)은 최대를 원하는 도시의 젊은 고객층이 바라고 있던 매력있고 날렵하며 현대적인 호텔로 평가했다. W 호텔의 등장은 이후 세계 호텔산업의 판도를 완전히 뒤바꿔 놓았다.

그림 8-14 W Barcelona, Spain

출처: w-hotels.marriott.com/destinations/w-escapes

1999년 1월이 되자 Starwood Hotels & Resorts Worldwide는 세금을 내는 일반 상장기업(C-Corporation)으로 조직형태를 변경했으며 리츠는 자회사로 두었다. 그리고 같은 해에 ITT로부터 인수했던 카지노 Caesars를 30억 달러에 Park Place에 매각하면서 호텔사업에만 집중하기로 했다. 또 1998년에 유서 깊은 맨해튼의 명물 호텔 St. Regis를 브랜드화하는 것으로 결정했는데 1999년이 되자 모두 6개의 St. Regis 호텔로 증가하게 되었다.

1999년 9월에 Starwood 체인은 두 번째 혁신을 선보이며 세계 호텔산업을 다시 한번 놀라게 했다. Starwood 체인의 Westin은 'Heavenly Bed(천상의 침대)'라는 새로운 객실 어메니티를 출시했다. Heavenly Bed는 최고급 매트리스, 이불, 베개, 시트 등으로 구성된 최고의 숙면 환경을 제공하는 새로운 개념의 혁신적인 침구세트였다.

Heavenly Bed를 개발하기 위해 Westin 경영진은 시장조사를 시행했다. Westin은 먼저 자주 비즈니스 여행을 하는 여러 기업의 중역 600명을 대상으로 설문조사를 했다. 시장조사 결과로 확인된 사실을 보면 첫째, 기업 중역들의 84%가 화려한 침대가 호텔 객실을 더욱 매력적으로 만든다고 대답했으며, 둘째, 중역들의 63%는 숙면(a good night sleep)이 호텔이 제공할 수 있는 가장 중요한 서비스라고 지적했으며, 셋째, 그러나 이들의 50%는 지금까지 호텔에서 집보다 나은 잠을 잘 수 없었다고 불만을 토로했다. 설문조사 결과를 심각하게 여긴 경영진은 경쟁업체인 35개 호텔체인들이 이용하는 50개의 침대를 수집해서 소유하고 있는 한 호텔의 대형연회장에 전부 진열했다. 그리고 각 침대의 장 · 단점에 대해 자세하게 파악했다. 그리고 Westin은 침대회사 Simmons와 협업한 결과 맞춤 제작된 매트리스, 거위털 이불, 5개의 베개, 250수의 빳빳한 시트 3장 등 전부 하얀색으로 구성된 Heavenly Bed의 원형을 개발하는 데 성공했다. 세계 호텔산업 역사상 최초로 브랜드화된 침구가 탄생한 순간이었다. Westin 경영진은 Heavenly Bed를 통해 고객에게 차별화된 객실 어메니티를 선보이고자 했다.

그림 8-15 Westin Heavenly Bed

출처: westinestore.com

Westin 경영진은 새로운 제품의 설계와 개발 및 실험이 끝나자 심사숙고해서 계획된 차별화된 마케팅 캠페인과 함께 Heavenly Bed를 세상에 소개했다. 경영진은 Heavenly Bed를 유명 일간지 USA Today의 1999년 9월 13일 비즈니스 섹션의 첫 면에 대대적인 광고를 게재했다. 그리고 같은 날 뉴욕의 월스트리트에 있는 NYSE 증권거래소 앞에 새하얀 Heavenly Bed 20개를 나란히 진열했으며, 증권거래소 안에서는 Starwood 체인의 설립자 겸 CEO인 Barry Sternlicht가 당일 주식시장의 개장을 알리는 종을 울린 후 모자를 벗어 던지면서 **"악마처럼 일하고, 천사처럼 잠자라"**라고 외쳤다. 이에 그치지 않고 동시에 뉴욕의 중앙역 Grand Central Station 내부의 원형홀에 20개의 침대를 진열해서 열차에서 내리는 사람들에게 한번 누워 볼 것을 청했다. 또 같은 날 미국 전역의 38개 도시에서 지역의 특색에 맞게 각종 이벤트를 실시했다. 그리고 광고 메시지를 강화하기 위해 '어느 것이 최고의 침대인가?'라고 하는 광고 캠페인도 대대적으로 시행했다. Westin이 Heavenly Bed를 위해 쏟아부은 투자금액은 3천만 달러에 달했다.

Heavenly Bed의 출시는 대성공을 거두면서 Westin의 시장점유율은 많이 향상되었다. 고객들은 화려하고 세련된 침대에 환호했다. 호텔산업에 새로운 혁신이 탄생한 순간이었다. 그런데 새로운 침대가 출시된 첫 주에 32명의 고객이 호텔 측에 전화를 걸어서 똑같은 침대를 어디에서 구입할 수 있느냐고 문의했다. 이에 영감을 얻은 Westin 경영진은 무료 전화번호가 있는 주문서를 모든 객실에 비치하도록 했다. 이후에는 침대 옆과 책상에 카탈로그를 매달아 놓았으며 판매 웹사이트도 개설했다. 그리고 2005년에는 유명백화점인 Nordstorm에서도 침대 또는 시트와 베개 등을 판매했다. 그 결과 2012년까지 Westin은 총 10만 개의 침구세트와 25만 개의 베개를 판매할 수 있었다.

그러나 Heavenly Bed가 출시되어 시장에서 돌풍을 일으키자 바로 경쟁업체들의 대대적인 반격이 시작되었다. 2000년에 Hilton 체인은 10억 달러를 투자해서 Serenity Bed를, Marriott 체인은 1억 9천만 달러를 투입해서 Revive Collection을, Hyatt 체인은 Grand Bed를, Radisson 체인은 2천만 달러를 투자해서 Sleep Number Bed를, Crowne Plaza는 Sleep Advantage를, 또 Holiday Inn도 5천3백만 달러를 투자하는 등 서로 경쟁적으로 유사한 침대들을 출시하면서 호텔산업에는 때아닌 **침대전쟁(Bed War)**이 벌어졌다. 유명 호텔체인 간에 벌어진 침대전쟁은 2005년까지 계속되었다. Heavenly Bed의 도입으로 호텔산업은 객실 서비스를 향상하면서 고객만족도를 크게 향상할 수 있었다. 그러나 무한경쟁을 통해 호텔들은 서로 닮아가게 되었다.

같은 해에 Starwood 체인은 세 번째 혁신으로 Starwood Preferred Guest(SPG)라는 충성도 프로그램을 출시했다. 다른 호텔체인들의 프로그램과 달리 SPG는 고객이 성수기나 비수기를 불문하고 아무 때나 누적한 포인트를 사용해서 무료로 객실을 예약할 수 있게 했다. 그리고 SPG는 무료로 이용할 수 있는 객실의 물량을 따로 한정해 놓지 않아서 고객이 편리하게 포인트를 사용할 수 있도록 했다. 또 SPG는 온라인을 통해서 포인트를 쓸 수 있도록 했다. 이와 같은 서비스는 모두 호텔업계에서는 처음으로 도입되는 획기적인 서비스였다. 이처럼 포인트 사용에 제한이 없고 편리하며 차별화된 충성도 프로그램은 고객에게 큰 인기를 끌었다. SPG는 소개된 이후 호텔산업에서 최고의 충성도 프로그램으로 인정받게 되었다. Starwood 체인은 같은 해에 Vistana, Inc.를 인수해서 Starwood Vacation Ownership으로 변경하면서 콘도 Timeshare 사업에 진출했다.

가장 혁신적인 호텔기업이 된 Starwood 체인은 21세기에 들어서도 계속해서 승승장구하며 성장해 나갔다. 2004년이 되자 회장 겸 CEO를 맡고 있던 Barry Sternlicht는 세계적인 기업 코카콜라의 사장을 역임했으며 마케팅전문가였던 Steven Heyer에게 CEO 자리를 넘기면서 체인의 성장이란 중책을 맡겼다. 그리고 자신은 회장직만을 유지했다. 이사회의 구성원 일부는 호텔사업에 경험이 있는 CEO가 필요하다는 의견을 제시했지만 실현되지 못했다.

2005년에 Starwood는 매출과 순이익에서 창사 이래 최고의 기록을 세우는 기염을 토했다. 또 체인에 가입하려고 계약을 새로 체결한 호텔의 수가 100개소에 달했다. 그리고 같은 해에 주로 유럽과 중동 지역에서 120개소의 호텔을 운영하는 Le Meridien 체인을 인수했다. 이로써 2005년 연말이 되자 체인은 모두 264,000실로 구성된 864개소의 호텔을 운영하는 거대한 체인이 되었다. 그러나 2005년에 창업자 Barry Sternlicht는 본인이 소유하는 Starwood Capital에 전념하고 가족과 더 많은 시간을 보내기 위해 회장직을 사임한다고 발표했다. 실은 Steven Heyer가 부임한 이후 두 사람은 체인 경영을 두고 심한 의견의 차이를 보이면서 서로 얼굴을 붉히게 되었으며 관계는 날로 악화됐다. Barry Sternlicht

는 1994년에 기업가치가 천만 달러에도 미치지 못해 도산하기 직전이었던 기업을 기업가치가 150억 달러에 달하는 Starwod Hotels & Resorts Worldwide로 성장시킨 공로를 인정받고 있으며, 또 초기 체인의 여러 성공적인 혁신을 이끌었던 뛰어난 역량을 보유한 호텔산업의 리더였다.

2006년에 Starwood 체인은 종전의 부동산소유전략(Asset-heavy Strategy)에서 자산경량화전략(Asset-light Strategy)으로 전환한다고 전격 선언하면서 보유했던 호텔 50개소를 47억 달러에 매각했으며 동시에 위탁경영계약을 체결해서 운영권은 유지해 나갔다. 같은 해에 체인에 새로 가입한 호텔은 모두 156개소(37,000실)에 달했다.

그러나 2007년 4월에 CEO직을 맡고 있던 Steven Heyer가 이사회와 충돌하면서 해임되는 사태가 발생했다. 그는 직원과의 관계에서 몇 가지 문제점을 드러냈다고 이사회는 발표했다. 그런데 CEO가 떠나면서 Starwood 체인이 시장에 매물로 나왔다거나 다른 기업이 인수를 노리고 있다는 소문 또는 보도가 증권시장에서 흘러나오기 시작했다. 새로운 CEO를 수소문한 끝에 2007년 9월에 Coors 맥주회사 사장을 역임했던 마케팅 전문가 Frits van Paasschen이 새로운 CEO로 임명되었다. 새 CEO는 자산경량화전략을 가속화하기 위해 2008년에 3개소의 호텔을 3억 2천만 달러에 매각했다. 그리고 새로운 라이프스타일 브랜드로 aloft와 element가 출시됐다.

2009년에 세계금융위기가 발발하자 체인은 어려움에 봉착하게 되었으며 비용을 절감하기 위해 많은 노력을 기울였다. 같은 해에 체인은 건물노후화가 심하게 진행되면서 많은 문제점이 노출되었던 Sheraton 계열 호텔들의 개보수 계획으로 Sheraton Revitalization을 발표했다. 다년간 60억 달러가 투자되었던 대대적인 캠페인을 통해 브랜드표준에 맞춰서 전 세계에서 120개소의 호텔이 개보수되었다.

2010년에 체인은 1,000번째 호텔을 개업했다. 2011년에 CEO Frits van Paasschen은 떠오르는 시장 중국에서 더 큰 성장을 촉진하기 위해 체인 본사를 상하이로 1개월 동안 이전하는 것으로 결정하고 최고경영진과 함께 이동했으며, 체류하는 기간에 여러 도시를 방문하고 체인이 운영하는 호텔을 둘러보았다. 같은 해에 아시아 · 태평양 지역의 200번째 호텔을 개업하면서 성장을 위한 발판을 굳건하게 다지게 되었다. Starwood 체인은 아시아 · 태평양 시장에서 주로 5성급 및 4성급 호텔의 성장에 주력하였다. 그리고 2012년에 체인 본사를 뉴욕주에서 코네티컷주 Stamford로 이전했다. 또 같은 해 중국에서의 100번째 호텔을 개업했다. 특히 마카오에 체인에서 가장 큰 호텔이 되는 4,000실의 Sheraton Macao를 개관했다.

2013년에 체인 경영진은 중동의 전략적 요충지인 두바이로 본사를 1개월간 이전해서 12개국의 19개 도시들을 방문했다. 그리고 Asset-light Strategy를 가속하기 위해 2013년에는 6개소의 호텔을 2억 5천만 달러에 매각했으며, 2014년에는 8개소의 호텔을 매각해서 8억 1천7백만 달러를 확보했다. 그리고 같은 해에 체인은 호텔산업에서 최초로 스마트폰으로 객실을 여닫는 Mobile Keyless Entry System을 도입했다. 이 시스템의 도입으로 고객은 호텔에 도착하면 프런트데스크를 들르지 않고 바로 객실로 직행할 수 있게 되었다.

2015년 2월에 Starwood 체인의 이사회는 CEO Frits van Paasschen과 합의했다고 전제하면서 그의 사임을 발표했다. 그러나 실제적으로는 해임당한 것이었다. CEO직 대행으로 Adam Aron이 임명되었다. 같은 해 4월에 Starwood 이사회는 체인을 매물로 시장에 내놓는다는 결정을 내리고 인수자를 물색하기 시작했다.

CEO를 해임하고 체인을 매각하기로 결정하게 된 것은 2013년부터 불거진 문제점 때문이었다. 2014년에 Starwood Hotels & Resorts Worldwide의 주주들은 체인 경영진이 2013년도의 배당금(Dividends)으로 단지 1억 9천만 달러만을 지급하자 경영진의 역량을 의심하기 시작했다. 2014도에는 배당금이 대폭 상향되어 모두 24억 달러가 지급되었지만, 성장 속도에 문제가 있다는 점이 강하게 제기되었다. 경쟁업체였던 Marriott, Hilton, Hyatt 체인들은 모두 증권시장 분석가들의 예상을 상회하고 예상되는 가격대도 상향되고 있었다. 그러나 Starwood 체인의 성장 속도는 산업평균뿐만 아니라 투자자들의 기대에도 어긋나고 있었다. 체인은 2014년에는 7,400실, 그리고 2105년에는 15,700실에 해당하는 호텔을 체인으로 편입하는 성과를 거두었으나 경쟁업체에 뒤지고 있었다. 그리고 객실점유율은 4개의 경쟁업체 중에서 최하위를 기록했으며 RevPAR도 썩 좋지 않았다. 증권시장의 일부 분석가는 이와 같은 저조한 성과는 호텔산업에 경험이 없었던 종전 두 CEO에서 비롯된 것이라고 비판했다.

그리고 CEO Frits van Paasschen에게 주주들은 Marriott 등 다른 체인처럼 빨리 소유하는 호텔들을 매각해서 신속하게 Asset-light Strategy로 전환하도록 전부터 주문하고 있었다. CEO를 비롯한 경영진은 2016년 말까지 30억 달러에 달하는 호텔들을 매각하는 계획을 발표했지만 정작 2014년 말까지 기록한 매각 성과는 8억 1천7백만 달러에 불과했다. 한 증권분석가는 적시에 호텔을 매각하지 못한 것이 체인 전체를 시장에 매물로 내놓아서 매각하는 결정을 내리게 된 결정적인 원인이 되었다고 했다. 드디어 2015년 11월 16일에 Starwood Hotels & Resorts Worldwide 이사회는 만장일치로 Marriott International에 흡수되면서 합병하는 것으로 결정했다고 발표했다. 혁신기업으로 명성이 자자하던 호텔체인이 채 20년이 지나기도 전에 역사 속으로 사라지고 말았다. 당시에 합병 소식을 알리는 CNBC 방송에 패널로 참석했던 창업자 Barry Sternlicht는 Starwood 체인은 자신이 재임할 때처럼 계속해서 혁신을 이어나갔어야 했다고 말하며 씁쓸한 마음을 표현했다.

Marriott International, Inc.

21세기에도 Marriott International은 거침없는 성장을 기록하고 있다. 그러나 21세기 첫 시작은 그리 반가운 것은 아니었다. 2000년에 체인의 2,000번째 호텔이 템파에 건립되었으나, 2001년 9.11 테러 사건이 터지면서 트윈타워 바로 밑에 있던 Marriott World Trade Center는 거의 완파되는 수준의 피해를 보았다.

20세기에 Marriott 체인은 전략적인 가치가 존재할 때마다 다른 호텔체인을 인수하면서 체인의 규모를 키워왔다. Marriott 체인은 지속적인 성장을 유지해 나가기 위해 21세기에도 인수합병을 많이 추진하였다. 먼저 2004년에는 Ramada 브랜드의 국제 사용권을 보유하고 있던 Ramada International을 Cendant에 매각했다. 2005년에 Marriott 체인은 영국기업 Whitbread PLC가 보유하고 있는 Marriott와 Renaissance처럼 Marriott 프랜차이즈 브랜드로 운영되던 호텔 46개소를 공동으로 인수해서 전부 위탁경영호텔로 전환했다. 2006년에 Whitbread

PLC는 보유 지분을 RBS에 매각했다. 같은 해에 Sunstone Hotel Investors 등의 공동 투자자들과 함께 CTF Holdings가 보유했던 32개소의 호텔을 인수했다. 2006년에는 파리에서 제일 큰 호텔인 782실의 Paris Rive Gauche Hotel & Conference Center를 인수했다.

2012년 3월에 Marriott International의 회장 겸 최고경영자(CEO) Bill Marriott 2세와 이사회는 재무책임자(CFO)였던 변호사 출신의 Arne Sorenson을 CEO에 임명했으며, 자신은 나이 등으로 일상적인 경영활동에서 좀 물러서 있기로 했다. 체인으로서는 처음으로 Marriott Family가 아닌 인물이 CEO가 된 역사적인 순간이었다. 그러나 나름대로 CEO직 승계를 기대하고 있었던 아들 John Marriott는 주차장의 차 안에서 임원으로부터 소식을 듣고 오열했다. 그는 독실한 모르몬교 집안의 전통을 버리고 아내와 이혼하는 등 부모의 기대를 저버리기도 하였다. 그는 2018년에 아버지와 작은아버지를 권리 침해로 법원에 고소하기도 했으나 소송은 잘 마무리되었다.

2012년에 Marriott 체인은 8,100실의 5개 대형 컨벤션호텔로 구성된 Gaylord Hotel의 브랜드를 2억 2천만 달러에 인수하고 위탁경영하는 거래를 마쳤다. 거래 후 소유권은 리츠로 변신한 전 소유주 Ryman Hospitality Properties, Inc.가 계속해서 보유하게 되었다. 그리고 2014년에 체인은 116개소의 호텔을 운영하였으며 아프리카 최대의 호텔체인 Protea Hospitality Group을 1억 8천6백만 달러에 인수했다. 이어서 2015년에는 10,000실의 38개소 호텔을 운영하는 캐나다 최대의 고급호텔 체인 Delta Hotels & Resorts를 1억 6천8백만 달러에 인수했다.

2015년 11월 16일에 Marriott International은 체인 사상 최대 액수인 122억 달러를 지급하고 Starwood Hotels & Resorts Worldwide를 인수한다고 발표했다. 이 소식에 투자자와 분석가들은 깜짝 놀랐다. 같은 해 4월에 Starwood 경영진이 체인을 매물로 내놓고 조금 후에 있었던 투자설명회에서 Marriott 체인의 CEO Arne Sorenson은 Starwood를 인수하는 것은 체인의 이전 인수 활동과는 일관성이 없는 것이어서 관심이 없다고 발표했던 터였다. 그러나 그 후 호텔산업에는 많은 변화가 이루어졌다. Starwood가 스스로 시장에 매물을 내놓은 후부터 Starwood와 Marriott의 주가는 모두 최소한 9% 떨어졌으며, 달러 가치는 상승했고, 그리고 Airbnb의 급속한 성장으로 경쟁 및 위협은 더욱 심화가 되었다. 이와 같은 경영환경에서 인수를 통한 통합(Consolidation)으로 규모를 늘리는 것이 매력적인 대안으로 등장하게 되었다.

이와 같은 환경변화로 인수 거래 상황도 역동적으로 변했다. Hyatt 체인이 Starwood를 인수하기 위해 접근해서 협상 중이었으며 거의 종결되는 순간까지 갔었다. 그리고 마지막 순간에 Marriott가 Hyatt와 비슷한 수준의 가격으로 Starwood 이사회에 접근했다. Starwood 이사회는 두 체인의 거래 조건을 비교 · 평가하기 시작했으며 결국에는 Marriott 주식이 더욱 큰 성장 잠재력을 보유하고 있다고 판단하고 Marriott와 거래하기로 최종적으로 결정했다.

Marriott 체인은 인수대금을 118억 6천만 달러는 Marriott International의 주식으로 나머지 3억 4천만 달러는 현금으로 지급하는 조건이었다. Marriott가 Starwood에 지급하는 인수가격에는 약 19%의 프리미엄이 포함되었는데, 이는 인수 소문이 나돌기 시작했던 10월 26일의 주가를 기준으로 상승분을 감안해서 산출된 것이었다. 그러나 투자자들은 기대보다 낮은 수준의 프리미엄에 실망했으며 인수합병 소식 발표일에 Starwood의 주가는 3.6% 하락했으며 오히려 Marriott의 주가는 1.4% 상승했다. 이와 같은 주가 변화는 인수 발표에 피인수기업의 주가는 상승하고 인수기업의 주가는 하락하는 통상적인 주식시장의 양상과 완전히 반대로 나타났다. 그러나 일부에서는 9월에 있었던 Blackstone Group이 Strategic Hotels를 인수하면서 지급했던 13%의 프리미엄에 비하면 높은 편이라고 주장했다.

계약조건에 따르면 계약을 파기하는 측은 4억 달러의 위약금(Breakup Fee)을 물기로 정했다. 합병돼서 탄생하는 기업의 CEO는 Arne Sorenson이 맡도록 했으며 이사회 정원은 14명으로 늘고 Starwood는 3명의 이사진을 구성할 수 있도록 했다. Starwood를 위한 금융 자문(Financial Advice)은 Lazard와 Citigroup이 맡았으며, Deutsche Bank는 Marriott를 자문했다. 그리고 법률 자문(Legal Counsel)을 수행하는 로펌으로 Starwood는 Cravath, Swaine & Moore LLP를, Marriott은 Gibson, Dunn & Crutcher LLP를 선정했다.

그러나 순조롭게 진행되던 인수 거래는 2016년 3월 3일 중국의 안방보험이 더 높은 인수가격을 제시하면서 미궁 속으로 빠져들게 되었다. 1주당 76달러를 제시했던 Marriott와 달리 안방보험은 더 높은 1주당 78달러에 총금액 132억 달러를 제시했으며 전액 현금 조건이었다. 많은 사람이 Marriott의 인수는 물 건너 간 것으로 판단하였다. 그러나 이에 질세라 Marriott 체인은 1주당 금액을 79.53 달러로 더 올려 책정하고 총 인수금액을 136억 달러로 상향했다. 이 조건에 의하면 Starwood의 주주들은 주당 21달러를 현금으로 받고 이에 더해서 Starwood Hotels & Resorts Worldwide의 주식 1주당 Marriott International의 주식 0.82주를 받을 수 있었다. CEO Sorenson은 가격을 인상하면서 이 조건은 최종적인 가격이며 이제 더 올릴 수는 없다고 발표했다. Marriott 체인은 더 현금을 동원할 수 있는 상황이 아니었다. Marriott 경영진은 더 많은 자금을 차입하면 투자등급이 하향되기 때문에 경영진은 신용등급이 유지되는 것을 원했다.

Marriott 체인이 가격을 올리자 안방보험은 인수가격을 81달러로 올렸다가 또 다시 82.75달러에 총금액 140억 달러까지로 인상했다. 그러나 인상을 발표한 다음 주 안방보험은 석연치 않은 상황에서 불분명한 사유를 대며 인수 협상을 스스로 철회하면서 돌연 협상 테이블에서 사라지고 말았다. 안방보험은 전부터 만약에 인수에 성공하는 경우 인수자금을 어디서 공급할 것인가와 회사의 실체 등에 대한 의문이 끊임없이 제기되고 있었다. 따라서 Starwood 이사회는 안방보험과 거래를 중지하고 Marriott 체인을 최종 인수자로 결정한다고 정식 발표했다. Marriott 체인은 세계 주요국의 승인을 받은 후 2016년 9월에 인수절차를 완전히 종결했다.

Marriott 체인은 경쟁사였던 Starwood 체인을 인수해서 다소나마 경쟁을 줄일 수 있게 되었다. 두 개의 거대한 호텔체인이 합병하면서 1,100,000실의 객실, 5,500개소의 호텔, 30개의 유명 브랜드, 그리고 7천5백만 명의 충성도 프로그램 회원 등으로 구성되는 세계 최대의 호텔체인이 탄생했다. 두 호텔체인이 결합하면서 절감되는 비용도 연간 2억 5천만 달러에 이른다고 발표되었다. 그리고 시장에서는 Marriott 체인이 경쟁사를 인수해서 규모를 키우게 된 동기는 Airbnb의 대체재 위협에 대처하고 OTA와의 협상에서 우위를 차지하기 위한 방어적 성격의 인수로 봤다.

Starwood를 인수하면서 그동안 사업영역이 미국에 치중되었던 Marriott의 해외시장 사업영역을 크게 확대할 수 있었다. 특히 Starwood는 미래의 시장으로 손꼽히는 중국에서 많은 활동을 하고 있었다. Starwood는 중국에서 Marriott에 비해 2배나 많은 호텔을 운영하고 있었으며 공사 중이거나 계약을 체결해서 장차 개업할 호텔이 130개소에 달했다. 그리고 Marriott의 중국 시장 호텔의 40%는 북경과 상하이에 집중되고 있었지만, Starwood 호텔들의 86%는 두 도시 이외의 도시들에 존재하고 있었다.

Marriott 체인은 Starwood를 인수한 후 2019년이 되자 양사의 충성도 프로그램이었던 Marriott Rewards와 SPG를 통합한 새로운 충성도 프로그램 Marriott Bonvoy를 출시했으며 연말이 되자 회원 수가 1억 4천1백만 명에 달하게 되었다. 그리고 2019년에 Airbnb와 경쟁하기 위해 같은 공유경제 플랫폼기업인 Homes & Villas를 차리고 세계 각국에 있는 18,000개의 고급 주택을 고객에게 임대하고 있다.

인수 활동 외에도 Marriott 체인은 많은 전략적 활동을 지속적으로 펼쳐 나갔다. 2007년에 부티크 호텔의 선구자 Ian Schrager와 파트너 관계를 맺고 라이프스타일 부티크 브랜드 Edition의 출시를 발표했으며, 결국 2010년에 하와이 와이키키 비치에 1호 Edition 호텔을 개관했다. 그리고 2010에는 소프트 브랜드인 Autograph Collection을 출시하면서 경쟁 대열에 합류했다. 또 2011년에는 AC Hotels by Marriott를 도입했으며, 2014년에는 Moxy를 출시했다.

Marriott 체인은 1995년에 처음으로 고객에게 온라인 객실 예약 서비스를 제공하기 시작했으며 2002년에는 Marriott.com을 방문하는 고객이 6백만 명에 이르게 되었다. 2003년부터 Marriott.com을 통해 객실을 예약하는 통계가 발표되기 시작했는데 14억 달러 가치에 달하는 예약이 이루어졌다. 2013년에는 90억 달러의 예약이 Marriott.com을 통해 이루어졌으며, 같은 해 스마트폰을 이용한 모바일 객실 예약도 직전 연도에 비해 67% 증가했다. 2014년에는 Marriott.com을 통한 예약 금액이 100억 달러에 이르렀으며, 모바일 예약도 20억 달러에 달했다. 그리고 2019년 통계를 보면 Marriott.com 등 디지털 플랫폼을 통한 예약 금액이 260억 달러에 달했으며, 또한 모바일 예약 금액도 또한 86억 달러에 달하면서 빠르게 증가하고 있다.

2020년 연말을 기준으로 Marriott International은 모두 133개국에서 7,642개소의 호텔들을 운영하고 있으며 총 객실 수는 1,423,044실에 달하는 변함없는 세계 최대의 호텔체인이다. 〈그림 8-16〉과 〈그림 8-17〉에서 볼 수 있듯이

Marriott International은 철저하게 Asset-light Strategy를 비즈니스모델로 채택하고 있는 호텔체인이다. 2020년 연말 기준으로 총 7,642개소의 호텔 중에서 소유하는 호텔은 단 5개소이며, 61개소의 호텔은 임차해서 운영하고 있으며, 2,083개소의 호텔은 위탁경영계약으로, 그리고 나머지 5,493개소의 호텔은 프랜차이즈 가맹호텔이다. 또 미국 시장에 편중된 편이다.

Marriott 체인의 매출액은 90% 이상이 위탁경영과 프랜차이즈 수수료 수입에서 유래된다. 2019년 체인의 총매출액은 $20,972,000,000이다. 여기서 수수료 수입이 $3,823,000,000인데, 프랜차이즈 수수료가 $2,006,000,000이며, 위탁경영 기본수수료가 $1,180,000,000이며 인센티브 수수료가 $637,000,000로 구성되었다. 수수료 수입에서 계약제비용(Contract Investment Amortization) $62,000,000을 제하면 순수수료 수입은 $3,761,000,000이 된다. 순수수료 수입에 위탁경영 및 프랜차이즈 호텔에 본사에서 선지급해서 제공하는 중앙시스템 서비스 비용 즉 시스템정산비용(Cost Reimbursement Revenue) $15,599,000,000와 체인이 소유하는 호텔과 임차호텔에서 생기는 매출액 $1,612,000,000을 합하면 총매출액은 $20,972,000,000이다. 바꾸어 말하면 2019년 총매출액에서 소유 및 임차호텔 매출분 $1,612,000,000을 뺀 $19,360,000,000은 위탁경영과 프랜차이즈 수수료에서 비롯되는 수입 금액이며, 총매출액의 92.3%를 차지했다. 따라서 Asset-light Strategy를 채택하는 호텔체인의 주 수입원은 수수료 수입이라는 사실이 증명되었다. Marriott 등 유력 호텔체인들이 Asset-light Strategy를 이용하는 가장 큰 이유는 불경기에 충격을 받을 때마다 회복탄력성(Resilient)이 비교적 높기 때문이다.

그림 8-16 Marriott International의 비즈니스모델별 객실 수(2020.12.31. 기준)

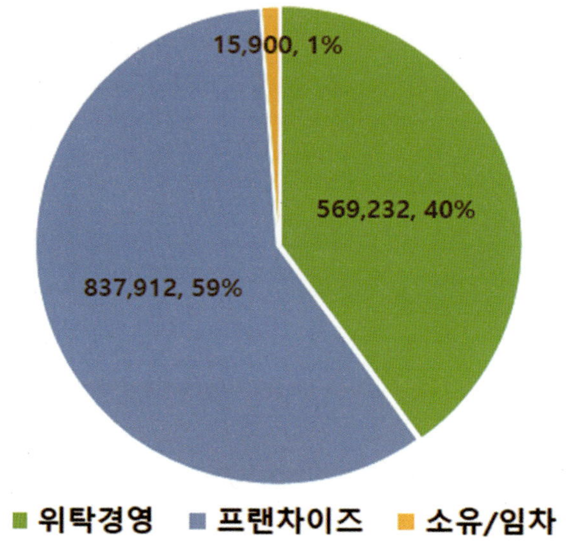

출처: Marriott International, 2020 Annual Report

그림 8-17 Marriott International의 비즈니스모델별 호텔 수(2020.12.31. 기준)

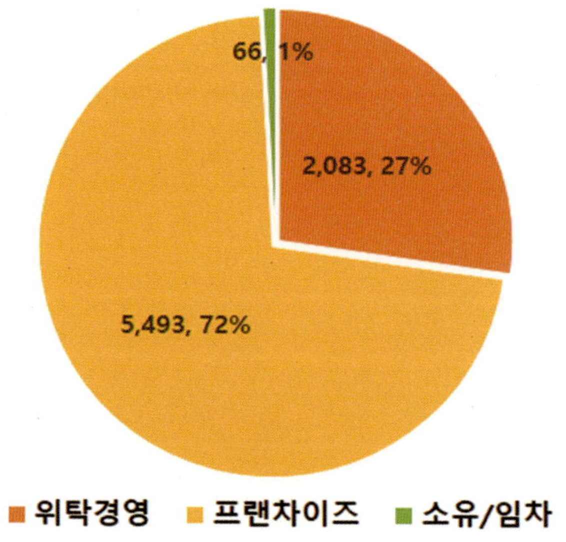

출처: Marriott International, 2020 Annual Report

그림 8-18 Marriott International의 세계 지역별 객실 수(2020.12.31. 기준)

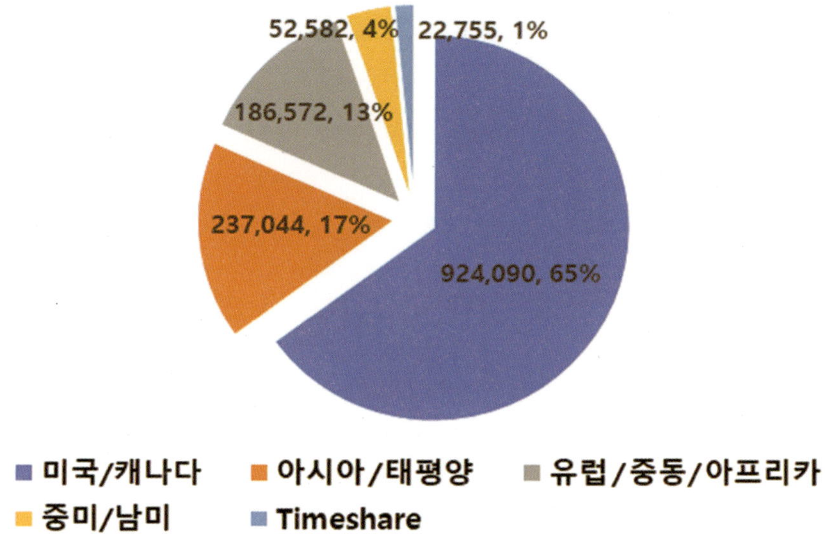

출처: Marriott International, 2020 Annual Report

그림 8-19 Marriott International의 세계 지역별 호텔 수(2020.12.31. 기준)

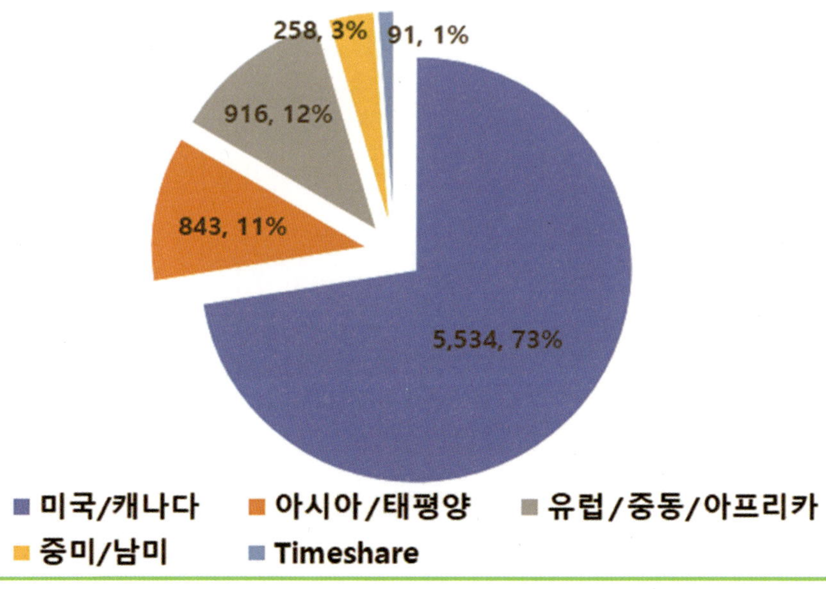

출처: Marriott International, 2020 Annual Report

그림 8-20 Marriott International의 세계 Top 10 호텔시장(2020.12.31. 기준)

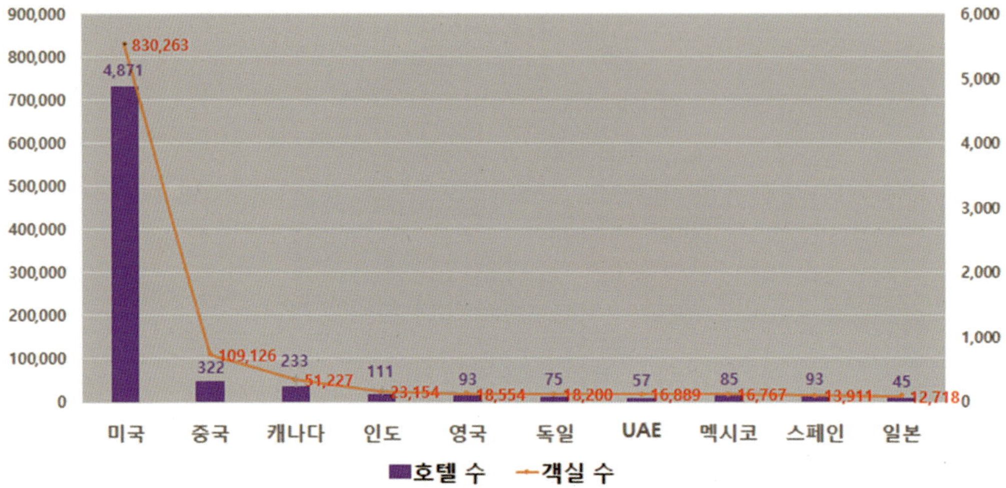

출처: Marriott International, 2020 Annual Report

그림 8-21 Marriott International의 주요 브랜드(2020.12.31. 기준)

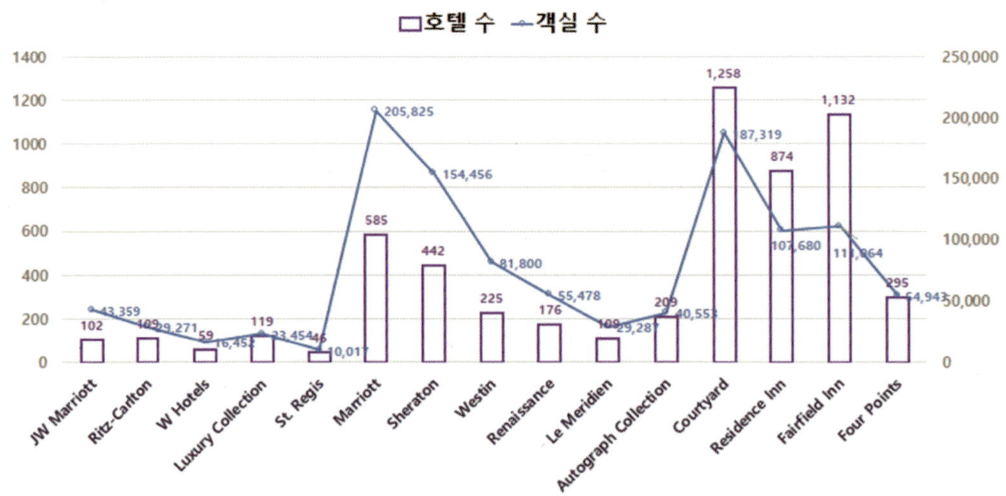

출처: Marriott International, 2020 Annual Report

○ Hilton Worldwide Holdings, Inc.

2006년에 Hilton Hotels Corporation은 영국의 Hilton International의 인수합병 절차를 마치고 40년 만에 다시 하나가 되었다. 체인은 그동안 해외에서 Hilton 브랜드를 이용할 수 없어서 해외시장 개척에 적지 않은 어려움을 겪고 있었다. 같은 해 체인은 뉴욕 맨해튼의 명물 Waldorf Astoria의 브랜드화를 결정하고 Waldorf Astoria Collection을 출시했다.

Steve Bollenbach가 부임한 이후 Hilton 체인의 성과는 많이 향상되었다. 2000년부터 2006년까지 체인은 연평균 20.3%의 자본수익률(ROE)을 기록하면서 주주들을 즐겁게 했으며, 매출도 해마다 상승했다. 체인은 해외시장으로 확장하는 전략에 집중하고 있었는데, 해외로 진출하는 데 자금이 많이 소요되는데 체인은 자금을 지원해 줄 파트너가 요구되고 있었다. 그리고 미국의 호텔산업은 2005년부터 2007년까지 계속해서 성장하고 있었으며 많은 사모펀드가 활발하게 인수 활동을 벌이고 있었다.

2007년 7월 3일에 굴지의 사모펀드 기업 Blackstone Group은 Hilton Hotels Corporation을 호텔산업 역사상 최대 금액인 현금 260억 달러에 인수한다고 발표했다. 1주당 47.50달러로 총금액 260억 달러의 인수금액에는 전일 종가 대비 40%에 달하는 프리미엄이 포함되었다. 보통 20~30%였던 통상 수준에 비해 높은 프리미엄을 지급한 사례였으며 많은 사람이 비싸게 산 것이라고 수군거리게 되었다.

인수가격 260억 달러는 직전 12개월 동안 Hilton 체인의 현금 창출 능력 즉 법인세 · 이자 · 감가상각비 차감 전 영업이익(EBITDA)의 12.2배로 산출되었다. Blackstone Group은 인수자금을 조달하기 위해 260억 달러의 78.8%인 205억 달러를 외부에서 부채로 조달했다. 205억 달러를 빌려준 은행들의 면모를 보면 Bear Stearns, Bank of America, Deutsche Bank, Morgan Stanley, 그리고 Goldman Sachs 등 모두 세계 최고 수준의 상업은행 또는 투자은행들이었다. 이 은행들은 자금을 빌려준 것뿐만 아니라 인수 거래에서 금융자문사의 역할도 했다. 나머지 자금 55억 달러는 Blackstone Group이 현금을 자본으로 투자했다. Hilton이 보유한 많은 자산과 수익을 담보로 최대한 부채를 끌어들였던 이 거래는 전형적인 차입매수(LBO: Leveraged Buyout)였다. 그리고 Blackstone은 인수하면서 Hilton의 상장을 폐지해 버렸는데, 이는 LBO에서 흔히 쓰는 수법이며, 기업가치를 올린 후 다시 상장하고 있다.

인수되는 당시에 Hilton 체인은 600,000실을 포함하는 3,700개소 호텔들을 운영하고 있었다. Blackstone은 호텔산업에서 종전에도 HFS, La Quinta, Wyndham, Extended Stay America 등 많은 투자 경험을 보유하고 있던 세계 최대의 부동산 사모펀드 업체였다. 이 사모펀드의 Motto가 'But it, Fix it, Sell it'이었다.

2007년 10월 24일에 인수절차가 모두 종료되고 5일 후에 Blackstone Group의 책임자 Johnathan Gray는 현직 Host Hotels & Resorts(Host Marriott의 새 법인명)의 CEO인 Christopher Nassetta를 Hilton의 새로운 사장 겸 CEO로 임명한다고 발표했다. Gray는 Hilton의 경영진을 모두 새 인물로 바꾸는 것으로 결정했다. Nassetta는 1995년부터 Host Hotels & Resorts의 수석부사장으로 근무하기 시작했으며 2000년에 사장 겸 CEO에 임명되어 근무하고 있었다. Gray와 Nassetta는 오래전부터 잘 아는 사이였다. 보통 LBO 거래는 저평가된 기업을 인수하여 업계에서 역량이 탁월한 경영진을 투입해서 성과를 높여 기업가치를 향상한 후에 다시 좋은 가격으로 기업을 매각하는 방식을 이용한다.

Nassetta는 경영진을 새롭게 구성했으며 그에게 주어졌던 큰 도전과제는 해외시장 확장을 대대적으로 추진하는 것이었다. 그는 Simon Vincent를 수석부사장으로 임명해서 유럽 · 중동 · 아프리카 지역에서 사업을 확대할 것을 주문했다. Vincent는 기대에 부응해서 향후 개업한 300개소의 호텔 중에서 100개소를 개업하는 성과를 일구어냈다.

Nassetta는 Hilton의 조직문화를 개편해 나가기 시작했다. 그는 모든 본사 직원에게 최소한 3일 이상 프런트데스크, 주방, 객실정비부서(Housekeeping)와 같이 현장에 나가서 고객과 접해 보도록 주문했으며 이를 변화를 위한 중요한 첫 걸음으로 판단했다. 또 현장 직원들의 평가방식도 바꿔서 직원 간에 경쟁을 자극하고 효율성을 향상하고자 했다.

그러나 2008년에 세계금융위기 쓰나미가 호텔산업에 거세게 몰아치기 시작했으며, Hilton 체인의 매출은 20% 이상 급감하고 이익은 40% 이상 떨어졌다.

Gray는 그동안 Hilton이 수익이 생기면 배당금으로 받아가는 대신에 체인의 막대한 부채를 조금씩 갚아 나가고 있었다. 부채 규모가 너무 컸기 때문에 이자 비용에 대한 부담이 높아만 갔다. 2009년이 되자 Hilton 체인의 가치는 70%나 떨어졌으며, 이는 자금을 빌려준 은행에도 크게 부정적인 영향을 미쳤다. 많은 사람이 이번 인수 거래는 큰 재앙이 될 것이며 대실패로 끝나게 될 것으로 예측하기 시작했다.

Nassetta는 어려운 시기를 맞아 비용을 절감하기 위한 노력에 전력을 집중했으며, 2009년에 임차비용이 비싼 캘리포니아주 Beverly Hills를 떠나 체인 본사를 버지니아주 McLean으로 이전했다. 전 본사는 부촌 지역인 로데오 드라이브 근처여서 근무환경이 썩 좋은 편이 아니었고, 공항과도 거리가 너무 멀었으며, 교통혼잡이 심해서 가끔 회의가 늦어지기도 했다. 그러나 수백 명에 달하는 본사 직원들이 이사를 포기했다. 그럼에도 불구하고 Nassetta는 변화를 하려면 결국에는 사람을 바꿔야 한다고 판단하고 이전을 강행했다. 같은 해 체인의 새 로고를 개발하고 또 법인명도 Hilton Worldwide Holdings Inc.로 변경했다.

2009년 말엽부터 Gray는 자금을 융자해준 은행을 만나 부채의 구조조정에 대해 논의하기 시작했다. 당시에 금융시장은 Lehman Brothers의 도산 등으로 큰 곤경에 처해있었으며 은행들은 위기를 극복하기 위해 전력을 기울이고 있었다. 10개월에 걸친 오랜 협상 결과 Gray는 채권자로부터 많이 할인된 금액으로 상당한 부채액을 재매입했으며, 일부 은행은 부채를 우선주로 전환했다. 어떤 은행의 경우에는 채권액 1달러당 35센트 정도만 받기도 했다. 그 결과 기존에 205억 달러였던 전체 부채액이 약 160억 달러로 대폭 축소되었다. 그리고 상환 만기기간도 2년 더 연장되었다. 그에 대한 조건으로 Blackstone Group은 10억 달러의 자금을 Hilton 체인에 수혈하기로 했다. 부채 조정으로 부채비율이 낮아짐으로써 Hilton의 가치는 상승될 수 있었다.

부채 구조조정이 끝나자 2011년부터 호텔산업은 회복돼서 다시 성장하기 시작했다. 2011년에 부동산에 투자된 금액이 총 190억 달러였으나 2013년이 되자 250억 달러로 다시 투자 활동이 증가하기 시작했다. 그리고 Hilton 체인의 RevPAR도 상승했으며, EBITDA도 2011년부터 연평균 12%씩 성장하였다. 그리고 Hilton 체인의 부채는 인수 당시 205억 달러에서 120억 달러로 줄어들었다. 또 Blackstone Group이 인수한 후 Hilton 체인의 총 객실 수는 34% 즉 170,000실이 증가했는데, 주로 유럽과 아시아에서 크게 늘었다. 드디어 Gray와 Nassetta는 Hilton을 다시 상장하는 것으로 결정하였다.

2013년 12월 12일에 Hilton Worldwide는 새로 주식을 뉴욕 NYSE에 다시 상장해서 200억 달러를 조달하게 될 예정이었다. 언뜻 보면 260억 달러에 인수한 것과 비교하면 60억 달러의 가치가 하락한 것으로 보이지만 사실과 다르다. 상장 첫날에 주가는 시초가보다 7.5% 상승해서 $21.50에 마감했으며, 총가치는 212억 달러에 달했다. 호텔산업 역사상 최대의 상장 금액이었다. 여기에 부채액 120억 달러를 합하면 Hilton 체인의 총가치는 약 330억 달러에 이르렀다. 인수 당시에 260억 달러였던 기업가치가 330억 달러로 약 27% 증가한 것이었다. 그리고 Blackstone Group은 Hilton의 총지분 76%를 보유하고 있었으며 상장일에 단 1주도 팔지 않았는데, 총지분가치가 약 161억 달러에 달했으며 현재까지 투자했던 65억 달러에 비교하면 2배를 훨씬 초과하는 액수였다. 이것으로 Blackstone Group의 Hilton 체인 LBO는 대성공으로 결말지어졌다. 인수한 직후 겪게 된 사상 초유의 위기를 오히려 기회로 잘 활용했고, Johnathan Gray의 뛰어난 금융공학(Financial Reengineering) 역량이 빛을 발했으며, CEO Christopher Nassetta가 탁월한 리더십을 발휘해서 체인의 성장을 이끌면서 탄생한 한 편의 걸작 드라마였다.

Blackstone Group은 2014년부터 12차례에 걸쳐 Hilton의 지분 76%를 점진적으로 매각해 나갔다. 그중에서 Waldorf Astoria 호텔을 중국의 안방보험에 19억 5천만 달러에 매각했으며, 2017년 3월에는 지분 25%를 역시 중국의 HNA Group에 매각했다. 그런데 HNA Group은 2018년에 부채를 갚기 위해 다시 25% 지분을 매각하게 되었는데 주가 상승으로 20억 달러의 차익을 얻었다. 2018년에 Blackstone은 마지막으로 보유했던 지분을 모두 내다 팔면서 인수한 지 11년 만에 모두 140억 달러의 이익을 남기고 Hilton과 결별했다. 사모펀드 업계 사상 최고의 수익을 기록했다.

그림 8-22 2010년 12월 12일 NYSE 상장시의 Hilton CEO Christopher Nassetta

출처: Hilton.com

한편 Hilton 체인은 2009년에 라이프스타일 브랜드로 Denizen을 출시했으나 바로 Starwood 체인의 항의를 받았다. Starwood에 의하면 W Hotel의 개발에 참여했던 고위 임원이 Hilton으로 옮기면서 불법으로 정보를 가져갔으며 이것이 Denizen 개발에 이용되었다고 주장했다. 결국에 두 회사의 다툼은 법정 싸움으로 이어졌다. 법원은 Starwood의 손을 들어 주었으며 Hilton은 상대방에 7천5백만 달러의 배상금을 물고 향후 2년 동안 라이프스타일 브랜드의 출시를 금지당했다. 결국 Hilton 체인은 2014년이 돼서야 라이프스타일 브랜드로 Canopy by Hilton을 출시했으며, 같은 해에 소프트 브랜드로 Curio Collection도 도입했다. 이 외에도 tru, Tapestry Collection, 그리고 Home2 Suites 등을 출시했다. Hilton 체인은 2020년 12월 31일 기준으로 세계 119개국에서 모두 1,019,287실에 6,478개소의 호텔을 운영하는 세계 3위의 호텔체인이다. 그리고 미국 시장과 프랜차이즈에 편중되어 있다.

그림 8-23 Hilton Worldwide의 비즈니스모델별 객실 수(2020.12.31. 기준)

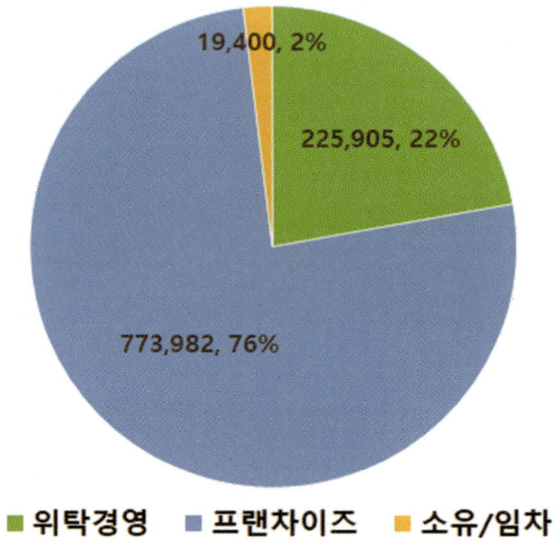

출처: Hilton Worldwide, 2020 Annual Report

그림 8-24 Hilton Worldwide의 비즈니스모델별 호텔 수(2020.12.31. 기준)

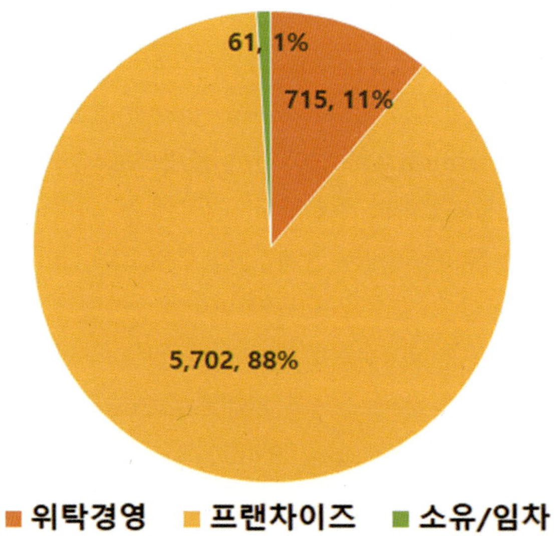

출처: Hilton Worldwide, 2020 Annual Report

그림 8-25 Hilton Worldwide의 주요 브랜드(2020.12.31. 기준)

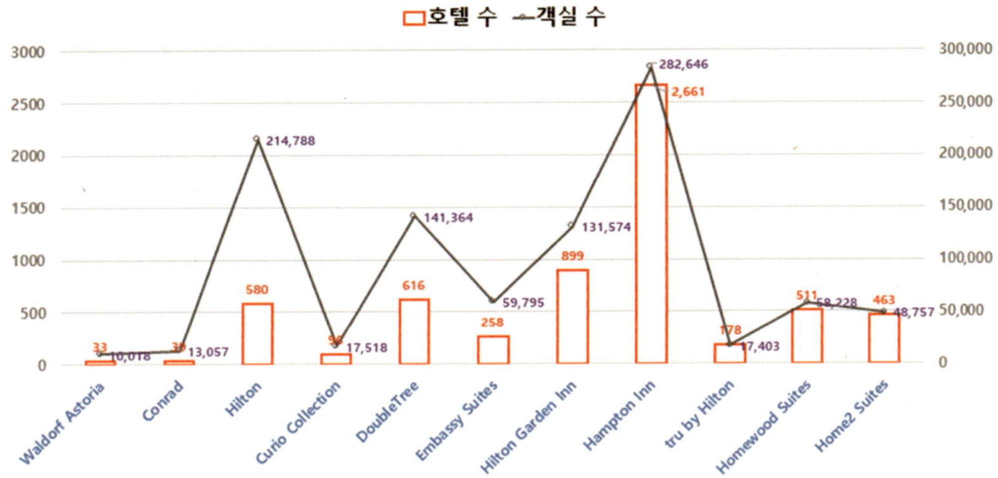

출처: Hilton Worldwide, 2020 Annual Report

IHG(InterContinental Hotels Group)

Bass PLC는 1990년에 미국의 대표 브랜드 Holiday Inn 체인을 인수하는 절차를 마쳤다. Bass PLC는 1777년에 William Bass가 맥주 양조장을 만들면서 창업한 기업으로, 처음에 Bass 자회사인 Bass Hotels & Resorts를 통해 Holiday Inn을 산하에 두고 관리했다. 1991년에 체인 본사가 멤피스에서 애틀랜타로 이전하게 되면서 수백 명의 본사 직원이 해고되었다.

1990년에 Bass는 노쇠한 Holiday Inn 브랜드를 보완하기 위해서 Holiday Inn Express를 새로 개발해서 선보였다. Holiday Inn에 비해 작은 규모로 주로 비즈니스 고객을 상대로 해서 차별화한 Holiday Inn Express는 급속하게 성장하기 시작했는데, 1993년까지 100개소의 호텔이 개업했다. 1996년부터 4일마다 1개소의 호텔이 들어서면서 1996년에는 500번째 호텔이 개업했다. 그리고 1998년부터 2009년까지 계속되었던 대대적인 'Stay Smart' 광고 캠페인은 대성공을 거두며 성장에 큰 도움이 되었다. 그 결과 2008년이 되자 1,700번째의 Holiday Inn Express가 개관하게 되었다.

1998년에는 일본의 Saison Group(전 세이부그룹)으로부터 InterContinental 체인을 인수하면서 브랜드 포트폴리오를 한층 강화했으며, 같은 해에 Staybridge Suites를 출시했다. Bass Hotels & Resorts가 두 브랜드를 관리하도록 했으며, 1999년에는 체인 본사를 다시 미국 애틀랜타에서 영국의 런던으로 이전했다. 2000년에는 사명을 Six Continents PLC로 변경했다. 그리고 2003년에 Six Continents PLC는 다시 Mitchells & Butlers와 IHG(InterContinental Hotels Group) PLC로 분사하면서 IHG가 탄생했다. 모기업 Bass PLC는 맥주 사업을 포기하고 매각했다. 그리고 같은 해에 미국의 Candlewood Suites를 인수했다.

2004년 연말 기준으로 IHG는 534,202실의 3,540개소 호텔을 운영하는 세계 최대의 호텔체인으로 등극하게 되었으며, 이 지위는 2015년에 Marriott 체인이 Starwood 체인을 인수할 때까지 유지되었다. 그리고 같은 해 라이프스타일 브랜드 Indigo를 출시했다. 그리고 2007년에는 10억 달러를 투입해서 Holiday Inn 브랜드를 활성화하기 위한 캠페인을 시행했다. IHG는 1995년에 호텔체인으로는 처음으로 온라인예약시스템을 도입해서 고객이 편리하게 예약할 수 있도록 했으며, 2010년에는 모바일 예약시스템 역시 최초로 도입했다.

IHG는 2015년에 부티크 호텔의 창시자 Bill Kimpton이 창립한 62개소의 호텔을 운영하는 호텔체인 Kimpton Hotels & Restaurants를 현금 4억 3천만 달러에 인수하면서 부티크 호텔 사업의 경쟁력을 강화했다. 그리고 2018년에는 Regent Hotels & Resorts의 지분 51%를 인수하고, 이어서 2019년에는 스파(Spa) 서비스로 유명한 Six Senses Hotels Resorts Spas를 현금 3억 달러에 인수했다.

IHG는 중국을 전략적 가치가 높은 지역으로 정하고 성장 기회를 찾기 위해 전력을 다하고 있다. 중국의 경제는 눈부시게 발전해서 어느덧 세계 2위의 경제 대국으로 발돋움했다. 중국경제(GDP)는 1998년(GDP=1.9조 달러)부터 2008년(5조 달러)까지 연평균 10.2%에 달하는 급속도로 발전했으며, 2008년부터 2018년(10.8조 달러)까지는 연평균 7.9%씩 계속해서 성장했다. 그리고 2030년까지 연평균 5.4%씩 성장할 것으로 예상되고 있다. 그리고 중국의 경제성장은 수출보다는 내수시장 소비가 이끌고 있다. 2018년 경우를 보면 중국 GDP 성장의 76%는 내수시장이 주도했으며, 투자가 32%를 차지했고 수출은 오히려 8% 감소했다. 중국경제가 성장하면서 관광산업의 발전을 촉진하는 환경이 조성되고 동시에 여행하기 편한 기반이 잘 다져지고 있다. 먼저 중국 정부의 경제정책은 내수시장 소비와 서비스 산업을 육성하는 방향으로 가속되고 있다. 또 중국 정부는 친관광산업 정책을 내놓으면서 발전을 주도하고 있는데, 500개에 달하는 관광명소를 육성하는 정책을 추진하고 있다. 그리고 경제성장으로 중국 인구에서 중산층이 급속도로 늘고 있으며 동시에 도시화(Urbanization)도 빠르게 진행되고 있다. 기술혁신으로 모바일 및 5G처럼 최신 기술이 소비자들에 의해 생활의 여러 분야에서 잘 이용되고 있다. 그리고 고속철도의 연장 길이가 계속해서 확장되면서 북경과 상하이와 같은 1급 도시뿐만 아니라 2급, 3급, 4급 도시들의 발전도 점쳐지고 있다. 그리고 국제공항들이 계속해서 건설되면서 고속철과 더불어 지역 간 이동시간을 대폭 단축하고 있다.

이렇게 밝은 전망이 예상되는 중국에서 기회를 선점하기 위한 유명 호텔체인 간의 경쟁도 가열되고 있다. 2017년에 IHG의 신입 CEO로 임명된 Keith Barr는 중국을 미국에 이은 제2의 내수시장(Second Home Market)으로 정했다. IHG는 지역본부를 두고 본사가 관장하는 다른 호텔체인들과 달리 중국 본토, 홍콩, 마카오, 대만 등을 포함하는 대중국(Greater China)을 독립적인 조직으로 두고 CEO가 독자적인 재량권으로 사업을 관장하도록 하고 있으며, 대중국 CEO는 IHG CEO에 직보하도록 하고 있다. 2018년 1월에 베테랑 호텔리어 Jolyon Bulley가 대중국 CEO에 임명되었다. 중국 본부는 상하이 본부 밑에 5개의 지역사무소를 두어서 분권화된 조직체계를 유지하고 있으며, 총 600명의 직원이 근무하고 있다. 중국에서 호텔사업은 주로 위탁경영을 이용해 왔으나 최근에 프랜차이즈가 급속하게 증가하고 있다. 그리고 현재 각 도시의 호텔에서 근무하고 있는 총지배인(GM)의 80%는 중국 현지인이 맡고 있다.

IHG는 1984년에 북경에 첫 Holiday Inn을 개업한 이래 35년 이상 대중국(Greater China) 시장에서 빠르게 성장하고 있다. 2008년에 100번째 호텔을 개업한 지 5년 만인 2013년에 200번째 호텔을, 4년 후 2017년에 300번째, 그리고 다시 2년 만인 2019년에 400번째 호텔을 개업했다. 그리고 2010년에 운영 중이거나 개업이 예정된(Pipeline) 호텔을 합하면 99,000실이던 객실 규모가 2019년에 이르자 217,000실로 2배 이상 증가했다. 2020년 연말을 기준으로 IHG는 대중국 시장에서 모두 517개소의 호텔에 총 144,175실을 운영하고 있다.

그림 8-26 IHG 대중국 시장 진출 현황

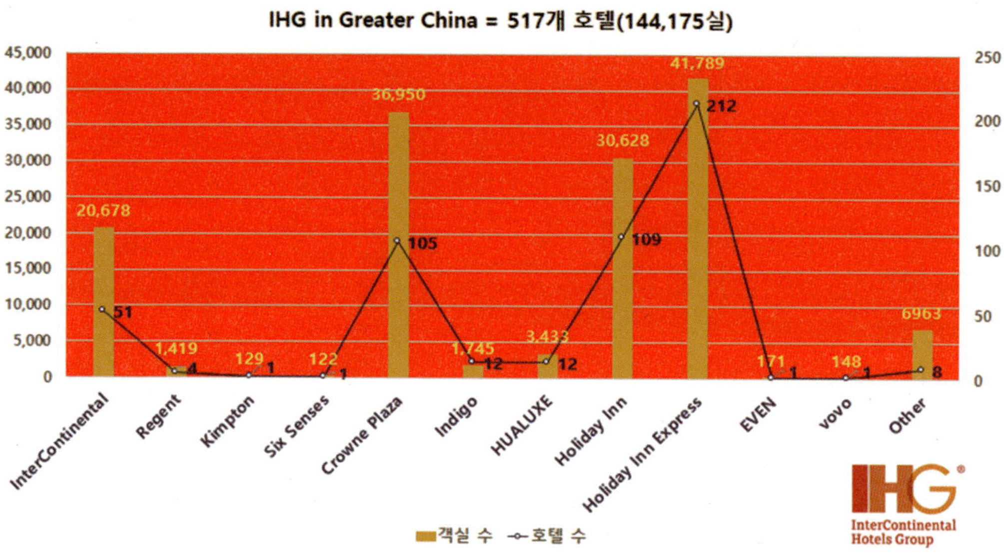

출처: IHG 2020 Annual Report

IHG는 중국에 진출하면서 처음에는 주로 고급호텔을 위탁경영하는 사업방식을 채택했다. 당시에 IHG는 미국에서는 90%를 프랜차이즈를 주력 모델로 하고 있듯이 중국에서는 99%를 위탁경영하는 것으로 방침을 정했다. 〈표 8-7〉을 보면 2011년에 중국 시장은 위탁경영 위주로 운영되었던 사실을 확인할 수 있다. 이는 중국 시장이 아직 덜 성숙한 것으로 판단해서 채택한 전략이었다.

| 표 8-7 | IHG의 2011년 기준 중국 호텔시장 진입방식

진입방식	글로벌(호텔수)	중국(호텔수)
소유 및 리스(Owned & Leased)	11	1
위탁경영계약(Managed)	637	163
프랜차이즈(Franchised)	3,832	3

출처: IHG Annual Report, 2011

그러나 IHG는 2016년부터 그동안 위탁경영을 위주로 운영했던 전략을 선회해서 프랜차이즈를 이용해서 성장을 더욱 가속하는 것으로 결정했다. IHG는 2016년에 중국의 Shanghai Yaqi Business Hotel Co., Ltd.와 프랜차이즈 계약을 체결해서 상하이에 260실의 Holiday Inn Express Hongqiao를 건축하면서 처음으로 Franchise Plus Model을 도입했다. Franchise Plus는 프랜차이즈 모델에 위탁경영의 요소를 가미한 하이브리드(Hybrid) 방식의 사업모델이었다. 이 모델은 IHG와 프랜차이즈 가맹계약을 체결한 소유주가 호텔을 직접 운영하는 것을 원하지 않는 경우 IHG에서 총지배인을 파견해주는 방식이며, 대신에 총지배인 급여는 위탁경영처럼 소유주가 부담하도록 했다. 그러나 계약기간은 통상적인 프랜차이즈에 비해 조금 긴 15년간을 유지해야 하며, 또 소유주는 총지배인을 고용하는 경우에 의무적으로 IHG의 수익관리시스템(Revenue Management System)을 사용해야 했다. Franchise Plus가 발표된 이래 200건 이상의 계약이 체결되는 큰 성공을 거두었다. IHG의 Franhcise Plus는 중국 현지의 취향에 맞춘 전략이었다. 그러나 중국의 호텔체인 Home Inn 등은 오래전부터 이용하고 있던 사업모델이었다. Franchise Plus를 통해 IHG는 성장 기회를 확대하고 총지배인을 통해 브랜드표준을 잘 준수할 수 있었다. 그리고 호텔소유주는 보다 합리적인 호텔 운영을 통해 매출과 수익을 향상할 수 있게 되었다.

중국에서 IHG가 상대하는 사업 파트너 또는 소유주를 보면 크게 세 부류로 구분할 수 있는데 첫째, 중국 정부가 소유하는 국유기업으로서 이들은 주로 고급호텔을 선호하고, 직접 호텔운영을 하지 않는 편이며, 주로 재무성과의 향상에 관심을 집중하는 편이다. 둘째, 상장기업과 호텔개발사로서 주로 고급호텔을 위탁경영하는 편이었으나, 비교적 최근에 브랜드를 소유하는 방향으로 선회하고 있으며, 투자수익률에 민감하고 비용관리에 관심이 많다. 셋째, 호텔에 사적 자금을 투자하는 창업가로 프랜차이즈를 선호하며, 주로 Holiday Inn Express에 관심이 많다. 또한 투자수익률에 민감하며 투자금 회수에 기대가 높은 편이다. 세 번째 유형인 민간 기업가들이 Franchise Plus 모델에 관심을 집중하면서 프랜차이즈가 크게 성장했다. 2015년부터 2018년 사이에 프랜차이즈 사업은 141% 성장했다. 〈그림 8-27〉을 보면 프랜차이즈가 많이 성장한 사실을 명확히 알 수 있다. 그리고 그동안 위탁경영 위주로 운영되었던 브랜드 Crowne Plaza와 Holiday

Inn도 성장을 가속하기 위해 프랜차이즈를 이용하기 시작했다. 현재 호텔건축이 진행 중이거나 계약이 체결되어 향후 개업이 예정된 호텔(Pipeline)을 보면 위탁경영이 229개소 호텔(56,292실)이며, 프랜차이즈는 211개소 호텔(36,888실)로 성장 속도는 프랜차이즈가 훨씬 빠르다. 그리고 프랜차이즈의 Pipeline의 90% 이상이 Holiday Inn Express(34,564실, 205개소의 호텔)에 집중되고 있으며, 주로 2~4급 도시들에 집중되고 있다.

그림 8-27 IHG 대중국 비즈니스 모델별 객실 수 및 호텔 수

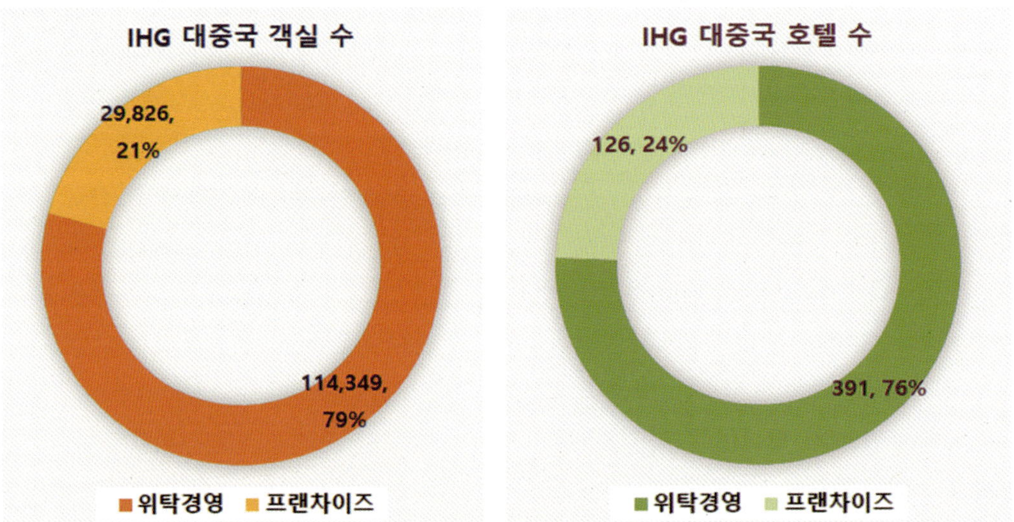

출처: IHG Annual Report, 2020

2020년 12월 31일 기준으로 IHG는 16개의 브랜드로 세계 100여 개국에서 총 886,036실에 5,964개소의 호텔을 운영하는 세계 4위의 호텔체인이다. IHG는 매출액의 83%가 프랜차이즈와 위탁경영 수수료에서 유래되고 있다. IHG는 스스로 밝히고 있듯이 프랜차이즈를 주요 비즈니스모델로 채택하고 있으며, 총객실의 71%가 프랜차이즈이다. 그리고 IHG의 프랜차이즈 수수료는 [수수료 수입 = Room × RevPAR × Royalty Rate]와 같이 결정되고 있다고 밝히며, 프랜차이즈가 수익성이 제일 좋은 사업이라는 사실을 강조하고 있다. IHG는 미국 시장 및 프랜차이즈에 편중된 호텔체인이다.

그림 8-28 IHG의 비즈니스모델별 객실 수(2020.12.31. 기준)

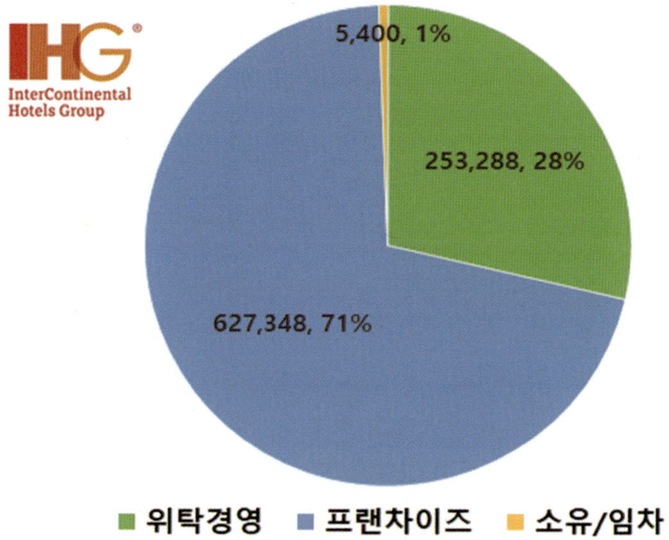

출처: IHG Annual Report, 2020

그림 8-29 IHG의 비즈니스모델별 호텔 수(2020.12.31. 기준)

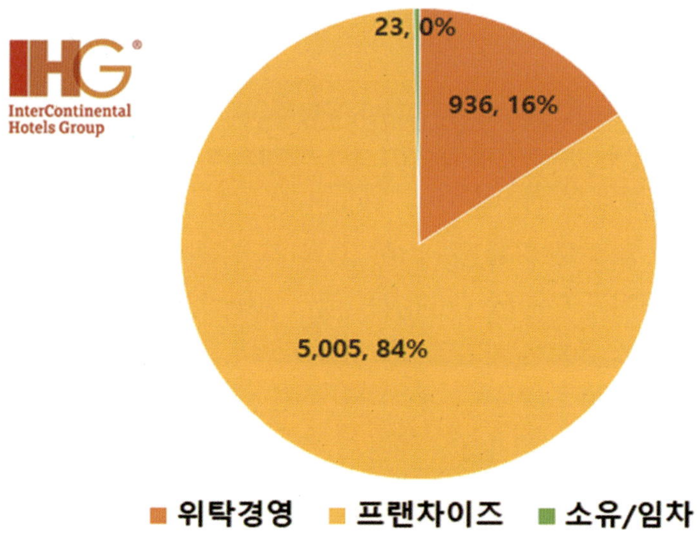

출처: IHG Annual Report, 2020

그림 8-30 IHG의 주요 브랜드(2020.12.31. 기준)

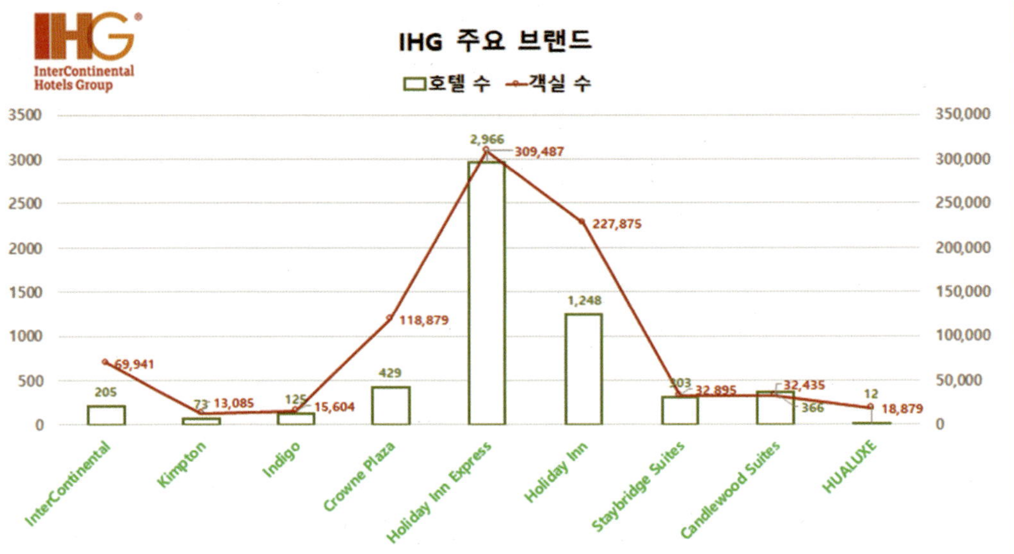

출처: IHG Annual Report, 2020

AccorHotels

Accor는 2000년에 Accorhotels.com을 도입해서 고객들이 편리하게 예약할 수 있도록 했다. 2002년에 15,257실에 87개소의 호텔을 운영하는 독일의 Dorint AG의 지분 30%를 인수했으며, 2004년에는 Club Med의 지분 28.9%를 취득했다. 그러나 2006년에 핵심사업에 집중하기 위해서 지분을 매각했다. 2005년에 미국의 사모펀드 Colony Capital은 과거 Accor에 빌려주었던 부채와 교환하는 조건으로 10억 유로를 자본금으로 출연했으며, 이는 성장을 위한 자본금 확충에 큰 도움이 되었다.

2006년에 Accor 이사회는 새로운 CEO로 Gilles Pelisson을 임명했는데, 전 CEO처럼 Pelisson도 공동창업자 Gerard Pelisson의 조카였다. Pelisson은 취임 후 레스토랑, 급식사업, 여행사 등 여러 분야의 사업을 동시에 운영하던 Accor의 사업 포트폴리오를 호텔사업부 위주로 재편하기 시작했으며, 그리고 보유하던 호텔들을 매각하고 운영권은 유지해 나가는 Asset-light Strategy를 시행하기 시작했다. 또 전략적 중요도가 낮은 자산들은 매각했다. 먼저 Carlson Wagonlit Travel의 지분 50%를 매각했고, 미국에 있는 Sofitel 호텔 8개를 팔고 위탁경영으로 운영권은 계속해서 유지했으며, 유럽에서도 71개소의 호텔들을 매각하고 임차해서 계속 운영했다. 2007년에도 프랑스에서 47개소, 영국에서 30개소, 그리고 스위스에서 10개소의 호텔을 매각하고 임차경영으로 운영을 유지했다. 그리고 같은 해에 전에 인수했던 미국의 Red Roof Inn을 13억 2천만 달러에 매각했다.

2008년에 Accor는 중앙 유럽에서의 사업을 강화하기 위해 폴란드의 호텔체인 Orbis의 지분을 50%로 상향했다. 2009년이 되자 CEO Gilles Pelisson은 이사회 회장직도 겸하게 됐다. 그러나 일부 이사는 한 사람에게 회장 및 CEO직이 집중되는 것은 그룹의 지배구조에 심각한 문제가 된다고 주장했으며 이때부터 이사회는 분열되기 시작했다. Pelisson은 Asset-light Strategy를 계속 강화해 나가기 위해 158개소의 Hotel F1을 매각하는 것으로 결정했다. 한편 Pelisson은 Accor Group을 호텔사업을 하는 기업과 서비스 사업을 하는 기업으로 분사하는 계획을 이사회에 상정해서 논의를 시작했다. 분사계획은 Accor의 21% 지분을 보유한 Colony Capital과 Eurazeo 측은 찬성했지만, 나머지 이사들과 프랑스 국부펀드 FSI는 반대하고 있었다. 결국에 2010년에 분사는 주주총회에서 승인을 받고 같은 해에 실행됐다. 그러나 분사 승인 후 이를 반대하던 이사 6명이 사임을 발표하면서 회사를 떠났는데, 이들은 점점 커지는 Colony Capital과 Eurazeo의 통제권에 항의하기 위해서 사임을 택했다. 특히 Colony Capital은 Accor를 Marriott International과 IHG 같은 호텔운영사로 변신할 것을 요구하고 있었다.

2010년에도 철도 급식사업을 매각하고, 유럽에서 53개소의 호텔을 매각했으며, 스웨덴에 있는 18개소의 호텔을 매각하면서 프랜차이즈 호텔로 남게 되었다. 그러나 같은 해 말에 Gilles Pelisson은 주요 대주주 및 이사회와의 전략적 견해 차이를 이유로 대면서 사임을 발표했다. 이는 전임 CEO였던 Jean-Marc Espalioux와 동일선상의 사례로 Colony Capital과 Eurazeo 측이 Accor 지분을 높여가면서 만들어진 결과였다. 후임 CEO에는 현직 McDonald's의 유럽 CEO였던 Denis Hennequin이 2011년 1월에 임명되었다.

새로운 CEO는 체인의 새 슬로건을 "Open New Frontiers in Hospitality"로

정하고 가장 큰 브랜드인 ibis를 ibis, ibis Styles, ibis Budget으로 구분해서 브랜드 확장을 시도했다. 그리고 제과점 기업 Lenotre를 매각했으며, Asset-light Strategy를 이어가기 위해 남아프리카공화국 Hotel Formula 1의 지분을 매각하여 프랜차이즈로 남고, 프랑스에서 Suite Novotel 7개소를 매각하고 임차경영으로 전환했으며, 그리고 뉴욕의 Sofitel과 프랑스의 Pullman 및 Sofitel을 매각하고 위탁경영계약을 체결했다. 같은 해에 호주와 뉴질랜드에 49개소의 호텔(6,100실)을 운영하는 Mirvac을 인수하면서 두 나라에서 모두 241개소의 호텔을 운영하게 되었다. 2012년에는 Motel 6를 미국의 Blackstone Group에 19억 달러에 매각했다. 그리고 같은 해에 MGallery를 부티크 호텔로 리포지셔닝했다.

2013년 4월에 Accor의 이사회는 급하게 회의를 소집하고 CEO Denis Hennequin을 해임한다고 발표했다. 해임 사유는 CEO의 전략적 방향은 맞지만 회사를 더욱 공격적으로 성장시킬 수 있는 사람이 필요하다는 이유였다. Accor의 주가는 2007년에 정점을 찍은 후 기업가치가 2/3나 하락했으며 Denis Hennequin이 사임하기 전 1개월 동안에 10%나 떨어지고 있었다. Denis Hennequin은 이사회에서 Colony Capital과 자원 배분에서 다른 견해를 보였으며 결정적으로 Accor를 호텔 부동산회사와 호텔운영사로 분할을 추진하려는 Colony Capital 측의 계획에 분명히 반대한다는 의견을 제시하고 있었다. Hennequin이 해임되고 이틀 후에 열린 연례 주주총회에서 일부 주주들은 21%의 지분을 가지고 있는 Colony Capital과 Eurazeo를 행동주의 펀드라고 지칭하고 이들이 쿠데타를 일으켜 CEO를 해임한 것에 대해 강력하게 항의했다. Colony Capital과 Eurazeo는 지분은 21%를 보유하고 있었지만, 이사회 자리는 40%를 차지하고 있었다. 주주들은 행동주의 펀드가 회사의 자산들을 모두 매각해 버리고 단기 차익을 노리고 있다고 항의했다. 주주총회에서 이사회 이사들은 이들을 설득하기도 하고 이들에게 야유를 받기도 했다. 최고경영자를 해임한 이후 이사회는 Yann Cailliere를 CEO 대행으로 임명하고, Philippe Citerne를 회장 대행, 그리고 Colony Capital의 유럽 대표 Sebastien Bazin을 부회장 대행으로 임명했다.

2013년 8월에 다시 새로운 CEO로 Sebastien Bazin이 임명되었다. 7년 동안에 4명의 CEO가 바뀐 것인데, 이는 모두 2005년 Colony Capital이 회사에 자본을 투자한 이후였다. Bazin은 Colony Capital 유럽지사의 책임자였으며, 일하는 동안 Accor 이사회의 이사로 참여하면서 경영진과 기업의 방향성을 두고 자주 충돌했는데, 그는 체인의 역할을 호텔소유주가 아니라 호텔운영사로 전환하기를 원했다.

Bazin은 2014년에 체인을 혁신하기 위해 Accor를 두 개의 기업으로 분리했다. 브랜드를 소유해서 호텔을 운영하는 호텔운영사 HotelServices와 호텔들을 소유하는 호텔부동산회사 HotelInvest로 양분해서 운영했다. 그런데 HotelInvest를 소유하는 것은 Asset-light Strategy의 궤도를 벗어나는 선택이었다. 그리고 아시아 · 태평양 지역에서 성장계획을 발표했으며, 특히 중국의 호텔체인 Huazhu와 전략적 제휴를 맺고 중국 시장에서의 성장을 강화했다. 그리고 2015년에는 명칭을 AccorHotels로 변경했다.

2015년 12월에 Accor는 Fairmont, Raffles, Swissotel과 같은 고급호텔 브랜드로 모두 155개소의 호텔들을 운영하는 FRHI(Fairmont Raffles Hotels International)를 27억 달러에 인수한다고 발표했다. 인수대금은 현금 8억 4천만 달러와 나머지는 Accor 주식으로 지급되었다. FRHI는 2006년에 카타르의 Qatar Investment Authority, 사우디아라비아 왕자 Alwalled가 소유하는 Kingdom Holding Company, 그리고 캐나다 온타리오주 연기금 회사인 Oxford Properties가 공동으로 소유하면서 설립된 기업이다. 인수대금으로 받은 Accor 주식 4천6백7십만 주로 Qatar는 10.5% 그리고 Kingdom은 5.8%의 지분을 소유하게 되었다. 이전까지 Accor는 ibis, Novotel, Mercure를 중심으로 하는 중저가 호텔체인의 이미지가 강했으며, Luxury 세분시장에는 경쟁력 있는 브랜드가 121개소의 Sofitel에 불과했다. 그리고 Motel 6와 Red Roof Inn을 매각하면서 북미 시장에서는 거의 퇴각한 상태였다. 따라서 FRHI를 인수하면서 Accor는 브랜드 포트폴리오를 크게 강화하게 되었으며 또 북미 시장에 대한 외연을 크게 확장할 수 있었다. 그리고 FRHI는 맨해튼의 Plaza와 런던의 Savoy 등과 같은 유명 호텔 여러 개를 운영하고 있었다. 〈그림 8-31〉에서 보듯이 이로써 Accor는 세계 고급호텔 시장에서 호텔 수 기준 세계 7위(객실 수 기준 5위)로 경쟁력을 갖추게 되었다.

그림 8-31 2015년 연말 기준 호텔체인별 고급호텔(Luxury + Upscale) 보유 현황

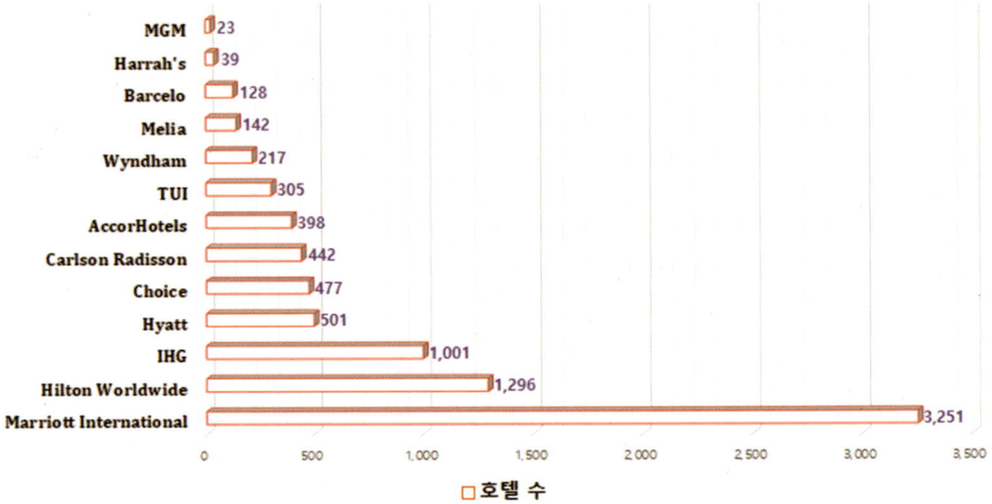

출처: MKG Hospitality Database, December 2015

AccorHotels는 2017년에 브라질의 BHG 체인과 호주의 Mantra 체인을 인수하면서 세계 시장을 확대했다. 그리고 2018년에 다시 Asset-light Strategy를 강화해 나가는 것으로 결정하면서 부동산회사 HotelInvest의 지분 64.8%를 매각했다.

2019년에 AccorHotel는 HotelInvest의 지분 5.2%와 중국의 Huazhu에 투자한 지분 5%를 매각했다. 그리고 2019년 말에는 Orbis의 지분 85.8%와 임차경영을 했던 16개소의 Movenpick 호텔을 위탁경영으로 전환했다. AccorHotels 본사는 Asset-light Roadmap을 완성하게 되었다고 발표했다. 그리고 10억 유로를 주주들에게 배당금으로 돌려주었다. 또 체인은 새로운 충성도 프로그램인 ALL(Accor Live Limitless)을 발표했다. 한편 중국의 Jin Jiang Group은 AcoorHotels의 지분 13%와 의결권 17%를 보유하고 있으며 그리고 Huazhu Group도 2.9%의 지분 및 의결권 2.2%를 보유하고 있다.

2020년 연말 기준으로 AccorHotels는 세계 110개 국가에서 5,139개소(753,344실)의 호텔을 운영하고 있는 세계 6위의 호텔체인이다.

그림 8-32 AccorHotels의 비즈니스모델별 객실 수(2020.12.31. 기준)

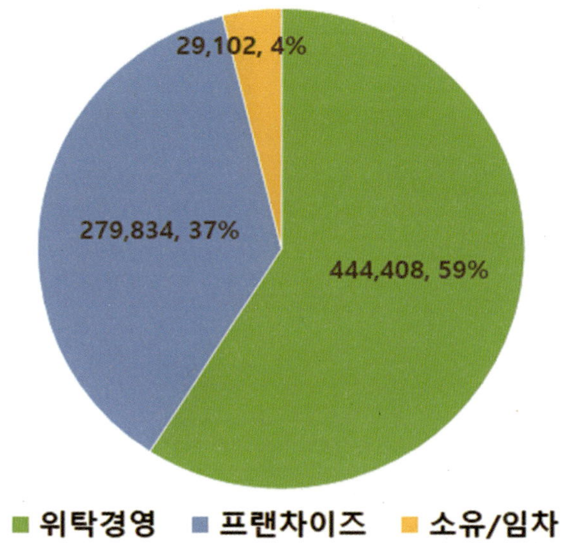

출처: AccorHotels Annual Report, 2020

그림 8-33 AccorHotels의 비즈니스모델별 호텔 수(2020.12.31. 기준)

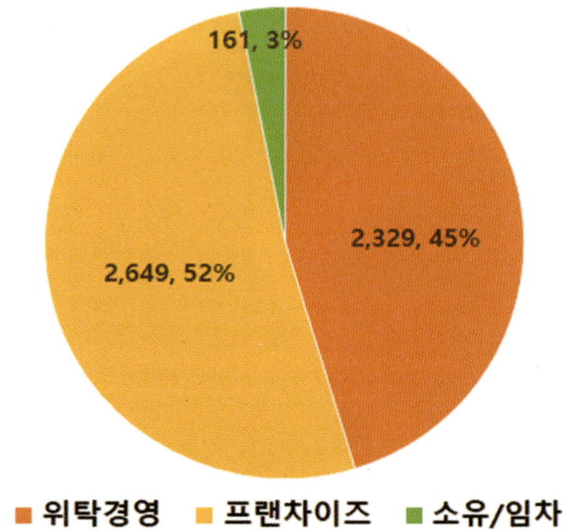

출처: AccorHotels Annual Report, 2020

그림 8-34 AccorHotels의 세계 지역별 객실 수(2020.12.31. 기준)

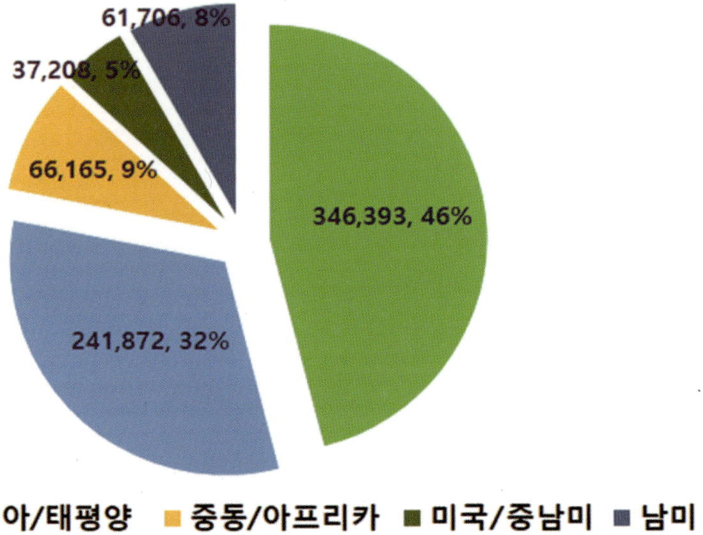

출처: AccorHotels Annual Report, 2020

그림 8-35 AccorHotels의 세계 지역별 호텔 수(2020.12.31. 기준)

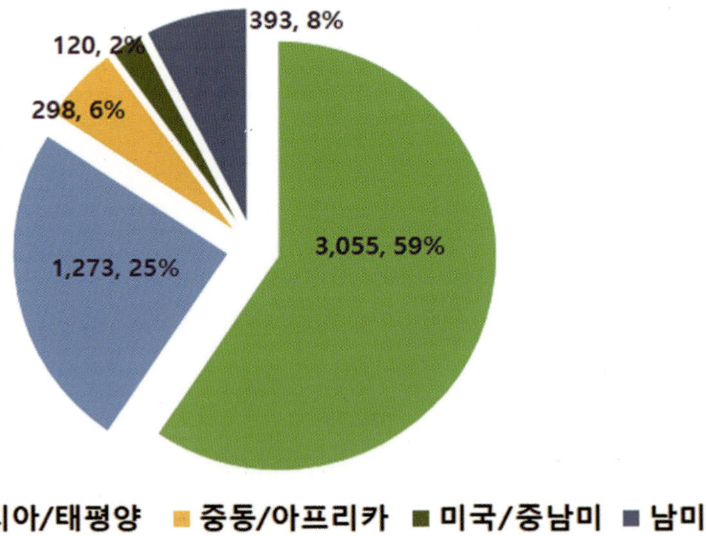

출처: AccorHotels Annual Report, 2020

그림 8-36 AccorHotels의 주요 브랜드(2020.12.31. 기준)

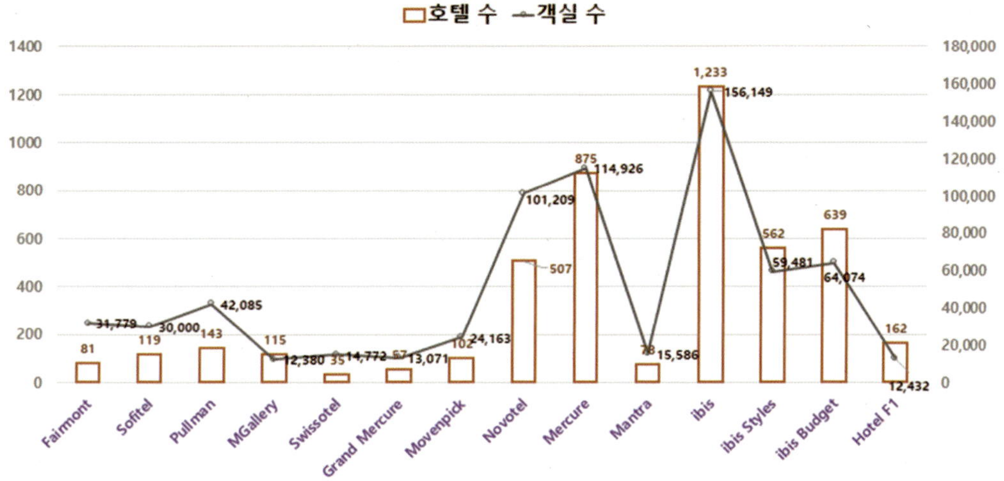

출처: AccorHotels Annual Report, 2020

참고문헌

강상구(2000). 신자유주의의 역사와 진실. 문학과학사.
강수돌(1997). 세계화 시대의 노동운동. 녹색평론사.
곽수종(2012). 세계경제 판이 바뀐다. 글로리움.
기든스(1998). 제3의 길. 한상진 · 박찬욱 역. 생각의 나무.
김경·이동인(2004). 다국적 호텔기업의 해외시장 진입방식 결정요인. 경영학연구. 33권 1호.
김경환(2019). 호텔 프랜차이즈와 위탁경영. 백산출판사.
김경환(2018). 호텔관광 경영전략. 백산출판사.
김경환(2017). 호텔산업과 호텔경영. 백산출판사.
김경환(2016). 호텔 객실영업 성과지표의 객실판매액에 대한 영향 분석. 관광연구저널. 30(3): 63-77.
김경환(2014). 글로벌 호텔경영. 백산출판사.
노명식(1991). 자유주의의 원리와 역사-그 비판적 연구. 민음사.
라루스 세계지식사전(2009). 세계화의 진화. 현실문화.
로드릭(2011). 자본주의 새판짜기: 세계화 역설과 민주적 대안. 고빛샘 & 구세희 역. 21세기북스.
로드릭(2009). 더 나은 세계화를 말하다. 제현주 역. 복돋움.
문시연(2005). "문화적 예외 vs. 문화적 다양성" 논란에 관한 연구. 프랑스문화예술연구. Vol. 15.
문시연(2001). 프랑스의 '문화적 예외'에 관한 연구. 프랑스문화예술연구. Vol. 5.
미야자키 마사키츠(2018). 하룻밤에 읽는 근현대 세계사. 오근영 역. RH Korea.
부크홀츠(2005). 죽은 경제학자의 살아있는 아이디어. 이승환 역. 김영사.
신응철(2004). 철학으로 보는 문화. 살림출판사.

신현종(1999). 세계화의 배경과 경쟁. 사회과학연구. 18권 2호.
신현종(1997). 멕시코 경제위기의 배경수습대책시사점. 1997년 한국무역학회 추계 학술발표대회 학술논문집.
안세영(1997). 다국적 기업 경제학. 박영사.
양기호(2010). 글로벌리즘과 지방정부. 논형.
어윤대 외(2001). 국제경영. 학현사.
영화진흥위원회(2003). 국제 문화다양성 협정 체결에 관한 연구. 영화진흥위원회.
요시타카·에이스케·하루히토(2004). 국제경영사: 대기업체제의 형성·발전·쇠퇴. 정안기·여인만 역. 한울아카데미.
우실하(1997). 문화 제국주의의 폭로에서 해체로. 현상과 인식(한국인문사회과학회). Vol. 21.
이건우(1998). 얼굴없는 국제기관 IMF·세계은행. 한울.
이동연(2006). 아시아문화연구를 상상하기. 그린비.
이복남(2002). 문화유럽건설과 EU문화정책: '문화 2000' 프로그램을 중심으로. EU연구. 제11호.
이인섭(2009). 21세기 세계화 체제의 이해. 아카넷.
장세진(2016). 경영전략(제9판). 대왕사.
전창환(2000). 금융세계화와 화폐주권의 동요. 경제와 사회. 한울.
정운찬(1995). 하이에크와 케인즈. 하이에크 연구. 민음사.
정창무·김민주(2010). 호텔객실판매율과 평균객실요금 간의 관계 분석: 서울시 특급호텔을 중심으로. 대한국토 · 도시계획학회지 국토계획. 45(6): 73-83.
조선일보. 세계화의 환상을 깨는 게마와트 교수. 조선비즈. 2012. 5. 12.
최연구(2003). 최연구의 프랑스 문화 일기: 프랑스는 왜 반미인가. 중심.
크라우치(2012). 왜 신자유주의는 죽지 않는가. 유강은 역. 책읽는 수요일.
한국은행(2012). 최근 세계교역 부진의 요인분석. 해외경제 포커스. 2013-8호. 한국은행 국제경제실.
한국은행(2011). 세계화를 보는 시각의 변화. 해외경제 포커스. 2011-12호. 한국은행 국제경제실.
허진숙(2011). 고객중심적 호텔 수익관리 연구. 강원대학교 대학원 박사학위논문.
허진숙·이정자(2010). 경기침체기의 호텔 객실수익의 영향요인에 관한 연구. 호텔경영학연구. 19(6): 153-170.

11 Hotels to Rise in Latin America For U. S. Tourists, Business Men. (1947,

July 19). *The New York Times*.

16 Sheraton Hotels Booking Rooms by Automation. (1957, November 13). *The New York Times.*

$8,000,000 Hotel for Boston Soon. (1922, Friday 26). *The New York Times*.

Adler, N. J. (1986). *International Dimension of Organizational Behavior*. Kent Publishing Co.: Boston.

AHLA. (2009). A Century of Hospitality: 1910-2010. *The American Hotel and Lodging Association*.

Albert Keller, 60, Hotel Leader, Dies. (1939, October 23). *The New York Times*.

Alexander, M. (2006). Luxury Hospitality Linen: The Bed Wars. Textile Management. August, 34-40.

Alexander, N. & Lockwood, A. (1996). Internationalisation: A Comparison of the Hotel and Retail Sectors. *Service Industries Journal*, 16(4).

American Hotels Travel Abroad In Pursuit of American Tourists. (1957, January 12). *The New York Times*.

Anderson, S. H. (1983, November 6). The Grandest of the Grand Hotels. *The New York Times*.

Annual Report, 2020. Bethesda, MD: *Marriott International, Inc*.

Annual Report, 2020. Buckinghamshire, UK: InterContinental Hotels Group PLC.

Annual Report, 2020. Issy-les-Moulineaux, France: *ACCOR, Société Anonyme*.

Annual Report, 2020. McLean, VA: *Hilton Worldwide Holdings, Inc*.

Annual Report, 1987. Beverly Hills, CA: *Hilton Hotels Corporation.*

Annual Report, 1972. Beverly Hills, CA: *Hilton Hotels Corporation.*

Annual Report, 1962. Beverly Hills, CA: *Hilton Hotels Corporation.*

Annual Report, 1954. Beverly Hills, CA: *Hilton Hotels Corporation.*

Annual Report, 1948. Beverly Hills, CA: *Hilton Hotels Corporation.*

Aradhyula, S. & Tronstad, R. (2003). Does Tourism Promote Cross-Border Trade? *American Journal of Agricultural Economics, 85*(3).

Assaf, A. G., Josiassen, A. & Agbola, F. W. (2015). Attracting International Hotels: Location Factors that Matter Most. *Tourism Management, 47,*

329-340.

Ayazlar, G. (2015). Internationalization of Lodging Industry in the Light of Eclectic Paradigm. *Procedia Economics and Finance, 26*, 575-882.

Bagli, C. V. (1999, January 24). Ailing Asian Companies Unload Their Hotels. *The New York Times*.

Baker, W., Gannon, T., Grenville, B. & Johnson, B. (2013). *Grand Hotel: Redesigning Modern Life*. Hatje Cantz.

Barr, L. (2018). *Ritz and Escoffier: The Hotelier, The Chef, and the Rise of the Leisure Class*. Clarkson Potter.

Bartlett, C. L. & Beamish, P. W. (2011). Transnational *Management: Text, Cases, and Readings in Cross-Border Management*, 6th Edition. McGraw-Hill: NY.

Bartlett, C. & Ghoshal, S. (1990). Matirx, Not a Structure but a Frame of Mind. *Harvard Business Review*. July-August.

Batrouni, M. (1973, August 26). The Hospitality Crusade. *The New York Times*.

Bell, C. A. (1993). Agreements with Chain-Hotel Companies. *The Cornell Hotel & Restaurant Administration Quarterly, 23*(1).

Bender, M. (1973, August 26). The Hospitality Crusade. *The New York Times*.

Berbel-Pineda, J. M. & Ramirez-Hurtado, J. M. (2012). Issues about the Internationalization Strategy of Hotel Industry by Mean of Franchising. *International Journal of Business and Social Science*, 3(6).

Berger, M. W. (2005). The Rich Man's City: Hotels and Mansions of Gilded Age New York. *Journal of Decorative and Propaganda Arts*, 25, 47-71.

Berger, M. W. (1995). The Magic of Fine Dining: Invisible Technology and the Hotel Kitchen. *Icon*, 1, 106-119.

Berger, M. (1949, October 30). Conrad Hilton, Collector of Hotels. *The New York Times*.

Bhabha, H. K. (1990). Dissemination: Time, Narrative, and the Margins of the Modern Nation. *Nation and Narration*. Routledge: NY.

Big-Scale Buying Cuts Hotel Costs. (1951, January 21). *The New York Times*.

Bonus for Hotel Workers. (1947, April 8). *The New York Times*.

Bowie, D. (2018). Innovation and 19th Century Hotel Industry. *Tourism Management, 64*, 314-323.

Bowman Makes Offer for Two More Hotels. (1918, May 5). *The New York Times*.

Bradley, J. A. (1949, October 13). Control of Waldorf-Astoria Hotel Sold to Hilton Chain for $3,000,000. *The New York Times*.

Brand Management Company Goals. *Hotel News Resource*. November 10.

Brock, H. I. (1943, November 21). Peacock Alley Revisited. *The New York Times*.

Brock, H. I. (1925, July 26). New York's Life in Mirrored in The Waldorf's History. *The New York Times*.

Brooke, M. Z. & Buckley, P. J. (1988). *Handbook of International Trade*. McMillan Publishers Ltd.: London.

Brooke, M. & Rammers, H. L. (1970). *The Strategy of Multinational Organization and Finance*. London.

Brouthers, K. D., Brouthers, L. E. & Werner, S. (1996). Dunning's Eclectic Theory and the Smaller Firm: The Impact of Ownership and Locational Advantages on the Choice of Entry Modes in the Computer Software Industry. *International Business Review*, *5*(4).

Brown, T. (2019, May 21). Theater of Dreams: A Tale of Boom and Bust at the Plaza Hotel. *The New York Times*.

Buckley, P. J. & Cason, M. (1996). *The Future of the Multinational Enterprise*. The Macmillan Press: London.

Butterfield, F. (1978, Nivember 10). Americans Will Build Hotel Chain in China. *The New York Times*.

Buzzell, R. D. (1968). Can you Standardize Multinational Marketing? *Harvard Business Review*. *32*.

Byrnes, M. (2013, February 15). The Rise and Fall of One of America's Most innovative Hotel Chains. *City Lab*.

Canina, L. (2009). Examining Mergers and Acquisitions. *Cornell Hospitality Quarterly*. *50*(2).

Canina, L. (2001). Good News for Buyers and Sellers: Acquisitions in the Lodging Industry. *The Cornell Hotel & Restaurant Administration Quarterly*. *42*(6).

Castro Foes Lose Holdings in Cuba. (1959, May 14). *The New York Times*.

Caves, E. R. (1971). International Corporation: The Industrial Economics of Foreign Investment. *Economica*, *38*.

Clare, E. (1928, April 15). "Fordization" Speeds Europe's Industry. *The New York Times*.

Clark, J. J. (1993). Holiday Inn: New Rooms in the Inn. *The Cornell Hotel and Restaurant Administration Quarterly*, *34*(5), 59-67.

Coase, R. H. (1939). The nature of the firm. *Economica*, *4*(4).

Coase, R. H. (1960). The problem of social cost. *Journal of Law and Economics*, *3*(October).

Cohen, S. D. (2007). *Multinational Corporations and Foreign Direct Investment: Avoiding Simplicity, Embracing Complexity*. Oxford University Press: New York.

Cole, R. J. (1989, December 19). Marriott Plans Retreat From Fast-Food War. *The New York Times*.

Cole, R. J. (1984, May 25). Marriott May Join in Disney Bid. *The New York Times*.

Coleman Du Pont Purchases the Waldorf-Astoria. (1918, February 3). *The New York Times*.

Contractor, F. J. & Kundu, S. K. (1998a). Franchising versus Company-run Operations: Model Choice in the Global Hotel Sector. *Journal of International Marketing*, *6*(2). 28-53.

Contractor, F. J. & Kundu, S. K. (1998b). Model Choice in a World of Alliances: Analyzing Organizational Forms in the International Hotel Sector. *Journal of International Business Studies*, *29*(2).

Cooper, R. (2018, May 17). Marriott family drama: A big stock gift as father, son look to settle lawsuit. *Balimore Business Journal*.

Cowan, A. L. (1989, August 25). Bass P.L.C. To Acquire Holiday Inn. *The New York Times*.

Crane, A. (2002). Culture and Globalization. *Global Culture: Media, Arts, Policy, and Globalization*. Routledge: London & NY.

Cuff, D. F. (1979, December 30). The Plaza Hotel: A Moneymaking Fairyland. *The New York Times*.

Cunill, O. M. & Forteza, C. M. (2010) The Franchise Contract in Hotel Chains: A Study of Hotel Chain Growth and Market Concentrations. *Tourism Economics*, *16*(3).

Davidson, W. The Location of Foreign Direct Investment Activity. Journal of International Business Studies.

Davidson, L. P. (2005*a*). Early Twenties-century Hotel Architects and the Origins of Standardization. *Journal of Decorative and Propaganda Arts, 25*, 73-103.

Davidson, L. P. (2005*b*). A Service Machine: Hotel Guests and the the Development of an Early Twenties-century Building Type. *Perspective in Vernacular Architecture,* 10, 113-129.

Davies, L. E. (1966, December 18). Innkeepers Under Fire. *The New York Times*.

de Haast, A. (2015). The Influence of Global Capital Flows on the Hotel Sector. *JLL*.

de la Merced, M. & Picker, L. (2016, March 31). Starwood Bidding War Ends Abruptly, Yielding a Merger and a Puzzle. *The New York Times*.

deRoos, J. (2010). Hotel Management Contracts-Past and Present. *Cornell Hospitality Quarterly, 51*(1).

Dev, C. S., Buschman, J. D., Bowen, J. T. (2010). Hosspitality Marketing: A Retrospective Analysis (1960-2010) and Predictions (2010-2020). *The Cornell HospitalityQuarterly, 51*(4), 459-469.

Dev, C., Erramilli, M & Agarwal, S. (2002). Brands Across Borders: DeterminingFactors in Choosing Franchising or Management Contracts for Entering International Markets. *The Cornell HRA Quarterly*, *43*(6).

Dunning, J. H. & Lundan S. M. (2008). M*ultinational Enterprises and The Global Economy. 2nd Ed.* Edward Elgar: Northhampton.

Dunning, J. H. & McQueen, M. (1981). The Eclectic Theory of International Production: A Case Study of the International Hotel Industry. *Managerial and Decision Economics, 2*(4), 197-210.

Dunning, J. H. (1980). Toward an eclectic theory of international production: some empirical tests. *Journal of International Business Studies*, *11*(1).

Economist. (2009). *Why hotel chains don't own many hotels*. Feb. 19, 2009.

Elliott, C. (2006, January 31). Detente in the Hotel Bed Wars. *The New York Times*.

Elsner, D. (1986, February 2). No Room for Error at Marriott. *Chicago Tribune*.

E. M. Statler Dead at 64 of Pneumonia. (1928, April 17). *The New York Times*.

E. M. Statler, President of Hotel Chains, Weds His Secretary, Miss Alice M. Seidler. (1928, May 19). *The New York Times*.

E. M. Statler's Will Disposes of $15,000,000; Establish a Foundation for Hotel Research. (1927, May 1). *The New York Times*.

Enz, C. A, (2010). Hospitality Strategic Management: Concepts and Cases. (2nd ed.). John Wiley & Sons.: New Jersey.

Ernest Henderson Sr. Dies; Chairman of Sheraton Hotels. (1967, September 7). *The New York Times*.

Ernest & Young. (2007). The 2006 U.S. Lodging Report.

Ettorre, B. (1979, September 9). Holiday Inns to Buy Harrah's. *The New York Times*.

Evanoffl, M. (2016). The International Hotel Management Agreement: Origins, Evolution, and Status. *Cornell Hospitality Report*, *16*(11): 3-15.

Eyster, J. J. (1993). The Revolution in Domestic Hotel Management Contracts. *The Cornell Hotel & Restaurant Administration Quarterly*, *34*(1).

Eyster, J. J. (1988). *The Negotiation and Administration of Hotel Management Contracts*, 3rd Ed. Cornell University: NY. *Administration Quarterly, 26*(1), 36-86.

Eyster, J. J. (1980). *The Negotiation and Administration of Hotel Management Contracts*, 2nd Ed. Cornell University: NY.

Fabriccant, F. (1994, January 19). Escoffier: The Name's Alive and Cooking. *The New York Times*.

Field of Travel: International Hotel boom Continues As Five Major

Hostelries Open. (1963, June 16). *The New York Times*.

Fligestein, N. (1990). *The Transformation of Corporate Control*. Harvard University Press: Cambridge: NY

Ford, H. (1926, September 19). Henry Ford Expounds Mass Production. *The New York Times*.

Fox, J. T. (2019, April 03). IHG Focuses on China Growth. *Hotel Management*.

Frank A. Dudley of United Hotels. (1945, September 22). *The New York Times*.

F. W. Taylor, Expert in Efficiency, Dies. (1915, March 22). *The New York Times*.

Gay Crowds in 1893 Saw Hotel's Debut. (1931, October 1). *The New York Times*.

Gee, Y. G. (2008). *International Hotels Development and Management*, 2nd Ed. American Hotel & Lodging Educational Institute: Lansing, MI.

Gelles, D. (2013, December 12). A Surprise from Hilton: Big Profit for Blackstone. *The New York Times*.

George Boldt Dies; Genius of Waldorf. (1916, December 6). *The New York Times*.

Ghemawat, P. (2007). *Redefining Global Strategy: Crossing Borders in a World Where Differences Still Matter*. Harvard Business School Press: Boston.

Gilpin, K. N. (1997, November 12). Shareholders of ITT Reject Hostile Takeover by Hilton. *The New York Times*.

Gilpin, K. N. (1997, October 21). ITT Accepts $9.8 Billion Bid, Forming Biggest Hotel Chain. *The New York Times*.

Gilroy. H. (1962, July 8). Amsterdam's Hilton Hotel in Debut Tuesday. *The New York Times*.

Glusac, E. (2015, November 18). The Latest on Marriott and Starwood Rewards Progrmas. *The New York Times*.

Golden, F. (1996). New Hilton Chief: chain will grow by investing in hotels and gaming. *Travel Weekly*. *55*(42): 1(2).

Goldfarb, J. (2015, November 16). Marriott's Deal for Starwood Looks

Defensive. *The New York Times*.

Grachev, M. & Rakitsky, B. (2013). Historic Horizons of Frederick Taylor's Scientific Management. *Journal of Management History, 19*(4), 512-527.

Gray, H. P. (1970). *International Travel - International Trade*. Heath Lexington Books: Lexington.

Grossman, M. (2016). Hilton's Bollenbach remembered fior vision, compassion. October 20. Hotel News Now.

Groth, P. (1999). *Living Downtown: The History of Residential Hotels in the United States*. Berkeley: University of California Press.

Gu, H., Ryan, C. & Yu, L. (2012). The Changing Structure of the Chinese Hotel Industry: 1980-2012. *Tourism Management Perspectives, 4*.

Guadalupe-Fajardo, E. (2001). Westin and W Brands Introduce Retail Catalogue to Sell Heavenly Bed and In-Room, Trendsetting Items. Caribbean Business. 29(4), 5, February.

Guillet, B. D., Zhang, H. Q. & Gao, B. W. (2011). Interpreting the Mind of Multinational Hotel Investors: Future Trends and Implications in China. *International Journal of Hospitality Management, 30*(2), 222-232.

Haast, A., Dickson, G. & Braham, D. (2005). *Global Hotel Management Agreement Trends*. Jones Lang LaSalle Hotels.

Hall, S. (1990). Cultural Identity and disapora. In *Identity, Community, Culture, Difference.* Rutherford, (eds). Lawrence & Wishart: London.

Hallowell, R., Bowen, D. & Knoop. K. (2002). Four Seasons goes to Paris. *Academy of Management Executive, 16*(4), 7-24.

Hammer, A. R. (1970, November 1). Hotel Boom Defies Overseas Tensions. *The New York Times*.

Hammer, A. R. (1968, November 3). Jumbo Jets to Create Problem for Hotels. *The New York Times*.

Hammer, A. R. (1967, July 5). Companies Adding Overseas Hotels. *The New York Times*.

Hammer, A. R. (1967, March 5). Top Corporations Discover Motels. *The New York Times*.

Hammer, A. R. (1966, November 27). U.S. Look To Gains Abroad. *The New York Times*.

Hammer, A. R. (1966, January 23). Franchise Idea Is Catching On; 2 Big Hotel Chains Try It Now. *The New York Times*.

Hammer, A. R. (1964, October 16). Spin-Off Studied for a Hilton Unit. *The New York Times*.

Hammer, A. R. (1963, June 26). Hotels Depend on Conventions for Half of Income. *The New York Times*.

Hammer, A. R. (1960, May 29). Big Hotel Chains Scan New Fields. *The New York Times*.

Hammer, A. R. (1958, May 4). Yankee Traveler a Major Export. *The New York Times*.

Hammer, A. R. (1958, April 13). Hilton Is Speeding Its Growth Abroad. *The New York Times*.

Hammer, A. R. (1957, March 19). Hotel Chains Push Overseas Expansion. *The New York* Hannerz, U. (1996). *Transnational Connections: Culture, People, Places*. Routledge: NY.*Times*.

Harvey, D. (1990). *The Condition of Postmodernity: An Enquiry into the Origins of Cultural Change.* Blackwell Publishers: NY.

Hassan, S. (1985, October 13). A Tradition Of Luxury Endures. *The New York Times*.

Henry Ford is Dead at 83 in Dearborn. (1947, April 8). *The New York Times*.

Hershey, Jr., R. D. (1979, April 1). Sir Charles and the Forte Succession. *The New York Times*.

Hess, D. (2018). 5 things to know about chain-scale performance. *Hotel News Now*. September 14.

Heyer Checks Out of Starwood. (2007, April 03). *Forbes*.

Hicks, J. P. (1973, August 18). ramada Is Planning to Sell Its Hotels and Restaurants. *The New York Times*.

High-end Chain Hotels Booming in Mainland China. (May 08, 2009). *Hotel News Now*.

Hill, G. (1954, August 4). Hilton Buys Chain of Statler Hotels. *The New York Times*.

Hilton, C. N. (1957). Be My Guest. *Fireside*.

Hilton Completes Statler Purchase. (1954, October 28). *The New York Times*.

Hofstede, G. (2010). *Cultures and Organizations: Software of the Mind: Intercultural Cooperation and Its Importance for Survival*. McGraw Hill: NY.

Hofstede, G. & Bond, M. (1988). Confucius and Economic Growth: New Trends in Culture's Consequence. *Organizational Dynamics. 16*.

Hofstede, G. & Bond, M. (1984). Hofstede's Culture Dimensions. *Journal of Cross-Cultural Psychology. 15*.

Hofstede, G. (1983). Dimensions of National Cultures in Fifty Countries and Three Regions. In J. Deregowski et al. (eds.), *Explications in Cross-cultural Psychology*. Swets and Zeitlinger: Lisse.

Hofstede, G. (1980). *Culture's Consequences*. Sage: Beverly Hills.

Hollie, P. A. (1980, February 15). Computer Tie Aids Hotel Chain *The New York Times*.

Hoover, G. (2018). Conrad Hilton: The Dreamer Who Conquered an Industry. *American Originals, Archbridge Institute*.

Horsley, C. (2020, February 11). As the Waldorf Astoria Prepares for New Chapter, revisit the Legendary History of Manhattan's Greatest Art Deco Hotel. *CityRealty*.

Horsley, C. (1977, March 27). Court Allows Sale Of Waldorf-Astoria To the Hilon Chain. *The New York Times*.

Hotchner, A. E. (1982, January 31). The Ritz Then and Now. *The New York Times*.

Hotel Chain Here for Ritz-Carlton Co. (1911, May 20). *The New York Times*.

Hotel Man's View of Affairs Abroad. (1923, October 7). *The New York Times*.

Hotels Give Airlines a Lift. (1968, January 8). *The New York Times*.

Hotels Statler Co. Stockholders Vote to Sell to Hilton Corp. (1954, October 26). *The New York Times*.

Hu, X., Ma, C., Ren, L. & Chen, P. J. (2012). When in "China" do as the Chinese do: a case study of IHG's HUALUXE's Localization in China.

Journal of Teaching in Travel & Tourism.
Huntington, S. P.(1993). *The Crash of Civilizations*. S&C: NY.
Hyatt Focuses on Asset-Light Growth. (2019, March 11). *Lodging*.
Hyatt International: Growth Through Management Services. (1977). *The Cornell Hotel and Restaurant Administration Quarterly, 18*(1), 36-43.
Hyatt Shifts to Smaller Hotels. (1980, November 5). *The New York Times*.
Hymer, S. H. (1979). *The Multinational Corporation: A Radical Approach*. Cambridge University Press: NY.
Ibrahim, Y. M. (1994, September 15). Air France Sells Meridien Hotels to Forte. *The New York Times*.
IHG in Greater China. (2019, October 31). *IHG*.
Ivanova, M. (2013). Factors for the Internationalization of Hotel Chains. *Izvestiya, 1*, 107-118.
Jackson, L. A. & Naipaul, S. (2008). Isadore Sharp & Four seasons Hotels and Resort: Redefining Luxury and Building a Sustained Brand. *Journal of Hospitality & Touirsm Education, 20*(2), 73-103.
Jiahao, Z. & Ling, D. (2012). *Asia Pacific - Significant Growth Opportunities for Hotel Chains*. HVS. January 2012.
Johanson, J. & Vahine, J. (1977). The Internalization Process of the Firm. Journal of International Business Studies.
John M'E. Bowman, Hotel Builder, Dies. (1931, October 28). *The New York Times*.
Jones, C. (2014, October 6). Hilton Selljng Waldorf Actoria new York for $2 Billion. *USA Today*.
Jones, G. (2005). *Multinationals and Global Capitalism: from the nineteenth to the twenty-first century*. Oxford University Press: New York.
Jones, G. (2005). Multinationals from the 1930s to the 1980s. In *Leviathans: Multinational Corporations and The New Global History*. Chandler, A. D. & Mazlish. B (eds.). Cambridge University Press: NY.
Juran, J. M. (1945,January 14). The Efficiency Expert in the Technical Field. *The New York Times*.
Kashino, M. M. (2018, January 10). The Marriott Family's Civil War. *Washingtonian*.

Keum, K. (2011). International Tourism and Trade Flows: A Causality Analysis Using Panel Data. *Tourism Economics*, *17*(5).

Kim, W. C. & Maubourgne, R. A. (1987). Cross-Cultural Strategies. *Journal of Business Strategy, 8*.

Klukhohn, C. (1951). *The Study of Culture*. The Policy Science. Stanford: CA.

Kluckhohn, R. F. & Stodbeck, F. L. (1961). *Variation in Value Orientation, III*. Row, Peterson & Co.

Kolde, E. J. (1973). *International Business Enterprise*, 2nd Ed. Prentice Hall: NY.

Koselka, R. (1996). Man in a hurry: Hilton Hotel's new chief executive on the move again. Forbes. *158*(5): 72(2).

Krober, A. L. & Kluckhohn, C. (1963). *A Critical Review of Concepts and Definition of Culture*. Vintage Brooks: NY.

Kubacki, D. (2018, November 12). Hotel Industry Consolidation Wave Crested in 2015. *Hotel News Now*.

Kulendran, N. & Wilson, K. (2000). Is There a Relationship between International Trade and International Travel? *Applied Economics*, *32*.

Kymlicka, W. (1995). *Multicultural Citizenship: A Liberal Theory of Minority Right*. 장동진 역(2010). 다문화주의 시민권. 동명사.

Largest Office Building to Replace Waldorf-Astoria. (1928, December 23). *The New York Times*.

Lee, D. R. (1985). How They Started: The Growth of Four Hotel Chains. *The Cornell Hotel & Restaurant Administration Quarterly*, *26*(1).

Lee, D. R. (1984). A Forecast of Lodging Supply and Demand. *The Cornell Hotel and Restaurant Administration Quarterly, 14*(4), 27-40.

Leonhardt, D. (2006, April 5). The Economics of Henry Ford may Be Passe. *The New York Times*.

Levere, J. L. (2001, April 4). Advertising. *The New York Times*.

Levitt, T.(1983). The Globalization of Markets. *Harvard Business Review*, *61*(3).

Liebes, T. & Katz, E. (1990). *The Export of Meaning: Cross-Cultural Readings of Dallas*. Oxford University Press: NY.

Lilienthal, D. E. (1960). *Management of Multinational Corporation*. McGraw-Hill: NY.

Lindsey, R. (1976, August 29). Hyatt's Kingdom of Rooms. *The New York Times*.

Long, T. (1930, November 6). Conrad N. Hilton. *El Paso Times*.

Lovenheim, R. (1979, August 5). Holiday Inns Is Booming. *The New York Times*.

Lowe, P. L. (1970). ITT - Sheraton. *The Cornell Hotel and Restaurant Administration Quarterly, 10*(4), 42-44.

Lucius Boomer, 68, Hotel Leader, Dies. (1947, June 27). *The New York Times*.

Lundburg, D. (1997). In Retrospect: Quest of Hospitality Faculty for Identity. *TFIU Hospitality Review,* 15(2), 9-15.

Lutto, Z. (1969, January 5). Expanding Hotel Chains Fight Costs. *The New York Times*.

Lyons, R. D. (1986, September 21). $100 Million Rehab Adds New Touches To Art Deco Look. *The New York Times*.

Marion Isbell, 83, Founder of Chain Of Ramada Motels. (1988, October 22). *The New York Times*.

Marriott Corporate History. (2020, May 25). Marriott International Investor Fact Book.

Marriott Jr. J. W. & Brown, K. A. Without Reservations. Luxury Custom Publishing LLC. 이지연 역(2014). 어떻게 사람을 이끌 것인가. 중앙m&b.

Marriott Jr. J. W. & Brown, K. A. The Spirit to Serve. HarperCollins: NY. 구본성 역(1999). 메리어트의 서비스정신. 세종서적.

Marriott Strategy: Rapid Hotel Growth. (1980, December 11). *The New York Times*.

Mashayekhi, R. 2018, July 18). The Long and Winding Ownership History of the Plaza Hotel. *Commercial Observer*.

Mass Buying for Mass Production. (1952, march 9). *The New York Times*.

Martin, D. (2003, February 14). Kemmons Wilson, 90, Dies; Was Hospitality Inn Founder. *The New York Times*.

McCarthy, J. & Raleigh, L. E. (2009). Evaluating Franchise and Chain

Affiliation Programs. In *Hotel Investments. 2nd Edition.* (Edited by Denton, G. Raleigh, L. E. & Singh, A. J.). American Hotel & Lodging Educational Institute. Lansing: Michigan.

McDowell, E. (1995, September 28). Midpriced Hotels Look Abroad. *The New York Times*.

McDowell, E. (1993, July 24). Marriott's Shareholders Back Plan to Split in 2. *The New York Times*.

McDowell, E. (1993, March 12). Marriott Alters Plan To Split Up. *The New York Times*.

McDowell, E. (1993, February 04). Will Marriott Ever Stand Divided?. *The New York Times*.

McGrew, A. (1992). *A Global Society?*. Modernity and Its Future. Polity Press.

McNeill, D. (2009). The Airport Hotel as Business Space. *Human Gepgraphy*, *91*(3), 219-228.

Mentzer, M. S. (2010). Scientific Management and the American Hotel. *Management & Organizational History, 5*(3-4), 428-446.

Merger Slated by T.W.A. And Hilton International. (1967, March 1). *The New York Times*.

Migdal, N. & Palmer, N. N. (2018). Industry Consolidation Refelected in New Franchise Agreements. *Hospitality Law Chain-In*. April 16.

Miller, F. (1968). *America's Extraordinary Hotelman: Statler*. New York: Statler Foundation.

Mintel. (2014). *Hotel Trends - International*, February.

Mintel. (2004). European Hotel Chain Expansion. *Travel & Tourism Analyst*, May.

Moon, Y. (2010). Different. Harverd Business School Press: Cambridge. 박세연 역 (2011). 디퍼런트. 살림Biz.

Morschett, D., Schramm-Klein, H. & Zentes, J. (2010). *Strategic International Management: Text and Cases*. 2nd Ed. Gabler.

Mrs. Statler Tells Plans. (1928, May 2). *The New York Times*.

New 5th Av. Hotel in Boomer Chain. (1927, March 8). *The New York Times*.

New Company To Aid The Hotel Industry. (1932, September 20). *The New York Times*.

New York City Landmarks Preservation Commission. (2005). *Plaza Hotel Interior Designation Report*. LP-2174.

New York City Landmarks Preservation Commission. (1993). *Waldorf-Astoria Hotel Designation Report*. LP-1812.

New Ritz-Carlton Formally Opened. (1910, December 15). *The New York Times*.

Nickson, D. (1998). A Review of Hotel Internationalization with a particular Focus on the Key Role Played by American Organization. *Progress in Tourism and Hospitality Research, 4*, 53-66.

No Ritz Hotel Here. (1908, July 9). *The New York Times*.

Norberg-Hodge, H. (2012). *Economics of Happiness*. Joongang Books. 김영욱 · 홍승아 역 (2012). 중앙북스.

Old and New Meet as Waldorf Opens. (1931, October 1). *The New York Times*.

Olsen, M. D., West, J., & Tse, E. C. (1998). Strategic Management in the Hospitality Industry (2nd ed.). John Wiley & Sons.: New York. 김경환 역 (1999). 호텔·레스토랑산업의 경영전략, 백산출판사: 서울.

O'Neill, J. W.(2011). Hotel Occupancy: Is the Three-Year Stabilization Assumption Justified? *Cornell Hospitality Quarterly, 52*(2): 176-180.

O'Neill, J. W. & Mattila (2006). Strategic Hotel Development and Positioning: The Effect of Revenue Drivers on Profitability *Cornell Hospitality Quarterly*, *47*(2): 146-154.

Oser, A. S. (1977, March 9). British Buyer of the Knott Hotels Gains Madison. *The New York Times*.

Pace, E. (1981, August 21). Pan Am In Pact to Sell Hotels. *The New York Times*.

Pace, E. (1980, August 20). Pan Am Unit Is Profitable, And for Sale. *The New York Times*.

Parrino, R. (1997). Spinoffs and Wealth Transfers: The Marriott Case. *Journal of Financial Economics*, *43*.

Passariello, C. & Masidlover, N. (2013, August 27). Accor Appoints Bazin

CEO. *Wall Street Journal*.

Peacock Alley and the Naive Splendor of the Nineties. (1931, August 30). *The New York Times*.

Petersen, M. (1999, Sepgtember 8). Hilton to Buy Promus Chain, Creating One of Biggest Hotel Groups. *The New York Times*.

Petras, J. & Veltmeyer, H. (2001). *Globalization Unmasked: Imperialism in the 21*st *Century*. Zed Books: London.

Phillips, M. (1960, July 24). Now in Chicago: Pace Steeping Up. *The New York Times*.

Picker, L. (2016, March 21). Marriott Raises Bid for Starwood. *The New York Times*.

Picker, L. (2015, November 16). Marriott to Buy Starwood Hotels, Creating World's Largest Hotel Company. *The New York Times*.

Pieterse, J. N. (2009). *Globalization and Culture: Global Melange*. Rowman & Littlefield: Lanham.

Plan 8 Latin-America Hotels. (1947, April 2). *The New York Times*.

Pogrebin, R. (2013, June 24). Shaping a Plaza's Next Century. *The New York Times*.

Pollack, A. (1999, September 12). Three Years Later at Hilton, A Deal maker Plays His Card. *The New York Times*.

Pollack, A. (1997, October 22). Hilton Decides Not to Match Starwood's Offer for ITT. *The New York Times*.

Porter, M. E. (1987). From Competitive Advantage to Corporate Strategy. Harvard Business Review. May-June, 43-59.

Porter, R. (1956, May 23 22). Sheraton Chain Adds 22 Hotels. *The New York Times*.

Prudential Sets Deal for Hotels. (1975, March 1). *The New York Times*.

Puciato, D. (2016). Attractiveness of Municipalities in South-Western Poland as Determinants for Hotel Chain Investments. *Tourism Management, 57*, 245-255.

Quek, M. (2013). Financing International Hotel Growth in the Aftermath of the Second World World War. *17*Th *Annual Conference of the European Business History Association*. Uppsala, Sweden.

Quek, M. (2012). Globalising the Hotel Industry 1946-68: A Multinational Case Study of the Intercontinental Hotel Corporation. Business History, 54(2), 201-226.

Raleigh, L. E. (2006). Asset Management 101: Lessons Learned and Thoughts to Share. In *Hotel Investments: Issues & Perspectives. 4th Edition.* (Edited by Raleigh, L. E. & Roginsky). American Hotel & Lodging Educational Institute. Lansing: Michigan.

Ramirez, A. (1999, January 24). Jay Pritzker, Billionaire Who Founded the Hyatt Hotel Chain, Is Dead at 76. *The New York Times*.

Ratner, S. (1981, August 22). Grand Met's Deal for Quality. *The New York Times*.

Reckert, C. M. (1973, August 18). Trust House Forte Offers 11 1/2 a Share in Travelodge Bid. *The New York Times*.

Reckert, C. M. (1967, October 26). Sheraton Corp. Sought by I.T.T. *The New York Times*.

Reckert, C. M. (1954, June 19). Webb & Knapp Bids For Statler Hotels. *The New York Times*.

Reiser, D. (2003). Globalziation: An Old Phenomenon that Needs to be Rediscovered for Tourism. *Tourism and Hospitality Research*, *4*(4).

Reisinger, Y. (2009). *International Tourism: Cultures and Behavior*. Butterworth-Heinemann: MA.

Ricca, S. (2019). HNN's Global Hotel Industry M&A List: 2019 Mergers & Acquisition in Review. *Hotel News Now*.

Rice, C. (1933). *Consumer Behavior: Behavioral Aspect of Marketing*. Butterworth Heinemann: Oxford.

Riley, J. (2013). Why Localisation Is Important for Success in China-Yum! Brands and the Rapid Growth of KFC. September, 22. tutor2u.; Cho, K. (2009). KFC China's recipe for success. March, 20, INSEAD.

Ritchey, D. P. (1923). Economics of Hotel Project. *Architectural Forum*, 39(5), 219-221.

Ritzer, G. (2010). *Globalization: A Basic Text*. Wiley-Blackwell: West Sussex.

Ritzer, G. & Atalay, Z. (2010). *Readings in Globalization*. Wiley-Blackwell:

West Sussex.

Robertson, R. (1995). *Glocalization: Time-Space and Homogeneity-Heterogeneity*. Global Modernities. London.

Robertson, R. (1992). *Globalization, Social Theory and Global Culture*. Sage: London.

Robins, A. W. (1993). Waldorf-Astoria Hotel. *Landmarks Preservation Commission*. New York.

Rosenberg, Z. (2018, August 21). Waldorf Astoria renovation moves into its next phase. *Curbed*.

Rushmore, S. (1992). *Hotel Investments: A Guide for Lenders and Owners.* Warren Gorham Lamont: NY.

Said, E. W. (1996). *Culture and Imperialism*. Vintage Books: NY. 박홍규 역 (2006). 문화와 제국주의. 문예출판사.

Salpukas, A. (1992, February 21). Sheraton to Pay $160 Million in Hotel Deal With Marriott. *The New York Times*.

Samimi, P., Lim, G. C. & Buang, A. A. (2011). Globalization Measurement: Notes on Common Globalization Indexes. *Journal of Knowledge Management, Economics and Information Technology*. Issue. 7.

Sandoff, M. (2005). Customization and Standardization in Hotels – Paradox or not? *International Journal of Contemporary Hospitality Management, 17*(6), 529-535.

Sandoval-Strausz, A. K. (2007). *Hotel: An American History*. New Haven, CT: Yale University Press.

Sanger, D. E. (1988, October 1). Japanese Purchase Of InterContinental Set for $2.27 Billion. *The New York Times*.

Saporito, B. (1996). Boom at the inn: a gifted dealmaker, Hilton CEO Stephen Bollenbach brings his savvy to a hot industry. Time. *148*(3): 42(2).

Satow, J. (2016, July 22). Chasing Waldorf's History as It Becomes History Itself. *The New York Times*.

Says Americanization is Europe's Problem. (1930, March 12). *The New York Times*.

Schmidt, A. (2016, March 30). Why Did Starwood Sell Itself? *Yahoo!*

Finance.
Serlen, B. (2014). International Brands Find Franchise Footing. *Hotel Management*. February.
Shan, J. & Wilson, K. (2001). Causality between Travel and Tourism: Empirical Evidence from China. *Applied Economics Letters*, *8*.
Shanshan, N., Wilco, C. & Eric, S. (2011). A Study of Hotel Frequent-guest Programs: Benefits and Costs. *Journal of Vacation Marketing, 17*(4), 315-327.
Shapiro, E. (1991, March 22). 80's Building Binge Slows Marriott. *The New York Times*.
Sheehan, P. (2001). Back To Bed. Lodging Hospitality. 57(4), 12. March.; Sleep Study a Design Wakeup Call for Westin. Hospitality Design. *21*(8), 3. November/December.
Singer, P. (1996, May 26). From a Hotel Suite to a Conventions Center. *The New York Times*.
Singh, A., Dev, C. S. & Mandelbaum, R. (2014). A Flow-through Analysis of the US Lodging Industry During the Great Recession. International Journal of Coiemporary Hospitality Management, 26(2): 205-224.
Smith, R. A. (1999). The U.S. Lodging Industry Today. *The Cornell Hotel and Restaurant Administration Quarterly,* 40(1), 18-25.
Spending Record Broken By U. S. Tourists Abroad. (1950, March 21). *The New York Times*.
Speras, T. B. (1993). All Things to All Men: The Commercial Traveler and the Rise of Modern Salesmanship. *American Quarterly, 45*, 524-557.
Starn, F. (1989) Cesar's Last Ritz. *The Threepenny Review*. Winter.
Start Stell Work on New Waldorf. (1930, March 25). *The New York Times*.
Starwood Corporate Overview, History. (2016, May 25). Marriott International Investor Relations.
Story, L. (2007, July 4). Blackstone to Buy Hilton Hotels for $26 Billion. *The New York Times*.
STR. (2016). Largest brands and parent company by Chain Scale segment: STR 2015 census database. February 15.
STR. (2011). *Hotel Industry Analytical Foundations*. The Share Center.

Strand, C. (1996). Lessons of a Lifetime: The Development of Hilton International. *The Cornell Hotel & Restaurant Administration Quarterly, 37*(3).

Survey of 3,000 Companies Puts Hotels Statler First in Efficiency. (1953, January 23). *The New York Times*.

Susini, F. (2018). From the Grand Tour to the Grand Hotel: The Birth of the Hospitality Industry in the Grand Duchy of Tuscany between the 17th and 19th Centuries. *Architectural Histories,* 6(1), 1-10.

Tagliabue, J. (1980, May 27). U.S. Hotels in Europe Aim at Mid-Price Market. *The New York Times*.

Tan, G. (2018, May 21). Blackstone Exits Hilton, Earning $18 Billion After 11 Years. *Financial Review*.

Tang, J. & Li, C. (2019, May 11). IHG CEO: China is "Second Home Market". and OTA is Running Hotels "to Learn". *ChinaTravelNews*.

Taylor, F. W. (1911). *The Principles of Scientific Management.* New York: Harper Brothers.

Taylor's Plan Will End Strikes, He Says. (1911, April 29). *The New York Times*.

The Evolution of the Hospitality Industry. (1985). *The Cornell Hotel and Restaurant.*

The Man Who Made Ritz Mean Luxury. (1938, October 9). *The New York Times*.

The New Waldorf Has Come of Age. (1931, October 2). *The New York Times*.

The Paris Hilton or Hilton Paris. (1966, April 17). *The New York Times*.

Tibbits, G. (1997, September 10). Starwood Acquires Westin Hotels for $1.5 Billion. *AP*.

Timmons, H. (2006, July 1). Holiday Inn Sees Replay of the 50's in China. *The New York Times*.

Tomlinson, J. (1999). *Globalization and Culture*. Polity Press: Cambridge.

Trucco, T. (1999, May 16). Hotels Larger Than Life. *The New York Times*.

Turkel, S. (2009). *Great American Hoteliers: Pioneers of the Hotel Industry*. AuthorHouse.

Tylor, E. B. (1871). *Primitive Culture: Researches into the Development of Mythology, Philosophy, Religion, Language, Art, and Custom*. Estes and Lauriat: Boston.

Uddin, N. & Hossain, F. (2015). Evolution of Modern Management through Taylorism: An Adjustment of Scientific Management Comprising Behaviral Science. *Procedia Computer Science, 62*(4), 578-584.

UNWTO. (2020). *Tourism Highlights*. 2019 Edition.

U. S. Sues to Compel Hilton To Get Rid of Four Hotels. (1955, April 28). *The New York Times*.

Vernon, R. (1971). *Sovereignty at Bay*. Basic Books: NY.

Wagner, W. S. (1923). The Hotel Plan. *Architectural Forum,* 39(5), 211-218.

Wagner, W. S. (1918). The Statler Idea in Hotel Planning and Equipment: Sample Room Floors and Restaurant Service. *Architectural Forum,* 28(1), 15-18.

Wagner, W. S. (1917*a*). The Statler Idea in Hotel Planning and Equipment: Introduction. *Architectural Forum,* 27(5), 115-118.

Wagner, W. S. (1917*b*). The Statler Idea in Hotel Planning and Equipment: The Development of the Typical Floor Plan. *Architectural Forum,* 27(6), 165-170.

Waldorf a Link in Du Pont's Chain. (1918, February 4). *The New York Times*.

Waldorf Hote Issue, Once Worth 2c on $1, to Be Paid Off Tear Early. (1953, September 1). *The New York Times*.

Ward, V. (1985, January 24). Rocco has Lost Everything his Father Built. *Independent*.

Warnier, J-P. (1999). *La mondialisation de la culture*. 주형일 역(2000). 문화의 세계화. 한울.

Waters, M. (1995). *Globalization*. Routledge: NY.

Wayne, L. (1987, September 5). Ladbroke to Buy Hilton International. *The New York Times*.

Wayne, L. (1985, September 22). Marriott Stakes Out New Territory. *The New York Times*.

Wayne, L. (1973, April 22). New Inns for New Markets. *The New York*

Times.

Wedemeyer, D. (1979, January 19). Zeckendorf, Hilton in Statler Deal. *The New York Times.*

WEF. (2013). *The Travel & Tourism Competitiveness Report 2013: Reducing Barriers to Economic Growth and Job Growth.*

Weiss, T. (2004). Tourism in America before World War II. *The Journal of Economic History*, *64*(2), 289-327.

Widow to Carry on Statler's Policies. (1916, April 25). *The New York Times.*

Will Put $6,000,000 in New Hotel Here. (1947, April 8). *The New York Times.*

William J. Knott, Hotel Leader, 69. (1951, October 26). *The New York Times.*

Williamson, O. E. (1991). Strategizing, Economizing, and Economic Organization. *Strategic Management Journal*, Vol. 12.

Williamson, O. E. (1985). *The economic institutions of capitalism: Firms, markets, relational contracting.* The Free Press: NY.

Williamson, O. E. (1975). *Markets and hierarchies: Analysis ans antitrust implications*. Basic Books: NY.

Winchester, J. H. (1960, May 25). Conventions Are Popular for Six Billion Reasons. *The New York Times.*

Wolton, D. (2004). *L'Autre Mondialisation*. Flammarion. 김주노 역(2012). 또 다른 세계화. 살림.

Wood, P. (2003). *Diversity: The Invention of a Concept*. 김진석 역(2005). 다양성: 오해와 편견의 역사. 해바라기.

World Bank. (2002). *Globalization, Growth, and Poverty,* World Bank.

Wright, E. T. (1965). The Vacation – Convention Hotel. *The Cornell Hotel and Restaurant Administration Quarterly,* 6(3), 32-39.

WTO. (2008). *Trade in a Globalizing World,* World Trade Report 2008. WTO.

WTTC. (2013). *Travel & Tourism: Economic Impact 2013. World.*

WTTC. (2011). *Business Travel: A Catalyst for Economic Performance.*

WTTC. (2011). *Why Business Travel in Asia Matters... In Asia Pacific Hotel and Tourism Investment Conference*

Yip, G. S. (1995). *Total Global Strategy*. Prentice Hall: NJ.
Young, M. (2018). Remembering a Hotel Operations Management Innovator. *Lodging* May.

www.unesco.or.kr
www.wikipedia.org

찾아보기

[기호]

[번호]

[A]

[B]

[C]

[D]

[E]

[F]

[G]

[H]

[I]

[J]

[K]

[L]

[M]

[N]

[O]

[P]

[Q]

[R]

[S]

[T]

[U]

[V]

[W]

[Y]

[ㄱ]

[ㄴ]

[ㄷ]

[ㄹ]

[ㅁ]

[ㅂ]

[ㅇ]

[ㅈ]

[ㅊ]

[ㅋ]

[ㅌ]

[ㅍ]

[ㅎ]

저자소개

김경환(金京煥)

미국 Florida International University(FIU) 호텔경영학 학사
미국 Florida International University(FIU) 호텔경영학 석사
미국 Virginia Tech 호텔관광경영학 박사

1999~현재 경기대학교 관광대학 호텔경영학과 교수
Email: kykim3@naver.com

세계화와 호텔체인 경영

2021년 6월 20일 초판 1쇄 인쇄
2021년 6월 25일 초판 1쇄 발행

지은이 김경환
펴낸이 진욱상
펴낸곳 (주)백산출판사
교 정 박시내
본문디자인 이문희
표지디자인 오정은

저자와의 합의하에 인지첩부 생략

등 록 2017년 5월 29일 제406-2017-000058호
주 소 경기도 파주시 회동길 370(백산빌딩 3층)
전 화 02-914-1621(代)
팩 스 031-955-9911
이메일 edit@ibaeksan.kr
홈페이지 www.ibaeksan.kr

ISBN 979-11-6567-339-0 93320
값 38,000원

이 도서는 2019학년도 경기대학교 연구년 수혜로 연구되었음